KB062522

대륙신유가

대륙신유가 大陸新儒家

── 21세기 중국 유학 담론

조경란 · 양차오밍 · 간춘송 엮음

조경란 · 오현중 · 장윤정 · 태정희 · 홍린 옮김

도서출판 b

중국 지식인과 '대륙신유가'

　한국사람 중에 '중국'이라고 하면 일단 부정적으로 인식하는 사람이 적지 않다. 부정적으로 인식하게 된 데는 중국이 원인 제공한 것이 적지 않다. 그러나 중국은 이제 호불호를 떠나 피할 수 없는 우리의 '현실'이다. 중국은 이제 변수가 아니라 상수이다. 미디어를 통해 매일 전해지는 중국에 대한 기사는 더 이상 우리와 무관하지 않다. 많은 경우 우리의 일상과 밀접한 관련이 있다. 그만큼 중국이 중요해졌다. 중요하니 모르면 손해고 알아야 도움이 된다. 그렇다면 우리는 중국에 대해 얼마나 알고 있는가. 중국을 판단할 만한 근거를 얼마나 충분히 가지고 있는가.

　부정적 인식은 여러 가지 감정이 뒤섞여 만들어지는 경우가 많다. 먼저 중화제국 시기 조공체제의 역사가 있다. 또한 냉전 50년의 격절 또한 무시할 수 없다. 무엇보다 무시할 수 없는 것은 불과 20년 전까지만 해도 못 살던 '사회주의 중국'이 갑자기 '부자나라'가 되면서 받은 심리적 '충격'이 있다. 역설적이게도 '충격'에서 벗어나는 가장 좋은 방법은 '충격'의 대상에 대해 객관적으로 아는 것이다. 알면 상대를 타자화시키지 않을 수 있다. 기사를 보더라도 일회성이 아닌 연속성 속에서 볼 수 있다. 최근 중국을 연구하는 사람들 중에는 장기(long term)의 시각을 가지고 중국을 보아야 중국의 경제적 성장을 이해할 수 있다고 주장하는 이들이 점점 늘고 있다.

이와 관련하여 우리가 좋든 싫든 인정해야 하는 사실은 중국은 세계의 4대 문명 중 유일하게 자신의 문명이 복원된 경우라는 점이다. 또 사회주의를 경험한 나라 중 거의 유일하게 '눈물의 계곡'의 단계를 극복하고 자본주의에 잘 '적응'하여 경제성장에 '성공'한 나라이다. 이 원인에 대해서는 여러 가지 요소가 복합적으로 작용했을 테지만, 중국공산당의 객관적 '능력' 외에 전통문화의 근간인 유교문화와 전혀 관계가 없다고 할 수 없을 것이다. 중국인 특유의 문화심리구조나 Kinship, 世代間을 강조하는 리저호우(李澤厚)와 페이샤오통(費孝通)도 중국문화 고유의 활력과 강한 계승성을 강조하면서 유교문명을 거론한다. 유교를 다시 살펴야 하는 이유는 중국을 장기적 관점에서 제대로 이해하기 위해서이다.

우선 이 책은 2000년대 중국 사상계를 뒤흔든 '대륙신유가(大陸新儒家)'의 주장을 담고 있다. '대륙신유가'에 속하는 학자 12명의 글 18편을 모아 번역한 것이다. 따라서 이 책은 한국 학계를 향해서는 대체로 다음의 의미를 가진다. 무엇보다도 중국 지식계의 한 축을 담당하는 '보수적' 지식인 '집단의 생생한 목소리'를 여과 없이 들을 수 있다.

더욱이 이 책은 1992년에 나온 한국철학사상연구회의 『현대중국의 모색』(동녘) 이후 약 30년 만의 작업이다. 『현대중국의 모색』은 문혁 이후 개혁개방이 가파르게 진행되었던 1980년대 중국 인문학계의 목소리를 정리하고 토론한 결과를 소개한 것이었다. 이를 중국에서는 '문화열'이라 불렀다. 물론 '문화열'로 1980년대를 다 설명할 수 없다. 1980년대 중국은 멀리는 5·4 패러다임 안에 있었고 가까이는 문혁의 충격이라는 영향권 안에 있었다. 전통은 문혁과 연결되어 부정의 대상이 되었다. 이때까지 중국의 주류 지식인이 기본적으로 반(反) 전통적인 태도를 취했던 것은 문혁에 대한 '피해자 연대감' 때문이었다.

그러나 1989년 6·4 천안문 사태 이후 다른 모든 것이 바뀌었듯이 중국의 지식 패러다임도 크게 변화했다. 1990년대는 중국의 급속한 경제성장과 공산당의 정책변화에 따라 기본적으로 보수화되었다. 구체적으로 말하면 대중 민족주의와 '국학열'이 유행했던 시기이다. 2000년대에 진입하면서 유학을 중심으로 한 중국의 보수주의의 목소리가 엄청나게 분출했다. 중국의 전통을 다시 건설해야 한다는 '적극적 연대감'을 가지고 공통된 목소리를 내고 있다는 점에서 1980년대의 '피해자 연대감'과는 비교가 되지 않는다. 결국 2010년대에는 내성(內聖) 즉 심성유학을 중시했던 홍콩, 타이완의 신유가와 결별하는 상황에까지 왔다. 대륙신유가는 출발부터 외왕(外王) 즉 정치유학을 표방하고 나섰다. 외왕을 강조하는 것은 최소한 내면의 도덕이나 양지(良知)에 치우친 관념성을 탈각하고 유학 본연의 수기치인을 회복시켜 이전과는 다른 논의의 지평을 만들어주는 효과가 있다. 더불어 우리에게 유교문명이란 무엇인가에 대한 근본적인 물음을 하게 만든다. 그것도 21세기라는 시점에서, 따라서 독자들은 이 책을 통해 중국 대륙에서 지금 이루어지고 있는 20세기와는 다른 차원의 '상상'이 담긴 '생생'한 논의를 접할 수 있다.

그렇다면 이들 '대륙신유가'는 과연 누구이고 왜 주목해야 하는가. '대륙 신유가'라는 개념은 2005년 인민대학의 팡커리(方克立) 교수가 처음 쓴 것으로 대륙에서 아직 확정된 학문 개념은 아니다. 중심적인 인물로 처음 단계에서는 장칭(蔣慶), 캉샤오광(康曉光), 천밍(陳明) 등이 있고 그 다음 단계에서는 정이(曾亦), 간춘숭(干春松), 탕원밍(唐文明) 등의 학자들이 있다. 하지만 이들 말고도 이 책에도 나와 있는 것처럼 중국 외부에서는 파악할 수 없는 많은 수의 신유가가 존재하고 있다. 이들은 주로 청나라 말기의 대 사상가이자 정치운동가인 캉유웨이(康有爲)의 사상에 주로 의탁하여 자신의 주장을 펼치고 있다. 따라서 이들을 '신캉유웨이주의자(일명 '康黨')' 라고 부르기도 한다. 이들 주장의 공통점은 중국의 영토 보전과 전통문명의 회복이라는 문제에 모아진다. 이 분위기는 중국에서 최근 가장 주목받는 분야가 변강(邊疆) 문제와 경학(經學) 연구라는 점과도 연결된다. 이는 100~ 150년 전 캉유웨이가 근본적으로 주목했던 문제였던 것인데, 바로 그것이 현재에 이르러 중국의 가장 중요한 주제로 다시 살아난 것이다.

이 문제와 관련하여 심층적인 논의를 하기 위해서는 먼저 유학이 겪어온 100년의 역사를 살펴야 한다. 그리고 그것과 더불어 부침을 함께 해온 지식인의 심리적 상태를 들여다봐야 한다. 이와 관련하여 대륙신유학에서 중요한 위치를 점하고 있는 간춘송은 필자와의 인터뷰에서 20세기 전체를 통해 유학이 겪었던 데미지와 특히 문혁 시기에 사당과 비석이 훼손될 정도로 수모를 겪었던 역사를 기억해야 한다고 강조한다. 파란만장했던 중국 유학의 지난 20세기 100년을 이해하지 못하면, 현재 중국 유학 연구자들이 직면하고 있는 심리적 어려움을 이해할 수 없게 된다고 강조한다

현재 중국의 '대륙신유가'는 19세기는 영국의 세기였고 20세기는 미국의 세기이며 21세기는 중국의 세기가 될 것이라는 확신에 차 있다. 그렇다면 이들의 입장에서 21세기의 중국은 어떤 중국이 되어야 하는가. 그것은 다름 아닌 바로 유교의 역할이 큰 중국이다. 이런 '확증적 상상'을 하게 한 데는 몇 가지 정치적 근거가 있다. 가장 먼저 살필 것은 2013년부터 몇 년 동안 보여준 시진핑(習近平)의 몇 가지 행보들이다. 중국의 국가주석 시진핑은 2013년 11월 산둥성 취푸에 있는 공자묘를 참배했다. 2014년 5월에는 베이징대학의 대 유학자 탕이제(湯一介) 교수를 특별히 예방했다. 2014년 9월에는 공자 탄생 2,565주기를 기념하는 회의에 몸소 참석해 직접 담화를 발표했다.

'대륙신유가'가 보기에 중국 공산당은 모두 이제는 마르크스주의만으로 중국이 통치되기는 어렵다. 중국을 지탱해왔던 강력한 카리스마의 마오쩌둥도 사라졌고 공산주의의 이념도 중국 대중들에게 이전같이 먹혀들어가지 않게 된 상태에서 국가를 이끌어 갈 이데올로기가 텅 비어 있다. 거기에다 몇 년 전부터 경제성장 수치도 낮아지고 있다. 여느 왕조처럼 장기 통치가

최대의 목표인 중국 공산당으로서는 지금 어떻게 해야 하는지를 잘 알고 있다. 중국 공산당은 자신을 중국 전통의 계승자로서도 자리매김해야 한다.

'대륙신유가'에게 약간의 문제가 있다면 그들이 세계, 아시아, 중국문명권, 더 나아가 중국사회 전체의 사회사적, 문화사적 맥락을 충분히 고려하면서 유학을 사유했느냐 하는 점이다. 물론 이 책의 번역에는 넣지 않았지만 이들 중에는 중국의 화이(華夷)사상에 근거한 역사적인 중화(中華)의 회복에 관심이 집중되어 있는 이도 있다. 따라서 중국에 대한 반(半) 식민의 역사뿐 아니라 20세기 동아시아 식민지 압박의 역사에 대한 분명한 의식이 있는지 의심스러울 때가 있다. 조선왕조 500년의 유교 경험을 가지고 있는 한국인일지라도 무조건 중국의 유학 부흥을 반길 수 없는 이유가 여기에 있다. 중국 전통 회복의 흐름에서 경계해야 할 것은 과거 150년 동안 힘들여 이루어놓은 '평등'과 '자유'라는 '성과'를 무시해서는 안 된다는 점이다. 이 가치들은 지금 우리의 화두가 되고 있는 '공정'과 '정의'의 토대이다.

하지만 이러한 문제점이 이 책의 가치를 떨어트리지는 않는다. 이 책에는 우리가 눈여겨봐야 하는 내용이 적지 않다. 예컨대 두 분의 원로 교수인 천라이와 궈치융은 근현대 150년의 유학통사의 단계들을 굵직굵직하게 짚어주면서 유학대가들의 업적을 개괄해주어 우리의 시야를 넓혀준다. 간춘송은 현대신유학의 기점을 캉유웨이로 끌어올려야 한다고 주장한다. 새롭고 타당한 측면이 없지 않기에 이후 토론해 볼 만하다. 탕원밍은 20세기의 계몽서사와 혁명서사로 알려진 저작들을 유교의 눈으로 재해석했을 때 어떤 문제를 발견할 수 있는지를 보여준다. 천비셩은 경학의 시각으로 20세기 중국 학문체계를 보았을 때 중국의 전통사상의 본의가 어떻게 왜곡될 수 있는지를 여러 가지 사례를 통해 제시한다. 천밍은 '원도'(原道)라는 잡지를 만들어 '대륙신유가'의 플랫폼 기능을 하게 했으며 그가 창안한 '공민유교' 또한 주목해 볼 만한 구상이다. 또 바이퉁둥은 경학으로 치닫는 대륙신유학에 자학(子學)의 주장으로 경학 일변도의 폐단을 중화시키려

한다. 동일자 내부에서의 이단자 역할을 자임하여 대륙신유가 내부의 다양성을 확보하려 한다. 우페이, 양차오밍 그리고 정이의 글에서 다룬 '예', '중도', '가족윤리' 또한 일상의 실천 차원에서 우리의 현재를 되돌아보게 만든다. 이 모두는 장소가 중국이라서 가능한 것이지만, 우리가 그동안 한 번도 시도해 보지 못한 하나의 이론적 실험이라는 점에서 눈여겨볼 만하다. (좀 더 자세한 것은 뒤의 '해제' 참조)

'대륙신유가' 담론이 21세기라는 시대성을 배경으로 논의될 수밖에 없다면 당장에 대면해야 하는 문제는 현대성일 것이다. 찰스 테일러(Charles Taylor)는 '현대성의 비문화론(acultural theory of modernity)'이라는 명제를 제시한다. 즉 문화가 뒷받침되지 않는 현대성이란 있을 수 없다는 것이다. 문제는 단순히 유교를 베이스로 한 '복수(複數)의 현대성'이냐 아니면 유교에 베이스를 두되 '조금이라도 다른 현대성'이냐가 관건일 것이다. 그럴 경우 어떤 현대성이냐도 토론이 필요하겠지만 어떤 유교냐도 매우 중요한 문제가 될 수밖에 없다. 어떤 유교냐를 깊이 논의하는 과정은 곧 유학을 어떻게 현대화시킬 것인가라는 매우 오래된 문제와 씨름하는 긴 과정일 수밖에 없을 것이다.

이 대목에서 미조구치 유조(溝口雄三)의 말을 떠올려봄직하다. "양무운동(洋務運動)은 보편성을 박탈하는 운동이었다. 서양의 기준이 이 운동의 과정 속에서 보편적 기준이 되었다. 그런데 이 운동은 아직도 진행 중이다. 이 과정은 대략 300년이 걸린다. 아직 100여 년이 남아 있다."(汪暉對談溝口雄三: 什麽是没有中國的中國学?) 중국 고유의 현대화는 양무가 300년이 걸렸듯이 하루아침에 이루어질 수 없다. 아마도 더 많은 시간이 걸릴 수도 있다.

이 책은 북경대의 간춘송 교수 등 대륙신유가와 교류하던 중 2016년 필자가 최근의 중국 신유학의 전체 흐름을 대표할 수 있는 글들을 모아 한국에 소개하자는 제안을 했고 그로부터 시작된 작업의 결과이다. 원래는 중국과 미국에서 동시 출간하려 했으나 각각의 사정으로 인해 우선 먼저 한국에서 출판하기로 하였다. 최근 몇 년간 '대륙신유가'가 한국에 소개된 것은 개인별로 또는 사안별로 조금씩 이루어지긴 했다. '대륙신유가'를 하나의 학문집단으로서 소개하는 것은 이것이 최초이다. 한국에 소개되는 '대륙신유가'에 대한 한국 학계의 반응이 매우 궁금하다. 아무쪼록 한국에서도 이 책이 마중물이 되어 우리의 소위 '유교적' 전통문화를 다시 한 번 들여다볼 수 있는 기회가 되었으면 하는 바람이고 유학 연구가 활성화되기를 기대해 본다. 이 자리를 빌려 간춘송 교수와 양차오밍 원장에게 고마움을 전한다.

글을 모으고 번역을 하기까지 시간이 많이 흘렀다. 감사한 마음을 전해야 하는 분들이 있다. 먼저 필자와 함께 꼼꼼하게 번역해준 네 분, 오현중, 장윤정, 태정희, 홍린에게 마음 깊이 고마움을 전한다. 또 여의치 않은 출판사 상황임에도 선뜻 출판을 허락해준 조기조 도서출판 b 대표와 이 두꺼운 책의 출판을 위해 편집을 맡아준 출판사 관계자들께도 심심한 감사의 마음을 표한다. 또 더운 여름 북경에서 이 책을 꼼꼼히 읽어주고 토론과 교정을 마다하지 않은 나의 남편 한상구 씨에게도 고마움을 전한다. 마지막으로 서문 준비 과정에서 유익한 조언을 주신 이봉규 선생님께도 감사의 말씀을 올린다.

2020. 1
절강대학교 인문고등연구원에서 엮은이를 대표하여 조경란 씀

| 차 례 |

제1부

대륙신유가의 탄생과 문제의식

1. 100년 동안의 유학의 발전과 성쇠

천라이(陳來)

우리가 토론할 주제는 20세기 유학의 발전에 관한 것이다. 발전이라는 표현은 사람들에게 자칫 유학의 발전이 매우 순조롭고 평화로웠을 것이라는 느낌을 줄 수 있다. 그러나 지난 한 세기를 뒤돌아보면 사실상 유학은 수많은 위기와 곤경, 우여곡절 속에서, 자기발전을 실현하기 위한 복잡한 과정을 밟아왔다는 사실을 알 수 있다.

1. 충격과 도전

따라서 내가 이야기 하고자 하는 첫 번째 문제는 충격과 도전이다. 근 백 년간 유학이 어떤 배경과 문화 환경에서, 어떤 도전과 충격에 직면했고, 이런 상황에서 어떻게 성장하고 발전했는지 알아보려는 것이다.

20세기, 중국 유학은 네 번의 도전을 겪었다, 또는 네 번의 도전에 직면했다고도 할 수 있다. 첫 번째는 청(淸)나라 말기부터 민국 초기의 정교(政敎) 개혁이다. 1901년 청 정부는 『흥학조서(興學詔書)』를 반포하고 전국적으로 신식 학당을 건립할 것을 창도한다. 당시 이는 매우 중요한 조치라 할 수 있다. 정부의 선도 하에 구식 '유학'은 점차 쇠락해간다. 여기서 말하는 구식 '유학'은 당시 유생 교육과 과거시험을 주요 목적으로 한 학교를 말한다. 이런 학교들은 새로운 정책 하에 쇠퇴해갔다.

전국적으로 신식 학당을 개설하기 시작한 것은 과거제도에 대한 분명한 도전이었다. 1905년에 이르러 청 정부가 과거제도를 끝내기로 결정한 것은 더더욱 중대한 사건이라 할 수 있다. 모두 알다시피 과거제도는 유가의 생존에 있어서 중요한 한 요소이기 때문이다. 유가사상과 문화가 전근대 중국사회에서 생존할 수 있었던 것은 세 가지 중요한 기반이 있었기 때문이었다. 첫째, 국가와 왕조가 유가사상과 문화를 이데올로기로 선포하고 공식적으로 유가 경전(經典)을 국가 경전으로 정한 것이다. 이는 매우 중요한 것으로 요컨대 왕조의 통치 차원의 추진이다. 둘째, 기반은 교육제도로, 주로 과거제도이다. 과거제도는 유가 경전을 문관 시험제도의 주요 과목으로 정했다. 셋째, 바로 몇 천 년 동안 중국사회에서 널리 행해져온 가족적, 향치(鄕治)적 기층사회 제도이다.

청 말기의 전략적 개혁을 살펴보면 과거제도에 대한 개혁이 유가의 생존에 중대한 영향을 미쳤음을 알 수 있다. 1905년, 과거제도가 사라졌지만 청 정부는 여전히 모든 교과 과목에 경학을 포함시켰고, 학교는 공자 탄신일에 공자의 제사를 지내도록 했다. 그러나 이 역시 신해혁명 이후에 바뀌었다. 신해혁명 이후, 교육부를 책임진 차이위안페이(蔡元培, 1868-1940)는 공자 제사를 폐지하고 경학 교육을 폐지했다. 우리가 일반적으로 말하는 존공독경(尊孔讀經: 공자를 떠받들고 경전을 읽는 것) 교육이 신해혁명 이후에 근본적인 좌절을 겪게 된 것이다. 이런 과정에서 유가는 첫 번째 중대한 충격과 도전을 겪게 되며 처음으로 곤경에 빠지게 된다. 이 곤경은 매우 중요한, 근본적인 곤경이라 할 수 있다.

이렇듯 청 말기부터 민국 초기까지 유가가 교육제도와 정치제도의 주 무대에서 퇴장했지만 유가사상과 문화는 윤리적, 정신적 영역에 여전히 남아 있었다. 얼마 뒤인 1915년부터 1919년까지 신문화운동이 일어났으며, 이때 유학은 두 번째 충격을 받게 된다. 신문화운동은 비판, 반성, 계몽의 기치를 높이 들었는데, 여기서 계몽은 바로 근대 서구문화를 도입한 문화 계몽이었다. 이러한 계몽운동은 중국 전통문화와 대립했는데 특히 유가 문화, 유가적 예교(禮敎)를 중요한 비판 대상으로 삼았다. 이는 당시로서는 나름의 합리성이 있었던 것으로 사람들은 심지어 유교를 타도하자는 '타도 공가점(打倒孔家店)'이라는 구호를 제기하기도 했다. 이렇게 되면서 청 말기부터 신해혁명까지 정치와 교육 무대에서는 퇴출되었더라도 윤리, 정신 영역에 계속 존재해왔던 유학이 두 번째로 중대한 좌절을 겪게 된다. 우리는 신해혁명 시기의 유학에 대한 추방이 신문화운동까지 지속됐고, 신문화운동은 청 말기부터 민국 초기까지의 유학 추방 운동을 계승했으며 유학을 윤리적, 정신적 영역에서도 퇴출시키려 했다고 말할 수 있다. 그 때문에 신문화운동을 겪고 나서 유가 문화는 이미 전반적으로 해체되고 쇠락해갔다. 그렇다면 유학은 어떻게 생존해야 하는가? 이 문제는 유가 문화가 근대 사회변혁에서 직면한 큰 문제가 되었다. 이것이 바로 신문화운 동으로부터 야기된 두 번째 충격과 도전이다.

세 번째 충격은 혁명과 문화대혁명이다. 나는 이 두 시대를 하나로 묶었다. 합작화(合作化), 인민공사(人民公社), 문화대혁명(文化大革命)을 겪 으면서 생산대가 기초가 된, 삼급소유(三級所有)[1]의 인민공사 제도는 과거 종족(宗族)을 중심으로 한 향촌 질서를 철저히 바꿔놓았다. 그 때문에 근대의 몇몇 학자들은 유가의 모든 제도적 기반이 단절되고 해체되었으며 이렇게 기반을 잃어버린 유학은 이미 유혼(遊魂)이 되었다고 말했다. 이 같은 '유혼 설'은 유가사상이 고대에서부터 의지해 생존해왔던 기반이 근대 문화변혁

● ● ●

1. (역주) 생산수단과 생산물을 공사, 생산대대, 생산대의 3급으로 나누어 집단 소유하는 것.

과정에서 단절되고 기존의 사회적 기반이 모두 바뀌었음을 말하는 것이다. 물론 혁명은 그 자체로 정치적 의미를 갖고 있지만, 혁명이 가져온 농촌의 개조는 매우 중대했다. 그리고 또 하나의 중요한 사건은 바로 문화대혁명이다. 특히 문혁 중기 이후에 비림비공(批林批孔) 운동이 시작되면서 유가와 공자에 대한 황당한 정치적 비판이 줄을 이었으며 전 국민의 사상을 혼란스럽게 했다. 이는 유가 문화에 또 다른 일대 충격을 주었다고 할 수 있다. 따라서 나는 정치혁명과 사회개조, 그리고 문화대혁명을 묶어서 유가 문화가 겪은 세 번째 충격과 도전이라고 생각한다.

20세기 네 번째 충격은 개혁개방 초기 20년간에 발생했다. 만약 여러분이 1978년 이후의 첫 10년, 즉 개혁개방 동원기를 잘 이해한다면 개혁개방의 사회동원 시대, 즉 80년대에 일어난 계몽 사조도 알 것이다. 이 시기의 계몽 사조는 5·4 시대의 신문화운동처럼 전통에 대한 비판을 주요 기조로 삼았으며 유가와 근대화를 대립시켰다. 90년대에 와서 중국은 시장경제가 급격히 발전했고, 이것이 초래한 공리주의의 만연은 유가 전통과 중국문화의 전통 전반에 강한 충격을 가져왔다. 때문에 대체적으로 구분한다면 나는 20세기의 유가사상 문화가 네 번의 큰 충격을 겪었으며, 이는 유가 문화의 운명에 근본적인 영향을 미쳤다고 본다.

그렇다면 여러분들은 이렇게 물을 것이다. 20세기에 우리가 겪은 백 년이 유가 문화에 단지 충격만 줬고 기회는 가져다주지 않았을까? 비록 충격도 기회로 볼 수 있지만, 역사 환경을 보았을 때 중요한 기회가 한 차례 있었다고 할 수 있다. 그 기회가 바로 9·18사변에서 항일전쟁 승리까지의 시기, 즉 항일전쟁 기간이 주를 이룬 시기이다. 이때 중국 전 국민이 단결하여 민족을 보위하고 부흥시키는 것이 가장 중요한 일이 되었기 때문에 민족문화를 수호하고 부흥시키고 발전시키는 것이 이 시기의 문화 기조가 되었다. 이는 힘들게 얻은 역사적 기회였다. 유가사상은 이 기회를 움켜잡아 자신의 발전을 이뤄냈다.

2. 대응과 구성

두 번째 문제는 대응과 구성이다. 앞에서 우리는 유학의 백 년 동안의 여정을 대략 네 번의 충격과 한 번의 기회, 즉 백 년의 역사를 다섯 단계로 나눴다. 유가사상이 20세기에 겪은 역정과 전개, 그리고 충격과 도전에 직면했을 때의 대응은 이 다섯 단계에 상응하게 펼쳐진다. 첫 번째 단계에서 우리가 짚고 넘어가야 할 사람은 캉유웨이(康有爲, 1858-1927)이다. 캉유웨이의 공교(孔敎) 구상은 사실 신해혁명 이전에 이미 존재했다. 신해혁명 이후 캉유웨이는 이 문제를 더 강하게 제기했다. 그는 여러 차례에 걸쳐 직접 또는 자기 제자들을 통해 공교를 국교(國敎)로 확립할 것에 관한 법안을 제기했다.

이런 움직임은 무엇을 의미하는가? 나는 이런 움직임이 적극적인 의미가 있다고 본다. 앞에서 말했듯이 『흥학조서』부터 1905년의 교육 방향, 그리고 1912년 차이위안페이가 교육부를 주관하던 시기까지 정치와 교육 분야에서의 전반적인 개혁이 가져온 타격으로 인해 유가는 이미 과거에 의존하던 정치, 교육의 제도적 기반을 상실했다. 사람들은 새로운 프레임 아래서 유가가 생존할 수 있고 역할을 할 수 있는 기반을 찾아야 했다. 이때 캉유웨이가 생각해낸 것이 바로 종교이다. 서방 근대문화의 프레임 안에는 기독교가 계속 존재하였고 기독교를 국교로 정한 사례들도 있었기 때문이다. 따라서 그는 새로운 사회구조 내부에 새로운 제도를 설계하여 유가가 일정한 역할을 할 수 있게 하려고 했다. 이것이 바로 공교를 국교로 세우자는 주장이며, 우리는 이를 캉유웨이의 공교론이라고 부른다. 그리고 이것을 첫 번째 대표적 대응으로 본다. 이를 또한 유학의 곤경에 대한 '종교적 대응'이라고 부를 수 있다. 물론 이 시도는 실패했다. 그의 법안과 제안은 수용되지 못했고, 그 후의 전개도 그의 제안이 실현될 수 없었음을 증명한다. 비록 성공하지 못했지만 우리는 이를 유학이 백 년간의 여정에서 충격에 대응한 첫 단계이고 유학이 첫 단계에서 보여준 노력이라고 본다.

두 번째 단계는 바로 신문화운동이다. 신문화운동 후기에 새로운 변화가 생겼는데 그것은 바로 제1차 세계대전으로 인한 서구 지식인들의 문화 성찰, 그리고 당시 사회주의 소비에트의 출현이다. 이는 당시 몇몇 우수한 일류 지식인들로 하여금 중국문화의 문제점에 대해 다시 깊이 생각하게 했다. 이 단계에 나타난 대표적인 인물이 바로 량수밍(梁漱溟, 1893-1988)이다.

그는 1920년대 초기에 『동서문화와 철학(東西方文化及其哲學)』이라는 저서를 냈다. 우리는 이 저서를 유가 문화가 곤경에 처하여 보여준 두 번째 대응이라 부른다. 이 대응은 '종교적 대응'이 아닌 '문화적 대응'이며 문화철학적 대응이었다. 그는 당시의 중국사회가 서구 문화를 전면적으로 받아들여야 하지만, 유가 문화와 그 가치는 가까운 장래에 인류가 가장 필요로 하게 될 것이라고 여겼다. 여기서 가까운 미래가 가리키는 것은 바로 유가 사회주의 문화를 의미한다. 그는 유가가 이미 사회주의 가치를 포함하고 있다고 생각했기 때문이다. 그는 사회주의 또한 유가적 가치를 포함하고 있다고 보았다. 때문에 그는 서구 문화의 장점은 인간과 자연계의 관계, 인간과 사물의 관계를 해결하는 데 있으며, 유가 문화의 장점은 인간과 인간, 인간과 사회의 관계를 해결하는 데 있다고 주장했다. 예를 들어 사회주의가 노사의 대립 관계를 해결하고자 하는 점이 유가와 일치한다는 것이다.

근대 이래로 우리가 맞닥뜨렸던 도전이 사실은 근대 서방문화가 중국사회와 문화에 초래한 도전이기 때문에 유가의 대응 역시 이 거시적인 문화 도전에 대한 대응이 될 수밖에 없었다. 계속해서 세 번째 단계를 보도록 하자. 이는 9 · 18사변부터 항일전쟁이 끝날 때까지이며 이때 일련의 '철학적 대응'이 나타났다. 이들 대응은 그 시기 고양된 민족주의운동의 산물일 뿐 특정한 어떤 문화 사조에 대한 대응이 아니었다. 그것은 근대 서구문화가 중국에 가져온 전반적인 충격과 도전에 대한 대응이라고 볼 수 있다. 대표적 인물로는 슝스리(熊十力, 1885-1968), 마이푸(馬一浮, 1883-1967), 펑유란(馮 友蘭, 1895-1990), 허린(賀麟, 1902-1992) 등이 있다. 슝스리의 유가 철학 체계는 '신『역』학(新『易』學)'이라고 부를 수 있다. 마이푸는 육경(六經), 육예(六藝)를 강조했기 때문에 그의 유학 체계를 '신경학(經學)'이라고 부를 수 있다. 펑유란의 철학 체계는 물론 '신이학(新理學)'이다. 이는 그가 직접 명명한 것이다. 허린은 '신심학(新心學)'이다. 슝스리는 맹자가 구성한 본심 (本心)의 철학사상을 고수하고 대역(大易) 원리에 의거하여 본심을 하나의 절대적인 실체로 구성하였는데 이 실체는 우주의 실체이다. 동시에 그는 흡벽성변(翕辟成變)2에 관한 우주론을 만들었다. 따라서 그는 그의 우주론을 '체용불이(體用不二)'의 우주론이라 불렀다. 그의 철학 사상은 우주론 구성 을 중요시하는 유학체계이다.

마이푸는 전통문화의 종합성을 고수했다. 그는 전통적인 경학과 이학을 종합하여 일체화한 학자이다. 그는 모든 도술(道術), 즉 우리가 오늘날 말하는 모든 학과를 육예(六藝, 육예의 또 다른 표현이 바로 육경(六經)이다. 마이푸가 말하는 육예가 바로 육경이다)로 통합시켰으며, 육경, 육예는 또한 일심(一心)으로 통합시켰다. 이는 또 하나의 고전적 유가의 설법이다. 펑유란의 철학은 신이학이다. 그는 정주(程朱) 이학이 이(理)의 세계를 강조하는 것을 이어받아 서구 신실재론(新實在論)의 흡수를 통해 철학에서 이의 세계를 구축하여 유가 철학 형이상학의 주요한 부분으로 만들고자 했다. 그렇기 때문에 우리는 펑유란의 철학을 형이상학 구성을 중요시하는 현대 유가 철학이라고 부른다.

● ● ●

2. (역주) 실체가 열리고 닫히는 상반되는 과정에서 쉼 없이 유동함.

허린으로 말하자면 스스로, 공개적으로 육왕지학(陸王之學)을 숭상한다고 밝혔다. 그는 "마음이 사물의 체이고 사물이 마음의 용(心爲物之體, 物爲心之用)"이라고 하면서 역시 심학을 기반으로 한 유가 철학을 강조했다. 그러나 더 중요한 것은 허린이 발휘한 아주 중요한 역할이다. 그는 유학 부흥을 설계했다. 그의 구호는 바로 "유가사상을 체로 하고 서방문화를 용으로 하자(以儒家思想爲體, 以西方文化爲用)", 또는 "민족정신을 체로 하고 서양문화를 용으로 하자(以民族精神爲體, 以西洋文化爲用)"이다. 그에게는 유학 부흥의 청사진이 있었다.

다시 량수밍 선생을 살펴보면 그는 이후 끊임없이 철학적 구상을 계속했다. 특히 1940년대부터 50년대, 60년대, 70년대까지 그는 계속해서 한 권의 저서를 집필했는데 그것이 바로 『인심과 인생(人心與人生)』이다. 이 책을 보면 우리는 량수밍의 철학 체계가 심리학을 주된 기초로 삼아 구성된 현대 유가 철학임을 알 수 있다.

슝스리, 량수밍, 마이푸, 펑유란, 허린과 같은 철학자들의 작업을 보면, 당시에 구성적 성격을 가진 새로운 유학이 출현했으며 시대에 대한 유학의 대응도 기본적으로 철학적 방식을 취했음을 보여준다. 다시 말해 이 단계에서 우리가 볼 수 있는 것은 유가의 주요한 존재 방식이 '철학적 대응'이었던 것이다. 이 시대가 바로 우리가 말한 지난 백 년 동안 유학이 어렵게 만났던 역사적 기회였다. 이 기회는 항일전쟁으로 인해 민족문화 의식이 고양되었던 것과 관련이 있다. 이때 앞서 말한 모든 중요한 사상 체계의 준비와 천명, 발휘가 이뤄졌으며, 민족의식이 고양되고 민족부흥 의식이 고양되었던 시기였다. 따라서 민족문화의 재건 역시 큰 발전을 이뤄냈다.

네 번째 단계는 물론 혁명과 문혁 시기이다. 이 단계에서 유학은 어떠했을까? 우리는 이 시대에 유학이 없었다고 단언할 수 없다. 1950년대부터 70년대까지의 시기에 슝스리 등 몇 명의 사상가들의 변화를 살펴보면,

이 시기가 현대유학의 조정 단계에 속해있음을 알 수 있다. 바로 사회주의와 결합하고 사회주의를 흡수하는 단계인 것이다. 슝스리는 1950년대 초에 저술한 『원유(原儒)』에서 사유제도를 폐지하고 계급을 없앨 것을 주장한다. 이것이 바로 사회주의를 흡수한 사상이다. 량수밍이 후기에 집필한 저서 『인심과 인생』, 『중국—이성의 나라(中國—理性之國)』를 보면 전문적으로 어떻게 계급사회로부터 무(無)계급사회로 넘어갈 것인지, 어떻게 사회주의에서 공산주의로 발전할 수 있는지에 대해 탐구하고 있다. 이로부터 명확히 알 수 있는 것은 이들 사상가들이 당시 사회에서 소극적으로 시대의 흐름을 따랐다기보다는 어떻게 하면 그 시대의 주제와 잘 결합할 것인지를 깊이 사색했다는 점이다. 그러나 사회제도가 어떻게 변하든, 정치구호가 어떻게 변하든, 그들은 시종일관 유가적 사상문화의 가치를 지켰다. 그들은 사회주의에 찬성하고 공산당의 영도에도 찬성했지만 유가 문화 가치는 그들이 고수한 문화 신념이었다. 이것이 네 번째 단계이다.

3. 은신(潛隱)과 현존(在場)

세 번째 큰 문제는 은신으로부터 부흥이다. 비교적 가까운 시대로 돌아가 보자. 이 단계는 당연히 개혁개방 단계와 관련된다. 나는 이 단계를 여기서 얘기해 보고자 한다. 그렇다면 무엇이 은신인가? 앞에서 얘기했듯이 유학은 단지 철학가의 존재에 의한 존재가 아니다. 즉 유학 철학가가 존재해야 유학이 존재한다고 볼 수 없다. 이는 단편적인 시각이다. 이 시대, 특히 1950년대 이후부터 오늘까지, 우리가 보아온 유학의 존재는 리쩌허우(李澤厚)가 언급한 것처럼 단지 경전에 대한 해석뿐만이 아니라 중국인의 문화심리 구조였다. 따라서 모든 제도적 연관성이 단절된 후에는 유학은 사람들 마음속에 살아 있는 전통으로 변했다. 특히 민간에서 유학의 가치는 백성들의 마음속에 여전히 존재했던 것이다. 유학은 아마 지식인 계층의 머릿속보다 백성들의 마음속에 더 많이 살아남아 있었을 것이다. 지식인의 내면이 서구문화의 영향을 더 많이 받았을 수 있기 때문이다.

우리는 백성들 내면에 존재하는 유학 전통을 "백성이 늘 사용하고 있지만 알지 못하는", 즉 자각하지 못하는 것이라고 본다. 중국인의 윤리적 관념은 1950년대 이후에도 여전히 전통적인 유가 이론의 영향을 깊이 받았으며 그 영향은 연속적이었고 변함이 없었다. 그러나 서로 다른 시대에 이런 영향을 자각하지 못했기 때문에, 서로 다른 시대적 환경의 영향을 받아 그 영향을 당당하고 건강하게 표출하지 못했고 어떤 때는 왜곡되기까지 했다.

우리는 이 점을 꼭 강조해야 한다. 우리가 다섯 번째 단계인 개혁개방 시기, 심지어 네 번째 단계 이후의 유학을 바라볼 때, 우리의 '유학' 인식은 반드시 바뀌어야 한다는 것이다. 즉, 유학 철학가가 존재해야 유학이 존재하는 것이 아니라는 사실이다.

개혁개방 이후의 신유학의 존재방식에 대해 좀 더 논의해 보자. 30년 동안 중국 대륙에서 1930~40년대와 같은 유학 철학가들이 나타나지 않았다고 할 수 있다. 그러나 이 시기 주목할 만한 점이 두 가지 있다.

첫째는 30년 동안의 유학 연구이다. 이 시기의 유학 연구는 '학술유학'을 구성했다. 학술유학이란 무엇인가? 바로 전통적인 유학에 대한 깊이 있는 연구로, 유학의 역사 발전 맥락을 잘 파악하고 유학 이론 체계의 내부구조를 정리하여 유가의 여러 사상을 명백히 하는 것이다. 이러한 시스템을 나는 '학술유학'이라 명명한다.

둘째는 '문화유학'이다. 문화유학이란 무슨 의미인가? 근 30년 동안 많은 문화 사조와 문화 토론이 유학과 직접적으로 관련되어 있다. 예를 들어 유학과 민주의 관계를 논하고, 유학과 인권의 관계를 논하고, 유학과 글로벌화의 관계를 논하고, 유학과 근대화의 관계를 논하며, 유학과 문명

충돌의 관계를 논했다. 물론 우리는 지금도 유학과 조화로운 사회(和諧社會) 건설의 연관성을 논하고 있다. 이러한 담론에서 많은 학자들은 유가 문화의 입장에서 유학 가치의 긍정적인 의미를 찬양하고 유학이 현대사회에서 역할을 발휘하는 방식을 연구하며 이런 측면에서 많은 가치 있는 문화적 관념과 이념을 제기했다. 나는 이런 토론들이 유학의 특수한 존재 형태를 구성했다고 보고 이런 형태를 '문화유학'이라고 부른다.

그렇다면 이 30년 동안 유학 철학 대가가 없었다고 유학이 공백이었다고 할 수 있는가? 그렇지 않다. 은신의 존재 형식 외에 우리는 '현존(在場)', 즉 현장에 존재하는 유학 문화 형식을 찾아야 하며, 근 30년 동안 현장에 존재한 유학 문화 형식에 대해 정의를 내려야 한다. 따라서 나는 학술유학과 문화유학으로 그 당시 현장에 존재했던 유학의 존재를 개괄하고자 한다.

셋째는 바로 '민간유학(民間儒學)'이다. 앞서 얘기했던 것처럼 한편으로는 은폐되어, 백성들이 알지 못했던, 늘 쓰고 있지만 알지 못하면서도 일반 대중의 마음속에 살아남아서 유학이 존재했고, 다른 한편으로는 현장에 존재하고, 공공연하게 활동했던 유학, 즉 학술유학과 문화유학이 존재했다. 현존하는 유학은 학술유학과 문화유학 외에 21세기 이후 부단히 발전해 온 유학이 바로 민간유학이다. 이것이 우리가 지난 세기 말에 이미 목격하고, 오늘날 여전히 끊임없이 발전하는 문화 형식이다. 예를 들자면 국학반(國學班), 서원, 학당, 강당(講堂), 그리고 온라인 잡지, 민간 출판물, 민간 서적, 어린이 경전읽기 교실, 각종 아동계몽 유가서적 출판 등이다. 내가 생각하건대 앞서 얘기한 학술유학이나 문화유학은 대체로 지식인의 활동이다. 그러나 민간문화를 보면 현재 중국의 각계각층이 폭넓게 적극 참여하고 있다. 이는 민간 실천 차원의 문화 표현이며 나는 이를 '민간유학'이라 부른다. 최근 10년의 국학열(國學熱)은 이러한 민간유학에서 많은 추진력을 얻었다.

맺는 말: 유가 부흥의 기회와 전망

끝으로 내가 지적하고 싶은 것은 21세기에 들어서 현대유학 부흥의 두 번째 기회가 왔다는 것이다. 앞서 우리는 첫 번째 기회가 항일전쟁 시기에 있었다고 했다. 그 시기는 민족의식, 민족부흥의식이 고양되었던 시기이다. 1990년대 후기부터 중국이 굴기(崛起)하여 중국의 근대화가 심도 있게 이뤄짐에 따라 중국은 이미 근대화의 초기 단계에 들어섰다고 할 수 있다. 이러한 배경 하에, 국민의 민족문화 자신감이 대대적으로 회복되어 가고 있는 환경에서, 중화민족의 위대한 부흥과 중화문화의 위대한 부흥이라는 이중적 부흥이 다가오고 있다. 이런 상황에서 유학이 현대에서 부흥하는 두 번째 기회가 왔다고 할 수 있다. 유학이 이 기회를 어떻게 포착할지, 유학자들이 유학의 부흥에 어떻게 참여할지에 대해 몇 가지를 생각해 볼 필요가 있다. 즉 민족정신의 재구성, 도덕가치의 확립, 이론질서의 마련, 교육이념의 형성, 공통가치관의 형성, 민족국가 응집력의 형성, 정신문명의 진일보한 향상 등이다. 이들 작업은 모두 유학부흥운동이 참여해야 할 중요한 것들이다. 유학은 자발적으로 중화민족의 위대한 부흥에 참여하고 시대적 사명과 사회문화 수요와 결합해야만 발전 전망을 개척할 수 있다.

이상의 중요한 작업 외에 또 하나의 중요한 것에 주목할 필요가 있다. 바로 철학 시스템의 재건과 발전이다. 다시 말해 중국 근대화 초기단계로부터 더 한층 발전해가는 상황에서 새로운 유가 철학이 생겨야 하고 또 필연코 생길 것이다. 그것은 중화민족 문화 생명이 거침없이 발전하고 있음을 증명하는 증거가 될 것이고, 중화문화 정신과 가치의 철학적 승화이자 논증이 될 것이며 더 다양하고 다채로워질 것이다. 중화문화가 부흥하고 세계를 향해 나아감에 따라, 새로운 유가 철학은 전통적 유학과 현대신유학의 기초 위에 학술유학, 문화유학과 호응하면서 선명하게 전개될 것이다.

마치 5·4 전후의 문화논쟁, 1920년대 중국 고대의 문화유산·학술에 대한 정리, 1930년대 민족철학의 발전과정처럼, 중국 대륙은 1980년대 문화열의 문화토론을 겪으면서, 1990년대 후기부터 오늘까지 국학열이 축적되었다. 우리는 중화민족과 중화문화의 부흥을 동반하고 새로운 유가 철학이 등장하여 중화민족 정신이 표현될 그날을 기대해도 좋을 것이다.

2. 캉유웨이와 현대 유학사조의 관계 분석

1. 서론

현대유학의 개념에 관한 논쟁은 오래전부터 지속돼왔다. 지금까지 캉유웨이는 현대유학이 아닌 전통유학 범주로 분류되어왔다. 이 글은 캉유웨이가 경학을 바탕으로 유가적 관점에 입각하여 서양의 정치이념을 수용하고, 중국의 국가모델을 구상했다고 본다. 그가 제기한 공교(孔敎) 관념과 정치유학의 방안 모두 현대유학의 기본의제를 구성했다. 따라서 캉유웨이를 재평가하여 현대유학의 출발점으로 삼아야 한다.

'현대신유학(現代新儒學)'은 지금까지도 경계가 불분명한 개념이며, 누구를 '신유가(新儒家)'로 부를 수 있는가라는 논쟁은 끊이지 않고 있다. 일반적으로 이 개념은 두 가지를 가리킨다. 하나는 1958년에 발표된 『중국문화와 세계: 중국학술연구 및 중국문화와 세계문화 미래에 대한 공통인식(中國文化與世界: 我們對中國學術研究及中國文化與世界文化前途之共同認識)』이라는 이름의 선언으로 대표되는 슝스리(熊十力)를 주축으로 하는 신유가 사조이다. 다른 하나는 서양사조의 충격 하에서도, 유교에 입각해 유교를 근대적으로 전환하려는 사상적 경향 및 인물들이다.

전자는 '협의의 신유가(狹義新儒家)'라고 불리는데, 이들 사상 발전과정의 전후맥락은 비교적 명확하다. 그러나 문제는 이들 사상가들이 현대신유학의 발전 전모를 완전하게 보여줄 수 없다는 데에 있다. 따라서 많은 학자들이 후자에 중점을 두어 '신유가'로 이해한다. 물론 이러한 틀에서 '신유학'을 서술하는 것 역시 문제는 남아 있다. 넓은 의미에서 '신유가'에 대해 서술한다 하더라도 문제는 존재한다. 왜냐하면 아마도 경계가 모호한 학자들 다수도 연구대상으로 포함해야 하기 때문이다. 따라서 두 번째 부류를 '신유가'로 확정한다면, '신유학'의 경계와 인물 계보를 보다 명확하게 정할 필요가 있다.

1986년, 팡커리(方克立), 리진취안(李錦全) 교수가 주도적으로 '현대신유가 사조(現代新儒家思潮)'를 연구하면서, 기본적으로 량수밍(梁漱溟)을 현대신유가의 선구자로 확정하고 열 명의 학자를 첫 연구 대상으로 선택했다. 그러나 이러한 틀을 두고 끊임없이 논쟁이 이루어졌는데, 일부 신유가 계보에 포함된 학자들이 공개적으로 자신이 신유가임을 부정했기 때문이었다. 위잉스(余英時)의 경우는 자신을 신유가라고 인정하지 않았을 뿐만 아니라, 첸무(錢穆)와 슝스리 계보의 신유가와는 차이를 두고자 했다.

그러나 필자가 보기에 첸무 및 신유가에 대한 위잉스의 분석에서 가장 의미 있는 지점은 바로 신유가의 특징에 대한 인식의 차이이다. 그리고 '신유학'을 종합적으로 연구하는 데 있어서 보다 중요한 것은 '근대'에 대한 이해이다. 기존 학자들의 신유가에 관한 서술을 보면, '근대'에 대한 이해의 차이가 신유학의 시작과 특징에 대한 구분을 결정했다.

통상적인 시대구분으로는 1919년을 중국 '근대'사의 시작으로 간주한다. 이러한 구분은 중국혁명사를 기준으로 한 '근대'가 반영된 것으로, 글로벌 근대화운동에서의 '근대'와는 부합하지 않는다. 만일 신유가를 서양 근대화 운동의 충격에 대한 총체적 반응으로 본다면, 현대신유학은 중서(中西)가 만나게 되는 시대를 출발점으로 삼아야 한다.

기존의 량수밍을 신유가의 시초로 삼는 견해도 나름의 근거는 있다.

량수밍은 신문화운동이 유가를 철저하게 부정했다는 점에 초점을 맞추었고, 사고방식의 측면에서도 이미 유가 경학을 벗어나 전통 유가와의 '단절'을 보다 분명히 했다. 그러나 중국의 근대화는 서구의 식민침략과 함께 시작되었으며, 서구의 식민침략이 중국에까지 미침에 따라 유가 역시 '근대'로의 역정(歷程)을 열게 되었다. 량수밍 이전의 캉유웨이, 장타이옌(章太炎, 1869-1936)은 기존의 경학적 입장을 유지했지만, 그들의 문제의식과 유가사상에 대한 고수는 건가한학(乾嘉漢學)과 상주금문학(常州今文學)과는 근본적인 차이를 낳았다. 따라서 어떤 의미에서 그들은 이미 유학의 '근대'를 열었다고 할 수 있다. 이러한 인식은 결코 우연한 주장이 아니다. 우리는 다수의 선행 연구자들을 찾을 수 있다. 대표적으로 샤오공취안(蕭公權)은 캉유웨이를 선진(先秦), 한대(漢代), 송명(宋明)을 계승한, 유학의 네 번째 발전 단계의 '개창자(開導者)'로 보았다. 샤오공취안은 다음과 같이 말했다.

> 캉유웨이는 유가 수정주의자로 볼 수 있다. 그는 유가사상을 수정하고 강화했다는 점에서, 유학에 공이 있다고 할 수 있다. 유학 창시자 사후 2,000년 동안 많은 이론적 발전단계를 거쳤다. 첫 번째 단계는 진시황이 중국을 통일한 후 바로 성립되었는데, 당시 대립했던 맹자와 순자의 두 학파가 유학을 두 가지 다른 방향으로 이끌었다. 두 번째 단계는 한대 동중서(董仲舒) 및 기타 공양학자(公羊學者) 시기에 절정에 이른 것이다. 세 번째 단계는 송대 이학(理學)으로 시작되었다. 도교와 불교의 사상은 유학에 전대미문의 철학적 발전을 추동시켰다. 캉유웨이는 19세기 공양학자들에게서 직접적으로 실마리를 잡아, 서양 및 불교사상으로 유학을 대중화시킴으로써, 유학의 윤리와 정치학설을 확장시켰다. 그는 네 번째 유학 발전단계를 개도(開導)하였기에, 유학사에서 매우 중요한 지위를 차지한다고 할 수 있다.[1]

분명한 것은 샤오공취안의 이른바 '개도했다'는 표현은 '단절'이 아니라 '전환'에 무게를 둔 것이라는 사실이다. 그가 보기에 캉유웨이는 서학과 불교를 배척의 대상이 아니라 유가사상이 융합할 대상으로 보았으며, 이를 바탕으로 새로운 유가 사조를 발전시키고자 했다.

필자가 보기에 근대유학의 시작을 분명히 하는 것은 단순히 학술적 문제에 그치지 않고, 어떻게 근대유학 발전의 토대와 목표를 종합할 것인가 라는 문제를 필연적으로 포함하고 있다. 만일 중국의 서양 식민과정에서 전개되는 근대성의 역정을 '근대'로 본다면, 심지어 1840년도 출발점으로서 의 의미는 없다. 실패한 아편전쟁은 사람들의 사상에 결코 큰 충격을 주지도 않았으며, 유학의 합법성도 사라진 것이 아니었기 때문이다. 그러나 1894년 청일전쟁은 다르다. 일본에 패전한 후 중국인은 비로소 근대화가 단순한 충격을 넘어, 중국이 세계를 배우고 모방해야 하는 계기라는 것을 진정으로 깨달았다. 이러한 인식이야말로 중국이 진정으로 근대화 문제에 대응한 첫 출발점이 되었다고 할 수 있다. 이와 같이 캉유웨이의 공양학 체계를 통한 제도변혁 구상과 유학에 대한 재해석은, 유학으로 사회변혁에 전면적 으로 대응한 주체적 행위로 볼 수 있다.

한 가지 지적하고 싶은 점은 유학의 내재적 생명력과 발전 목표의 관점에 서 유학을 이해해야 한다는 것이다. 기존의 신유학 계보에서는 신유가 인물들이 근대 분과학문 체계 속의 유가 연구자라는 틀에 한정되면서 유가 존재의 합리성 역시 유가학설의 철학적 해석에 국한되었고, 유학의 생명 원천인 경학적 토대에서도 벗어나게 되었다. 철학화 혹은 사학화(史學 化) 된 유학을 당시의 특수한 존재 방식으로 간주할 수도 있겠지만, 결코 단 하나의 타당한 방식으로만 볼 수는 없다. 유가를 사회적 의미에서 말하면

• • •

1. 蕭公權, 『近代中國與新世界: 康有爲變法與大同思想硏究』, 江蘇人民出版社, 1997, 107-108 쪽.

최근 신유학 부상은 유학과 서양 민주정치가 일치함을 증명하려는 것이 아니라, 중국인의 생활방식과 사회질서 재건에 새로운 역할을 하고자 하는 것과 밀접한 관련이 있다. 이 때문에 근대유학이 지식화에 안주해버리는 곤경에서 벗어나려면, 반드시 더욱 풍부하고 복합적인 사상으로서 그 시작을 만들어야만 한다. 이러한 기준에 따른다면, 량수밍을 현대신유학의 시초로 삼기에는 결코 충분한 학술적 근거와 현실적 의의를 가지고 있지 못하다. 따라서 관점을 바꿔, 현대신유학의 출발점에 최초로 유학과 근대의 관계를 전면적으로 사유했던 사상가를 배치해야 한다. 나는 개인적으로 캉유웨이를 근대유학의 시초로 보고 있다. 구체적인 이유는 다음의 몇 가지로 나눌 수 있다.

2. 경학의 전환과 캉유웨이 유학정신에 대한 새로운 이해

현대신유학이 던져주는 근본적 문제는 유학 경전을 어떻게 볼 것인가이다. 이 문제는 두 가지로 나누어 분석할 수 있다. 하나는 경학이라는 형태로 과학의 세례를 받을 수 있는가, 다른 하나는 경전은 현대 문제에 대응할 수 있는 가능성을 가지고 있는가이다. 첫 번째 문제의 핵심은 '과학'의 도전이다. 청말 경학의 존폐 여부는 다음 문제에 달려 있었다. 지식이 나날이 과학화 되는 시대에, 가치를 담지한 유가 경전과 과학화된 지식 전파 사이에는 어떤 차이가 있는가? 이 문제를 분석하려면 먼저 경전을 벗어난 유학을 상상할 수 있는가라는 전제를 해결해야 한다. 비록 역사적으로 '육경 텍스트(六經文本)'와 '선왕의 도(先王之道)' 중 무엇이 근본인가라는 논쟁이 지속적으로 있어왔지만, 경전을 떠나 도를 말한다면 반드시 기준이 없어 혼란스러워질 것이다. 량수밍 이후 대다수 신유가 인물들은 비록 유가 경전을 잘 이해하고 있었지만, 경전을 분과 학문화하는 데 힘썼던 일군의 학자들의 경전에 대한 태도가 이미 상당 정도 지식화되면서, 경전은 더 이상 사고의 기점과 가치의 토대가 아닌 학술 연구의 자원이 되어버렸다.

현대신유학을 새로운 유학부흥으로 본다면, 그러한 유학은 반드시 유가의 자체 논리에서 새롭게 발전해 나와야 할 필요가 있다. 서양의 도전에 대응하는 토대가 논증만을 위한 보조 자료가 아닌 경전에 포함된 의리(義理)라고 한다면, 경전이나 특정 경학의 입장에서 출발한다는 것은 그것이 신유학의 내재적 이론의 필요조건인지 여부를 판별한다는 뜻이다. 이러한 조건을 고려한다면, 현대신유학의 시작은 반드시 캉유웨이와 장타이옌으로 거슬러 올라가야 한다. 두 사람은 경학으로부터 서양의 충격과 현실적 도전에 대응했던 마지막 유학자였으므로, 현대유학 발전에 매우 중요한 의미를 지니고 있기 때문이다. 그러나 이러한 의의가 과학화된 유학에서는 충분히 중시되지 않았다.

캉유웨이와 장타이옌은 경학적 입장도 다르고, 두 사람이 개척한 경학 변화의 길도 다르다. 캉유웨이는 '개제(改制)' 입장을 기초 삼아, 공양학의 삼세설(三世說)과 『주역』의 '변(變)' 철학을 발양시키려고 노력했고, 경학 체계 내의 일부 경전을 '위경(僞經)'으로 간주하기도 했다. 그러나 장타이옌은 더욱 급진적인 입장에서, 즉 인류학과 실증적 사고에서 출발하고자, 경학을 역사학화 함으로써 근대적 분과학문 방식으로 경학을 다루는 기원을 이루었다. 캉유웨이에게 개제는 가장 절박한 임무였다. 그는 경전과 당대 변혁실천을 어떻게 서로 융합할 것인가를 고민했다. 그리고 공양학으로 경전 체계를 재구성하는 길을 선택하여, 마침내 자신만의 경학체계를 확립했다.

『춘추동씨학자서(春秋董氏學自序)』에서 캉유웨이는 공자의 도(道)가 '육경(六經) → 춘추(春秋) → 공양전(公羊傳)'의 순서로 발현되었다고 보았고, 맹자가 요(堯), 순(舜), 우(禹), 탕(湯), 문왕(文王)에서 공자까지, 성인의 업적을 전술(傳述)할 때 『춘추』를 유달리 중시했다고 생각했다. 그 때문에

『춘추』삼전(三傳: 左氏傳, 公羊傳, 穀梁傳) 중에서 『공양전』을 가장 중시했다.

> 맹자는 『춘추』의 학(學)에 대해 이렇게 말했다. "그 일(事)은 제환공(齊桓公), 진문공(晉文公)의 일이고, 그 글(文)은 역사(史)이며, 그 옳음(義)은 공자가 취했다." 『좌씨전』에는 글과 일만이 상세하므로, 그것은 역사(史)일 따름이며 공자의 도와는 관련이 없다. 오직 『공양전』만이 『춘추』의 의미를 제대로 설명하고 있다. 맹자는 『춘추』의 학(學)에 대해 "『춘추』는 천자(天子)의 일"이라고 했다. 『곡량전』은 『춘추』에 담긴 선왕의 법도를 밝히고 있지 않으며, 공자의 도가 전해져도 밝히지 못했다. 오직 『공양전』만이 소왕(素王) 개제(改制)의 의미를 설명하기에, 『춘추』는 『공양전』으로 전해지고 있다.[2]

개혁(改制)하는 새로운 왕으로서의 공자의 지위를 부각시키려 했기 때문에, 기타 유가 경전은 각 '시대(世)'를 관장하는 도(道)로만 간주하고, 오직 『춘추』만이 도의 시작과 끝을 관통하고 있다고 보았다. 『논어주(論語注)』에서 그는 『상서(尙書)』는 태평세(太平世)를 위해 지었고, 『시경(詩經)』은 승평세(升平世)에 대한 책이며, 『예기(禮記)』는 상하존비를 다룬 것으로 소강세(小康世)의 법칙을 설명하고 있다고 했다.

이러한 변혁의 합법성과 단계의 합리성을 증명하기 위해, 캉유웨이는 『논어』, 『맹자』, 『중용』 등 널리 전승되어 온 유가 저작을 재해석했는데, 사서(四書) 이외에 특히 『예기·예운(禮運)』편을 중시했다. 「예운」에서 제시

● ● ●

2. 康有爲, 『春秋董氏學』, 載 『康有爲全集』, 二集, 307쪽. 丁亞傑는 다음과 같이 말했다. 캉유웨이는 공자학의 핵심은 개제에 있다고 주장했기 때문에 『춘추』의 정신은 반드시 공양전에 있다. 따라서 캉유웨이의 경학은 『春秋繁露』에서 『公羊傳』으로, 다시 『춘추』에 이른다. 丁亞傑의 『淸末民初公羊學硏究 — 皮錫瑞, 廖平, 康有爲』, 臺北萬卷樓圖書有限公司, 2002, 214쪽을 참고할 것.

한 "모두가 공평하고, 모두가 평등한(人人皆公, 人人皆平)" 대동(大同)의 이상(理想)은 공자가 바라는 것이었으므로, 공자의 "삼세는 변하여도 큰 도는 진실하다(三世之變, 大道之眞)"는 생각은 이 책 속에 모두 들어 있다고 캉유웨이는 보았다. 그는 다음과 같이 지적했다.

> 우리 중국은 이천여 년 동안, 한, 당, 송, 명의 흥망성쇠를 막론하고 모두 소강(小康)의 사회였다. 중국 이천여 년 동안의 순경(荀卿), 유흠(劉歆), 주자(朱子)와 같은 유가들이 한 말은 진실과 거짓, 정교함과 조잡함, 아름다움과 추함을 가릴 것 없이 모두 소강의 도였다. 그 이유는 많은 경(經)과 여러 전(傳)들이 밝혔듯이, 삼대의 도 역시 소강을 벗어나지 못했기 때문이다. 무릇 공자는 백성의 어려움을 슬퍼하고 그들을 도탄에서 구하고자 했으며, 마음 깊이 간절히 원하고 홀로 있을 때조차 높은 뜻을 품었으니, 그의 관심은 오로지 대동에 있었다. 그러나 생전에는 난세를 당하여 도를 갑자기 실현하기(躐等) 어려웠고, 태평을 간절히 원했지만 세상은 아직 태평하지도 혼란에서 벗어나지도 못했기에, 어쩔 수 없이 조금씩 순서에 따라 행하였다.[3]

이 구절에서 가장 놀라운 것은 주희와 순자, 유흠을 같은 위치로 평가했다는 것이 아니라, 전통 유가 이상사회의 전범인 삼대의 도를 '소강'으로 분류하고 대동에 포함시키지 않았다는 점이다. 이를 통해 삼세설과 진화론을 결합시킨 후에 캉유웨이는 유가의 이상을 더 이상 과거에 있다고 보지 않고 미래의 희망에 두고 있었다는 것을 알 수 있다.

캉유웨이가 확립한 새로운 경전 체계는 『춘추공양전』을 중심으로 하고 '사서(四書)'에 '예운(禮運)'을 보충하였으며, 삼세설과 진화론을 결합하여

• • •

3. 康有爲, 『禮運注』, 『康有爲全集』, 五集, 553쪽.

송대 유자의 '천리(天理)'를 대동의 공리(公理)로 전환시켰다. 이렇게 하여 공자의 도는 현대에도 여전히 유지되고 도태되지 않을 수 있었다. 다음 문장은 캉유웨이가 자신의 경학 체계에 대해 진술한 것이다.

> 무릇 오늘날 세상은 크게 변했지만, 공자의 도는 광대하고 모든 곳으로 통하여 없는 곳이 없다. 그것의 가장 중요한 뜻은 『예기·예운』에서 말하는 소강과 대동, 『춘추』에서 말하는 거란(據亂), 승평(升平), 태평(太平)의 삼세에 있다. 『춘추』의 뜻은 『좌전』에 있지 않고, 『공양전』을 전한 동중서와 하휴(何休)에 있다. 만일 고문 『좌전』이 거짓임을 모른다면 금문 『공양전』이 진실임을 모를 것이며, 공자의 큰 도도 마침내 밝히지 못할 것이다. 그러나 여러 경에서 제시된 거란에 관한 설에 따라, 공자의 영향력을 협소화 시킨다면 구미의 민주정치와 국제학문 및 모든 새로운 학설을 아우를 수 없다. 그런데 공자의 도가 어찌 다하지 못하고 폐하여지겠는가? ……『위경고(僞經考)』는 공경(孔經)의 진실과 거짓을 판별하고, 『논어주』는 금문의 설로 70제자학을 고증하고, 『춘추필삭대의미언고(春秋筆削大義微言考)』는 공자 삼세의 학(學) 일부를 갖추고 있으니, 공자의 도는 거의 사라지지 않을 것이다.[4]

분명한 것은 캉유웨이의 신(新) 경학 체계가 구미의 민주정치와 새로운 국제질서를 직면해야 했다는 점이다. 다시 말해 이러한 새로운 정치, 경제 문제를 여전히 경전을 토대로 해결하고자 했다. 물론 유가사상 속에는 결코 '문제 해결'의 방법이 포함되어 있을 수 없다고 혹자는 의심할 수도 있다. 그러나 필자는 이렇게 말하고 싶다. 만일 경전을 토대로 분명히 문제를 이해하고 해결할 수 있다는 점을 사람들이 더 이상 믿지 않는다면,

● ● ●

4. 康有爲, 『答李參奉書』, 全集, 十一集, 24쪽.

어떻게 그 전개된 사상을 '유학'이라고 부를 수 있겠는가?

여기에서 캉유웨이는 자신의 사명을 거란세에서 승평세로 전환하는 때에 거란의 법을 고집하고 있는 유가 학설에 대해서 그 고집으로부터 해방시키는 것으로 삼고 있음을 알 수 있다. 이미 공자가 시대에 따라 법을 만들었으므로, 캉유웨이가 스스로를 당대에 공자의 생각을 전달하는 사람이라고 자임했던 이유가 있었던 것이다. 설사 사람들이 그의 견해를 매우 기이하게 생각할지라도, 그는 조금도 아랑곳하지 않았다.

캉유웨이의 경학활동은 의고파(疑古派) 사상의 중요한 요소가 되었는데, 이러한 결과가 그의 본래 의도에 부합한 것은 결코 아니었다. 그런데 과거제도가 폐지되고 청제국이 멸망함에 따라 경학화된 유학 역시 제도적 기초를 확보하기 어려워지면서, 경학에서 근대과학으로의 전환은 거스를 수 없는 '역사의 조류'가 된 듯 했다. 1901년 차이위안페이는 다음과 같이 주장했다.

그러므로 『서경』은 역사학이 되었고, 『춘추』는 정치학이 되었고, 『예기』는 윤리학이 되었고, 『악경』은 문학이 되었고, 『시경』 역시 문학이 되었다. 흥관군원(興觀群怨: 공자가 문학작품의 사회작용에 대하여 한 말─역자)과 사부사군(事父事君), 만물의 이름을 두루 아는 것은 바로 심리학, 윤리학, 이학(理學)을 포함하여 모두 도학(道學)의 전문 학과이다. 『역경』은 지금의 순수철학인 종합 학과이다.[5]

이러한 생각을 가진 차이위안페이는 북경대학 총장이 된 후에 '경학과(經科)' 폐지는 피할 수 없는 추세임을 분명히 밝혔다. "나는 14경에서 『역경』, 『논어』, 『맹자』 등은 철학과에서, 『시경』, 『이아(爾雅)』는 문학과에서, 『상서』, 『주례(周禮)』, 『의례(儀禮)』, 『예기』, 『대대례기(大戴禮記)』, 『춘추삼

● ● ●

5. 蔡元培, 『學科敎科論』, 『蔡元培全集』, 第一卷, 杭州: 浙江敎育出版社, 1998, 337-338쪽.

전』은 사학과에서 다루게 하였으므로, 다시금 경학과를 설치할 필요가 없어서 이를 폐지했다."[6]

이후에 등장한 유가사상 동조자들은 전통 유가식 교육에서 근대 과학형 교육으로 전환되는 시대를 살았지만, 캉유웨이와 장타이옌 이후 대다수 사상가들은 어떤 가치나 입장을 지지하든, 더 이상 경학을 당연한 가치 토대로 간주하지 않고 인문과학의 해석 방식의 하나로서 유가의 근대적 가치를 설명했다. 펑유란, 허린이 바로 이 같은 경우였다. 제대로 갖추어진 근대 학술교육을 받은 적이 없었던 슝스리와 량수밍 역시 '지식화'라는 해결 방식을 배척하지 않았다.

문제의 역설은 여기에 있다. 점점 많은 유가학자들이, 유학적 가치 정체성이 결핍된 유학연구와 가치 정체성에 기초한 유가 발전적 사유 두 가지는 서로 다른 노선이므로 과학화라는 방식만을 통해서 유가 가치가 사회제도와 생활방식, 가치 이상에 영향을 끼치는 것은 불가능하다고 생각하게 되었다. 이에 따라 1920년대에 시작된 분과학문화 된 유학의 존재 방식이 가장 합리적인 형태인지 여부에 대해 사람들은 의심하기 시작했다. 바로 이 점이 우리로 하여금 더욱 캉유웨이와 장타이옌의 작업으로 되돌아가 근대 유가 경학의 비지식화의 가능성을 재고하도록 요구하고 있다. 이처럼 캉유웨이를 근대유학의 시초로 보는 것은 경학과 유학 발전의 관계를 새롭게 이해하는 길을 열어주는 것이다.

3. 제도의 변화와 캉유웨이의 건국 방략에 대한 탐색

경학의 변혁은 유학 자체의 형태적 변화이다. 이러한 변화의 동력은

6.　蔡元培, 『我在敎育界的經驗』, 『蔡元培全集』, 第八卷, 509쪽.

사회적 요구의 변화에 있기 때문에 경학이 제공하는 일반적 원칙 역시 필연적으로 사회적 요구에 부합해야 한다. 그런데 근대유학에서 '근대'라는 말을 붙이게 된 핵심은 현재 당면한 문제가 전통 중국의 농업경제 및 종법사회가 당면했던 문제와는 완전히 다르다는 데에 있다. 비록 미조구치 유조(溝口雄三) 등은 명말 이후 중국사회 자체적으로 근대로 전환할 수 있는 근거가 있다고 했지만, 분명한 것은 중국사회에 변화를 가져온 많은 요소들은 서양에서 왔다는 점이다. 근대성은 모든 것 일체의 전변이었기 때문에, 당시 유생(儒生)들에게 가장 직접적인 우환은 문명의 연속과 종족의 보전이었다. 이러한 문제는 외국 군사의 압박 하에 나라가 망하고 민족이 멸절할 강한 징조로 읽혔기 때문에, 캉유웨이는 국가를 지키고 문명을 계승하는 것을 일체화시켜 사유했으며, 어떻게 서양에 맞설 수 있는 새로운 국가를 세울 것인가로 생각을 집중했다. 청일전쟁 패전 훨씬 이전부터 『만국공보(萬國公報)』 등과 같은 간행물과 서적에서 캉유웨이는 국제질서에 대해 동시대인을 넘어서는 이해를 보여주었다. 그는 더 이상 이전의 화이관계를 가지고 중국과 외국 간의 새로운 질서를 이해하지 않았으며, 당시 세계가 만국이 각축하는 상황임을 알고 있었다. 이러한 상황은 수천 년 동안 한 번도 없었던 것이었다. 청일전쟁 패전 후 1895년에 캉유웨이는 『상청제제사서(上淸帝第四書)』에서 현재 중국은 수천 년 동안 한 번도 없었던 대전환에 직면해 있는데, 이전에는 외적의 침입에 강한 군사로 대적할 수 있었다면 지금은 서양 각국이 견고한 함선과 매서운 대포 이외에도 문학치법(文學治法)이라는 '지학(智學)'적 우위를 점하고 있으므로,[7] 중국 보전은 영토와 주권의 문제뿐만이 아니라 종족과 교화 전방면의 위기라는 점을 역설했다. 이것이 캉유웨이가 보국(保國), 보종(保種), 보교(保敎)의

• • •

7. 康有爲, 『上淸帝第四書』, 載孔祥吉編, 『康有爲變法奏章輯考』, 北京圖書館出版社, 2008, 74-75쪽.

총체적 전략을 강조했던 이유이기도 했다.

그렇다면 어떻게 새로운 국가를 만들 것인가? 캉유웨이의 초기 논적이 주로 청 왕조의 보수파라면, 무술변법 이후 주된 대상은 혁명파와 혁명파의 사회변혁 논리를 계승한 신문화 운동가들이었다. 혁명파의 만주족과 한족의 모순 격화를 통한 혁명 주장에 맞서 캉유웨이는 민족 융합을 강화하고 청 왕조의 인구 및 강토를 계승할 것을 주장했다. 그는 공양학의 화이관념을 재해석하여 중국 역사상에서 화이구별은 주로 문화적 토대 위에서 세워진 것이지 종족의 우열로 구분한 것이 아니며, 현재 '중국인'의 종족구성은 역사적으로 각 민족이 융합된 결과라고 생각했다. 캉유웨이는 기존의 강역과 인구를 보존하는 것이 국가의 강한 기초라고 생각했다. 그는 이렇게 말했다.

> 만주족이 개척한 강토가 중국 건국에 갖는 의의를 받아들여야 한다. 동시에 국가가 강해지기 위해서는 반드시 "변방의 여러 종족을 기꺼이 받아들여야 한다(旁納諸種)." 청 왕조가 만주, 신장, 몽고, 청해, 티베트에까지 넓은 땅을 개척하여 중국의 판도는 더욱 확대되었고, 당, 한에서 송, 명을 거치면서 교화는 더욱 널리 드리우고 종족은 더욱 늘어나 풍부해졌다. 러시아가 대국이 될 수 있었던 것이 여러 종족을 기꺼이 받아들였기 때문이 아니겠는가? 그렇기에 만주가 한족 문화에 통합된 것은 중국에 커다란 이익이 있다.[8]

근대국가는 반드시 국내통치, 대외경쟁이라는 두 가지 임무를 완수해야 한다. 대외경쟁의 경우, 하나의 통일된 국가가 더 경쟁력이 있다. 국내통치의 경우, 중국에서 수천 년 동안 존재해왔던 '봉건'과 '군현' 논쟁, 즉 통일과

• • •

8. 康有爲, 『答南北美洲諸華商論中國只可行立憲不能行革命書』, 『康有爲全集』, 六集, 328쪽.

분권을 이해하는 것이 관건이다. 다시 말해 전통중국은 중앙집권과 지방자치를 상호 결합한 방식으로 거대한 규모의 국가를 다스렸다. 중화민국 건립 이후 이러한 통치모델은 계속 제 기능을 발휘할 수 있을 것인가, 아니면 혁명파의 주장처럼 미국의 연방제를 그대로 모방해야 하는가? 캉유웨이가 제시한 전략은 바로 "영토를 늘리고 관리를 분산시키는(增疆析吏)" 것으로, 지방 세력이 커져서 통제가 어려운 상황을 막기 위해 중국의 지방구역을 분할하고, 원대에 시작된 행성제(行省制)를 송대의 부주제(府州制)로 회복시켜야 하는 것이다. 그는 각 성이 독립하여 나름의 특징을 갖는 지방자치를 반대했는데, 이것이 군벌할거의 원인 중 하나라고 생각했기 때문이다. 그는 삼세설로 일통(一統)과 분권(分權)의 변증관계를 설명했다. "거란(據亂)의 전제시대에는 군권(君權)이 과도하게 숭상되면서, 관제(官制)는 군주를 받들기 위해 설치된다. 평세(平世)에는 백성이 스스로 다스릴 수 있고 군장(君長)은 모두 백성이 세우며 임금을 섬기기 위해 많은 관리가 존재하지 않기 때문에, 백성을 섬기는 관제가 오히려 임금을 섬기는 관제보다 낫다." 캉유웨이는 계속 설명한다. "야만의 시대에 국가의 통치는 단순하기 때문에 직분의 종류는 매우 적다. 문명의 시대에 정치는 복잡해지기 때문에 직분은 더욱 상세히 나눠진다. 따라서 직분이 많은 것이 적은 것보다 낫다. 거란의 시대에는 도로가 통하기 어렵기에 외번(外藩)의 분권을 둘 수밖에 없다. 문명의 시대에는 도로가 통하고 체제도 더욱 세세하게 갖추어지므로, 권력의 중앙 집중이 행해진다. 따라서 중앙집권(合權)이 분권보다 낫다."[9]

캉유웨이가 주창한 '군주입헌(君主立憲)'과 '허군공화(虛君共和)'는 국가 통일을 해결하겠다는 상징적 사고를 담고 있지만, 신문화운동의 급진적인 사조 앞에서 보황(保皇)과 복벽(復辟)을 주장한 것은 캉유웨이의 정치적

• • •

9. 康有爲, 『官制議』 序, 『康有爲全集』, 七集, 231쪽.

오점이 되었고, 국가통치 모델의 합리성 역시 역사의 풍진 속에 묻히고 말았다. 그런데 역사에서는 항상 '내용과 형식이 부합하지 않는' 역설이 발생한다. 중국은 1949년의 민족구역 자치제도나 1978년 이후의 경제특구 및 홍콩, 마카오, 대만 문제를 일국양제(一國兩制)로 처리하고 있다. 이는 '봉건'은 '군현' 속에 깃들어 있다는 전통적인 어법을 빌려 말하면 대일통국가라는 전제 하에 여러 가지 정치적 모델을 허용하면서 지방의 자주성과 자치성을 충분히 발휘하도록 허용하는 것이다.

근대화의 물결 속에서는 어떤 국가도 문을 걸어 잠근 채 자존할 수 없기 때문에, 당시는 외부의 제도적 요소를 수용하는 것은 거스를 수 없는 조류였다. 캉유웨이는 무술변법 전후로 한때는 민권과 자유를 주창하기도 했다. 그의 민권과 의회 사상의 주요 목적은 '위아래를 통하게 하는 것', 즉 최고통치자가 민생과 민심을 정확하고 구체적으로 이해할 수 있게 하는 것이었지, 서양 근대정치에서의 민권과 자유가 아니었다. 민국 이후 캉유웨이는 당시 정치인들이 '공화'를 맹신하는 현상을 비판했다. 1913년 7월에 쓴 『중국의 가장 큰 위험과 착오는 구미만을 본받고 국수설(國粹說)을 완전히 버린 것에 있다』에서, 특히나 공화정 때문에 중국 전통의 교화, 풍속, 법도, 제도를 반대하는 것은, 시비를 막론하고 중단해야 한다고 주장했다. 전통적인 문물제도는 국가의 혼(魂)이기에 만일 이러한 도덕과 풍속의 기초를 버린다면 어떤 새로운 정치형태도 효과를 거두기 어렵다고 지적했다. 그는 서양의 정치와 법률제도를 그대로 따르는 방식에 대해 특히 비판하면서, 이런 방식의 베끼기는 "정치의 실제가 아니라, 종이 위의 빈 글과 같다"[10]라고 했다. 캉유웨이는 어떤 제도를 수용하더라도 반드시 본토의 자원과 결합되어야 하므로 그냥 따를 수만은 없으며, 반드시 손익이 뒤따른다고 생각했다. 그는 국민들이 보편적으로 사고의 기준을 서양에 두고

● ● ●

10. 康有爲, 『中國顚危誤在全法歐美而盡棄國粹說』, 『康有爲全集』, 十集, 131쪽.

있는 것, 즉 이것이 아니면 저것이라는 식으로, 자신의 전통을 버리고 서양의 옳고 그름을 그대로 옳고 그름 자체로 여기는 것에 대해 우려했다. 캉유웨이가 제기한 문제는 후발 근대화 국가가 제도를 만들어갈 때 맞닥뜨리는 보편적 난제이다. 제도의 이식(移植)이 초래하는 제도적 실패는 언제나 세계적인 문제이다. 서양에서 유효했다고 그들 제도를 분별없이 도입한다면, 자연히 귤이 회수를 건너면 탱자가 되는 곤경을 맞게 될 것이라고 생각했다.

나중에 유학자 중에서 이 문제를 깊이 성찰한 이가 량수밍이다. 그는 1911년 중화민국 성립 이후부터 농촌 실패라는 뼈아픈 교훈 속에서 향촌건설운동과 중국식 정치문화교육을 고민하기 시작했다. 량수밍이 보기에 중국사회는 계급사회가 아닌 윤리본위의 사회이며, 그것의 특징은 권력관계가 아닌 의무를 중시한다는 것이었다. 또한 정치질서에서는 지도자와 엘리트의 리더십을 중시하고, 법치에 비해 예치(禮治)와 인치(人治)를 중요시하며, 개인의 자유보다 공동체 이념을 더 중시한다. 따라서 새로운 정치문화교육은 고유한 정치윤리풍속 확립과 밀접한 관계가 있어야 한다.

캉유웨이가 성찰하고자 했던 것이 주로 민주헌정 제도였다면, 량수밍이 당면한 현실은 사회주의 중국이었다. 이 둘의 차이는 매우 크다. 그러나 표면상의 차이를 넘어서면 우리는 그들 간의 공통점을 발견할 수 있다. 두 사람 모두 중국문화가 중국인들이 만든 제도의 가치 기반이라고 확신했고 다른 유형의 근대성 대안을 성찰하면서, 유가가 인류의 새로운 출로 모색에 공헌을 할 수 있다고 굳게 믿었다. 이것이 바로 현대유학에 나타나는 공통된 정신적 기질이다.

공교회(孔敎會)에 관한 구상은 캉유웨이 사상에서 가장 논쟁적인 부분일 것이다. 캉유웨이의 공교 관념은 유래가 깊다. 처음에는 청말의 교안(敎案)11

● ● ●

11. (역주) 교안은 서양의 종교가 중국에 전파된 후, 선교사, 외국 정치세력과 중국 정부

에 대응하기 위해서 제기한 것이었다면, 나중에는 새로운 국가 정체성의 기초를 제공하기 위해서였다.

사람들은 캉유웨이의 유가 종교화 노력을 두고 강하게 비판했으며, 혹자는 유가는 종교가 아니기에 종교화 노력이 분명 성공할 수 없다고도 하였다. 어떤 이들은 과학에 비하면 종교는 낙후된 관념이기 때문에 유가 종교화로 결코 유가가 새롭게 발전할 수 없으며 오히려 퇴보하는 길이라고도 생각했다. 캉유웨이에 대한 이러한 비판이 정확하다고 할 수 없는 이유는, 캉유웨이의 공교에 대한 노력은 무엇보다 새로운 국가의 결속력 형성을 위해서였기 때문이다.

1911년 이후, 캉유웨이는 공교를 국교로 만들고자 각고의 노력을 기울인다. 국교라는 개념은 특히나 오해를 불러일으키기 쉬운데, 사실 캉유웨이에게 국교는 결코 다른 신앙을 배척하는 배타적 종교를 의미하지 않았다. 신앙의 자유라는 전제 하에 국민의 공통 가치관을 세우고자 했기에, 국교의 역할은 강제성보다 상징성이 더 많았다.

일반적으로 타종교에는 신성(神聖)이 있지만, 중국에는 수천 년 동안 민간 풍속에 어울리고 공덕(功德)이 뛰어난 사람으로 공자만 한 이가 없으니, 이것이 바로 우리나라의 국교이다. 민간 농촌까지 당연히 모든 미신을 없애고 두루 제사를 지내고 있으며, 여러 유생을 세워 강연하고 권면하는 것이 마치 구미 사람들이 예수를 제사지내고 제사장과 목사를 세우는 것과 같다. 크고 작은 학교마다 반드시 전(殿)을 만들어 절을 올리며, 제사를 지내고 의식을 행하며(敬禮), 경전을 암송한다. 경학과를 설치하여 더욱 존숭하고 유생들이 성인의 도를 전하는 것이, 마치 유럽

● ● ●
측, 민간 사이에 발생한 각종 분쟁, 충돌 및 이로 인해 발생한 소송사건을 일컫는 말이다.

사람들이 학교에서 반드시 예수에게 예배드리고 성경을 암송하고 도를 가르치며, 또한 반드시 신학과를 두는 것과 같다. 마땅히 유교를 국교로 세워야하지만 나는 백성들의 자유로운 신앙을 존중한다.[12]

공교회 설립을 위해 쓴 두 편의 서신에서 캉유웨이는 공교가 중국이 중국일 수 있는 근거가 된다고 강조했다. 1912년에 쓴『공교회서일(孔教會序一)』에서 캉유웨이는 종교의 기능은 정치활동으로는 따라올 수 없는 것이기 때문에 국가의식은 종교 위에 입각해야 한다고 분명히 밝히고 있다.

국가의 유지와 민생의 의탁에는 반드시 큰 종교가 중심적인 역할을 한다. 민속을 교화하고 인심을 얻고, [신하가 군주의 명령을] 받들어 행하고, 생사를 같이 하면 마침내 백성들을 다스릴 수 있으니, 이것은 정치가 할 수 있는 것이 아니다. …… 오늘날 중국인이 스스로 중국이라고 여기는 것이 어찌 다만 우(禹) 임금이 다스리던 땅과, 복희씨(伏羲氏), 헌원씨(軒轅氏)의 자손이라는 점만이겠는가? 수천 년 동안의 문명교화가 있고, 수많은 성철(聖哲)과 영걸들이 있고, 섞이어 함께하고, 낳고 키우며, 노래하고 눈물짓고, 즐거이 바라보니, 마침내 중국의 혼이 사람들로 하여금 끊임없이 중국을 사모하게 하고 있는데 이것이 어찌 중국이 아니겠는가?[13]

캉유웨이가 천환장(陳煥章, 1880-1933)과 추진한 공교 국교수립 운동은 두 번의 제헌(制憲) 투표에서 모두 통과되었다. 그리고 그는 심혈을 기울여 국교와 신앙의 자유, 공교와 신교(神教)의 차이를 설명했지만, 나날이 급진

• • •

12. 康有爲, 『英國監布烈住大學華文總教習齋路士會見記』, 『康有爲全集』, 八集, 36쪽.
13. 康有爲, 『孔教會序』, 『康有爲全集』, 九集, 341쪽.

적으로 변해가는 지식인들에게는 받아들여지지 않았다. 오히려 위안스카이(袁世凱, 1859-1916)가 복벽을 추진하고 여러 군벌들이 공자라는 상징부호를 정치적으로 계속 이용하면서, 천두슈(陳獨秀) 등은 공자와 근대의 민주와 과학 사이에 근본적 대립이 존재한다고 믿게 되었다. 천두슈는 공교 수립이 전제(專制)와 황권 지지를 초래하고 과학발전이라는 대세를 거스르는 것으로 보았다. 공교 활동은 거꾸로 신문화운동이 '타도공가점(打倒孔家店)'을 민주와 과학을 선전하는 구호로 삼게 만들었다. 중서고금(中西古今)의 관계가 여러 이유로 조화롭게 이해되기 어려웠던 근 백 년 동안, 캉유웨이는 각종 담론 체계로 포장되었다. 혁명 담론에서 그는 역사의 조류를 점차 따라가지 못하는 사람이었으며, 관념사가들의 눈에는 그의 급진적 이론과 타협적 실천은 이해되기 어려웠다. 이성과 탈주술화의 시각에서 보면, 캉유웨이가 국가 내지 만백성을 구원할 성현을 희망했던 것은 망상이었다. 과학주의의 파고 속에서 그의 입론인 공양삼세의 역사관은 불가사의하고 황당한 이야기일 뿐이었다. 또한 도덕가의 눈에 그는 사기꾼이며 절제 없는 욕심쟁이일 뿐이었다. 비록 유학자들이라도 유학과 근대성을 연결하려는 이러한 선구적 시도를 용납하려 하지 않았다. 그러나 실제 후대 유가들은 이론을 수립하는 과정에서 오히려 캉유웨이의 그림자를 벗어나기 어려웠다. 이처럼 강하게 비판받았던 공교를 두고 후대 신유학자인 머우쭝싼(牟宗三, 1909-1995)은 인문종교에 대한 구상을 가지고 있었고 그 초점은 체제 종교에서 유가 신앙에 대한 실행 가능성의 심급에 놓여져 있었다. 그리고 유가의 종교성에 대한 토론은 홍콩·대만의 신유가와 해외 신유가의 주요 의제이기도 했다. 비록 진입 방식에서 차이는 있었지만, 캉유웨이의 서양 정치체제 수용과 동시에 그에 대한 경계심 역시 후대 신유가의 핵심 의제였다. 캉유웨이가 한결같이 유가 경전의 재해석이라는 기초 위에서 유가의 근대성 서사를 전개했다는 점에서, 우리는 그를 현대신유가의 시초로 인정할 수 있다.

현대유학의 발전은 마땅히 통합적이어야 한다. 신문화운동이 유가와 근대 정치질서를 대립시킴으로써 유가는 도덕학설과 심성철학으로 협소화되었으며, 유가의 사회질서를 비롯해 정치법칙에서의 기능 역시 의문시되었다. 이로 인해 정치유학과 심성유학은 분리되었다. 오늘날에도 홍콩·대만 신유가와 대륙신유가는 여전히 심성유학과 정치유학 중 무엇을 중시할 것인가를 두고 논쟁하고 있다. 사실 유학의 현대적 발전에서 이 두 가지는 모두 소홀히 할 수 없다.

공양삼세의 역할에 기초하여, 캉유웨이의 역사인식은 공간적 의미의 광활성과 시간적 의미에서의 연속성이라는 통일성을 보여준다. 다시 말해 그는 결코 유가를 중국 특수성의 자기 증명만으로 보지 않고, 일관되게 보편화의 관점에서 유가와 타문화와의 관계를 다루었다. 유가에는 수신, 제가, 치국, 평천하에 대한 자기요구가 있으며, 왕자무외(王者無外: 왕은 천하를 집으로 삼기에 바깥이 없다-역자)라는 보편주의적 입장이 들어 있다. 따라서 유가 부흥은 결코 편협한 민족주의의 발로가 아니라, 백여 년 동안 근대성에 대한 도전이 초래한 방어적 논증의 약자 심리를 벗어나, 더 나은 세계질서와 천지만물을 한 몸으로 보고자 하는 박애정신에 대한 중국인의 기대가 담겨 있다. 우리는 『대동서』에서부터 말년의 천유학설(天遊學說)에 이르기까지, 캉유웨이의 만물 공생에 대한 궁극적 관심을 엿볼 수 있다.

4. 캉유웨이를 기점으로 한 현대유학 및 그 발전단계 시론

금문학(今文學) 전통에 기초한 유가 전통의 계승과 변혁 시도, 민족국가 건립에 대한 여러 가지 구상, 그리고 민족국가 수립 과정에서 공교를 가치 정체성의 기초로 삼으려고 했던 실천 등을 볼 때, 캉유웨이는 후대 유가 발전의 기본 의제를 제시했다고 할 수 있다. 이로써 캉유웨이는 근대유학 발전의 새로운 출발점이 되기에 충분하다. 이렇게 기점을 확정하는 것은 이데올로기적 서사의 방해를 받지 않으면서 역사적 사실을 사실 그대로 인정하는 것이자, 유가의 미래 발전에 대한 기대에 기초한 반성적 창조 작업이라고 볼 수 있다. 유학 발전의 내적 메커니즘에 있어서 근대유학의 출발점을 정리하는 것은, 유학의 통합적 틀을 회복하는 것이며, 신문화운동 이후의 신유학 발전이 심성도덕 측면에 치중하고 상대적으로 경전과 전통적 정치체제의 계승을 소홀히 했던 편향을 바로잡는 것이다.

이러한 생각을 바탕으로 해서, 근대유학의 발전단계를 재검토 할 필요가 있다. 우리에게 익숙한 신유가 계보는 '삼대사군(三代四群)'설인데, 이는 리우수시엔(劉述先)이 팡커리(方克立) 등의 신유가 사조를 평가한 설명 방식에 따른 것이다. 이것은 슝스리와 량수밍을 기점으로 삼고, 신유가를 신문화운동에 대한 반응으로 간주한다. 리우수시엔의 계보에서 근대유학의 1대 1군은 량수밍, 슝스리, 마이푸 및 장쥔마이(張君勱, 1887-1969)로 구성되어 있고, 2군은 펑유란, 허린, 쳰무, 팡동메이(方東美, 1899-1977) 등이 들어간다. 2대는 주로 홍콩·대만의 신유가인데, 탕쥔이(唐君毅, 1909-1978), 머우쭝싼과 쉬푸관(徐復觀, 1903-1982)이 있다. 3대로는 주로 위잉스, 리우수시엔, 청중잉(成中英)과 뚜웨이밍(杜維明) 등이다.[14] 이러한 구분은 정세변화에 따라 유가 인물들이 해외로 이주하는 상황 아래에서, 현대신유가 중 슝스리, 머우쭝싼 계열의 전승맥락을 반영한 것이다. 그러나 만일 이러한 세대별 구분을 벗어나보면 일련의 문제들이 발생하는데, 이런 구분은 유학이 서양의 도전에 대응했던 역사를 객관적으로 반영하지 못한다는 문제가 있다. 예를 들어 5·4 이전부터 제기된 중체서용 등 고금중서를

● ● ●

14. 劉述先, 『現代新儒學硏究之省察』, 載東方朔 編, 劉述先 著, 『儒家哲學硏究: 問題, 方法及未來開展』, 上海古籍出版社, 2010, 33쪽.

다루었던 근대유학의 핵심 문제 모두를 근대유학의 틀 안으로 가두어 버린다. 또한 구분을 세대별로 하게 되면 동일 인물의 다른 시기의 사상을 반영할 수 없다. 예를 들어 량수밍은 1920년대에는 동서문화(東西文化) 문제를 제출했고 1930년대 이후에는 향촌건설에 진력했으며 1950년대 이후에는 유가 전통과 사회주의 관계 문제를 사유했는데, 어떤 의미에서 후기의 '유학과 사회주의'에 관한 사유는 심지어 3대 신유가의 문제의식보다 '앞서 있다'고도 할 수 있다. 여기에서 단순화된 '세대별' 시각은 결코 사조의 변천 과정을 반영할 수 없다는 것을 알 수 있다. 다른 유학자들 역시 비슷한 문제를 가지고 있다. 펑유란의 경우 '정원육서(貞元六書)' 시기와 '중국철학사 신편' 시기의 사상적 입장에는 큰 차이가 있다. 만일 이데올로기적 입장에서 본다면, 후기 펑유란의 유가 입장은 부정될 것이다. 그러나 유가와 근대중국의 관계로 본다면, 펑유란은 시기마다 다르게 사고했다고 할 수도 있다.

　　리우수시엔의 신유가 발전 계보는 지역 변천 과정을 명확히 구분하고 있다는 인상을 준다. 그의 세 단계 구분에서 1대 신유가의 활동지역은 주로 대륙이고, 2대 주요 인물은 홍콩·대만신유가이며, 3대는 해외에서 활동한 신유가의 대표적인 인물들이다. 이러한 구분이 물론 아무 근거가 없는 것은 아니다. 정치 구조의 변화로 1949년 이후 유가의 입장을 견지하는 학자들이 홍콩과 대만으로 옮겨갔기 때문에, 근대유학의 주요 발전의 공간 역시 홍콩과 대만, 심지어 미국과 유럽이었다. 그러나 이러한 구도에서도 서로 다른 지역의 유가사상가의 활동을 정확하게 이해할 필요가 있다. 예를 들어 3대 해외 신유가의 대표적인 인물들이 주로 미국에 있었지만, 같은 시기 대만신유가는 여전히 왕성하게 활동하고 있었다.

　　머우쭝싼, 탕쥔이, 쉬푸관의 제자들 모두 왕성하게 활동하고 있는 현재, 그들을 어떻게 평가할 것인가? 개혁개방으로 사상이 해방되고 대외교류가 증가하면서, 1990년대부터 유가의 가치에 공감하는 신유가 그룹이 대륙에서 형성되기 시작했는데, 그렇다면 이들과 홍콩, 대만, 해외 유학의 관계를 어떻게 볼 것인가? 따라서 우리는 현대유학의 발전 단계를 유가의 문제의식의 차이를 가지고 구분해야 한다. 그렇게 되면 동일인물이라도 사상 변화에 따라 다른 단계로 분류될 수 있다. 지역적 요인은 단계별 유학의 표피만을 보여준다. 문제의식을 기준으로 하면 정치적인 이유로 전 세계에 흩어져 있는 여러 유학 인물들의 현대유학에 대한 공헌을 객관적으로 처리할 수 있게 된다.

이를 감안하여 필자는 새롭게 현대유가를 단계별로 구분해 보고자 한다. 제1단계 인물은 장지동(張之洞, 1837-1909), 캉유웨이, 량치차오, 장타이옌과 류스페이(劉師培, 1884-1919)이다. 이 단계의 유가는 서양의 문화, 정치, 군사의 전면적 도전에 직면하여, 유학의 생존과 발전 문제, 중서문화의 관계 문제에 대해 전방위적으로 대응해야 했다. 그러나 이 시기 유학 계승자 대부분이 정치가와 사상가를 겸한 다중적 신분이었기 때문에, 현대국가 건설에 대해 이론적 사유뿐만 아니라 실천적 참여도 해야 했다. 이 단계의 유가학자는 경전에 통달했고 유가 가치에 대해서도 여전히 깊은 믿음이 있었기에, 경학에 대한 자기만의 입장을 가지고 유가 전통과 현대사회를 관통하는 문제를 사유했다.

제2단계는 1920년대부터 시작한다. 신문화운동의 충격으로 유가는 이미 경학의 전통을 벗어나 분과학문화라는 새로운 형식 속으로 들어가야만 했다. 핵심은 신문화운동이 유가의 현대적 가치를 부정한 것에 응답하는 것이었다. 민족의 위기로 인해, 유가를 민족의 힘을 모아 외부의 적에 저항하는 중요한 사상적 자원으로 삼았다. 대표적인 인물은 슝스리, 량수밍, 펑유란 등이다.

제3단계는 1949년부터인데, 정치적 환경의 영향으로 대륙에 남겨진 유가는 유가와 사회주의 관계를 사유하기 시작했으며, 홍콩·대만 신유가는 문화주체성의 상실을 염려하기 시작했다. 그렇기 때문에 유가의 현대적 가치를 탐색하고 서양의 학술자원을 활용하여, 새로운 지식체계와 정치체제에서의 유가의 역할을 찾고자 노력했다. 핵심 의제는 머우쫑싼 등이 탐색한 유가의 종교성, 양지감함(良知坎陷), 내성개출신외왕(內聖開出新外王)15 등이었다. 그리고 그들의 제자들인 뚜웨이밍, 리우수시엔 등은 문명 간 대화와 복수의 근대성에 중점을 두었는데, 이 문제는 현재까지도 여전히 유효하다.

제4단계는 1990년대부터 시작된다. 대륙의 사회발전과 경제개혁에 따라, 유가에 대한 절대부정이 이성적 분석으로 전환되었으며, 식견 높은 정치가들 역시 현대 중국사회의 긍정적 가치에 있어서 유가를 문화전통의 중심으로 사고하기 시작했다. 그리고 신세대의 유가가 대륙, 홍콩에서 형성되기 시작했다. 그들은 5·4 시기 '민주'와 '과학' 의제에 대해 보여준 홍콩·대만 신유가의 '맹종'에서 벗어나기 시작했다. 이 단계의 유가학자는 중국의 사회적 필요와 정치적 상황에 중점을 두었고 유가 경전과 현대학과의 관계를 성찰하자고 주장했다.

이 단계의 유가학자들은 더 이상 민주에 대해 추상적으로 긍정하는 것이 아니라, 민주의 다양성과 실현 방식, 다시 말해 중국 실정에 입각한 정치 모델을 찾고자 했다. 그들은 적극적으로 사회문제에 개입하여 유학과 중국 일상생활의 관계를 재건하고자 했다. 대표적 의제로는 중국철학 합법성, 정치유학, 유가 종교성 등이 있고, 사회활동으로는 독경(讀經) 운동, 공자 탄신일의 교사절(敎師節) 지정 등이 있다. 이는 유학부흥의 새로운 면모를 보여주는 것이다.

• • •

15. (역주) 머우쫑싼은 유학의 궁극적 목표인 '內聖外王'의 틀 안에서 도덕(전통 중국)과 과학, 민주(근대 서양)를 결합시킨 '중국식 근대화'를 구상했는데, 이 과정에서 무한 도덕주체인 양지가 스스로 자기전화 하여 인식주체가 된다는 '良知坎陷'과 이를 토대로 전통유학의 내성을 통해 과학과 민주라는 신외왕을 개창한다는 '內聖開出新外王'을 주장했다. 이 테제를 통해 도덕과 과학이 어떻게 양립 가능한가라는 문제를 해명하고자 했다.

현대유학은 복잡한 사조이다. 이미 100여 년의 시간이 흘렀지만, 유례없는 충격을 받은 중국문화와 사회는 아직도 진정으로 해결되지 않은 많은 문제들을 안고 있다. 그러나 유학사조의 현대적 전개를 기대한다면, 현대유학 재정리의 시발은 가장 중요한 일보가 될 것이다.

3. 중국 혁명의 역정과 현대 유가사상의 전개

탕원밍(唐文明)

중국 현대사에서 혁명은 가장 중요한 부분이다. 현대유가사상의 전개는 중국 혁명의 역정과 밀접하게 연관된다. 물론 이는 중국 혁명의 역정이 유교 중국 몰락의 과정이기도 하기 때문이다. 그러나 현대유가사상의 전개가 본질적으로는 반혁명적인 것이라고 추론한다면 그것은 아주 잘못된 판단이다. 실제 상황은 이와 반대이다. 현대유가사상의 전개는 많은 경우 혁명의 조류에 순응하도록 유가 전통 사상 자원을 동원하거나 변통한 것으로 드러나며, 유가 입장을 고수하여 혁명이 초래한 문제를 성찰하고 대응한 경우는 매우 드물었다. 이와 관련된 또 하나의 역사 사실은 유교 중국이 바로 혁명의 대상이었음에도 불구하고 유가 전통의 일부 사상 자원이 중국 혁명을 위해 진실한 정신적 동력을 제공하였다는 것이다.

현대유가사상의 기본적인 방향은 캉유웨이에 의해 정해졌다. 그중 가장 중요한 점은 캉유웨이가 고대 공양가(公羊家)의 삼세설(三世說)과 『예기(禮記)·예운(禮運)』 중의 대동소강설(大同小康說)을 결합시켜 유가 담론으로부터 역사목적론을 만들어냈다는 것이다. 대동의 이상사회를 역사의 최종 귀착점으로 한 이 목적론적 사상은 중국 현대사에 거대한 영향을 미쳤다. 캉유웨이 이후의 유가 신봉자들은 공양가의 학설을 인정하든 안 하든,

그리고 대동, 소강의 의미와 관계를 어떻게 이해하든, 모두 캉유웨이처럼 역사목적론의 틀 안에서 유학의 새로운 위치를 찾으려 했다. 여기서 역사철학이 중국 현대사상사에서 갖는 중요성을 언급하지 않을 수 없다. 역사철학은 역사에 대한 철학적 고찰에 집중하며, 그 취지는 한마디로 감왕지래(鑑往知來: 지난 날을 거울삼아 앞날을 알다)이다. 즉 규범적인 사상 프레임을 제공하여 합리적으로 과거를 해석할 뿐만 아니라 역사 변화에 대한 철학 원리를 제시하여 미래를 정확하게 이끌어 가자는 것이다. 역사철학이 중국 현대사상사에서 극히 중요한 자리를 차지하게 된 중요한 원인 중 하나는 다음과 같다. 중서(中西)문제와 고금(古今)문제가 줄곧 엇갈리고 뒤엉켜 있었지만 고금문제가 중서문제보다 상대적으로 압도적인 우세를 차지했고, 그것을 가장 분명하게 보여주는 것이 바로 중서문제가 아주 빨리 고금문제로 전환되었다는 사실이다. 중서문제와 비교했을 때 고금문제의 압도적인 우세로 인하여 본래 역사와 철학의 변두리에 처해 있던 역사철학이라는 영역이 지속적으로 관심을 받는 중점 영역이 되었으며, 이에 따라 캉유웨이의 대동주의 역사목적론은 역사철학이라는 방법으로 중국 문제를 해결하려는 사고 구상에서 기초적 지위를 차지하게 되었다. 그 후의 여러 가지 역사철학 구상들은 그것이 량수밍의 문화사관(文化史觀)이든, 머우쫑싼(牟宗三, 1909-1995)의 도덕사관(道德史觀)이든, 국민당의 민생사관(民生史觀)이든, 공산당의 유물사관(唯物史觀)이든 모두 그 범위를 벗어나지 못했다.

그러나 캉유웨이의 대동주의 역사목적론은 유가 경전 속의 내용을 인용했지만 유가 경서의 뜻, 경의(經義)와는 거리가 멀다. 대표적으로 고대 공양가의 '장삼세(張三世)'가 뜻으로 보나 취지로 보나 모두 캉유웨이의 대동주의 역사목적론과는 다르다는 것이며, 또 『예기·예운』에서 대동에 대한 서술과 캉유웨이의 대동에 대한 구상에는 본질적인 차이가 있다는 점이다. 이로 볼 때 "겉은 공자이지만 속은 오랑캐(其貌則孔也, 其心則夷也)"라고 한 예더후이(葉德輝, 1864-1927)의 캉유웨이 비판은 정곡을 찌른다.

캉유웨이의 사상 중 또 하나의 중요한 점은 그가 유가 전통에서 심학(心學) 한 가지 사상만을 중시하고 또 환기시켰다는 것이다. 알다시피 양지(良知)에 호소하는 것은 심학파의 핵심 주장이며 그 배경은 여전히 천리를 근본으로 하는 고전 사상의 맥락, 또는 천(天), 지(地), 인(人)의 삼재지도(三才之道)로 유지되는 고전 사상의 세계이다. 이것이 의미하는 바는 양지에 호소하는 것이 공부론(工夫論)적 의미에서 중심을 인심의 순연한 선의에 두는 것, 즉 정심성의(正心誠意)를 수양의 우선순위에 두는 것이다. 그러나 본체론(本體論)적 의미에서는 천리에 대한 수호로 표현된다. 즉 양지가 역할을 발휘하는 곳이 바로 천리가 통하는 곳이다. 이는 "마음이 곧 이치다(心卽理)"라는 명제에 대한 전면적인 해석이다. 그러나 만약 양지의 순연한 선의만 보자면 자연도 천리를 벗어나 성립될 수 있다. 이는 고대 중국의 사상에서 가장 불교에 가까운 입장이며 현대 사상의 맥락에서는 우리에게 익숙한 타인의 고통에 대한 동정을 주요 의미로 하는 순수한 선의의 도덕주의 입장이다. 따라서 유가 전통 자원을 동원하여 고금의 변화라는 새로운 상황에 대응하는 문제에서, 공부론적 의미에서의 양지 사상은 발휘시키지만 본체론적 의미에서의 천리학설을 배제하는 것이 가능한 선택이 되었다. 실제로 캉유웨가 바로 이렇게 했다. 현대에 들어와 신(新)유가 역시 대부분이 이렇게 했다. 유가사상을 대동주의의 역사목적론으로 개조하는 것이 천리의 역사주의화라고 말한다면, 유가사상의 핵심을 순수한 선의의 양지 이론으로 개괄하는 것은 천리의 도덕주의화를 의미한다. 천리의 역사주의화든, 천리의 도덕주의화든 순수한 유가 입장에서 보면 모두 천리에 대한 축출이며 모두 허무주의로 향하는 것을 의미한다.

캉유웨이의 심학 전통에 대한 신뢰는 학술계의 주목을 받지 못했다. 아마 이는 그가 과거에 의탁하여 제도를 개혁하려 한 공양가 이미지에 가려졌기 때문일 수도 있다. 그럼에도 우리는 이로부터 일부 사상사에서 중요한 의미가 있는 단서를 발견할 수 있다. 예를 들어 캉유웨이를 "부처님이 세상에 나타났다", "공교의 마틴 루터"라고 평가한 탄쓰퉁(譚嗣同, 1865-1898)의 사상을 보면 심학의 의미가 명확하게 강조되어 있는데, 이는 캉유웨이가 탄쓰퉁의 사상에 미친 영향과 큰 연관이 있다.[1] 탄쓰퉁은 그의 '인학(仁學)'을 거론하면서 이렇게 말했다. "인학자(仁學者)라면 불교의 『화엄(華嚴)』을 알아야 하고, 서양 서적으로는 『신약』과 수학, 격치(格致), 사회학 서적을 알아야 하고, 중국 서적 중에서는 『역(易)』, 『춘추공양전(春秋公羊傳)』, 『논어』, 『예기』, 『맹자』, 『장자』, 『묵자』, 『사기』를 알아야 하며, 도연명(陶淵明, 352 혹은 365-427), 주무숙(周茂叔, 1017-1073), 장횡거(張橫渠, 1020-1077), 육우(陸羽, 733-804), 왕양명(王陽明, 1472-1529), 왕선산(王船山, 1619-1692), 황이주(黃梨洲, 1610-1695)의 책을 알아야 한다."[2] 이 도서 목록은 겉으로 보기에는 단지 탄쓰퉁의 사상 근원의 잡다함을 보여주는 것 같지만, 사실은 탄쓰퉁이 이러한 사상과 사상 사이에 어떤 의미로든 연관성을 부여하였기에 그의 인학을 구성할 수 있었던 것이다. 유가 전통만 봤을 때, 이 도서 목록은 현대유가사상의 전개가 주로 신공양학과 신양명학의 각자의 발전과 상호 보완으로 나타날 것임을 예시한다. 단지 현대의 신공양학, 신양명학과 고대의 공양학, 양명학은 거리가 멀 뿐이다. 고대의 공양학은 『춘추』를 대경대법(大經大法)으로 삼은 해석학이다. 이에 반해 현대 신공양학은 『춘추』 경의(經義)의 해석학적 분위기를 벗어나자 곧, 마치 "낡은 병에 새 술을 담은" 것처럼, 다만 유가사상의 담론권력을 유지하고자 하는 이론적 외투로 전락해버렸다. 또한 고대의 양명학은 천리를 원칙으로 한 공부론이지만, 현대의 신양명학은 천리를 배제하고 입론(立論)함으로써, 양지(良知)학설은 사실상 유가 전통이 고금의 변화에 순응하기

• • •

1. 리쩌허우(李澤厚)는 이 점을 명확하게 지적했다. 李澤厚, 「譚嗣同研究」, 『中國近代思想史論』, 人民出版社, 1979, 193쪽.

2. 譚嗣同, 『譚嗣同全集』, 中華書局, 1981, 293쪽.

위해 남겨둔 사상적 잔재가 되어버렸다.

이와 관련된 것이 바로 캉유웨이의 공교론(孔敎論)이다. 캉유웨이는 "공교의 마틴 루터"로 자처했으며 이러한 호칭은 량치차오(梁啓超, 1873-1929), 탄쓰퉁 같은 그의 제자들의 인정도 받았다. 신도(信徒)가 양지에 호소하는 내적인 목소리로 하나님과 직접 소통하는 것은 마틴 루터의 종교 개혁에서 사상적으로 아주 중요하다. 이로부터 우리는 육상산(陸象山), 왕양명의 양지에 호소하는 것을 요점으로 하는 심학 전통이 캉유웨이의 공교론에서 유사하게 가지고 있는 지주(支柱)로서의 의미를 엿볼 수 있다. 마틴 루터는 기독교 세계에서 양지의 이름으로 전통적 교회제도를 개혁했고, 캉유웨이는 유교 세계에서 양지의 이름으로 전통적 정치제도를 개혁하려고 시도했다. 따라서 한편으로는 정치제도 측면에서 여러 개혁의 주장이 있었고, 다른 한편으로는 종교화한 조직 형식으로 유교제도를 다시 건설하려는 구상이 있었다. 종교의 형식으로 유교를 새롭게 구상하는 것은 사실 유교의 탈정치화를 의미한다. 이러한 사고방식은 이후 일부 유학자들이 역사를 해석할 때 유가 전통과 고대 중국의 정치 제도를 철저히 분리시키는 과도한 방법을 예고하기도 한다. 캉유웨이의 사상에서 삼강(三綱) 내지 오륜(五倫)은 이미 사실상 그 어떤 실질적인 지위도 없었기에 유교의 탈정치화는 전혀 문제가 안 되었고, 게다가 그가 봤을 때 이는 새로운 역사 상황에 직면하여 유교를 구제할 수 있는 유일한 출구였던 것이다. 이쯤 되면 아마도 누군가는 무술변법(戊戌變法) 전후든, 신해(辛亥)혁명 전후든, 캉유웨이가 세상 사람들에게 남긴 이미지는 군주제를 구하고 수호하려는 보황(保皇)파의 그것일 뿐이라고 정확히 지적할지도 모르겠다. 이 점을 어떻게 해석할 것인가? 실제로 캉유웨이의 보황파 이미지는 그의 사상에서 군주제가 필연적인 합리성이 있음을 의미하지 않으며, 그가 유교와 군주제 사이에 모종의 필연적 연관성을 만들었음은 더더욱 의미하지 않는다. 그가 시도한 것은 오히려 유교의 탈정치화이며, 그 당시 상황에서는 바로 유교와 군주제를 분리시켜 공교회(孔敎會)를 건립하는 것이었다. 캉유웨이가 군주제를 수호한 것은 초기에는 아마 득군행도(得君行道)[3]를 위한 정치책략적 고려 때문일 수 있고 후기에는 어떻게 대일통(大一統)의 중화국(中華國)을 위해 정치적 정당성을 확립할 것인지에 관심이 쏠려서이기 때문이지 그가 가지고 있는 유교의 핵심 경의에 대한 이해와는 관련이 없다.

그러나 군주제를 뒤엎는 것은 중국혁명의 첫 번째 중요한 임무였다. 신해혁명의 성공과 중화민국의 건립은 유가사상이 정치 영역에서 퇴각했음을 의미하며 이는 유교적 중국의 몰락을 보여주는 대표적 사건이다. 전통적 유가의 입장에서 보면 군신지의(君臣之義)가 사라지고 유가 전통이 역사 무대에서 사라진 것이다. 그러나 앞에서 언급했듯이 선택적으로 유가 전통 중의 일부 사상 자원을 활용하면서 캉유웨이는 이미 탈정치화한 유가 발전방안을 모색해냈으며 이로부터 유가사상의 현대적 전개에서의 기본 방향을 규정했다.

군주제를 뒤엎고 민국을 건립한 정치혁명은 중국 국민들에게 혁명가들이 예상했던 양호한 정치질서를 가져다주지 못했으며 얼마 안가 복벽이 발생하기까지 했다. 따라서 이론상의 성찰과 비판은 계속해서 더욱 폭넓고 깊이 있게 전개되었고 역사상 전무후무한 문화혁명이 일어난다. 이것이 바로 훗날 '5·4'로 불리는 신문화운동이다. 정치혁명의 목적은 개방이 강제되었던 지정학적 환경에서 서구의 민족국가 이념을 참조하여 강력한 현대공화국을 건설하는 것이었고 그 기본적인 역사적 임무는 옌푸(嚴復, 1854-1921)가 지적한 것처럼 "밖으로는 독립을 추구하고 안으로는 자유를 추구(外爭獨立, 內爭自由)"하는 것이었다. 그러나 신해혁명은 이 임무를 제대로 완성하지 못했다. 현대 민족국가 건설에 있어서 가장 큰 문제는 혁명이 각 성(省)이 독립하는 형식으로 실현된 이상, 공화국이 건립되어도 매우 취약하다는

● ● ●

3. (역주) 군주의 신뢰를 얻어야 자신의 정치적 주장이나 계획을 실행할 수 있다.

것이었다.[4] 신문화운동은 공화 위기에 대한 사상 반응이라고 이해할 수 있다. 신문화운동은 국가의 구성에 적합한 새로운 국민 또는 새로운 공민(公民)[5]을 형성하려 한 것이기 때문에, 한편에는 민족주의의 강렬한 정서가 있었고, 다른 한편으로는 개성 해방의 급진적 주장과 함께, 혁명의 창끝은 전통적 윤상(倫常)관념과 가족제도를 겨누고 있었다. 이로 볼 때 탄쓰퉁이 『인학』에서 '강륜의 재앙(綱倫之厄)'에 대해 역설하고 세상의 온갖 속박을 뚫고 나가는 '충결망라(衝決網羅)'의 사상을 호소한 것, 그리고 '가족 파괴'를 '최우선 관건(最要關鍵)'(량치차오가 한 말)이라고 한 캉유웨이의 대동사상, 이 모든 것들이 신문화운동의 윤리 혁명의 전주곡이었던 것이다. 전통적 유가의 입장에서 보면 신문화운동의 결과는 부자지의(父子之義)가 소원해지고, '이륜유서(彝倫攸敍)'[6]를 핵심 교의로 한 유가 전통이 정치적으로 퇴각한 이후 부득이하게 윤리적인 퇴각을 받아들일 수밖에 없게 된 것이다. 그러나 앞에서 서술했듯이 캉유웨이가 제시한 탈정치화의 유가 발전방안에서 탈윤리화 역시 중요한 문제였다. 만약 탈정치화와 상응하는 것이 종교화라고 한다면 탈윤리화와 상응하는 것은 도덕화이다.[7] 따라서 신해혁명의

• • •

4. 미조구치 유조는 『신해혁명의 역사 위치를 다시 생각한다』라는 글에서 명말청초의 '향치(鄕治)'를 되짚어 보면서 신해혁명이 왜 각 성이 독립하는 형식을 취했고 또 성공했는지 해석했다. 그는 또 이에 근거하여 신해혁명이 지방 세력이 중앙권력을 벗어나고 와해시키는 것으로 나타난 이상 신해혁명은 현대 민족국가를 건설하고자 하는 생각과는 반대 방향으로 가게 되었다고 봤다. 즉, 신해혁명은 건국 혁명이 아니었던 것이다. 미조구치 유조의 주장은 비록 어떤 면에서 일리가 있고 기존 학술계에서 소홀이 했던 중요한 문제를 다시 주목하게 했지만, 그 역시 근대 중국 민족주의 사조의 흥기에 지나치게 주목했기에 신해혁명을 이해하는 데 있어서의 중요성을 간과하고 있다. 이 점은 허자오티엔(賀照田)의 논평 『의문제기: 유조선생에 대한 응답(勉勸獻疑: 回應溝口先生)』을 참조할 수 있다. 이 두 논문은 모두 『대만사회연구계간(臺灣社會研究季刊)』 2007년 9월호에 수록되었다.

5. (역주) 여기서 공민이라는 개념은 한국에서 의미하는 시민의 개념과 다르다. 오히려 시민보다는 국민에 가까운 개념이다.

6. (역주) 후세들이 유가의 논리와 도덕으로 행동할 것을 요구하는 것.

사상사적 결과가 근대 유교사상이 탈정치화한 종교형태를 띠는 것으로 제도적 안착과 실천방략을 고려할 수밖에 없게 된 것이라 한다면, 신문화운동의 사상사적 결과는 현대유가사상이 탈윤리화한 도덕주의에서 정신 안착과 이론적 귀결점(歸宿)을 구할 수밖에 없게 된 것이라 하겠다.

'5 · 4' 이후의 현대유가사상은 기본적으로 탈정치화, 탈윤리화의 방향으로 전개되었다. 따라서 근대성(現代性) 관념의 종교에 대한 비판과 아울러 현세종교(this—worldly religion)라고 볼 수 있는 유교 자체가 기독교, 불교 등 내세종교(other—worldly religion)와 비교했을 때 상대적인 특성 때문에 유교를 종교 형식을 가지고 제도적 안착을 모색하려는 사고방식 역시 영향력에서 미미할 수밖에 없었다. 그리하여 군신지의가 사라지고 부자지의가 소원해진 상황에서 유가 전통은 나날이 위축되어 위잉쓰(余英時)가 지적한 것처럼 '유혼(遊魂)'이 되어 낙백한 채로 현대 중국의 하늘 위에 줄곧 떠돌게 되었다. '5 · 4' 이후의 현대유가사상과 '5 · 4' 신문화운동의 사상적 측면에서의 밀접한 관계 때문에 우리는 '5 · 4' 이후의 현대유가사상을 '포스트 '5 · 4' 유가사상'으로 부른다. 포스트 '5 · 4' 유가사상은 정치적 입장의 차이에 따라 다음과 같은 유파로 나눌 수 있다.

우선, 국공(國共: 국민당과 공산당—역자) 양당의 혁명사상과 그들 각자가 근대의 유가사상 전개에 어떤 입장을 취했는지 보도록 하자. 쑨중산(孫中山, 1866-1925)의 삼민주의(三民主義)를 사상 기반으로 한 국민당은 중국 현대사에서 중요한 유학 창도자이다. 그들이 제창한 유학은 그 사상 특징에 따라 민족주의 유학(nationalist Confucianism)이라 일컬을 수 있다. 민족주의의 흥기는 중국 현대사의 중요한 사건이며 그 직접적인 정치적 결과는 바로 '반제(反帝)'와 '배만(排滿: 청나라를 물리침)'이라는 사상을 동원한 혁명을

● ● ●

7. 여기서 '윤리'와 '도덕'을 대조적으로 제기한 것은 헤겔과 유사한 의미에서이다. 전자는 객관적인 인륜의 이(理)를 가리키고 후자는 주관적인 순수한 선의를 가리킨다.

통해 근대 국민국가를 건설한 것이다. 비록 유학 전통의 일부 자원이 혁명적 방식으로 국민국가를 세우는 과정에 정신적 동력을 제공했지만, 하나의 완전체로써의 유학, 즉 우주, 인생에 대해 총체적 관점이 있는 유학은 불가피하게 쇠락했다. 그러나 민족 개념의 흥기는 유학이 새롭게 전개될 수 있도록 가능한 공간을 제공했다. 만약 민족과 문화를 따로 논하고, 유학을 합리적으로 문화에 포함 시킨다면, 오늘날의 민족은 단순하게 문화 개념으로 이해할 수 없고, 심지어 문화의 영향력에서 벗어나려고 시도할 수도 있지만, 그러나 문화는 민족의 문화로 이해되는 것이 합리적일 수 있다. 다시 말해 민족 개념을 출발점으로 하면 문화는 민족 아래에 부속되어 민족 역사의 한 구성 부분이 될 수 있다는 것이다. 만약 여기에 더해 문화에 대해 전체를 부정하는 극단적이 태도를 가지지 않고, 일부 근본적인 면을 긍정한다면, 민족주의의 기치(旗幟)하에 문화 부흥과 발전의 공간이 생길 수 있다. 쑨중산의『삼민주의』속의 민족주의 사상이 바로 문화를 민족의 개념 아래에 두고 민족주의 의미에서 유학 발전을 위해 가능한 공간을 제공한 것이다. 특히 신해혁명 이후, 쑨중산은 날이 갈수록 유학의 전통적 의미를 강조했다. 그는 유가 도통(道統)의 계승자로 자처하면서 유가 도통이 바로 그가 영도하는 혁명의 사상적 기초라고 역설했다. 쑨중산 사상에 대한 가장 중요한 해석가 중의 하나인 따이찌타오(戴季陶, 1891-1949)는 나중에『예기・예운』의 대동학설을 "민국 국헌(國憲)의 대본(大本)"이라고 부르면서 쑨중산의 사상이 '2천 년 동안 단절된 중국 도덕문화의 부활'이라고 보았다.[8] 민족주의 유학에 대한 쑨중산의 구체적인 주장은 여전히 중립적인 해석을 거친 대동주의와 도덕주의에 측면에 집중되어 있다. 역사주의화를 거친 대동세상은 혁명의 최종목적이 되었고, 유가 전통 중 가(家),

• • •

8. 戴季陶,『「禮運・大同篇」書後』, 見『戴季陶先生文存』, 陳天錫 編, 中央文物供應社, 1959, 四冊, 1,429쪽,『孫文主義之哲學的基礎』, 民智書局, 1925, 43쪽.

국(國), 천하 등 다중윤리 공간에 속한 도덕관념은 대부분 현대세계에서 민족국가 또는 국족(國族)이라는 단일한 논리공간에 속한 도덕관념으로 개조되었다.9

현대 민족국가 건설이라는 점에서 봤을 때 신해혁명의 최대 약점은 한편으로는 철저히 파괴(破)하지 못했고, 다른 한편으로 충분히 세우지(立) 못했다는 것이다. 전자는 주로 단순한 정치혁명으로는 낡은 제도의 사회기반을 바꿀 수 없었고, 혁명을 보호하고 새로운 제도와 부합하는 사회기반을 만들 수 없었다는 데서 보여진다— 알다시피 '5·4' 신문화운동이 하고자 했던 것이 바로 이것이다. 후자는 주로 각 성이 독립하는 형식으로 성공한 정치혁명은 객관적으로 강력한 중앙정부를 만들 수 없었기에 지방세력의 할거(割據)는 혁명 이후 반드시 직면해야 하는 현실이 되었다는 데에서 보여진다. 게다가 더 급진적이고 더 철저한 혁명의 입장에서 봤을 때 충분히 세우지 못했다는 것은 바로 충분히 타파하지 못했기 때문이다. 마오쩌둥(毛澤東)의 중국혁명사에 대한 서술이 바로 이러한 입장을 취한다. 이로부터 봤을 때 중국혁명의 지도 사상으로서 삼민주의에 존재했던 가장 큰 이론적 결함은 진정으로 역사가 필요로 하는 적합한 국가이념을 제기하지 못했다는 것이다. 특히 유구한 역사를 가진 군현제(郡縣制) 제국의 현대적 형태변화 과정에서 전통적 의미의 지방할거를 주요 내용으로 하는 봉건주의는 여전히 통치가 혼란에 빠지게 되는 중요한 요소였다. 그리고 삼민주의는 이론상 이러한 유구한 역사의 정치적 난제를 충분히 고려하지 못했다. 즉 첫째, 민권(民權)주의는 대일통(大一統)의 집권국가 이념과 정반대는 아니더라도 적어도 분권주의를 조장하는 경향이 있다. 둘째, 민족주의는

●●●

9. 『이하지변과 현대중국 국가 건설의 정당성 문제(夷夏之辨與現代中國國家建構的正當性問題)』라는 글에서 나는 쑨중산의 사상과 유가 전통의 관계에 대해 비교적 자세하게 분석했다. 唐文明, 『近憂: 文化政治視野中的儒學, 儒教與中國』, 華東師範大學出版社, 2010.

낡은 제도를 뒤엎을 때 또는 내외를 구분하는 문제에서만 거대한 역할을 발휘했다. 민국 이후 쑨중산이 곧바로 민족주의를 국족주의(國族主義)로 해석했지만 그의 논설에서는 실질적인 내용이 있는 통합적인 국가이념을 제공하지 못했다. 셋째, 민생주의가 이러한 이론적 임무를 수행할 가능성이 가장 커보였지만 쑨중산은 이에 대해 매우 적게 언급했다. 따라서 우리는 쑨중산이 서거한 후에 따이찌타오가 삼민주의에 대해 해석할 때 주로 민생주의를 한 걸음 더 나아가서 서술하는 것을 발견할 수 있다. 그는 민생주의와 공산주의가 사회 이상으로써 실질적으로는 일치한다고 봤을 뿐만 아니라 이러한 실질적 일치가 존재하는 이상적 사회가 『예기·예운』의 대동주의에 뿌리를 두고 있다고 보았다. 이로부터 우리는 공산당이 영도한 계급혁명의 역사적 정당성을 다음과 같이 이해할 수 있다. 즉 사적유물론을 사상 기반으로 하는 계급투쟁 이론과 공산주의의 이상은 평등이념을 철저히 관철시킴으로써, 당시의 형세에 적합하고 역사적으로 필요한 대일통(大一統)의, 강력한 통합성을 지닌 집권국가 이념을 제공할 수 있다는 것이다.

'5·4'의 진정한 산물로써 공산당은 문화 문제에서 일관되게 격렬한 반전통주의 입장을 취했다. 그렇기 때문에 근본적으로 보면 공산당 유학이라거나 마르크스주의 유학이라는 것은 존재하지 않는다. 그러나 이렇게 말한다고 해서, 마르크스주의의 중국 전파 과정에서 유학사상의 현대적 전개와 아무런 긍정적인 연관이 없다는 것을 의미하지는 않으며, 마르크스주의 유학(Marxist Confucianism)이 가능한 이론적 방안(理論方案)으로써 제기된 적이 없다는 것도 의미하지 않는다. 따이찌타오와 유사하게 공산주의를 대동주의와 동일시한 마오쩌둥은 공산주의의 실현이 곧 대동세상의 도래를 의미한다고 보았다. 그러나 캉유웨이에 대해 그가 비록 『대동서』를 저술했지만 "대동에 이를 수 있는 길이 없었고 또 찾을 수도 없었다"고 생각했다.[10] 쑨중산이 유가 전통에서 미덕(美德)을 다양성의 객관윤리 영역으로부터 분리하여 일종의 민족주의적인 또는 애국주의적인 의식으로 개조한 것처럼, 류사오치(劉少奇, 1898-1969)는 유가 전통의 수양이론, 즉 송명(宋明) 유가가 말하는 공부론을 일종의 공산주의 이상을 목표로 한 '공산당원의 수양'으로 개조했다. 이러한 것들은 모두 마르크스주의의 중국 전파 과정과 유가사상이 적극적으로 연관되었음을 보여준다. 마르크스주의 유학의 이론적 대안을 명확하게 제기한 사람은 중국공산당 창립 원로이자, 저우언라이(周恩來, 1898-1976), 주더(朱德, 1886-1976)의 입당 소개인인 장선푸(張申府, 1893-1986)이다. 장선푸는 공자, 루소와 마르크스주의 사상을 결합시키자고 주장했다. 마르크스가 서양 현대의 가장 선진적인 사상을 대표하고, 루소는 서양의 역사 이래 가장 훌륭한 전통을 대표하며, 공자는 중국 고대 이래 가장 훌륭한 전통을 대표한다고 여겼기 때문이다.[11] 이러한 이유의 설명에서 알 수 있듯이, 장선푸의 사상에서 이들 세 사람의

● ● ●

10. 毛澤東, 『論人民民主專政』, 『毛澤東選集』 第四卷, 人民出版社, 1991.
11. 장선푸는 이러한 이론적 대안에 대해 다음과 같이 구체적으로 서술했다. "나는 시종일관 공자, 레닌, 루소를 하나로 결합할 수 있다고 믿는다. 나는 또한 시종일관 공자, 레닌, 루소를 하나로 결합할 것을 희망한다. 이렇게 하면 새로운 중국철학을 얻을 수 있을 뿐만 아니라 새로운 세계학통(學統)을 얻을 수 있다. 공자는 자고이래로 중국의 가장 훌륭한 전통을 대표하고, 루소는 서양 역사에서 가장 훌륭한 전통을 대표하며, 레닌은 세계의 새로운, 막 시작되는 전통을 대표한다. 공자는 최고의 인생이상(人生理想) 즉, 仁, 忠, 恕, 義, 禮, 智, 信, 敬, 廉, 恥, 勇, 溫, 讓, 儉, 中을 통해 도달하는 이상을 보여준다. 루소는 가장 진보적인 논리와 과학, 특히 수리(數理)논리, 논리해석, 과학법과 과학철학을 보여준다. 레닌은 과거 세계 전통에서 가장 우량한 성분을 모은 일반적인 방법, 즉 유물변증법과 변증유물론을 보여주며 하나의 실제적인 부분으로부터 최고의 인생이상을 실천하는 사회과학을 보여준다. 이들 삼자는 서로 적대적이거나 충돌되지 않으며 서로 보충할 수 있다. 삼자를 분석하여 버릴 것은 버리고 발양할 것을 발양한다면, 왜 종합하여 고찰하고 하나로 발전시킬 방안이 없겠는가? '해석이 없으면 종합적인 고찰은 없다.' 변증적 부정이 있어야 비약적인 발전이 있을 수 있다. 해석에 따라 종합적으로 고찰하고, 부정으로부터 발전하는 것은, 영원히 전례 없는 진보의 경지를 만든다. 공자, 루소, 레닌을 하나로 결합하는 신체계는 신세계 속의 신중국의 새로운 지표이며 새로운 상징이 될 것이다." 張申府, 『思與文』, 河北教育出版社, 1996, 128쪽.

결합은 비록 비교적 분명하게 '중체서용'의 그림자를— 유가의 인생이상을 체(體)로 하고 루소의 해석법과 마르크스의 변증법을 용(用)으로 하는 —가지고 있지만, 실질적인 중심은 마르크스주의에 있다. 그의 사고방식은 실제로는 섭체어용(攝體於用: 용보다 체를 흡수하다–역자)이다. 즉 그의 사상에서는 사실상 마르크스주의라고 하는, 그가 서양에서 가장 선진적이라고 여기는 사상 체계만이 공자와 루소로 대표되는, 중서의 가장 우수한 전통과 결합될 수 있기 때문이다.12 장선푸의 이러한 이론적 대안은 비록 제기 단계에 머물러 실질적인 구상이 부족했지만 그 영향력은 국민당을 배경으로 하는 민족주의 유학에 못지않았다. 물론 이것이 실현되지 못한 가장 중요한 역사적 원인은 공산당이 중국의 정치생활에서 점차 더 중요한 역할을 맡게 되고, 최종적으로 혁명이 성공하여 대일통이 실현되고, 상대적으로 안정적인 국가가 건설되어 이데올로기상으로도 국민들에게 고도의 충성을 요구하는 집권국가가 건설되었다는 사실에 있다.13

● ● ●

12. 장선푸는 유가 전통에 대한 자신의 입장을 다음과 같이 개괄했다. "유교를 타도하고 공자를 구하자." 이는 기본적으로 '5 · 4' 신문화운동의 주류 입장을 대표할 수 있다. 훗날 차이상쓰(蔡尙思, 1905-2008)와 같은 일부 마르크스주의 학자들, 특히 사상사 연구 영역의 일부 학자들이 "사회적 존재가 사회적 의식을 결정한다"는 교조적 이론의 명분하에 이러한 입장에 강력하게 반발했으며, 공자의 사상이 그가 처했던 시대의 경제기초와 계급상황을 이탈할 수 없기 때문에 공자의 사상을 당시의 역사 상황에서 떼어놓을 수 없다고 봤다. 이와 직접적으로 연관되는 것은 '5 · 4' 이후 공자 사상이 '예(禮)'를 핵심으로 해야 하는지 '인(仁)'을 핵심으로 해야 하는지에 대한 논쟁이다. 이러한 논쟁은 1980년대의 중국 대륙학술계에서 다시 제기되었고, 큰 영향을 미쳤으며, 오늘까지 이어지고 있다. 근래에 마르크스주의 입장을 취하고 있는 류쩌화(劉澤華, 1935-2018) 등의 학자들과 유가 입장을 취하는 일부 학자들 간의 논쟁이 그 예이다. 사상사의 시각에서 보면 이 논쟁이 1980년대에 다시 제기된 것은 실제로는 새로운 역사 환경에서 유학 부흥을 위해 이론적 기점이 만들어졌으나 보다 순수한 유가의 입장에서 봤을 때 이는 단지 80년대 이래의 유학 부흥이 그 사상경향에서 여전히 '5 · 4' 신문화운동의 영향을 받고 있음을 의미할 뿐이다.

13. 예를 들어 최근 30년— 이 시기 정치적인 변화는 마오쩌둥 시대로부터 덩샤오핑 시대로 전환한 것이다. 공식적인 주도적 이론은 인본주의 경향과 실용주의 경향의 마르크스주의이다— 의 사상사에서 중요한 위치를 차지하는 리쩌허우 역시 유학을

장선푸의 입장과 비교적 근접하거나 그의 이론적 대안에 영향을 받은 사람은 장선푸와 관계가 밀접했던 펑유란과 장따이니앤(張岱年, 1909-2004)이다. 펑유란은 초기에 '5·4' 신문화운동 중의 극단적인 반전통주의에 대해 곤혹스러워했지만 중서의 차이를 고금의 차이로 이해한 사고방식은 그로 하여금 이러한 곤혹의 중압감으로부터 해방될 수 있게 했다. 그가 점차 역사철학의 전례 없는 중요성을 깨닫게 되면서 사적유물론이 그의 사상 시야에 들어오기 시작했고, 그는 이를 인정하게 되었다. 이와 관련한 대표적 사건이 바로 1934년 펑유란이 유럽과 소련을 방문하고 돌아온 후 각각 칭화(靑華)대학과 베이징(北京)대학에서 행했던 두 차례의 강연, 『소련에서 받은 인상(在蘇聯所得之印象)』(10월 23일)과 『신삼통오덕론(新三統五德論)』(11월 25일)이다.14 두 번째 강연이 있은 후 세 번째 날, 즉 1934년 11월 28일, 펑유란은 베이핑(北平)공안국에 불려갔고 수갑이 채워져 보정사령부(保定行營)에 수감되었다가 29일, 칭화대학의 구원 노력으로

● ● ●

고려 범위에 넣었고 또 신유가를 자칭했다. 사실 리쩌허우를 장선푸의 이론적 대안의 계승자로 볼 수 있다. 그의 이론 취지는 현재 여전히 일부 학자들이 고쳐하는 "중국, 서양, 마르크스를 연결하자"는 주장에서 잘 나타난다. 장선푸가 연결하고자 했던 것은 루소, 공자, 마르크스이고, 리쩌허우가 연결하고자 했던 것은 칸트, 공자, 마르크스이다. 장선푸는 도덕적 이상에 해석법과 변증법을 더하려 했고, 리쩌허우는 역사 본체론에 주체성과 실용이성을 더하려 했다. 이러한 대조는 마르크스주의가 리쩌허우와 장선푸 각자의 이론적 대안에서 차지하는 중요성이 조금 다르다는 것을 보여준다. 장선푸의 이론적 대안에 적어도 표면상으로 아직 '중체서용'의 그림자가 남아 있다면 리쩌허우의 그것은 명확하게 마르크스주의를 근간으로 한다. 실제로 장선푸의 '섭체어용(攝體於用)'의 중체서용론과 리쩌허우의 서체중용론(西體中用論)은 단지 종이 한 장 차이일 뿐이다. '중체'를 철저히 허화(虛化)했을 때 '서용'은 필연적으로 상승하여 '서체'가 될 것이다. 따라서 '체'로써 '중'은 하나의 담론적 껍데기로 전락하는 처지에서 다시 '용'에 배치되는 수밖에 없다. 다시 말해 '중체'는 '중용'으로 변할 수밖에 없는 것이다.

14. 두 차례의 연설 원고는 강연 이후 북평 조간지 『신보(晨報)』에 발표 되었으며, 두 번째 연설은 『진한역사철학(秦漢歷史哲學)』이라는 제목으로 『삼송당학술문집(三松堂學術文集)』, 北京大學出版社, 1984)』에 수록되었다.

석방되었다. 평유란이 국민당 정부에 체포된 주된 이유는 당연히 그가 두 번째 강연에서 사적유물주의를 선양한 것 때문이다.[15] 그러나 흥미로운 사실은 평유란에게 하룻밤 옥고를 치르게 한 이 강연에서 그가 자신이 이해하고 있던 진한(秦漢) 역사철학 — 오덕설(五德說), 삼통설(三統說), 삼세설(三世說) 등 3파로 나뉘었다 — 과 사적유물주의를 연결시켜 이 3파 사상 중 '6가지 뜻'은 "오늘에 와서도 사용할 수 있다"고 주장했다는 것, 즉 사적유물주의와 일치한다고 말했던 사실이다.[16] 강연의 본래 제목으로부터 우리는 심지어 평유란이 역사유물주의를 '신(新)삼통오덕론'으로 이해했다고 말할 수 있다. 장따이니엔을 놓고 말하자면 그는 그의 형으로부터 깊은 영향을 받아 유가 전통 중의 유물주의 요소를 발굴하려고 노력하여 마침내 왕선산, 안습재(顏習齋, 1635-1704), 대동원(戴東原, 1724-1777)이 "마치지 못한 이론적 유산"을 계승했다고 자임했다.

그러나 평유란이 철학가로써 유명한 것은 우선 그의 신이학(新理學) 때문이다. 신이학은 유가 전통 중의 이(理), 기(氣) 개념을 신(新)실재론적으로 해석하였고 그 기본 방법은 논리분석법이다. 장선푸의 이론적 대안에서 루소가 대표하는 것이 바로 논리분석의 전통이다. 신이학의 이론 성과는 그다지 높지 않은데 중요한 한 가지 이유가 바로 평유란이 공상(共相), 수상(殊相) 등 형식논리와 인식론 중에서 비교적 얕은 몇 가지 개념으로 유가 전통 속의 형이상학적 측면의 일부 개념을 해석하려고 시도했기 때문이다. 그중 가장 큰 혼란은 한편으로 '이'가 객관적이고 실재적이라고 여기고 다른 한편으로는 '기'는 단지 하나의 논리 관념이라고 여긴 것이다. 다시 말해 '기'는 객관 실재적인 것이 아니라는 것이다. 생각해 보라. 이러한 상황에서 어떻게 존재론(ontology)적 측면에서 '이'와 '기'의 관계를 논할

• • •

15. 蔡仲德, 『馮友蘭先生年譜初編』, 河南人民出版社, 1994, 144-148쪽.

16. 馮友蘭, 『秦漢歷史哲學』, 『三松堂學術文集』, 北京大學出版社, 1984, 351쪽.

수 있겠는가? 천라이는 다음과 같이 지적했다. 만약 '이' 역시 독립적인 실재가 아닌 논리 관념이라고 본다면 펑유란의 사상 체계는 자기모순이 없다(self-consistent)고 할 수 있다.[17] 사실 그러하다. 그러나 문제는 '이', '기'가 모두 논리 관념이면 '이', '기' 문제와 존재론이 무슨 상관이 있느냐는 것이다. 천라이의 이러한 검토는 사실 펑유란이 말한 '이'의 진정한 출처가 바로 논리 관념임을 보여준다. 이에 대해 말하자면, 펑유란의 실재론은 사실 매우 허망한 것인데, 이는 그가 사실상 존재론적 의미의 '이'와 '기' 문제를 단순한 개념분석과 형식논리 차원의 문제로 처리하기 때문이다.

포스트 '5·4'의 유가사상 중 더 순수하고 더 체계적이며 더 전형적인 유파는 국민당 밖에서 생겨났지만 사적유물주의를 받아들이지 않은 학자들 가운데서 형성되었다. 한 유파는 량수밍을 대표로 하는데, 훗날 사회·정치적 주장과 실제 공로로 인해 '향촌건설파'로 불렸다. 실제로도 사상적 특징에 근거하여 보면 량수밍이 제창한 것은 사회주의 유학(socialist Confucianism)이라 부를 수 있다. 량수밍의 유학사상 역시 역사철학적 시각에서 전개되었다. 량수밍은 원하는 방향으로 문화의 특징과 차이를 묘사하였고 이를 기반으로 문화형태의 변천을 주요 내용으로 하는 세계사의 이념을 세웠다. 구체적으로 말하자면 앞으로 나아가고자 하는 것을 정신적 특징으로 하는 서양문화를 세계사 발전의 첫 번째 단계로 보고, 중간을 유지하고자 하는 것을 정신적 특징으로 하는 중국문화를 세계사 발전의 두 번째 단계로 보며, 뒤로 돌아가고자 하는 것을 정신적 특징으로 하는 인도문화를 세계사 발전의 마지막 단계로 봤다.[18] 유학을 근간으로 하는 중국문화에서 량수밍

●●●

17. 陳來, 『現代中國哲學的追尋: 新理學與新心學』 第8章: "馮友蘭 『新理學』 形上學之檢討", 人民出版社, 2001.

18. 더 자세한 논술은 다음 문장을 참조 바람. 唐文明, 『"根本智"與"後得智": 梁漱溟思想中的 世界歷史觀念』(唐文明의 『近憂: 文化政治視野中的儒學, 儒敎與中國』, 華東師範大學出版社, 2010을 보라).

은 독특한 '이성' 개념을 제기하여 그것이 왜 중간을 유지하고자 하는 것을 정신적 특징으로 하는 문화인지 해석했다. 량수밍의 '이성' 개념은 주로 "사심 없는 감정", 즉 만물이 스스로 본래 혼연일체가 되어 개체화의 한계를 허물고 우주의 대생명과 크게 통할 수 있는 그런 감정이다. 그가 말하는 '이성'은 이렇게 천지를 관철하는 도덕 감정을 기반으로 하는 도덕 이성이라고 말할 수 있다. 그가 봤을 때 진정한 인류 사회는 이러한 이성의 기반 위에 건설되어야 하며 이러한 이성이야말로 유가 문화의 정신적 특징이다.19 따라서 량수밍은 실제로는 그가 이해하고 있는 유가 정신을 합리적인 사회를 구상하는 사상적 기반으로 삼았다. 이런 점 때문에 우리는 량수밍의 유학사상을 사회주의 유학으로 개괄할 수 있다. '사회주의 유학'이라는 명칭은 우리로 하여금 공산당의 사회주의 이상을 연상하게 한다. 실제로 '문화대혁명' 기간에 집필한 그의 저작 『인심과 인생』에서 량수밍은 그의 이러한 사상을 마르크스주의를 이론 기반으로 한 사회주의 및 공산주의와 명확하게 서로 연관시켰다. 그러나 반드시 지적해야 할 점은 량수밍의 사회주의 유학의 이론적 기초를 볼 때 마르크스주의와 맞지 않는 부분이 적지 않다는 것이다. 그중 그의 마르크스주의에 대한 두 가지 비판은 다음과 같다. 첫째, 비록 생산력의 역사발전에서의 작용을 인정하지만 그는 생산력이 역사발전의 가장 큰 동인이라고 보지 않는다. 다시 말해 역사관에서 정신을 근본으로 한 문화사관을 따르고 유물사관에 반대한다는 것이다. 둘째, 첫 번째와 연관이 있는데 량수밍은 계급투쟁을 중심으로 중국의 전통적 사회역사를 이해하는 것에 반대하며 중국 전통사회의 특징인 '윤리본위 직업구분(倫理本位, 職業分途)'을 매우 통찰력 있게 지적했다. 량수밍이 그가 이해하는 유가사상에 입각하여 제기한 사회주의 주장과 마르크스주의

• • •

19. 량수밍은 『인심과 인생』에서 이 관점을 피력하였다. 그의 서술에 따르면 이는 그가 초기 저서 『동서양문화와 그 철학』의 관점에 대한 중요한 수정이다. 『인심과 인생』은 비록 늦게 집필됐지만 그 사상은 오래전부터 가다듬어왔던 것이다.

자적인 사회주의 주장 사이의 이러한 겉과 속이 다른 관계를 보면 실제로, 그가 항일전쟁 후에 왜 중국공산당에 점차 호감이 생겼는지 어느 정도 설명되며 그가 훗날 왜 마오쩌둥과 격렬한 논쟁과 갈등이 있었는지도 설명된다.

정신적 의미를 중요시하는 양수명의 입장과 가깝지만 사상적으로 더욱 뛰어난 유파는 슝스리와 그 제자들이다. 이 유파의 특징은 현대에 입각하여 유가 전통의 심학(心學) 일맥의 사상을 발양한 것으로, 이 때문에 전형적인 신양명학이라고 부를 수 있다. 이 유파의 1세대는 역시 불교 전통 속의 유식(唯識)사상을 많이 참고했고, 2세대는 독일 유심주의(German idealism)를 도입하여 중요한 사상적 외원(外援)으로 삼았다. 정신의 의미를 중요시하는 점으로만 보자면 이 유파는 허린이 개괄한 '신(新)심학'이 되겠다. 그 대표적 인물은 마이푸, 장쥔마이, 허린 등이 있다. 이 유파의 핵심 사상은 '심'을 본체로 하고 체용불이(体用不二)를 강조한다. 예를 들어 슝스리와 마이푸는 모두 이에 대해 명확하게 서술한 바 있다. 장쥔마이는 독일에서 유학할 때 오이켄(Walter Eucken, 1891-1950)의 가르침을 받고 유심주의 철학을 연구했다. 이는 그의 유가사상에 대한 이해에 큰 영향을 미쳤다. 귀국 후 그는 '과학과 인생관'이라는 논쟁을 일으켰고 유학의 입장에 서서 민주사회주의를 선양하였으며, 정신적 자유의 이념에 의거하여 중국의 헌정 건설을 추동했다. 허린은 유가사상의 현대적 전개에 아주 명확한, 전면적인 헤겔식 대안을 제기하였다. 그러나 그 자신이 1949년의 정치변혁을 겪은 후 주로 서양철학 연구로 전향하였음에도 이 대안을 완성하지는 못했다.

신양명학을 진정 널리 발양한 사람은 1949년 정치변혁 과정에서 대륙을 떠나 홍콩과 타이완 등지로 옮겨간 슝스리의 제자 머우쫑싼, 장쥔마이, 쉬푸관 등 학자들이다.[20] 그중 이론 성과가 가장 높은 사람인 머우쫑싼을 예로 들면, 그는 슝스리의 체용불이설을 계승하고 아울러 칸트 학설을 결합시켜 도덕적인 형이상학(moral metaphysics)으로 명명되는 방대하고 온전한 신유학 체계를 건립하였다. 이 신유학체계에서 순연한 선의의 양지를 근본으로 하는 도덕주의는 극치에 달하게 되며 도덕주의의 양지는 인성, 인심의 본체로 여겨질 뿐만 아니라 천도(天道), 천리(天理)의 지위에까지 높여진다. 신유학체계는 또한 도덕주의의 기초 위에 도덕적 진보를 지향하는 어느 정도 헤겔의 역사종결론과 같은 이론 취지를 가진 역사철학을 수립하였으며 이 때문에 자유와 민주를 핵심 이념으로 하는 정치유학을 고취한다. 1949년 이후 홍콩, 타이완 등지에서 활약한 신유가는 정치적 입장에서 대부분 자유주의적 경향을 가지고 있다. 이 점은 그들이 공산당과 1949년의 정치변혁에 대한 태도와 입장에서 보여진 것처럼 공산당에 동의하지 않았으며 — 대륙을 떠난 자체가 그 태도와 입장을 설명해준다 — 또한 타이완으로 퇴각한 국민당 정부와도 일정정도 의견이 일치하지 않았다. 때문에 슝스리, 머우쭝싼 유파의 신유학을 유심주의 유학(idealist Confucianism)이라 부른다면, 그 정치 입장에서는 자유주의 유학(liberalist Confucianism)이라 부를 수 있다.

슝–머우 유파의 신유학은 포스트 '5 · 4' 유가사상이 성취한 최고의 성과를 대표한다. 앞서 신해혁명 이후 현대 유가사상은 탈정치화한 종교 형태로 제도로의 안착을 고려할 수밖에 없었고, 신문화운동 이후 현대 유가사상은 탈윤리화한 도덕주의에서 정신적 안착을 추구할 수밖에 없게 되었다고 했다. 이로부터 보면 슝–머우 유파의 사상 중 종교화한 사고방식과 도덕화한 사고방식이 사상 측면에서 결합되어 극치에 달하게 된 것도 전혀 이상하지 않다. 머우쭝싼은 바로 유가를 도덕종교로 만들었는데, 그의 도덕종교 개념을 칸트가 기독교에 부여한 도덕종교 개념과 비교해

● ● ●

20. 여기서 첸무(錢穆, 1895-1990)를 언급해야 한다. 그의 입장은 슝스리의 제자들과 비슷하면서도 좀 다르다.

보면 머우가 더 적극적이었다고 할 수 있다. 즉 직접적으로 도덕을 종교화한 것이다.

이상에서 우리는 3천 년 만에 처음 맞는 격변의 역사 상황에서 유가 전통이 정치적 퇴각과 윤리적 퇴각을 겪으면서도 이론적, 도덕적, 실천적 측면에서는 종교 형태로 떠밀려갔는지를 되짚어 볼 수 있었다. 그리고 캉유웨이가 중국 현대 사상사에서 분명 선지적 인물이었으며, 이후의 사람들이 비록 자각하지 못했거나 인정하지 않았더라도 현대 유가사상의 전개가 기본적으로 그의 사상의 영향 아래 있었음을 보다 확실히 알 수 있었다.21

• • •

21. 캉유웨이의 진정한 반대파이면서도 중국 현대 학술사에 매우 큰 기여를 한 사람으로는 아마도 청조에 충성을 지킨 인물로 알려진 왕궈웨이(王國維)와 천인커(陳寅恪) 등밖에 없을 것이다.

4. 청말 학술의 재평가 및 '대륙신유학'의 문제

천비성(陳壁生)

신해혁명 이후, 경학은 붕괴되고 학술은 변화했으며 현대신유학은 부상했다. 당시 학술 재정립 과정에서 '신유가'는 일반적으로 신문화운동 이후 량수밍, 슝스리 등 대학자에 의해 창시되고, 탕쥔이, 머우쫑싼, 쉬푸관, 장쥔마이로 계승된, 유학의 현대 서사전통을 가리킨다. 이 전통은 '해외신유가(海外新儒家)' 혹은 '홍콩·대만신유가(港臺新儒家)'로도 불리며, 1980년대 이후 대륙신유학 연구 부흥에 지대한 영향을 끼쳤다.

21세기 들어 중국사회가 유례없이 복잡해지면서, 중국의 미래와 그 방향에 대해 어떻게 새롭게 사유할 것인가가 다시 중요한 문제가 되었다. 이러한 배경 하에 유학부흥을 중심으로 한 문화보수주의 사조가 수면으로 떠올랐고, 점차 주류를 차지했다. 현재 유학부흥운동의 목표는 중국의 새로운 변화에 부응하는 것으로, 사상 자원, 이론적 시각, 탐구 문제 등 모든 면에서 해외 신유가와 크게 다르며, 복잡하고 다채로운 스펙트럼을 보여주고 있다. 그중 천라이(陳來)의 『인학본체론(仁學本體論)』과 같은 1세대 신유가의 계승과 발전에 대한 창조적 작품들이 나오기 시작했다. 그리고 1세대 신유가 이전의 청말민초의 경학과 유학의 재인식 및 발굴 역시 유학부흥운동의 중요한 동력이 되었다. 이 글은 '대륙신유학' 가운데, 청말 학술의 재평가를 통해 새로이 발전을 이루었다고 생각되는 부분에 초점을 맞춰 서술한 것이다.

1. 해외 신유가의 기본 방향

근대화에 직면했던 전통유학은 시간과 공간을 중심으로 이미 여러 가지 이론 형태가 존재한다. 첫째, 청말민초이다. 이 시기는 랴오핑(廖平, 1852-1932), 캉유웨이, 장지동(張之洞, 1837-1909), 장타이옌(章太炎, 1869-1936)에 서부터 신문화운동까지이다. 이때는 비록 군주제와 공화제 두 시대에 걸쳐 있었지만, 사상가들은 보수주의의 태도를 가지고 이론과 제도의 측면에서 전통을 새롭게 이해하고자 노력했다. 둘째, 신문화운동부터 1949년까지이다. 이 시기의 유학자는 제1대 신유가로 불리는데, 량수밍, 슝스리, 펑유란 등 학자들이 포함된다. 이들은 신문화운동의 구호인 민주, 과학에 동의한다는 전제 하에 유학을 철학화하려 하였다. 셋째, 1949년 이후의 '해외신유가' 이다. 탕쥔이, 머우쫑싼, 쉬푸관, 장쥔마이 등이 그 대표이다. 이들은 중화문명이 몰락해가는 비극 속에서도 지속적으로 전통을 계승하고 철학을 재정립하려 했다. 이들의 사상 자원은 주로 1세대 신유가로 불렸던 슝스리 등이었다. 넷째, 1949년 이후의 대륙유학이다. 량수밍, 펑유란, 멍원퉁(蒙文通, 1894-1968)의 후기 사상이 대표적이다. 이들 학술은 명확하게 중국화된 마르크스주의의 정교(政敎)의 영향을 받았다.

1980년대 이후 대륙의 학술연구 환경이 정상화되면서, 해외신유학은 대륙유학 연구의 가장 중요한 이론적 자원이 되었다. 유학 전통의 계승 면에서 해외신유학은 대체로 공통된 경향을 보였다. 이 내용은 1958년 1월 1일 탕쥔이, 머우쫑싼, 쉬푸관, 장쥔마이가 공동 발표한 『중국문화 재검토에 관한 선언: 우리의 중국 학술 연구 및 중국문화와 세계문화

전도에 대한 공동인식』(爲中國文化警告世界人士宣言: 我們對中國學術硏究及 中國文化與世界文化前途之共同認識, A Manifesto on the Reappraisal of Chin ese Culture: Our Joint Understanding of the Sinological Study Relating to World Cultural Outlook)에 담겨 있다. 시대가 바뀌면서 이『선언』은 나중에 '홍콩·대만신유가'를 정의하는 기본 문헌이 되었다. 또 다른 현대신유학자 인 역사학자 첸무(錢穆, 1895-1990) 역시 이 자리에 초청받았지만 결국 참석하지 않으면서, '홍콩·대만신유가'에게 역사학과의 입지는 줄어들고, 완전히 철학만의 연구 분야가 되어 버렸다. 이『선언』의 중요성은 슝스리가 개척한 신유학이론을 계승하고, 네 학자의 기본적 공통인식을 표출하였으 며, 아울러 후대 유학 연구의 전반적인 특징을 만들어냈다는 데에 있다. 이런 공통적인 특징은 60년 이후 대륙에서 그들과 전혀 다른 방향에서 유학을 다시 논의하려 할 때 문제를 발생시킨다.

구체적으로 말하자면, 『선언』에 체현되어 있는 사상은 두 개의 대단히 명확한 기본 방향을 가지고 있다. 첫째, 학술적으로는 송명이학(宋明理學)을 계승했다. 『선언』에서는 중국 전통학술의 핵심을 심성론(心性之學)으로 보고 있는데, 유가의 심성론은 공자에 기원을 두고 송명 대유(大儒)의 재해석 을 거쳐 송명대에 크게 발전하였기 때문에 송명화(宋明化)된 유학이라고 할 수 있다. 이『선언』중 특히 '중국 심성론의 의의(中國心性之學的意義)'라 는 절에는 다음과 같은 구절이 있다.

중국의 심성론은 송명에 이르러 크게 발전했다. 송명사상은 선진(先秦) 이후 중국사상의 두 번째 최고 전성기이다. 그러나 이미 선진유가와 도가 사상에서도 심성에 대한 인식을 사상의 핵심으로 삼았다.[1]

● ● ●

1. 唐君毅, 『說中華民族之花果飄零』, 臺北: 三民書局, 1974, 145쪽.

여기서 유가사상 전통의 핵심을 심성론에 둔 것은 그 자체로 토론이 필요한 문제이다. 청대에 몇 차례 한송(漢宋) 논쟁이 있었고 후에 다시 한송겸채(漢宋兼采: 한송대 학문의 융합 및 절충을 주장-역자) 논쟁이 있었음에도 유가 전통을 심성론 전통으로 보는 것은, 청대의 학술적 축적과 성취를 완전히 인정하지 않는 것이다. 이와 관련된 것으로『선언』에서는 선진 시기를 유가사상 발전의 첫 번째 단계로, 송명사상을 두 번째 단계로 보고 있는데, 이는 송대 '도통(道統)'론에 근거한 것이다. 그리고 현대신유학 발전을 세 번째 단계로 본다. 이렇게 '선진 원시유학 — 송명이학 — 현대신유학'이라는 구도가 유가사상 발전의 세 단계가 되었다. 이 세 단계에 대응하는 핵심 문헌은 '제자(諸子) 중의 유가' — '송학화'된『사서(四書)』사상 체계 — '철학화'된 현대유학이다.2 그러나 문제는 서한(西漢)에서 북송(北宋)까지 천여 년 동안의 유학이 이 계통에서 기본적으로 배제되었다는 데에 있다.『선언』에 담겨 있는 유학에 대한 이해는 주로 송명화된 유학이다. 선진 시기 이후 유학사에서 송명이학이 중요하다는 것은 두말할 필요가 없지만, 한당대(漢唐代) 및 청대의 경학은 이로 인해 경시되고 말았다.

둘째, 사상적으로는 '5·4'의 구호를 계승했다.『선언』에서는 특히 '민주'와 '과학'이라는 5·4의 두 가지 구호를 강조했는데, 그 내용은 다음과

• • •

2. 牟宗三은『道德的理想主義』에서 다음과 같은 분류법을 제시했다. "첫 번째 시기는 공자, 맹자, 순자를 典型으로 하는 주조 시기로, 공자는 인격으로서 실천하여 天과 합일하여 大聖이 됨으로써 그 영향은 한 제국 건국까지 이어졌다. 이는 적극적이고 풍부하며, 건설적이고 종합적이다. 두 번째 시기는 송명 유자들이 절대 주체성을 발휘한 시기로, 이는 소극적, 분석적, 현묘적(空靈的)인 편이며, 풍속을 개량하는 역할을 했다. 세 번째 시기의 내용은 첫 단락에서 이미 간략하게 언급했다. 1. 순수철학 관점에서 말하면, 名數學을 흡수하여 최고 원리를 보강했다. 2. 역사문화 관점에서 말하면, 민족국가의 자발적 건설로 보편이성이 풍부해졌다. 도덕형식에서 국가형식으로의 전환은 보편이성의 순수주체성에서 객관정신을 발전시켰다."(牟宗三,『道德的理想主義』,『牟宗三先生全集』(9), 臺北: 聯經出版社, 2003, 13-14쪽) 머우쫑싼의 시기구분 방식은 전적으로 송명의 입장에서 전통유학을 시기별로 나눈 것이다.

같다.

> 우리는 중국의 문화와 역사에서 서양의 근대 민주제도와 과학 및 현대의 각종 실용적 기술이 부족하여, 중국이 진정한 근대화, 공업화에 이르지 못했다는 점을 인정한다. 그러나 우리는 중국의 문화사상에 민주사상의 씨앗이 없고, 정치 발전의 내재적 요구에서 민주제도를 건설하려는 경향으로 나아가지 않으며, 중국문화가 반(反) 과학적이어서 본래부터 과학과 실용적 기술을 경시했다는 점에는 동의할 수 없다.[3]

『선언』에서는 민주와 과학을 유가사상의 근대적 전환을 위한 기본 전제이자 유가사상의 내재적 요구로 보고 있다. 이런 표현도 있다. "그리고 민주헌정은 바로 중국문화에서의 도덕정신의 자기 발전에서 요청된 것이다. 오늘날 중국의 민주 이념을 토대로 한 건국은 바로 중국 역사문화 발전에서 중요한 과제이며, 반드시 성공해야 하는 가장 중요한 이유 또한 여기에 있다."[4] 그러나 『선언』에서 말한 민주, 과학은 시종일관 상식과 구호의 차원에서 논해졌을 뿐, 거기에 내재된 정신에 대해서는 토론되지 않았다. 『선언』이 발표되도록 격발시켰던 당시 대륙의 정치상황과 마찬가지로 '민주'라는 표현 형식이 언제 안 쓰인 적이 있었던가? 『선언』은 5・4 시기의 민주와 과학을 유가사상의 현대적 발전을 위한 전제 조건으로 삼고 있는데, 이는 유학의 자체적인 정치적 구상을 포기했다는 것을 의미한다. 『선언』에 담겨 있는 것은 상식적 의미에서의 과학과 이론화되지 않은 민주라고 할 수 있다. 여기에 서명했던 네 학자는 유가사상의 정치에 대해 일면 깊이 다루었지만, 이러한 논의를 그저 '민주헌정은 중국 문화 속의

• • •

3. 唐君毅, 『說中華民族之花果飄零』, 158쪽.
4. 唐君毅, 『說中華民族之花果飄零』, 166쪽.

도덕정신 자체 발전의 요구이다'라는 한 마디 말로 정리했다면, 사실 '민주'를 하나의 이데올로기로 삼은 것일 뿐 거기에 내재된 정신에 대해 토론한 것은 아니며, 민주와 유학의 진정한 관계에 관한 토론 역시 일정 정도 가로막았다는 점 역시 부인할 수 없다.

네 학자의 학문적 논증과 정치적 토론은 구체적인 사상과 이론 면에서는 전대의 학자를 넘어서는 깊은 식견을 가지고 있다. 그러나 전체적인 방향에서는 학문적으로는 송명 심성론을 계승하고 정치적으로는 유가 자체의 담론을 포기한 것이다. 이것이 『선언』에 담겨 있는 기본적인 사상적 경향이었다. 그리고 이 두 가지 경향은 내적 연관성을 가지고 있다. 심성화된 유학에서 최우선 관심사는 개인의 도덕 문제이며, 상식적으로 민주사회 역시 우수하고 도덕적인 시민으로 민주제도의 질을 개선시키고자 한다. 이렇게 유학과 민주는 결코 모순되지 않을 뿐만 아니라, 심지어 유학의 현대 발전은 내재적으로 민주정치를 배척할 필요도 없다.[5]

대륙신유학은 바로 정치와 학술 두 가지 방향에서 해외 신유학을 깊이 반성하는 과정 속에서 점진적으로 자신의 입장을 형성해가고 있다고 할 수 있다.

2. '중국'에 대한 이해: 정치국가에서 문명국가로

최근 10년간 대륙의 일부 유학 연구가 해외신유학과 다른 점은 주로 '5·4' 신문화운동에 대한 자각적 성찰을 통해 청말민초의 유학 전통을 직접 계승했다는 점에 있다. 문헌상으로는 연구의 초점이 일반적 의미의

● ● ●

5. 신유가사상의 한계에 대해서는 唐文明 先生 『新文化運動的轉折與新儒家的思想界限』(『讀書』, 2014年 12月)의 훌륭한 글을 참고할 수 있다.

유학에서 '오경(五經)' 및 청말민초의 오경에 대한 재해석으로 전환되었고, 사상적으로는 심성론에서 정치철학과 윤리사상으로 전환되었으며, 분과학 문으로는 순수철학사변에서 중국 정치문화 전통을 총체적으로 사고하는 것으로 나타났다.

그런데 이러한 전환은 유형무형으로 '5·4' 신문화운동에 대한 성찰에 기초하고 있다. '5·4운동'과 '신문화운동'을 하나로 묶어서 말하는 이유는 두 가지가 서로 인과관계에 있기 때문만은 아니다. 이 양자가 공동으로 중국 전통문화의 단절을 초래했고, 직접적으로 중국 백 년의 혁명문화에 영향을 주어 혁명정당의 탄생을 촉진시켰기 때문이다. 백여 년 동안 학문이 든 정치든 모두 5·4를 계승해왔으며, 이제껏 단절된 적이 없었다. 따라서 이른바 '5·4를 성찰해야 한다'는 목소리는 계속 있어왔다. 그러나 '고금논 쟁(古今之爭)'의 차원에서 접근해야 진정으로 5·4 신문화운동이 이후의 중국학술과 정치에 끼친 영향을 철저하게 성찰할 수 있다.

학술의 관점에서 '중국'을 이해할 때 5·4 이래의 인식에는 근본적인 결함이 있는데, 그것은 바로 중서(中西)의 차이를 고금(古今)의 차이로 바꿈 으로써, 중국을 민족국가로 만드는 과정에서 민족국가로서의 중국을 문명 체가 아닌 정치체로 이해했다는 점이다. 이런 사고방식과 상호 연관되어 있는 것이 철저한 반(反) 전통사상 및 이후 혁명을 통해 세워진 현대국가의 역사이다. 이는 오늘날의 중국인이 자신의 문화적 정체성에 대해 불안하게 느끼도록 만들었다.

'중국'에 대한 이해에서 신문화운동의 주도적 사상은 중국의 고금문제를 중서문제로 전환시켰다. 1919년 5월, 북경대 학생이 창간한 잡지 『신조(新 潮)』에는 마오쯔수이(毛子水, 1893-1988)의 『국고(國故)와 과학의 정신』이 발표되었는데, 이 글에서는 중국학술과 서양학술에 대해 다음과 같이 언급 하고 있다.

국고는 과거에 이미 죽은 것이며, 구화(歐化)는 바야흐로 성장하고 있는 것이다. 국고가 난잡하고 무질서한 잡다한 지식이라면, 구화는 체계가 있는 학술이다. 이 두 가지는 절대 대등한 이치가 아니다.[6]

　　이는 표면적으로 보면 학술적 태도에 불과하지만, 실제로는 역사관이다. 이 역사관은 중국문화 전체를 '이미 죽은 것'으로 보았는데, '고(古)'는 더 이상 '금(今)'의 토대가 아닌 '금'이 발전하기 위해 반드시 포기해야 하는 짐으로 간주되었다. 후에 마오쯔수이는 『「신조」의 '국고와 과학의 정신'의 오류 수정을 반박하며』에서 다음과 같이 말했다. "중국 고대의 학술사상은 우리 생활에서도 하루가 다르게 쓸모가 없어지고 있으며, 학술 연구에서도 하루가 다르게 참고할 가치가 사라지고 있다. 이러한 연고로 중국 고대의 학술사상은 이미 죽은 것이 되었다."[7] 마오쯔수이의 이러한 인식은 신문화운동의 계몽사상과 꼭 들어맞는다. 마우쯔수이는 '국고' 대신 '국신(國新)'이라는 표현을 만들었다. 그는 국고가 있다면 국신도 있으며, 이 국신은 새로운 표준, 바로 '구화'라 생각했다. "학술사상은 결코 유럽 사람만 전유하는 것이 아니기 때문에, '국신'을 구화와 어쨌든 같다고 해도 무방하다."[8] 마오쯔수이는 '고금'의 차이에 대해 '고'는 객관적으로 존재할 뿐 '이미 죽은 것'이지만, 구화는 '바야흐로 성장하고 있는 것'이라고 강조했다. 이렇게 '중서' 관계를 '고금' 관계 속에 섞어버림으로써, '현재'의 중국은 그저 '과거'의 서양에 불과하며 서양은 미래의 방향이자 과거를 평가하는 기준이 되었다. 이처럼 '중국'은 '역사'가 되고, 중국문명은 반드시 버려야하는 역사 문명이 되었던 것이다.[9]

● ● ●

6. 毛子水, 『國故和科學的精神』, 桑兵等編, 『國學的歷史』, 北京: 國家圖書館出版社, 2010, 143쪽.

7. 毛子水, 『駁「新潮」"國故與科學的精神"篇訂誤』, 桑兵等編, 『國學的歷史』, 159쪽.

8. 毛子水, 『國故和科學的精神』, 桑兵等 編, 『國學的歷史』, 143쪽.

신문화운동의 '타도공가점(打倒孔家店)' 및 그에 따라 일어난 '정리국고(整理國故)' 운동은, 하나를 타파하고 하나를 세우면서(一破一立) 중국 현대 학술의 기초를 확립했다. 이 같은 학술에서의 '중국'은 문명국가가 아닌 정치국가일 뿐이었으며, 정치조직으로서의 의미만을 갖게 되었다. 즉 국가를 어떤 문명이나 문화적 가치도 보유하지 않는 기계적 조직체로 여겼기에, 중국의 오래된 문명을 완전히 포기함으로써만이 민족국가인 '중국'에 대한 설계와 이해가 가능했다. 이에 따라 이후의 국민당 개조와 북벌 및 공산당 혁명에서 중국을 새롭게 다시 만들고자 하는 새로운 '주의'가 계속해서 출현했던 것이다.

그러나 본래 문명국가인 중국에서 문명적 요소를 제거하고 정치로써 새로운 이념을 강력하게 밀고나아가 국가를 교화시킨다면, 비록 당장에는 성과가 있을지 모르지만 오래 지속시킬 수는 없다. 중국 근현대가 문명체의 건국 과정이라는 것을 직시한다면, 오늘날의 중국을 이해하기 위해서는 반드시 전통문명으로 돌아가 중국 건국의 길을 성찰해 보아야 한다.

지난 10여 년 동안 중국 학술계의 많은 토론과 저술은 모두 '중국'의 불안과 관련이 있다. 21세기 초 '중국철학의 합법성에 관한 토론'은 바로 중국철학이라는 서양으로부터 이식된 분과학문의 틀로 중국 고대의 사상 전통을 제대로 이해할 수 있는가를 성찰하는 것에서 촉발되었다. 역사학 연구에서 '중국' 개념에 관한 많은 논저들이 등장했는데, 대표적인 저서로 거자오광(葛兆光)의 『이 중국에 거하라(宅玆中國)』를 들 수 있다. 그리고 전통문화의 관점에서 중국의 건국 과정을 성찰한 일련의 연구들도 있다. 깐양(甘陽)과 리우샤오펑(劉小楓)은 중국의 도로(道路)와 국가윤리에 관한 저술에서 '국가'를 새롭게 화두로 삼아, 고금의 변화 및 아름다운 삶과

• • •

9. 자세한 논의는 필자의 다음의 저술을 참고할 수 있다. 『經學的瓦解』, 上海: 華東師大學出版社, 2014.

질서 추구를 관련지었다는 점에서 획기적인 의의를 지니고 있다. 정이(曾亦),
탕원밍(唐文明) 주편의『중국의 중국됨: 정통과 이단의 변(辯)』에는 철학
사상의 관점에서 중국 개념을 연구한 논문 몇 편이 수록되어 있다. 간춘송(干
春松), 천비성 주편의『경학(經學)과 건국』에는 경학의 관점에서 중국 건국의
과정을 논의하는 간춘송, 정이, 탕원밍 등의 논문이 수록되어 있다. 딩지(丁
紀)가 강연한『중국인이라는 것의 의미』, 딩윈(丁耘)의『오늘날 우리는
어떻게 중국인이 되는가』역시 사상적으로 중국인이란 무엇을 의미하는지
에 대해 토론하고 있다. 이 모든 논의들의 배경에는 사실 문화적 의미에서든
정치적 의미에서든 '중국'에 대한 탐구가 있다. 쩡카이(鄭開)는『'중국의식'
의 사상사 구축을 논하다』에서 다음과 같이 말했다.

> '중국의식'에서 사람들이 가장 주목하는 특징은 자각적이고 강렬한
> 역사문화의식이다. 이는 근대 이래의 '네가 방금 노래를 끝냈으면 내가
> 무대에 올라간다'는 유행 관념 및 여러 이데올로기보다 더욱 강고하고
> 깊이 있으며 힘이 있다. 바꿔 말하면, '중국의식'은 '자유, 평등, 박애'
> 이러한 근대관념 및 이데올로기까지도 넘어서서 '중국'이라는 오래된
> 문명이 민족-국가의 근대 체계 속에서도 면면히 이어지게 할 수 있다.[10]

이러한 '중국의식'은 중국인의 자기 문화의 정체성에 대한 불안에 뿌리를
두고 있다. 이는 결코 민족주의나 국가주의 사상이 범람한 결과가 아니라
문명체로서의 중국을 바로 보는 것이다. 더구나 근대성과 맞닥뜨린 이후에
는 반드시 현대 민족국가 방식으로 자기 문명의 이상을 보존, 계승, 발전시킬
필요가 있기 때문에, 현대국가는 반드시 전통적인 '가-국(家-國)' 구조를

● ● ●

10. 鄭開,『論"中國意識"的思想史建構』, 曾亦, 唐文明 編,『中國之爲中國』, 世紀出版集團,
　　上海人民出版社, 2012, 29쪽.

계승하여 전통문명을 체현해야 한다. 이러한 의미에서 정치국가로서의
중국의 기본 틀은 이미 확립되었지만 문명국가의 건국 과정은 여전히
진행 중이며 결코 완성되지 않았다고 할 수 있다. 이른바 '대륙신유학'이
부상하게 된 배후의 문제의식은 기본적으로 이 지점에 있다. 이러한 '중국의
식'은 대륙신유학의 관심 범위를 도덕주체성의 여러 심성(心性) 문제에
그치지 않고, 건국과 건국이념(立敎), 국가와 사회, 인륜과 정치와 같은
문제로 확장되도록 만들어주었다. 요컨대 역사 속 민족이 만들어 온 정치국
가로서의 중국에 대해, 심층적인 문화적 탐색을 하는 것이다. 그리고 이
탐구의 목적은 '중국'이라는 오래된 문명체 내부로 돌아가 이 민족국가를
재인식, 재창조하며, 이 문명이 만들어진 이후의 아름다운 생활을 이해하고,
아름다운 질서를 이해하고 문명의 이상을 추구하는 데 있다.

그러나 5·4 이후 가장 '보수적'이었던 신유가조차도 이러한 '중국의식'
을 만족할 만큼 탐색하지는 못하였다. 이러한 배경 하에 청말민초를 재인식
하고, 전체 문명 전통에 뿌리를 두고 현대를 대면한 경사(經師) 대유(大儒)의
사상을 재발굴하는 것은 필연적인 선택이 되었다.

3. '만청(晚淸)'에 대한 이해: '신유학'에서 '경학'까지

청말민초 학술과 신문화운동 이후의 그것에서 가장 중요한 차이점은,
청말민초 경사, 대유 대부분이 중국문명 전체에 대한 안목을 가지고 있었기
에 분과학문 방식으로 연구하지 않았다는 점이다. 그들은 전통에 깊이
뿌리박고 전통 고유의 사상 자원으로 근대화 문제에 대응함으로써 중국학술
을 창조하고 발전시켰다고 할 수 있다. 그중에서 가장 중요한 것은 경학
전통이다.

최근 십여 년 동안 대륙신유학은 청말민초 학술을 재발견함으로써 이전

의 정당(政黨) 관점의 사상사 서술과는 완전히 다른 현대 서사를 개척했는데, 대체로 아래 몇 가지 내용을 포함시킬 수 있다.

먼저 캉유웨이이다. 캉유웨이가 최근 중시되기 시작한 이유는 그의 사상 속에 중국문명이 서양을 대면하면서 나타난 여러 가지 문제가 포함되어 있기 때문이다. 캉유웨이 사상의 특징은 경학사상과 정교이론을 고도로 일치시켰다는 점이며, 그는 경학, 공교론(孔敎論)과 군주제의 재건을 포함한 큰 유산을 후대에 남겨주었다.

경학이론에서 캉유웨이의 경학은 현대 중국에서 금문경학이 집중적으로 서술된 것이라고 할 수 있다. 서한의 금문경학이 5경을 두루 숭상하여 각 경마다 박사(博士)를 따로 세운 것과는 달리 캉유웨이의 경학사상에서는 오로지 『춘추』만을 중시했으며, 그중에서도 『공양전』을 핵심으로 보았다. 5경 중에서 『춘추』만이 홀로 공자가 '지었다(作)'는 사실은 공자를 '유일한 왕이자 절대적 본보기(一王大法)'로 간주했다는 데 의의가 있다. 공자의 법을 존숭하려면, 공자의 법과 다른 경전은 반드시 배척해야 했다. 따라서 『주례』는 유흠(劉歆)에서 정현(鄭玄)까지 모두 주공이 태평을 이룩한 기록으로 보았으며, 『좌전』은 유흠부터 두예(杜預)까지 50개의 발범(發凡)이 모두 주공에서 나온 예라고 생각했는데, 캉유웨이는 『신학위경고(新學僞經考)』에서 이 고문경학의 두 대전(大典) 모두 유흠의 위작으로 간주하여 배격했다. 그리고 『공자개제고(孔子改制考)』에서는 공자 이전의 성왕시대(聖王時代) 모두가 황당무계한 것이라고 생각했다. 이에 따라 공자 소왕(素王: 제왕이 될 만한 능력과 인품은 가지고 있지만 실제 왕위에는 오르지 못했다는 의미로 공자를 가리키는 표현)의 의미는 문명의 개창자, 문명의 교주로 변하게 된다. 동시에 캉유웨이는 『춘추공양전』에서 전해 듣고(所傳聞), 직접 듣고(所聞), 직접 보았다는(所見) 세 시대(三世)를 거란세(據亂世), 승평세(升平世), 태평세(太平世)에 대응시킴으로써, 공자에 성의 체현자(一聖之身)로서 '만세를 위해 법도를 제정했다(萬世制法)'는 지위를 부여했다.

이러한 경학이론은 서한 금문경학을 재해석한 것이 아니라, 금문경학 체계를 근본적으로 변화시켜 새로운 시대에 응답할 수 있도록 한 것이다. 금문경학에서 인정하는 유일한 문명의 입법자는 공자이기에, 캉유웨이는 '유교'가 아닌 '공교(孔敎)'를 제창했다. 캉유웨이의 공교론에서 서로 다르지만 관련 있는 것 두 가지가 국교론(國敎論)과 공교회(孔敎會)이다. 국교론에서 캉유웨이 공교 수립의 토대는『춘추』중심의 육경 체계로, 경학의 초점은 정치와 사회 전반에 초점을 두는 것이었는데, 여기에서 핵심은 국가 정교(政敎) 수립이며 이를 통해 생활 질서를 확립하는 것이었다. 다시 말해 공교는 본래 중국문명 만들기와 정치사회질서 확립을 위한 학설이며, 이러한 의미에서 공교는 자연히 국교가 되고 정치질서 구축을 지향하기 때문에 신앙의 자유를 침해하지 않는다. 캉유웨이는 제제(帝制)가 무너지고 민국이 수립되자 기독교의 조직방식을 본떠 공교의 교회조직을 만들어 국교로 승격시키고자 했다. 공교회 수립 배경에는 몇 가지 주의해야 할 점이 있다. 첫째, 공교회의 정치배경은 공화제인데, 캉유웨이가 당시 지속적으로 추구했던 제도는 입헌군주제였다. 둘째, 공교회는 종교단체일 뿐만 아니라, 정당의 특성을 갖춘 정치단체이다. 셋째, 캉유웨이가 이해하는 공교는 한대부터 이미 시작되었다. 이러한 점들은 캉유웨이 이론에서 공교가 교회조직을 필요로 했던 가장 중요한 원인이, 체제가 붕괴되고 공화제가 수립된 이후의 일시적 필요 때문이었다는 것을 잘 보여준다.

군주제에 대한 논증에서 캉유웨이 사상의 풍부한 생명력을 엿볼 수 있다. 캉유웨이는『춘추』를 입각하여 '삼세설(三世說)'을 제시했는데, 그가 살아 있던 당시는 아직 승평세이지 태평세가 아니기에, 소강법(小康法)을 행할 뿐 대동법(大同法)을 행할 수 없었다. 따라서 정치체제는 반드시 민주공화제가 아닌 입헌군주제를 확립해야 했다. 신해혁명 이후『공화평의(共和平議)』등 자신의 글에서 캉유웨이는 군주제의 합리성을 강하게 변호했다. 게다가 이러한 변호는 두 차례 대혁명을 거치고 공화제가 백 년 동안 행해진 오늘날의 관점에서 보아도 여전히 이론적 급진성이 엿보인다.

다음은 장타이옌이다. 장타이옌은 고문경학의 역사화 경향을 대표하는데, 그가 남긴 가장 중요한 유산은 '역사'에 대한 관념이다. 장타이옌은 경을 역사로 간주했는데, 그에게 역사란 객관적으로 존재하는 과거가 아니라 현재와 밀접한 관련이 있는 가치였다. 장타이옌은 문명다원론자였다. 그는 『국고논형·원학(國故論衡·原學)』에서 "이제 중국이 멀리 서양에 마음을 둘 수 없는 것은, 서양이 멀리 있는 중국에 마음을 둘 수 없는 것과 같다. 기술만을 비교하는 것은 정말 졸렬한 일이다. 요컨대 장단점은 족히 서로 뒤집힐 수 있다."[11]고 했다. 사상, 음악, 의학, 사학 등 여러 측면에서 중국은 서양에 앞서 있다. 중국이 중국일 수 있는 것은 바로 풍토와 습성으로 일국의 역사, 일국의 백성을 이루었다는 데에 있다. 장타이옌은 '역사'의 시각으로 '중국'을 바라보는데, 소위 '역사'란 그저 무의미한 과거가 아니라 어제의 나이다. 오늘의 나는 바로 어제의 나에서 비롯되며, 오늘의 중국은 바로 어제의 중국에서 비롯된다. 과거(古)는 현재(今)를 만들고, 현재는 지금 바로 과거가 되고 있다. 역사는 현재를 빚어내며, 현재는 곧바로 역사로 변한다. 때문에 이른바 '역사'는 살아 있는 과거이며, 모든 중국 고대전적은 바로 이 국가의 살아 있는 과거의 기록이다.

때문에 '역사'는 새로운 현대 민족국가의 뿌리를 형성한다. 장타이옌은 새로운 민족국가와 이전의 학술사상의 관계에 대해 다음과 같이 말했다.

나는 민족주의란 농사와 같아서 사적(史籍)에 실린 인물과 제도, 지리와 풍속 등으로 물을 준다면, 무성하게 자라날 것이라 생각한다. 그러나 다만 주의(主義)의 중요함을 알아도 민족의 소중함을 모르니, 점점 시들어 갈까봐 두렵다. 공자의 가르침은 본래 역사를 근본으로 삼았다. 공자를

• • •

11. 章太炎著, 龐俊·郭誠永 注, 『國故論衡疏證』, 476쪽.

으뜸으로 삼는 것은 마땅히 벼슬만을 쫓고 실용만을 중시하는 풍조를 없애버리고 오로지 앞선 왕들이 이룬 자취를 마음에 품는 사람들만 뽑아서 면면히 이어져 대체할 수 없게 하는 것이다. 『춘추』 위로 육경이 있었으니 이는 본래 공자의 역사학이다. 『춘추』 아래로 『사기』, 『한서』 및 역대 서지(書志)와 기전(紀傳)에 이르니, 역시 공자의 역사학이다.[12]

장타이옌이 여기에서 말한 '사적'은 단순히 역사 분야의 전적(典籍)을 가리키는 것이 아니라 모든 전통 전적을 아우르는, 즉 '국학'의 전적을 말한다. 역사문명의 정수(精髓)로써 애국의 열정을 불러일으키는 역사문명은 '공자의 역사학'에 집중되어 있다. 공자의 학문은 바로 역사학이다. 공자 이전에는 공자가 지워버린 육경이 있었는데, 고대 성왕의 일을 기록하기 위한 이것이 바로 역사이다. 공자 이후 역대 사관(史官)은 육경의 체례(體例)를 참고하여 역대 사지(史志)를 완성했으니, 이것 역시 역사이다. 이러한 '공자의 역사학'이 바로 '국수(國粹)'의 기본내용으로, 민족주의 열정이 형성될 수 있었던 실질적 지주였다.

이러한 역사관을 바탕으로 장타이옌은 문화보수주의자가 되었다. 예를 들어, 만주족의 청 왕조를 전복시키는 혁명에 대해, 장타이옌은 '혁명(革命)'이 아닌 '광복(光復)'이라는 말로 자신의 반(反) 만주족 입장을 드러냈다. 그는 1906년 『민보(民報)』에 발표한 「혁명의 도덕(革命之道德)」이라는 글에서 다음과 같이 말했다. "옛날에 이른바 혁명이란 무엇을 이르는 것인가? 천명(天命)은 항상 변하고 오덕(五德)은 대대로 일어나며 형식과 내용(質文)은 서로 변하니, 예는 때에 맞는 것이 중요하지 않겠는가. 무릇 이와 같다면, 역법을 개정하고, 의복의 색을 바꾸고, 관호(官號)를 달리하고, 기치(旗識)를 변화시킨다면 혁명이 해야 할 일들을 모두 충분히 대신할 수 있다. 이름(名)

● ● ●

12.　章太炎, 『答鐵錚』, 『太炎文錄初編』, 『章太炎全集』(四), 371쪽.

이란 반드시 옛것에 기댈 필요는 없지만, 내용(實)은 흡족한 마음이 들때까지 힘쓰지 않을 수 없다. 내가 혁명이라고 말한 것은 혁명이 아니라 광복이다. 광복이란 것은 중국의 종족을 다시 찾고, 중국의 주군(州郡)을 다시 찾고, 중국의 정권을 다시 찾는 것이다. 이러한 광복의 실제 내용에 혁명이라는 이름이 씌워진 것이다."[13]

장타이옌은 진정한 '혁명'은 전체 정치가 급변하는 것이지만, 자신이 하고자 하는 것은 이러한 혁명이 아니라 이민족 정권 자체에 초점을 맞추고 있으며 이를 전복시키는 '광복'에 목적이 있을 뿐이라는 점을 특히 강조했다. 그리고 역사적으로 축적되어 형성된 '중국'은 혁명이 필요한 것이 아니라 오히려 보존되어야 한다고 했다. 신해혁명 이후 그의 국체(國體)에 대한 태도 역시 애매한 편이었다. 1911년 일본에 있던 량치차오는 셩쉬에(盛先覺)를 귀국시켜 장타이옌에게 연락을 취하게 했는데, 셩셴쉬에는 량치차오에게 보낸 편지에서 장타이옌을 방문했던 일을 이렇게 쓰고 있다.

장타이옌이 만주와 청 황제를 자립시키자는 주장을 한 적이 있어서, 저는 먼저 이를 물었습니다. 그는 "예전에는 진실로 그렇게 생각했지만, 지금은 이미 그것이 할 수 없는 일임을 알고 있습니다." 저는 또 장타이옌이 예전에 공화정부 수립 이후 먼저 청 황제를 대총령(大總領)으로 세운 다음, 다시 축출하고 폐하자고 했다는 이야기를 들은 적이 있어서, 이에 대해 다시 물었습니다. 그는 "예전에는 진실로 그렇게 생각했지만, 지금은 대세가 대략 정해졌습니다. 청 조정은 더 이상 어쩔 도리가 없지만 혁명당은 기세등등하니, 다시 이러한 말을 하면 반드시 큰 치욕이 될 것입니다. 저는 이제 다시는 그런 터무니없는 말을 하지 않을 것입니다."

● ● ●

13. 章太炎,『革命之道德』, 湯志鈞 編『章太炎政論選集』, 309쪽. 이 글은『革命道德說』이라는 제목으로『太炎文錄初編』에 수록되어 있다.

그 후 성셴줴에는 다음과 같은 말을 보탰다. "이로 보아 장타이옌이 허군공화제(虛君共和制)에 쉽게 동의하지 않을 것이라는 점은 예측할 수 있지만, 그도 이 방식을 인정하지 않을 수 없을 것입니다. 왜 그러냐 하면, 제가 우선 중국 현재 상황에서 민주공화제는 적합하지 않다고 말했는데, 그는 그런 연유를 경청하고 깊이 동의했기 때문입니다."14

1912년 1월 3일 『중화민국연합회 제1차 대회 연설사(中華民國聯合會第一次大會演說辭)』에서 장타이옌은 그의 신중국 건설에 관한 생각을 제기했는데, 다음과 같은 입장을 보여주었다. "중국은 본래 오래된 전통에 토대한 국가이지 새로 만들어진 국가가 아니다. 좋은 법과 아름다운 풍속을 마땅히 보존해야 한다면 그것을 남겨두어야지 모든 일을 개혁할 수는 없다."15 구체적으로 건의한 8개 조항에는 "혼인제도는 마땅히 옛 풍속을 따라야 하지만, 조혼(早婚)만은 금지되어야 한다", "가족제도는 마땅히 옛것을 따른다"16는 내용을 포함하고 있다. 전통 혼인과 가족제도는 청말에 와해되기 시작했는데, 장타이옌은 오히려 "옛것을 따른다"고 하고 있다. 이는 장타이옌의 '역사'관을 토대로 한 결과이다. 그는 중국과 서양을 엄격히 구별했지만, 오히려 고금 논쟁은 완화하여 '고'와 '금'을 하나로 상통시켰기 때문에, 역사로서의 '고'는 현실을 강하게 규정하는 힘을 가지고 있었다. 장타이옌의 역사관에서 통사(通史)는 반드시 필요한데, 그는 '역사'로써 '경'을 와해시킴으로써 역사가 경과 같은 힘을 갖게 했기 때문이다. 장타이옌이 발굴한 문명사 시각은 오늘날 중국 문명사를 재구축하고 사학의 의미를 되새기는 데에 중요한 가치를 가진다.

다음은 장지동이다. 장지동의 가장 중요한 신분은 학술적 신분이 아니라 정치적 신분이다. 그는 오랫동안 변경 지방의 장관이었으며 마지막에는

● ● ●

14. 丁文江, 趙豊田 編, 『梁任公先生年譜長編』, 296-297쪽.
15. 章太炎, 『中華民國聯合會第一次大會演說辭』, 湯志鈞 編, 『章太炎政論選集』, 532쪽.
16. 同上, 534-535쪽.

새 정권의 권신(權臣)이 되었다. 장지동의 대표적인 학술 저서로는『권학편(勸學篇)』,『서목답문(書目答問)』,『유헌어(輶軒語)』등이 있고, 정치적 업적으로는 변법 지지, 계묘학제(癸卯學制) 실시, 형법 개혁, 서원 개혁 등이 있다. 저술 및 그것이 미치는 영향력에서는 완전한 체계를 이루었다고 보기는 어렵지만, 그의 학술적 노력과 정치적 업적은 자신이 제기한 '중체서용'의 노선을 완벽하게 체현했으며, 십 몇 년간의 관직 생활을 통해, 자신의 막료 및 영향을 받은 서원의 많은 교사와 학생들과 함께 '중체서용'의 노선을 구축하였다. 넓은 의미에서 청말의 보수주의자는 모두 장지동파로 분류할 수 있다. 경학의 전승 측면에서 그의 학문은 대부분 진례(陳澧), 황이주(黃以周) 같은 대유의 '한송겸채'의 사유방식을 따랐는데, 이는 오로지 금문경학으로만 입론을 만든 라오핑이나 캉유웨이와는 다른 것이다. 학술조직으로 말하자면 그들 대부분은 광동(廣東)의 '동숙학파(東塾學派)'와 강소(江)의 '남청학파(南菁學派)' 출신이었다. 업적으로 보면, 그들은 청말 각종 개혁에서는 온건파, 형률개혁에서는 '예교파(禮敎派)'였으며, 청말 예학관(禮學館)의 구성원들이었다. 따라서 션청쯔(沈曾植, 1850-1922), 라오나이쉔(勞乃宣, 1843-1921) 등도 모두 그 안에 포함할 수 있다.

장지동의 경학사상은『권학편』의「종경(宗經)」및「수약(守約)」을 통해 확인할 수 있는데, 전통문명 전체를 계승하는 것을 경학의 핵심 역할로 확립해야 하며 이러한 역할을 지키기 위해 반드시 경학의 핵심을 탐구해야 한다는 주장을 특징으로 한다. "경·사·자·집(經·史·子·集)은 그 양이 너무나 많아서 늙어 죽을 때까지 보아도 다 알 수 없다"는 것에 느끼는 바가 있어서, 만일 경학만을 논한다면 "옛 말과 옛 뜻이 어렴풋해서 이해하기가 어렵고 제대로 된 것인지가 확실하지 않다. 후대의 수많은 학자들의 해석이 분분하고 제각각이다. 대체로 정확하게 해석해 놓은 것은 열에 다섯을 넘지 않는다." 그는 "모름지기 먼저 널리 배운 후에 핵심을 파악한다는 것(先博後約)이 공자와 맹자의 공통된 가르침이지만, 오늘날 변하는 세상에 처하여서는 마땅히 맹자의 "핵심을 잘 지켜서 널리 행하는 것(守約施博)"으로 통할 수 있다……. 오늘날 중국의 학문을 보존하려면 반드시 핵심을 잘 지키는 것(守約)에서 시작해야 하고, 이는 반드시 겉치레를 타파하는 것에서 시작해야 한다."[17]

장지동은 '수약'의 법으로 경을 다루었으며, 차오위안비(曹元弼)에게 그것을 발전시키도록 당부했다. 차오위안비는 「수약」이라는 글에서 경학의 새로운 방법을 전체적으로 논했다. 그러나 그는 신해혁명 이후 물러나 멸망한 청조의 유신을 위해 소주(蘇州)에 칩거하면서 일생 동안 두루 여러 경들을 주석하였고, 장지동의 사상을 대체로 완성했다. 수약의 법에 따르면 육경은 『효경』으로 요약할 수 있고, 『효경』은 사랑(愛)과 공경(敬)으로 요약할 수 있다.

『효경』과 육경의 관계에 대해 정현은 「육예론(六藝論)」에서 다음과 같이 말했다. "공자는 육예라고 하면 이름을 달리하고 가리키는 의미도 달라져, 도가 흩어지고 후세가 근원을 알지 못할까 염려되어, 『효경』을 지어 이들을 종합하였다."[18] 이는 차오위안비가 믿고 따른 것으로, 그는 다음과 같이 말했다. "사랑과 공경 이 두 단어는 『효경』의 큰 뜻이자 육경의 강령이다. 육경은 모두 사람을 사랑하고 공경하는 도를 말하고 있으며, 이는 부모를 사랑하고 공경하는 것에서 나온다."[19] 그런데 사랑과 공경의 가르침이 어떻게 육경을 관통하고 있는지에 대해 차오위안비는 「원도(原道)」라는 글에서 누차 자신의 생각을 표현했다. "육경이란 성인이 사람의 사랑과 공경이라는 본심을 확충한 것으로, 서로 낳고(相生), 서로 기르고(相養), 서로 지키는(相保) 실제 현실에 도움이 되는 정치의 토대이다. 『역』이란 인륜의 시작이고 사랑과 공경의 근본이며, 『서』는 사랑과 공경의 구체적인

● ● ●

17. 張之洞, 『勸學篇』, 桂林: 廣西師範大學出版社, 2008, 47-48쪽.

17. 張之洞, 『勸學篇』, 桂林: 廣西師範大學出版社, 2008, 47-48쪽.
18. 唐明皇 注, 邢昺 疏, 『孝經注疏』, 臺北: 藝文印書館, 民國96年, 4쪽.
19. 曹元弼, 『孝經鄭氏注箋釋』 卷一.

일(事)이며, 『시』는 사랑과 공경을 일으키는 감정(情)이며, 『예』는 사랑과 공경의 최고 법칙(極則)이다. 『춘추』는 사랑과 공경의 큰 법(大法)이다."[20] 차오위안비는 경학 체계에 대해 하나의 새로운 논증을 세웠다. 즉, 오경의 학을 자연적 사랑과 공경이라는 기초 위에 세우고, 이 사랑과 공경을 가, 국, 천하까지 확장시킨 것이다.

이러한 사유방식에서는 특히 전통적 인륜 관계를 중시한다. 다시 말해 경학의 근본적인 특징은 인륜 관계가 표현되어 있다는 것이다. 따라서 차오위안비는 "삼대의 학은 모두 높은 사람을 존경하고, 부모를 공경하고, 남녀 간에 분별이 있다는 인륜을 밝히고 있기 때문에, 백성과 함께 바꿀 수 있는 것이 아니다."[21]라고 했다. 또 "삼대의 학은 모두 인륜을 밝히는 것으로, 공자는 직접 그 본원을 내세워 이를 종합했는데, 바로 『효경』에 있다."[22] 그런데 『복례당술학시(復禮堂述學詩)』의 서언에서 차오위안비는 '인륜학으로서의 경학'을 논하며 다음과 같이 말했다.

요순의 도는 효제(孝弟) 외에 다른 것은 없으며, 삼대의 학은 모두 인륜을 밝히는 것이다. 주공에 이르러 예악이 제정되어, 인도(人道)의 표준이 세워지고 천지의 큼은 다시 아쉬움이 없었다. 공자는 전대 성인의 전문(典文)을 편찬하여, 『춘추』를 지음으로써 만세의 천하를 다스렸으며 이에 육학(六學)은 크게 발전하였다. 이런 까닭으로 고대 천하를 다스리는 것은 학(學)일 따름이고, 고대 학이라고 할 수 있는 것은 경(經)일 따름이며, 경이 경일 수 있는 토대는 인륜일 따름이다. 『논어』 첫 구절은 "배워서 때때로 그것을 익힌다(學而時習之)"인데, 여기서 '그것을(之)'은 학을 가리키며, 배운다는 것은 육경을 말한다. 첫 구절에서 학을 말하고, 다음

• • •

20. 曹元弼, 『原道』, 『復禮堂文集』, 臺北: 文史哲出版社, 1971, 19쪽.
21. 曹元弼, 『復禮堂文集序』, 2쪽.
22. 曹元弼, 『原道』, 『復禮堂文集』, 19쪽.

장에서는 "효성스럽고 공손하면서 동시에 윗사람의 뜻을 쉽게 거스르고 무례한 사람은 드물다(孝弟而好犯上者鮮矣)"고 했다. 이는 학으로써 인륜을 밝혀 천하를 인(仁)하게 하는 것이다.『효경』에서는 "무릇 효란 하늘의 경(經)이다"라고 했는데 이것이 경의 시작이며, "효는 덕의 근본이며, 가르침(敎)의 토대이다"라고 했는데 윗사람이 가르치면 아랫사람이 이를 배우게 되니 이것이 배움의 시작이다.『대학』은 육경의 요지를 종합하여 도를 드러내 보이고 있으니, 문왕은 인(仁)에 머무르고, 경(敬)에 머무르고, 효(孝)에 머무르고, 자비(慈)에 머무르고, 믿음(信)에 머물러서, 지극한 선(至善)에 머무르는 뜻을 밝혔으니, 배움으로써 인륜을 밝혔다.『중용』에서는 '천하의 보편적 도리(達道) 다섯 가지'인 널리 배우고(博學), 자세하게 묻고(審問), 신중하게 생각하고(愼思), 성실하게 실행하는 것(篤行)을 말하고 있는데, 이 역시 배움으로써 인륜을 밝힌다는 것이다.[23]

인륜으로 육경을 이해하는 것은 장지동에서 차오위안비까지 경학을 이해하는 진입로였다. 이는 캉유웨이의 '철학'으로 경학을 이해하는 것, 장타이옌의 '역사'로 경학을 이해하는 것과는 분명한 차이가 있다.

동시에 인륜관계로 경학을 이해했기 때문에 장지동이든 차오위안비이든 모두 강상윤리를 중시했다. 이로 인해 그들의 학술은 강한 보수주의적 특징을 갖게 되었다. 청말에 장지동은 보국(保國: 국가보존), 보종(保種: 민족보존), 보교(保敎: 예교보존)를 제창했다.

나는 지금의 세상 변하는 것을 구하고자 한다는 말을 들었는데, 그것은 세 가지이다. 하나는 국가를 지키는 것이고, 하나는 성인의 가르침(聖敎)을 지키는 것이고, 하나는 중화의 종족(華種)을 지키는 것인데, 무릇 이

- - -

23. 曹元弼,『復禮堂述學詩』, 民國二十五年刊本, 2-5쪽.

세 가지는 하나로 꿰일 따름이다. 보국, 보교, 보종을 합하여 하나의
마음(一心)이 되는데 이를 동심(同心)이라 이른다. 보종은 반드시 보교보
다 앞서고, 보교는 반드시 보국을 앞선다. 종은 어떻게 보존하는가? 지혜가
있으면 지킬 수 있는데, 지혜는 바로 가르침(敎)을 말한다. 가르침은
어떻게 행하는가? 힘이 있으면 행할 수 있으니, 힘은 군대(兵)를 일컫는다.
그러므로 국가에 위엄이 없으면 가르침을 따르지 않으며, 국가가 흥성하
지 않으면 종은 존중받지 못한다.[24]

장지동이 말한 '국'은 대청제국을, 교(敎)는 공자의 가르침을, 종(種)은
중화인종을 가리킨다. 장지동은 이 세 가지를 결합시켰는데, 만일 이것을
기준으로 삼는다면, 캉유웨이는 보'국'의 의미는 훨씬 약했고 보교에 신법을
사용했다. 하지만 장타이옌은 완전히 보'국'을 주장하지 않았으며 심지어
보교도 필요 없다고 생각했다. 장지동이 말한 의미에서의 '중체서용' 및
경학 사상을 인정했던 사람들 대부분은 청조의 유신(遺臣)이 되었다. 인륜의
관점에서 전통학술을 이해했던 그들에게 군신에 관한 원리는 체제의 붕괴에
따라 아무런 쓸모가 없게 되었다.

경학으로 말하면, 장지동은 말년에 계묘학제를 앞장서서 실시하고 경학
과를 특별히 신설토록 하여, 청말에 경학을 보존하는 최후의 여음(餘音)이
되었다. 그러나 장지동과 관련이 있는 차오위안비, 장시공(張錫恭, 1858-
1924) 등의 경사들은 민국 학술에서는 보이지 않는다. 백 년 후인 지금
다시 이들 대학자의 '중체서용' 문명관이나 인륜으로 경학을 이해하는
학술적 사유로 돌아가는 것은, 새로운 시대에 중국 정교(政敎)사회 재건에
큰 의미를 지니고 있다.

앞에서 논했던 세 가지 사유방식은 경학 및 경학의 현대화 각도에서

• • •

24. 張之洞, 『勸學篇』, 11쪽.

보면, 각각 금문경학의 '철학'화와, 고문경학의 역사화, 그리고 경학체계의 인륜화라는 다른 사유방식을 대표하고 있다. 매 사유마다 실제 일군의 학자들이 있으며, 열거한 인물들은 단지 대표적 인물에 불과하다. 그러나 이처럼 서로 다른 사유방식은 청말민초 중국의 길에 대해 서로 다른 길을 구성하면서도 서로 일치되는 탐색을 보여주기도 한다. 바로 이들의 차이성 이야말로 청말민초의 학술구도를 구성했으며, 이 차이성은 '5·4' 이후의 학문보다 훨씬 풍부하다.

4. '청말' 학술의 의의

청말민초의 유학과 경학 연구가 오랫동안 중시되지 않았던 가장 큰 이유는, '5·4' 이래 정당정치가 주도하는 역사 서술에서 청말민초의 경사대 유(經師大儒)들이 전통 자원을 가지고 현대의 변혁에 대응하고자 했던 노력을 '양무파(洋務派)'나 '유신파(維新派)'로 낙인찍고 결국 혁명으로 극복되어야 할 대상으로 보았기 때문이다. 이 점에서는 국민당과 공산당 입장은 놀라울 정도로 일치했었다. 그러나 오늘날 중국인이 중국의 길을 새롭게 사고하고자 할 때, 청말민초의 총체적 중국문명관으로 중국의 근대 전환에 대응함으로써 사상 매력을 더욱 풍부히 할 수 있다.

청말민초는 중국문명 전환이 시작되는 시기로, 정치는 개량(改良)에서 변법으로, 다시 혁명으로. 정치체제는 군주제에서 공화제로, 짧은 시간 동안 많은 변화를 겪었다. 그리고 서로 다른 사상 유파의 학자들이 현실의 문제에 대응했고 현실의 변화에 따라 그들의 대응도 부단히 변화를 겪을 수밖에 없었다. 이러한 청말의 변화무쌍함은 오늘날 학자들을 분주하게 만들고 있다. 그러나 이 시기를 신문화운동 이후의 사상과 비교해 보면, 하나의 이론적 특징이 발견되는데 그것은 넓은 의미에서의 '중체서용'으로 귀결된다는 점이다. 그 '중체서용'이란 구체적으로 학술에서는 중국문화의 주체성을 견지해야 하고, 연구 대상에서는 경학을 중심으로 해야 하며 정치에서는 중국 자신의 발전도로를 찾아야 한다는 것이다.

중국 전통사상 주류의 맥락을 되돌아보면 청말민초는 가장 중요한 사상 자원을 가지고 있다. 홍콩대만신유학의 학통은 5·4 이후의 제1대 신유가로 거슬러 올라갈 수 있다. 그러나 이때 개창된 사상의 패러다임으로는 이미 60여 년이 지난 중국의 정치 사회생활에 제대로 대응할 수 없었다. 대륙신유학의 일부 학자들은 유학 안에는 제도 개선(군주제든 민주제든)이라는 추상적 가치뿐만 아니라, 정치, 풍속, 인심에 관한 이론이 있다는 것을 점차 깨달았기에, 반드시 더 오래된 사상 전통, 즉 5·4 이전의 청말민초 사상 전통으로 거슬러 올라감으로써 홍콩대만신유학의 단계를 넘어서야 한다고 인식했다. 현재로서는 그들을 넘어설 만큼 깊이 있는 사상이 형성될 정도까지는 이르지 못했지만, 이미 넓은 이론적 시각은 보여주고 있다. 예를 들어 캉유웨이의 사상 연구에 대해 식견 있는 저술들이 나왔다. 간춘송은 『보교입국(保敎立國): 캉유웨이의 현대 방략』에서 캉유웨이의 의의에 대해 다음과 같이 피력했다. "캉유웨이가 재발견되는 가장 중요한 원인은 그가 중국이 현대 민족국가 체계로 진입할 때 어떻게 중국 자신의 길을 갈 것인가를 사고했기 때문이다."[25] 캉유웨이의 일련의 사상 이론은 오늘날의 중국과 직접적으로 관계되어 있다. "예를 들어 공교로 중국인의 신앙의 위기에 대응했으며, 일통(一統)과 집권 문제에 대한 사고로 정치 개혁과 정부 역량 간의 긴장 및 민족과 국가 통일 등의 문제에 대응하였고, 혁명과 개량에 관한 성찰은 사람들에게 중국을 변화시키는 방식에 관한 관심을 불러 일으켰다. 이 과정에서 이전에 역사에 뒤떨어졌다고 증명되었던 인물이 갑자기 선지자로 탈바꿈하게 되었다."[26] 간춘송은 『제도화 유학 및

• • •

25. 干春松, 『保敎立國: 康有爲的現代方略』, 北京: 三聯書店, 2015, 327쪽.

그 해체』(2003)와『제도유학』(2006)을 지어 제도의 관점에서 유학의 근대 운명을 고찰했고 이로부터 그는 '제도유학'이라는 개념을 제시했다. 그 후『보교입국: 캉유웨이의 현대적 방략』(2015),『캉유웨이와 유학의 '새로운 시대(新世)'』(2015)를 지었다. 앞의 책에서는 캉유웨이의 건국사상을 검토했으며, 뒤의 책에서는 캉유웨이를 현대신유학의 개창자로 주장했다. 그리고 정이(曾亦)는『공화와 군주: 캉유웨이 후기 정치사상 연구』(2010)에서 캉유웨이의 후기 사상을 체계적으로 고찰했다. 특히 캉유웨이의 군주제 이론에 대한 그의 주목은 사람들의 관심을 불러일으켰다. 탕원밍(唐文明)은『널리 교화하다(敷敎在寬): 캉유웨이 공교 사상 논술』에서 캉유웨이 초기 사상에서부터 공교관을 논한다. 그리고 우페이(吳飛)는 전통 인륜과 전례(典禮)에 대한 연구에서 청말 유로(遺老)인 장석공(張錫恭, 1858-1924)을 통해『상복(喪服)』학이 지니는 현대 윤리적 의의를 발굴했다.『의례·상복전(儀禮·喪服傳)』은 상복으로 인륜을 확립했으며, 고대 중국의 정치, 형률, 예속(禮俗) 연구에 근본적인 영향을 끼쳤다. 우페이의 고찰을 통해『상복』학은 역사 인식과 역사 해석의 기초가 될 뿐만이 아니라 현대 인륜 관계의 굳건한 토대를 다시 마련할 수 있을 것이다. 그리고 장쯔창(張志强)의『윤리적 민족주의는 가능한가? — 장타이옌의 민족주의를 논하다』등의 글에서는 장타이옌의 역사관과 민족관이 현대 국가 건립에 지니는 의의를 심도 있게 논하고 있다. 청말민초 학술의 재평가를 통해 나온 여러 주장들은 학술계에 긴장감이 넘쳐나는 사상 구도를 만들었다.

홍콩·대만신유가부터 사용된 '유가'에 대한 정의에 따르면, 캉유웨이, 장지동, 장타이옌 같은 이들은 현대의 선구자라고는 해도 학술적으로 '순수'하다고 할 수 없기에 그들을 연구하는 현대의 학자들은 말할 필요도 없다고 해야 할 것이다. 그러나 청말민초 시기의 학자들에 관한 연구는 대륙학자들

• • •

26. 干春松,『保敎立國: 康有爲的現代方略』, 328쪽.

이 발전하는 데 강한 생명력을 불어 넣었다. 게다가 이러한 유학 연구는 유학이 현대사회에 개인 수신의 학문으로 탈바꿈하는 데 그치지 않고 경세치용이라는 유학 본연의 의무 즉, 자신을 닦아 타인을 편안하게 하고(修己安人), 세상을 구제하고 국가를 안정시키는(濟世安邦) 학문으로 회복시켰다.

'청말'에 관한 일련의 이론 연구에서 가장 중요한 목적은, 유학의 새로운 발전을 위해 더욱 전체적이고 종합적인 토대를 마련하는 것이다. 이로써 중국의 현재와 미래에 대한 정치문제 등 여러 복잡한 문제들을 토론할 수 있을 것이다. 사실 '청말 재평가'의 가장 큰 의의는 중국의 청말 이래 직면한 문제의 복잡성을 다루고 있다는 것이다. 예를 들어 캉유웨이에게 동한(東漢) 이후의 오랜 경학 주류는 '위경(僞經)'의 역사였기에 그는 새로운 경학 체계를 세웠는데, 그렇다면 그의 지위는 경학가(經學家)인가 자학가(子學家)인가? 그는 신해혁명 이전 서양문명을 적극적으로 받아들였는데, 결국 중국 문명의 '체(體)'를 개변시켰는가. 근래 캉유웨이 연구가 장족의 발전을 이루고 캉유웨이를 새롭게 중시하면서 촉발된 새로운 사상은 철학, 사상, 정치 및 국제관계 등의 영역에 영향을 끼쳤다. 그러나 역사 속 캉유웨이 자체로 돌아간다면, 『신학위경고(新學僞經考)』가 경학에 끼친 충격은 반드시 충분히 평가해야 한다. 또한 장지동의 경우 '중체서용' 사상은 확실히 온건한 보수주의 정신을 확립할 수 있었지만, 두 번의 대혁명을 거치면서 중국의 '체'는 이미 깡그리 사라졌는가, 아니면 보존되고 있는가? 오늘날의 '체'를 지킨다는 것은 장지동이 말한 의미의 '체'를 지키는 것인가, 아니면 오늘날은 단지 '중체서용'의 추상적 계승이 필요한 것인가? 장지동의 '서용'은 양무파처럼 서양의 도구적 측면만을 말한 용인가, 아니면 민족국가 건립 등의 문제를 포함하고 있는가? 만일 오늘날 국민당과 공산당 양당의 역사 서술과 '청말 재평가'의 각종 내적 모순 및 갈등을 벗어날 수 있다면, 현대 사상이 발전하기 위한 넓은 이론적 공간이 제공될 수 있을 것이다.

동시에 '청말'의 발굴은 결코 학술사의 관점에서 근대 학술을 이해하고 정리하는 것이 아니라, 근대 학술사상으로 다시 돌아가 진정한 중국문제를 발견하는 것에서 새롭게 중국의 길을 생각하는 것이다. 청말민초 학술의 재발견을 통해 좌우 논쟁을 뛰어넘는 문화 보수주의의 길을 열 수 있을 것으로 기대된다. 근 10여 년 동안 근대 인물과 사상에 대한 재해석을 둘러싸고 전통 좌파와 우파의 해석은 모두 심화되고 있으나 도전에 직면했다. 예를 들어 좌파는 캉유웨이의 『대동서』를 더욱 선호하는 반면, 캉유웨이가 당시에 이미 '대동'을 포기했다는 사실은 완전히 무시하는 경향을 쉽게 볼 수 있다. 우파는 무술변법 이전의 캉유웨이는 계몽에 공로가 있다고 생각하면서, 신해혁명 이후 보황(保皇)을 주장한 캉유웨이에 대해서는 비웃었다. 그러나 사실 캉유웨이의 사상은 1890년대 이후 더 이상 실질적인 변화가 없었다. 장타이옌의 경우, 좌파는 신해혁명 이전의 장타이옌은 좋아하지만, 이후의 장타이옌은 좋아하지 않는다. 그러나 장타이옌은 신해혁명 이후에도 몇 번이나 신해혁명 이전의 이론을 수정했다. 그리고 량수밍에 대해, 좌파는 량수밍이 '문화대혁명' 시기에 지은 『이성의 나라(理性之國)』를 좋아하지만, 량수밍이 나중에 이 책에 대해 불만을 가졌다는 것은 상관하지 않는다. 우파는 그의 1953년의 직언을 특별히 강조하지만, 『이성의 나라』에서의 강한 좌경색은 아랑곳하지 않는다. 이론적으로 말하면 좌파는 유학과 당국체제를 하나로 엮어 결국 유학을 당국(黨國)체제를 장식하는 담론으로 만들어 버렸으며, 우파는 유학에 민주와 자유라는 틀을 전제로 설정하는 바람에 유학을 개인적 수신(修身)을 위한 특별한 취향으로 만들어 버렸다. 현재의 좌우 두 유파는 20세기 유학사의 이 같은 대표적 인물의 사상을 각 나름대로 수용하고 활용했지만, 그들의 문화 보수주의 기저에 대해서는 그다지 관심을 기울이려고 하지 않았다. 그들의 철학적 생애는 전체적으로 좌우 두 파를 넘어 문명 보존이라는 현실에 뜻을 두고 있었다. 그리고 '좌', '우'의 입장이 분분한 가운데, 소위 '대륙신유학'도 같은 위험에 빠졌다. 이러한 위험은 유학을 중국 본래 전통의 굳건한 기반과 풍부한 사유를 지닌 학문적 맥락에서 연구하지 않고, 좌우 대립의 입장으로 변모시킨 것에서 표출된다.

신문화운동을 경계로 종래의 중국학술의 주류는 분과학문으로 쪼개지지 않은 채로 중국 학술의 형태를 취하고 있었고, 이후부터 국고정리가 개시되었으며 현대학과의 체계가 만들어졌다. 고금을 넘나들던 청말민초 시기의 학술로 돌아가서, 완전한 고학(古學)으로 현대 중국 경사대유의 학문을 대면한다면, 그들이 전통경학을 중심으로 자신의 새로운 사상 체계를 세우지 않은 적이 없었다는 것을 알 수 있다. 랴오핑, 캉유웨이, 피시루이(皮錫瑞)든 장지동, 차오위안비(曹元弼)든, 아니면 장타이옌이든, 그들은 모두 학문을 하든 나랏일을 하든 청대 건가학파(乾嘉學派) 이래의 모습과 같이 경전에 주석만 달고 있었거나 혹은 다는 것에 그쳤던 것이 아니라, 의식적으로 경학 체계를 계통적으로 재건하여 중국의 근대적 전환에 대면하고자 했다. 그들은 경학을 중심으로 근대 중국을 대면한 첫 번째 세대로, 이들의 노력은 비록 전반적으로 실패했지만, 아무리 높이 평가해도 지나치지 않을 것이다. 그들에게 전통 경사학(經史學)은 결코 시대의 변화에 따라 무의미해지는 것이 아니라 여전히 무궁한 생명력을 내포하고 있는 것이다. 따라서 그들의 경학은 단지 경의 의미를 해석할 뿐만 아니라 이로써 현실에 응답하려 했던 것이며, 그들의 현실 인식은 단순한 현실 문제를 넘어, 전체 중화문명이 문화 전통, 특히 경학의 토대 위에서 어떻게 전환할 것인가였다. 이런 의미에서 창신된 경학과 변동하는 현실은, 청말 학술의 충만한 긴장과 생명력이 넘치는 사상 구조를 만들어냈다. 때문에 보다 장기적인 관점에서 보면, 오늘날 '청말' 재발견의 가장 중요한 의의는 청말민초의 학술을 거쳐 전체 중국 고대 학술의 본원으로 거슬러 올라가, 이후의 중국 학술이 '신문화운동' 이후의 학술보다 더욱 견고하고 굳건하며, 더욱 생명력이 풍부한 토대를 새롭게 다질 수 있게 되었다는 것, 그리고 중국 미래의 학술 구성과 문명 건설에서 중국 고유의 학문, 특히 경학을 중심으로 중국의 이론 체계를 재건할 수 있다는 데 있다.

5. 대륙신유학 약설

─ 장칭, 천밍, 캉샤오광에 대한 분석과 비교

천밍(陳明)

1. 장칭(蔣慶): 왕도(王道)와 삼중(三重)의 합법성

현대의 생산방식과 시장체계가 발전함에 따라 개인권리, 민주헌정, 이성화(理性化) 또는 탈주술화, 문화정체성의 문제가 갈수록 도드라지고 있다. 중국에서 근대성과 글로벌화라는 문제는 '외래적'이고 '피동적'인 특성을 지니고 있으며 특수한 이데올로기적 배경을 지니고 있기에 상황은 훨씬 복잡하다. 장칭, 캉샤오광(康曉光), 천밍(陳明) 등을 대표로 하는 대륙신유가는 바로 이런 문제들에 대응하기 위해 등장했다고 할 수 있다.[1]

장칭의 관심 분야는 '중국성(中國性, chineseness)'의 상실과 재건의 문제이다.[2] 그에게 있어 중국성은 유학이 정의하는 문화성(文化性)이다. 그

• • • •
1. 方克立, 『大陸新儒學的馬克思主義分析』, 北京, 『馬克思主義硏究』, 2007 第五期, 참조.
2. 십여 년 전 장칭은 "중국 대륙은 이미 전반적으로 서구화되었다", "민족 생명은 그 어디에도 설 자리가 없다", "민족정신을 철저히 상실했다"고 적었다.(『中國大陸復興儒學的現實意義及其面臨的問題』, 臺北, 『鵝湖』 月刊 第170-171期, 1989.) 그 후에 출판된 『정치유학(政治儒學)』에서는 문제가 더 구체화되었다. "오늘의 중국은 두 가지 큰 문제에 직면해 있다. 하나는 중국인 개인 생명이 귀의할 곳이 없다는 것이고, 다른 하나는 예법 제도가 진공 상태에 처해 있다는 것이다."(蔣慶, 『政治儒學』, 北京: 三聯書店, 2003,

본질은 인성(人性)에서는 도덕, 즉 인(仁), 의(義), 예(禮), 지(智)로 표현되며, 정치적으로는 '왕도(王道)'로 표현된다. 이러한 것들은 성현(聖賢)의 가르침과 계시로부터 내려오며, 그 가르침과 계시는 천(天) 또는 천리(天理)에서 나온다. 이것은 장칭이 유학의 절대성과 유효성을 믿어 의심치 않는 이유이기도 하다. 이렇듯 유교문화를 인간 생활보다 우선순위에 놓거나, 높은 위치에 두고 있으며 독립적인 것으로 대한다. 이러한 유교문화의 형이상학적 접근(approach) 방식 때문에 장칭은 역사 발전과 사회변천의 각도에서 유학 또는 유교를 이해할 수 없다.[3] 또한 그는 사회 변천과 수요 변화의 각도에서 자유, 민주, 이성화 등과 같은 개념의 가치를 다루지 못한다. 따라서 필연적으로, 그는 문화체계 자체의 중서(中西) 차이성과 충돌성, 그리고 그것이 인류사회 미래의 운명에 서로 다른 영향을 미칠 것이라는 데서 출발하여 글로벌화와 근대성 문제 자체를 인지하고 평가할 수밖에 없다.[4] 때문에 그의 정치 철학은 서양문화에 대한 비판, 유가 전통에 대한 계승과 당대 정치제도에 대한 구상 등 몇몇 측면에 집중되어 있다.

장칭은 "정치의 서구화는 모든 서구화의 핵심"이라고 보았다.[5] 서양 정치철학에 대한 그의 비판은 자연주의 인성론, 자유민주 가치관과 사회다원주의 행위방식에 집중되어있다. 그는 자유를 인간의 본질로 보는 것에 반대한다. "만약 자유를 인간의 '인간됨으로서의 본질'이라고 한다면, 인류가 '인간됨으로서의 본질'인 도덕 규정성과 윤리 목적성을 없애는 것이 되고 최종적으로 도덕과 윤리 자체를 없애는 것이 된다." 그 이유는 "유가에서 보았을 때 '인간됨으로서의 본질'은 자유를 실현하는 것이 아니라 '양지

• • •

4쪽.)

3. 장칭의 글에서 유학은 유교의 교의(敎義) 시스템을 가리키며, 유교는 주도적 이데올로기가 된 유가사상을 가리킨다.

4. 蔣慶·盛洪, 『以善致善』, 上海: 三聯書店, 2004, 35쪽.

5. 蔣慶, 『政治儒學』, 北京: 三聯書店, 2003, 2쪽.

108 · 제1부 대륙신유가의 탄생과 문제의식

(良知)'를 드러내고 '성체(性體: 마음의 본체)'로 복귀하는 것이기 때문이다. 여기서 '양지', '성체'는 선험적으로 인간의 본성과 함께 존재하는 것이며 인간이 인간다울 수 있는 선천적이고 본질적 규정이다."[6]

그는 정치적 근대성의 기초로서의 '욕망'에 더더욱 반대한다. "근대성이라는 이미지 아래 만들어진 신(新) 인성은 인간을 욕망만을 가진 동물로 바꿔버린다. ……공리(功利)적 욕망의 관점에서 정치, 경제, 도덕, 법률, 예술, 심지어 종교를 해석하게 한다. ……나는 근대성과 대칭되는 전통성 개념을 제기한다. 그것의 기본 특징은 바로 '인간의 욕망은 반드시 천리에 의한 규범화와 구속을 받아야 한다'는 것이다! ……서양 지식인들은 이 문제를 깊이 의식하지 못하고 있다. 그들의 생명 질서는 전도되어 있다."

따라서 그는 민주제도도 반대하고, 민주제도와 인간의 욕망(人慾), 사회 다원주의를 연결시켜 다음과 같이 주장한다. "민주제도의 가장 큰 문제는 개인의 이익과 욕구를 정치의 우선순위에 놓고 정치의 근본과 출발점으로 삼는 데 있다." 그의 입장은 유가적이고 고전적이다. "정치가 합법적인 소이는 반드시 가치를 체현하고 도덕을 실현하는 데 있다." "정치가 도덕을 이탈한 최대의 제도적 장치는 바로 민주제도이다. 민주제도가 해결한 것은 절차적 합법성과 민의(民意)의 합법성 문제이다. 이것은 가치의 문제가 아니다. ……형식적 정의만 있지 가치 정의와는 관계가 없다." "사회다원주의 규칙은 끝내는 인류의 훼멸을 초래할 것이다. …… 유가는 인류 최후의 깨달음의 기회와 인연을 '성왕복출(聖王復出: 어진 임금이 다시 나타남)'에 두었다. '성왕이 나타나' 인류를 교화해야만 인류는 각성하여 사회다원주의의 곤경에서 벗어날 수 있다."[7]

송대(宋代) 유가의 성과와 현대 홍콩·대만신유가의 노력은 세상 사람들

● ● ●

6. 蔣慶, 『政治儒學』, 北京: 三聯書店, 2003, 352쪽.
7. 蔣慶, 『以善致善』, 上海: 三聯書店, 2004, 56-58쪽, 161쪽, 184-189쪽.

로 하여금 유학이 바로 도덕철학이라고 여기게 했다. 그는 "유학의 본성은 바로 정치유학"이라고 본다.8 더 독특한 것은, 그는 사람들이 『예기 · 대학』을 유가 정치철학으로 보는 것이 잘못됐다고 하는 것이다. 그의 입장에서 보건대, 머우쫑싼의 내성외왕(內聖外王)의 정치모델로 서술한 소위 '내성'에서 '신외왕'(자유 · 민주)이 나온다는 주장은 현대의 정치 구상에서 평가할 만한 것이 없을 뿐만 아니라 '과학'과 '민주'를 인정하는 것은 "모양만 바꾼 서구화"라는 혐의가 있다.9 그는 한대(漢代) 공양학(公羊學)을 유학 정치철학의 정통과 주체로 삼고, '이제설경(以制說經)' 즉 제도의 측면에서 『춘추』, 『논어』 등 유가 경전을 해석했다.10 왕도는 그의 핵심 개념 중 하나이다. 그는 "왕도 정치는 바로 왕이 된 자의 도(道)에 근거하여 행하는 정치이기 때문에 왕도는 바로 고대 성왕(聖王)의 도를 가리킨다. 구체적으로 말하면 우(禹), 탕(湯), 문(文), 무(武), 주공(周公), 공자에 걸쳐 하나로 이어져 내려온 치국평천하의 도를 가리킨다."11 좀 더 자세하게 말하면 "왕도 정치의 핵심적인 내용은 정치권력의 '삼중의 합법성'이다. 즉 정치권력은 반드시 '천 · 지 · 인(天 · 地 · 人)'의 삼중의 합법성을 동시에 구비해야만 합법적이 된다는 것이다. '천(天)'의 합법성은 신성(神聖)을 초월한 합법성을 가리킨다. 왜냐하면 중국문화에서 '천'은 인격을 가진 주재자(主宰者)의 의지를 의미하며 동시에 신성을 초월하는 자연의 의리(義理)를 의미하는 '천'이기 때문이다. '지(地)'의 합법성은 역사문화적 합법성을 가리킨다. 역사문화가 특정한 지리적 공간에서 생성되었기 때문이다. '인(人)'의 합법성은 인심, 민의의 합법성을 가리킨다. 인심의 향배와 민의의 인정이 사람들

* * * *

8. 蔣慶, 『公羊學引論』 自序, 瀋陽: 遼寧教育出版社, 1995.

9. 蔣慶, 『政治儒學』 自序, 北京: 三聯書店, 2003.

10. 장칭은 『公羊學引論』이 "공양학 저서이지 객관적으로 공양학을 연구한 저서가 아니기" 때문에 주장과 평가가 모두 공양학의 논리를 기준으로 한다'고 인정한다(蔣慶, 『公羊學引論』 自序, 瀋陽: 遼寧教育出版社, 1995). 『政治儒學』 역시 이렇게 볼 수 있다.

11. 蔣慶, 『政治儒學』, 北京: 三聯書店, 2003, 202쪽.

이 정권 권력 또는 정치적 권위에 자발적으로 복종할 것인지 여부를 직접적으로 결정하기 때문이다."12 천·지·인의 조화로운 공생을 근거로 하여, 민의, 신성, 문화의 삼중의 합법성의 공존과 균형이 왕도 정치 제도의 핵심을 구성한다.

이에 따라 장칭은 '의회삼원제(議會三院制)'라는 현대 정치제도 구상을 제기하였다. 그 구상은 다음과 같다. "서민원(庶民院)은 민의를 대표하는 의회이고 민의의 합법성을 대표한다. 국체원(國體院)은 역사문화적 합법성을 대표하고 그 기능은 서양 고대의 귀족원에 상당하며 귀족 전통을 계승할 수 있다. 통유원(通儒院)은 유교 가치를 대표하는 의회이고 신성 초월의 합법성을 대표하며 '중국 정치에서 유교만이 헌법 지위를 갖는다.'"13

이 모든 것을 실현하는 수단과 목표는 바로 유교 국교화(國敎化)이다. 장칭은 다음과 같이 말한다. "(유교가) 중국에서 부흥하면 중국은 '유교중국'의 '문화 자성(自性)' 또는 '문명 속성'을 회복할 수 있다." 그 이유는 "유교가 중국 역사에서 세 가지 기능을 했기 때문이다. 첫째, 정치질서의 합법성 문제를 해결하고, 정치권력을 위해 신성초월의 가치 기반을 확립했다. 둘째, 사회적 행위규범 문제를 해결하고, 예악(禮樂) 제도로 국민들의 일상 생활 규칙을 확립했다. 셋째, 국인(國人)의 생명과 신앙 문제를 해결하여 상제·신기·천도·성리(上帝·神祇·天道·性理)로 국인의 정신적 생명을 안정시켰다. 유교의 이 세 가지 기능은 오늘날에도 전혀 낡은 것이 아니다. 오늘날 유교를 재건하는 목적은 바로 새로운 역사 시기에 유교로 중국의 정치, 사회, 인생 문제를 해결하는 것이다."14

• • •

12. 蔣慶, 『王道政治是當今中國政治的發展方向』, 『原道』 第十輯, 北京: 北京大學出版社, 2005.

13. 蔣慶, 『王道政治與共和政體 ─ 讀 『共和三論』致王天成』. HTTP://www.confucius 2000. com/admin/list.asp?id=1462

14. 蔣慶, 『關於重建中國儒敎的構想』, 北京, 『儒敎硏究通訊』 第一集(中國社會科學院世界宗敎硏所儒敎文化硏究中心). HTTP://www.yuandao.com/dispbbs.asp?boardID=2&ID=23

장칭의 사상은 "의미가 크지만 문제 역시 많다(意義很大, 問題很多)"는 8개 글자로 요약할 수 있다. '의미가 크다'는 것은 문화본질주의적 유학이라는 것을 의미한다. 정치문제를 논함에서 있어서도, 개인 수행에 있어서도, 장칭은 늘 역사 속의 특정 학파와 직접 연결되어 논의된다.[15] 그는 날카로운 언어로 현실의 논제를 다룬다. 이것이 현대의 주류 관념과 크게 대조를 이루기 때문에 사람들의 시선을 끈다. 그리고 양쪽이 충돌하는 전광석화 속에서 우리에게 익숙한 근대성이라는 사유와 관념이 당연한 것이 아니라는 것을 깨닫게 된다. 유학은 가치와 원칙에서 시대에 뒤쳐진 것처럼 보이지만 많은 문제에서 자체적인 시스템을 가지고 있을 뿐만 아니라, 인성과 사회에 대해 확실히 깊은 통찰을 갖고 있다. 따라서 유학 전통의 풍부함을 인지함에 있어서나 인류 문화의 다양성을 인식함에 있어서 장칭은 완전히 새로운 사고의 방향과 평가 방식을 열었다고 할 수 있다.

'문제가 많다'는 것은 주로 지식학(知識學) 기초와 조작성이라는 두 측면에서 이해할 수 있다.

지식학의 기초는 논거의 진실성 문제를 가리킨다. 예를 들어 한나라가 진(秦)나라의 제도를 계승한 것은 기본적인 역사 사실이다. "유술(儒術)로 이사(吏事)를 꾸미는" 것은 한나라의 제도가 '외유내법(外儒內法)'인 본질과 유학에 대한 기술적 수용을 보여준다.[16] 그러나 장칭은 한나라가 실시한 제도는 공자가 구상한 것과 같다고 본다. 만약 그렇다면 동한과 서한 때 외척, 환관이 번갈아가며 해를 끼쳐 '당고의 화(黨錮之禍)'를 초래한 사실을 어떻게 이해해야 하는가? 이것은 공자에게 영광인가, 치욕인가? 또 후세

● ● ●

662&page=1 참조.

15. 그의 학생에 따르면, 개인 수양에서 장칭은 "명나라 유가인 강우(江右)학파와 비슷"하고 "초월적 역각체증(逆覺體證)"의 길을 가며, "귀적증체(歸寂證體)"를 숭상한다(北京, 『讀書時報』 2004年 7月 28日). 장칭 본인 역시 독자들과 자신이 양명 후학의 '귀적(歸寂) 파'에 속한다고 말한 바 있다.

16. 『漢書·百官公卿表序』, "秦兼天下, 建皇帝之號, 立百官之職, 漢因循而不革."

사람들로 하여금 유가 정치철학에 대해 희망을 가지게 하는가 아니면 절망을 느끼게 하는가? 또 예를 들어 『예기』의 한 편으로서 만들어진 「대학」편은—장칭은 '예(禮)'가 본래 제도라는 것을 잘 알고 있다— 삼대 정치의 경험을 총결산한 것이고 또한 이론적으로 제고시킨 것이다.[17] 수신 제가치국평천하의 내성외왕의 이치는 유가 정치철학의 핵심과 근간으로서 유가 주변에서 일찍부터 공감대를 형성하였다. 장칭은 주희(朱熹)의 해석이 주는 영향이 너무 심대하여 '심성(心性)유학'의 범주에까지 미쳤고 이로 인해 '경세지술(經世之術: 나라를 다스리는 기술)'을 폄훼하는 데까지 이르렀다고 보았다.[18] 이는 사람들을 설득하기 어려울 뿐만 아니라 공양학을 지지하는 정치 유학이 이처럼 경전을 말살하고 주류에 도전하는 것은 유학 내부에도 논리적 혼란과 구조의 와해를 가져올 수 있으며 결국 이론의 새로운 국면을 열 수 없게 한다.

사회학과 정치학의 각도에서 보았을 때 왕도의 본질은 사회 역량과 그 조직 시스템을 존중하는 것이고, 왕도의 가치는 정치 운영과정 속에서 소구되는 지위와 가치에 있다. 그 풍부하고 중후한 정치적 지혜와 공정하고 타당한 윤리적 함의는 단순한 도덕 교화 등과 같은 단어로 다 아우를 수 없는 것이다. 인성을 도덕화하고 희망을 성현에 의탁하며 교화를 정치의 최고 목표로 삼는다면 정의를 보장하는 권력의 제약, 민생을 보장하는 권리의 분배 등의 제도적 장치는 옥상옥과 같이 필요 없는 것이 되지 않겠는가? 그 무슨 실제적 의미와 특별한 지위가 있겠는가? 이러한 정치 유학과 소위 심성유학은 과연 본질적으로 무엇이 다르단 말인가?

기본적인 사실을 희생시키고 현대적 가치를 부정하는 것은 비록 그러한

● ● ●

17. 陳明, 『儒者之維』, 北京: 北京大學出版社, 2004, 348-400쪽.

18. 사실 가장 훌륭한 경지에 이름을 뜻하는 '지어지선(止於至善)'은 그 어떤 표현보다도 더 장칭 본인의 정치철학인 덕화위선(德化爲先)을 잘 설명해준다.

정치철학이 세상 사람을 놀라게 하는 비판적 효과가 있겠지만, 동시에 어쩔 수 없이 이러한 비판의 힘을 떨어뜨려 현실사회에서 실천을 매우 어렵게 한다. 논리적으로 말하면 '유교 국교화'라는 대안은 형태가 비교적 온전하고 기능이 비교적 완벽한 유교가 민간에 존재하는 것을 전제로 해야 한다. 이러한 전제 자체가 성립되지 않은 상황에서 '유교 국교화'를 운운하는 것은 아무 근거 없는 이론이 되거나, 급히 서두르다 일을 망치는 둘 중의 하나가 될 뿐이다. 또한 사회정치 범주에 속하는 문화 형태를 정치사회 구조에 끌어들이면, 그 문화 형태가 수원이 없는 강, 뿌리가 없는 나무처럼 공동화되거나, 변이되어 거꾸로 사회정치적 국가역량에 해가 된다. 현대 사회는 시민사회이다. '작은 정부, 큰 사회'의 개혁 방향은 현대의 생산방식과 사고방식에 서로 호응한다. 유교와 유교 정치철학의 발전 계기는 이로부터 찾아야 할 것이다.

2. 천밍: 문화의 정치, 즉용견체(卽用見體), 공민종교설

근대 이후 유학해석은 철학, 종교, 도덕 등 여러 측면에서 이루어졌다. 그러나 천밍은 이들과 달리 인류학의 문화적 시각에서 유학담론을 전개한다. 그의 중심 문제는 다음과 같다. "당대 생활 속의 문화 정체성, 정치 재건과 심신의 안정 등의 문제에 직면하여 유학은 어떤 대안을 제기해야 하는가?" 그 이유는 "시대가 변화하면서 (전통적인) 기호시스템 자체의 효용이 떨어지고 사람들이 더 이상 그것을 통해 오늘의 문제를 해결할 수 없기" 때문이다. 문화본질주의자들은 유학담론을 중서의 문화충돌의 문제로 이해한다. 자유주의자들은 그것을 고금(古今)의 시대변화의 문제로 이해한다.

하지만 천밍은 "생명과 환경의 상호관계로부터 출발하여 본질적으로 문화 기호시스템의 효능 상실과 재건의 문제"로서 유학담론을 다룬다.[19] 천밍은 자신의 논리에서 출발하여, 고대 철학의 '체(體)', '용(用)'의 개념을 빌어 '즉용견체'라는 전통을 해석하고 현실에 대응하는 원칙을 제기했다. '즉(即)'은 '(역사, 환경의) …… 속에서'라는 뜻이고, '용(用)'은 특정한 역사 상황에서의 창조적 활동을 가리킨다. '견(見)'은 '……으로 하여금 (체: 생명의 본질적인 구조)를 드러나게 하다', 또는 '……으로 하여금 (체: 새로운 생활 형식)를 완성되게 한다'는 뜻이고 '체'는 생명 및 그 내적인 가능성을 가리킨다.'"[20]

천밍은 과거부터 지금까지의 유학사상 체계를 특정한 정치, 경제와 지리 환경에 처한 한민족이 생존과 생명문제에 대처하는 과정에서 나온 창조적 반응의 결과라고 해석한다. 따라서 전체로 보든 개인으로 보든 거의 "모두 '방안(方案)+논증의 이원구조'로 표현된다."[21] 이러한 생명의 '표현–모형(塑造)'이라는 상호작용 관계 속에서 "표현으로서의 그것은 민족의 의지, 수요, 그리고 세계에 대한 이해와 인지를 반영하고, 모형으로서의 그것은 민족의 자아의식의 자신에 대한 자각적인 파악과 조절 그리고 구성이다."[22] '모형'라는 것에서 볼 때 유학은 물론 '민족의 성격(ethos)'을 빚어 만든 자(塑造者)이고, 민족정신을 고양시킨 자이다. '표현'이라는 것에서 보면 유학은 생명의지의 선택 대상이자 표현과 실현의 도구이다. 이러한 생명의 연결, 역사의 연결 속에서 유학은 선재적이거나 자족적이지 않을 뿐만 아니라 심지어 본질적이지도 않다. 그러나 이러한 연결 관계는 외재적 이고 이성적일 뿐만 아니라 내재적이고 신성(神聖)하며, 수단성과 목적성의 복잡한 조합이 미묘하게 통일된 것이다. 문화본질주의자들이 유학을 교조

• • •

19. 陳明, 『『原道』與大陸新儒學建構』, 『原道』 第十二輯, 北京: 北京大學出版社, 2005.
20. 陳明, 『即用見體再說』, 『原道』 第十一輯, 北京: 北京大學出版社, 2005.
21. 陳明, 『『原道』與大陸新儒學建構』, 『原道』 第十二輯, 北京: 北京大學出版社, 2005.
22. 陳明, 『儒者之維』, 北京: 北京大學出版社, 2004, 140쪽.

적 신앙으로 여겨 내적인 신성성만 보고 외적인 역사성을 무시하여 형이상학적 사고를 보여준다고 한다면, 또 자유주의 서화파가 유학을 지식과 동일시하여 분석하고, 외적인 역사성만 보고 내적인 신성성을 무시하여 지식론적 경향을 보여준다고 한다면, 천밍이 고수하는 것은 지식과 가치, 감정과 이성 사이에서 균형을 찾는 해석학적 태도이다.

"유학의 논리에서 생명이 우선이라는 것을 확립했다는 점에서 '원도(原道)'는 문화본질주의자와 다르다. 또 유학이 민족 생명 문제의 해결에 있어서 상대적으로 다른 문화담론 시스템보다 우수한 점이 있음을 긍정하고 이러한 우수성을 지키고 구성하기 위해 노력하는 점에서 '원도'는 역사허무주의자와 전면적인 서구화를 주장하는 논자들과 차별화된다."[23] 사실 그의 문장은 문화인류학, 문화현상학(에른스트 카시러의 기호학), 존재주의, 해석학, 심지어 실용주의적 자원을 많이 채택하여 자신의 유학 주장의 논거로 삼았다.

자신과 유학 최고 이념의 논리적 연관성을 구축해야 할 뿐만 아니라, 그것이 역사적 상황에서 이론적 외피로 굳어지는 것을 초월하여 현실적 재건 가능성을 얻게 하는 것, 이 양날의 칼은 천밍으로 하여금 일종의 이론적 긴장 속에 빠지게 했다. 천밍의 해결 방법은 우선 '유효성'으로 '방안'의 진리성을 해석하여 '도(道)'의 절대성을 해소한다. 그는 "원초적인 뜻에서 보면, '도'는 사실상 유효성이라는 관념에 대한 특별한 호칭, 즉 '실행할 수 있다(行得通)', '인도할 수 있다(可資導引)', '따를 가치가 있다(值得遵循)' 등을 일컫는 것"일 뿐이라고 주장한다. 이어서 그는 "먼저 행동이 있고 그 다음 진리가 있으며, 먼저 생명이 있고 그 다음 철학이 있다"[24]라는 관념에서 출발하여 '신성성(神聖性)'으로 '신성(神聖)'을 해석한다. 이에

• • •

23. 陳明, 『『原道』與大陸新儒學建構』, 北京, 『原道』第十二輯, 北京大學出版社, 2005.
24. 陳明, 『即用見體再說』, 『原道』第十一輯, 北京: 北京大學出版社, 2005.

따르면 '성(聖)'은 규정되거나, 형식화된 교의가 아니며, 소위 '인(仁)'은 '박시광제(博施廣濟: 백성에게 널리 베풀어 무리를 구제하는 것)'에서 체현되는 것으로 경험 활동으로부터 추상적으로 박리된 '영명한 어떤 것'이 아니라고 인식한다. '성인이 법이 되는 이유'는, 즉 성인이 행동의 근거가 되는 것은 성인이 "하나의 개념이 아니라 어떤 정서 또는 추구"이기 때문이며 그러므로 이를 개념화하거나 본질화해서는 안되고 될 수도 없다.[25] 따라서 천밍은 '도(道)'의 존재를 부정하지 않으면서 오히려 '도'에 대한 모든 형식화한 이해와 가정에 질의한다. 그가 이해한 '도'는 역사 속에 존재하며 세계와의 상호작용 관계 속에서만, 즉 인간의 창조적 활동 속에서만 드러나고 파악되며 완성된다.

그는 일찍이 유학의 정치철학적 속성을 강조했고, 송명(宋明) 유가가 창설하고 홍콩·대만신유가가 확장한 심성론(心性論)으로 유학의 본질을 정의내리는 것을 반대했다.[26] 그의 기본적인 판단은 다음과 같다. 전통 사회 구조에서는 소농공동체를 주체로 하고, 이익관계에서는 공동이익이 개인의 이익보다 많고 크다는 것이 특징인데, 게임규모가 작은 편이고, 범위가 제한적이며 장기적이거나 반복적이다. 그러나 현대 사회는 공업과 상업을 바탕으로 해서 개인과 법인이 구조 주체이고, 이익관계에서 개인의 이익이 공동이익보다 많고 크다는 것을 특징으로 하며, 게임규모가 크고, 범위가 개방적이며 유동성이 있다. 이러한 변화는 필연적으로 가치기준, 사고방식 그리고 관리방식의 변화를 가져온다. 예의와 풍속으로부터 성장하고, 숙인(熟人) 사회, 동질구조를 운영 대상으로 하는 유가 정치철학은 이러한 변화에 적응해야 한다. 때문에 그는 유가사상의 담론 공간을 넓히기 위해 현대의 정치적 가치관념, 즉 주로 자유주의 사상가들이 논증하고

* * *

25. 陳明, 『『原道』與大陸新儒學建構』, 『原道』第十二輯, 北京: 北京大學出版社, 2005.
26. 陳明, 『儒學的歷史文化功能』, 北京: 中國社會科學出版社, 2005, 321쪽.

주장한 개인의 자유, 개인의 권리와 같은 관념을 받아들여, 현대의 정치적 기술, 즉 앞에서 서술한 관념으로부터 이끌어 낸 헌정과 민주제도의 정신을 참고하여 공적, 사적 생활의 제도적 모델을 재건하고 보장할 것을 주장한다.

인(仁)과 성(聖)은 유가 정신의 최고 체현이다. 인의 원칙은 "내가 원하지 않는 것은 남에게 하지 않는 것(己所不慾 勿施於人)"이고, 성의 상징은 "백성에게 널리 베풀어 무리를 구제하는 것(博施於民而濟衆)"이다. "예는 당시 세상의 예에 따라 세상의 인정에 순종하는 것이다(禮者, 因時世禮順世人情者也)"라고 하는데, 만약 개인의 권리와 개인의 자유가 일종의 '시세(時世)'와 '인정(人情)'이라면 — 천밍은 이를 말할 필요도 없다고 본다[27] — 유학은 그것과 대립해서도 안 되며 대립되지도 않을 것이다. 달리 말하자면 유가 정치철학이 정치 재건에 참여하고, 당대 생활의 주류로 회귀하고자 한다면 반드시 '사회정치' 내러티브의 기반 위에서 새로운 '정치사회'의 내러티브를 발전시켜야 한다는 것이다.

전통적인 유가 정치철학의 한 가지 특징은 바로 국가 또는 정부 통치기능의 제한이나 약화, 심지어 사회조직으로의 대체를 주장하고, 국가나 정부에 관한 토론도 행정 측면에만 머무르고 제도적 설계 측면에서 정치적 정의의 문제는 토론하지 않는다는 점이다. 때문에 비록 '친친(親親)', '존존(尊尊)'의 원칙이 각각 현대 정치의 '조화'와 '질서', '감정'과 '이성', '공평'과 '효율' 등 여러 가치가 맞물리는 요소를 포함하고 있고 양자 간의 관계의 균형성에 대한 강조가 현대사회의 '효율'이나 '이성'의 극단성을 해소하는 데에 도움이 된다고 하더라도, 천밍은 현재 유가 정치철학이 가장 중점을 두어야 할 곳은 의심할 나위 없이 '제도논리'의 논의라고 주장했다. 또한 사회를 위해 여러 주체들이 공정하게 거래하고 경쟁할 수 있는 게임의 제도적 플랫폼을 쟁취해야 한다고 보았다. 이러한 방향에서 천밍은 "의(義)를 이(利)

---

27. 陳明, 『『原道』與大陸新儒學建構』, 『原道』 第十二輯, 北京: 北京大學出版社, 2005.

로 삼다: 제도 자체의 윤리 원칙"이라는 글에서 『예기·대학』의 '의' 개념을 송대 유학자들이 이해한 것과 같은 개인적 도덕(virtue)이 아니라 제도적 윤리, 즉 정의(justice)라는 것을 증명하고자 했다.[28]

이는 단지 문제의 한 측면이다. 다른 측면은 유학이 정치적 근대성의 중국화에 도움을 줬다는 것이다. "헌정제도는 전통과의 결탁을 통해 그 구체적인 역사적 형태를 얻어야 했고, 여기서 전통은 유학일 수밖에 없었다."[29] "자유, 평등 등 민주 헌정에 유가의 낙인을 찍어 유가식이 되게 한 것은 다른 목적이 있어서가 아니라 단지 정의를 최대한 실현하기 위해서이다."[30] 구체적으로 말하자면 "지방적(地方性) 지식으로서의 유학은 민족 심리상태의 관념을 구성하며 외래 관념이 중국에 착근하는 데 중개 역할을 하는 연결고리이다."[31] 더 중요한 것은 유학이 "민족적 이익을 출발점과 목표로 하는 것이지 간단하게 개인 또는 추상적인 자유를 실체화하는 것이 아니다." 따라서 유학은 자유와 민주에 대한 실체화라는 이해 방식과 극단적인 형식화에 제약을 가할 수 있다.[32]

그는 지식 서술, 의미 규정, 실천 운영의 그 어느 면에서 고려하든 공민종교는 모두 비교적 적합한 틀이라고 보았다. "「중용」과 「대학」의 심층에 있는 종교적 기질, 예를 들어 하늘의 의리성(義理性)과 덕의 신비성, 신성성은 모두가 알고 있다. 그것이 정치생활의 평가척도와 추구하는 목표로서의 현실성 역시 의심할 여지가 없다." "현대사회 구조는 '작은 정부, 큰 사회'이다. 사회 자체의 자기 조직 능력은 극대화해야 하기에 사회 자체가 풍부한

• • • •

28. 陳明, 『儒者之維』, 北京: 北京大學出版社, 2004, 379-400쪽.
29. 陳明, 『儒學重建需接納憲政觀念』, 廣州, 『南都週刊』, 2007年 5月 25日.
30. 陳明, 『「原道」與大陸新儒學建構』, 『原道』 第十二輯, 北京: 北京大學出版社, 2005.
31. 陳明, 『「原道」與大陸新儒學建構』, 『原道』 第十二輯, 北京: 北京大學出版社, 2005.
32. 천밍은 이러한 것들에 대해 논의한 적 있다. 『自由, 自由主義, 自由主義者』, 『儒者之維』, 北京: 北京大學出版社, 2004. 『辯護與駁詰: 就施琅問題回秋風』, 『博覽群書』, 北京: 2006年 第六期.

'사회자본'을 갖추어야 한다. 유교는 바로 이러한 '사회자본'이다.'[33] 사회와 국가의 내러티브는 자유주의 담론의 기본구조 중의 하나이다. (존 로크의 『정부론』의 기본 관념은 사회가 국가보다 우선이고, 국가는 사회와 개인이 맺은 계약의 산물이며, 그중에는 사회와 국가의 대립, 사회가 국가에 대항하여 균형을 이루는 것 등의 의식개념을 포함한다. 반대로 헤겔의 『법철학원리』 중 "국가는 시민사회 위에 있다"는 명제는 아리스토텔레스의 『정치학』의 '국가중심' 전통을 계승한 것이다. 박사 논문을 쓸 때부터 천밍의 유학에 관한 서술과 해석 패러다임은 로크에 가까웠다.) 장칭의 소위 상행노선(上行路線)[34]과 달리 천밍은 사회의 유기적인 구성을 향상시키는 것을 통해 그것이 정부와의 힘겨루기에서 갖는 영향력을 강화하여 아래로부터 위로 정치 재건을 시도해야 한다고 주장한다. 『유교의 공민종교설(儒教之公民宗教說)』에서 분명히 알 수 있듯이 천밍은 중국 사회구조 특징에 대한 강조를 통해 자유주의와의 접합을 실현하고 동시에 중국 역사 발전의 일관성과 유가 문화의 내재성도 유지하고 존중받을 수 있게 하고자 한다. 온전한 '사회정치' 논의, 즉 유학 전통을 갖고 있는 중국 사람에게 있어 문화 정체성은 본래 그 어떤 문제도 없어야 한다. 그러나 실제로는 1) 근대 시기 열강의 침략과 능욕을 받아 국민들은 반성을 하면서도 군사적 대결 속에서 문명경쟁으로 '승화'시켰고 실패의 책임을 유학에 돌렸다. 2) 문화대혁명 등 정치운동 과정에서 집권당의 이데올로기 건설은 유학을 타도 대상으로 삼는 것이었다. 3) 자유주의 지식인들은 보편주의 사고 또는 이데올로기적 편견에 따라 문화와 문화정체성의 의미를 무시하고

• • •

33. 『原道』第十四輯, 北京: 首都師範大學出版社, 2007.
34. '상행노선' 즉 당대 중국의 정치질서의 유교화는 동중서가 주장한 '복고개혁(復古更化)'과 같다. 장칭은 이것이 유교를 형성하는 바른길(正途)이라고 보았다. 『關於重建中國儒教的構想』, 北京, 『儒教研究通訊』第一集, 中國社會科學院世界宗教研所儒教文化研究中心.

심지어 부정했으며, 유학에 대해 일반적으로 부정적인 태도를 취했다. 오늘까지도 유학은 문화 주체적 지위를 획득하지 못했고 문화적 정체성이 취약하고 부족하다. 천밍은 이데올로기 담론의 전환에 대해, 문화정체성의 의미와 육성의 각도에서 글을 써서 문화와 정치의 역사적 논리적 연관성을 강조했다.[35] 그는 문화와 문화정체성의 정치적 속성을 특히 강조하며 이것이 문화와 특정 집단, 혈연적 이익관계에 의해 결정된다고 지적한다.[36] 그는 유가가 이전에는 이 부분을 충분히 강조하지 않았다는 것을 인정하면서 "천하가 한 집이고, 중국은 모두가 한 사람"이라고 보는 경향으로 기울었다. 또 『예기・예운(禮運)』은 세계적인 위세가 상대적으로 낮은 현재의 중국에 있어서 화합을 주요 취지로 하는 유가의 '천하주의'가 선택할 가치가 매우 큰 국제정치적 담론 또는 내러티브라고 본다. 또한 다원일체, 즉 다민족 공화인 중국의 민족 구성을 고려할 때, "소수민족의 종교와 신앙을 이어가게 해야 하고, 강제로 그들의 풍습을 바꾸지 않으며, 정치와 법률을 통합하되 그들의 기존 전통적 생산방식이나 생활방식, 생활습관을 바꾸지 않게 한다(修其敎, 不易其俗・齊其政, 不易其宜)"라고 하는 유가의 서도(恕道, 관대하고 인자한 도)에서 통치 지혜를 본받아야 한다고 주장했다. 그러나 천밍은 유가 문화와 완전히 똑같지는 않은 다른 측면의 담론이 존재한다는 것도 분명히 드러낼 필요가 있다고 보았다. 그것은 혈연이나 국가 판도 등의 이익의 중요성을 강조하는 것이다. 그는 자신이 가지고 있던 "유가의 세계에 대한 전통적인 시각을 바꾸었다"고 인정했다.[37] 그는 다음과 같은 관점도 내보였다. 즉 헌팅턴의 '문명충돌론'과 조지프 나이의 '소프트파워론'이 큰 화제가 되었을 때 그는 "문화는 곧 민족의 이데올로가"임을 알아야 한다고 했다.[38] 그는 바로 이러한 시각으로 기독교가 국제사회와 국내에서

• • •

35. 『儒者之維』, 北京: 北京大學出版社, 2004, 28-36쪽, 55-59쪽, 96-101쪽, 256-265쪽.
36. 陳明, 『『原道』與大陸新儒學建構』, 『原道』 第十二輯, 北京: 北京大學出版社, 2005.
37. 『辯護與駁詰: 就施琅問題回秋風』, 『博覽群書』, 北京: 2006年 第六期.

확장해가는 모습을 바라보았고, 문화정체성이 정치정체성에 충격을 주는 사실에 주목할 것을 호소했다.39

유학이 문화정체성의 주요한 기초 또는 근원으로써 의심의 여지가 없다고 한다면, 그것이 사람들의 수요를 얼마만큼 만족시킬 수 있는지는 그것의 정치 재건과 심신 안정 측면에서 발휘하는 기능이 얼마나 좋고 나쁜지에 따라 결정된다. 심신 안정의 문제는 현대의 정치용어로 말하면 바로 개인의 정체성 또는 자아의 정체성 문제이다. 유가에서의 성현이 "예의에 밝지만 인심은 잘 알지 못한다(明於禮義而陋於知人心)"는 것과 소위 "유가가 세가 약해져 인심을 끌지 못한다(儒門淡薄, 收拾不住)"는 것은 심신의 안정면에서 불교나 노자보다 못하다는 것을 의미한다. 이는 유학의 "괴력난신(怪力亂神: 괴이함과 힘을 쓰는 일, 어그러지고 어지러운 일, 귀신에 관한 것)을 말하지 않는" 이성주의와 아울러 "입공(立功), 입덕(立德), 입언(立言)"의 이상주의와 내적 연관성이 있다. 그러나 "예는 풍속보다 기본이 중요하다(禮本於俗)"고 했다. 유학사상 전체는 소위 일상 속에서 자주 사용하는 '작은 전통'과 긴밀하게 연관된다. 다라서 천지, 조상, 성현을 대상으로 하는 제사 활동과 이론은 모두 존재한다. 천밍의 '유교의 공민종교설'은 바로 이러한 공적, 사적 생활 속에 스며들어 있는 유교의 요소를 활성화하여 선종(禪宗)과 개신교처럼 인심에 직접 닿고, 형식에 얽매이지 않는 '신유교'를 발전시키는 것을 희망하는 것이다. 그는 바로 이에 근거하여 오늘의 유가의 부흥과 발전에서 유교의 역사 형태와 기획유교를 묘사한다. "공민종교의 각도에서 유교 문제를 논의하는 것은 방법적으로는 유교를 사회정치와의 관계 속에 배치하는 것이며 또한 유교의 여러 요소가 실천 속에서 드러내는 실제와 효용이 어떠한가를 고찰하는 것이다. …… 공민종교는 유학이 부흥을

• • •

38. 陳明, 『『原道』與大陸新儒學建構』, 『原道』 第十二輯, 北京: 北京大學出版社, 2005.
39. 陳明, 『儒耶對話, 以何爲本?』, 『四川大學學報』, 2008年 第三期.

실현하는 중요한 표지일 뿐만 아니라 부흥을 실현하는 중요한 방법이다."⁴⁰

생명의 '표현-모형' 관계로부터 유학을 이해하면 자연스럽게 기호의 기능과 의미에서 유학을 재건하게 된다. 그러나 '즉용견체'부터 '유교의 공민종교설'까지 천밍은 보수주의와 자유주의 양측으로부터 협공을 받았다.

"이러한 주장의 배후에 있는 실용주의 철학 방법은 치명적인 부분이었을 수 있다. '체'가 '용'으로 인해 온다면, 그렇다면, '체'는 먼저 정할 수 없게 되고, 유학의 기본적 가치를 제창하는 것도 아무런 필요도 없게 된다. 그 어떤 예정된 가치도 없는 유학을 과연 유학이라 할 수 있는가?"⁴¹ 사회적 효과의 각도에서 말하자면 오늘날 문제는 가치관의 혼란이다. 유학 전통을 "성인이 모범이 되는 이유(聖人之所以爲法)"로 추상화하는 것은 현실에서 도움이 되지 않을 뿐더러 타는 불에 기름을 붓는 폐단이 생길 가능성이 있다. 자유주의자는 천밍의 실용주의와 민주주의가 자유주의의 원칙을 위배했을 뿐만 아니라, 유가의 도덕주의와 천하주의 정신과도 거리가 멀어 "가장 극단적인 서구주의자"가 되었다고 비판한다.⁴² 레벤슨(Joseph R. Levenson) 같은 학자는 량치차오를 분석한 것처럼 더 넓은 배경에서 천밍을 분석했다. 그는 '즉용견체'가 "보여주는 것은 자기모순적인 문화적 입장"이라고 보았으며 "이러한 자기모순은 사실 간단한 논리문제가 아니라 더 깊은 감성과 이성 사이의 충돌이다. 이런 충돌의 타협 불가능성은 근대 이래 대다수 진실하게 개명한 문화보수주의자들의 비극적 운명을 초래한 근본 원인이다."⁴³

● ● ●

40. 陳明, 『儒敎之公民宗敎說』, 『原道』 第十四輯, 北京: 首都師範大學出版社, 2007.
41. 程亞文, 『必要而可行的儒學建設方案』, 北京, 『經濟觀察報・書評增刊』, 2004年 11月 15日.
42. 秋風, 『新儒家悖論』, 北京, 『中國新聞週刊』, 2006年 4月 30日.
43. 楊陽, 『由即用見體想到的 ― 對陳明一個重要命題的評論』, 『文化秩序與政治秩序: 儒敎中國的政治文化解讀』, 北京: 中國政法大學出版社, 2007.

또 어떤 학자는 천밍이 비록 '현대 정치적 담론 플랫폼'에 들어서서 "깊이 있게 중요한 관점을 사고하거나 제기했지만 전체적으로 보았을 때 체계적이지 못했고 정치철학과 역사철학의 경지에 오르지 못했다"고 지적한다.44 이러한 비판은 이미 현재의 사상과 문화의 많은 심층적인 문제와 연관된다. 이런 면에서 토론은 결론보다 훨씬 중요하다.

3. 캉샤오광: 인정(仁政)과 문화 중국

캉샤오광은 경험주의자로 "서양의 경험이 중국의 미래를 지배할 수 없고, 중국의 미래는 단순하게 타인의 과거의 경험을 재연하는 것이 될 수 없다고 믿는다."45 민족주의자인 캉샤오광에게 '민족 부흥'은 그의 이론 작업의 목적이며 그가 어떤 이론 학설을 받아들이거나 거부하는 근거이기도 하다. 그의 생각의 방향은 분명하다. 즉 안정을 위해 자유민주주의를 거부해야 하고, 장기적 안정을 위해 '인정(仁政)'을 선택해야 하며, 인정을 실현하기 위해 중국을 유교화(儒化)해야 하고, 중국을 유교화 하는 길과 지표는 바로 '유교 국교화'이다.

캉샤오광은 현실 정치에 대한 분석을 통해 직접 입론에 착수한다. 그에 따르면 과거의 전체주의 체제와 비교했을 때 오늘의 중국 사회구조의 특징은 정부와 사회의 분리이며, 대량의 경제활동과 재부의 축적이 정부의 직접적인 통제 하에 있지 않다는 것이다. 따라서 정부의 합법성의 기반과 사회 질서와 안정은 반드시 대면해서 해결해야 할 문제가 되었다. 캉샤오광은 자유주의적 대안을 결사반대한다. "중국에서 서양식 민주는 수단으로서

● ● ●

44. 高全喜, 「大陸新儒家的吊詭與公共自由派的幼稚病」, 『博覽群書』, 北京: 2006年 第六期.
45. 康曉光, 「中國特殊論」, 『仁政: 中國政治發展的第三條道路』, 싱가포르: 八方文化創作室, 2005.

소용이 없고, 가치로서도 좋지 않다", 그 이유는 한편으로는 중국이 "경제의 성장, 정치의 청렴, 사회의 공정" 측면에서 많은 민주주의 국가보다 뒤지지 않고 "중국은 현재 기본적으로 아직 제국체제이며, (중략) 민주화는 왕왕 민족 분열을 동반하기 때문이다." 다른 한편으로는 "자유민주주의가 창도하는 몇 가지 기본적 가치가 나쁘기 때문이고", 또 "그것이 기대고 있는 논리의 전제가 사실적 기초에서 결여되어 있기" 때문이다.46 '제국체제'라는 그의 판단은 일정한 위험을 안고 있다. 이는 "중국은 하나의 문화적 실체이지만 오히려 자칭 민족국가라고 말해지기도 한다"라고 한 루시안 파이(白魯恂, 1921-2008)의 말에서 명백히 느낄 수 있다. 이 말의 숨은 뜻은, 중국의 사회 발전의 다음 목표가 진정한 민족국가가 되는 것이라는 것이다. 사실상 '제국'이나 '문화적 실체'와 같은 어떤 이론체계에 속해 있는 개념은 모두 중국에 대한 설명과 예상에 적합하지 않다. 그러나 민주화가 중화민족에게 복이 될지 화가 될지는 민주 자체에 대한 이해에 달렸다.

그러나 캉샤오광의 작업 배경은 다음과 같다. 변화한 시대가 새로운 정치적 합법성에 대한 논증 — 집권당도 사실 줄곧 이러한 시도를 하고 있다 — 을 요구하고 있다. 캉샤오광은 "지금의 조건에서 유가가 지지하는 정치형태는 분명 권위주의 정치"라고 본다. 그가 말하는 소위 "절차적 정의가 아닌 실질적 정의를 추구"한다는 것은 바로 "위정자가 권력을 어떻게 얻었는가에는 관심이 없고, 위정자가 어떻게 권리를 행사하는가에 관심이 있다"는 것이다. 캉샤오광은 "손익을 경험한 유가 학설, 즉 현대의 인정(仁政) 이론은 권위주의적인 중국 정부의 합법성 이론이 될 수 있다"고 본다. 이는 유가 정치철학이 '개인 본위'가 아닌 '공동체 본위'를 주장하며 또 '만인 평등'과 '주권재민'의 원칙을 반대하기 때문이다.47 서양의 정치학

• • •

46. 康曉光,『我爲什麼主張『儒化』』,『論合作主義國家』,『仁政: 中國政治發展的第三條道路』, 新加坡: 八方文化創作室, 2005.
47. 『仁政: 權威主義國家的合法性理論』,『仁政: 中國政治發展的第三條道路』, 싱가포르:

용어로 말하자면 "인정은 혼합 정체(政體)로서 군주정치, 과두정치, 민주정치의 요소가 혼합되어 있다. ……각 계급은 모두 자신의 이익을 표현할 제도적 장치가 있다. 이는 일종의 계급 분권구조이지 계급 독재구조가 아니다." 캉샤오광이 상상한 향후 중국의 제도적 프레임에는 인자한 권위주의, 시장경제, 조합주의(corporatism), 복지국가, 유교가 포함된다. 인정의 목표는 각 계급 사이의 자치와 협력, 균형과 나눔이다.[48] 그는 "행정이 정치를 흡수"한 홍콩의 사례를 들어 이 체제의 운영 메커니즘을 묘사하면서[49] 이러한 인정의 프레임이 "현존 질서의 장점을 보류할 수 있고", "사회 공정을 효과적으로 촉진할 수 있으며", 나아가 합법성 이론을 제공할 수 있다고 믿는다.

확실한 것은 한나라 유학자들이 '마상치천하(馬上治天下)'는 반대했지만 '마상득천하(馬上得天下)'가 원죄임을 강조하지는 않았다는 것이다. 그러나 이는 특정한 상황(진시황의 분서갱유와 한고조의 유관변뇨「儒冠便溺」)속에서의 특정한 표현이다. 일반적으로 유학자들은 권력이 하늘에서 온다고 본다. 여기서 '천심(天心)'은 바로 민의(民意)이다. 동중서(董仲舒, B.C. 179-B.C. 104)의 '군권신수(君權神授)'설 역시 이 원칙을 버리지 않았다. 그 외, 묵가보다 현실적이고 법가보다 이상적인 유가가 추구한 것은 현실 속에서 정치적 정의를 나름 최대한 실현하는 것이다. 유가는 정체(政體)에 그다지 집착하지 않았다, 즉 최고를 기대하기 어려우면, 차선을 실현하기 위해 노력했던 것이다.[50] 예를 들어 인정은 어떤 정체를 가리킨다기보

● ● ●

八方文化創作室, 2005.

48. 康曉光, 『我爲什麼主張儒化』, 『仁政: 中國政治發展的第三條道路』, 싱가포르: 八方文化創作室, 2005.

49. 그는 "정치행정화의 주요한 도구는 전략 결정 자문과 엘리트의 영입이다. 당정(黨政) 합일, 의행(議行)이 합일된 중국에서 정치행정화는 일종의 유효한 민의(民意)의 표출 기제다"라고 말했다. 康曉光, 『我爲什麼主張儒化』, 『仁政: 中國政治發展的第三條道路』, 싱가포르: 八方文化創作室, 2005.

어떤 정책, 즉 행정을 가리킨다. 맹자가 분명히 지적했듯이 인정은 바로 "사람의 차마 하지 못하는 마음으로 차마 하지 못하는 정치를 행하는 것(以不忍心之心, 行不忍人之政)"으로 중요한 것은 '발심(發心)'이다. 어떻게 실현하는 지는 중요하지 않다. 이것이야 말로 "행정의 정치 흡수"와 어울린다. "행정의 정치 흡수"는 홍콩의 경험이라기보다 전통적 지혜라고 하는 것이 더 맞다. 필자가 보기에 인정을 직접적으로 '제도화'하고 나아가 그것을 향후 중국의 '이상'으로 삼는 것은 비록 자유주의적 대안이 가져올 수 있는 위험을 줄이는 역할을 할 수 있지만 유가 정치철학의 제도 담론을 가리게 할 뿐만 아니라 유가가 현실 정치제도 논의에서의 발언권을 자동으로 포기하는 것이다. 이는 유가 정치철학의 발전과 사회·정치적 정의의 확장에 있어서 득실을 가리기 어렵게 한다.

캉샤오광의 이러한 현대 인정 이론의 내용은 1) 민본주의적 가치 지향,[51] 2) 박시광제(博施廣濟)의 행정 원칙, 3) '선양(禪讓)'의 권력 교체 규칙,[52] 4) 천하대동(天下大同)의 사회 이상이다. 그는 이러한 인정이 곧 중국의 도통(道統)이고, "도통, 학통, 정통(政統) 삼위일체야말로 중국 고대 정치의 핵심"이며, "유사(儒士) 공동체만이 천도(天道)를 깨달을 수 있기" 때문에

● ● ●

50. 실제로 서양의 상황도 다음과 유사했었다. "18세기의 사상 영수 지도적 사상가들은 기독교 선구자들과 마찬가지로 독립적이고 정치제도 위에 군림하는, 독립적인 사회복지에만 관심을 두었다. 이는 그들로 하여금 국가조직을 중요시할 만한 가치가 없다고 여기게 했다. 국가가 어떤 방식으로 구성되었든, 사회가 무엇보다 중요한 직능을 수행할 수 있도록 보장만 한다면 그들은 그 국가에 무조건적인 충성을 바치려 했다." (美)弗裡德里希·沃特金斯,『西方政治傳統 — 現代自由主義發展研究』, 吉林: 吉林人民出版社, 2001.

51. 康曉光,『論合作主義國家』,『仁政: 中國政治發展的第三條道路』, 싱가포르: 八方文化創作室, 2005.

52. 그는 "덩샤오핑(鄧小平)부터 시작해 중국 정권의 교체 방식이 '선양', '현명하고 능력 있는 사람을 뽑는' 방식으로 '총부리에서 정권이 나오는' 방식을 대체했다"고 본다.『仁政: 權威主義國家的合法性理論』,『仁政: 中國政治發展的第三條道路』, 新加坡: 八方文化創作室, 2005.

"인정은 바로 유사(儒士) 공동체의 독재"라고 보았다.[53]

캉샤오광은 비록 인정 이론이 "현실로 이루어진 적이 없고, 예나 지금이나 통치자들이 진심으로 성의껏 인정을 실천한 적이 없음"을 인정하지만, 그럼에도 낙심하지 않는다. "그것이 현실을 위해 합법성을 제공할 수 있고, 사회 비판을 위해 참조체계를 제공할 수도 있기 때문이다."[54] 그리하여 그는 한 발짝 더 나아가 '중국의 유교화' 전략을 제기하여 그것을 인정 이론을 실현하는 수단과 상징으로 삼는다. "유교화 전략은 두 측면에서 동시에 진행되어야 한다. 상층에서는 공산당을 유교화하고, 기층에서는 사회를 유교화하는 것이다. …… 유학이 마르크스레닌주의를 대체하고 공산당이 유사(儒士) 공동체가 된다면 인정도 실현된다. …… 유학을 국민교육 시스템에 포함시켜야 한다. …… 가장 관건적인 것은 유교를 국교로 확립하는 것이다."[55] 유교를 국교로 건립하는 것은 바로 "강력한 이데올로기를 세워서, 새로운 시대의 중화민족의 이상, 가치, 도덕을 확립하려는 것이다."

그는 이러한 문화민족주의가 "여전히 전통적 기능을 갖추고 있을 뿐만 아니라 하나의 민족이 전 지구적 범위에서 자원을 통합하여 그 민족의 국제경쟁력을 향상시키는 데 도움이 된다"고 믿는다. 캉유웨이와 새뮤얼 헌팅턴은 캉샤오광이 가장 탄복하고 가장 깊이 영향을 받은 두 사상가이다. 포스트 냉전시대 문화와 문명이 정치의 분계선이 됨에 따라 캉샤오광은 유교를 "국제경쟁력을 높이는 강력한 도구"로 보고 "민족국가를 초월하는 문화민족주의 운동을 일으키는 것을 통해 중국 국경선을 초월하는 문화중국

• • •

53. 康曉光, 『我爲什麽主張儒化』, 『仁政: 中國政治發展的第三條道路』, 싱가포르: 八方文化創作室, 2005.

54. 康曉光, 『仁政: 權威主義國家的合法性理論』, 『仁政: 中國政治發展的第三條道路』, 新加坡: 八方文化創作室, 2005.

55. 康曉光, 『我爲什麽主張儒化』, 『仁政: 中國政治發展的第三條道路』, 싱가포르: 八方文化創作室, 2005.

을 건립할 것"을 호소한다.[56]

격정과 이성, 현실과 이상은 캉샤오광의 글에서 첨예하게 대립되면서도 균형을 유지한다. 그를 긍정적으로 평가하는 사람들은 그가 "당대 중국을 꿰뚫어 보고 있고, 중국 문제의 해결을 위해 참신한 사고방식, 서양 주류 이론과 전혀 다른 해결 방향과 방법, 즉 권위주의적 방향과 보수주의적 방식을 제시했다"고 칭찬한다.[57] 반대로 자유주의자들은 캉샤오광의 이 같은 여러 주장들을 극력 배척한다.[58]

솔직히 말하면 많은 자유주의자들이 헌정이나 민주 등 현대적 가치 및 그 실현 형식을 교조화하고 '규범'에서 출발하여 이러이러해야 한다고 큰소리치며, 제도가 한 나라의 흥망성쇠를 결정할 수 있다고 보는 것은 유치하고 가소롭기까지 하다. 그러나 권리 개념에 근거한 자유, 민주 등과 같은 현대가치를 전체적으로 부정하는 것이 과연 현명한 것일까? 자유는 결국 권리에 대한 존중과 권력에 대한 제도적인 제한을 의미하고, 민주는 결국 정치 참여도의 확대를 의미하며, 헌정은 결국 정의(正義)의 실현과 향상을 의미한다. 바로 이러한 것들이 모든 사람들이 일상 경험 속에서 느끼는 내면의 수요가 아닌가? 이 모든, 소위 민족 부흥이 없었다면 또 무엇이 있을 수 있단 말인가?

그 외에도 캉샤오광의 입론은 모두 사회 변천, 즉 시장경제 발전이 가져온 정부와 사회의 분리에 기반한다. 그러나 그가 현실을 조절하고 미래를 이끄는 데 사용한 유가 학설 자체는 시공(時空) 속에 있지 않는 듯 하고, 기본적으로 관련 논설에 근거하여 원형 그대로 오늘과 미래에 적용하려 하기 때문에 본질주의적 사고방식으로 보인다. 이들에 어울리는

● ● ●

56. 康曉光, 『文化民族主義隨想』, 『仁政: 中國政治發展的第三條道路』, 新加坡: 八方文化創作室, 2005.

57. 閑言, 『康曉光學述』, 『原道』 第十輯, 北京: 北京大學出版社, 2005.

58. 閑言, 『康曉光學述』, 『原道』 第十輯, 北京: 北京大學出版社, 2005.

사회 생태계는 근대성(現代性)과 글로벌화의 충격 하에 이미 뒤죽박죽되어 있는데, 캉샤오광에게 있어 매우 중요한 유효성은 또 무엇으로 보증받을 수 있는가? 우리는 그가 앞으로 사회과학적인 논증을 보여줄 것을 기대한다. 또 한 가지 주목할 점은, 캉샤오광의 글을 보면 그는 행정수단과 정치역량에 호소하여 사회인들이 '유교화'에 대한 믿음을 회복하고자 한다. 그러나 문화가 이데올로기와 구분되는 것은 바로 그것이 아래로부터 위로 자연발생적으로 이루어진다는 점이다. 이는 사회와 국가 관계에 대한 재정립을 의미한다. 황하의 물이 맑아지기를 기다리기에는 사람의 수명이 너무나 짧다!

4. 결론

민족문화 성격을 대표하는 것과 국가의 현대적 형식을 안정시키는 것은 동시에 겸할 수는 없는 것 같다. 전자는 전통의 일관성과 내재성을 강조해야 한다. 이것은 문화 정체성과 사회 응집을 위해 필요한 감정과 정신적 지지를 제공하기 위해서 고유한 가치 시스템 및 논리 구조를 논증하고 강화할 필요가 있다. 후자는 권리와 정의, 자유와 민주 등과 같은 현대적 가치를 이론적으로 접목시키기 위해 고유한 가치 시스템과 논리 구조를 창조적으로 해석하여 전환할 필요가 있다. 거시적으로 보면 장칭은 전자에 집중하고 천밍은 후자에 집중한다. 캉샤오광은 '실천자'로서 양자 사이를 오가고 있다. 그의 유학에 대한 이해와 활용은 장칭(유교 국교화 주장 등)에 가깝고, 유학을 이해하는 방식은 천밍(기능화, 도구화 경향 등)에 가깝다. 계몽이라는 담론에 조우한 유대교처럼, 우리는 장칭, 천밍, 캉샤오광으로부터 유학의 정통파, 보수파, 개혁파의 그림자를 어렴풋이 살펴볼 수 있다.

물론 서양 사상과 비교하든 전통유학과 비교하든, 또는 근대성, 글로벌화가 가져온 현실 문제에 비춰보든, 그들을 통해 반영되어지는 유가 정치철학은 이론의 영역에서나 현실의 영향에서나 모두 보잘 것 없다고 할 수도 있다. 그러나 이러한 노력은 기대할만하다. 왜냐하면 그 토양이 오천 년 역사를 가진 전통의 생명력 그 자체이며, 또한 14억 인구를 가진 민족의 근대화에 대한 시도이기 때문이다. 그것들 자체가 이러한 전통과 이러한 노력의 유기적 구성 부분이다.

6. 중국 대륙 유학의 새로운 발전

궈치융(郭齊勇)

이 글에 나는 최근 20년간 중국 민간유학의 흥기, 학술계 유학 연구의 주요 이슈 및 유학의 새로운 시스템 구성 등을 종합하여 다루고 약간의 평론을 덧붙이고자 한다. 나의 견해에 한계가 있을 것이기에 전문가들의 가르침을 기대한다.

1. 민간유학의 흥기

유학은 민간의 학문으로 그 생명력은 민간에 있다. 민간의 자발적인 수요에 따라 국학열(國學熱), 아동 독경(讀經) 운동이 생겨났다. 민간유학의 진전은 자발적이면서도 자각적이다.

최근 20년간, 중국 각지에서는 풀뿌리 민간 사회와 민간유학의 재생운동이 자발적으로 형성되었다. 민간유학은 유학이 스스로 뿌리 내리고 사회와 인간 세상에 재림한 문화사상 형태로써 인의예지신(仁義禮智信), 충효, 염치 등 핵심 가치를 일반 백성들의 가정에 스며들게 했고, 백성들의 생활 지침이 되게 했으며, 그들이 근심 없이 생활하고 정신적으로 의탁할 수 있는 도(道)

가 되게 했으며 세도인심(世道人心)을 안정되게 했다. 또한 민간유학은 일상생활 세계 속의 유학, 또는 민간에서 운영하는 유학, 즉 민간에서 조직하고 추진하는 유학으로 이해할 수 있다. 현대유학은 향촌유학의 부흥을 포함할 뿐만 아니라 도시유학의 건설도 포함한다. 즉 중국문화의 기본적인 처세의 올바른 길인 유가의 인의지도(仁義之道)가 광대한 도시와 농촌의 가정, 학교, 주택단지, 기업, 기관 등 현대 시민사회의 조직들을 거쳐, 관혼상제의 집안 예법 등 종교적 의식을 통해 국민들의 마음속에 뿌리 내리게 했다. 민간유학은 다양하다. 그것은 외래 종교의 전도 활동을 포함한 여러 종교의 활동과 건강한 상호작용을 하며, 문화의 주체성과 생태적 균형을 유지한다. 유학자들은 민중을 염두에 두고 민간에 들어가 유학을 널리 알리고, 회의(會議)유학, 서본유학(書本儒學)을 민간유학, 생명유학으로 전환시켜야 한다.

도시 주택단지의 유학, 기업 유학은 놀라운 발전을 이루었다. 사천성(四川省) 성도시(成都市) 융신항업투자유한공사(融信恒業投資有限公司)는 부동산회사이다. 이 회사는 기업 문화 추진 사업을 펼쳐 매주 화요일과 목요일에 직원들이 단체로 유학 경전을 읽게 하고, 매주 한 차례씩 국학 강습을 열어 유학과 관련된 영상자료 등을 학습하게 했다. 분기별로 유학 전문가를 초대하여 직원들에게 문화교육을 제공했고 유학을 주제로 한 기업문화 행사를 한 차례 진행했다. 서귀당(西貴堂) 소구(小區)[1]에는 중국 전통 주택단지 문화를 재건했다. 융신은 사천대학과 전략적 협력관계를 맺어 '서귀당' 소구사업을 현대의 실생활에서 유학을 응용하는 실험기지로 삼고, 사천대학 국제유학연구원 원장 슈따강(舒大剛) 교수 등으로 구성된 전문가팀이 기지 건설을 지도하기로 했다. 서귀당 유가 생활 실험기지는 주로 경관(景觀)

●　●　●

1. (역주) 생산·건축 단위 및 거주·휴식 시설이 모여 있는 일정 구역. 「고려대학교 중한사전」.

문화와 소구문화 두 개 부분으로 나뉜다. 경관문화는 '군자(君子)'를 주제로 하는 조경을 만들고 '학(學)'을 주제로 하는 국학강당을 세우는 것이고, 소구문화는 '군자문화'를 핵심으로 하는 소구의 건설이다. 서귀당 유가 생활 실험기지는 '군자의 거처'라는 핵심 이념의 '효(孝), 서(恕), 예(禮), 신(信)'을 주제로 서귀당『소구행위공약(小區行爲公約)』의 제정을 통해, 소구내 행위규칙을 만들고, 도덕행위규범을 세워 소구문화의 지속가능한 발전 기반을 마련했다. 동시에 거주민의 결혼, 장례 등 기념일과 전통 명절 때의 의계 기준을 전통의례를 참고하여『소구예의표준(小區禮儀標準)』으로 만들어 시행하였다. 그리고 소구내 선거를 통해 대표들을 뽑아 소구문화 지도위원회인 '지행학사(知行學社)'를 조직했다. '지행학사'의 영향력을 통해 거주민들로 하여금 점차적으로 '군자문화'의 가치체계와 도덕규범을 수용하도록 한 것이다.

하남성(河南省) 건업(建業)그룹은 정주시(鄭州市) 천명로(天明路)에 위치한 아파트단지인 건업삼림반도(建業森林半島)에 '본원소구서원(本源小區書院)'을 세웠다. 이 서원의 이념은 '감사함(感恩), 존중(尊重), 베품(給予)'이다. 이들은 전문인력을 채용하고 자원봉사자를 모집하고 훈련시켜 유학을 소구내에 도입했다. 이러한 경험은 널리 보급할 가치가 있다. 이 그룹이 정주시와 기타 지역에 건설한 소구에는 모두 서원을 건립할 예정이다. 주가오정(朱高正), 쩡자오쉬(曾昭旭), 궈치융(郭齊勇) 등 학자들도 서원을 방문하여 강의하고 지도한 적이 있으며 무한(武漢)대학 국학원에서도 이 그룹의 소구내 서원과 협력관계를 맺고 있다.

심천시(深圳市) 공성당(孔聖堂), 오동산(梧桐山) 사숙연합회(私塾聯合會), 신덕(信德)도서관 등도 민간유학의 보급에 적극적인 의미가 있다.

향촌유학의 부흥도 제창할만하다. 니산성원서원(尼山聖源書院)의 일부 학자들, 북경의 머우중지옌(牟鐘鑒), 자오파셩(趙法生) 교수, 산동(山東)대학 옌빙강(顔炳罡) 교수 등은 유가 문화의 발원지인 사수현(泗水縣) 부자동(夫子

洞) 마을부터 연구를 시작하기로 했다. 향촌유학의 재건은 어디부터 시작해야 하는가? 그들은 효도로부터 시작하기로 결정했다. 마을 노인들의 처지가 일반적으로 좋지 않았기 때문이다. 『제자규(弟子規)』를 1년 동안 가르치자 뛰어난 효과가 나타났다. 이와 함께 예의교육을 도입하였다. 이들은 의례 전문가를 초빙하여 백성들에게 성동례(成童禮), 개필례(開筆禮), 관례(冠禮), 혼례(婚禮), 사례(射禮), 석전례(釋奠禮) 등 유가 예의를 가르치고 시연하였다. 그리고 교실에서 마을 사람들에게 의례에 따른 예식 거행을 가르치고 공자와 강의하는 선생님에게 배사례(拜師禮)를 올리도록 했다. 청소년들은 자리에 앉은 어른들에게 경장례(敬長禮)를 올렸다. 공자 고향에서 이루어지던 예의의 기풍이 이렇게 생활화된 예의 훈련 속에서 점차 회복되었다. 학자들은 서원을 통해 전문적인 향촌유학 보급조직을 만들고자, 매달 중순과 월말에 두 번씩 정기적으로 향촌유학 교실을 열었다.

절강성(浙江省) 각지의 유학 단체는 적극적으로 유학 부흥사업을 추진하였다. 2009년 12월, 태주시(臺州市) 노교구(路橋區) 동서촌(峒嶼村)에서 '노교황관기념관(路橋黃綰紀念館)' 개관식이 개최되었다. 이는 이 마을의 평범한 농민인 린윈전(林筠珍) 여사가 사재를 들여 만든 국내 최초의 왕양명(王陽明) 문인(門人) 기념관이다. 절강성유학학회 집행회장인 우광(吳光) 교수, 부회장 천밍(陳明) 교수가 개관식에서 축사와 학술보고를 했다. 마을 주민, 동서중학교의 학생과 교사들, 원링시(溫嶺市) 공자학회의 대표 약 100여 명이 개관식과 보고회에 참석했다. 이 기념관은 제(祭)와 학(學)을 병행한다. '제'는 마을 사람들의 신앙과 풍습을 충분히 존중하는 것이 중요하다. 따라서 민간신앙이 유교, 불교, 도교의 세 종교를 따로 나누어 보지 않는 문화생태에 근거하여 기념관에 모셔진 유가의 성현과 불교의 보살 등을 적절히 배치했다. '학'은 문화와 교육의 의미를 강조하는 것이 중요하다. 기념관의 민간성, 향촌성, 대중성과 보급성이라는 취지에 입각하여 적절히 유도하고 학(學)을 동반한 제(祭)로 잘 인도해서 기념관을 향촌의 조화사회(和諧社會) 건설에 유익한 진정한 문화교육의 장으로 건설했다. 노교구 정부 역시 기념관의 여러 문화 활동을 적극 지원하고 적절한 지도와 규범을 제시하여 기념관이 노교구 문화건설의 전반적인 계획과 요구에 부합되도록 했다.

광주중산대학(廣州中山大學) 교수 리훙레이(黎紅雷)의 고향인 해남성(海南省) 경해시(瓊海市) 대원고(大園古) 마을은 몽학(蒙學)을 보급하기 위한 청소년 교육기지를 만들었다. 해남 각지의 주민들은 여전히 제사 의례를 준수하고 있다.

국학, 유학은 민간조직의 다양한 경로를 통해, 예를 들어 서원과 문묘 건설, 사당과 민간 자선회(慈善會) 복구, 아동 경전 읽기와 외우기 활동 조직, 관혼상제 등 가정예법의 부흥과 개혁, 공자 탄신일을 교사절로 회복하고 상응한 예를 올리기, 합법적인 유교 단체를 조직하여 사회활동에 참여하기와 같은 각종 형식을 통해, 유학은 중국의 광대한 도시와 시골의 가정, 소구, 학교, 기업, 기관에 더 깊이 전파되었고 백성들의 일상생활에 스며들었다. 이것들이 점차 익숙해지면서 유가의 정신 가치는 서서히 내면화되고 있고 중국 사람들의 내면의 정신으로 다시 자리 잡기 시작했다. 물론 이런 활동들은 강요가 아닌 자발적으로 이뤄진 것이긴 하지만 역시 지도가 필요하다.

정부의 지지가 있고, 정부와 민간의 협력이 있으며, 관학상민(官學商民)의 결합도 존재한다. 이와 관련한 사례로는 하문(廈門) 운당(篔簹)서원과 백록(白鹿)서원, 무한시 문진국학강단(問津國學講壇), 시정부와 무한대학 국학원 공동사업), 귀양(貴陽)공학당(孔學堂)을 들 수 있다. 귀양공학당 제1기는 교화를 중요시하고 제2기는 15개 유명 학교와 협력을 기획하고 있으며, 학생과 교사가 학당에 상주하여 연구하고 있다.

시진핑 주석은 최근 몇 년 동안 우수한 전통문화, 주로 유학의 가치에 대해 매우 긍정적으로 평가했다. 앞으로 유학은 초중등학교 과목에 들어갈 것으로 예상되므로 더욱 큰 사회적 발전을 이룰 것으로 보인다.

전반적으로 말하자면, 최근 30년간 중국 대륙 각지에 자발적으로 민간유학 재생운동이 일어났다. 민간유학은 유학이 스스로 뿌리 내리고 사회와 인간 세상에 회귀한 문화 사상 형태로써 인의예지신, 충효, 염치 등 핵심 가치를 일반 백성들의 가정에 스며들게 했고, 백성들의 생활 지침이 되게 했으며, 그들이 근심 없이 생활하고 정신적으로 의탁할 수 있는 도(道)가 되게 했으며 세상의 도리와 사람들의 마음을 안정시켰다. 오상(五常)2과 사유팔덕(四維八德)3은 여전히 긍정적인 의미를 가지고 있고, 창조적으로 변화할 필요가 있다.

니산성원서원의 자오파성 등이 추진한 향촌과 도시 지역사회 유학, 리훙레이 등이 추진한 기업 유학의 경험은 널리 보급할만하다. 민간유학의 형태는 다양하다. 그것의 출현은 관, 학, 민, 상(商) 각계가 상호 작용한 결과이다. 사회에서 서양 종교가 나날이 발전하는 것에 비교할 때, 민간유학의 흥기는 문화의 주체성을 견지하고 문화의 생태균형을 유지하게 한다.

민간유학의 발전에 따라, 현재는 서원열(書院熱)이라고까지 표현될 정도로 각지에서 민간서원이 우후죽순처럼 설립되고 있다. 최근 십여 년간 중국 전역에 수천 개의 서원이 생긴 것으로 추정된다. 그러나 이들 서원은 수준이 균일하지 않고, 구성이 복잡하다. 우리가 국학열, 유학열에 대해 긍정하면서도 또 한편 비판하듯이, 서원열에 대해서도 긍정과 동시에 비판이 있을 수 있다.

오늘날의 서원은 운영 주체로 보면 대체로 정부, 기업, 학자, 민간인 또는 관학상(官學商), 관학(官學), 상학(商學), 민학(民學) 협력 등 여러 가지가 있다. 이런 민간 서원은 어떻게 운영해야 하는가? 나는 우선 서원 운영의 목적과 이념을 바르게 세워서 금전적 이익을 추구해서는 안 된다고 본다.

• • •

2. (역주) 인(仁)·의(義)·예(禮)·지(智)·신(信).
3. (역주) 사유: 禮, 義, 廉, 恥. 팔덕: 宋代有八德: 孝, 悌, 忠, 信, 禮, 義, 廉, 恥.

또한 전통서원으로부터 정신적인 양분을 흡수해야 한다. 고대서원은 모두 학규(學規)를 두어 설립의 취지를 명확히 하고 있다.

가장 중요한 것은 서원 운영은 반드시 유가 의리(義理)의 지도하에 진행되어야 한다는 점이다. 총체적으로 말하자면 공맹의 인의지도(仁義之道)를 충실히 따름으로써 운영자와 학생의 인문도덕 소양과 신체역행(身體力行), 지행합일(知行合一)을 제고해야만 한다. 기업과 민간인이 경영하는 서원이 늘어나는 것은 기쁜 일이다. 이는 민간의 활기를 되찾는 첫 시작이기 때문이다. 하지만 현재 우려되는 점 역시 이러한 일부 민간 서원이다. 극소수의 서원은 영리를 목적으로 아동과 청소년들에게 오로지 학습만 시켜서 책만 외우게 하고 의리를 가르치지 않으며, 현대과학의 기초지식도 가르치지 않아 아이들의 교육을 망치고 있다.

우리는 반드시 전통 서원의 정신과 건학 이념을 충분히 이해하고, 전통 서원의 제도와 규범의 정수를 계승하고 발양해야 한다. 중요한 것은 반드시 경건한 마음가짐이 있어야 하고 종교성과 궁극성(終極性)이 있어야 한다. 아울러 오늘날의 서원을 서원의 사람들이 뜻을 세우고 진리를 깨우치며, 신체를 닦아 덕을 이루고, 타인을 사랑하고 사회에 참여하고 봉사하는 도량으로 만들어야 한다. 서원은 경전 교육을 중심으로 해야 한다. 서원은 경전을 배우는 신성한 곳으로써 교학(敎學)과 학습 및 강학(講學)을 위주로 해야 한다. 학습의 주요 내용은 유교, 불교, 도교의 기본 경전을 주로 하지만 특히 사서오경을 위주로 절차탁마해야 한다. 경전 교육은 중국인의 지켜야 할 도리와 이치를 바로잡는 교육이다! 경전 학습에 있어서는 학이치용(學以致用), 지행합일, 언행일치의 원칙이 지켜져야 한다. 물론 경전과 경전교육은 시대정신에 입각하여 창조적 재해석이 필요하다.

서원은 독립성과 비판성을 견지해야 한다. 우리는 인격 독립, 사상 자유, 서로 다른 태도와 사상에 대한 포용을 주장한다. 중국 경전을 배우면서도 서양과 인도의 경전들도 열심히 학습하고 현대이론을 배우면서 문명 대화를 촉진해야 한다. 서원의 자유로운 강의와 토론은 건강한 민간사회의 재건을 촉진할 수 있고, 민간문화의 자주성과 다양성을 배양하고 강화할 수 있다. 우리의 경험을 총결산하면서 근본으로 돌아가 새로운 것을 창조함으로써 서원을 더욱 훌륭하고 건강하며 완벽하게 운영하고 전통문화의 정수를 대대로 이어가야 한다!

2. 유학 학술연구의 최우선 문제

유학 학술연구는 최근 들어 중국 대륙에서 전면적이고 깊이 있는 발전을 이뤘다. 특히 유가의 정치철학, 윤리철학, 생태환경사상, 경학의 부흥, 새로 발굴된 간백(簡帛)[4]연구, 현대신유학 연구 등에서 풍부한 성과를 얻었다.[5] 아래에서 네 가지 측면의 성과를 간단하게 소개하고자 한다.[6]

1) 중국 전통 정치철학

중국의 전통 철학은 중국에서 이미 인기 있는 영역이 되었다. 연구 방향은 서구적 시각(西學視角), 내재적 이치(內在理路), 중서의 비교(中西比較), 회통적 구성(會通建構) 등 네 가지이다. 이 네 가지 방향은 서로 보완하고 촉진하는 역할을 한다. 서구적 시각은 내적 이치의 변형과 구성을 촉진하며 이 두 가지는 뒤에 나오는 두 가지의 기초가 되며 최종적으로 네 번째로

● ● ●

4. (역주) 죽간(竹簡)과 얇은 비단. (종이가 발명되기 전에 문자를 적는 데 쓰임) 「고려대 중한사전」.
5. 郭齊勇 主編, 問永寧 副主編, 『當代中國哲學硏究(1949-2009)』, 北京: 中國社會科學出版社, 2011年 12月; 郭齊勇·肖雄, 『中國哲學主體性的具體建構 ― 近年來中國哲學史前沿問題 硏究』, 『哲學動態』, 2014年 3月 第3期.
6. 이 글 두 번째 부분은 박사 과정의 샤오슝(肖雄)의 도움을 받았다. 이 글을 빌어 감사함을 전한다.

귀결된다. 서구적 시각은 전통 정치철학에 대한 정리와 검토에 있어서 서양 근현대의 정치철학을 기준으로 하여 전통이 함유하고 있는 가치, 합리적 요소를 발굴하며 전반적인 정의를 내리는 것을 의미한다. 현재 이는 여전히 주요한 연구 방향이다. 학자들은 서양 정치철학의 담론 체계에 따라 권력의 근원, 합법성, 권력의 상호제어와 작동, 정치의 주체, 악(惡)의 정치, 공평 정의, 자유, 자연법, 공동체주의 등 다양한 차원에서 전통적 정치철학의 가치를 발굴하며, 동시에 전통 정치철학이 무엇 때문에 현대 서양 민주제도를 생성해내지 못했는지 이론적으로 해석하고, 어떤 전통 자원이 민주로 향할 수 있는지를 해석한다. 이러한 연구 방향으로부터 새로운 관점이 쏟아져 나오고 있지만 문제점은 전통적 정치철학에 대한 공감과 이해가 부족하여 그것에 내재하고 있는 많은 깊이 있는 가치와 특징을 드러내지 못하고 있다는 점이다.

반대로 내재적 이치는 전통적 정치철학에 대한 정리, 검토에 있어서 자신의 고유한 구조, 의미맥락을 기반으로 하고, 동시에 전통적 정치철학 고유의 담론 체계, 예를 들어 천명(天命), 천덕(天德), 천하(天下), 천인(天人), 왕도(王道), 왕권(王權), 왕성(王聖), 패도와 왕도의 병용(霸王道雜之), 인정(仁政), 민본(民本), 혁명(革命), 도의(道義), 예법(禮法), 공사(公私), 봉건제(封建制), 황제의 극권(皇極), 국가(國家), 사회자치(社會自治) 등을 가동시키는 것이 필요하다. 이러한 연구 방법의 장점은 전통적 정치철학의 특질을 중시하고 최대한 본래 의미로 돌아가려는 것이고, 부정적인 면은 현대화 문제와 서양 정치철학에 대한 대응이 부족한데, 특히 '자기 해석'에서 부정적이라는 것이다. 실제로 학자들은 이 두 가지 극단 사이를 배회하고 있다.

중서 비교의 방법은 중국과 서양의 전통 둘 다를 냉정하고 공평하며 심도 있게 이해하면서 인도주의나 독재정치와 같은 대화의 공통 지점에 대한 검토를 요구하며, 동시에 양자의 차이점 — 예를 들어 중국 전통

철학은 가치 합리성을 중요시하지만 절차적 합리성이 부족하고, 서양 정치 철학은 절차적 합리성은 충분하지만 가치 합리성이 부족하다는 등—에 대한 확인을 필요로 한다. 중국과 서양은 서로 보완하고 일치할 수 있다. 구체적으로 두 정치철학의 전통적인 형이상학적 기초 비교, 덕치와 법치의 정리, 도의론과 정의론의 차이, 윤리정치와 법리정치의 두 논리 등에 있어서 그러하다. 이러한 종류의 연구 접근법7은 앞의 두 가지에 비해 분명한 장점이 있다. 그러나 회통성(會通性)은 아직 충분하지 않고 구성력이 강하지 않기 때문에 한층 개선되어야 할 것이다.

회통적 구성은 학자들이 중국과 서양(이하 중서)의 두 전통의 근원에 대한 통찰과 분별, 판단, 적절한 결합과 구체적인 방안, 그리고 안과 밖에 대한 비판성을 모두 가지고 있어야 한다. 이는 결코 쉬운 일이 아니다. 현재 이러한 시도를 하는 학자는 많지 않으며 성공 여부는 앞으로 잘 살펴보아야 한다. 하지만 이는 분명 새로운 방향이다. 여기서 아래와 같은 방법론들을 간단히 소개해둔다. 하나는 유가의 가치 합리성에 입각해 서구 학문을 융합, 흡수하는 것이다. 예를 들어 일부 학자들은 전통 정치철학의 '덕성권리(德性權利)'의 요소를 내세워 '신민본설(新民本說)'을 제기한다.8 또 어떤 학자는 '인격존엄'을 중서 정치철학의 공통된 추구로 보고, 이 생명력이 풍부한 핵심을 가지고 전통 정치철학을 작동하고 재건할 수 있으며 현대 서양의 정치로 나아갈 수 있다고 본다.9 심성학(心性學)이 인간의 심신 생명가치 문제를 비교적 훌륭하게 해결할 수 있는 것과 달리,

● ● ●

7. 吳根友,『在道義論與正義論之間: 比較政治哲學諸問題初探』, 武漢: 武漢大學出版社, 2009, 103-128쪽, 174-17쪽, 188쪽. 任劍濤,『倫理王國的構造: 現代性視野中的儒家倫理政治』, 北京: 中國社會科學出版社, 2005, 288-323쪽. 楊高男,『原始儒家倫理政治引論』, 長沙: 湖南人民出版社, 2007, 465-481쪽.

8. 夏勇,『民本與民權 ― 中國權利話語的歷史基礎』,『中國社會科學』, 2004年 第5期.

9. 張千帆,『爲了人的尊嚴: 中國古典政治哲學批判與重構』, 北京: 中國民主法制出版社, 2012, 5쪽.

중국 전통 정치철학의 자족성(自足性)은 상대적으로 약해서 권력의 상호 견제 문제를 잘 해결하지 못했다. 때문에 그 자주성은 이런 층위에서 나타날 수 없고, 반드시 높고 깊은 차원으로 들어가야 중국철학의 핵심 이념, 근본 지혜와 통하게 할 수 있다. 그렇게 해야만 거기에서 일반화가 도출될 수 있고 순리에 맞으며 또 근본적으로 그 주체성을 보존할 수 있다. 두 번째는 제도 측면에서 '유가헌정주의'설과 민주제도와 엘리트제도의 혼합 정체와 같은 더 구체적 대안이 존재한다. 전자는 헌정주의와 자유주의를 구분하고 서양 정치철학 속에서의 권력의 상호견제라는 헌정이념은 받아들 이지만 자유주의의 윤리학 부분은 거부하면서, 의리(義理)이념, 역사 전통, 현실 형태의 세 가지 측면에서 이 학설의 가능성을 논증한다.[10] 후자 역시 일종의 중서 결합 방식으로 그중에는 민주형식이 있을 뿐만 아니라 민주적 내용도 주목하면서 일종의 양질의 민주를 추구한다.[11]

2) 유가윤리

전통 정치철학과 마찬가지로 유가윤리 연구 역시 최근 몇 년 동안 주목받고 있는 분야이다. 이는 한편으로는 덕성윤리학(德性倫理學, Virtue ethics)으로 해석하기도 하고 다른 한편으로는 '친친상은(親親相隱)'[12] 문제를 둘러싸고 벌어지는 토론이기도 하다. 덕성윤리학으로 유가의 사조와 서양 덕성윤리학의 부흥을 연관시켜 해석하는 배경에는 인간의 도덕의 질량과 실천

• • •

10. 姚中秋, 『儒家憲政民生主義』, 『開放時代』, 2011年 第6期. 姚中秋, 『儒家憲政論申說』, 『天府新論』, 2013年 第4期.
11. 관련 저서로 다음과 같은 것들이 있다. 白彤東, 『舊邦新命: 古今中西參照下的古典儒家政治哲學』, 北京: 北京大學出版社, 2009. 範瑞平, 貝淡寧, 洪秀平 主編, 『儒家憲政與中國未來: 我們是誰?我們向何處去?』, 上海: 華東師範大學出版社, 2012. 李晨陽, 『儒家與民主: 探索二者之間的中庸之道』, 見 郭齊勇 主編, 『儒家文化研究』 第五輯, 北京: 三聯書店, 2012, 198-221쪽.
12. (역주) 친족 간에 서로 잘못을 숨겨주는 것.

문제가 관심의 대상이 되기 때문이다. 최근 주목할 만한 연구들은 모두 덕성윤리학과 유학처럼 "어떤 사람이 될 것인가"(예를 들어 군자)를 주요 문제로 삼고 있으며, 덕성(예를 들어 仁義)을 중심 개념으로 삼는다. 또 유학은 명실상부한 '중국의 덕성윤리학(中國德性倫理學)'이지 '중국에 있는 덕성윤리학(德性倫理學在中國)'이 아니므로 '중국철학의 합법성' 문제 역시 해결된다고 본다.13 덕성윤리학은 도덕 감정을 중요시하는 면이 있다. 일부 학자들은 '주정주의(主情主義, emotionalism) 덕성윤리학'으로 유가윤리를 연구한다.14 덕성윤리학도 특수성 측면을 중요시하여 상황성(處境性), 맥락성(脈絡性), 역할성(角色性)으로 인간과 인간의 도덕을 이해할 것을 주장하며 보편적 도덕 규칙을 반대한다. 이 점에 대해 학자들은 대부분 유가윤리를 보편성과 특수성의 통일이라고 본다.15 어떤 학자는 덕성과 덕행은 다르다는 전제에서 유가는 후자를 중요시한다고 보며, 덕성(質量)과 행위 혹은 감정과 원칙을 통일시켜 보는 관점이 현대 윤리학 논쟁에 유익한 참조가 된다고 본다.16 어떤 학자는 유가의 인성론이 미덕윤리(美德倫理)의 기반이 될 수 있고 '이다(是)'와 '이어야 한다(當)'의 문제를 통합할 수 있다고 주장한다.17 또 일부 학자는 덕성윤리학으로 유가윤리를 해석하는 것에 반대한다. 그들은 의무론과 목적론 이외에 제3의 다른 윤리학 형태가

● ● ●

13. (美) 余紀元,『德性之鏡: 孔子與亞裏士多德的倫理學』, 林航譯, 北京: 人民大學出版社, 2009,『中文版序言』.

14. (美) 邁克爾・斯洛特—加龍省,『情感主義德性倫理學: 一種當代的進路』, 王楷譯,『道德與文明』, 2011年 第2期. 邵顯俠,『論孟子的道德情感主義』,『中國哲學史』, 2012年 第4期.

15. 東方朔,『德性論與儒家倫理』,『天津社會科學』, 2004年 第5期. 周浩翔,『德性與秩序 — 從康德哲學看儒家倫理的兩種構成』,『道德與文明』, 2012年 第2期. 孔文淸,『德性是相對的嗎 — 以孔孟的德性論爲例』,『道德與文明』, 2012年 第4期.

16. 陳來,『「論語」的德行倫理體系』,『淸華大學學報』, 2011年 第1期. 陳來,『孟子的德性論』,『哲學研究』, 2010年 第5期.

17. 劉梁劍,『人性論能否爲美德倫理奠基? — 在儒家倫理與 virtue ethics 之間』,『華東師範大學學報』, 2011年 第5期.

존재하지 않는다고 보며, 덕성윤리학은 등급의 형태일 수밖에 없다고 본다. 근래에 '덕성윤리학'을 빌어 유가윤리학을 해석하려고 시도하는 사람들은 기껏해야 유가윤리학에서 '덕행'이라는 개념과 그와 관련된 특성의 발견 가능성만을 보여줬을 뿐, 유가윤리학이 아리스토텔레스의 의미에서의 '덕성윤리학'에 속한다고 증명하지는 못한다. 즉 선진(先秦) 유가는 칸트의 '의무론 윤리학'과 아리스토텔레스의 '덕행윤리학' 양쪽에 함께 속할 수 없기 때문에, 많아야 '덕행의 윤리학(德行的倫理學, Ethics of Virtue)'을 가지고 있다고 증명할 뿐이다.[18] 비록 유가윤리가 근본적으로 덕성윤리학이 아니지만 등급의 차원에서 융섭이 가능하고 이를 통해 유가윤리의 실천적 특성을 잘 드러낼 수 있다. 유가윤리는 자율, 감정과 덕성을 하나로 꿰어놓은 것이기 때문에 양자는 서로 보완적 해석이 가능한 공간이 있다. 그 외 유가의 수양공부론도 주목받고 있으며 연구가 더 깊이 들어갈 계기가 마련되고 있다.

'친친호은(親親互隱)' 문제에 관한 논쟁은 이미 십여 년간 지속됐으며 세 단계를 겪었다. 첫 단계는 2002년부터 2004년 사이 논쟁이다. 이 논쟁을 모은 논문집이 『유가윤리 논쟁집 — "친친호은"을 중심으로』로 나와 있다.[19] 쟁점의 핵심은 친친호은이 단지 혈연의 사적인 감정에만 한정된 것인지, 공과 사의 영역 구분, 의무의 차이성, 부패의 정의, 역사적 배경, 중서 용은제(容隱制) 전통의 비교 등과 관련이 있는지 여부였다. 이러한 문제들에 대해 변호하는 측의 논자들은 일일이 명확하게 답을 했다. 비판논자들이 여러 오해를 하게 된 이유 중 하나는 문화심리상태의 문제와 관련이 있다. 그들은 5·4운동 이후 전통에 대한 세속적 관점과 거친 태도를 답습하여 윤리유가와 정치화한 유가를 나누어 보지 않았다. 동시에 기독교

● ● ●

18. 李明輝, 『儒家, 康德與德行倫理學』, 『哲學硏究』, 2012年 第10期.

19. 郭齊勇 主編, 『儒家倫理爭鳴集 — 以"親親互隱"爲中心』, 武漢: 湖北敎育出版社, 2004.

혹은 서양 근대 이래의 협애한 가치관을 기준으로 신과 인간의 이분화, 인정과 도리의 대립(情理對立)과 같은 여러 가지 선입견을 가지고 있다. 또 다른 이유는 역시 방법론 문제이다. 예를 들어 전통 문헌에 대해 개념분석 없이, 유가 의리를 깊게 살펴보지 않고 다만 단장취의(斷章取義)식으로 다루며, 역사발전을 고려하지 않은 채 고대 사람들에게 너무 많은 것을 요구하는 식이다.

2007년 덩샤오망(鄧曉芒) 교수의 참여로 토론은 두 번째 단계로 들어섰고 2011년에 끝났다. 이 단계의 대표 논저는 변호 논자들의 반박 논문을 묶어서 출판한『「유가윤리 신비판」에 대한 비판(「儒家倫理新批判」之批判)』이 있다. 덩은 한편으로는 가족의 사랑을 사적인 감정으로 간주하고, 위급한 상황에서 사람들이 자신의 친인을 우선하는 것은 이기적 행동으로서 정의와 대립되는 것이라고 봤다. 다른 한편으로는 중서 용은제(容隱制)의 차이점을 찾아냈다. 즉 중국의 용은제는 의무만 있을 뿐 권리가 없다는 것이다.[20] 몇몇 학자들은 덩이 유가를 오독했을 뿐만 아니라 플라톤의『에우튀프론』도 오독했으며, 그의 비판이 중서문화에 대한 잘못된 이해 위에서 이루어졌기 때문에 근본적으로 실제와 맞지 않다고 지적했다.[21] 최근 2년간 비판진영에 새로운 학자가 들어왔는데 그는 바로 량타오(梁濤) 교수이다. 그의 주장을 보면, 비록 새로 발굴된 자료도 있지만, 논쟁의 소지가 있는 문헌을 입론의 전제로 하고 있고, 글자를 추가하거나 문장을 수정하고 있다.『"친친상은"과 "竊而任" ― 량타오와의 논의』라는 글은 그에 대한 논박이다. 량타오는 유가가

● ● ●

20. 鄧曉芒,「再議"親親相隱"的腐敗傾向 ― 評 郭齊勇 主編的「儒家倫理爭鳴集」」,『學海』, 2007年 第1期. 덩샤오망의 여러 글들이 다음 저서에 수록되었다. 鄧曉芒,『儒家倫理新批判』, 重慶: 重慶大學出版社, 2010.

21. 陳喬見,「"儒家倫理新批判"的貧乏」,『武漢大學學報』, 2011年 第5期. 덩샤오망을 비판한 문장은 다음 저서에 수록되었다. 郭齊勇 主編,『〈儒家倫理新批判〉之批判』, 武漢: 武漢大學出版社, 2011. 又請見 郭齊勇 主編,『正本清源論中西 ― 對某種中國文化觀的病理學剖析』, 上海: 華東師範大學出版社, 2014.

말하는 '정(情)'이 무엇인지 완전히 이해하지 못하여 이를 거의 본능에 가까운 것으로 가볍게 접근했다. 때문에 정리(情理)를 두 부분으로 나누고 있다. 그는 또 '인(仁)'과 '효(孝)'의 관계를 정확히 알지 못했다. 공자는 이 두 개념에 대해 '양자택일(非此即彼)'의 선택을 한 것이 아니라 어떤 작은 일 때문에 혈육 간의 정을 손상시키지 말 것을 강조한 것이고 '인'과 '효'에서 둘 사이의 대립성이 아닌 층차성(層次性)을 강조한 것이다.22 량은 '절부이도(竊負而逃)'와 '봉상유비(封象有庳)'23 등 사례와 역사상의 '부패' 사건(田叔이 梁孝王의 살인죄를 은폐하거나, 周世宗이 생부의 살인을 불문한 일)을 연결시켰다. 천챠오지엔(陳喬見)은 이에 대해 이렇게 지적한다. "맹자가 순(舜)을 논한 글에는 고요(臯陶)로 대표되는 법률의 권위가 있다. 맹자의 이 논의는 '권(權)'과 '법(法)'의 상호 분립의 의미를 내포하고 있다. 이 점은 주세종(周世宗)에게는 없는 것이고 원매(袁枚, 1716-1797)의 논술에도 없는 것이다."24 여기서 알 수 있듯이 만약 선입견을 가지고 친친의 정을 혈연의 사사로운 감정으로 보아서 그것이 감성적인 것, 뿌리도 없고, 내적인 법도도 없으며, 안과 밖을 구분하지 않는 것이라고 한다면, 아무리 많은 자료를 동원했다 해도 모두 색안경을 끼고 계속하여 오판을 하게 될 뿐이다.

3) 생태문제와 환경보호

근래에 우리의 생태환경이 심각하게 파괴되고 각지의 스모그 현상이 특히 심각해졌다. 환경오염, 생태계 균형의 파괴는 현재 인류의 생존과 발전을 위협하는 가장 큰 문제이다. 이의 철학적 근원은 자연계를 대하는

● ● ●

22. 張誌强, 郭齊勇,『也談"親親相隱"與"纍而任" ― 與梁濤先生商榷』,『哲學研究』, 2013年 第4期.
23. (역주) 순(舜)임금이 죄를 지은 부친을 업고 도망간다는 '절부이도(竊負而逃)'와 순임금이 동생 상(象)을 유비(有庳)에 봉한 '봉상유비(封象有庳)'.
24. 陳喬見,『公私辨: 歷史衍化與現代詮釋』, 北京: 三聯書店, 2013, 271쪽.

인간중심주의적 생태윤리관이다. 중국 전통문화, 특히 유, 불, 도 삼교는 인간중심주의를 초월한 인문정신, 심층 생태학으로서 이러한 현대화의 폐단을 치유하는 데 쓰일 수 있다. 이에 따라 학자들은 전통 철학의 생태윤리 사상을 연구했고, 여러 프로젝트를 수행했고 이와 관련된 회의와 토론은 최근 학계의 핫 이슈가 되었다. 구체적으로 말하자면 전통 철학의 생태윤리 사상에 대한 토론의 방향에는 형이상학 기초, 생태 이념, 생태 규범, 생태 미덕, 법령 풍습, 생태 미학, 지식과 과학기술에 대한 성찰 등이 포함된다. 유가 생태윤리사상의 형이상학적 기초는 천인합일, 물아동원(物我同源)이 고, 생태 이념은 인간과 만물이 모두 생명의 유기적 연속체로써 인간이 비록 다른 사물보다 더 가치가 있지만 다른 사물 역시 '내재적 가치'가 있다는 것이다. 또 사랑에는 차등이 있다는 원칙하에 "구할 때 도에 맞게 구하고, 사용할 때 정도껏 사용할 것(取之有道, 用之有度)"을 주장한다.25 생태 규범과 법령 측면에서는 명확하게 동식물 보호를 제기한 문헌이 있다. 예를 들어 『예기·월령(禮記·月令)』,『순자·왕제(荀子·王制)』 등 은 훗날 진일보하여 법률로 진화하였으며 주나라와 진나라 때에 이르러서는 산천(山川)을 관리하는 관원을 설치했다.26 일반 학자들이 생태 이념 혹은 규범에 주목하는 것과 달리 어떤 학자들은 생태 미덕의 시각에서 유가의 생태윤리사상을 해석하고 있다.27

4) 경학

경학 연구가 활발해진 것은 국학열 속에서 주류 학계와 민간이 호응하면 서 서로 촉진한 결과이다. 여기서 말하는 '경(經)'은 훗날 13경으로 확장되지

● ● ●

25. 蒙培元,『中國哲學生態觀的兩個問題』,『鄱陽湖學刊』, 2009年 第1期.
26. 喬淸擧,『儒家生態文化的思想與實踐』,『孔子研究』, 2008年 第6期.
27. 曹孟勤,『在成就自己的美德中成就自然萬物 — 中國傳統儒家成己成物觀對生態倫理研究的啓示』,『自然辯證法研究』, 2009年 第7期.

만 주로 최초의 오경 시스템과 그 후의 사서학(四書學)이 주를 이룬다. 이들 경전은 중국 고대 종교, 철학, 도덕, 사회, 윤리, 정치, 역사의 가장 근본적인 이념과 구조를 내포하고 있어 중화문명의 정수이자 생명수의 원천이다. 근래의 경학 연구에는 단경(單經) 및 군경(群經)과 그것의 주석서, 그리고 경학사(經學史), 경학의 근대화, 학문분야로서의 경학의 정립, 경학 방법론 등 여러 측면의 토론이 포함된다. 그중 경학사의 연구에는 인물별, 시대별 구분과 다른 사조와 경학과의 관계 등에 대한 정리가 포함되며, 시간상으로는 주로 당송명청(唐宋明淸)과 현대로 나뉘며, 경전은 『역』, 『예』, 『춘추』, 『사서』를 중심으로 한다. 경학통사에서 최근에 완성된 저작으로는 장광후이(姜廣輝) 교수가 편집한 『중국경학사상사(中國經學思想史)』 (4권)가 있다.28 경학사의 정리가 여전히 현재 경학 연구의 주류이지만 경학의 현대화, 학문 분야로의 정착과 그 방법론 역시 학계가 비교적 많이 논의하는 주제이다. 경학이 현대에 와서 가치와 학리의 이중 위기에 봉착했을 때, 학자들은 대(大)경학의 종합 혹은 통합이라는 연구 패러다임으로 현재의 학문 분야 세분화에 따른 연구 부족을 보완하는 동시에 문·사·철(文·史·哲)을 모두 이해하고, 훈고(訓詁)와 의리(義理), 사장(辭章)과 고증을 겸비하는 종합형 인재를 양성하는 것에 대체로 찬성했다. 그리고 옛것만 고집하는 태도를 버리고 경전을 새로이 해석하는 입장에서 전통문화가 가지고 있는 보편적 가치를 발굴해가는 것을 지지했다.29 경학의 학과 정위(定位) 문제에 관해 어떤 학자는 경학과 중국철학의 역사적 관계가 어떠했는지를 검토했고, 어떤 학자는 경학과 철학 각자의 독립적인 가치를 분석하여 양자는 상호 대체가 불가능한 것이고, 경학은 비록 범위와 심도에

●●●

28. 姜廣輝 主編, 『中國經學思想史』(共4卷), 北京: 中國社會科學出版社, 2003-2010.
29. 丁進, 『再續中國經學學術傳統』, 『孔子研究』, 2008年 第1期. 黃玉順, 『中國學術從"經學"到 "國學"的時代轉型』, 『中國哲學史』, 2012年 第1期. 曾軍, 『傳統經學, 經學傳統及其現代轉型』, 『孔子研究』, 2013年 第4期.

서 철학에 미치지 못하지만 민족정신을 더 잘 파악할 수 있다고 보았다.[30] 또 어떤 학자는 한학(漢學)과 송학(宋學)에서 중요시했던 경전, 해석방법, 이론적 관심, 그리고 다른 종교와의 관계를 분석하여 한학과 송학, 두 경학의 연구 패러다임의 차이점과 공통점을 고찰했다.[31] 펑린(彭林) 등은 삼례(三禮) 연구에 많은 기여를 했다. 중년, 청년 학자들, 예를 들어 정이(曾亦), 궈샤오둥(郭曉東) 등은 경학, 특히 공양학에 큰 열정을 보였고 그들이 정리하고 연구한 내용도 주목할 만하다. 전반적으로 현재 경학 연구는 비록 중국철학과 겹치는 부분이 있지만, 그 독립성은 점차 강조되고 있으며, 이는 연구 패러다임, 중요시하는 문헌, 인재육성 목적과 연구 인력 등 여러 면에 반영되어 있다.

최근 20년간 국내외 학자들의 빈번한 교류를 통해 서로 자극을 주면서 창조적인 연구들이 촉진되었다. 그중 미국의 로저 에임스(Roger T. Ames), 프랑스의 프랑소와즈 쥴리앵(Frangois Jullien)의 연구가 영향력이 큰 편이다. 두 학자는 특히 중서 사상의 차이를 중시하여 중국 사상과 서양철학의 주목점과 사고방식이 완전히 다르다고 주장하는데, 예를 들면 중국 사상은 유동(流動), 과정, 관계, 상호작용 등에 주목한다는 것이다. 서양의 반본질주의, 반보편주의적 사조 역시 한학(漢學)계에 영향을 미쳤다. 물론 우리는 이런 학자들의 사고와 그 성과를 충분히 긍정한다. 하지만 다른 한편으로 우리는 중국 사상, 특히 유가사상을 관계주의, 역할윤리(角色倫理)로 귀결 시켜서는 안 된다. 그럴 경우 유학의 심층적 초월성과 궁극성이 소멸되기 때문이다. 그밖에 작고한 사회학자 페이샤오퉁(費孝通, 1910-2005)의 전통 사회의 '층차구조(差序格局)'과 '숙인사회(熟人社會)'에 대한 일련의 연구는

• • •

30. 李存山,『反思經學與哲學的關係』,『哲學研究』, 2011年 第1, 2期. 鄧林, 姜廣輝,『也談經學 與哲學的關係』,『哲學研究』, 2012年 第6期.

31. 蔡方鹿,『論漢 學, 宋學經典詮釋之不同』,『哲學研究』, 2008年 第1期.

역시 제한적으로 보아야 하는데, 그의 주장을 제한 없이 확대시키면 전통
사회와 유학의 장점을 분명히 파악할 수 없게 된다. 즉 그는 전통 유가
이념을 개인의 도덕에만 국한시킴으로써, 현대의 생소한 사회에서의 시민
도덕 건설에 유가 이념이 기여할 수 없게 한다. 명확히 해야 할 이론적
문제는 매우 많다. 그러나 중요한 것과 중요하지 않은 것의 구분 없이
모두 한꺼번에 해결하려해서는 안 된다.

3. 유학의 새로운 시스템의 구성

다음으로 리쩌허우(李澤厚), 탕이제(湯一介), 장리원(張立文), 멍페이위엔
(蒙培元), 머우중지앤(牟鐘鑒), 천라이(陳來) 등 학자들의 새로운 사고와
새로운 구성을 간략하게 소개하고자 한다. 이들은 국내외에서 새로운 이론
을 창조한 저명한 철학자들과 중국철학 사학자들이다. 양궈룽(楊國榮)은
많은 저서를 냈고 자신만의 철학 시스템을 만들었지만, 그의 철학 시스템과
범주는 많은 부분 서양철학에서 온 것이다.

(1) 리쩌허우(李澤厚, 1930-), 호남성 장사(長沙)에서 태어났다. 주요
저서로는 『비판철학의 비판 — 칸트해설(批判哲學的批判 — 康德述評)』,
『중국근대사상사론(中國近代思想史論)』, 『중국고대사상사론(中國古代思
想史論)』, 『중국현대사상사론(中國現代思想史論)』, 『미의 여정(美的歷程)』,
『화하미학(華夏美學)』, 『미학 4강(美學四講)』, 『나 자신의 길을 걷다(走我自
己的路)』, 『세기신몽(世紀新夢)』, 『오늘에 읽는 논어(論語今讀)』, 『기묘오설
(己卯五說)』, 『역사본체론(歷史本體論)』, 『실용 이성과 악감 문화(實用理性與
樂感文化)』 등이 있고 1991년 미국으로 이주했다.
리쩌허우는 두말할 것도 없이 중국 대륙에서 가장 영향력이 있는 철학가

이다. 그는 매우 날카롭고 연구 영역이 매우 넓다. 리쩌허우는 20세기 1950년대에 미학자인 주광치엔(朱光潛), 차이이(蔡儀)와 논쟁을 벌였고 미는 객관성과 사회성의 통일이라고 봤다. 1979년, 리쩌허우는『비판철학의 비판』을 출판하여 칸트의 인식론과 윤리학은 현상과 본체, 자유와 필연, 인식과 윤리를 분열시킨다고 주장했다. 칸트의 미학 저서인『판단력 비판』은 이러한 분열을 화해시킨 '성찰(反思)적 판단력'이라고 보았다. 이 저서는 주체 능동성의 사상을 강조했고 부록에 주체성 문제에 관한 강론을 달았다. 그 후 리쩌허우는 일련의 미학 저서와 중국철학 사상사 삼부작을 집필하여 국내외에 큰 반향을 일으켰다. 공자에 대한 그의 재평가는 철학사 상사 학계가 혼란을 벗어나 정상을 회복하기 시작한 표징이다. 그는 개혁개 방 초기에 최초로 공자의 억울한 누명을 벗겨준 학자이다. 그가『공자 재평가(孔子再評價)』를 발표한 후 평유란은 그에게 편지를 보내 이 저작에 이어서 송명이학(宋明理學)의 누명도 벗겨줄 것을 건의했다. 중국문화의 발전 문제에 관해 리쩌허우는 '서체중용(西体中用)'설을 제기하여 크게 주목을 받았으며 또 많은 논쟁도 불러일으켰다.

리쩌허우는 20세기 말부터 21세기 초까지 자신만의 인류학·역사본체론 (人類學歷史本體論), 내재적 자연인화설(內在自然人化說), 악감문화(樂感文 化), 실용이성(實用理性), '도(度)'의 본체성, 정감본체설(情感本體說) 등을 차례로 완성해갔다. 만년에 발표한『철학 강요(哲學綱要)』는 자신의 주요한 창의적 주장을 모아 윤리학과 인식론 및 존재론의 요체를 보여주면서, 삼위일체(三位一體)에 대응하는 진·선·미로서 자신의 주장을 완성하고 자 했다.『윤리학개요(倫理學綱要)』는 중국의 전통적 정본체(情本體)의 인류 학·역사본체론이라는 철학 관점을 가지고, '인간의 인간 된 이유(人之所以 爲人)'에서 출발하여 도덕과 윤리를 안팎으로 분리하고, 도덕은 종교성과 사회성으로 이분하고, 인성은 능력, 감정, 관념으로 삼분하여 윤리학의 근본 문제를 논의했다.『인식론강요(認識論綱要)』에서 그는 중국의 실용이성이 논리와 사변에 소홀했음을 인정하면서 자체 개선의 필요성을 제기했다. 다른 한편으로 그는 실용이성으로 포스트모던을 반대하고 이성(선험적 이성이 아닌)의 권위를 다시 세울 것을 주장했다. 악감문화(樂感文化)로 허무주의에 반대하고 인생에서의 신앙을 재건해야 한다고 주장했다. 『존재론강요(存在論綱要)』는 '사람이 살아가는 것(人活着)'과 일부 종교-미학 문제를 중심으로, 본래 형이상학적 존재론의 전통이 없는 중국철학을 위해 보편적(普世性)인 '포스트철학'의 길을 새로이 개척했다. 이 저작은 생존의 지혜로써의 중국철학이 계승해야할 장점과 보완해야 할 점 그리고 어떻게 보완할지 등의 문제를 탐구하면서 '전환적 창조(轉化性創造)'가 관건이라고 보았다. 리쩌허우는 공자를 통해 칸트와 마르크스, 하이데거를 해석하고 이런 방향이 인류의 미래에 도움이 되기를 희망했다. 그는 이를 통해 중국전통의 특수성이 전환적(轉化性的)인 창조를 거쳐 보편성과 보편적 이상(理想性)을 가질 수 있다는 것을 보여주려 했다.

『무술(巫術)의 역사 전통을 논하다(說巫史傳統)』라는 글에서 리쩌허우는 '실용이성'과 '악감문화' 등의 기초를 이루는, 즉 공자 이전부터 존재해온 유구한 역사를 가진 무술의 역사 전통을 분석했다. '무(巫)'의 기본적 특질은 '무군합일(巫君合一)'과 '정교합일(政敎合一)'의 경로를 통해 직접적으로 이성화(理性化)하여 중국의 대사상전통의 근본적 특색이 되었다. 무의 특질은 중국의 대전통 속에서 이성화의 형식으로 견고하게 보존되어 왔으며 중국의 사상과 문화를 이해하는 키워드가 되었다. 무술행위 중의 비이성적 요소는 점차 줄어들고, 현실적, 인간적, 역사적인 요소가 계속 증가하고 강화되어 각종 신비한 감정과 인지, 인식이 점차 이성화의 설명방식을 획득하게 되었다. 중국 사상사의 발전은 '무술로부터 역사로' 전진하여 점점 이성화되었고 결국은 무당에 의지하지 않고도 길흉을 예측하는, 순자가 말한 바처럼 '역(易)에 능한 자는 점치지 않는' 단계에 도달했다. 리쩌허우는 원시 사회의 사람들이 주체적 실천 활동의 동일성에 대한 요구가 우선 일종의 무술적 의례로 표현되었고 이후에는 도덕윤리적 사회명령으로 발전하여 예의와 도덕의 필요성으로 나타나게 된 것이라고 보았다.

요약하자면, 그는 '인류(人類)가 어떻게 가능한가'라는 명제로써 칸트의 '인식이 어떻게 가능한가'에 대응했으며, 사회적인 물질 생산 활동이 인간의 본질이자 기초라고 보고 인식론을 본체론(인간 존재론에 관한)에 집어넣어야 합리적인 해석이 가능하다고 보았다. 그는 자신의 철학은 역사본체론과 인류학본체론으로 귀결된다고 하였다. 즉 역사가 근본이며, 역사적 실천을 통해 인간은 생물로부터 인간으로 바뀌고 그에 따라 자연스럽게 인성화가 이루어진다는 것이다. 그는 역사적 인간을 근본으로 삼아 인간이 역사적인 존재이며 인류는 역사의 결과라고 주장한다. 그는 '도(度)'를 강조하고 선진유가(先秦儒家) 경전의 중화(中和), 중용(中庸), 음양상보(陰陽互補)를 중요시한다. 그는 이 중도(中道)라는 것을 개념이나 언어가 아니며 실천이고 인류 생존의 근본이라고 여긴다. 윤리학의 측면에서 그는 개인의 '사회적 도덕'과 '종교적 도덕'을 구분해서 볼 것을 강조한다. 후자는 바로 '양지(良知)', '영명(靈明)', '절대명령(絶對命令)'이다. 그는 중국문화의 정치적 이상은 '조화(和諧)'라고 믿는다. 그리고 중국인의 심층 문화심리에서 '정(情)'을 특별히 중시하는 것은 합당한 것이라고 본다. 그는 '하나의 세계', '무술의 역사 전통', '실용이성', '악감문화' 등의 명제를 제시하였고, 중국문화는 인간과 자연의 합일을 가장 큰 기쁨과 인생의 극치로 여기며 이때의 극치는 종교적이 아닌 심미적인 것에 속한다고 주장했다. 리쩌허우는 또 '정본체(情本體)'는 서양의 '이본체(理本體)'나 기독교의 '성애(聖愛)'도 아니며, 송유(宋儒) 이래로 주장된 윤리본체도 아니고, 머우쫑싼이 말한 초월적 심성본체도 아니라고 하였다. '정본체'는 보통의, 일상적인 인간 정감(情感)의 본체이며 이 정감은 인간 삶(人生)의 근본이자 인간 삶의 최후의 실재라고 보았다.

(2) 탕이제(湯一介, 1927-2014), 호북성 황매(黃梅)에서 태어났다. 주요 연구 분야는 위진(魏晉) 현학(玄學), 초기 도교, 유가 철학, 중서문화 비교 등이다. 주요 저서로는『곽상과 위진현학(郭象與魏晉玄學)』,『위진남북조 시기의 도교(魏晉南北朝時期的道敎)』,『중국전통문화 속의 유불도(中國傳統 文化中的儒釋道)』,『유·불·도와 내재초월문제(儒釋道與內在超越問題)』, 『비유비무 사이에서(在非有非無之間)』,『유학 십론 및 외 오편(儒學十論及外 五篇)』,『나의 철학의 길(我的哲學之路)』 등이 있고 엮은 책으로는『중국유학 사(中國儒學史)』 등이 있다. 최근 중국인민대학출판사는 10권에 달하는 『탕이제집(湯一介集)』을 출판했다. 이는 지금까지 나온 것 중 가장 체계적인 문집이다.

탕이제는 유·불·도 삼교 연구에 몰두했고 중국철학의 현대적 해석에 출중한 능력을 보였다. 그는 중국 해석학의 창립을 제안하여 중국의 경전 해석의 역사를 정리했다. 그는 중국 역사상 세 가지 경전 해석 방식이 있었음을 밝혔다. 즉『좌전(左傳)』의『춘추경(春秋經)』에 대한 해석으로 대표되는 사건서술형 해석,『역전·계사(易傳·繫辭)』의『역경(易經)』에 대한 해석에서 나타나는 통합적 철학 해석,『한비자(韓非子)』의「해로(解 老)」와「유로(喩老)」의『노자(老子)』에 대한 해석으로 대표되는 사회정치 운영 유형의 해석이다. 이외에도 다른 해석 방식도 있을 수 있다. 예를 들어『묵경(墨經)』「경설(經說)」에서 보이는『經』의 자의(字義) 혹은 사의(辭 義)에 대한 해석 등이다. '해석의 문제'는 중국문화, 철학, 종교에서 모두 중요한 의미가 있다.

탕이제는『중국철학에 대한 철학적 사고(對中國哲學的哲學思考)』라는 글에서 중국 전통 철학은 서양, 인도, 이슬람 철학과는 다른 철학사상 시스템이라고 하였다. 특정한 하나의 철학은 반드시 자신만의 독특한 개념 들을 가지고 있고 몇 개의 기본 개념으로 기본적인 명제들을 구성하며, 다시 몇 개의 기본 명제에 근거하여 모종의 (혹은 여러 가지의) 방법으로 이론적 추론을 통해 철학의 이론체계를 구축한다. 그는 중국철학의 역사적 발전에 근거하여 개념, 명제, 이론체계를 만들었다. 이 글에서 그는 중국철학의 개념 범주 문제를 다루고 중국철학에서의 범주체계를 밝혔다. 탕이제는 중국철학은 항상 세 개의 기본 명제를 가지고 진·선·미의 관점을 표현한다고 보았다. '천인합일(天人合一)', '지행합일(知行合一)', '정경합일(情景合一)'이 바로 그것이다.

탕이제는 '천인합일'의 의미는 '인간'과 우주의 관계를 해결하는 데에 있고, 이것은 바로 세계의 통일성을 탐구하는 것이라고 생각했다. 중국 전통 철학의 주요 철학자들은 모두 이 문제에 대해 논한 바 있으며 많은 고대 철학자들도 모두 철학은 바로 천인관계를 연구하는 학문이라고 말했다. '지행합일'이라는 주제는 인간이 일정한 사회관계 속에서 자신을 어떻게 인식하고, 또 인간과 인간, 인간과 사회의 관계를 어떻게 처리할 것인가를 모색하고 문제이며 이는 인간사회의 도덕기준과 인식원칙에 관한 문제이기도 하다. '정경합일(情景合一)'은 문학예술 창작에서 '인간'과 창조물 사이의 관계에 대한 문제 해결을 추구하는 것으로 문학예술의 창작과 감상 등 여러 측면과 관련된다. 하지만 그중 '천인합일'이 중국철학의 가장 근본적인 명제로써 중국철학의 특징을 가장 잘 보여주는, 인간을 주체로 하는 우주에 대한 총체적인 발전관이다. 따라서 '지행합일'과 '정경합일'은 '천인합일'이라는 근본 명제에서 파생되어 나온 것이다.

중국철학의 이론체계와 관련하여 탕이제는 '천인합일'과 이로부터 파생된 '지행합일', '정경합일', 그리고 이들 기본명제로부터 표현된 사고방식인 '체용일원(體用一源)'에서 중국 전통 철학의 서로 연결된 세 가지의 기본이론이 나온다고 본다. 그 기본이론은 '보편조화관념(普遍和諧觀念)', '내재적 초월정신(內在超越精神)', '내성외왕의 도(內聖外王之道)'이다. 이 세 이론은 세 가지 측면에서 중국 전통 철학의 특징을 보여준다. '보편조화관념'은 중국철학의 우주인생론이고, '내적초월정신'은 중국철학의 경계(境界) 수

양론이며, '내성외왕의 도'는 중국철학의 정치교화론이다. 이 세 가지 이론이 중국 전통 철학의 이론 체계를 구성한다. 이 세 이론으로부터 우리는 중국 전통 철학의 가치를 이해할 수 있을 뿐 아니라 중국 전통 철학의 문제점이 무엇인지도 알 수 있다.

탕이제는 해외 문화와 철학의 새로운 논의들에 대해 날카롭게 반응한다. 그는 중국 대륙의 중국 문화사상과 철학계의 개혁개방, 대외 교류에 주력하며 많은 일을 했다. 그는 유·불·도 삼교를 모두 연구했고 최종적으로는 유교로 회귀했다.

2014년 6월 19일,『탕이제집(湯一介集)』신간 발표회에서 탕이제는 자신의 사상 역정을 다음과 같이 설명했다. 1980년대 중반기 그는 진선미의 합일을 천착하는 과정에서 내성외왕의 분리라는 새로운 인식론과 민주정치의 길을 제시한 머우쫑싼의 논의에 대해 양자의 합일을 주장했다. 1980년대 후반에 그는 중국철학의 프레임을 고민하면서 위잉스(余英時)의 '내적초월'의 논의의 영향 아래 위로는 '보편 조화', 아래로는 인간의 사회적 실천을 강조했다. 1990년대에는 두 가지 문제에 주력했다. 전반기에는 헌팅턴의 '문명충돌'론에 대응해서 문명의 조화로운 공존을 주장했고, 후반기에는 현대철학의 형태 변화를 모색했다. 즉 급진, 자유, 보수라는 삼대 사조가 함께 현대 문화의 전환을 추진하고 고금과 중서를 융합하여 근본으로 돌아가 새로운 철학을 창조하자는 것이다.

(3) 장리원(張立文, 1935-), 절강성 온주(溫州)에서 태어났다. 주요 대표작으로는『화합학 개론 ─ 21세기 문화전략적 구상(和合學概論 ─ 21世紀文化戰略的構想)』,『중국철학범주 발전사 ─ 인도편(中國哲學範疇發展史 ─ 人道篇)』,『주역사상 연구(周易思想研究)』,『주희사상 연구(朱熹思想研究)』,『송명이학 연구(宋明理學研究)』,『중국철학범주 발전사 ─ 천도편(中國哲學範疇發展史 ─ 天道篇)』,『전통학인론 ─ 중국전통문화의 다원적 반성(傳

統學引論 — 中國傳統文化的多維反思)』,『주역백서 금주금역(周易帛書今註今譯)』,『심학의 길로 가다 — 육상산 사상의 족적(走向心學之路 — 陸象山思想的足跡)』 등이 있다. 한국에서는 그의 38권에 달하는 문집이 출판됐다. 장리원은 중국 전통문화 및 그 인학(人學)의 특질, 중국철학 논리구조와 범주체계[특히 천도(天道), 인도(人道) 범주체계],『주역』경전(백서『주역』포함, 송명이학[통론, 통사 및 주자, 육자(陸子), 선산(船山)], 동아시아 유학(특히 한국 유학 및 이퇴계를 중심으로) 등의 분야에서 모두 깊이 있고 치밀한 연구로 창조적 발전을 이루었다. 특히 독창적으로 '화합학(和合學)' 이론을 제기하여 세계 현대화에 대응하였고, 전통문화 자원을 이용한 중국 문화의 주체성을 강조했으며 사람들에게 많은 자극을 주었다. 그는 공자, 유가사상에 대한 해석 및 현대적 맥락에서 유학과 각종 사상사조와 대화하는 과정에서 특히 근원성(根源性)과 시대성(時代性)을 중요시했다.

화합학은 장리원이 창조한 것이다. 화합학은 '서로 다른' 사물의 갈등, 차이를 인정하는 전제하에 서로 다른 사물을 하나의 상호 의존하는 화합체로 통일시키고, 서로 다른 사물들이 화합하는 과정에서 개별 사물의 장점을 흡수하고 단점을 극복함으로써 최적의 조합을 형성하고 이로써 새로운 사물의 생성을 촉진하며 사물의 발전을 추진하는 것이다. 장리원은 다음과 같이 말한다. "화합이라는 두 글자는 비록 우리 각자가 체득하는 것이지만 진실로 중국문화의 오랜 세월 동안 전해 내려온 인문정신이며 민족정신의 살아 있는 영혼이다." 인류는 21세기에 접어들면서 사람과 자연의 충돌이 초래한 생태위기, 사람과 사회의 충돌로 인해 생긴 인문위기, 사람과 사람의 충돌로 인하여 생긴 도덕위기, 사람의 마음의 충돌로 인해 생긴 정신위기, 서로 다른 문명 간의 충돌로 인해 조성된 가치위기에 직면하게 되었다. 화합학은 유학 생명 창신(創新)의 원리로 이 다섯 가지 충돌과 위기를 해소하려 한다. 이 5대 원리는 생명을 존중하는 화생(和生)원리, 평화공존의 화처(和處)원리, 공립공영(共立共榮)의 화립(和立)원리, 공달공부(共達共富)

의 화달(和達)원리, 마음을 편안하게 하는 화애(和愛)원리이다.

그는 인류가 현재 직면한 여러 가지 충돌과 위기를 해결하는 방법 중에서 철학이론으로 승화된 핵심 주제 — 화합, 그 평화, 협력적 화합가치 목표는 현대사회의 정치, 경제, 문화, 제도, 학술, 종교, 도덕의 가치 요구일 뿐만 아니라 — 생명체와 타자 생명체 사이의 세계적 문명 대화를 위한 이론 기초를 제공하는 것이라고 하였다.

화합문화는 중화민족 특유의 사상이다. 중화의 화합문화를 과학적으로 이해하고 정확하게 선양하며 화합사상에 대한 연구와 보급을 강화하는 것은 사회발전의 요구이고 중요한 현실적 의의가 있다. 우선 사고방식에서 과거의 '투쟁철학'의 오류를 바로잡는 데 도움이 되고, 대내적으로는 사회질서의 장기적인 안정과 국가의 안정 및 단결을 촉진하는 데 유리하며, 대외적으로는 세계평화와 발전이라는 양대 흐름을 추동하는 데 유리하고 패권주의를 반대하는 가치판단의 기준을 제공한다. 또한 '평화통일, 일국양제(一國兩制)'의 전략구상을 추진하고 중화민족 및 해외동포의 대단결을 실현하는 데 유리하다.

몇 년 전부터 장리원은 중국철학의 '스스로 말하기', '자신을 말하기'를 강조한다. 그는 글로벌 철학(세계철학)과 민족철학의 충돌에 대해서, 융합과 화합의 시야로 중국철학을 관조하면서 세상 사람들이 무엇이라고 하든 '스스로 주재(自作主宰)'하여 자기 자신의 길을 걸어가야만 한다고 본다. 그는 또 중국철학은 절대 고양이를 본떠 호랑이를 그리듯이, 서양의 철학을 '따라' 말하면 안 되고, 의발(依鉢)을 전수 받듯이 서양의 소위 철학 강론을 '이어서' 말해도 안 되며 지혜롭게, 창의적으로 '스스로 말해야' 한다고 주장한다.

'스스로 말하기'의 말하는 주체는 두말할 나위 없이 '자신'이다. 중국철학은 반드시 '자신을 말해야' 하며, 또 그럴 수밖에 없다. 중국철학 자신이 '주제 자체'에 대해 새롭게 발견하고, 중국철학 자신이 시대 충돌에 대한 예술적 화해를 말하고, 중국철학 자신이 시대위기에 대한 의리(義理)적 해결을 말하고, 중국철학 자신이 형이상학자들이 말하는 소위 진실된 추구 등에 대해 말하는 것이다.

무엇이 철학인가? 이것은 스스로의 정의와 스스로의 기준을 요구한다. 이는 중국철학 '주제 자체'를 더 잘 탐색하기 위해 중국철학 생명의 본래 면모를 직시하고 중국철학의 영혼(정신)의 가치를 서술하는 것이며 동시에 중국철학의 창신(創新) 능력을 개발하는 것이다.

장리원은 "육경의 주석은 나 자신에게 있다(六經註我)", "중국의 것으로 중국의 것을 해결하다(以中解中)"를 다시 해석했다. 그는 이것이 중국철학이 '스스로 말하기', '자신을 말하기'가 갖춰야 할 방법이며 중국철학의 핵심 영혼으로 중국철학을 해석하는 것이라고 여겼다. 이렇게 해석해야 중국철학은 변형되지 않을 것이고 진정으로 중국철학 '주제 자체'를 논할 수 있다. 중국철학의 '스스로 말하기', '자신을 말하기'라는 '주제 자체'가 여러 가지 '문제'를 내포하고 있다. 중서 철학은 모두 과거에 남겨진 각자의 '문제', '주제'가 있고 현실사회에서 제기된 서로 다른 '문제', 즉 '주제'가 있다. 이로써 각각의 철학의 '개성'이 도드라지게 나타나는 것이다.

장리원에 따르면 세계철학과 민족철학의 각도에서 보았을 때 '개성'적 정신의 철학이 체현하는 것은 바로 민족철학이다. 오늘날의 세계에서 우리는 각 민족이 모두 자신의 '지혜를 사랑하는 것'에 관한 사고와 표현형식이 있으며, 적어도 인류의 오래된 4대 문명의 나라들은 모두 각자의 '지혜를 사랑하는 것'의 '개성'적 정신이 있음을 인정하여 '인류'의 '우주정신'이라는 백화(百花)가 다채롭게 피어나게 해야 한다. 이는 곧 철학은 '개성'적 정신을 체현해야만 철학이 다양하고 다원적일 수 있다는 것이다. 중국철학의 창조 혹은 창신은 중서 철학의 기존 방법과 규칙의 그물망을 타파해야 한다. 중국철학은 더 이상 서양철학의 발자국을 따라가서는 안 되며 동시에 중국의 정치와 경전의 노비로 되돌아가서도 안 된다. 그래야만 중국철학의 창의성이라는 꽃이 세상 사람들 앞에 피어날 수 있다. 장리원의 이러한 주장들을 자세히 살펴보면 그의 고충을 어렵지 않게 발견할 수 있다. 그는 중국철학 자체에 대한 전면적인 이해가 우리가 종사하는 문명 대화의 전제임을 강렬하게 깨달은 것이다.

(4) 멍페이위엔(蒙培元, 1938-), 감숙(甘肅) 장랑(莊浪)에서 태어났다. 주요 저서로 『이학의 연변(理學的演變)』, 『이학 범주 시스템(理學範疇系統)』, 『중국 심성론(中國心性論)』, 『중국철학의 주체적 사유(中國哲學主體思維)』, 『심령 경계와 초월(心靈境界與超越)』, 『감정과 이성(情感與理性)』, 『사람과 자연 — 중국철학생태관(人與自然 — 中國哲學生態觀)』 등이 있다. 멍페이위엔은 중국철학, 특히 유가 철학은 '정감(情感)철학'이라고 보며 "정감은…… 유학 이론의 출발점"이며, "유가는 시종 정감으로부터 출발하여 인생문제, '존재' 문제를 사고하고, 이로부터 사람의 의미세계와 가치세계를 수립했다'고 본다. 이에 근거하여 멍페이위엔은 "사람은 정감적 존재'라는 중요한 명제를 제기했다. 때문에 학술계 일부에서는 그의 학술사상을 '정감유학'이라고 부르기도 한다.

멍페이위엔은 도덕정감(道德情感)이 위로는 이성(理性-理義, 性理)에 도달할 수 있고 아래로는 경험, 실연(實然)에 이를 수 있음을 인정하지 않는 것은 도덕정감('사욕(私欲)의 정'은 별개의 문제이다)을 경험, 실연의 측면에 제한하거나 초월적 본정(本情)으로 바꿔놓는 것으로 이 자체가 칸트철학의 한계(현상과 본체, 경험과 초월의 이원 대립)를 돌파하지 못한 것이라고 본다. 도덕정감이 개인적이면서도 동시에 공동성, 공통성이 있으며, 특수성만 아니라 보편성도 있고, 경험적일 뿐만 아니라 초월적임을 인정해야만 칸트철학의 한계를 벗어나 '구체적 이성'의 사고 방향으로 회귀하여 도덕문제가 해결될 수 있다.

멍페이위엔은 다음과 같이 주장한다. 유가 철학의 특징은 머우쭝싼이 말한 것처럼 이(理)와 정(情), 즉 도덕이성과 도덕정감('사욕의 정'이 아닌)이 함께 '완전하게 융합된' 것이기 때문에 '살아 있는(活)' 것이다. 그것은 형이상학적인 순수성은 없지만 생명창조의 풍부성이 있다. 우리는 물론 칸트를 '소화'해 유가 철학에 대해 '분석'할 수 있고 칸트철학에서 지혜를 얻을 수 있다. 그러나 '분석'한 후 여전히 유가 철학의 정신으로 돌아가 심리적 기초에서 출발하여 도덕실천 문제를 해결해야 한다. 유가는 정감을 끌어올릴 것을 주장하는데 끌어올리는 것 자체가 바로 실천이다. 그 목적은 일종의 도덕의 경지를 실현하고 사람의 정조(情操)를 향상시키는 것에 있고, 결코 '초월적 형이상학' 혹은 도덕실체론을 구축하기 위한 것이 아니다. 이 문제에 있어서 도덕정감에 관한 유가의 학설은 진정 생명력을 가지고 있다.

『사람과 자연 ― 중국철학의 생태관(人與自然 ― 中國哲學生態觀)』이라는 책에서 멍페이위엔은 유가, 도가, 현학, 이학에서 양분을 흡수하여 '천인합일', '생(生)', '인(仁)'학을 다시 해석했고 '인'의 차이성과 보편성, 생태철학 속의 종교 문제, 과학이성과 정감이성의 문제, 특수주의와 보편주의의 문제, 공업 문화와 전(前) 공업 문화의 이원대립 극복 문제 등을 새로이 해석했다. 이 저서는 유학의 '사람을 중심으로 함(以人爲中心)'과 '인류중심주의(人類中心主義)', '천지를 위해 마음을 세움(爲天地立心)'과 '자연을 위해 법을 세움(爲自然立法)'의 차이를 구분해냈다.

멍페이위엔의 이러한 저서들은 모두 현실에서 매우 심각하게 제기되는 도덕의 규범 상실, 생태위기 문제에 응답한 것이고, 중국철학을 어떻게 운용할 것인지에 대한, 특히 유학 자원의 창조적 전환을 위한 사고의 방향을 제시했다.

(5) 머우중지엔(牟鍾鑑 1939-), 산동(山東) 연태(煙台)에서 태어났다. 주요 저서로는 『중국 종교통사(中國宗敎通史)』(공저), 『중국 정신에 다가가다(走

近中國精神)』, 『유학가치의 새로운 탐구(儒學價値的新探索)』, 『유학에 빠지다(涵泳儒學)』, 『국학의 길에서(在國學的路上)』, 『종교 탐색(探索宗敎)』, 『노자 신설(老子新說)』, 『중국 도교(中國道敎)』(편집장 겸 저자), 『도교 통론 ─ 도가학설 겸론(道敎通論 ─ 兼論道家學說)』(공저), 『중국 종교와 문화(中國宗敎與文化)』, 『중국철학 발전사(中國哲學發展史)』(중요한 저자 중 한명), 『신인학 구상 ─ 사랑의 추심(新仁學構想 ─ 愛的追尋)』 등이 있다. 머우중지옌은 '민족종교학'과 '신인학(新仁學)'을 창립하여 학술계에서 큰 반향을 일으켰다.

2014년 4월 19일, 2013년 9월 인민출판사에서 출판한 『신인학 구상 ─ 사랑의 추심』을 둘러싼 학술 토론회가 중앙민족대학에서 열렸다. 나는 회의에서 머우중지옌의 '신인학' 시스템에 관해 논평했다. 이 책의 중요한 사상을 여덟 글자로 개괄할 수 있다고 본다. 바로 '애인(愛人), 존생(尊生), 상통(尙通), 귀화(貴和)'이다. 나는 그의 신유학을 '생명유학'으로 규정한다.

머우중지옌은 열린 마음을 갖고 있고 유가 내부의 각 유파에 대해, 유, 불, 도, 묵, 각 유파에 대해 그리고 세계 여러 종교와 문명에 대해, 평등한 대화를 강조한다. 그의 새 책은 현대화의 치우친 것을 바로 잡고 폐해를 고치며, 현대의 도덕과 생태 위기와 관련하여 서양이 단편적으로 지식 이성과 개인주의를 과대 포장했던 폐단을 비판하며, 서양 학자들의 소위 유학의 '박물관화'를 비판하고 위잉스(余英時)의 '유혼(遊魂)'설도 비판한다. 신인학과 현대 문명의 대화는 문명충돌론, 적자생존의 사회다원주의, 강권정치, 극단적 민족종교 모두를 비판한다.

신인학은 "인애를 체(體)로 하고, 지능을 용(用)으로 할 것"을 주장하고, "천하를 사랑하고 생명을 자비롭게 대하는 마음이 많아지고, 중화(中和)의 이성과, 조화의 지혜가 많아지고, 이기주의와 투쟁을 중시하는 철학의 심리를 제거하면, 그 문화는 반드시 새로운 생명으로 넘쳐날 것이고 인류에도 행복을 가져다 줄 것"이라고 주장한다.

이 책의 기본적인 방향은 인애를 핵심으로 생명철학의 기조를 핵심으로 한다. 즉 "생명을 사랑하고, 생명을 존중하고, 생명을 기르며 생명을 고양시키는" 것을 강조한다. 이 책은 인(仁)의 체용론, 인의 생명론, 인의 대동론이며 생명을 진실한 활체(活體)로 본다. 신인학의 가장 중요한 개념은 인(仁), 화(和), 생(生), 성(誠), 도(道), 통(通)이다.

신인학은 "인학을 통일화된 생명학으로 만들 것"을 강조한다. '생(生)'은 곧 생명이고 개인, 사회, 자연 생명을 포괄한다. 신인학은 '인애(仁愛)'를 가지고 '생명 배려', '생명 본위'를 명확하게 지향한다. 즉 생명을 사랑하고 존중하며 보살피고 최적화하며, 생명을 해치는 것을 가장 큰 불인(不仁)으로 보는 것이다. 저자는 '통(通)'을 생명이 순조롭게 통하는 상태로 해석한다.

신인학은 "생을 본으로 하고, 성을 혼(魂)으로 할 것"을 주장한다. 저자의 생명론은 중생을 행복하게 하여 자기 생명의 가치를 실현하는 데서 생명의 의미와 추구를 긍정한다. 그리고 건강한 생명을 위해서는 "성과 명을 동시에 수련(性命雙修)"해야 하고 "세상만물을 사랑한다(民胞物與)"라는 대생명관이 필요하다고 여긴다. 신인학은 생명이 가장 귀중하다는 가치관을 확립하여 생명을 인애(仁愛)하는 것을 진실된 보편 신앙으로 보며, 생명을 존중하고, 생명을 아끼고 키우는 지극한 원칙에 복종하여 그 어떤 이유에서든 생명을 잔인하게 해치지 않는다. 저자는 생태문명을 제창하고 자연을 파괴하는 것을 반대한다.

신인학은 '이도위귀, 이통위로(以道爲歸, 以通爲路: '도'로써 귀일하고 '통'으로써 길을 삼을 것)'를 주장한다. 저자는 도가와 『역전(易傳)』의 우주론, 천지운행 및 만물화생론에 찬동한다. 저자는 공자에서부터 탄쓰퉁에 이르기까지의 인학을 모두 흡수하고 전환시켰다. 그는 송명 유학자들이 '생(生)'으로 '사랑(愛)'의 함의를 심화시킴으로써 생명의 가치와 의의를 부각시켰고, 생명에 대한 사랑과 보호를 강조함으로써 '인(仁)'을 초도덕적 생태철학의 보편적 의미를 갖게 했다고 본다.

(6) 천라이(陳來, 1952-), 절강(浙江) 온주(溫州)에서 태어났다. 주요 저서로
는『고대 종교와 윤리: 유가사상의 근원(古代宗敎與倫理: 儒家思想的根源)』,
『고대사상문화의 세계: 춘추시대의 종교, 윤리와 사회사상(古代思想文化的
世界: 春秋時代的宗敎, 倫理與社會思想)』,『죽백「오행」과 간백 연구(竹帛
「五行」與簡帛硏究)』,『주자 서신 편년 고증(朱子書信編年考證)』,『주자철학
연구(朱子哲學硏究)』,『유무지경: 왕양명 철학의 정신(有無之境: 王陽明哲學
的精神)』,『해석과 재건: 왕선산의 철학정신(詮釋與重建: 王船山的哲學精
神)』,『송명이학(宋明理學)』,『송·원·명 철학사교정(宋元明哲學史敎程)』,
『중국근세사상사연구(中國近世思想史硏究)』,『전통과 현대: 인문주의의 시
계(傳統與現代: 人文主義的視界)』,『현대중국철학에의 추적(現代中國哲學的
追尋)』,『동아시아 유학 구론(東亞儒學九論)』,『공부자와 현대세계(孔夫子與
現代世界)』,『전통으로 돌아가기(回向傳統)』 등이 있다.

천라이는 10여 종의 철학사 저작을 내놓았다. 이들 저작은 선진시대부터
현대에 이르기까지 철학사의 여러 중요 문제, 사조 및 인물까지 섭렵한
것이고 모두 뛰어난 저서이다. 천라이는 자신만의 철학체계를 최근에『인학
본체론(仁學本體論)』(또는『신원인(新原仁)』)이라는 책에 담아 2014년 6월,
북경생활·독서·신지삼련서점 출판사에서 출간하였다. 우리는 이 책에
서 저자가 새로운 체계를 창조한 이유와 배경, 그리고 현재의 당면 문제
및 주요 구상들을 쉽게 살펴볼 수 있다. 나는 이 책이 다음과 같은 몇
가지 특징을 가지고 있다고 본다.

첫째, 다른 이론을 내세우고자 한다. 저자는 자신의 철학 본체론이 서양과
다르고 또한 슝스리나 리쩌허우(李澤厚)와도 다르다고 표명했다. 천라이는
중국철학 자체의 본체론은 서양철학의 존재론과 다르다고 본다. 중국의
본체는 생생불이(生生不已)한 것이고 생명성이 있다. 따라서 중국의 본체는
영구적으로 being하는 ontology가 아니다. 중국의 본체는 가장 근본적이고

가장 진실한 존재, 최후의 존재를 가리킨다. 그는 그의 인체론(仁體論)이 슝스리의 인심본체론(仁心本體論)과 리쩌허우의 정본체론(情本體論)에 대한 응답이라고 말한다.

둘째, 재해석을 시도한다. 저자는 한·송 유학자, 특히 송유(宋儒), 그중에서도 주자(朱子)의 인학본체론의 진정한 의미를 깊이 연구했다. 그는 정호(程顥, 1032-1085)와 사량좌(謝良佐, 1050-1103)의 '이생논인(以生論仁)'이 유학사에서 중대한 의미를 갖는 본체론과 우주론이라고 본다. 주자 인학(人學)의 하나의 중요한 특징이 바로 '생기유행(生氣流行)'의 관념을 관철시켜 인과 인의예지(仁義禮智) 4덕을 이해한 것이다. 여기서 인은 생의유행(生意流行)의 실체로서, 주자학에서 일반적으로 이해하는 조용히 움직이지 않는 이(理)와 성(性)이 아니다. 인은 넓은 의미에서 이기(理氣)를 포함한 일원적 총체이다. 이것에 따르면 주자학을 전반적으로 인학이라고 보는 편이 주자학을 이학이라고 하는 습관적인 논조보다 아마도 유학 시스템의 전체 면모를 더 잘 보여준다고 할 것이다.

셋째, 재구성을 시도한다. 천라이는 송유의 '생생지인설(生生之仁說)'과 '일체지인설(一體之仁說)'이 함께 유학의 인론(仁論) 전통을 구성하였다고 본다. 그의 인학본체론은 이 양자를 결합시켰다. 그는 다음과 같이 지적한다. 단지 생명을 논하는 것만으로 인체(仁體)를 세울 수 없고 그것은 아직 인이 아니다. 생명의 의미와 박애의 의미의 관계가 수립되어야만 인에 도달할 수 있다. 봄기운이 완연한 우주야말로 인의 우주이고 그 자체가 바로 허무주의의 대립면이며 그 자체가 필연코 가치의 기반을 이끌어낼 수 있다.

천라이의 인학본체론은 '일체공생(一體共生)'을 견지하면서, 일체의 전체성이 바로 본체라고 주장하고 동시에 전체 속에서 각각의 존재가 구체적으로 상호연관되어 있기 때문에, 전체 속에 관계가 있고 관계 속에 개체가 있다고 강조한다. 그의 인학본체론의 입장은 이미 이학과 심학의 대립을 넘어섰고 신이학과 신심학의 대립을 초월했으며 이들을 종합, 통달하여 새로운 모습을 창출했다.

천라이는 다음과 같이 주장한다. 인체론의 구성은 현대유학의 형이상학에 대한 요구를 직시하는 것일 뿐 아니라 중화민족 부흥 시대에 유학 재건 또는 유학 부흥에 대한 요구를 직시하는 것이며 더 나아가 오늘날 중국과 세계의 도덕 상실에 대한 요구를 직시한 것이다. 따라서 그것은 최종적으로 가치, 윤리, 도덕 영역에 뿌리를 내려야 한다. 인학본체론은 비록 본체론에 중점을 두어 형이상학적이지만, 근본을 올린 후에야 말단을 들어 올릴 수 있고, 몸을 들어 올려야 비로소 쓰임을 만들 수 있으므로, (그의 인학본체론은 구체성이 없는) 공허한 말이 아닌 것이다. 우리가 알다시피 천라이는 '인체화용(仁體和用)'을 주장한다.

천라이의 철학 체계의 특징은 다음과 같다. ① 중국철학의 주요 전통을 벗어나지 않고, 두터운 전통에 뿌리를 두고, 찌꺼기는 버리고 알맹이만 취하여 새로운 방향으로 발전시키며 과거의 사업을 계승하여 앞길을 개척하고 있다. ② 서양철학의 주요 전통을 흡수하고, 그에 대응했으며, 특히 중국철학과 서양철학의 본체론과 생명철학의 차이점과 공통점을 깊이 있게 분석했고 중국 자체의 본체철학을 고양시켰다. ③ 중국의 현실문제에 직면하여 인학본체론이 오늘날 중국에서 갖는 중대한 현실적 의미를 다시 세웠다.

이상 내용을 종합해 보면, 리쩌허우와 탕이제, 장리원, 멍페이위엔, 머우중지엔, 천라이는 60여 년 동안의 중국 대륙 현실생활에 대해서, 전반 30년은 특히 문혁 시기의 계급투쟁을 골간으로 하는 투쟁과 증오론에 대해, 후반 30년은 금력과 권력을 앞세워 인심과 환경에 큰 문제가 생겨난 것에 대해 성찰했다. 그들의 철학 사고는 서양의 여러 새로운 사조와 새로운 문제들로부터 계발을 받았고 이에 대해 서로 다른 대응의 결과이다. 그들은 중국의 전통, 주로 유, 불, 도의 전통, 그중 특히 유학의 전통을 (답습이 아니라) 발전적으로 이어받아야 한다는 주장을 펼쳤다. 그들은 펑유란, 슝스리, 머우쫑싼, 탕쥔이의 주장을 이어받았지만 동시에 이들을 초월하려 시도했다. 그들의 사고의 핵심은 여전히 전통유학과 현대의 관계에 두어져 있었고 유학자원을 동원해 시대적 도전에 대응하려 했다는 데 있다. 그들 학설의 배후에는 모두 칸트, 머우쫑싼의 그림자가 드리워 있고, 많든 적든 유물사관의 영향을 어느 정도 받았으며, 실생활의 문제와 사회실천을 긍정 했다는 측면이 있다. 그들은 또 현대 서양철학의 '형이상학 배척'과 '반본질 주의'의 영향을 받았으며, 한편으로는 새로운 철학 시스템을 갖추고자 하면서도, 다른 한편으로는 여전히 형이상학의 해소를 주장하거나, 체계를 만들지 않겠다고 선언했다. 이들 중 몇몇은 광의의 형이상학의 의의만을 인정했고 협의의 형이상학은 종결지으려 했으며 '정(情)'을 최고의 자리에 올려놓으려 시도했다. 유학은 물론 생명과 생활 세계를 중시하여 일상 을 벗어나려고 하지 않으면서도, 실제로는 전통의 인학 이면에 존재하는 천(天), 천명(天命), 천도(天道)와 같은 궁극적 실재의 존재를 해소하지는 못한다. 현실 생명, 만물 변화의 진실성은 긍정할 필요가 있지만 가장 높은 가치로까지 높일 수는 없는 것이다. 천라이는 나머지 5명과 조금 다른 점이 있다. 그의 '인체론(仁體論)'은 철학의 본체론적 층위의 재구성에 주목했다는 것이 중요하다. 이에 대해 리쩌허우는 "이것으로 중국철학이 등장하게 되었다"라는 반응을 보였다. 천라이의 철학 구성은 유가 철학의 인학본체론의 재건이다.

4. 소위 '대륙신유학가'에 관하여

'대륙신유학(가)'은 과연 어떻게 정의 내려야 하는가? 이 과연 용어를 사용해야 하는가? '대륙신유학(가)'을 위해 이름을 바로 세울 필요가 없을까? 이에 대해 학계에는 여러 의견이 있다. 학원파(學院派)에 속해 있는 나는 중국 철학사학계 일부 동료들에게 의견을 물은 적이 있는데 작은 범위에서나마 상대적으로 일치된 답을 얻었다. 주된 답을 정리해 보자면, 소위 '대륙신유학(가)' 혹은 '신시기 대륙의 신유학(가)'은 당대의 철학사조, 특히 현대 신유학 사조의 영향을 받아, 중국 대륙 개혁개방 이후의 사회생활의 실질적인 문제에 직면하여 마르크스, 중국, 서양의 상호작용을 배경으로 삼으면서, 유가 철학사상에 대한 학술연구의 기초 위에서 적극적으로 유학을 주체로 하는 중국 문화자원을 동원, 유학과 현대사회의 상호 조정을 촉진하고 창조적으로 유학의 진면목을 해석함으로써 유학의 현대화와 세계화를 추동하고자 하는 학파이다. 이 학파에 속하는 학자들로는 탕이제, 팡푸(龐樸), 장리원, 위둔캉(余敦康), 멍페이위엔, 머우중지엔, 천라이, 양궈룽, 궈치융, 우광, 리춘싼(李存山), 장샹룽(張祥龍), 옌빙강, 징하이펑(景海峰), 우전(吳震), 리훙레이, 주한민(朱漢民), 장신민(張新民), 차이팡루(蔡方鹿), 슈다강 등이 있다. 이 명단은 물론 약간의 오차가 있을 수 있다. 아직 많은 학자들, 특히 신세대의 학자들이 포함되지 않았다. 그러나 내가 말하고자 하는 것은 이들처럼 개성과 학풍, 경향이 서로 분명하게 다른 학자들이 공동의 지향이 있다는 점이다. 즉 중서 융합과 아울러 유학의 근원성, 당대성, 개방성, 포용성, 비판성, 창조성, 실천성을 강조하고 있는 점이다. 이들은 이론과 실천, 여러 방면에서 모두 개척적 활동을 전개했다.

유학 교육과 연구를 살펴보면, 학술유학과 문화유학의 구분이 있다. 예를 들어 슝스리는 학술에 치중했고 량수밍은 문화에 치중했다. 역사적으로 심성유학과 정치유학이라는 구분은 없었다. 진정한 유학의 내성학(內聖學)과 외왕학(外王學)은 서로 통하는 것으로 소위 심성수양에만 매진하여 정치의 임무를 멀리한 유학자는 없었다. 반대도 역시 마찬가지이다. 현재 3대에 걸친 네 부류의 신유가는 수양과 연구의 경로가 진실로 서로 다르지만,

모두 내성지학을 견지하면서 독립의 정신과 자유의 사상을 긍정하고 있고, 그들의 기본적인 정치 소구는 자유주의적이다. 슝스리, 쉬푸관은 사회주의 경향이 일부 있지만 전반적으로 정치에서 자유주의적이다. 이는 현 당대 신유가가 정치 측면에서의 기본적인 경향이다. 전반적으로 말하면 유학은 일종의 종교성을 지닌 정신형태이고 이천여 년 동안 선비와 일반 백성들의 안신입명(安身立命)의 도리와 생활의 철학이었다.

유학 자원에는 지식체계, 가치체계, 신앙체계가 있는데. 이를 살펴서 버릴 것은 버리면서 새로운 것을 창조할 필요가 있다. 유교, 불교, 도교 등 백가지학은 예로부터 상호 보완하는 역할을 했고 모두 중국의 건강한 현대화의 문화자본이다. 우리가 제창하는 것은 개방적인 유학으로서 대내적으로도 대외적으로도 모두 개방적 입장에서 고금중외 문화의 장점은 널리 채택하여 창조적으로 현대 중화문화의 긍정적인 요소로 전환시킴으로써 유학이 현대인이 전면적으로 발전할 수 있는 기초가 되게 하는 것이다. 유가의 가치는 두텁다. 그것은 자유, 민주, 인권 등 보편적 가치와 대립하지 않을뿐더러 더 훌륭하게 융합될 수 있으며 보편적 가치가 엷어져가는 것을 방지할 수 있다.

대륙신유가학자들의 마음속에는 대중이 있다. 그들은 민간으로 파고들어 유학을 선양하고 회의만 하는 유학, 책만 보는 유학을 민간유학, 생명유학으로 전환하기 위해 노력하고 있다. 현대유학은 향촌유학의 새로운 진작뿐만 아니라 도시유학, 지역유학, 기업유학의 건설에도 나서고 있으며 각지 서원들의 재건사업도 하고 있다. 이렇게 하여 중국문화의 기본적인 인간생활의 올바른 길, 즉 유가의 인의지도(仁義之道)를 광대한 도시와 농촌의 가정, 사당(祠堂) 및 현대 시민사회의 조직형식을 거쳐, 국민의 마음속에 유학이 뿌리를 내리도록 하고 있다.

인터넷 시대에 온라인 플랫폼, 위챗 단체대화방, 일인 미디어 등이 온천지를 뒤덮을 기세로 발전하고 있다. 일인 미디어로 인해 새로운 백가쟁명의 시대가 도래했다. 오늘날 일부 온라인 플랫폼, 위챗 단체대화방은 긍정적으로 건강하고 활발하게 활동하고 있다. 현대 전자네트워크에 힘입어 유학 관련 교육, 교화, 전파 그리고 연구까지 모두 새로운 모습을 보여주고 있다. 사이버 온라인 서원까지도 앞으로는 시대의 흐름을 타고 생겨나게 될 것이다. 우리는 다원적이고 개방적인 마음으로 새로운 시대의 추향을 직시하고 국학을 바르게 설명함으로써 유학이 현실에 되돌아와 효력을 발휘하게 해야 한다. 우리가 해야 할 어려운 일은 아직 많고 학자들은 계속해서 노력해야 한다! 우리는 청년들에게 희망을 가지고 미래를 기대한다.

국학, 유학은 모두 생명의 학문이다. 모든 유학자들이 생명의 성장 과정에서 끊임없이 경험하고 깨우치고 실천하고 있다. 우리에게 있어 이는 현재의 일이고 한 평생의 일이며 부지런히 애쓰고 죽을 때까지 노력해야 하는 일이다!

제2부

대륙신유가의 미래 구상과 실천

유가의 교화 문화에 대한 소견

양차오밍(楊朝明)

1927년 양수명 선생은 대련1 한 폭을 쓴 바 있다. 상련은 "성현이 되지 않으면 금수가 된다"였고, 하련은 "수확을 따지지 말고, 경작을 따져라"였다. 요즘 사람들이 하련의 의미를 이해하는 것은 어렵지 않으나 상련에 관해서는 의문을 갖지 않을 수 없다. 이 상련의 의미는 당돌한 것을 넘어 지나치게 절대적이고 또한 터무니없기 때문이다. 사실 저렇게 간단히 보이는 한 폭 대련에는 그러나 실로 광활한 중국 전통문화적 배경이 함축되어 있다. 주로 유가의 교화 학설과 긴밀히 연관된다고 하겠다.

'교화(敎化)'의 기본 의미는 위에서 행하면 아래에서 본받으며, 장점을 키우고 단점을 고쳐서 변화가 있게 한다는 것이다. '교(敎)'는 문화적 교화를 가리키며, 사람을 선한 방향으로 변화시킨다는 것을 의미한다. 따라서 『국어 · 주어(国語 · 周語)』에서는 "교는 문화를 베푸는 것이다"2라고 하였다. '화(化)'는 조용히 변해간다는 의미를 지닌다. 따라서 "양에서는 변(變)이라 칭하고 음에서는 화(化)라고 칭한다"라고도 한다. 위에서 가르치는 바가

●●●

1. (역주) 집 문 입구 양쪽에 걸어놓는 글귀를 말한다. 일반적으로 문을 마주보았을 때 오른쪽을 상련, 왼쪽을 하련이라고 하며, 상련과 하련은 서로 대구(對句)를 이룬다.
2. 『國語 · 周語』, "敎, 文之施也."

있으면 아래에서는 그것을 실행한다. 이러한 것을 '화'라고 할 수 있다. 따라서 『설문(說文)』에서는 "화는 가르쳐서 행하게 함"[3]이라고 설명하였다. 유가는 사회와 현실에 특별히 관심을 가졌다. 따라서 사회를 이루는 기본 '세포'로서 인간을 상당히 중시하였다. 유가가 인간에 대한 교화를 주장한 것은 당연히 교화를 통해 선하게 바뀌어가기를 희망한다는 것이다. 개개인 각자가 선을 향해 간다면 최종적으로 사회 역시 '지극한 선'에 도달할 것이기 때문이다.

인간은 태어나서부터 하나의 생명체로서 그리고 이미 '인간'으로 존재하는 이상, '인간'으로서의 권력을 누리기 시작한다. 그런데 만약 '인간'의 속성을 자연성과 사회성의 두 측면으로 나눌 수 있다면, 인간의 출생 지점에서 더 많은 부분을 차지하는 것은 역시 자연성일 것이므로 건전한 인격을 지닌 사회적 인간이 되기 위해서는 여전히 차근차근 사회를 인식하고 인생을 이해하며 지식을 쌓고 충실히 내면을 함양할 필요가 있다. 바로 이것이 인간이 사회성을 갖추도록 하는 과정이며 자연히 하나의 교화의 과정이기도 하다. 인간이 완전한 의미의 '인간'이 되려면 자신의 자연성만을 고려해서는 안 되고, 스스로를 자연인의 상태로 두어서도 안 된다. 사회를 두루 살피며 자신을 사회의 구성원이 되도록 하여야 한다.

초기 유가 또한 '자연인'과 '사회인' 사이에는 마땅히 구별이 있어야 한다고 분명히 인식하였다. 공자는 그의 제자와 이 문제에 관해 토론할 때마다 늘 '성인(成人)'이라는 개념을 언급했다. 무엇이 '성인'인가? 지금에서는 주로 인간의 신체, 체력 혹은 지적인 측면에만 초점을 맞추어 '완전히 발육이 된 인간', '성년의 인간'의 의미로 이 개념을 이해하며 여기에 포함된 도덕적 함의에 관해서는 그다지 주목하지 않는다. 사실 공자와 유가에서 말하는 '성인'이란 인간의 도덕적 인격 수양을 뜻하는 경우가 더 많다.

●●●

3. 『說文』, "化, 教行也."

물론 '성인'이라는 말 역시 연령과 관련이 있다. 인간이 태어난 순간에는 덜 자란 상태이므로 성인이라고 할 수 없다. 어려서 배우고 배우면서 성장하니, 인간의 학습과 성장이란 사회 도덕적 함의를 부단히 확충해나가는 과정으로 보아야 한다. 초기 유가에서는 '인간과 금수' 간의 구별을 강조하였다. 인간은 사회성과 도덕성을 지니고 있으므로 기타 동물과는 마땅히 다를 수밖에 없다는 것이다.

'성인'에 대한 공자와 유가의 인식에는 깊은 문화적 배경이 뒷받침 되어 있다. 늦어도 서주 시기부터는 중국에서 이미 비교적 완전한 형태의 성년의 례가 행해졌다. 남성의 성년의례는 '관례(冠禮)'라고 하였다. 주대 청소년에 대한 사회화 교육 과정은 한 인간이 성인이 되기까지 전반적인 과정에 걸쳐 있었다. 당시 아이가 태어나 8세가 되면 소학에 들어가 물을 뿌려서 마당을 쓸고(灑掃), 손님을 응대하고(應對), 들어가고 물러나는 법(進退)에 대해 배웠고, 예악(禮樂), 활쏘기, 말타기, 글쓰기, 셈법 등의 지식을 학습했다. 15세가 되면 귀족의 자제들과 서민의 자제 가운데 우수한 자들은 대학에 들어갔다. 이들에게는 궁리(窮理), 정심(正心), 수기(修己), 치인(治人)의 도리 등을 가르쳤다. 몇 년간의 배움을 통해 한 인간은 소년과 청년에서, 세상 물정에 어두운 어린아이에서, 사회의 의무를 담당할 수 있는 성년의 인간이 된다. 관례를 행한 후에 이들은 성인으로서의 권리를 향유하기 시작하며 혼인과 가족과 사회에 대한 자신의 책임을 다할 수 있게 된다. 이 때문에 관례란 '성년'에 대한 인증이며 정식으로 '성년인(成年人)' 행렬에 들어섰다는 표시이다.

관례는 인생의 가장 기본적인 의례다. 인간이 '인간'이 되기 위해서는 단순히 예를 행할 수 있다는 사실을 넘어 예를 통해 자신을 속박한다는 자각이 필요하다. 예에는 형식에 해당하는 '예의(禮儀)'와 내용인 '예의(禮義)'라는 서로 다른 측면이 있다. 유가의 관례에 대한 이해에 따르면 인간이 성인(成人)으로 발돋움하기 위해서는 반드시 사회윤리 혹은 행위준칙에 대한 분명한 인식과 승인이 있어야 한다. 성년의례는 인생 전체의 의례행위의 중요한 한 일환으로서 인간은 성년의례를 경험함으로써 자신이 성장을 마쳐 성인이 되었고, 사랑할 수 있고, 결혼할 수 있고, 성인으로서 사회의 정식 성원이 될 수 있음을 증명할 수 있다. 관례를 거쳤다면 이제 진정으로 자신의 책임을 떠맡고 자신의 의무를 다하기 시작해야 한다. 성인이 된 후에는 격식에 맞게 옷을 갖추어 입어야 하며 적절한 행동을 취해야 하며 언사를 공순하게 해야 하며 더 이상 장난스러운 아이처럼 거리낌 없이 행동해서는 안 된다.

성인(成人)에 관한 유가의 설명은 매우 적절하다. 인간은 인간인 이상, 자신의 행위가 '인의(人義: 인간의 정의(正義)–역자)'에 맞는지를 이해하고 그에 맞게 행동해야 한다. 그렇지 않으면 신체만 인간일 뿐, 인간이 지녀야 하는 도덕적 함의를 결핍하여 완전한 의미의 '인간'이라 할 수 없게 된다. 『예기·관의』에서는 "성인이 되는 자는 성년의례를 치러야 한다. 성인의례를 행한 자는 아들, 동생, 신하, 아랫사람으로서 그 예를 행해야 한다."[4] 고대 사회의 기본적 인륜은 부자, 형제, 군신, 부부, 친구이다. 하나의 장성한 성인 '인간'으로서 이러한 관계에서의 '인의'를 이해하는 것이 바로 인간이 되기 위한 기본적 요구라 할 수 있다. 『예기·예운』에서는 다음과 같이 말했다. "무엇을 인의라고 하는가? 아버지는 자애롭고, 아들은 효성이 지극하고, 형은 어질고, 아우는 화목하며, 남편은 의롭고, 아내는 잘 들으며, 나이 많은 사람은 지혜롭고, 어린 사람은 공손하며, 임금은 인자하고, 신하는 충성스러운 것, 이 열 가지를 인의라고 한다."[5] 20세가 되어 관례를 행한 후에는 이러한 인륜을 수용하여 '인의' 실천의 기본 전제를 닦아 나가야

● ● ●

4. 『禮記·冠義』, "成人之者, 將責成人禮焉也; 責成人禮焉者, 將責爲人子, 爲人弟, 爲人臣, 爲人少者之禮行焉."

5. 『禮記·禮運』, "何謂人義? 父慈子孝, 兄良弟弟, 夫義婦聽, 長惠幼順, 君仁臣忠. 十者謂之人義."

한다.

　유학이란 어떠한 의미에서 말하자면 사회와 인심의 교화를 목적으로
하는 학설이라 할 수 있다. 『사기』에 따르면 전국 시기 각 학파들 대다수는
'다스림(治)'의 문제를 고민하였는데 그중 유가는 특히 그러하다. 공자가
볼 때, 사회적으로 인구가 번성하고 백성이 풍족해진 후에는 반드시 '가르침
(教)'이 필요하다. '가르침'은 '다스림(治)'에 도달하기 위해 반드시 필요한
수단이다. '성인(聖人)'이 백성을 가르치고 이끌어서 "세상의 도를 아름답게
하고, 인심을 바르게 하는" 것 말고도 사회적으로 모든 사람들이 스스로
깨달아 자신을 수양하는 것이 더욱 중요하다. 공자는 하·은·주 삼대의
성세를 두고 "간사한 생각이 사라져 다시 일어나지 않았고", "도둑과 난적이
출몰하지 않아" 사람들은 천하를 함께 나누며, 서로 간에 신의와 화목함을
추구하였으며, 나이에 따른 질서가 바로잡혔고, 집 대문을 닫지 않을 만큼
안전했다고 하였다.6 이러한 '대동(大同)'의 경지에 도달하기 위해서는
모든 사람이 각자 수양해야 하고, 인애(仁愛)를 실천해야 하고, 교화가
널리 행해져야 하며 사람들이 자신의 사회적 역할에 따라 책임을 다해야
한다. "자신의 책임을 다하고" "자신을 수양하는 것을 통해" "예절과 의리"
를 갖추게 할 수 있다는 것이 바로 인간이 기타 동물과 구분되는 근본적
특징이다. 따라서 『예기』에서는 "인간이 인간일 수 있는 것은 바로 예의(禮
義) 때문이다."라고 하였다. 인간은 예의(禮義)를 알고 있기 때문에 비로소
동물과 구분하여 인간이라 할 수 있으며 만약 그렇지 않으면 '인간'이라
부르기 힘들다는 것이다.

　'인간'을 '짐승'과 나란히 놓고 말한다면 다소 불쾌할 수도 있을 것이다.
하지만 인간을 짐승과 구분하는 지점이 바로 '인간과 사회문제를 풀어가는
초기 유가사상의 논리적 출발점이다. 공자가 '효'를 말한 것은 이러한

● ● ●

6. 『禮記·禮運』편 참조.

관점에서 착안한 것으로서, 예를 들면 어떤 사람이 부모를 봉양할 수 있는 것을 가지고 '효'를 행했다고 여겼는데, 공자는 그렇지 않다고 한 적이 있다. 자신의 집의 개나 말 역시 똑같이 부양될 수 있기 때문이라는 것이다. 만약 부모를 '공경'하지 않는다면 부모를 봉양하는 것과 개나 말을 키우는 것은 별반 차이가 없을 것이다. 맹자는 "인간이 짐승과 다른 것은 거의 없다."라고 하였다. 그가 볼 때, 인간이 짐승과 구별되는 것은 아주 미세한 한 부분이다. 그 지점이란 바로 인간은 자신의 '인의(仁義)'를 지켜나갈 수 있다는 것이다. '성경(誠敬)', '인의(仁義)' 이 모두는 인간만이 지니며 짐승에게는 없다.

유가의 인간 이해는 아주 깊은 수준에 이르렀다. 공자는 우선 '천도(天道)'와 '인도(人道)'를 관련지어 사고를 전개했다. 인간은 하늘이 부여한 성품을 지니고 있으며 태어나면서부터 희로애락과 칠정육욕(七情六欲)을 지닌다. 고대의 선왕들은 '천도'를 이어받아 그것을 가지고 '인정(人情)'을 다스렸다. 이러한 선왕의 토대 위에서 공자는 '천도'에서 '인도'에 이르는 관계를 고찰했으며 나아가 '인정'에서 '인의'로 이어지는 논리 관계를 탐구하였다. 공자가 말한 '인의'란 바로 인간이 인간일 수 있는 '도리'다. 예를 들어, 천도가 "마치 해와 달이 매일같이 그치지 않고 동쪽에서 떠서 서쪽으로 지는 것"이라면, 사회 역시 끊임없이 발전해나가는 것이므로 인간은 마땅히 사회에 순응하여 부단히 적극적으로 진취해 나가야 한다는 것이다. 천지가 화합하지 않으면 만물은 태어나지 않듯, 남녀가 서로 혼인을 하지 않으면 만세의 대를 잇지 못한다. 따라서 혼례는 더욱 중시될 만한 가치가 있다. 또한 마치 "자식이 태어나서 삼 년이 지나야 부모의 품을 벗어날 수 있는" 것처럼 부모가 돌아가신 후에 자녀가 삼년상을 행하는 것도 정리(情理)에 부합한다.

실제로 유가가 말한 '예(禮)'는 바로 인간이 마땅히 따라야할 법칙을 말한다. 따라서 맹자는 '예'를 '문'으로 보고 '의(義)'를 '길'로 보았다. 그는

"의(義)란 길이요 예(禮)는 문이다. 오직 군자만이 이 길을 통해 이 문으로 들어간다."라고 하였다. 공자는 예악이 무너지고 예에 어긋나는 일들이 비일비재한 사회 현실을 목도하고 도저히 참을 수 없음을 느꼈다. "누가 문을 통하지 않고 밖으로 나가는가? 어째서 이 길을 따르지 않는 것인가?" 분명 사람들이 문을 통하지 않고서는 밖을 나갈 수 없지만 현실적으로 많은 사람들이 모두 올바른 '길'을 따르지 않고 간다. 한번 생각해 보자. 어떤 사람이 집밖으로 나가는데 문을 통해 나가지 않고, 걸어가는데 길 위로 걸어가지 않는다면 이 같은 사람을 어찌 사람이라 하겠는가?

처한 시대가 다르고 인식의 주안점이 다른 만큼, 인간 본성에 대한 초기 유가의 견해 또한 차이가 났다. 맹자는 인성이 본래 선하다고 했고 선험적으로 선한 성을 지니고 있다고 하였다. 따라서 인간이라면 마땅히 자신을 더욱 수양하여 선한 실마리를 지키고 도덕적 인격을 완전하게 갖추어나가야 한다고 보았다. 하지만 순자는 인간의 성이 악하며 따라서 마땅히 스승을 따라 배우고, 고대의 성현들을 본받아야 한다고 보았다. 그는 특히 "예절과 의리로써 사람들을 변화시킬 것"을 강조했다. 예절과 의리를 통한 교화를 주장하면서 사람들이 '화성기위(化性起僞: 사람의 본성을 개조하고 도덕관념을 수립)'하여 '악'을 버리고 '선'을 따르도록 인도하고자 한 것이다.

천하를 교화하는 관건은 인간의 마음을 교화하는 것에 달려 있다. 그중에서도 유가 인간 교화의 주된 대상은 바로 청소년이었다. 이것이 바로 유가의 시기 맞춤형 교육사상이라 할 수 있다. "어려서 형성된 것은 마치 천성과 같아서 그 습관이 변하지 않는다.", "시간이 지난 후에 배우면 힘만 들고 이루기는 힘들다."라는 이치는 이 청소년 시기를 두고 하는 말이다. 교육의 가장 적절한 시기는 세계관과 가치관이 형성되고 있는 청소년 시기로, 만일 이 가장 좋은 시기를 놓친다면 일은 배가 되지만 성과는 절반이 된다는 것이다.

사회의 인심을 교화하는 방식은 여러 종류가 있지만 교화의 목표는 여전히 동일하다. 즉 인간이 자신을 수양할 줄 알고, 맡은 역할을 다하며, 인애를 내세우고, 조화를 중시하도록 만드는 것이다. 늦어도 주대에 이르러서는 중국에서 이미 독자적인 교화 전통이 형성되었다. 주대의 사도(司徒)라는 직책은 '국가 교화(邦敎)'를 관장하는 역할을 맡았다. 『예기・왕제』에서는 "사도는 여섯 가지 의례를 정비하여 백성들의 성(性)을 조절했고, 일곱 가지 가르침을 밝혀서 백성들의 덕을 일으켰으며 여덟 가지 정책을 갖추어 음란한 일을 막았다."[7]라고 하였다. 여섯 가지 예절이란 관례, 혼례, 상례, 제례, 향례, 상견례인데, 사도는 이런 의례가 인민들의 정성(情性)에 닿을 수 있도록 하였다. 칠교란 부자, 형제, 부부, 군신, 장유, 친구, 빈객 등 일곱 가지의 기본적인 인간관계를 세심하게 살펴서 진실되게 이루어지도록 하여 일차적으로 사람들의 덕행을 제고시키고자 한다. 여덟 가지 정책이란 음식, 의복, 기예, 집기 품목, 길이 단위, 용량 단위, 계산 방법, 물품 규격 등에 관한 제도와 규정이다. 이런 규정들에 따라 사사롭고 (난잡한) 현상이 일어나지 않도록 한다. 이외에도 각종 조치들을 채택하여 백성들에 대한 교화를 강화한다. 예를 들어 "하나의 도덕으로서 풍속을 통일시키고, 노인들을 먹여 살려 (사람들이-역자) 효에 이르게 하고, 고아와 의지할 곳 없는 사람들을 구휼하여 그들의 부족함을 채워주고, 현자를 높임으로써 덕을 숭상하고, 따르지 않는 자들을 걸러내어 악을 제거한다." 이와 같은 것들이 모두 사회와 인심을 교화하는 구체적인 내용이다.

춘추 말년 이래의 사회적 혼란에 직면하여 초기의 유가들은 사회 질서를 바로잡는 것에 더욱 초점을 맞추었다. 그들은 하・은・주 삼대의 성세로 돌아가고자 하였다. 그들의 관점에서 요, 순, 우, 탕, 문, 무, 주공 등은 모두 인덕을 갖춘 성왕이었으므로 공자 역시 모두 "요순을 널리 본받고,

---

7. 『禮記・王制』, "司徒修六禮以節民性, 明七敎以興民德, 齊八政以防淫."

문왕과 무왕을 따라야 한다."고 하면서 이러한 '성왕'을 도덕의 모범으로 삼고 그 사상과 행위로 세상 사람들을 감화시키고자 했다. 후세의 사람들은 문왕, 무왕, 주공이 주나라 사람들의 '문덕'을 이루었으며, "도에 대한 다툼이 그치지 않고, 신하가 윗사람을 위태롭게 하는" 혼란의 국면을 종식시켰다고 보았다. 주공 이후에 성왕이 정사를 맡았을 때 역시 주공의 가르침으로써 풍속을 바꾸었다. 『회남자·요략』에서는 "공자는 성왕과 강왕의 도를 닦고, 주공의 가르침을 기술하면서 그것으로 70명의 제자들을 가르쳤다. 그는 제자들에게 의관을 바로하고 전적(典籍)을 익히게 했으니, 유학을 배우는 자들은 이와 같이 생활하였다."[8] 공자는 단순히 제자를 거두어 가르쳤을 뿐 아니라, 선왕의 도를 널리 퍼뜨리고 고대의 정책을 정비하였으며 '성왕들의 가르침' 가운데에서 '여섯 개의 경서'를 뽑아 정리하여 사회 교화에 도움이 되도록 하였다.

『시』, 『서』, 『예』, 『악』은 주대에는 본래 사회 교화의 도구로 사용되던 책이었다. 『예기·왕제』에 따르면 그 당시 인재를 기를 때는 '조사(造士)', 즉 선비를 만든다는 말을 사용했다. 교화를 담당하는 관리인 사도의 아래에 '악정(樂正)'이란 직책이 있었는데, "악정은 네 가지 도를 받들어 네 가지 가르침을 세우고, 선왕의 『시』, 『서』, 『예』, 『악』에 따라 선비를 양성(造士)하였다. 봄과 가을에는 『예』와 『악』을 가르치고, 여름과 겨울에는 『시』와 『사』를 가르쳤다." 여기에서 말하는 '네 가지 도(四術)', '네 가지 가르침(四敎)'은 모두 『시』, 『서』, 『예』, 『악』을 가리킨다. 공자 때에 와서 공자가 '『춘추』를 짓고', '『역』'을 찬양하였는데, 이때 그는 『시』, 『서』, 『예』, 『악』, 『춘추』, 『역』 등의 여섯 가지 경서는 모두 '도를 담고 있는(載道)' 책이므로 '국가 교화(邦國之敎)'의 가장 좋은 도구가 된다고 본 것이다.

●　●　●
8. 『淮南子·要略』, "孔子修成, 康之道, 述周公之訓, 以敎七十子, 使服其衣冠, 修其篇籍, 故儒者之學生焉."

이들 여섯 가지 경서는 중요한 문화자원이다. 공자는『시』와『서』를 편집하였고,『예』와『악』을 보완했으며,『역』을 찬양하고,『춘추』를 지었다. 이처럼 그는 '육경'을 바로잡아, 고대 전통에서부터 이어진 문화자원에 대한 정리를 진행했다. 이들 문화자원이 담고 있는 내용은 매우 깊고 풍부하다. 사마천은 이에 대해 다음과 같이 말했다. "『역』은 천지음양과 사시오행을 다루어 변화를 논하는 데 뛰어났다.『예』는 인륜을 다루어, 행실을 논하는 데 뛰어났다.『서』는 선왕의 일을 기록하여, 정사를 논하는 데 뛰어났다.『시』는 산천계곡과 금수초목과 암컷, 수컷의 사정을 기록하여 풍속을 논하는 데 뛰어났다.『악』은 음악을 정립하여 조화를 논하는 데 뛰어났다.『춘추』는 시비를 분별하여 백성을 다스리는 데 뛰어났다. 따라서 『예』를 통해 인간을 절제시키고,『악』을 통해 조화를 만들며,『서』를 통해 일의 도를 밝히고,『시』를 통해 뜻에 통달하고,『역』을 통해 변화의 도를 밝히고,『춘추』를 통해 옳음(義)의 도를 밝힌다." 현대의 시각에서 보자면, 『시경』이 대표하는 인간은 감정적 동물이며,『서경』이 대표하는 인간은 정치적 동물이며,『예기』가 대표하는 인간은 사회적 동물이고,『악경』이 대표하는 인간은 예술적 동물이며,『춘추』가 대표하는 인간은 역사적 동물이고,『역경』이 대표하는 인간은 궁극적 배려(Ultimate Care)의 동물이다. 공자는 이들 경서의 가르침을 중시하면서 이 여섯 가지 경서가 사회와 인심에 대한 좋은 교화의 도구가 되며 각기 다른 기능에 따라 백성들의 풍속을 두텁게 하고, 습성을 올바르게 형성할 수 있다고 보았다. 따라서 한 국가의 경우 백성들의 풍속과 습성을 통해 국가의 교화 정도를 이해할 수 있으며, 백성들의 온화함, 선량함, 공손함, 검소함, 양보 등 여러 가지 다른 측면에서 모두 이러한 정치적 교화의 결과를 감지할 수 있다고 보았다.

초기 유가가 '육경'을 통한 사회 교화를 제창한 것은 결코 후세의 유학자들과 같이 문장과 글자의 해석에만 치중하여 경서의 본문에 구애받는 모습과 같은 것을 의미하지 않는다. 사실 공자 시기부터 그 이후 각 시대를 막론하고 적지 않은 학자들이 경서의 표면적인 의미에만 머물러 있었다. 경서 문구 하나하나에 집착하여 속박되면 설사 "입으로는 끊임없이 여섯 가지 경서의 글을 읊는다고 하더라도" 진정으로 경서의 대의를 깨달을 수는 없다. 역사적으로 이러한 예는 비일비재하다. 공자는 진정으로 육경을 '깊이' 이해하여 그것의 정신적인 실질에 대한 이해가 이루어져야 경서가 가진 합당한 작용이 발휘될 수 있음을 명확히 파악하고 있었다. 그렇지 않으면 겉면만을 보고 그 속을 보지 못하니, 마치 문만 엿보고 방안으로는 들어가지 못하는 꼴이 된다. 공자는 '육경의 가르침'을 강조하는 동시에, 만약 이들의 가르침을 올바르게 파악하지 못하면 즉시 '육경을 통한 교화'의 '실패 문제'가 나타날 것에 주의하였다. 바로 이러한 이유 때문에 전국 시기 순자는 "예의를 극진하게 하여 『시』와 『서』를 없애자."라고 하였다. 그는 경서를 통해 선왕의 도가 지닌 진정한 함의를 이해하는 것을 중시하여, "우임금은 걸어갔지만 순임금은 달려갔다", "의관을 바르게 하고 낯빛을 고르게 하는 것" 등과 같이 지나치게 세밀하고 지엽적인 항목에만 주목하는 사람들을 탐탁지 않게 여겨 이들을 '속인(俗人)', '속유(俗儒)' 혹은 '천유(賤儒)'라고 불렀다.

사회 인심의 교화에 관해 유가는 하나의 완성된 이론 체계를 지니고 있었다. 유가의 교화학설을 한 마디로 말하자면 '크고 심오하다'고 할 수 있다. 그런데 공자가 말한 바와 같이 "도는 인간에게 멀지 않고, 만약 인간이 도를 인간으로부터 멀리한다면 그것은 도라고 할 수 없다." 따라서 사실 유가의 교화학설은 인간과의 거리가 매우 가깝다. 유가가 추구한 사회의 '지극한 선'은 위로는 천자부터 아래로는 서인에 이르기까지 사회의 모든 구성원들이 다 같이 선을 행하고 자신을 수양하여야 가능하다. 이는 『대학』에서 말하는 "군주가 되어서는 오직 인(仁)에 머물러야 하고, 신하가 되어서는 경(敬)에 머물러야 하며, 자식이 되어서는 효(孝)에 머물러야 하고, 아버지가 되어서는 자애(慈)에 머물러야 하며, 다른 나라 사람들과 교류할 때는 신의(信)에 머물러야 한다."[9]라는 도리이다. 사람이 사람인 것은 "친친(親親: 가까운 이부터 가깝게 대함–역자)이 중요하기 때문이다." 사람들은 반드시 효제의 도리를 알아야 한다. 공자는 "가까운 관계부터 시작하여 사랑을 세워나가면 백성을 화목하게 할 수 있고, 연장자에 대해서부터 공경함을 실천해나가면 백성들을 따르게 만들 수 있다." 이렇게 해야만 자신을 미루어 남에게까지 미치게 하는 것이 가능하여, "오로지 자기 부모만 부모로 여기고, 자기 자식만 자식으로 대하지" 않고 "모든 사람을 널리 사랑하게" 된다.

유가는 특히 위정자의 교화 역할을 강조하였다. 특히 교화의 요점이 바로 몸소 행동으로 보여주는 것이라고 보았다. 공자는 "'정(政)'은 '정(正)'이다. 당신이 통솔하기를 바르게 한다면 누가 감히 바르지 않겠는가." 또한 "처신이 올바르면 명령이 없어도 행한다. 처신이 올바르지 않으면 명령이 있어도 따르지 않는다."라고 하였다. 본보기의 힘이 매우 크다는 것은 자명하다. 따라서 군주는 '백성의 표본'으로서 마땅히 먼저 '인을 세워야 한다.' 백성들은 임금이 무엇을 '했는지'를 중시하지, 무엇을 '말했는지'를 중시하지 않는다. 이러한 의미에서 보면 군자는 "집을 나오지 않고도 백성들에게 가르침을 펼 수 있다." 공자는 "백성들은 무엇에 따라 행하게 하면 되고, 무엇 때문에 이를 따라야 하는지를 알릴 필요는 없다(民可使, 由之, 不可使, 知之)'라고 말한 바 있다. 이 말은 백성들이 자신을 잘 따르기를 임금이 원한다면 임금은 먼저 백성들의 본성을 알아야 되고 백성들의 정서를 잘 이해해야 한다는 뜻이다. 이 구절은 '우민(愚民)' 사상으로 흔히 오해되어 왔던 것인데, 그것과는 전혀 관계가 없는 말이다.

유가가 교화를 강조한 것이 법률과 제도를 필요로 하지 않았음을 말하는 것은 결코 아니다. 오히려 그 반대로 유가는 사회와 인심의 교화에 반드시 법률과 제도적 뒷받침이 보장되어야 한다고 보았다. 교화의 기능에 '강경책'

• • •

9. 『大學』, "爲人君, 止于仁; 爲人臣止于敬; 爲人子, 止于孝; 爲人父, 止于慈; 與國人交, 止于信."

과 '유화책'이라는 두 가지의 측면이 모두 있음은 어렵게 않게 이해할 수 있을 것이다. 사회의 풍속을 온화하게 만들고, 인간의 마음을 교화시킨다는 것은 일반적으로 강한 역량을 드러내는 일이다. 하지만 교화라는 방식은 한계를 지니기도 한다. 바로 그때 법률과 제도의 역할이 드러날 수 있다. 공자는 삼대 시기 '성인의 정치'는 항상 '형벌과 정치가 함께 한' 것이라 보았다. 만약 '바르지 못한 백성'이 '교화'되지 않으면 '형벌로 다스릴' 필요가 있다고 하였다. 공자는 "덕으로 백성을 교화하고, 예로써 백성들을 바르게 만드는 것"이 정치의 최고 경지이며 "정치제도로 백성들을 인도하고, 형벌로써 백성들을 억제하는 것"은 그 뒤라고 보았다. 만약 "아무리 교화해도 변하지 않고, 아무리 인도해도 따르지 않아서 도의를 해치고 습속이 무너지면" 비로소 형벌이 쓰일 때가 되는 것이다. 하지만 분명한 것은, 형벌의 사용은 반드시 덕을 전제로 해야 하며, 끝내 교화되지 않고 법도를 준수하지 않는 사람에게만 형벌이 적용되어야 한다는 사실이다.

2. 유가사상에서의 개인, 가정, 국가 그리고 천하

간춘송(干春松)

유가사상의 중국사회에 대한 영향은 전방위적이다. 특히 한대 이후 정치제도와 사회질서의 구축 과정에서, 유가는 권력 체제의 지원에 힘입어 관방(官方) 이데올로기가 되어갔다. 때문에 유가의 가치관은 지속적으로 민간사회 속으로 스며들어갈 수 있었다.

혹자는 공식 제도에서든 민간사회에서든 유가 관념이 제대로 실현된 적은 한 번도 없었다고 한다. 진야오지(金耀基)는 유가체제가 국가체제의 일부였을 뿐이라고까지 주장했다. 그는 "유가는 다른 관념체계와는 비교할 수 없을 정도로 중국사회에 막대한 영향을 끼쳤다. 그러나 유가의 정치적 이상이 현실 정치에서 제대로 실현되어 '유교국가(儒敎國家)'가 수립된 것이 아니다. 오히려 제도화된 유가는 국가체제의 일부분이었을 뿐이므로, '국가유학체제(國家儒學體制)'라 부르는 것이 더 적절하다."[1]고 했다. 이런 식의 주장은 다음과 같이 해석해 볼 필요가 있다. 분명 유가는 결코 현실의 제도와 삶 속에서 결코 완전하게 실현되지는 못했지만, 중국인의 삶 속으로 스며들어 갔다. 예를 들어 불교나 도교, 그 외 잡다한 민간신앙의 교리를

● ● ●

1. 金耀基, 『中國政治傳統與民主轉化』, 『中國社會與文化』, 牛津大學出版社, 1993, 112쪽.

자세히 살펴보면, 유가의 기본 신념이 조금이라도 반영되지 않은 것이 없다. 민간사회에서 유가 신념은 일종의 신비화 방식으로 '보급'되었다.

중국 전통사회에서 각종 제도는 물론 그 나름의 독립성을 유지하고 있었지만, 국가체제와 법률 영역에서 유가 관념의 영향은 점차 커져갔다. 민간사회에서는 과거나 지금이나 여러 신앙들이 병존해왔는데, 이들 신앙 모두 어느 정도는 유가의 '바탕색(底色)'을 띠고 있었다.

1. 수신(修身)을 근본으로 삼다: 신체와 개인

유가는 주대(周代) 사상의 '덕(德)'에 대한 숭상을 계승하면서 태동되었다. 이 덕이 군주에 대한 도덕적 요구와 백성 생활에 대한 도덕감을 강조하는 것으로 전환되면서, 유가는 강렬한 도덕이상주의 정신을 표출했다. 그러나 유가의 도덕이상주의에서 근간을 이루는 말을 하나만 꼽는다면, 그것은 바로 수신이다.

1) 수신을 근본으로 삼다

계약사회 이전 사회에서는 개인의 도덕적 품성은 우선적이고 기초적인 것으로 중시되었으며, 유가 정치철학이 아니더라도 이러한 원칙은 수용되고 있었다. 『관자』(管子) 권수(權修)편에는 다음과 같은 구절이 있다.

> 자기 신체를 다스리지 못하면서 어찌 타인을 다스릴 수 있겠는가? 타인을 다스리지 못하면서 어찌 한 가정을 다스리겠는가? 한 가정을 다스리지 못하면서 어찌 한 마을을 다스릴 수 있겠는가? 한 마을을 다스리지 못하면서 어찌 한 국가를 다스릴 수 있겠는가? 한 국가를 다스리지 못하면서 어찌 천하를 다스릴 수 있겠는가? 천하는 국가의

근본이며, 국가는 마을의 근본이고, 마을은 가정의 근본이며, 가정은
사람의 근본이다. 사람은 신체의 근본이며, 신체는 다스림의 근본이다.[2]

『관자』의 구체적인 편찬 연대는 알기 어렵지만, 이러한 주장은 『대학』,
『중용』 등 유가 경전과 기본적으로 일치한다.

『대학』에는 "천자부터 일반 백성까지 모두 수신을 근본으로 삼는다"[3]는
구절이 있다. 분명 수신은 유가의 도덕체계에서 근본적이고 핵심적인 지위
를 차지하며, 거의 모든 유가 경전에서 강조되고 있다. 『대학』의 '격물치지정
심성의(格物致知正心誠意),' '수신제가치국평천하(修身齊家治國平天下)'라
는 완벽한 도덕 수양 체계에서, 수신은 내적 심성 수양의 결과인 동시에
제가, 치국, 평천하의 실천 속에서 검증되어야 하는 것이다. 따라서 수신은
유가의 내성(內聖)과 외왕(外王) 간에도 중추적인 역할을 한다.

그런데 유가의 내적 수신 체계에서 관건은 심신(心身)[4] 체계를 어떻게
이해하는가이다. 우선 신체는 경험적 존재로, 수신에 대한 가장 직관적인
이해는 신체의 건강 및 손상되지 않은 상태를 추구하는 것이다. 『효경(孝
經)』에는 다음과 같은 구절이 있다.

신체는 머리끝에서 발끝까지 부모님에게서 받은 것이니, 조금도 상하
지 않게 하는 것이 효의 시작이다. 몸을 세워 도를 행하고 후세에 이름을
남겨 부모님을 드러내는 것이 효의 끝이다.[5]

● ● ●

2. 『管子 權修』, "有身不治, 奚待於人? 有人不治, 奚待於家? 有家不治, 奚待於鄕? 有鄕不治,
奚待於國? 有國不治, 奚待於天下? 天下者, 國之本也; 國者, 鄕之本也; 鄕者, 家之本也;
家者, 人之本也. 人者, 身之本也.身者, 治之本也."
3. 『大學』, "自天子以至於庶人, 一是皆以修身爲本."
4. 유가 신체관에 대해서는 다음의 책을 참고할 수 있다. 周予沉, 『身體: 思想與修行』,
中國社會科學出版社, 2005.
5. 『孝經』, "身體髮膚, 受之父母, 不敢毀傷, 孝至始也. 立身行道, 揚名於後世, 以顯父母,

유가 관념에서 신체와 심성(心性) 문제는 동전의 양면과 같다. 이처럼 수신은 "마음으로 몸을 통제하는" 문제로서, 정신이 욕망을 아우르는 것을 강조하여 심신합일(心身合一)에 이르는 것으로 이해할 수 있다. 간혹 유가에서 마음이 신체를 주재한다는 점을 강조하기도 하지만, 출토 문헌인 『성자명출(性自命出)』에는 "몸으로 마음을 주재한다(身以爲主心)"라고도 되어 있다. 즉 신체와 몸가짐에 주의함으로써 마음을 가다듬고 정돈했던 것이다.

심신에 관해 맹자(孟子)는 여러 차례 언급했는데, 핵심은 심신을 함께 수양하는 것이었다. 맹자는 『맹자 공손추상(公孫丑上)』에서 '부동심(不動心)'을 논하면서 "그 뜻(志)을 잘 잡고 그 기(氣)를 해치지 말라"[6]고 했다. 그는 지(志), 기(氣), 체(體)의 관계에 대해 "지는 기의 장수이며, 기는 몸(體)에 꽉 차 있다"[7]고 했으며, 주희(朱熹)는 '신(身)'으로 '체(體)'를 해석했다. 즉 외적 신체와 내적 심성은 상호 의존 관계이므로 모두 중요한 것이다. 흥미로운 점은 당신의 장점이 무엇이냐는 질문에 맹자가 "나는 남의 말을 잘 이해하고 나의 호연지기를 잘 기른다"[8]고 답했다는 점이다.

수신은 물론 한 개인에 대한 도덕적 요구이다. 구체적으로 말해 유가에는 많은 덕목이 있으며 상황마다 강조점이 다르지만, 관건은 내심으로 진실되게 생각하면 밖으로 드러난다(誠於中而形於外)는 데에 있다. 공자(孔子)가 '예(禮)'를 강조하면서도 특별히 '인(仁)'으로 제약하고자 했던 이유는, 예의가 형식으로만 흐르고 마음의 수양이 부족하다면 예의가 없는 것보다 더 두려워해야 한다는 점에 있었다.

때문에 『대학』은 물론 『중용』도 '신독(愼獨)'을 매우 중시했는데, 신독은 단지 홀로 있을 때 몸가짐을 삼가는 것만을 의미하는 것일 뿐 아니라

● ● ●

孝之終也."
6. 『孟子·公孫丑上』, "持其志, 無暴其氣."
7. 『孟子·公孫丑上』, "夫志, 氣之帥也; 氣, 體之充也."
8. 『孟子·公孫丑上』, "我知言, 我善養吾浩然之氣."

일종의 내외합일의 상태를 의미하기도 하기 때문이다. 따라서 『중용』과 밀접한 관련이 있다고 알려진 『순자·불구(荀子·不苟)』편에는 다음과 같은 구절이 있다.

군자의 마음 수양은 성실함(誠)보다 더 좋은 것이 없고, 성실함을 다하는 데는 다른 방법이 없다. …… 군자는 지극한 덕을 지니고 있어서 아무 말 하지 않아도 사람들을 깨우쳐 주고, 아무 것도 베풀지 않아도 사람들이 모두 가까이 하며, 성내지 않아도 위엄이 서는 것이니, 이는 무릇 하늘의 명(命)에 순응하여, 홀로 있을 때도 신중하기 때문이다.[9] 선(善)을 도리로 삼음에 있어 성심을 기울이지 않고는 신독(愼獨)할 수 없고, 신독하지 못하면 밖으로 나타낼 수 없으며, 밖으로 나타낼 수 없다면 비록 마음속에 일어나는 생각을 얼굴로 나타내고 말로 해도 사람들은 오히려 따르지 않을 것이고 비록 따르더라도 반드시 의심할 것이다. 하늘과 땅이 크다고 해도 진실하지 못하면 만물을 화육할 수 없고, 성인이 지혜가 있다고 해도 진실하지 못하면 만민을 교화할 수 없을 것이다.[10]

유가가 이처럼 내부와 외부의 도가 결합되는 '성명(誠明)'의 경지를 중시하는 이유는, 유가에서 도덕 수양은 사회질서의 가장 중요한 기초로서 군자는 외적 제약이 아닌 모범적인 생활로 타인을 '감화(感化)'시키는 존재이기 때문이다.

● ● ●

9. (역주) "홀로 있을 때조차 자신에게 부끄럽지 않을 정도로 조심한다"는 의미는 "군자는 진정한 자기만족을 위해 자신의 내면을 독자적으로 대면할 수 있기 때문"이라는 뜻이다.

10. 『荀子·不苟』, "君子養心莫善於誠, 致誠則無它事矣. ……君子至德, 嘿然而喩, 未施而親, 不怒而威, 夫此順命, 以愼其獨者也. 善之爲道者, 不誠則不獨, 不獨則不形, 不形則雖作於心, 見於色, 出於言, 民猶若未從也, 雖從必疑. 天地爲大矣, 不誠則不能化萬物. 聖人爲知矣, 不誠則不能化萬民." (『荀子』, 최대림 역해, 홍신문화사, 1997, 37-38쪽 참조)

현실사회에서 '덕(德)'과 '지위(位)' 사이의 모순은 때로 현실 권력을 도덕적 본보기로 미화시키는 결과를 낳을 수도 있다. 그러나 유가는 근본적으로 도덕의 관점에서 정치질서에 대한 비판적 태도를 유지하는 경향이 있어서, 큰 덕을 지닌 사람이 반드시 높은 자리에 올라야 한다는 이념은 권력자에게 축적된 도덕 자본으로 사회의 본보기가 될 것을 요구한다. 공자는『논어』에서 이 점을 누차 설명했다. 예를 들어『논어·위정(爲政)』에서 "정치를 덕으로써 하는 것은, 비유하자면 북극성이 제자리를 지키고 있으면 모든 별들이 모여드는 것과 같다"11고 했다. 공자는 심지어 바람과 풀을 도덕 교화의 작용에 비유하기도 했다. "군자의 덕은 바람이고 소인의 덕은 풀이다. 풀은 바람이 불면 눕게 되어 있다."12 이 말은 바람이 불면 풀이 눕듯이 덕이 있는 군자가 일반 백성들의 도덕을 함양할 수 있다는 의미이다. 따라서 유가 관념에서 수신은 정치활동의 시작점이자 토대이다. 『대학』에는 다음과 같은 구절이 있다. "나라를 다스리고자 하면 먼저 집안을 가지런히 하고, 집안을 가지런히 하고자 하면 먼저 신체를 수양한다." "몸이 수양된 후에 집이 가지런해지고, 집이 가지런해진 후에 나라가 다스려지며, 국가가 다스려진 후에 천하가 평안해진다."13 이 문장은 순환식 표현이지만, 중요한 것은 수신이 시작점일 뿐만 아니라 완전한 정치질서를 구축하기 위한 필요조건이라는 것이다. 이 이념은 후대 유가에서 지속적으로 주창되었다. 예를 들어『맹자 이루상(離婁上)』에는 "천하의 근본은 나라에 있고, 나라의 근본은 가정에 있으며, 가정의 근본은 신체에 있다"14라는 구절이 있다.

● ● ●

11. 『論語·爲政』, "爲政以德, 譬如北辰, 居其所而衆星共之."
12. 『論語·顏淵』, "君子之德風, 小人之德草, 草上之風必偃."
13. 『大學』, "欲治其國者, 先齊其家; 欲齊其家者, 先修其身.", "身修而後家齊, 家齊而後國治, 國治而後天下平."
14. 『孟子·離婁上』, "天下之本在國, 國之本在家, 家之本在身."

2) 개인과 사회

수신, 제가, 치국, 평천하의 순서를 분석하면, 필연적으로 제기되는 문제 하나가 바로 '신체'와 '자아(自我)'의 관계이다. '자아' 의식은 개체의 기초이기 때문에, 오랫동안 사람들은 공동체와 인륜 질서를 중시하는 유가에는 당연히 개체의 공간이 없다고 생각했다.

개체와 '자아'는 근대성의 영향 하의 것으로, 서양의 관념과 비교하는 과정에서 생겨난 문제이다. 계몽사상가의 유가에 대한 비판은 여기에 집중되어 있다. 유가는 근대적 의미의 '권리를 가진 개인'이라는 의식이 부족하다는 것인데, 현대 신유가들도 이를 결코 부인하지 않았다. 뚜웨이밍(杜維明)은 유가의 '위기지학(爲己之學)' 관념에 대해 다음과 같이 논했다.

> 근대 서양문화에서 보편적으로 유행하는 권리의식과 유가 전통은 다르다. 공자가 말한 위기지학은 사람 자체가 '개인'으로서 장려되거나 고립되는 '개인'을 의미하는 것이 아니었다. 그는 심지어 자아는 사회의 밖에 독립되어 있는 자주적 실체라고 생각하지 않았고 자아는 항상 사회와의 사이에서 충돌을 발생시킨다고 생각하지 않았다. 분명 그 시대에는 아직 이러한 관념을 가진 사람은 없었다.[15]

그러나 만일 '자아'와 '개인'을 제대로 구분한다면, 권리를 가진 개체라는 관념이 없다는 것이 결코 유가에 '자아'의식이 부족하다는 것을 의미하지 않음을 지적해야 한다. 자아를 거론할 때 가장 자주 사용되는 표현방식이 바로 '기(己)'이다.

『논어 헌문(憲問)』에서 공자는 "옛날 학자들은 자신을 위해서 공부하지

● ● ●
15. 杜維明, 『道學政: 論儒家知識分子』, 上海人民出版社, 2000, 32쪽.

만, 요즘 학자들은 남을 위해서 공부한다"16고 했다. '남'과 '나'를 뚜렷하게
비교함으로써 '자아'를 부각시키고 있다. 이는 유가에서 '자아'의식을 구축
할 때 항상 사회와 타인을 고려 대상으로 삼았으며, 동시에 자아 확립의
과정은 개인과 타인, 공동체(社群), 심지어 우주 사이에 세워진 일종의
조화관계의 과정을 세우는 것이었음을 의미한다. 공자는 이러한 과정을
충서(忠恕)의 도(道)로 설명했는데, 이는 어떻게 보면 적극적인 해명이라
할 수 있다. "자신이 서고자 하면 남을 세우고, 자신이 이루고자 하면
남을 이루게 한다"17는 관념은 보기에는 자신의 관념을 타인에게 강요하는
것 같다. 그런데 공자는 다시 "내가 원하지 않는 것은 남에게도 베풀지
말라"18고 하여 더욱 관용적인 서도(恕道)로 균형을 맞추었다. 충서 원칙에
관한 내용은 『중용』에서도 볼 수 있다.

> 성(誠)은 스스로 이루어지는 것이요, 도(道)는 스스로 행해지는 것이다.
> 성은 만물의 처음이자 끝이니, 성이 아니면 만물도 존재할 수 없다.
> 그러므로 군자는 성을 귀하게 여긴다. 성은 자신을 완성시킬 뿐만 아니라
> 만물을 이루어 줌으로써 구현되니, 자신을 이루는 것이 인(仁)이요, 만물을
> 이루는 것이 지(知)이다.19

다시 말해 유가에서 충서의 도는 상호 의존 관계로, 유가 이념은 결코
단순한 자아완성을 주장하지 않으며 자아완성을 통해 타인에게 영향을
끼치게 하며 아울러 그렇게 하는 것을 사회 구성원의 책임으로 간주한다.

● ● ●

16. 『論語 · 憲問』, "古之學者爲己, 今之學者爲人."
17. 『論語 · 雍也』, "旣欲立而立人, 旣欲達而達人."
18. 『論語 · 顔淵』, "己所不欲, 勿施於人."
19. 『中庸』, "誠者自成也, 而道自道也. 誠者物之終始, 不誠無物. 是故君子誠之爲貴. 誠者非自
    成己而已也, 所以成物也. 成己, 仁也; 成物, 知也."

이와 같이 개인과 사회의 관계를 이해할 때, 개인의 관점과 사회의 관점은 중첩된다. "중국에서 개인이 추구하는 이상을 때로 '내성외왕(內聖外王)'이라고 하는데, 이는 두 가지가 동시에 성취된다는 전제 하에서의 이상이다. 한 사람이 내적으로 깨끗하면 외적으로도 밝아질 것이며, 우주의 성원이 되는 동시에 사회의 공민(公民)이 될 것이다. 그의 인생은 한편으로는 세상에 속하지만, 다른 한편으로는 이 세계에 속하지 않는다. 개인의 모든 활동, 즉 자라서 성인(成人)이 되고 심지어 수양을 통해 성인(聖人)이 되는 것도 모두 사회 속에서 실현된다. 유가 관념에 따르면 성인(聖人)은 우주와 합하여 하나가 되는데, 이러한 합일(合一)도 사회 속에서 이루어지는 것이며 사회를 벗어나지 않는다. 사회적 행복은 물론 한 사람의 수양과 성취 정도에 달려 있다. 그러나 개인 역시 공적 업무와 사회적 활동을 통해서만 사람으로서의 운명을 충분히 실현할 수 있다. 사회적 책임과 의무는 회피해서도, 번거로운 부담으로 여겨서도 안 된다. 반대로 개인은 자신의 사회적 책임에 최선을 다해야 자신의 인격도 온전하게 실현할 수 있다."[20]

유가에서 중시하는 덕목의 거의 대부분이 자아와 타인의 관계 속에서 전개되고 있음을 알 수 있는데, 그 기본 전제는 '내가 이렇게 한다면 다른 이들에게 도움이 될 수 있다'는 것이다. 유가윤리의 이러한 맥락을 가진 인륜적 보편주의는 개인의 몸에서 구체화되며, 개인적 수신에서 점차 실천으로 나아갈 것을 요구한다. 그러나 이때 '개인'은 결코 서양의 천부인권(天賦人權) 의미에서의 개인이 아니라, 인륜관계에서의 개인, 사회 상황 속에서의 개인이며, 상호 신뢰 관계에서의 개인이다. 개인은 한 명의 행위자로서, 그의 행동은 관계 맺는 대상과 자신의 사회적 관계(遠近親疏) 및 사회적 상황에서 정해지고, 상호 의지하며, 상호 관계 맺는 존재의 맥락 속에서

● ● ●

20. 梅貽寶, 『中國社會思想與行爲上的個人地位』, 方東美等, 『中國人的心靈』, 聯經出版事業公司, 1984, 312쪽.

의의가 부여된다. '오륜(五倫)'은 사회에서 이루어지는 이러한 상호 의존 관계에 있는 인륜관계의 귀납이며, 개인은 이처럼 '이미 정해진(旣定的)' 사회관계 규범에서 비롯된 역할 조합(상호대칭의 조합: 자신의 역할—상대방의 역할) 안에서, 자신의 역할을 다하고 자신의 인간성(人性)을 발현하며 자신의 의무를 실천하고, 상대방 역시 자기 역할에 맞는 행위를 해야 한다.'[21] 그러나 공동체의 이익을 출발점으로 삼은 가치관은 반드시 개인의 권익을 침해하기 마련이다. 특히 공동체가 가정이나 가족으로 국한될 때, 개인과 공동체 간의 상호제약 관계는 개체가 가정 이익에 복종하는 것으로 변하여 진정한 의미에서의 집단이 사라질 위험이 있다. 인간성이 본래 선하다는 기초 위에 세워진 유가의 보편주의는 상대방에게도 같은 자세로 행동할 것을 요구하지만, 객관적으로 이러한 요구는 결코 진정으로 실현될 수 없다.

가정을 사회의 기본단위로 보는 전통 중국사회에서, 유가의 자아관념 및 이로부터 구축된 사회질서에 큰 결함이 있는 것은 아니다. 문제는 개체를 기본단위로 삼는 현대사회에서 이와 같은 자타관계는, 사회질서 확립의 기본 요소를 갖추지 못했을 뿐만 아니라 타인의 권리를 침해할 수도 있다는 것이다. 그렇다면 어떻게 개인의 기본 권리를 토대로 하면서 공동체주의의 온정을 보존할 수 있을까. 이는 분명 신유가의 중요한 사명이다.

2. 가(家)와 가족

일반적으로 주대(周代)의 정치적 중심이 신에서 사람으로 전환되었다고 알려져 있는데, 이 전환의 관건은 주대에 종족 혹은 가족 윤리를 핵심으로

● ● ●

21. 林端, 『儒家倫理與法律文化: 社會學觀點的探索』, 中國政法大學出版社, 2002, 105쪽.

하는 일련의 제도 변혁이었다. 변혁의 실제 내용은 "도덕에서 위아래를
가려, 천자, 제후, 경, 대부, 사, 서민이 모두 합하여 하나의 도덕 집단을
이룬다"[22]는 것이었다.

1) 가족주의와 관계주의

중국 가족제도의 기본원칙은 서주(西周) 시기에 확립되었는데, 당시
가족제도의 세부적 내용까지 모두 이해하기는 어렵지만, 현재 알려진 바에
따르면 적서제(嫡庶制)와 대소종(大小宗) 두 가지로 개괄할 수 있다. 전자는
비교적 쉽게 이해할 수 있다. 정처(正妻)가 낳은 정식 자식(正子)이 적(嫡)이
되며, 그 적자 중에서 최고 연장자인 적장자(嫡長子)가 합법적인 계승자가
된다. 후자는 조금 복잡하다.『예기·상복소기(禮記·喪服小記)』에는 다음
과 같은 구절이 있다.

> (제후의 뒤를 계승하지 못하는 자식들 중에서) 임금으로부터 별자(別
> 子)의 명을 받은 자는 [卿大夫로서 독립하여] 일가의 시조(祖)가 되며,
> 이 별자의 뒤를 잇는 장자는 대종(宗)이 되고, 이 뒤를 잇는 것은 소종이
> 된다. [별자의 집안, 즉 대종의 계통은 어디까지나 대종으로서 이어가맨
> 소종(小宗)의 집안은 각각 시조로부터 5대를 넘기면 종가로서의 지위를
> 잃게 되는 것으로, 이는 어느 소종에 속하는 사람들이 [5대의 조상인]
> 고조를 제사 지내는 것을 한도로 하고 있는 것이다. 이리하여 소종의
> 집안에서는 위로 거슬러 올라가면 집안의 시조가 되는 사람이 교체되고,
> 아래로 내려가면 종이 되는 사람도 교체된다.[23]

● ● ●

22. 王國維,『殷周制度論』,『觀堂集林』二, 中華書局, 1959, 454쪽.
23. "別子爲祖, 繼別爲宗, 繼禰者爲小宗. 有五世而遷之宗, 其繼高祖者也. 是故祖遷於上, 宗易
    於下." (김학주,『禮記 中』(명문당, 2014 2쇄), 873쪽 참고.)

『예기 대전(大傳)』에서는 다음과 같이 말한다.

자손 백대가 되어도 종자와 종족과의 친연이 끊기지 않고 종족에
변천이 없는 것은 대종이다. 그리고 5대 말에 이르면 종자와 종족의
친연이 끊기고 종족에 변천이 생기는 것은 소종이다. 백대가 되어도
변함없는 것은 별자의 가통이고, 별자를 계승하는 자를 종으로 하는
종족은 백대 후에도 변천이 없으며, 5대 선조인 고조를 계승한 사람을
종의 한도로 하는 종족은 5대로서 변천하는 것이다.[24] 요컨대 별자가
자손의 조상이 되는 것이다.

그러나 이 "별자의 명을 받은 자는 일가의 시조가 되(別子爲祖)"는데
여기에서 갈려 나와 스스로 생겨난 것이 바로 시조(始祖)이다. 제6대 적장자
시기에 오면 첫 시조의 위패를 조상 사당으로 옮겨서 오로지 자기 종의
시조만 제사 지냈다. 이렇게 전체 종족제도는 동태적 평형을 이루었고,
지속적으로 새로운 종족이 형성되었다.

우리에게 지금 익숙한 '구족(九族)'이라는 개념은 이러한 재편 과정에서
완성된 것으로, 직계는 고조(高祖), 증조(曾祖), 조(祖), 부(父), 자신, 자(子),
손(孫), 증손(曾孫), 현손(玄孫) 이렇게 9대이다. 『백호통 종족(白虎通·宗
族)』에는 다음과 같은 구절이 있다.

족(族)이란 무엇인가. 족은 함께 하고 모이는 것으로, 온정과 애정이
전해지고 모이는 것을 이른다. 위로는 고조까지 아래로는 현손까지 모이
며, 한 가족(一家)은 혼인으로 이루어지고 백가(百家)는 이를 다 모은

● ● ●

24. "有百世不遷之宗, 有五世則遷之宗. 百世不遷者, 別子之後也. 宗其繼別子之所自出也.
百世不遷也. 宗其繼高祖者, 五世則遷者也." (김학주, 『禮記 中』(명문당, 2014 2쇄),
911-912쪽 참고.)

것으로 함께 모여서 친하게 지내며, 아이가 태어나면 함께 사랑하고 누군가 죽으면 함께 슬퍼하니 함께 모이는 도(道)가 있다. 그러므로 족이라 이른다.25

그러나 '별자가 종이 된다(別子爲宗)'는 관점에서는 같은 고조의 족형제(族兄弟), 같은 증조의 재종형제(再從兄弟), 같은 조부의 당형제(堂兄弟), 같은 아버지의 형제 이렇게 다섯 층차가 생겨난다. 이러한 범위가 일반적으로 말하는 '무복친(無服親: 복을 입지만 촌수를 벗어난 가까운 친척)'이다. 모든 친족의 관계는 이러한 범위 내에서 만들어지는 것이고, 이외에는 친속(親屬)으로 보지 않는다.

이러한 예제는 중국의 법과 규범에 매우 큰 영향을 끼쳤는데, 서진(西晉) 때 만들어진 법을 보면, 친속 간에 발생한 충돌과 다툼은 다음과 같은 원칙에 따르고 있다. 인신 침해의 경우 연하자가 연장자를 능멸하거나 아랫사람이 윗사람을 범하면 가중 처벌하고, 이와 반대이면 경감한다. 재산 침해의 경우는 관계의 친소에 따라 결정했다. 중대 범죄의 경우, 연좌(連坐)와 구족 연좌로 사회질서를 통제했다. 양롄성(楊聯陞)은 다음과 같이 말했다. "상과 벌, 축복과 저주는 모두 가족 내에서 오가는 것이다. 정치와 법제도에서 많은 경우, 예를 들어 음(蔭)이나 음서(蔭敍)는 후대 자손에게 베푸는 은택이며, 1, 2, 3대에게 봉증(封贈)하는 것은 2, 3대의 조상에게 작위를 하사하는 것이며, 이증(貤贈)은 관리가 요구하면 그가 받은 작위를 그의 조상에게도 내리는 것이다. 그리고 족형(族刑)은 가족 전체를 징벌하는 것이다."26

● ● ●

25. 『白虎通・宗族』, "族者何也, 族者湊也, 聚也, 謂恩愛相流湊也. 上湊高祖, 下湊玄孫, 一家有 吉, 百家聚之, 合而爲親, 生相親愛, 疏相哀痛, 有合聚之道, 故謂之族."

26. 楊聯陞, 『報 — 中國社會關係的一個基礎』, 『中國現代學術經典・洪業, 楊聯陞卷』, 河北教 育出版, 1996, 872-873쪽.

위진(魏晉) 시기에는 명문대가(世家大族)가 형성되었는데, 이들의 조직방식이 반드시 유가의 가치이념을 따른 것은 아니었지만, 법률 방식은 변하지 않았다.

송대(宋代) 및 송대 이후 가족제도가 새로이 만들어지기 시작했는데, 종족 안의 개별 가(家)가 독립 생산과 경영단위가 되었다. 그러나 동족 내 가족의 혼인, 계승, 갈등 등은 종족 내에서 조정했다. 종족은 일반적으로 가족의 활동 중심지로 사당을 세웠고, 거기에서 족장(族長)을 뽑고 가족 규범을 정하고 족보를 편찬했다. 이러한 가(家)조직은 어느 정도 정부의 지지를 받았으며, 명청 시대의 법에 따르면 모두 족장이 가족 사무 처리에서 일정 부분 처분권을 가질 수 있었다. 가족 규칙은 국가 법률의 유기적 구성 요소를 이루고 있었다. 종법제도의 특성과 사회통치상의 역할은 유자(儒者)에서 중시되었는데, 예를 들어 장재(張載, 1020-1077)는 다음과 같이 말했다.

천하의 인심(人心)을 다스리고 종족을 모으고 풍속을 두텁게 하여 사람들이 근본을 잊지 않게 하려면, 모름지기 보계(譜系)와 세족(世族)을 밝혀서 적장자(宗子)의 법을 세워야 한다. 적장자의 법이 무너지면 사람은 자기가 어디로부터 왔는지 근본을 알지 못하게 되니, 옛 사람 중에 자신의 근본을 알지 못하는 이는 거의 없었다. 적장자의 법도는 오래도록 보첩으로 남아 마치 유풍(遺風)과 같이 되었다. 보첩이 없다면 사람들은 어디서 왔는지 근본을 알지 못한다. …… 적장자의 법이 세워지지 않으면 조정에는 오래된 신하(世臣)가 없게 된다. …… 적장자의 법이 세워지지 않은 채 오래되면, 마침내 족(族)은 흩어지고 가(家)는 전해지지 못한다. 종법이 세워지면, 사람들이 어디로부터 왔는지 알게 되어서 조정에도 크게 이익이 된다.[27]

송명 이후 가족제도의 영향으로, 중국의 사회질서는 법률이 아닌 예속(禮俗)을 통하여 유지되었다. 페이샤오통(費孝通)은 '무송(無訟)'이라는 용어로 이러한 현상을 묘사했다. "향토사회의 예치질서에서 사람됨이란 도덕 문제로, '예'를 모른다면 멋대로 행동하고 규율도 사라지게 되어 좋은 사람이 될 수 없다. 지역 질서를 책임지는 부모관(父母官)에게 예치질서를 유지하는 이상적 수단은 교화이지, 재판이 아니다. 만일 소송을 해야만 한다면 그것은 반드시 전통적인 규율을 깨뜨린 사람이 있기 때문인 것이다."[28]

이로부터 가족제도는 본래 시대마다 다르고 계속해서 변해왔지만 예(禮)의 방식으로 사회 정치문제를 처리한다는 것은 동일했으며, 이것이 바로 중국 전통사회의 가족주의 경향이라는 것을 알 수 있다.

윤리적 시각으로 정치문제를 처리하는 것은 중국 전통 정치철학의 공통된 특징이다. 그러나 중국 윤리정치의 특수성이라면 가족관계를 통해 사회관계를 이해한다는 것이다. 따라서 가족윤리로부터 사회정치윤리를 이해하게 된다. 『예기·대전』에 따르면 인륜의 도리는 이미 가족 안에서 이루어진다.

> 자기 위에 부조(父祖)가 있고 아래로는 자손이 있다. 부조의 사랑을 다스리는 것이나 제사하는 방법을 올바르게 하는 것이 선조를 존경하는 길이다. 또 자손에 대해 장유적서(長幼嫡庶)의 구별을 분명히 하고 화목하게 다스리는 것이 집안이 서로 화합하는 길이다. 또 방계 친족으로는 형제나 종형제가 있다. 이를 잘 다스리는 길이 일족(一族)의 친목을 도모하

• • •

27. 張載, 『張子全書』卷四 『宗法』, "管攝天下人心, 收宗族, 厚風俗, 使人不忘本, 須是明譜系, 世族與立宗子之法, 宗法不立, 則人不知統系來處, 古人亦鮮有不知來處者. 宗子法度, 後世尚譜牒, 猶有遺風. 譜牒又廢, 人家不知來處. ……宗子之法不立, 則朝廷無世臣 ……宗法不立旣久, 遂族散, 其家不傳; 宗法若立, 則人人各知來處, 朝廷大有所益."

28. 費孝通, 『鄕土中國』, 香港三聯書店, 1986, 54-55쪽.

는 길이다. 가끔 친족이 모여 음식을 먹는데 그때의 자리는 조묘(朝廟)의 소목(昭穆)에 맞게 정하며 예의에 따라서 장유존비(長幼尊卑)의 구별을 분명히 한다. 이로써 인간의 윤리가 충분히 밝혀지게 된다.[29]

유가에서 정치와 사회 조직은 오륜관계의 확대로서, 개인(가정)을 중심으로 하는 혈연관계가 점점 바깥으로 확장되어가는 것이다. 양궈수(楊國樞)는 이러한 현상을 '범가족화 경향(泛家族取向)'이라고 하였다. 이는 가족의 구성 형태 및 운영 원칙이 사회단체, 심지어 국가와 같은 가족 밖의 집단과 조직으로 확장된다는 의미이다. 가족윤리 관계 혹은 역할 관계를 가족 밖의 집단 및 조직으로 확장시켜서, 비가족 구성원을 가족화하는 것이 규범이 된다. 이로써 가족생활의 원칙이 제한 없이 사회생활에 적용되게 된다.[30]

이러한 사고방식은 분명 이성에 근거한 것(理性式)이 아니라 전적으로 상황에 근거한 것(情景式)이다. 모든 인류의 감정 중에서도 혈연의 감정에 기초한 것이 가장 자연스럽고 견고한 것이며, 인구 이동이 상대적으로 적은 농경사회에서 혈연관계는 경험을 통해서 증명되는 원칙이기 때문이다. 역대 군주가 중시한 『효경』에서 부모(親)와 임금(尊)의 관계를 다룰 때도, 부모 공경을 출발점으로 삼았다. "효(孝)는 어버이를 섬김이 시작(始)이고, 임금을 섬김이 중간(中)이고, 입신(立身)해서 도(道)를 행하는 것이 끝(終)이다."[31] 유가의 도덕실천은 왜 가정에서 출발하는지, 이에 관해서는 윙치찬(陳榮捷)의 해석이 주목할 만하다.

●●●

29. 『禮記・大傳』, "上治祖, 禰, 尊尊也; 下治子孫, 親親也; 旁治昆弟, 合族以食, 序以昭繆, 別之以禮義, 人道竭矣." (김학주, 『禮記 中』(명문당, 2014, 2쇄), 905쪽 참고.)
30. 楊國樞, 『中國人的心理與行爲: 本土化研究』, 中國人民大學出版社, 2004, 94쪽.
31. 『孝經』, "夫孝, 始於事親, 中於事君, 終於立身."

유가가 부모에서 시작하는 것은 부모와의 관계가 인생의 처음이자 절대적으로 필요한 관계이기 때문이다. 다른 관계는 없을 수 있지만 부모는 없을 수 없는 존재이며, 경험적으로도 가장 가까운 관계이다. 사람들은 일반적으로 모든 사람들에게 우호적이지만, 가장 존경하는 대상은 그중에서도 가장 가까운 사람이다. 이는 사랑이 실현될 때는 차등이 있으나 이것이 사랑 그 자체는 아니라는 것을 보여준다. 반쪽 혹은 1/4 사랑이라는 것은 상상할 수 없기 때문이다. 유가에서 인(仁)은 모든 사람을 사랑하는 것이므로 마땅히 인에 포함된 모든 특징을 관철해야 한다는 것을 거듭 강조한다.[32]

그러나 유가는 감정적인 요소 자체의 불확실성을 고려하지 않은 것이 아니었다. 따라서 반드시 이러한 감정의 부호화와 신성화, 나아가 법제화까지가 필요했다.

우리는 사회질서 유지의 원칙이 법률이 아닌 예속(禮俗)에 있다는 것일 뿐, 결코 많은 사람들이 생각하듯 중국 고대에는 법률의 전통이 아예 없다거나, 일부 사람들처럼 단지 형벌만 있고 법은 없었던 것이 아니었다. 이러한 견해들은 부분적일 뿐 보다 객관적 입장에서 분석한다면, 중국의 법문화에는 유가사상의 흔적이 짙게 남아 있다는 결론을 낼 수 있다. 위룽근(兪榮根)은 이를 혈친(血親) 전통, 의무 본위, 권위주의와 윤리지상주의(倫理至上主義)로 표현했다.[33]

근대 서양 법률체계와 법률관념은 권력과 의무 주체를 개인에게로 통합하는 원칙을 확립했다. 그러나 중국 고대에는 권리와 의무를 사회 공동체인

• • •

32. Wing-tsi chan, "Chinese and western Interpretation of Jen(Humanity)" in *Journal of Chinese Philosophy*, 2(1975), p. 111.
33. 兪榮根, 『道統與法統』, 法律出版社, 1999, 440-441쪽. 본문의 관련된 내용 역시 많은 부분 이 책을 참고하였다.

가정과 국가에 통일시켰는데, 그중 일부는 국가와 가정의 이름으로 타인의 권리를 종속시켰기 때문에 대다수 사람들은 의무에만 진력할 수밖에 없었다. 의무 본위의 원칙은 필연적으로 가족주의와 국가주의로 이어졌으며, 이러한 가족과 국가의 윤리가 공평과 정의의 원칙을 대신하여 법률적 평가의 기본원칙이 되었다. 이처럼 중국의 법률은 농후한 혈연 공동체로 매개되는 종법주의의 세속윤리 색채를 지니고 있다. 가족주의 원칙으로 확립된 사회질서는 사회생활 속에서 페이샤오통이 말한 '계서적 질서구조'로 확장되었다. 이는 혈연관계나 혈육적 정감의 원근(遠近)에 따라 일을 처리하는 원칙을 말한다. 이러한 형태는 많은 사람들에 의해 '관계주의(關係主義)' 원칙으로 개괄되었다. 일부 사회학자의 표현에 따르면, 혈연관계는 전통사회의, 계약은 현대사회의 사회원칙 확립의 기본 방식이다.

'관계'에 대해 혹자는 중국사회는 개체중심도 집단중심도 아닌 관계중심 사회라는 해석이 대체로 받아들여지고 있다고 한다. 이는 '관계'가 분명 여전히 우리 생활에 영향을 끼치고 있기 때문이다. 전통 중국인의 생활 준칙으로서의 오륜의 출발점도 주로 '구별(別)'에 있다. 다시 말해 사람과 사람 사이, 관계의 친소(親疏)를 구별한 후 자신의 행동 준칙을 결정하는 것이다. 이에 대해 진야오지(金耀基)는 다음과 같이 말했다. "중국에서 개체는 구체적인, 차등관계(等差關係)의 관점에서 '타인'의 관계적 존재를 상정한다. 이러한 '관계 지향성(關係取向)'을 견지하기에 개체는 고립된 실체가 아니라 필연적으로 '사회적' 존재이다."34

만일 서양의 가치관이 개체를 기초로 해서 확립되었다면, '관계성'은 중국인의 개인과 집단 관계를 이해하는 중요한 방향일 것이다. 대부분 사람들은 중국인이 '사람(人)'을 말할 때는 개체의 사람이 아니라 특정 관계 속에 처한 '인륜(人倫)'의 사람이라고 생각한다. "관계를 중시하는

• • •

34. 金耀基, 『關係和網絡的建構』, 『中國社會與文化』, 牛津大學出版社, 1993, 68쪽.

특성 때문에 중국인은 자신의 행위를 이해하고 해석할 때, 스스로를 자신이 위치한 인맥 망 속에 둔다. 한편으로는 인간관계의 틀을 사용하여 자신의 행위를 합리화하며, 다른 한편으로는 개인의 궁극적 관심 역시 그 가운데 둔다. 따라서 비교적 안정된 사회질서 속에서든 혹은 사회변천의 과정 속에서든, 중국인의 인간관계 구조 및 조직의 변천은 개인, 사회, 그리고 개인과 사회관계의 구조 및 그 변화에 대한 하나의 분명한 특징이다."[35]

2) 가(家)와 국(國)의 동형 구조

많은 경우, 가(家)라는 개념에 포함된 내용도 모호하다. 일반적으로 가는 핵심적인 가족 구성원이지만, 때로 그것은 동일한 가계 혹은 씨족 전체의 구성원을 포함하기도 한다. 뿐만 아니라 우리가 습관적으로 사용하는 '한 가족(自家人: 실제 가족이 아닌 내 사람, 우리 편이라는 의미)이라는 말에서는 가의 경계는 더욱 애매하고 불분명해져서, 모든 사람으로까지 확장될 수 있다.[36/37]

유가에서는 '가, 국 동형구조'라는 사회관계 원칙을 확립했는데, 이는 『역경·서괘(易經·序卦)』에서 말한 것과 같다. "하늘과 땅이 있은 후에 만물이 있으며, 만물이 있은 후에 남녀가 있고, 남녀가 있은 후에 부부가 있으며, 부부가 있은 후에 부모와 자식이 있고, 부모와 자식이 있은 후에 임금과 신하가 있으며, 임금과 신하가 있은 후에 위아래가 있고, 위아래가 있은 후에 예의를 시행할 수 있다."

유가에서는 가족 관계를 다른 사회적 관계로 확장시키는데, 관건은 임금과 신하 관계이고 이것은 친친(親親: 친족 관계에서 원근에 따라 경중을 달리하는 것)과 존존(尊尊: 존속 신분과 지위 고하에 따라 관계의 경중을

●●●
35.　李晶, 『人情社會: 人際關係與自我觀的建構』, 八方文化企業公司, 2002, 14쪽.
36.　金耀基, 『儒家學說中的個體與群體』, 『中國社會與文化』, 牛津大學出版社, 1993, 7쪽.
37.　李晶, 『人情社會: 人際關係與自我觀的建構』, 八方文化企業公司, 2002, 14쪽.

달리하는 것)의 관계를 어떻게 처리하는가에 있다. 『예기ㆍ대전』에서는 다음과 같은 내용이 있다.

성인(聖人)이 나라를 세워 천하를 다스리려면 반드시 인륜을 바르게 지키고 행하는 것에서 시작해야 한다. 도량형을 정하고 예법을 설정하며, 역법을 고치고 기치(旗幟)의 기호(記號)를 분명히 하며, 여러 기구의 구별이나 의복의 규정을 분명히 한다. 이것들은 왕이 백성을 함께 변화시켜서 생활을 편리하게 해 줄 수 있는 사항이다. 그러나 바꿀 수 없는 것도 있다. 그것은 부모를 공경하고, 높은 사람을 존경하고, 윗사람을 섬기고 남녀의 구별을 분명히 하는 것 등으로, 이것은 백성을 위해 바꿀 수 없는 사항이다.38

다시 말해, 예의 규범은 왕조가 바뀜에 따라 계속 변할 수 있다. 그러나 이러한 변화에도 변할 수 없는 원칙들이 있다. 이것이 바로 친친과 존존 같은 원칙이다. 왜 그럴까?

인애(仁愛)의 정신으로 선조를 대한다 해도 세대를 거슬러 올라감에 따라 가벼워지며, 의리로 선조를 존경할 때 세대를 아래로 내려감에 따라 가벼워진다. 이 때문에 부모 공경을 말하는 것이다. 부모를 공경하게 되면 조상을 존경하게 되고, 조상을 존경하게 되면 조상의 직계인 적장자(宗子)를 공경하게 되고, 적장자를 공경하게 되면 친족을 화합시키게 되고, 친족을 화합시키게 되면 적장자가 제사 지내는 종묘가 엄숙해지고,

---

● ● ●

38. 『禮記ㆍ大傳』, "聖人南面而治天下, 必自人道始矣. 立權度量, 考文章, 改正朔, 易服色, 殊徽號, 異器械, 別衣服, 此其所得與民變革者也. 其不可得與民變革者則有矣, 親親也, 尊尊也, 長長也, 男女有別, 此其不可得與民變革者也." (김학주, 『禮記 中』(명문당, 2014 2쇄), 905쪽 참고.)

종묘가 엄숙해지면 사직이 존엄하게 되고, 사직이 존엄하게 되면, 백성을
사랑하게 되고, 백성을 사랑하게 되면 형벌이 공정하게 되고, 형벌이
공정하게 되면 백성이 편안하게 되고, 백성이 편안하게 되면 나라의
재물이 풍족해지고, 나라의 재물이 풍족해지면 백성들의 뜻이 이루어지
고, 백성들의 뜻이 이루어지면 예의와 풍속이 다스려지고, 예의와 풍속이
다스려진 후에 모두가 즐겁게 될 것이다.[39]

이러한 추론은 가정에서부터 국가에 이르기까지의, 윤리에서 비롯한
유가의 정치적 원칙을 분명하게 반영하고 있다. 이것은 더 정확히 말해서
윤리와 정치가 일체화되는 경로를 보여주는 것이다.

비록 종법제도는 진나라 통일 후 대일통(大一統)의 군현제에 자리를
내주었지만, "종법 예의에는 유가 경사(經師)들이 주창하는 가족윤리와
정치윤리가 기록되어 있다. 대체로 진한 이후 존존과 친친은 여러 차례
바뀌면서 변동이 일어나는데, 기본적 방향은 두 가지이다. 하나는 모계질서
가 끊임없이 확장되는 것이고, 다른 하나는 존부(尊父)와 존군(尊君)이 계속
충돌하면서 결국 존존이 존군(尊君)으로 전환된 것이다."[40]

사실 오륜 중에서 군신 관계는 부자, 형제, 부부, 친구와 비교하면, '자연적
이지도(非自然)', '혈연도 아닌(非血緣)' 관계이다. 가국 동형구조는 군신
간의 관계를 한층 친밀하게 만들었지만, 국가의 가산화(家産化), 즉 가족의
사(私)와 사회의 공(公) 사이를 가르는 일종의 제약이 부족하게 되는 문제도
낳았다. 명말청초 사상가들의 전통정치에 대한 비판 역시 바로 이 지점에

● ● ●

39. 『禮記・大傳』, "自仁率親, 等而上之至於祖. 自義率祖, 順而下之之於禰. 是故人道親親也.
親親故尊祖, 尊祖故敬宗, 敬宗故收族, 收族故宗廟嚴, 宗廟嚴故重社稷, 重社稷故愛百姓,
愛百姓故刑罰中, 刑罰中故庶民安, 庶民安故財用足, 財用足故百志成, 百志成故禮俗刑,
禮俗刑然後樂." (김학주, 『禮記 中』(명문당, 2014 2쇄), 913-914쪽 참고.)
40. 張壽安, 『十八世紀禮學考證的思想活力－禮敎論證與禮秩重省』, 中央研究院近代史研究
所專刊 86, 2001, 143쪽.

집중되어 있다. 이 방면에서 황종희(黃宗羲, 1610-1695)의 『명이대방록(明夷待訪錄)』은 가히 독보적이라 할 수 있다. 그는 존군의 결과로 군주가 천하를 자기 사유재산으로 간주하게 되었다고 보았다.

후세로 올수록 군주 된 사람들은 그렇지 못하였다. 그들은 마치 천하의 이해관계에 얽힌 모든 권한이 전부 다 자신으로부터 비롯된다고 생각하였다. 그리하여 천하의 이익은 모두 자신에게로 돌리고 천하의 손해는 모두 다른 사람에게 돌려도 괜찮다고 생각했다. 그리고 천하 사람들은 개인적 사사로움이나 개인의 이익을 추구하지 못하도록 하면서, 황제 자신의 사적 이익을 크게 넓히는 것은 천하의 가장 큰 공으로 여겼다. 군주도 처음에는 부끄러워할 줄 알았지만 시간이 오래 지나면서 차츰 익숙해졌고, 천하를 자기의 큰 재산으로 여기면서 이를 자기 자손에게 물려주어 영원무궁토록 누리려고 하였다.[41]

새로운 공, 사 의식 하에 황종희는 전통을 재구성하여 부자관계로서 군신관계의 정칙(定則)을 연역해 내려고 했다. 그는 사대부의 출사(出仕)를 강조했는데, 이는 군주의 가신(家臣)으로서가 아니라 천하백성의 이익을 위해서였다. 『원신(原臣)』편에는 다음과 같은 내용도 있다.

혹자가 묻기를 "신하를 자식이라고 부를 수는 없는가?" 말하기를 "그럴 수 없다." "부모와 자식은 하나의 기(氣)로 이루어졌다. 자식은 부모의 몸에서 분리되어 자신의 몸을 갖는다. 따라서 효자는 비록 부모와 몸은 다르지만 하루하루 그 기에 가까워질 수 있으며 오래도록 통하지

● ● ●

41. 『明夷待訪錄』, "後之爲人君者不然, 以爲天下利害之權皆出於我, 我以天下之利盡歸於己, 以天下之害盡歸於人, 亦無不可; 使天下之人不敢自私, 不敢自利, 以我之大私爲天下之大公.始而慚焉, 久而安焉, 視天下爲莫大之産業, 傳之子孫, 受享無窮."

않음이 없다. 불효자는 몸이 나뉜 후에 나날이 멀어지고 소원해지며, 오랜 시간이 흘러도 기가 비슷해지지 않는다. 군신이라는 이름은 천하로 부터 부여 받는 것으로, 내가 천하에 책임이 없다면 임금에게 나는 지나가 는 행인일 뿐이다. 임금에 출사했더라도 천하에 종사하지 않으면 임금의 천한 종이 되며, 천하에 종사하면 임금의 사우(師友)가 된다. 이렇듯, 신하라는 이름은 변할 수 있지만, 부모와 자식은 결코 변할 수 없다.[42]

고염무(顧炎武, 1613-1682) 등의 저작에서도 유사한 관점을 볼 수 있다. 이는 유가 스스로 가국 동형구조 관계에 대해서 이미 깊이 성찰했다는 것을 의미하며, 유가의 자아비판이라고 할 수도 있을 것이다.

3. 천하국가(天下國家)

유교에서 도덕의 완성과 이상적인 정치 경지는 바로 천하를 태평하게 다스리는 것(平天下)이다. 출발점은 '한 사람의 신체(身)'이고, 종착점은 '천하를 태평하게 다스리는 것'인데, 혹자는 '만세를 위해 태평을 열었다(爲萬世開太平)'고도 했다. 맹자는 "사람들은 모두들 '천하, 국, 가(天下國家)'를 말한다.' 천하의 근본은 국가에 있고, 국가의 근본은 가정에 있고, 집안의 근본은 신체에 있다"고 했다.[43]

'천하'는 '국가'를 넘어선 존재로서, 자신, 가족, 국가 등의 속박을 뛰어넘

• • •

42. 『明夷待訪錄・原臣』, "或曰: 臣不與子並稱乎? 曰: 非也. 父子一氣, 子分父之身而爲身. 故孝子雖異身, 而能日近其氣, 久之無不通矣; 不孝之子, 分身而後, 日遠日疏, 久之而氣不相似矣.君臣之名, 從天下而有之者也. 吾無天下之責, 則吾在君爲路人. 出而仕於君也, 不以天下爲事, 則君之仆妾也; 以天下爲事, 則君之師友也. 夫然, 謂之臣, 其名累變. 夫父子固不可變者也."

43. 『孟子・離婁上』

어 인간성의 진정한 실현을 의미한다. 뚜웨이밍은 다음과 같이 말했다. "자신의 이기심을 극복하고 진정한 인간성을 완성할 때, 가족 역시 연고주의 (裙帶關係, nepotism)를 극복하고 진정한 인간성을 완성할 수 있다. 이러한 순서로 따라간다면, 공동체는 반드시 지방주의를 극복하고, 국가는 반드시 종족주의를 극복하고, 천하는 인류중심주의를 극복하여, 진정한 인간성을 완성할 수 있다."[44]

'천하' 개념은 일반적으로 주나라 사람과 은나라 사람이 숭배하던 서로 다른 신(神)이 융합하여 하나가 된 천제(天帝)로부터 나온 최고의 신의 산물로 알려져 있다. "주나라 통일 왕조가 건국되면서 주나라 사람들은 천제를 더 이상 편파적인 신령(神靈)이 아닌, 모든 신 중의 최고의 신으로서, 땅 위의 모든 백성을 사랑하고 덕이 있는 사람을 천자로 명하여 만백성을 다스린다고 생각했다. 이 최고의 신, 천지만물의 주재자라는 관념의 등장으로, 중국 고대인의 사상에서 모든 것을 통섭하는 관념이 형성되었을 뿐만 아니라, 천하는 한 가족(天下一家)이라는 사상도 등장했다."[45]

구체적으로 말하자면 왕은 하늘(天)로부터 명을 받아 덕행으로 세계의 사람들을 관리하는 사람이고, 이러한 왕이 자연스럽게 천자가 된다. 주대의 통치가 무너진 후에도 이 관념은 사라지지 않고 하늘과 사람 사이의 관계로 확대되었고, 원래 천자와만 관련되었던 하늘은 모든 사람과의 관계로 확장 되었다.

'천하'는 지리적 개념으로, 사람들 마음속에 있는 토지도 포함하고 있다. 예를 들어, 『상서 · 우공(尙書 · 禹貢)』에서 '구주(九州)'와 '오복(五服)'은 다음과 같이 묘사되어 있다. '구주'와 '오복'의 확립으로 "동쪽으로는 바다 까지 이어지고 서쪽으로는 사막까지 닿았으며, 북쪽과 남쪽까지 성인의

●　●　●

44. 杜維明, 『儒敎』, 麥田出版社, 2002, 127쪽.
45. 李杜, 『中西哲學思想中的天道與上帝』, 藍燈文化事業股分有限公司, 2000, 5쪽.

가르침이 온 천하에 퍼졌다. 순 임금은 우에게 하늘 아래 모든 것을 물려주었으며, 천하는 결국 태평스럽게 다스려졌다." 그러나 근대과학의 훈련을 받은 역사학자들은 분명 이러한 통치구역이 당시 정치적, 군사적 구조 하에서는 단지 '허구(虛構)'일 뿐이라 생각하고 있다. 이것이 가장 많이 반영된 것이 핵심 지역과 변경 지역의 권력 차별이다. 양롄성(楊聯陞)은 다음과 같이 말했다. (비록 오복 혹은 구주에 관해서는) "이러한 세밀한 구분은 대부분 모두 근거 없는 허구이지만, 상나라와 주나라의 역사적 사실에 비교적 부합한 것은 내복(內服)-왕기(王畿), 외복(外服)-제번(諸藩)의 구분이다. 물론 '내'와 '외'는 상대적이기 때문에, 안에도 안이 있고 밖에도 밖이 있어서 지속적으로 분리되고 있었다고 말할 수 있다. 군사와 문화가 확장되면서 일부 외복은 내복으로 편입되었으며, 모든 제번은 외번이 될 가능성이 있었다. 더 통속적으로 말하면 모든 생번(生蕃: 한족화되지 않은 부족)은 숙번(熟蕃: 한족화된 부족)이 될 가능성이 있었다.[46]

이러한 '내'와 '외'라는 불확정적인 통치지역 구분방식을 보고, 많은 학자들은 중국 고대에 구체적인 통치 영역을 초월하는 가치, 즉 '천하'가 존재한다고 생각했다. 첸무(錢穆)는 다음과 같이 말했다.

중국 고대인에게는 뚜렷한 민족 분계선이 존재하지 않았으며 하늘에 위대한 상제가 있다는 믿음이 있었다. 그들은 모든 세계, 모든 인류라는 사회 전체에 관심을 가졌으며, 하나의 부(部)나 족(族)만의 것이라고 여기지 않았다. 이 점에 비추어 보면, 그들에게 국가 관념이 약했음을 알 수 있다. 따라서 그들에게는 국가 관념을 넘어서는 '천하 관념'이 있었다. 그들은 항상 국가를 넘어 천하에 도를 행하고 천하가 태평하기를 바랐다.[47]

● ● ●

46. 楊聯陞, 『從歷史看中國的世界秩序』, 『國史探微』, 臺灣聯經出版公司, 1983, 3쪽.

물론 첸무의 글을 읽을 때 우리는 그가 사용하는 천하와 국가의 개념을 적절히 가려서 보아야 한다. 주대 중국에서 '국(國)' 개념은 결코 오늘날 우리가 말하는 '민족국가'와 같은 의미가 아니다. 중국의 가국 체제에서 국과 국의 관계는 가족 관계를 발전시킨 것은 아니지만, 제도상으로는 분명 가족 도덕의 확장체이기 때문이다. 다시 말해, 고대 중국에서는 가족관계로 서로 다른 족군 간의 관계를 이해하는 경향이 확실히 존재했다. 이에 따라 중국인들은 영토나 왕을 기준으로 하는 것이 아닌 문화48에 따라서 '국가'를 이해하게 되었다. 왕조의 존속과 멸망의 과정은 하늘의 덕이 옮겨간다(天德流行)는 유가의 관점에 근거한다. 그러나 이러한 국가흥망의 이면에는 이 왕조나 저 왕조를 넘어서 항상 존재하는 정치적 공동체를 추구하는 관념이 존재한다.

모든 왕조는 자신의 왕조를 더 오랜 시간 존재해왔던 시간 공동체의 연속으로 보고자 했다. 이 공동체가 바로 중국이다. 왕조는 멸망할 수 있지만 '중국'은 끝나지 않는 것이기에, 몇 개의 국가가 병존할 때에는 '정통(正統)'에 관한 분쟁이 있었고 누가 진정으로 중국을 대표할 수 있는가를 논쟁했다.

가장 높은 통치자로서의 '천자' 역시 결코 단지 한 지역의 지도자가 아니었다. 래티모어(Owen Lattimore, 1900-1989)는 '수석 귀족(首席貴族)'이라는 말을 사용했다. "주 왕조의 천자는 광범위한 문화의 중심을 대표하지만, 천자는 결코 개개 지역을 직접 통치하는 방법으로 긴밀하게 결합된 제국을 다스리려고 하지 않았다. 봉건제도 하에서는 많은 대귀족(大貴族)들이 천자

• • •

47. 錢穆, 『中國文化史導論』, 商務印書館, 1994, 48쪽.
48. 량수밍을 포함한 국내 많은 사람들은 중국인의 국가에 대한 입장은 '文化主義'로, 근대 중국의 국가 관념은 문화주의에서 민족주의로 변화되는 과정을 겪었다고 생각했다. 이 문제에 대해서는 James의 논의를 참고할 수 있다. 湯森, 『中國的民族主義』. 復旦大學歷史系, 復旦大學中外現代化進程研究中心編, 『近代中國的國家形象與國家認同』, 上海古籍出版社, 2003에 수록됨.

에게 복종했고, 소귀족(小貴族) 역시 동일하게 대귀족에게 복종했다. 조세, 민법, 형법 및 병역은 역대 봉건국가마다 자주적으로 행해졌고 결코 하나의 제국으로 집중되지 않았다. 주 왕조 천자도 자신이 통치하는 땅(王畿)이 있었지만, 그들은 제왕이 아닌 봉건 대귀족의 모습으로 통치했다. 따라서 엄격히 말하면, 주 왕조 천자는 단지 '수석 귀족'이라는 봉건 지위를 가지고 있었을 뿐이다."[49]

따라서 천자는 더더욱 질서의 수호자와 같았고, 이러한 질서는 인류를 넘어서는 우주의식을 대표했다. "유교의 하늘(天)은 보편적, 초월적인 신지(神祇)이지, (한족 왕조와 같은) '국가'의 상제(上帝)가 아니다. 유교의 천자는 모든 생민(生民)이 참여하는 우주질서를 대표하며, 전체 인민(人民)의 생존 근거이자 원천이다. 그러므로 천자로서의 황제는 단지 '국가'의 원수에 그치는 것이 아니라, '천하' 인민의 대표이며 의지처이다. 다음으로 황제가 '신격(神格)'인가 혹은 '인격(人格)'인가라는 문제에서 말하면, 한대의 황제는 '인격'이라고 할 수 있지만, 이 '사람(人)'은 반드시 천지인(天地人)의 관계 속에서 그 성격이 정의된다. 유가가 기대하는 천자는 천과 인을 매개할 수 있는 성인(聖人)이며, 이러한 성인은 신지(神祇)는 아니지만 교사(郊祀) 등의 직책을 맡았기 때문에 평범한 사람도 아니다. 유자도 천자는 우주질서를 주관하는 신적 능력을 가지고 있었다고 믿었다."[50]

물론 많은 사람들은 『춘추』의 '존왕양이(尊王攘夷)' 사상과 고대의 조공 제도를 통해 설령 제도원칙으로 볼 때, 고대 중국에 결코 '천하' 관념이 진정으로 제대로 실현된 적이 없다고 설명하겠지만, 이러한 비판은 현실 제도가 불완전했다는 한 가지 측면만 주목한 것이다. 조공제도와 '빈례(賓禮)'와 같이 중화중심주의로 보이는 제도의 설계 배후에 '천하'라는 관념이

● ● ●

49. 拉鐵摩爾, 『中國的亞洲內陸邊疆』, 江蘇人民出版社, 2005, 250쪽.
50. 甘懷眞, 『中國古代郊祀禮的再思索』, 劉增賢 主編, 『法制與禮俗』, 中央研究院歷史與語言 研究所, 2002. 241쪽.

결코 완전히 사라지지 않았다는 점은 주목되지 못했다.51

그러나 '천하'는 유가 도통(道統)의 담지체로 간주될 수 있으며, 그렇게 제왕(帝王)의 사(私)와 천하(公)의 공은 첨예하게 대립했다. 이러한 사상은 명말청초에 집중적으로 드러난다.

명말청초의 사상가들이 가장 심혈을 기울인 것은 '천하'가 본래 갖고 있던 지리적 개념과 왕조를 분리시키는 것이었다. 예를 들어 황종희는 『명이대방록』에서 자신의 사사로운 이익을 추구하는 것이 인간의 본성이지만, 천하 관념으로 인해 사람들은 '이로운 것은 받아들이고(受其利)', '해가 되는 것은 버리게(釋其害)' 되었으므로, 완벽한 군주라면 천하에 마음을 두어야 한다고 했다. 따라서 '천하'의 기준에 부합하는가 여부는 사람들의 행복과 고통에 달려 있지, 황가(皇家)와 조정의 성쇠가 아니라는 것이다. 이러한 관념은 고염무의 경전 해설에서도 엿볼 수 있다.

우리에게 익숙한 고염무의 '천하의 흥망에는 필부도 책임이 있다(天下興亡, 匹夫有責)'라는 말의 원문은 '천하를 안정시키는 일은 미천한 보통 사람들도 함께 책임이 있다(保天下者, 匹夫之賤與有責焉耳)'이다. 고염무는 어떤 정권이 영토를 보유하는 것을 '땅이 있다(有土)'라고 했고, 백성들이 넉넉하게 먹고 입을 수 있어서 영욕(榮辱)과 예의를 알게 되는 것을 '백성을

• • •

51. James Hevia는 다음과 같이 말했다. "우주질서 원칙은 고차원의 禮儀에 새겨져 있으며, 이러한 질서 원칙에 따라 계급관계를 조직했다(청대가 끝나갈 때 영국 제국의 대표들은 이러한 관계에 대해 거의 이해하지 못했다). 이 과정에서 청대 賓禮는 줄곧 아래와 같은 방식으로 각 번왕의 특색을 유지했다. 그들은 자기 왕국 안에서 합당한 통치를 하고 있다는 것을 승인하고 이러한 통치를 가장 높은 군주의 덕행과 은택이 세계적 범위 안에서 확장되는 것으로 간주했다. 청 조정은 이러한 원칙 하에서, 포용하면서도 차이를 두는 태도를 견지했는데, 이는 청 조정의 세계의 사회적, 정치적 현실에 대한 유일무이한 대응책으로 볼 수 있다. 이와 같은 대응책은 각 영토 사이의 모호성을 승인하는 것으로, 전체 아시아의 여러 국가들을 대할 때는 더욱 이와 같이 했다. 빈례는 이러한 모호성에 대해 전혀 감추려고 하지 않고 있었다는 것이 나의 해석이다." 何偉亞, 『懷柔遠人』, 社會科學文獻出版社, 2002, 215쪽.

지킨다(保民)'라고 했으며, 땅이 있고 백성을 보호하는 것을 '천하를 안정시
킨다(保天下)'라고 했다. 만일 통치자가 민생을 염두에 두지 않는다면, 점차
"인의가 꽉 막혀 짐승을 내몰아 사람을 잡아먹게 하다가 사람들이 장차
서로 잡아먹게 될 것이다." 그렇다면 명나라가 멸망한 것은 청나라 때문이라
기보다 명나라 군신들이 스스로 '천하를 안정시키는(保天下)' 책무를 다하
지 못했기 때문이다. 따라서 고염무는 이렇게 말했다.

> 나라가 망하는 것이 있고 천하가 망하는 것이 있다. 나라가 망하는
> 것과 천하가 망하는 것을 어찌 구별할 것인가? 이르기를, "왕조가 바뀌고
> 나라 이름이 달라지는 것을 두고 나라가 망한다 하고, 인의가 사방으로
> 막혀 짐승을 내몰아 사람을 잡아먹게 하거나 사람들끼리 서로 잡아먹게
> 될 지경에 이른 것을 두고 천하가 망했다고 한다. …… 나라를 지키는
> 일은 임금과 신하로서 신분이 높은 이들이 할 일이지만, 천하를 지키는
> 것은 하찮은 서민이라도 더불어 이에 책임이 있다.[52]

이처럼 정치적 합법성을 군주는 군주답게, 신하는 신하답게(君君臣臣)
와 같은 강목이 아니라, 일상생활과 소박한 가치관으로 정의했던 것이다.
유가가 지켜온 "도를 따르지, 임금을 따르지 않는다"는 말이 더욱 명확히
표현된 것이다. 따라서 여기에서 화이(夷夏)의 구분이 '민심'에 순응하는가
여부로 변화되었다.

유가의 현실정치에 대한 비판과 완벽한 정치에 대한 기대는 그들이
'천하' 관념을 견지한 데서 존재했다. 그러나 천하라는 도식은 '국토'와
'민심'이 통일되어야만 가능하다. '천하'가 이미 다른 사람의 손에 넘어가버

● ● ●

52. 『日知錄·正始』, "有亡國, 有亡天下. 亡國與亡天下奚辯? 曰: 易姓改號, 謂之亡國. '仁義充
塞, 而至於率獸食人, 人將相食', 謂之亡天下 …… 保國者, 其君其臣, 肉食者謀之. 保天下
者, 匹夫之賤與有責焉耳矣."

리면, '도통(道統)'과 '치통(治統)'의 분리로 유자는 정치 참여자에서 정치 비판자가 되어버리며, 완벽했던 '천하' 관념은 정치실천과 정치이상의 분리가 일어난다. 이 때문에 명말청초의 유생들은 '천하'와 '국가'를 분리시킴으로써, 천하를 현실 정치질서를 이상적으로 비판하는 일종의 무기로 변화시켰다.

설명해둘 것은 천하 국가질서를 회고하는 것으로 현존하는 민족국가체제로 하여금 이익 프레임을 벗어나게 할 수는 없다는 점이다. 고대 중국에서도 이른바 천하질서는 많은 경우 비판적 힘으로서 존재했었다. 우리에게 필요한 것은 이러한 비판적 각도에서 이미 익숙해져버린 '경쟁', '승리'라는 관념을 수정하고, 더 나아가 이익 관계자와 경쟁 상대를 공존의 동반자로 만드는 것이다.

3. 유가경의(儒家經義)의 현실성 논의
― 대륙 「신혼인법」에 대하여

정이(曾亦)

유가 경전에 담긴 정신(이하 유가경의로 칭함)이 현대 사회에서 지니는 가치는 단순히 도덕심성적 측면에만 국한되어서는 안 된다. 우리는 이를 토대로 전통의 정치, 사회, 법률 등 수많은 제도를 새롭게 구성하여 유가경의 가 지니고 있는 현실적 측면의 가치를 다시금 실현해 내고 또 그렇게 함으로써 현대 사회가 처한 각종 문제들을 해결해야 한다. 그런데 유가의 부흥이란 결코 쉬운 일이 아니다. 이를 제도적 차원에서 뒷받침할 장치가 없다면, (그렇게 재탄생된 유가는) 사상누각과도 같이 진정한 생명력을 결핍하게 될 것이고, 유가경의 속에 담긴 현실성 또한 실현하지 못하고 말 것이다.

예로부터 각종 제도 가운데 법률이 유가와 가장 밀접한 관계를 지니고 있었고 따라서 역시 유가는 제도적 측면에서 그 우세를 발휘하는 데 유리했 다. 오늘날 대륙의 경우, 법률은 사법절차의 영역에 국한되는 것이 아니라, 점차 거대한 공공의 영향력을 지닌 어젠다가 되어가고 있으며, 사회 풍속 및 도덕윤리의 선도와 재건 문제와 관련을 맺기도 한다. 따라서 유가 역시 이러한 영역에 적극적으로 개입하여, 관련된 법률을 제정하고 그것을 해석 및 운용하면서 경전의 내용이 지닌 현실성 내지는 우월성을 드러내도록 해야 한다.

1. 한무제(漢武帝)의 존유(尊儒)정책과 유가의 '경전의 뜻에 따른 의사 결정(以經義決事)'

유가는 여러 가지 방식으로 제도 확립에 참여했다. 한무제(漢武帝) 시기 공손홍(公孫弘, B.C. 199-B.C. 121), 동중서 등 소수의 유학자들은 조정에 정책을 건의할 기회를 통해 국가를 유학화하자는 주장을 천자에게 상주하였고, 이는 직접적으로 조정에 영향을 미칠 수 있었다. 물론 이 역시 아주 중요한 방식 중 하나다. 하지만 실제로, 이보다 더 많은 유학자 및 유학의 영향을 받은 관리들의 경우, 경전의 뜻을 직접적으로 운용함으로써 제도 확립에 참여하는 방식을 사용하였다. 가장 대표적인 것이 "『춘추(春秋)』로 심리한다(春秋決獄)."라는 방식이다. 이 방식에는 적지 않은 사례가 있다. 『사기·양효왕세가(史記·梁孝王世家)』에서는 다음과 같이 기록하고 있다.

양나라 효왕[1]이 서쪽의 장안으로 가서 입조하여 어머니인 두태후를 알현하고서, 연회를 할 때 경제(景帝)와 함께 태후 앞에 앉아 사적인 이야기를 나누고 있었다. 태후가 경제에게 말했다. "내가 듣기로 은나라의 도는 친한 이를 친하게 대함이고, 주나라의 도는 높은 이를 높이는 것이지만 그 뜻은 하나이다. '편안한 수레와 큰 마구(安車大駕, 황위)'는 양효왕을

• • •

1. 양효왕(梁孝王, ?-B.C. 144). 전한의 황족이자 제후로, 본명은 유무(劉武)이다. 문제의 둘째아들이자 경제의 친동생이며, 양왕(梁王)에 봉해졌다. 오초칠국의 난 때 큰 공을 세웠으며, 경제와 함께 수레를 탈 정도로 대우를 받았다. 그러나 자신을 황태제로 세우는 것에 반대했던 원앙을 암살해 위기에 몰렸다가, 어머니 효문황후(두태후) 장공주(長公主)의 도움으로 위기를 모면했다. 그러나 경제와의 사이는 이전처럼 회복되지 못했다.

기용하여 잡게 하시오." 경제는 허리를 굽혀 답했다. "알겠습니다." 술자리
가 끝나고 경제는 원앙(袁盎) 등 경전과 학술에 능통한 대신들에게 물었다.
"태후께서 이렇게 말씀하셨는데 무슨 말씀인가?" 모두 다음과 같이 답했다.
"태후께서는 양왕을 황태제로 삼고 싶어 하십니다." 경제가 그 이유를
묻자 원앙 등이 답했다. "은나라의 도가 친한 이를 친하게 대했다는 것은
동생을 왕위에 세움이고 주나라의 도가 높은 이를 높였다는 것은 아들을
왕위에 세움입니다. 은나라의 도는 질박함(質)이고, 질박함은 하늘을 본받
은 것이자, 그 친한 이를 친하게 대하는 것이므로 동생을 세웁니다. 주나라의
도는 문채 있음(文)이고, 문채 있음은 땅을 본받는 것이며, 높인다는 것은
공경함이고, 그 근본을 공경한다는 것이므로 장자를 세웁니다. 주나라의
도에 따르면 태자가 죽으면 적손을 세웁니다. 은나라의 도는 태자가 죽으면
동생을 세웁니다." 경제가 물었다. "그렇다면 공들의 의견은 어떠한가?"
모두 다음과 같이 답했다. "지금 한나라 왕실은 주나라를 본받고 있습니다.
주나라의 도는 동생을 세울 수 없으며 마땅히 아들을 세워야 합니다. 그래서
『춘추』에서 송(宋)나라 선공(宣公)을 비난했던 것입니다. 송나라 선공이
죽을 때 아들을 세우지 않고 동생 목공(穆公)에게 왕위를 넘겼습니다. 목공이
죽을 때 왕위를 다시 선공의 아들에게 돌려주었습니다. 그러자 목공의
아들은 왕위를 다투었는데, 자신이 마땅히 아버지의 뒤를 이어야 한다고
생각해서 선공의 아들을 찔러 죽였고, 그리하여 나라가 혼란해지고 화가
끊이지 않았습니다. 그러므로 『춘추』에서는 "군자의 가장 큰 일은 바른
지위에 머무는 것이다. 송나라의 화는 선공이 그렇게 만든 것이다"라고
한 것입니다."[2]

• • •

2. 『史記·梁孝王世家』, "梁王西入朝, 謁竇太后, 燕見, 與景帝俱侍坐於太后前, 語言私說.
   太后謂帝曰: 吾聞殷道親親, 周道尊尊, 其義一也. 安車大駕, 用梁孝王爲寄. 景帝跪席擧身
   曰: 諾. 罷酒出, 帝召袁盎諸大臣通經術者曰: 太后言如是, 何謂也? 皆對曰: 太后意欲立梁王
   爲帝太子. 帝問其狀, 袁盎等曰: 殷道親親者, 立弟. 周道尊尊者, 立子. 殷道質, 質者法天,

여기에서 『춘추』는 『춘추공양전(春秋公羊傳)』을 가리킨다. 『춘추공양
전』에서는 "군자의 가장 큰 일은 바른 지위에 머무는 것이다. 송나라의
화는 선공이 자초하였다."[3]라고 하였다. 이는 형인 송나라 선공(宣公)의
뒤를 동생 목공(穆公)이 계승한 일을 말한 것인데, 비록 제위를 양위한
미덕을 보이기는 했지만 결국 그로 인해 송나라는 수 세대에 걸쳐 혼란에
빠졌기에 그 점을 지적한 것이다. 원앙(袁盎)과 같은 한나라의 대신들은
이 고사를 통해 경제(景帝)를 깨우치려 하였다. 또한 원앙은 문(文)을 숭상하
는 집안은 높은 이를 높여서(尊尊) 그 아들을 세우고 질(質)을 숭상하는
집안은 친한 이를 친하게 여겨서(親親) 동생을 세운다고 했는데, 이 역시
『공양전』에 등장하는 오래된 설이다. 당시 한나라 사람들은 『공양전』을
해석할 때 모두 이러한 해석을 따랐다. 이렇게 볼 때, 경제(景帝) 시기
유가가 비록 독보적인 지위를 누리지는 못했지만 조정 대신들의 논의가
『공양전』을 통해 상당 부분 전개되었음을 알 수 있다.

또한 『한서 · 준불의전(漢書 · 雋不疑傳)』에서는 다음과 같이 기록하고
있다.

시원(始元) 5년, 어떤 남자가 누런 송아지가 끄는 수레를 타고, 누런
깃발을 세우고, 누런 옷과 누런 모자를 쓴 채, 북쪽 궁에 이르러 자신이
위(衛)나라 태자라고 칭했다. 문서를 접수하는 공거(公車)에서 상부에
보고를 하자, 상부에서는 사공, 경, 장군 그리고 중이천석(中二千石)[4]을

● ● ●

親其所親, 故立弟. 周道文, 文者法地, 尊者敬也, 敬其本始, 故立長子. 周道,
太子死, 立適孫. 殷道, 太子死, 立其弟. 帝曰: 於公何如? 皆對曰: 方今漢家法周,
周道不得立弟, 當立子. 故春秋所以非宋宣公…… 宋宣公死, 不立子而與弟. 弟受國死,
復反之與兄之子, 弟之子爭之, 以爲我當代父後, 即刺殺兄子, 以故國亂, 禍不絕. 故春
秋曰: '君子大居正, 宋之禍宣公爲之'".

3. 『春秋公羊傳 · 隱公三年』, "故君子大居正. 宋之禍, 宣公爲之也."
4. (역주) 한대(漢代) 관리의 녹봉계급 가운데 하나.

모두 소집하여 이 사실을 확인하고자 하였다. 장안에서 관리와 백성들 중 모여들어 구경한 이만해도 수 만 명에 이르렀다. 이에 우장군은 병사들을 통솔하여 매우 엄하게 경계를 펼쳤다. 승상, 어사, 중이천석들 중 그 남자에 대해 누구도 감히 말을 하지 못했는데, 경조윤(京兆尹) 준불의가 도착하고서는 수하의 관리에게 명령하여 그를 포박하도록 하였다. 그때 누군가 말했다. "아직 시비를 모르니 조심스럽게 하시오." 그러자 준불의가 말했다. "여러분들은 어찌 위나라 태자라는 사람으로 인해 근심하는 것이오? 옛날 (위나라 영공의 태자인) 괴외(蒯聵)가 아버지의 미움을 사 도망친 일이 있었는데 괴외의 아들 첩(輒)이 아버지를 거절하고 받아들이지 않았소『춘추』에서도 이를 옳다고 여겼다오. 지금 위나라 태자는 선제인 무제에게 미움을 얻어 도망쳤다가 살아서 스스로 이곳에 왔으니, 죄인이라 할 수 있소." 그리고는 결국 그를 조옥(임금의 명으로 잡은 죄인을 가두는 감옥)으로 보냈다. 천자가 대장군 곽광(霍光)과 함께 이 말을 듣고 가상히 여기며 말했다. "역시 공경 대신의 자리에는 경륜과 방법이 있고 큰 도리에 밝은 사람을 등용해야 한다." 그리하여 준불의의 명성은 조정에서 더욱 높아졌으며 고위 관리들은 모두 스스로 준불의에 미치지 못한다고 여겼다.[5]

준불의는『공양전・애공이년(哀公二年)』을 인용하면서 "아버지의 명 때문에 할아버지의 명을 거역하지 않았다."[6]라는 내용을 따라 위나라 태자

• • •

5. 『漢書・雋不疑傳』, "始元五年, 有一男子乘黃犢車, 建黃旗, 衣黃襜褕, 著黃冒, 詣北闕, 自謂衛太子. 公車以聞, 詔使公卿將軍中二千石雜識視. 長安中吏民聚觀者數萬人. 右將軍勒兵闕下, 以備非常. 丞相御史中二千石至者並莫敢發言. 京兆尹不疑後到, 叱從吏收縛. 或曰: "是非未可知, 且安之." 不疑曰: "諸君何患於衛太子! 昔蒯聵違命出奔, 輒距而不納, 『春秋』是之. 衛太子得罪先帝, 亡不即死, 今來自詣, 此罪人也." 遂送詔獄. 天子與大將軍霍光聞而嘉之曰: "公卿大臣當用經術明於大誼." 由是名聲重於朝廷, 在位者皆自以不及也."
6. 『春秋公羊傳・哀公二年』, "不以父命辭王父命."

의 일을 결정하였다.

이 두 가지 일은 모두 국가의 근본과 관계되는 중대한 일들로서, 처리하기 어려우면서도 만약 잘못 처리할 경우 큰 혼란이 발생할 수 있는 문제들이었다. 당시 조정은 상하를 막론하고 이러한 일들에 대해 모두 속수무책인 상황이었는데 원앙과 준불의는 『공양전』에 담긴 경전의 뜻을 인용하여 단 한마디 말로 일을 해결했다. 그밖에도 한대(漢代)에는 이와 유사하게 "경전의 뜻에 따라 일을 해결한(經義決事)" 수많은 사건들이 있었다. 동중서의 『춘추결옥(春秋決獄)』뿐만 아니라 후한 말기 하휴(何休, 129-182)의 『한의 (漢議)』 등은 당시 법률 운용에서 유가 경전의 뜻이 막대한 영향력을 가지고 있었음을 보여준다.

필자가 여기에서 논하는 혼인법의 문제 역시 이러한 사고방식에 기초하고 있다. 즉 우리는 혼인법 및 기타 법률에 대한 고찰을 통해 유가 경전의 뜻을 현대사회에 적용할 수 있는 지점을 모색하고자 한다. 유학 부흥을 주장하고 있는 오늘날, 우리는 이러한 준비 작업을 통해 현대사회에서의 제도 재건에 기여하도록 해야 할 것이다. 필자는 제도적 토대에 대한 유학의 문제제기가 사법부 운영에 대한 개입이나 입법 활동의 참여를 통해서 실현될 수 있을 것이라고 본다.

2. 고금의 가족재산 형성 및 분할

1) '일체(一體)'로서의 친족

고대 중국에서는 친인척 관계를 가장 중시했다. 『공양전』에서 유가는 질(質)을 숭상하며, 친한 이를 친히 여김(親親, 이하 친친)을 중시한다고 말했던 것은 모두 이러한 사회적 현실에 근거한 것이다. 고대 사회의 여러 사회관계들 중 친친의 감정을 가장 잘 체현한 것은 바로 세 가지 '일체로서의 친족'이다. 즉 부자일체, 부부일체, 곤제(昆弟)일체가 그것이다. 『의례·상복전(儀禮·喪服傳)』의 자최복을 입고 지팡이를 짚지 않음에 관한 장(齊衰不杖章) 중 '백부모와 숙부모(世父母叔父母)' 조목에서는 다음과 같이 말했다.

부자는 일체이고, 부부는 일체이며, 곤제는 일체이다. 그러므로 부자는
머리와 발이고, 부부는 서로 호응하는 것이며, 곤제는 팔다리이다.[7]

가공언(賈公彦, ?-?)의 소에 따르면, 일체에 해당하는 것은 모두 가까운 친족(至親)들이다. 또한 『예기·삼년문(三年問)』에서는 "지친(에 대한 복상)은 기년상(1년상)으로 결정한다."[8]고 했으니, 따라서 모든 지친들은 기년상을 지냄이 마땅한데, 곤제의 경우가 그러하다. 아버지는 아들에 대해, 남편은 아내에 대해 각각 지극히 존귀(至尊)하므로 삼년상을 지내야 한다. 다시 말해, 모든 '일체(一體)'의 친족들은 피차간에 기년상을 지내야 하지만, 그중에서도 아버지와 남편은 아들과 아내로부터 '높은 이를 높이는 (尊尊, 이하 존존)' 도리를 적용받으므로 삼년상을 지내야 한다는 것이다.

(1) 부자일체(父子一體)

아들은 어째서 아버지를 위해 삼년상을 치러야 하는가? 『상복전』에서는 "아버지는 지존(至尊)이고", "어머니는 사존(私尊)이다."[9]라고 하였으니, 부모를 위해서는 삼 년간 복상을 해야 한다. 다만 아버지가 살아계실 때 어머니를 위해 복상을 할 경우 기년상을 지내는데 이것은 아버지가 더 높음을 존중한 것이다. 아버지가 이미 돌아가셨다면 어머니를 위해서는

• • •
7. 『儀禮·喪服傳』, "父子一體也, 夫妻一体也, 昆弟一体也. 故父子首足也, 夫妻牉合也, 昆弟四体也."
8. 『禮記·三年問』, "至親以期斷."
9. 『儀禮·喪服傳』, "父在爲母. 傳曰, 何以期也? 屈也. 至尊在, 不敢伸其私尊也."

삼년상을 지내야 한다. 그러나 어머니에 대한 복상이 기년에서 삼 년으로 늘어나는 것은 어머니가 '친(親)'하기 때문이 아니라 '존(尊)'하기 때문이다. 이에 근거해 볼 때, 부모에 대해 삼년상을 치러야 하는 것은 친친의 감정이 있고 거기에 존존의 도리까지 겸했기 때문이다.10

그리하여 『예기・삼년문』에서는 다음과 같이 말했다.

> "그렇다면 어째서 일 년에 이른 겁니까?' 말했다. "지친(에 대한 복상)은 기년상으로 결정한다." "그것은 어째서입니까?' 말했다. "천지가 이미 한 번 바뀌었고 사시가 이미 한 번 변했으니, 천지 가운데 있는 것도 다시 시작하지 않음이 없으므로 이를 본뜬 것이다." "그렇다면 어째서 삼년상을 치르는 것입니까?' 말했다. "가까운 이에게는 더해 주는데, 어찌 두 배만 할 수 있겠는가? 그래서 이 년을 더한 것이다.11

이에 근거하면 부모와 자식은 일체로서 지친에 속하므로 "지친(에 대한 복상)은 기년상으로 결정한다"는 원칙에 의거, 원래는 기년상을 지내는 것이 맞다. 따라서 복상기간을 삼 년으로 늘린 것은 그 은혜가 깊은 것을 고려하여 더한 것이다. 『논어』에는 공자가 삼년상에 대해 의문을 제기한 것에 답하는 대목이 나오는데, 바로 이러한 이유를 들었다.

> 아이가 태어나서 삼 년은 지난 후에야 부모의 품에서 벗어날 수 있다.12

● ● ●

10. 가공안의 소는 백부와 숙부를 위해 일 년간 복상을 해야 한다고 보았는데, 그들이 자신의 아버지가 일체라고 보았으며, 백부모와 숙부모에 대해서는 부부가 일체라고 보았다.

11. 『禮記・三年問』, "然則何以至期也?" 曰: "至親以期斷." "是何也?" 曰: "天地則已易矣, 四時則已變矣, 其在天地之中者, 莫不更始焉, 以是象之也." "然則何以三年也?" 曰: "加隆焉爾也, 焉使倍之? 故再期也." 이 대목은 『순자・예론(荀子・禮論)』에서도 보인다.

12. 『論語・子罕』, "子生三年, 然後免於父母之懷."

그 후 한대 유가 역시 이러한 주장을 취했다. 『백호통(白虎通)』에서는 부모가 자신에 대해 "은혜와 사랑이 지극히 깊으니, 두 배로 갚아드려야 하므로 2년 즉 25개월간 상을 치른다."[13]고 말했다. 후세 유가들이 항상 친친의 감정으로 부모에 대한 삼년상을 해석했음을 확인할 수 있다.

『의례・상복전』에서 가공언(賈公彦)은 "아버지가 살아계실 때 어머니를 위해 복상을 하는 경우(父在爲母)"의 조목에 대해 다음과 같이 소를 달았다.

> 부모의 은혜와 사랑은 동등하나, 어머니를 위해 기년상을 치르는 것은 아버지가 싫어할 수 있는 까닭에 어머니를 위해 치르는 상을 기년상으로 굽힌 것이다.[14]

모친상을 치를 때 아버지가 살아계시는 경우는 어머니에 대한 높임을 굽혔고, 아버지가 이미 돌아가신 경우에는 어머니에 대한 높임을 굽힘없이 펼쳤다. 여기에서 우리는 부모가 우리에게 준 은혜와 사랑은 동등하지만 그 높임의 방식은 동등하지 않으므로 은혜와 사랑이 아닌 높임의 방식이 서로 굽는 것임을 확인할 수 있다. 후대의 가정 상황을 살펴보더라도 부모는 나 자신에 대해 은혜와 사랑이 동등하므로 모두 지친에 속하였다. 바로 자연적 감정에서 도출된 결과이다.

하지만 상고시대의 풍속은 반드시 그러하지만은 않아서 어머니를 죽인 죄를 아버지를 죽인 죄보다 무겁게 다스리기도 했다. 『후한서・오환선비전(後漢書・烏桓鮮卑傳)』에서는 오환족의 습속에 대해 다음과 같이 말했다.

> 흉노족들은 설사 아버지와 형은 죽일 수 있을지라도 결코 자신의

• • •

13. 『白虎通』, "恩愛至深, 加之則倍, 故再期二十五月也."
14. 『儀禮注疏』 第30卷, "父母恩愛等, 爲母期者, 由父在厭, 故爲母屈至期."

어머니는 해치지 않았다. 어머니에게는 동족이 있지만 (그래서 복수를
당할 가능성이 있지만) 아버지와 형의 경우는 서로 복수를 할 수 없기
때문이다.[15]

(2) 곤제(昆弟)일체[16]

곤제 간에는 기년상을 치른다. 가공안은『예기・삼년문』의 "지친(에
대한 복상)은 기년상으로 결정한다"는 구절에 근거하여 그 이유를 설명하였
다. 모든 지친들은 혈연적 친연성이라는 은혜에 기초하고 있으므로 모두
기년상을 치러야 한다. 그런데『의례・상복전』에서는 곤제를 지친으로
보기는 했지만, 이를 명확하게 밝힌 문장은 없다.

또한 곤제(昆弟)와 일반적인 형제 사이에는 차이가 있다. 대공복(大功服)
을 입는 관계 이상의 관계만이 곤제가 된다. 즉 아버지가 같은 경우뿐
아니라 할아버지가 같은 경우 역시 모두 곤제로서 일체에 속하게 된다.
상고시대에는 큰 아버지와 작은 아버지 모두를 아버지로 간주했고 조카들도
모두 아들로 여겨서 같은 집안의 곤제들은 모두 같은 부모에서 난 것처럼
서로를 대했다. 소공복을 입는 관계까지는 서로 형제가 된다. 호배휘(胡培翬)
는 이들이 모두 같은 선조에서 나왔으므로 서로 간에 "하나의 근본으로서의
우의(一本之誼)"가 존재한다고 보았다. 이렇게 볼 때, 형제 역시 일체가
아니라고 말할 수는 없을 것이다.

『의례・상복전』의 '백부모와 숙부모' 조목에서는 다음과 같이 말했다.

> 그러므로 곤제의 도리에는 구분이 없다. 그러나 구분이 있게 되는
> 것은 자신의 자식에게 치우치는 사사로움 때문이다. 자신의 아버지에

●　●　●

15. 『後漢書・烏桓鮮卑傳』, "怒則殺父兄, 而終不害其母. 以母有族類, 父兄無相仇報故也."
16. (역주) 부계 혈통은 같으나 모계 혈통이 다른 형제 관계를 의미한다.

대해 사사롭지 않으면 아들이 될 수 없었다. 따라서 동서남북에 집을 지어 따로 살면서 공동재산을 두어서 남는 것이 있으면 종가에 돌리고, 부족함이 있으면 종가로부터 도움을 받았다.[17]

이 대목을 자세히 살펴보면 다음과 같은 두 층위의 의미를 발견할 수 있다.

첫째, 곤제는 본래 일체에 속하는 것이지만 후에 부자간의 사사로움으로 인해 간극이 생긴다는 것이다. 이에 근거하면 곤제일체는 부자일체보다 앞서며, 훨씬 오래된 것이라 할 수 있다. 후에는 부자관계가 곤제관계보다 더 중요해졌고 지금 역시 그러하다. 그러나 상고시대에는 자식들이 어머니를 알 뿐 아버지를 알지 못했으므로 그 시기 형제들은 모두 모계에 속했다. 따라서 부자일체는 뒤에 생겼음이 분명하다.

살펴보자면 여기에서의 '곤제일체'는 부모가 같다는 말이 아니라 인류학에서 말하는 "푸날루아식 가족(Punalua family)"[18]과 비슷한 것으로 한 무리의 여성들과 결혼한 남성들 모두는 서로 형제가 된다. 또 다른 의미는 남자들이 아내의 주거를 따르지 않고 각자 자신의 모계 가족과 함께 살 경우, 이들은 같은 모족에 속한 형제들이 된다는 것이다. 전자는 대공복을 입는 관계 이상인 곤제이고, 후자는 소공복을 입는 관계 이하인 형제인 것이다.

또한 동족이란 같은 모계 내의 가족을 말한다. 은나라 사람들은 다섯 세대 내에서는 서로 혼인 관계를 맺지 않는다고 하는데, 이는 주나라 사람들

• • •

17. 『儀禮·喪服傳』, "故昆弟之義無分. 然而有分者, 則辟子之私也. 子不私其父, 則不成爲子. 故有東宮, 有西宮, 有南宮, 有北宮, 異居而同財, 有餘則歸之宗, 不足則資之宗."
18. (역주) Punalua family란 하와이의 전통적 집단결혼의 구성원들로, 이들은 두 명 혹은 그 이상의 형제가 그들의 아내들과 가족을 구성하거나, 혹은 두 명 혹은 그 이상의 자매들이 그들의 남편들과 가족을 구성한다.

이 백 세대 내에서 서로 혼인하지 않는 것과는 차이가 있다.

둘째, 곤제일체는 공동재산뿐 아니라 공동주거에서도 구현되었다. 후세에는 부자가 서로 함께 지내는 개별성이 생겨나기는 했지만 재산의 공공성이 손상되지는 않았다. 오늘날 농촌에서도 자식이 결혼을 하면 모두 독립해서 따로 거처하게 되지만 재산에는 여전히 구분이 없다. 이러한 공동재산 관계는 유가윤리에서 분가를 주장하지 않는 방식으로 드러나기도 하였으며, 또한 이는 후세의 부부일체 원칙에 대한 강력한 제약으로 작용하기도 했다.

(3) 부부일체

부부일체는 가장 나중에 발생했다. 『예기·내칙(內則)』에서는 다음과 같이 말했다.

> 남자는 집안일에 대해서 말하지 않고 여자는 바깥일에 대해서 말하지 않는다. 제사를 올리거나 상례를 치를 때가 아니면 서로 그릇을 주고받지 않으니 여자는 광주리로 받아든다. 광주리가 없으면 모두 꿇어앉아서 남자가 바닥에 놓으면 여자가 가져간다. 남녀는 우물을 함께 쓰지 않고 욕실을 함께 사용하지 않으며 이부자리를 함께 사용하지 않고 물건을 함께 사용하지 않으며 옷을 함께 입지 않고 안의 말은 밖으로 내보내지 않으며 밖의 말은 안으로 들여오지 않는다.19

또한 말했다.

• • •

19. 『禮記·內則』, "男不言內, 女不言外. 非祭非喪, 不相授器. 其相授, 則女受以篚. 其無篚則皆坐, 奠之而后取之. 外內不共井, 不共湢浴, 不通寢席, 不通乞假. 男女不通衣裳, 內言不出, 外言不入."

예(禮)는 부부간에 삼가는 것에서 시작된다. 집을 지을 때는 안과 밖을 구별하여 지어, 남자는 밖에 머물도록 하고 여자는 안에 머물도록 해야 한다. 집의 깊숙한 곳은 문으로 막고 문을 지키는 사람을 두어 남자는 들어가지 않고 여자는 나가지 않는다. 남자와 여자는 옷걸이를 함께 쓰지 않아서 여자는 감히 남편의 횃대에 옷을 걸지 않고, 남편의 옷장도 감히 사용하지 않으며, 욕실도 감히 함께 쓰지 않는다. 남편이 부재할 때에는 베개를 쌓아서 상자에 담아두고 잠자리는 개어서 넣어둔다. 어린 사람이 연장자를 섬기는 것과 낮은 사람이 높은 사람을 섬기는 것 역시 이와 같다. 부부의 예는 칠십 세가 되어야 구분 없이 (물건을) 함께 사용한다.[20]

이렇게 볼 때, 부부의 사이가 본래는 그렇게 가깝지 않았음을 알 수 있다. 설사 부부가 동거해서 일체를 이루었다 하더라도 중국 고대에는 부부가 재산을 따로 관리했으며, 1930년대에 이르러서야 부부일체의 관념이 법률상의 공동재산으로 구현되기 시작했다. '공동재산' 개념의 형성은 실로 현대 결혼제도 개혁의 결과물이었던 것이다.

또한 남편은 아내를 위해 기년상을 지내야 한다. 이는『상복전』에서 부부를 지친으로 분류했기 때문이다. 다시 말해 부부는 일체라는 것이다. 아내의 경우 남편을 위해 참최복을 입는다. 일반적으로 지친의 경우 기년상만을 지내지만 남편은 지극히 높은 사람이므로 삼년상을 지내야 한다. 이 도리는 아들이 아버지를 위해 참최복을 입는 것과 동일하다.

『상복전』의 '양자가 그 부모를 위함(爲人後者爲其父母)'의 조목에서는 "짐승들은 어머니는 알지만 아버지는 알지 못한다."[21]라고 하였다. 이는

●　●　●

20. 같은 책, "禮始於謹夫婦. 爲宮室, 辨外內, 男子居外, 女子居內. 深宮固門, 閽寺守之, 男不入, 女不出. 男女不同椸枷, 不敢縣於夫之楎椸, 不敢藏於夫之篋笥, 不敢共湢浴. 夫不在, 斂枕篋, 簟席襡器而藏之. 少事長, 賤事貴, 咸如之. 夫婦之禮, 唯及七十, 同藏無間."

실제로 부모가 함께 살지 않기 때문이다. 어머니가 자식을 낳으면 젖을 먹여 키워낸다. 따라서 자식이 어머니를 알지만 아버지를 알지 못하는 것은 자연의 이치이다. 사실 이러한 상황은 짐승들 뿐 아니라 초기 인류 역시 마찬가지였다. 오늘날까지 모계사회 풍습이 남아 있는 사회들을 살펴보아도 모두 이와 비슷하다.

2) 부부간 공동재산과 개별재산

상고시대의 부부는 서로 다른 일족에 속했고 재산상으로도 전혀 관련이 없었다는 점에서 부부일체를 이루었다고 할 수 없었다. 후에 부부가 함께 거주하며 비로소 일체가 되었고 자식에게 상속하는 제도 또한 생겨났지만, 부부의 재산이라는 측면에서는 개별적으로 재산을 관리하기도 하고 공동으로 재산을 관리하기도 하는 등 매우 다양한 형태가 존재했다.

'부부일체'의 관념에는 서구의 법률적 요소들이 상당 부분 발견된다. 먼저 로마법으로 대표되는 '흡수재산제도(吸收財産制)' 혹은 '재산합병제도(財産併呑制)' 등이 있다. 이러한 제도들은 이른바 '대공무사(大公無私)'한 것으로 부부 간 결혼이 성립되면 아내의 재산은 그것이 결혼 전에 형성된 것이든 결혼 후에 형성된 것이든 모두 남편의 재산에 귀속된다. 이 당시 아내와 자녀들은 노예와 다름없어서 독립적인 인격으로 대우받지 못했는데 어떻게 독립적인 재산을 가질 수 있었겠는가? 이는 가장 극단적인 '공동재산' 제도이며, 또한 '부부일체' 관념을 가장 극단적으로 구현한 것이다. 이러한 제도는 로마 초기에만 시행되었던 것이 아니라, 바빌론, 인도 및 11세기 영국에서도 시행된 바 있다.[22] 이 제도의 본래 목적은 약자에 대한

● ● ●

21. 같은 책, "禽獸知母而不知其父."
22. 인도의 『마누법전』 제8장 416조에서는 다음과 같이 규정했다. "경전에서 이르길, 아내와 자식, 노예는 재산을 소유할 수 없다. 그들의 재산은 모두 그들을 소유한 이들에게 귀속된다." 고대 인도뿐만 아니라 고대 중국에서도 마찬가지였던 것 같다.

보호였으나 실상은 이를 빙자하여 아내의 재산상 권리를 박탈하는 것에 지나지 않았다.

로마 후기에는 이러한 제도가 '가자제도(嫁資制)'로 대체되었는데 이는 중국의 '혼수제도'와 같은 것이었다.[23] 이것은 통일적 재산제도로, 아내는 결혼할 때 자신이 가진 모든 재산상의 권리를 남편에게 이양하지만 혼인관계가 소멸할 때는 남편 혹은 남편의 상속자가 다시 남편의 재산에서 이에 해당하는 부분을 아내 혹은 아내의 상속자에게 반환해야 했다. 530년 유스티니아누스 대제(Justinianus I, 483-565)의 개혁 때 아내의 지위는 더욱 강화되었다. 아내가 가지고 온 재산에 대해서 남편이 가지는 권리는 사용권, 수익권으로 제한되었고 아내의 동의가 없으면 아내의 부동산을 증여하거나 저당 잡힐 수 없었으며 심지어 아내의 동의를 얻었다고 해도 증여하거나 저당 잡힐 수 없었다. 이후 독일, 프랑스는 이러한 제도를 상당 부분 받아들였다가, 1965년에 이르러서야 가자제도를 폐기했다. 이렇게 볼 때 가자제도에서는 아내의 재산이 남편의 재산에 완전히 귀속되지도 않았으며, 재산분할 역시 비교적 용이했음을 확인할 수 있다.

중국 고대와 로마 후기 외에도 근대의 여러 국가들, 예컨대 프랑스, 이탈리아, 스위스, 브라질, 포르투갈, 스페인 등도 모두 혼수제도와 같은 규정을 가지고 있었거나 지금도 가지고 있다.

그 후에는 '공동관리제도(管理共同制)'가 생겼다. 즉 아내는 자신의 재산

- - -

따라서 『예기·곡례(曲禮)』에서는 다음과 같이 말했다. "부모가 살아계신다면 사사로운 재산을 가지지 않는다."(『禮記·曲禮』, "父母存, 不有私財.") 『예기·내칙』편에서는 다음과 같이 말했다. "아들과 며느리는 개인적으로 재산, 가축, 기물을 가질 수 없고 감히 개인적으로 사용하거나 증여할 수 없다."(『禮記·內則』, "子婦無私貨, 無私畜, 無私器, 不敢私假, 不敢私與.") 아마도 초기에는 아내의 결혼 전 재산 역시 남편의 소유가 되었을 것으로 보인다.

23. 아내가 결혼할 때 혼수로 가지고 오는 '가자(嫁資)'는 (결혼하는) 남자가 상속받는 재산의 성격을 가지며, 사실 여자가 자신의 상속권을 상실한 것에 대해 받는 보상에 불과하다.

에 대해 독립적인 소유권을 가지게 되었다. 그러나 여전히 남편이 아내의 재산에 대해 관리, 수익, 사용의 권리를 가졌으며 아내는 이에 완전히 상응하는 권리를 가지지는 못했다. 여기에서 우리는 재산의 소유권과 사용권이 사실상 분리된다는 것을 확인할 수 있다. 이러한 제도들은 중세 프랑크 왕국 시대에 시작되었다가 근대에까지 이어져 심지어는 독일국민법전의 법정재산제도를 구성하는 데에 이르렀다. 아내의 고유 재산은 크게 결혼 전 재산과 혼인관계 중 소득으로 구분될 수 있다. 이중 후자는 남편의 증여분과 자신의 상속분을 포괄한다. 남편은 아내에 대해서 후견인으로서의 권리를 가지기는 하지만 아내의 고유 재산에 대해서 어떠한 관리도 가지지 못하며, 단지 관리에 따른 수익권을 가질 뿐이다. 근대 이래로 대두되기 시작한 공동관리제도는 독일국민법전의 법정재산제도를 구성했을 뿐만 아니라 스위스, 폴란드, 오스트리아, 일본, 대만에까지 영향을 미쳤다. 일본은 가장 먼저 공동관리제도를 채택했다가, 제2차 세계대전 이후 폐기하고 '개별재산제도(分別財産制)'를 시행했다. 한국 역시 일본과 마찬가지로 공동관리제도를 채택했다가 개별재산제도로 바꾸었고 혼인비용을 양측이 서로 분담하고 있다. 이러한 제도들은 혼수제도를 구현한 실행방식들로 가자제도의 또 다른 형태라고도 볼 수 있다.

근대 이래로는 '개별재산제도'24가 새로이 출현했다. 이는 결혼 전과 결혼 후 각자의 재산이 모두 본인의 소유로 귀속되며, 부부는 각자 자신들의 재산을 소유하고 관리하며 재산에 따른 수익 역시 각자의 소유로 귀속되는 방식을 말한다. 이러한 제도는 1882년 영국의 『기혼여성재산법(*Property law of married women*)』25에서 기원했다. 여기에서는 "1883년 1월 1일 이후

• • •

24. 오늘날 혼인법을 연구하는 학자들은 부부의 재산관계에만 집중하기 때문에 개별재산과 공동재산 간의 구분에 관해서만 논의를 진행한다. 부자일체, 형제일체 등의 과거 관념들이 가족재산에 대해 미치는 영향은 거의 논의되지 않는다.

25. 원래 영국은 11세기 이래로 가장 오래된 재산합병제를 시행했었다. 그러나 1882년에

결혼하는 모든 여성은 결혼 전 소유한 동산 및 부동산과 결혼 후 취득한 동산 및 부동산에 대해 개별 재산으로서의 권리를 가지며, 이들에 대한 소유권과 처분권을 단독으로 행사한다."라고 규정하고 있다. 현재 영미법 계열의 국가들은 대부분 이러한 제도를 채택하고 있으며, 대륙법을 따르는 일본, 오스트리아, 그리스 등의 국가들 역시 개별재산제도를 법정재산제도로 채택하고 있고, 독일, 스위스, 이탈리아, 프랑스 등은 개별재산제도를 '약정재산제도(約定財産制)'로 간주하고 있다. 이러한 재산제도들에는 '부부일체'의 함의가 비교적 적게 담겨 있으며, 모계사회와 같은 남녀 별거의 상태로 회귀하는 측면도 어느 정도 엿보인다.

그밖에 공동재산제 또한 존재한다. 이러한 제도 역시 '부부일체'의 관념을 구현한 것이라고 볼 수 있다. 개별재산제도의 이념은 남녀 간 인격적 평등 추구에 있다는 점에서 공동재산제도와는 차이가 있다. 공동재산제도의 관련 법률들은 남편의 주도적 지위, 남편의 공동재산에 대한 절대적 권리 행사라는 방식으로 구현되었기 때문이다. '부부일체'의 관념이 비록 오래된 것이기는 하지만, 이것이 법률로 구현된 것은 1804년의 『나폴레옹법전』에서부터이다. 이 법전이 규정한 바에 따르면, 남편은 결혼을 통해 형성된 공동체의 수장으로서 공동 재산을 단독으로 관리하고 아내의 동의가 없어도 공동 재산을 매각, 증여하고 저당 잡힐 수 있으며 공동 재산을 관리함에 있어 아내에게 보고할 의무가 없다.26 여기에서 우리는 아내가

• • • •

이르러 가장 현대적인 개별재산제도를 시행했다. 이것은 남녀평등사상의 원칙을 가장 잘 체현한 제도이다. 그러나 사회주의 국가에게 있어, 이러한 권리상 평등은 단지 형식적인 것일 뿐이므로, 공동재산제도를 통해서 진정한 남녀평등을 실현할 것을 주장했다.

26. 결혼에 관한 『나폴레옹법전』의 규정에 담긴 정신은 루소(Jean-Jacques Rousseau, 1712-1778)로부터 기원한다. 루소는 국가와 민족은 불일치하며, 국가는 균등한 자질의 시민들이 구성한 민주공동체이고, 민족은 불균등한 민족구성원들로 구성된 권위적 공동체라고 보았다. 따라서 그는 남성은 자유인이고 여성은 남성에게 종속된다고 보았다. 남성이 권력을 장악한 것은 남성이 여성보다 육체적·정신적으로 강건하기

자신의 고유 재산에 대해 오직 '허울뿐인 권리'만 가졌었음을 확인할 수 있다. 1938년에 이르러서야 프랑스 민법에서는 아내의 행위 능력을 인정하지 않는 제도를 폐기했고, 가정생활비용 분담에 관한 규정을 추가했다. 그러나 아내가 결혼하면서 가지고 온 재산 이외의 재산에 대해서는 그 소유권을 이전할 때 여전히 남편 혹은 법원의 허가를 받아야 했다. 또한 아내의 권리가 확대되기는 했지만 의무 역시 그에 따라 증가되었다. 1942년에 다시 한 번 법 개정이 이루어졌을 때에는, 아내가 결혼 전 재산을 생활비 분담을 위해 제공하도록 규정했다. 여기에서 당시 부부들이 공동으로 생활비를 분담했음을 확인할 수 있다. 이러한 공동재산제도는 바로 소득에 대한 공동재산제도였다.

서독에서는 잉여재산에 대한 공동재산제도를 시행했다.[27] 1957년 서독의 민법은 기능적 차원의 남녀동권론(男女同權論)을 주장했으며, 자연적·생리적 측면에서 드러나는 남녀 간의 차이를 인정하고, 이러한 차이를 전제로

● ● ●

때문이며, 따라서 여성은 남성의 보호를 받아야 하고 여성은 남성을 따라야 한다는 것이다. 이러한 까닭에 『나폴레옹법전』의 민법은 아내가 재산을 관리할 능력이 없으므로 남편은 아내를 보호할 의무가 있고 아내는 남편에게 복종할 의무가 있다고 규정했다. 『나폴레옹법전』의 민법은 강렬한 가부장적 색채를 띠고 있으며, 가족재산을 남편에게 집중시켰고, 남편은 아내를 보호하고 부양할 의무를 가진다고 보았다.

27. 독일 민법 제1363조에 따르면 이른바 잉여재산에 대한 공동재산제 하에서는 남편의 재산과 아내의 재산이 부부의 공동 재산을 구성하지 않으며, 부부가 결혼한 후 취득한 재산 역시 마찬가지다. 부부가 혼인관계를 유지하는 동안 취득한 잉여분에 대해서는 이 재산제도가 종료되는 시점에 분배된다(夫妻于婚姻關係存續中所取得之剩餘, 于財産制終了時分配之). 부부는 각자 자신의 재산을 관리한다. 부부의 재산의 소유권과 관리권은 각자에게 귀속되며, 채무 역시 각각에게 귀속된다. 이 때문에 부부는 결혼 전에 부채가 얼마이고, 결혼관계를 유지하는 가운데 부채를 얼마나 지게 됐는지 상관없이 모두 각자의 재산으로 각자의 부채를 상환하면 된다. 이른바 잉여분이란 한쪽 배우자의 최종적 재산에서 최초의 재산을 뺀 차액이다. 최초의 재산이란 결혼 당시 재산, 혼수, 결혼 후 상속 및 증여받은 재산 등을 포괄한다. 잉여재산의 분배는 한쪽 배우자의 잉여분이 다른 배우자의 잉여분을 넘어섰을 때 그 초과분의 반을 다른 배우자의 채권으로서 그에게 귀속시킨다.

하여 합당한 권리와 의무가 부여됐을 때 비로소 진정으로 남녀가 동등해진다고 여겼다. 그래서 '주부의 권리를 보호하는 결혼(主婦婚)'을 기본으로 하는 결혼 형태를 주장했다. 다시 말해 아내의 고유 책임은 가사에 있으므로, 파경을 맞았을 때 가정주부의 이익을 보호하기 위해 혼인관계가 소멸할 때 잉여재산에 대한 청구권을 부여하기로 규정하였다. 즉 양쪽 배우자의 최종적 재산에서 결혼 전 재산을 뺀 후, 잉여분이 더 적은 쪽이 더 많은 쪽을 향해 차액의 2분의 1을 채권으로서 청구할 수 있다는 것이다. 민법 제1378조는 "한쪽 배우자의 잉여분이 상대방의 잉여분을 초과했을 때 그는 상대 배우자를 향해 차액의 2분의 1을 청구할 권리가 있다."고 규정하고 있다. 여성이 경제활동에 종사하지만 그 근로소득이 남편보다 적은 경우는 당연히 여기에 해당되며, 심지어 가사노동을 전담하는 전업주부 역시 '현모양처'라는 미명을 지킬 뿐 아니라 남편이 경제활동으로 얻은 소득의 절반을 배당받는다. 여기에서 우리는 서독 민법이 한편으로는 가사노동을 여성의 고유 책임으로 강조했지만, 또한 공동 잉여재산의 이론을 통해 경제능력이 없는 가정주부를 보호하고 가사노동의 가치를 높게 평가했으며, 남성의 우세한 사회적 지위를 유지하고자 했음을 확인할 수 있다. 현재의 시점에서 볼 때 이런 방식이 가장 탁월한 혼인법이라 할 수 있다.[28]

독일과 프랑스 외에도, 1920년 스웨덴의 소득참여제도, 1926년 소련의 공동소득제도 등은 모두 공동재산제도에 해당한다.

개별재산제도는 부부 쌍방의 독립적 인격을 존중했으며, 따라서 쌍방의 경제직 독립을 보장했다. 반면 공동재산제도는 가사노동을 전담하고 경제능력이 없는 가정주부를 보호하려는 목적을 가졌다. 전자는 경제능력이 있는 기혼 여성 노동자들에게 적용되는 것이며, 후자는 경제능력이 없는

• • •

28. 오늘날 중국의 현실을 놓고 말하자면, 우리는 여성가치의 체현 및 인격의 독립이, 이러한 문제와 관련된 가사노동에 달려 있다는 관념을 확립해야만 한다.

가정주부들에게 적용되는 것이다. 사회주의국가들은 많은 경우 공동재산제도를 채택했으며, 자본주의국가들은 독일을 제외하고는 대부분 개별재산제도와 공동재산제도의 복합적 형태를 취했다. 즉 부부 쌍방의 경제적 독립을 고려하면서도 경제능력이 없는 가정주부의 지위 역시 보호한 것이다. 그러나 만약 미래사회에서 모든 기혼여성들이 완전히 사회적으로 경제활동에 종사할 수 있게 된다면 이러한 복합적 형태의 부부재산제도는 그 존재가치를 상실하게 될 것이다.

3) 고대 중국의 가족재산

고대 중국의 가족 재산은 그 구성과 분배의 측면에서 '부부일체' 관념의 영향을 받았을 뿐만 아니라 중국사회의 종법이라는 특수성으로 인해 '부자일체', '공제일체'의 관념이 가족재산에 더욱 중요한 영향을 미쳤다.

(1) 형이 죽으면 동생이 잇는다(兄終弟及)

왕궈웨이(王國維, 1877-1927)의 『은주제도론(殷周制度論)』에서는 "형이 죽으면 동생이 잇는(兄終弟及, 이하 형종제급)" 제도를 천자와 제후의 계승에 관한 법률로만 한정지어 보았다. 하지만 형종제급의 제도가 지니는 함의는 훨씬 광범위했다. 경과 대부에서 사(士)와 평민의 재산 상속에 이르기까지, 심지어 수많은 소수민족들에서 보이는 역연혼(逆緣婚)[29]도 모두 '형종제급' 제도가 구현된 것으로 볼 수 있다. 사실 이러한 제도는 '형제일체'의 정신에서 나온 것이다. 후세의 종족 및 가족제도에서는 재산을 분할할 때 형제관계가 부부관계에 우선했는데, 이것은 모두 '형제일체'의 정신을 구현한 것이다.

● ● ●

29. 역연혼(逆緣婚): 남편이 사망한 후 아내가 남편의 형제 가운데 한 사람과 재혼하는 혼인 형태.

형종제급이란 재산 상속의 한 방식으로서 형제간의 공동 재산을 그 전제로 한다. 즉 가족 재산을 형제가 공동으로 구성했던 것이다.[30] 이것이 바로 인류 초기 가족에서의 공유재산제이다. 가족이 결국 일종의 사유재산 제도를 의미한다는 점에 대해서는 조금도 의심의 여지가 없다. 하지만 사유재산제도가 출현한 이후로도 공유재산제도는 일정한 범위 안에서 항상 남아 있었다. 지금까지 존재했던 수많은 가족형태 중 집단결혼제도의 가족은 대우혼(對偶婚)[31]제도의 가족과는 달랐으며, 개별적 가족과는 더욱 달랐기 때문에 공사(公私)의 함의 역시 달랐다. 예컨대, 중국 선진 시기 이전의 고대 종족(宗族) 경우, 종족으로서의 공적 측면도 있었고, 가족으로 서의 사적 측면도 있었다. 또한 후대의 핵가족과 대가족의 경우, 조상이 남긴 유산은 공적인 것이 되고, 아내가 결혼할 때 가져온 재산은 사적인 것이 된다. 오늘날의 핵가족의 경우 부부의 공동 재산은 공적인 것이 되고 결혼 전 재산은 사적인 것이 되며, 개인적으로 가지고 있는 비상금 역시 사적인 것이 된다. 여기에서 우리는 가족 재산의 구성에서, 공적인 것과 사적인 것이 그 성격과 비율의 측면에서 끊임없이 변화해왔음을 확인할 수 있다.

중국 선진 시기 문헌들을 살펴보면, 대우혼의 뒤처리에 대한 내용을 다수 담고 있다.『예기・단궁(檀弓)』편에서는 다음과 같이 기록하고 있다.

• • •

30. 『의례・상복전』에서 형제가 거처는 달리하지만 공동 재산을 두었던 것에 관한 설을 살펴보면, 유가윤리에서 형제일체가 진정으로 중요한 지위를 점하고 있음을 알 수 있을 것이다. 따라서 역사적으로 유가는 항상 형제간의 분가에 반대했으며, 공동 재산을 통해 형제를 묶어두려고 했다. 부부의 사사로움이 분가를 초래한다고 보았기 때문이다. 후세의 분가는『상복전』에서 말하는 부자의 사사로움과는 달랐는데, 후세의 분가는 사실 부부의 사사로움을 이루기 위한 것일 뿐이었다.

31. 대우혼(對偶婚): 한 혈족의 형제자매와 다른 혈족의 형제자매가 교차하여 짝을 짓는 방식.

공숙목(公叔木)에게는 어머니는 같고 아버지는 다른 형제가 있었는데, 그가 죽자, 상례에 대해 자유에게 물었다. 자유(子游)가 말했다. "대공복을 입어야 하겠구나!" 적의(狄儀)에게도 어머니는 같고 아버지는 다른 형제가 있었는데, 그가 죽자 상례에 대해 자유에게 물었다. 자유가 말했다. "나는 이전에 들어본 적이 없다. 노(魯)나라 사람들은 그들을 위해 자최복을 입는다." 적의는 자최복을 입었다. 지금 자최복을 입는 것은 적의의 질문에 근거한 것이다.[32]

이를 고찰해 보자면 『상복전』에는 어머니는 같고 아버지는 다른 형제들을 위한 상복 규정이 없으며, 이 문제에 대해 공자 문하 안에서도 이견이 있었을 뿐 아니라 후세 학자들 역시 저마다 다른 주장을 제기했다. 왕숙(王肅, ?-256)과 마소(馬昭, ?-?) 이래의 학자들은 모두 『상복전』에 근거해서 개가한 어머니의 자식을 어떻게 대할지를 논했지만 사실 이들은 상고시대 모계사회의 상황에 대해서 잘 알지 못했다.

자하(子夏)는 마땅히 자최복을 입어야 한다고 했으며, 이것이 노나라 풍습을 따른 것이라고 보았다. 그러나 『상복전』에서는 어머니가 다른 경우를 차별하지 않아서 모두 서로를 위해 자최복을 입어야 한다고 보았으며, 『예기』의 「단궁(檀弓)」편 무렵의 사람들은 아버지가 다른 경우도 마찬가지라 여겨 아버지가 같고 어머니가 다른 형제를 대하는 것과 동등하게 해야 한다고 보았다. 당시 노나라의 풍습에도 상고시대 결혼제도의 유습이 담겨 있었음을 충분히 확인할 수 있다. 모계사회에서는 한 여성에게 여러 남편이 있었지만 자녀들은 모두 어머니와 거주했기 때문에 이 시대의 '아버지가 다르고 어머니가 같은 관계'는 후세의 '아버지가 같고 어머니가

• • •

32. 『禮記・檀弓』, "公叔木有同母異父之昆弟死, 問於子游. 子游曰: "其大功乎!" 狄儀有同母異父之昆弟死, 問於子夏. 子夏曰: "我未之前聞也. 魯人則爲之齊衰." 狄儀行齊衰. 今之齊衰, 狄儀之問也."

다른 형제들의 경우'와 마찬가지로 1년간 상복을 입었다. 이것이 바로 상고시대의 복제이다. 송대의 장재(張載, 1020-1077)는 (어머니가 같고) 아버지가 다른 형제들을 위해 자최복을 입는 것을 두고 "금수의 도이다. 이것은 어머니는 알고 아버지는 알지 못하는 것이다."라고 비판했는데, 이것은 상고시대 구습을 거부한 것이다. 후세의 많은 학자들은 자하의 설을 비판하면서 자유의 설에 대해서도 불만족스럽게 여겼다. 그래서 당나라의 『개원례(開元禮)』에서는 소공복으로 낮추었는데, 이것 역시 상고시대 구습의 영향을 줄인 것이다.

여자를 중심으로 하는 대우혼제도의 가정의 경우, 최초의 시기에는 부부가 따로 거주하면서 낮에는 떨어져 있고 밤에는 함께 지냈다. 이에 자녀들은 어머니와 거주하였고 형제자매들은 모두 자신들의 씨족 안에서 거주하게 되었다. 이 당시 재산이란 것은 형제자매가 공유하는 것으로, 진정한 '형제일체'가 구현되었다고 할 수 있다. 이 시기 남편의 재산은 아내에게 있어서는 사적인 것이었지만, 형제자매들에게 있어서는 공적인 것이었다. 다시 말해 당시 가족의 공유 재산은 형제자매의 재산들로 구성된 것이었다. 자녀들의 경우 오직 어머니와 외삼촌의 재산만 상속받을 수 있었고 아버지의 재산을 상속받을 수는 없었다. 또한 자녀들은 어머니와 거주했고 자녀들은 대체로 아버지를 몰랐으며 부자지간의 친밀함 역시 없었다. 어머니를 따르는 자녀들은 어머니는 같으나 아버지가 서로 다른 형제들이었으며, 그들이 서로에게 가진 친밀함은 후대의 아버지는 같으나 어머니는 다른 형제들이 서로 지녔던 친밀함과 동일한 것이었다.

『상복전』에서는 같은 아버지를 두었다는 전제하에서의 '형제일체'를 말한 것에 불과하며, 「단궁」편에서 적의(狄儀)가 제기한 문제는 같은 어머니를 두었다는 전제하에서의 '형제일체'에 관한 것이었으므로, 그 재산의 구성과 상속의 문제에 있어서는 명백히 다른 입장을 보였다.

(2) 아버지가 죽으면 아들이 계승한다(父死子繼)

『역전 · 서괘(易傳 · 序卦)』에서는 다음과 같이 말했다.

천지가 있은 후에 만물이 있고, 만물이 있은 후에 남녀가 있으며,
남녀가 있은 후에 부부가 있고, 부부가 있은 후에 부자가 있으며, 부자가
있은 후에 군신이 있고, 군신이 있은 후에 상하가 있으며, 상하가 있은
후에 예의를 둘 곳이 있다.[33]

오늘날 많은 사람들은 이 대목이 단지 남녀음양의 도를 인륜의 본체로
여긴 것일 뿐이라고 오해한다. 사실 이 대목은 다른 대목들과 함께 보아야
한다. 『예기 · 혼의(昏義)』편에서는 다음과 같이 말했다.

남녀의 구별이 있은 후 부부간에 도리가 있고, 부부간에 도리가 있은
후 부자간의 친함이 있으며, 부자간에 친함이 있은 후 군신간에 바름이
있다.[34]

또한 『예기 · 교특생(郊特牲)』에서는 이같이 말했다.

남녀의 구별이 있은 후 부자가 친해진다. 부자가 친해진 후 도리가
생겨난다. 도리가 생겨난 후 예가 만들어진다. 예가 만들어진 후 만물이
안정된다. 구별이 없고 도리가 없는 것은 금수의 도이다.[35]

• • •

33. 『易傳 · 序卦』, "有天地然後有萬物, 有萬物然後有男女, 有男女然後有夫婦, 有夫婦然後有
父子, 有父子然後有君臣, 有君臣然後有上下, 有上下然後禮義有所錯."
34. 『禮記 · 昏義』, "男女有別, 而後夫婦有義, 夫婦有義, 而後父子有親, 父子有親, 而後君臣有
正."
35. 『禮記 · 郊特牲』, "男女有別, 然後父子親. 父子親, 然後義生. 義生然後禮作. 禮作然後萬物
安, 無別無義, 禽獸之道也."

인류는 초기에는 남녀라는 성별은 존재했어도 남녀 간에 구별은 존재하지 않았다. 따라서 후세에 등장한 부부간의 도리 같은 것은 결코 존재하지 않았다. 진시황(秦始皇)이 회계(會稽)에서 세운 비석에는 다음과 같은 글귀가 새겨져 있다.

> 남편이 다른 유부녀와 간통하면 그를 죽여도 죄가 되지 않게 하니, 남자들이 도덕규범을 잘 지켰다. 아내가 도망가서 다른 남자에게 시집가면 자식들이 그녀를 어머니로 인정하지 않게 하니, 모두 정숙하고 올바르게 되었다.[36]

이것은 상고시대 주혼제(走婚制)[37] 아래에서 남녀의 구별이 없던 풍속에 관해 말한 것이다. 남녀유별은 오직 여성이 남편을 따라 거주해야만 가능하다. 그렇지 않으면 남편이 다른 유부녀와 간통하고 아내가 도망가서 다른 남자에게 시집가는 일이 끊임없이 발생할 것이다. 부부가 함께 지내게 됨에 따라 자식들도 아버지를 알 수 있게 되었고 나아가 아버지와 가까워질 수 있게 되었다. 이렇게 되자 아버지의 재산 역시 자식에게 상속할 수 있게 되었고, 굳이 '형종제급'을 할 필요가 없게 되었다.

그러므로 상고시대에는 부자간의 재산이 구분 가능했다. 아버지와 자식은 서로 다른 씨족에 속해 있었기 때문에 아버지의 재산은 자식에게 상속될 수 없었으며, 동생에게 상속되었다. 그 후 부부의 도리가 자리 잡히자 부자간의 감정도 두터워졌다. 이에 아버지가 죽으면 자식이 계승하는 제도가 생겨났다. 그러나 부부가 함께 거주하기는 해도 재산은 아들에게 상속되어 아내에게 속하지 않게 되니, 아내의 재산은 '사적인 것'에 불과하게

● ● ●

36. 『史記・秦始皇本紀』, "夫爲寄豭, 殺之無罪, 男秉義程. 妻爲逃嫁, 子不得母, 鹹化廉淸."
37. 주혼제(走婚制): 모계사회에서 남녀가 서로 호감을 가지면 자유롭게 연인관계를 맺는 방식으로, 낮에는 각자 모족의 집에 머물다가 밤에 함께 하는 혼인풍속이다.

되었다. 고대시대 여성을 집에서 쫓아낼 이유가 될 수 있다는 '칠거지죄(七去之罪)' 중 '도둑질'의 조목이 있었는데, 이것은 여자가 남편 집안의 공동재산을 사사롭게 취하는 것을 가리켜 도둑질이라고 한 것이다.

(3) 혼수제도

중국은 선진 시기 이래로 결혼을 '두 집안의 결합'으로 보는 관점이 득세했으며, '혼수제도(妝奩制)'가 실행되었다. 이것은 후세의 '개별재산제도'와 유사한 것이다. 아내의 결혼 전 재산은 혼수로서 남편 집안의 재산으로 귀속되지 않으며, 심지어 남편은 임의로 이 재산을 관리할 수도 없다. 이혼하게 될 경우 아내는 이 부분에 해당하는 재산을 모두 가지고서 남편의 집을 떠날 수 있다.38 송대의 '호령(戶令)'에서는 다음과 같이 규정했다.

> 전답과 집, 재물을 분배할 때는 형제가 균등하게 나누지만 처가에서
> 얻은 재산은 분배의 대상으로 두지 않는다.39

● ● ●

38. 『예기 · 잡기(雜記)』를 살펴보면, "법률에 아내를 버릴 때는 혼수를 돌려준다(律, 棄妻畀所賚)."라는 규정을 인용하고 있다. 이는 이혼할 때 남편이 아내에게 혼수를 돌려주어야 한다는 것이다. 당나라 역시 한율(漢律)을 답습했다. 『令集解』第10卷, '칠출(七出)' 조목을 살펴보면 다음과 같이 규정하고 있다. "무릇 아내를 버릴 때는 먼저 조부모와 부모의 뜻에 따르고, 조부모와 부모가 안 계시면 남편이 뜻대로 한다. 이때 아내가 혼수로 가지고 와서 현재도 가지고 있는 재산을 모두 돌려주어야 하며, 종을 데리고 왔으면 종도 돌려주어야 한다."(『令集解』第10卷, "凡棄妻, 先由祖父母父母, 若無祖父母父母, 夫得自由. 皆還其所賚見在之財, 若將婢有子亦還之.") 일본의 『양로령 · 호령(養老令 · 戶令)』 역시 당나라 율령을 본떠 만들었기 때문에 이 조목의 규정 역시 당대의 이혼법률과 일치한다.

39. 『宋刑統』第12卷, 「卑幼私用財」, "諸應分田宅者及財物, 兄弟均分, 妻家所得財産不在分限." 또한 당나라 율령에서도 재산 분할에 관한 조목에서 "처가에서 얻은 재산은 분할의 대상에 두지 않는다(妻家所得之財, 不在分限.)."라고 규정하고 있다. 그러나 원나라 법전에서는 다음과 같이 규정한다. "혼수로 가져온 전답 등 재산의 경우, 앞으로 다시 결혼하려는 부인은 이전에 이혼을 했든 사별을 했든 재혼을 할 경우 혼수로 가져온 재산 등은 전 남편의 집안을 위주로 한다…… 무고하게 아내를 내쫓았을

현재 많은 중국 여성들은 혼수의 습속을 유지하고 있으며, 신중국(新中國)에서는 1950년 『혼인법』이 제정된 이래로, 결혼 전 재산을 인정하고 있다. 이것은 오래된 습속을 인정하고 있는 것으로 보아야 할 것이다. 아내가 결혼 전 재산을 계속 소유하고 결혼 후에도 남편으로부터 재산상으로 독립해 있다는 것은 남편 역시 결혼 전 재산을 유지해도 됨을 의미한다.[40]

앞서 말한 내용들을 종합해 보면, 최초 인류는 형제를 일체로 여겼으며, 형제가 함께 거주하며 재산을 공유했다. 그 다음으로 부부일체가 등장하였고, 부부가 함께 거주하나 재산을 공유하지는 않는 형태를 보였다. 부자일체는 가장 최후에 등장한 것으로 부자가 함께 거주하고 재산을 공유했다. 부자간의 친(親)은 나중에 등장한 것이지만 유가윤리의 실제는 바로 이러한 부자일체의 토대 위에서 확립되었다. 부부일체는 두 번째로 나오기는 했지만 그 함의는 단 한 번도 완전히 실현되었던 적이 없다. 오늘날 중국의 '공동재산제도'의 경우 부부가 서로에게 재산을 상속할 수 있다고 규정하고 있다. 이것은 부부가 가장 친밀한 관계임을 인정하는 것이다. 여기에서 우리는 '부부일체'의 실제 함의가 현재 중국에 이르러서야 비로소 실현됐음을 확인할 수 있다.

• • •

경우에는 이러한 경우에 해당하지 않는다(隨嫁奩田等物, 今後應嫁婦人, 不問生前離異, 夫死寡居, 但欲再適他人, 其隨嫁妝奩財産等物, 聽前夫之家爲主…… 無故出妻, 不拘此例.)." 이것은 아내의 재산이 남편에 의해 흡수됨을 의미한다. 일본 역시 이와 유사한 혼수제도가 있다.

40. 과거시대, 특히 부유한 집안의 여성이 시집을 갈 때는 "십 리에 걸친 혼수품의 행렬(十里紅妝)"이라는 말이 있을 정도로, 18세에서 80세까지 사용할 머리 장식, 의복, 심지어는 수의와 예장품까지 포함되어 있었다. 그밖에도 전답과 주택, 점포, 남녀 노비까지도 혼수에 포함되어 있었다. 이것은 "우리 집 딸이 당신의 집에 시집가더라도 이 아이가 먹고 입고 쓸 것들은 모두 이 아이의 것이다."라는 것으로, 이렇게 될 경우 남편의 집안에서의 며느리의 입지는 강화되고 시부모의 간섭으로부터 자유로워지게 된다. 이러한 까닭에 만약 며느리가 자식을 낳지 못하고 죽게 되면 그 재산은 다시 친정으로 반환되어야 했다.

3. 현대중국『혼인법』중의 '공동재산' 문제

1) 공산당『혼인법』의 성격과 이론기초

중국공산당『혼인법』은 마르크스주의의 지도하에 생겨난 것이다. 1950
년 4월 신중국『혼인법』은 소비에트 지구[41] 시대의 혼인법을 높이 평가하면
서 다음과 같이 말했다. "(소비에트 지구 시대의 혼인법은) 마오쩌둥 주석을
중심으로 하는 중국공산당이 마르크스, 엥겔스, 레닌, 스탈린의 혼인 가족과
사회발전의 문제에 관한 학설을 구체적으로 운용하여 중국 혼인제도 문제를
해결하는 데 사용되었던 최초의 법률 문헌이다. 이 문헌은 봉건주의 혼인제
도의 폐기와 신민주주의 혼인제도의 건립의 원칙과 기초를 닦았으며, 중국
혼인제도 대혁명의 시작을 상징했다."[42] 그런데 오늘의 정치 및 이론 상황으
로 말하자면, 마르크스주의는 분명 보편적인 진리로 받아들여지지 않으며
그것이 제시하는『혼인법』은 실제 중국의 정세와는 이미 맞지 않게 되었다.

사실 공산당의『혼인법』이든 국민당이 공포했던 혼인규정이든, 모두
하나의 기본 목표를 지니고 있었다고 한다면, 그것은 바로 남녀평등의
이념을 관철시키고자 했다는 점일 것이다. 이들은 가정의 안정과 구성원의
행복에 관해서는 사실 별로 크게 주목하지 않았다. 이러한 이념에 기초하여
『혼인법』속에는 여성을 보호하는 조목들이 가득하다. 이러한 조목을
통해 우리는 현대 사상의 두 가지 기본적인 측면을 살필 수 있다. 첫째는
가족의 소멸로서, 개체의 자유와 해방의 실현이며, 둘째는 약자 보호로서,
인민주의에 기초한 평등 관념의 실현이다. 전자는 이미『혼인법』속에
구현되어 있는데 바로 혼인의 자유를 말하며 구체적으로는 이혼의 자유를

●●●

41. (역주) 중국의 국·공 내전 시기 홍군에 의하여 해방된 지구.
42. 陳紹禹,「關於中華人民共和國婚姻法起草經過和起草理由的報告」, 中國人民大學國家與
法權理論敎硏室,『國家與法權理論參考資料』, 北京: 中國人民大學出版社, 1957, 82쪽.

규정한 것에 해당한다. 후자는 재산 분할 시에 여성의 입장을 더욱 고려한 것, 여성이 가사의 부담을 벗어던지기를 장려하는 것 등으로 구현되었다.

1931년『중화소비에트 공화국 헌법대강』제11조에서 명백히 규정하였다.

> 중화소비에트 정권은 여성의 해방을 철저히 실행할 것을 보장하는 것을 그 목적으로 한다. 혼인의 자유를 승인하고, 여성을 보호하는 갖가지 방법을 실행하여 여성이 실제적으로 점차 가사의 속박을 벗어던지는 물질적 기반을 얻을 수 있게 한다. 그리하여 전 사회의 경제적, 정치적, 문화적 생활에 참여할 수 있도록 한다.[43]

이 규정은 이후의 역대『혼인법』의 기본 정신을 잘 반영하고 있다. 이는 엥겔스의『가족, 사유재산 및 국가의 기원』에 근거를 두고 있다. 이에 따르면, 여성은 그들이 받는 (가사의) 속박으로 인해 경제적으로 남성으로부터 독립할 수 없어 결국 가정의 범위를 벗어나지 못하게 되었다는 것이다. 따라서 여성의 해방과 남녀평등의 첫걸음은 바로 여성을 가정으로부터 해방시켜내는 것이다. 그렇다면 어떻게 해방을 이룰 수 있을까? 엥겔스는 현대 공업의 거대한 발전이 이 가능성을 제공했다고 보았다. 여성은 이를 통해 경제적 독립을 이룰 수 있으며 따라서 가정생활 속에서 남성과 서로 대등한 지위를 지닐 수 있게 되었다는 것이다. 이러한 이론에 근거하자면 중국공산당의『혼인법』은 여성의 경제적 지위 제고를 그 수단으로 하여 여성의 해방을 추구한 것으로 볼 수 있다.

그런데 문제는 남녀의 자연적 조건의 차이를 없앨 수 있는가 하는 것이다.

• • •

43. 『中華蘇維埃共和國憲法大綱』第11條, "中華蘇維埃政權以保證徹底地實行婦女解放爲目的. 承認婚姻自由, 實行各種保護婦女的辦法, 使婦女能够從事實上逐漸得到脫離家務束縛的物質基礎, 而參加全社會經濟的, 政治的, 文化的生活."

이에 관해 마르크스주의는 인류 역사 속에서 이미 여성이 생산에서 주도적인 위치를 점했던 시대가 있었음에 착안했다. 소위 모권제(母權制) 사회가 있었다는 것인데, 사실 이는 순전히 이론에서 나온 허구이며 고대 사회의 실제 정세와 꼭 들어맞는다고는 볼 수 없다. 유가적 관점에서 보면, 남성은 바깥일을 주로하고 여성은 안일을 주로 해야 한다. 물론 남녀 간의 자연적 차이를 감안해야 하겠지만, 만약 진정으로 안과 밖의 업무 분담을 이룰 수 있다면, 이는 불평등 속에서 평등을 이루어낸 것이므로 유가의 사고는 여성을 보호하고자 각별히 신경 쓴 것으로 보기에 충분하다. 하지만 만약 여성들을 남성들과의 무한 경쟁 속으로 밀어 넣는다면 그 결과는 어떠할까? 이는 말할 필요도 없을 것이다. 그렇다면 현대 사회의 현실이 남녀평등을 가능하게 하는 조건을 제공했는가 하면, 아직 그렇지는 않다. 사실 남녀의 자연적 측면에서의 불평등은 오랜 역사 속에서 참으로 바꿀 수 없었던 객관적 사실이고, 완전히 부정해서도 안 되는 것이다. 그런데 마르크스주의는 이러한 자연성의 초월이 바로 인류가 자유를 실현해 나가는 여정이라고 보았다. 혼인의 문제도 이와 같으며, 기타 문제에서 또한 비슷한 주장을 지니고 있다. 그러면 (마르크스가 주장하는) 인류의 자연 초월의 필연성은 어디에 있는가? 자연을 따르면서 자유를 얻을 수만 있다면 이는 수천 년 중국의 도가 인류 사회에 제공해 줄 가장 큰 깨우침이 될 수도 있을 것이다. 따라서 혼인제도로 말하자면, 남녀의 자연적 차이를 없앨 필요가 없으며, 마땅히 이러한 차이 위에 서서 그에 적합한 혼인제도를 고안해 내야 한다. 따라서 옛 사람들은 남자는 집안에 있는 여자를 보호하고, 여자는 사회에 나간 남자를 지원해야 한다고 여겼던 것이다. 이러한 내외의 업무 분담은 만고불변의 양법(良法)이 아닐 수 없다.

현대 중국 『혼인법』의 여성에 대한 보호 정신은 여성을 가정폭력으로부터 벗어나도록 힘쓰는 것 외에,44 주로 이혼 후의 여성을 보호하려는 경향을 띠고 있다. 1931년 중앙소비에트 『혼인조례』는 이들을 보호할 이유를 다음과 같이 언급하였다.

> 여성이 봉건제도의 압박 속에서 막 해방되었을 때, 그들의 신체는
> 상당한 손상을 받았고 여전히 회복되지 않았다. 그들의 경제는 아직
> 완전히 독립되지 못했으며, 따라서 이혼 문제에 있어서 당연히 여성을
> 보호하는 쪽으로 기울어질 수밖에 없고, 이혼으로 인해 발생하는 의무와
> 책임을 남성에게 부과해야 한다.[45]

그런데 오늘날의 상황을 보면 여성은 이미 경제적으로 완전히 독립하여
더 이상 특별한 보호를 필요로 하지 않는 듯하다. 역대 『혼인법』에서
이혼 여성에 대한 보호는 점차 감소하여 오늘날의 『혼인법』에 이르면
혼전 재산과 관련된 세 가지의 사법해석 규정은 여성에 대한 특별 보호를
완전히 철회하여, 남녀가 점차 진정한 평등으로 향해 간다고 말할 수 있다.
하지만 반대론자들은 여전히 여성의 사회적 약세를 강조하면서 계속 여성을
보호해 나갈 것을 주장하고 있기도 하다.

당시의 『혼인조례』는 매우 구체적으로 여성 보호에 관한 조목을 규정하
였다.

● ● ●

44. 현대인의 가정 폭력은 두 부분으로 나뉜다. 하나는 부모가 자식에게 가하는 폭력이고,
다른 하나는 남편이 아내에게 가하는 폭력이다. 사실 옛날 사람들의 경우 두 종류의
가정 폭력이 모두 공통의 이유에 기초하였다. 바로 가정교육의 필요성이다. 옛말에
"회초리 아래에서 효자가 나온다." "자식을 가르치지 않는 것은 아비의 과실이다."라고
하였다. 고대의 법률에 '체벌' 규정이 있었던 것은 부모가 자녀에 대한 교육의 권리를
지니고 있고 또한 이들을 꾸짖고 혼내야 하는 책임을 지고 있었기 때문이다. 남편에
관해서는 『백호통』에서 "남편 부(夫)는 도울 부(扶)이다. 도의로서 서로 돕는다."라고
하였다. 따라서 여성이 죄를 지으면 감옥에 보내지 않고 남편에게 맡겨 교육을 시키게
하였는데, 남편이 아내를 체벌하여 꾸짖는 것도 당연한 교육의 한 방편이었던 것이다.

45. 『中央革命根據地史料選編』, 下冊, (南昌: 江西人民出版社, 1982), 194쪽.

첫째, 이혼 후 자녀 부양은 남성에게 귀속된다. 만약 여성이 부양을 원할 경우, 남성은 자녀 생활비의 삼분의 일을 책임진다. 이는 16세까지 계속된다. 하지만 1934년 이후의 역대『혼인법』은 모두 여성에게 부양 책임을 부과하고 있다.[46]

둘째, 남녀의 공동생활 기간에 지게 되는 공공 채무는 남성 쪽에서 청산의 책임을 진다. 이후의『혼인법』에서는 점차 남녀가 공동 채무를 분담해 나가는 것으로 변화되었다.

셋째, 이혼 후, 여성이 만일 재혼을 하지 않는다면 남성은 반드시 그 생활을 원조해야 하며 이 자금 원조는 땅을 지급하는 것으로 대신할 수 있으며 이는 재혼할 때까지 계속된다. 하지만 이 규정은 사리에 매우 맞지 않아 후에『혼인법』에서는 점차 사라지는 방향으로 나아갔다.

이를 통해 볼 때, 많은 규정은 결국 남녀평등이라는 목표를 실현하기 위한 것임을 알 수 있다. 하지만 현대 사상에서 남녀평등에 대한 이해는 상당히 협소한 면이 있다. 남녀평등이란 대개 다음과 같은 세 가지의 함의를 지닌다.

첫째, 부모간의 평등이다. 「상복」에서는 아들이 아버지를 위해서는 참최복을 입고 삼년상을 지내도록 하고, 어머니를 위해서는 자최복을 입고 삼년상을 지내도록 하였다. 만일 아버지가 살아 있다면 어머니를 위해 일년상만을 지내도록 하였다. 이를 통해 볼 때, 자녀에게서 부모는 서로 불평등한 대우를 받으며, 아버지는 지존으로 여겨지지만 어머니는 사존에

• • •

46. 샤먼대학 법학과, 복건성 기록보관소에서 편집한『중화소비에트 공화국 법률기록선편』(『中華蘇維埃共和國法律檔選編』, 江西人民出版社, 1984, 8頁)을 참고할 것. 1934년『혼인법』은 혼인 후 자녀 부양 규정을 개정하여 이혼 후 자녀가 남성 측에 귀속되도록 한 것을 여성 측에 귀속되도록 하였다. 이 규정은 현재까지 계속 이어지고 있다. 이 항목은 어린 자식과 계부의 사이가 계모와의 사이에 비해 더 가깝다는 것을 중점적으로 고려한 결과이다. 그런데 이 규정은 고대 종족사회의 기본적인 요구를 완전히 부정하였다.

그치므로 아버지가 어머니보다 높다고 할 수 있다. 명태조(明太祖) 시기에 이르면, 아버지와 어머니를 위해 똑같이 참최복을 입고 삼년상을 지내야 하는 것으로 규정되었다. 이렇게 전통사회는 최종적으로 부모의 평등을 이루었다. 부모 사이의 평등은 현대사회만이 추구한 목표가 아님을 알 수 있다.

둘째, 부부간의 평등이다. 「상복」에서는 아내가 남편을 위해서는 참최복을 입고 삼년상을 하며, 남편은 아내를 위해 단지 자최복을 입고 일년상을 하는 것으로 규정되어 있다. 남편과 아내 사이가 불평등하며 나아가 이러한 불평등이 부모 간 불평등에 비해 정도가 더 심한 것을 볼 수 있다. 이후 이천 년이 더 지난 후에도 아내의 지위는 더 나아지지 않았는데, 적어도 예법제도와 법률의 규정이라는 측면에서는 확실히 그러했다. 전통의 가정 에서 여성은 아버지의 딸로서, 남편의 아내로서, 시부모의 며느리로서는 어떤 존명(尊名)의 칭호를 갖지 못했고, 오직 자식의 어머니로서만 존명의 칭호를 지닐 수 있었다. 따라서 아내는 반드시 자녀를 낳고 길러야 하며 그렇게 자식의 모친으로서만 '모존(母尊)'이라고 칭해지면서 가정 속에서 지위를 상승시킬 수 있었던 것이다. 따라서 현대사회가 추구하는 남녀평등 은 가장 우선적으로 남편과 아내의 관계에서 구현된다. 현재의 『혼인법』은 이를 위해 많은 규정을 만들었다. 이는 어렵지 않게 찾아볼 수 있다. 예를 들어, 가정폭력에 대한 반대, 이혼 시 여성에 대한 보호, 부부 간 공동 재산의 규정 등이 그것이다. 또한 정부는 여성의 사회경제적 지위를 제고시 키는 각종 조치를 취했는데, 그 목적은 모두 아내를 보호하고 아내의 가정 속에서의 지위를 상승시키기 위한 것이라 할 수 있다. 이러한 방법은 "집안에 는 두 명의 주인이 있을 수 없다"는 자연적 이치와 완전히 배치되는 것으로서 가정의 안정이라는 측면에서는 매우 불리하며 그 부정적인 효과 또한 지극히 분명하다. 따라서 매번 새로운 『혼인법』을 공포할 때마다 항상 이혼율의 대폭 상승이 동반되었다. 30년대에도 그러했고, 50년대에도 그러했고, 2001년의 새로운 『혼인법』의 경우도 어찌 그렇지 않겠는가?

이외에도 아직 세 번째 종류의 평등이 남아 있다. 바로 공공생활 가운데에서의 남녀평등이다. 사실 현대사회에서는 이미 부분적으로는 이러한 평등이 실현되었다. 예를 들어, 남녀는 일반적으로 모두 동등한 교육을 받을 수 있고, 나아가 여성이 학교에서 성적이 더 우수하기도 하다. 하지만 우리는 여성이 대학을 졸업하여 직장에 진입한 후에는 성별의 차이로 인해 남성보다 못한 대우를 받는 것을 종종 목격할 수 있다. 엥겔스는 현대의 공업적 발전은 남녀 간의 체력적 차이를 소멸시켰고, 지적 능력으로 말하자면 애초에 여성이 남성보다 못하지 않다고 여겼다. 이러한 견해는 너무나 허황된 이야기임이 분명하다. 최소한 현재의 상황만 놓고 보자면 아직은 꽤나 요원한 이야기이다.

오늘날 남녀불평등을 논할 때는 흔히 여성의 재혼에 가해지는 사회적 제약과 여성이 강요받는 도덕적 정조 관념을 그 예시로 든다.[47] 하지만 자녀의 보호라는 관점에서 말하자면, 자녀들은 어머니의 재가를 (아버지의 경우보다) 더욱 원하지 않는다. 이때 어머니가 어찌 자녀의 뜻을 따르지 않을 수 있겠는가? 오히려 아버지의 재가에 대해서는 그럴 수 있다는 반응을 보이는 경우가 많다. 어머니의 재가와 아버지의 재취(續弦)[48]는 그 성질이 완전히 다르다. 가야금의 줄이 끊어지면 다시 이으면 그만이니 줄을 바꾼 가야금은 옛 가야금이랑 다를 바가 없고, (새로운 아내를 맞아들

● ● ●

47. 오늘날 사람들은 "굶어 죽는 것은 작은 일이고 절개를 잃는 것은 큰 일이다."라고 한 송대 이학자들의 학설이 이러한 현상을 불러왔다고 여긴다. 사실 (송대 이학 전통에 충실한) 일본에서는 남편이 사망한 후 여성들이 재가를 하는 경우가 많으며 귀족들은 더욱 그러하다. 따라서 위와 같은 현상은 이학과는 무관한 것임을 알 수 있다. 이학이 여성에 대해 억압을 가했다는 것은 요즘 사람들의 오해이자 억측이다. 게다가 중국 고대 여성들은 비록 개가에는 제한이 있었을지 몰라도 자식들과 함께 천륜의 즐거움을 누릴 수 있었으므로 일본의 경우와 비교해도 행복하다고 말할 수 있다.

48. (역주) 중국어에서 '속현(續弦)', 즉 '금(琴)의 줄을 잇는다.'는 말은 남성의 재취(再娶)를 뜻한다.

인) 새 집은 옛 집과 다름이 없다. 그런데 만약 어머니가 재가를 한다면 옛 사람이 새로운 가정과 새로운 환경으로 진입해야 하니 이는 하늘과 땅이 새롭게 바뀐 것이나 마찬가지다. 따라서 자녀는 (어머니의 재가를) 더욱 원하지 않는 것이다.

2) 『혼인법』 속의 '공동재산' 문제

『혼인법』 속의 '공동재산' 개념은 1930년 국민당이 공포한 『민법친속편』으로 거슬러 올라간다. 1950년 신중국 『혼인법』이 '가정재산' 개념을 제시했는데, 그 속에는 '공동재산'이라는 의미 역시 포함되어 있었다. 1950년 4월 13일 중앙법제위원회 주임 천샤오위는 『중화인민공화국 혼인법에 관한 초안 제정 경과 및 초안의 이유 보고』에서 다음과 같이 말했다.

> 이른바 '가정재산'의 함의는 무엇인가? 여기에서 가리키는 가정재산의 내용은 크게 세 가지를 넘어서지 않는다. 첫째, 남녀가 혼인하기 전 각자가 소유한 재산, 둘째, 남녀가 결혼한 후 공동생활 중에 얻은 재산, (이러한 재산은 다시 크게 세 가지로 나눌 수 있다. 첫 번째, 남편과 아내가 노동으로 얻은 재산이다. ― 여기에서 주의해야 할 것은 아내가 가사를 돌보고 자녀를 양육하는 노동은 남편이 생활에 필요한 재화를 벌어들이기 위해 한 노동과 동등한 가치를 가진다고 보아야 한다는 것이다. 그러므로 남편이 노동으로 벌어들인 재산은 부부가 공동으로 노동하여 벌어들인 돈으로 보아야 한다 ― 두 번째, 부부 쌍방 혹은 어느 한쪽이 이 시기에 법적으로 얻은 유산, 세 번째, 부부 쌍방 혹은 어느 한 쪽이 이 시기에 얻은 증여와 재산) 셋째, 미성년 자녀의 재산 ― 토지 개혁 중에 자녀가 나눠가진 토지와 기타 재산 등.[49]

• • •

49. 張培田 編, 『新中國法制硏究史料通鑒』, 北京: 中國政法大學出版社, 2003, 893-919쪽.

따라서 여기에서의 '가정재산' 개념은 이후의 '공동재산' 개념과 비교했을 때 그 내포하는 바가 더 광범위하다고 할 수 있다. 주로 부부의 결혼 전의 재산이 추가로 포함된다. 그중 두 번째 경우가 바로 '공동재산'의 의미에 해당한다. 신중국 시기 이전에는 부동산이 국가 혹은 집단의 소유에 속했기 때문에 부모의 유산 또한 매우 적었다. 일반적으로 부부가 소유한 재산은 모두 부부의 공동 노동에서 나온 것으로 봐도 무방하다. 그런데 '가정재산'이든 '공동재산'이든 모두 부부의 재산을 가리켜 말하는 것인데, 전통적 의미에서 '가정재산'은 부모를 중심으로 하는 남편 쪽 집안의 재산을 가리킨다. 이것으로 볼 때, 신중국『혼인법』은 '가정재산' 혹은 '공동재산'의 개념에 관해 부모의 재산 문제까지는 고려하지 않았음을 알 수 있는데, 이는 실로 막대한 결함이라 할 수 있다. 새로운『혼인법』이 야기하는 분란은 바로 이러한 지점에 기인한다. 최근 10년 이래로 부동산의 사유화 경향이 강해지고 집값이 폭등함에 따라 부동산은 더욱 부부의 노동 소득을 통해 구매하기 힘들게 되었고, 각자의 부모가 증여하는 유산성 재산에서 나오는 경우가 많아졌다. 이러한 현실의 변화에 따라 반드시 '공동재산'의 범주를 새롭게 설정하여, 부부의 '공동재산'에 속하는 것을 전체 '가정재산'으로 새롭게 구획 설정할 필요가 생겼다. 이때의 '가정'은 결코 부부 쌍방에만 국한될 것이 아니라 반드시 쌍방의 부모를 안에 포함시켜야 한다.

1980년『혼인법』에 이르면 '공동재산'의 개념이 제시되기 시작한다. "부부가 혼인 관계를 존속한 시기에 얻어지는 재산은 부부의 공동소유로 귀속되며, 쌍방 간의 다른 약정은 제외함." 이러한 규정은 혼인 전 재산의 존재를 반드시 부각시키게 된다. '혼전 재산'의 개념은 개인이 노동으로 얻은 것만을 가리키는 게 아니다. 더욱 중요한 것은 부모의 재산을 그 속에 산입시켰다는 것이다. 비록 개혁개방 초기에는 현실문제가 그다지 절박하지 않아, 법률이 '공동재산'의 규정을 이것만으로 제한하여 아직은 간략한 점이 있다.

2001년 최신『혼인법』에는 '공동재산'에 대해 상세한 규정이 생겼다. 제18조목에는 "유언장이나 증여계약서 속에 남편 혹은 아내 일방으로 재산이 귀속됨을 인정함" 내지는 "한 쪽의 혼전 재산"과 같은 구절이 있다. 하지만 여전히 부동산의 귀속에 관해서는 불명확한데, 해석 2(2004)와 해석 3에 이르러 처음으로 이를 명확히 규정하였다.

해석 2 제22조: 당사자 결혼 전, 부모가 쌍방이 집을 사는 데 출자한 것은 출자한 것 각각이 마땅히 각자 자신의 자녀 개인에게 증여한 것으로 인정한다. 하지만 부모가 명확하게 쌍방에게 증여했음을 표시한 것은 제외한다. 당사자 결혼 후에, 부모가 쌍방이 집을 사는 데 출자한 것은 각 출자한 것을 부부 쌍방에 대한 증여로 인정한다. 하지만 부모가 명확하게 한 쪽으로 증여한다고 표시한 것은 제외한다.

해석 3 제7조: 결혼 후에 한 쪽의 부모가 출자하여 자신의 자녀를 위해 구매한 부동산은 그 소유권 등기를 출자인 자녀의 명의로 한다. 혼인법 18조목 제3항의 규정에 의거, 자신의 자녀 한 쪽에 대한 증여로 볼 수 있다. 각 부동산은 부부 한 쪽의 개인 재산으로 인정한다.

이것으로 볼 때, 해석 3은 해석 2를 더욱 명확히 한 규정이라 할 수 있다. 1980년『혼인법』의 혼전 개인 재산의 규정과 비교하면, 해석 2와 해석 3의 주된 의미는 결혼 후 일부분의 소득 역시 개인 재산의 범위로 산입시킨다는 데에 있다.

마르크스주의는 원래 혼인을 감정에 기초한 결합으로 여겼는데, 심지어 그 존속 역시 감정을 기초로 한다고 보았다. 따라서 감정이 결렬되는 것을 혼인이 종결되는 가장 중요한 근거로 보았다. 이러한 혼인에 대한 이해, 그리고 건국 전 30여 년간 가정 재산이 비교적 적었던 현실적 상황을 고려하면, 부부 쌍방 간에 비교적 큰 재산 분쟁은 일어나기 힘들었고, 혼인 전 약정 시에 개인의 재산에 관해 고려할 필요성은 그리 크지 않았으며, 혼인 후의 개인 재산 문제는 더욱 고려할 필요가 없었을 것이라 생각할 수 있다. 그런데 신『혼인법』이 구『혼인법』의 모호한 재산 규정을 명확히 했던 것은 좌파 학자의 관점에서 보자면, 부부 관계를 일종의 재산 관계로 환원시켰으며, 마르크스주의에 기초한 구『혼인법』의 혼인과 가정의 본질에 대한 이해 방식에서 완전히 벗어나게 되었다고밖에 볼 수 없다.

그러나 마르크스주의가 다시는 보편적 진리로 받아들여질 수 없음을 이해한다면, 이러한 탈피는 그리 지나치지만은 않은 것이다. 또한 여성이 날로 강세를 보이는 오늘날, 구『혼인법』의 여성 보호라는 색채가 이미 희미해진 이상, 새로운 규정은 남녀관계에 있어 진정한 평등을 추구해 나가고자 하는 것 그 이상도 이하도 아니다. 더욱 중요한 사실은 신『혼인법』에서 부부 한 방향에 대한 부모의 증여를 강조한 것이, 비록 부부의 관계를 소원하게 만든 감은 있지만, 오히려 부자관계를 친밀하게 만든 측면이 있고 그러한 의미에서 전통 유가윤리로의 회귀를 가져왔다는 점이다.

3) 이혼 후의 재산 분할과 자녀 귀속 문제

30년 전후 각 소비에트구의 혼인과 관계된 조목을 통해 보면, 모두 여성 보호라는 정신을 철저히 실행하고 있음을 알 수 있다. 이러한 정신은 특히 이혼 문제에서 더욱 명확히 드러난다. 1950년『혼인법』에서는 이에 대해 다음과 같이 규정하였다.

제23조: 이혼 시, 여성 측 혼전 재산을 여성 소유로 귀속하는 것을 제외하고, 기타 가정 재산을 어떻게 처리하는지는 쌍방의 협의에 따른다. 협의가 이루어지지 않았을 시, 인민법원이 가정 재산의 구체적 상황,

여성 측과 자녀의 이익 및 생산 발전에 유리한 원칙을 고려하여 판결한다. 만약 여성 측과 자녀가 분배받은 재산이 자녀의 상활비와 교육비를 충당해나갈 수 있을 시에는, 남성 측은 더 이상 자녀의 생활비와 교육비를 부담하지 않는다.

제24조: 이혼 시, 원래 부부의 공동생활에서 부담하던 채무는 공동생활 시의 소득으로서 상환한다. 만약 공동생활 시의 얻은 재산이 없거나 공동생활 시 얻은 재산이 부족하여 청산이 어려운 경우, 남성 측이 청산한다. 남녀 한 쪽이 단독으로 진 채무는 본인이 상환한다.

제25조: 이혼 후, 한 쪽이 만약 재혼하지 않은 상황에서 생활 상 곤란함이 있으면 다른 한 쪽이 그 생활을 유지할 수 있도록 원조한다. 방법과 기한은 쌍방의 협의에 따른다. 협의가 성립하지 않을 시는 인민법원의 판결에 의한다.

그런데 30년대와 비교하여 여성에 대한 보호는 이미 상당히 약화되었다. 이혼 후의 자녀 귀속 문제의 경우 완전히 아동을 보호하는 입장에 서 있다. 오직 자녀 부양의 편의만을 고려한다는 것이다. 따라서 1931년『혼인조례』는 자녀를 남성 측에게 귀속되도록 판결을 내렸었다. 그 후로 역대『혼인법』에서는 모두 여성 측으로 판결할 것을 주장하였고 남성은 주로 경제적 부담을 제공하도록 하였다. 이러한 규정은 명백히 종족과 가족을 본위로 하는 전통사회의 원칙에서 완전히 벗어난 것으로서 오늘날 중국의 실제 상황에 비추어 보았을 때 아직 완전히 합리적인 것이라고는 볼 수 없다. 예를 들어, 아래의 몇 가지 항목의 상황은 오늘날의 입법자들이 신중하게 고려할 가치가 있다.

첫째, 고대 남성들이 가업을 계승하는 중책을 맡은 이래, 자녀는 아버지에게로 귀속되었다. 오늘날 자녀는 대개 어머니를 따르는데, 비록 유아 시기 부양의 편리함은 있을 수 있지만 아버지 측 가업의 발전에 있어서는 지극히 불리한 측면이 있다. 예를 들어, 우리 어머니는 자신의 친정에 아들이 없다고 늘 탄식했다. 만약 그렇지 않았다면 집안이 지금처럼 쇠퇴하지는 않았다는 것이다. 이것으로 볼 때, 아버지 측의 가업은 늘 어머니 측에 비교하여 우세했으므로 만약 자녀가 아버지를 따르게 된다면 가업의 발달을 촉진시킬 수 있을 뿐 아니라, 자녀 본인에게 있어서도 가정형편의 유복함이 성장에 훨씬 도움이 된다고 생각해 볼 수 있다.

둘째, 부모의 이혼 후, 만약 어머니가 재가를 했다면 자녀는 계부와 친해지기가 쉽지 않다. 하지만 자녀가 아버지를 따른다면, 비록 아버지가 재혼을 했어도 자녀와 계모는 비교적 쉽게 친해질 수 있다. 이를 통해 볼 때, 현대 『혼인법』이 비록 아동을 보호하는 것을 목적으로 하고는 있지만 자녀의 성장에 있어서는 사실 꽤 불리한 것이 분명하다.

셋째, 현대 『혼인법』은 대체로 아동 보호라는 점에 주목하고 있는데, 이는 무산계급 가정에서는 그럴 수 있을지 모르지만 대부분의 가정이 가업을 지니고 있는 오늘날에는 가업의 승계와 발전이라는 측면에서 자녀가 어머니를 따르는 것은 매우 불리하다. 법률 혹은 당의 정책은 딸을 낳으면 모친을 따르고, 아들을 낳으면 부친을 주로 따르는 것으로 바뀌어야 한다. 이렇게 한다면 한 가정과 국가에 모두 유리할 것이다.

4) 부부 '상호 상속 유산'의 문제

현대의 『혼인법』이 남녀의 평등이라는 목표를 실현하기 위해 가장 중요하게 여기는 것은 여성에게 재산 상속의 권리가 있음을 규정하는 것이다. 중국은 진한 시기 이후로 기본적으로 상속의 실행자의 아들에게 균등하게 나누는 재산 상속법을 사용하였다. 아내의 혼수 물품의 경우 시집의 재산에는 포함될 수 없었고, 아내의 소유로 귀속되었다. 따라서 아내는 시집의 재산을 상속받거나 분할 받지 않는 것이 도리였다. 고대에 과부는 자식이 없거나 자식이 죽었을 경우 소박을 맞고 집밖으로 쫓겨나곤 했는데, 이때 남편의 재산은 항상 숙부, 백부 형제 혹은 친족들이 나누어 가졌다. 이러한 현상은 비록 무정한 것이기는 해도 고대 사회의 어쩌면 당연한 규범이기도 했다. 기본적으로 고대 중국의 경우 부부의 재산을 구분하는 제도를 시행했음을 알 수 있다.

전통 중국사회가 현대로 전환되면서 이러한 정황에도 근본적인 변화가 일어났다. 1924년 국민당 1대는 "법률상, 경제상, 교육상, 사회상, 남녀평등의 원칙을 확인하며, 여권의 발전을 촉진한다"는 강령을 제시하였다. 1926년 국민당 2기는 『부녀운동결의안』을 통해 혼인 자유의 원칙에 근거하여 『혼인법』을 제정할 것을 결정하였다. 원칙적으로 여성의 재산 상속권을 확정한 것이지만 이 시기는 미혼의 여성에만 제한되었다. 바꾸어 말하면, 이는 딸이 아버지를 상속할 수 있음을 규정한 것일 뿐이어서 고대의 아들 본위 상속제도의 범주를 크게 벗어나지 않는다. 딸은 고대 사회에서 시집을 통해 일부분의 재산을 획득할 수 있었다. 이미 혼인한 여성의 경우 아버지의 유산도 이어받을 수 없는데 어떻게 남편의 재산을 상속하는 것을 논할 수 있겠는가! 1929년 사법원은 "여성은 미혼, 기혼을 구분하지 않고 남성과 동등한 재산 상속의 권리를 지녀야 한다."라고 결의하였다. 이러한 정신은 1930년 난징 국민정부가 공포한 『민법친속편』에서 구현되었다. 이는 이미 결혼한 여성이 부친을 상속할 권리를 가지게끔 할 뿐만 아니라, 심지어 아내도 남편의 재산을 상속하는 경우 또한 이를 통해 가능하게 되었다. 『민법친속편』의 재산 관련 부분은 '연합재산'에 대한 내용을 규정하였는데, 결혼 시의 부부 재산 및 혼인 존속 기간에 부부가 취득한 재산을 '연합재산' 혹은 '공동재산'으로 하였다. 만일 부부관계가 끝난다면 부부는 각기 공동재산의 절반을 받을 수 있다. 만약 부부 중 한 쪽이 사망하면 절반은 사망자의 상속인에게로 귀속되며 다른 절반은 생존한 부부 중 다른 한 쪽에게 귀속된다. 『민법계승편』에 와서는 배우자 간에 서로 유산을 상속할 권리를 지니며 제1순서의 상속인이 된다는 것을 규정하였다. 이러한 각종 규정은 중국의 가족 관계에 깊은 영향을 미쳤다. 이른바 천지가 뒤바뀌는 정도의 큰 변화를 가져왔다고 말할 수 있을 것이다. 즉 출가한 여성이 아들과 마찬가지로 평등하게 부모의 재산을 상속받을 권리를 지닐 뿐 아니라, 나아가 아내로서 남편의 재산을 상속받을 수 있음까지도 의미한다.

중국 공산당이 이 문제를 인식한 것은 더 오래전 일인 듯하다. 1919년 리다자오가 발표한 『여성해방과 데모크라시(Democracy)』라는 한편의 글 은 "우리가 만약 진정한 데모크라시(Democracy)를 중국사회에서 실현하고 자 한다면 반드시 우선 여성의 해방운동을 실시해야 한다."[50]고 제시하였다. 1920년 리다자오는 다시 『경제적 해방으로 말미암은 중국 현대사상 변동의 원인』이라는 글을 통해 남녀가 상속권의 측면에서 반드시 평등한 권리를 지녀야 한다고 언급하였다. 또한 1923년 리다자오는 호북여성운동동맹회 에서 '여권운동'에 관해 강연하면서 법률적으로 남녀의 평등을 규정해야 함을 주장하였다. 그가 주장한 법률적 평등에는 재산권 측면의 평등이 포함된다.

1922년 6월 15일, 『중국공산당 제1차 시국에 관한 주장』에서도 이러한 관점이 제시되었다. 사유재산 제도 하에서는 여성의 진정한 해방이란 불가 능하다는 것이다. 그런데 오늘날 중국은 다시 사유제 사회로 회귀하였는데, 여성 해방이란 요구는 어떻게 가능할까? 그 후, 국민당이 '여성 해방'과 관련하여 내놓은 주장 모두 공산당 사람들의 추진과 참여가 있었기에 가능했다. 1931년 12월 『중화소비에트 공화국 혼인조례』에서는 결혼 후 만 1년이 되면, 남녀가 공동으로 경영하여 증가시킨 재산은 남녀가 공평히

• • •

50. 『李大釗文集』, 北京: 人民出版社, 1984, 下冊, 102쪽.

나누고, 만약 아이가 있다면 사람 수에 따라 재산을 균등하게 나누기로 할 것을 규정하였다. 1950년, 『혼인법』 제12조에서는 "부부가 서로 유산을 상속한 권리를 지닌다."라고 하였고, 제14조에서는 "부모 자녀가 서로 유산을 상속할 권리를 지닌다."라고 했다. 80년 『혼인법』 제80조에서는 "부부가 서로 유산을 상속할 권리를 지닌다. 부모와 자녀는 각각 상호 간에 유산을 상속할 권리를 지닌다."라고 하였다. 2001년 『혼인법』 제24조에서는 "부부가 서로 유산을 상속할 권리를 지닌다. 부모와 자녀는 각각 상호 간에 유산을 상속할 권리를 지닌다."라고 하였다.

따라서 국민당이든 공산당이든 각종 법률 조문은 모두 부부 간에 서로 유산을 상속할 권리가 있음을 명확히 하고 있다. 이는 간단히 말해 '부부일체'라는 원칙을 극단적으로 표현한 것으로서 지금까지 한 번도 구현된 적이 없었던 것이라 할 수 있다. 게다가 부부 간에 재산을 서로 상속한다는 것은 고대 이래 계속된 '부자일체'의 원칙이 퇴색된 결과물로서 전통의 효도 윤리에 기초한 사회 및 경제의 기반을 약화시킨 것이었다. 오늘날 도덕의 타락은 여기에서 시작된 것이라 할 수 있다. 하지만 현대사회의 기본 단위는 핵가족이고 이러한 가족은 고대의 그것과는 다르다. 부자를 중심으로 하지 않으며 부부를 중심으로 한다. 따라서 이 법률 규정은 오늘날 사회 현실의 객관적 반영에 지나지 않는다. 효도의 결핍은 어찌할 도리가 없는 일에 속한다.

4. 유가경의의 관점에서 본 신 『혼인법』 사법해석 3

2011년 최고법원이 선포한 『혼인법』 사법해석 3은 "혼인 후에 한 쪽 부모가 출자하여 자녀를 위해 구매한 부동산은 명의를 자신의 자녀 앞으로 두어 부부 한 쪽의 개인 재산으로 인정한다."라고 규정한 바 있다. 이

해석이 선포되었을 때, 여러 매체에서 광범위한 토론이 발생했다. 특히 인터넷 상에서 논쟁이 끊이지 않았다. 이 해석은 영미권의 분별재산제의 일부 규정을 참고로 하였다고 하며 『물권법』과도 서로 조화를 이루고 있다. 하지만 중국 『혼인법』에 담긴 여성 보호라는 일관된 이념에는 오히려 위배되며, 사회효과 측면에서 말하자면 남성이 더 쉽고 간편하게 이혼을 하도록 만들어서 가족관계의 안정성을 파괴시켰다고 할 수 있다.

현대 중국 사상의 한 가지 기본 전제는 전통가족의 타파이다. 당초 국공 양당이 전통가족을 타파하고자 했던 주된 수단이 바로 새로운 『혼인법』을 제정하는 것이었다. 그리하여 제도적으로 전통적 가족 관계와 윤리를 없애고자 하였다. 지난 1930년대 전후부터 역대 『혼인법』 및 그와 관련된 법률은 모두 전통가족의 정신을 타파하는 데 몰두하였다. 따라서 필자는 현재의 신 『혼인법』의 문제와 그로부터 발생한 논쟁을 단지 사법해석 3의 탓만으로 돌릴 것이 아니라, 실은 그 근본 원인이 중국 역대 『혼인법』이 모두 중국 고유의 전통에서 벗어나 중국 수천 년의 근본적인 가족윤리를 위배하였으며 그리하여 요즘 사람들의 관념에 혼란을 초래하고 사람들을 당황시켰기 때문이라고 파악한다.

따라서 현대 『혼인법』의 출발점은 시작부터 잘못되었다. 현재의 반대론 자들 대부분은 우파적 입장을 지지한다. 즉 80년대 이전의 구 『혼인법』을 근거로 최신의 『혼인법』을 반대하는 것이다. 분명 이러한 입장 자체에도 많은 문제가 된다. 신 『혼인법』은 각종 폐단을 지니고 있으며 특히 가족의 안정이란 측면에서는 더욱 불리하기 때문이다. 하지만 만약 이러한 이유로 더욱 문제가 되는 구 『혼인법』의 입장으로 돌아가려는 것은 정말로 시의적 절하지 않은 것이다.

나아가 역대 『혼인법』이 추구한 목표는 민생과는 항상 무관했다. 개인의 행복과 가족의 조화라는 목표를 가지고 출발한 적은 없었다. 단지 과도한 정치적 임무를 안고 마르크스주의가 추구하는 사회혁명의 목표를 실현하고자 했을 따름이었다. 바꾸어 말하면, 『혼인법』의 목표는 단지 사람들이 자신의 개인적 행복을 희생하도록 요구하여 '남녀평등'이라는 공허한 사회 진보의 이상을 추구해 나가는 것에 지나지 않았다고 할 수 있다. 우선 이 이상이 정당한 것인지, 또 가능한 것인지에 대해서는 논하지 않기로 하겠지만, 이를 차치하고서도 우리는 이러한 이상이 가족의 삶에 너무나도 많은 혼란을 만들어 냈음을 현실 속에서 항상 목도할 수 있다. 예를 들어, 부부 간의 갈등, 이혼율의 상승 및 개인의 고독감 등은 모두 이러한 이상이 야기한 결과이다. 과연 이러한 이상이 진정으로 우리의 희생을 대가로 추구해나갈 가치가 있는 것일까? 만약 '여권'이라고 하는 정치적 올바름을 지키기 위해 이러한 이상이 제기된 것일 뿐이고, 현실 속의 각종 폐단에 대해서는 무관심하다면 대진(戴震)이 송나라 학자들의 도덕론을 비판하며 '리(理)'를 부르짖으면서 정작 인간을 죽이는' 꼴에 지나지 않는다고 말한 것과 별반 다를 바 없을 것이다.

1) 신 『혼인법』의 '공동재산'과 이혼에 관한 제 규정

현대 중국 『혼인법』과 고대 법률의 가장 중대한 구별 중 하나는 '공동재산' 개념에 있다. 1950년대가 되어 신중국의 『혼인법』은 '공동재산'이라는 개념을 제시했을 뿐 아니라, '가족재산'이라는 개념 또한 언급했다. 명백히 이 두 개는 서로 다른 것이다. 왜냐하면 '공동재산'이 단순히 부부가 공동생활을 통해 취득한 재산만을 가리킨다면 '가족재산'은 이와 달리, 혼전의 개인 재산 그리고 미성년 자녀의 재산까지 포함하기 때문이다. 이것으로 볼 때, '가족재산'의 범위는 '공동재산'에 비교해 보다 더 크다는 것을 알 수 있다. 하지만 80년대 이전에는 모든 사람들이 무산계급이었으므로 사유재산이 미처 발달하지 않았고 이 때문에 두 종류의 재산의 차이가 일반적으로 그렇게 크지 않았다.

그런데 90년대 말 이래 가옥의 사유화 혁명, 특히 2003년 이후 부동산

가격이 폭등함에 따라 '공동재산'과 '부부재산'의 차이가 명료해지게 되었다. '공동재산'은 '가족재산' 가운데 그 비중이 점차 작아졌다. 특히 자녀들이 부모가 증여한 재산에 의지해서만 겨우 집을 살 수 있는 경우가 많아지면서 두 재산 간의 구별이 일정한 한계점을 초과하기에 이르렀고, 결국 '가정재산'의 의미에 질적인 변화가 발생하게 되었다. 현대의 핵가족은 혼인한 부부를 중심으로 하며 위로는 부모를 봉양하고 아래로는 자녀를 양육하는데, 그 관념 가운데에는 항상 일정한 재산이라는 함의를 내포하게 된다. 즉 부부의 '공동재산' 또한 가족의 주요 부분이라는 것이다. 혼인 전의 재산의 경우 그것이 부모로부터 얻은 것인지의 여부와는 무관하게 모두 '공동재산'을 보충해주는 것일 뿐이다. 그런데 집값이 급등하여 근본적으로 가족 재산의 구조가 변화되자 일정한 시기 내 부부의 '공동재산'은 단지 하나의 부차적인 위치를 점하는 것에 지나지 않게 되었고, 나아가 시장경제는 모든 것을 이익관계로 환원시켜 현재의 부부관계를 더욱 불안정하게 하는 결과를 낳았다. 이러한 상황 모두는 『혼인법』이 부부 '공동재산'의 경계를 명확히 하도록 만드는 요인이 되었다.

2001년 신 『혼인법』이 '공동재산'에 대해 규정한 것은 다음과 같다.

제17조: 부부가 혼인관계를 존속할 시기에 얻은 아래와 같은 재산은 부부 공동의 소유로 귀속된다. (1) 급여, 상여금 (2) 생산 및 경영 수입 (3) 지적재산권의 수입 (4) 상속과 증여 소득, 단 본 법 제18조 3항 규정에 해당되는 경우는 제외함 (5) 기타 마땅히 공동의 소유로 귀속되어야 하는 재산, 부부가 공동으로 소유하는 재산은 평등한 처리 권리를 지닌다.

제18조: 아래와 같은 경우는 부부 한 쪽의 재산으로 한다. (1) 한 쪽의 혼인 전 재산 (2) 한 쪽이 신체에 상해를 입어 얻은 치료비, 질병인 생활 보조비 등의 비용 (3) 유언 혹은 증여 계약 중에 부부 중 한 쪽으로

귀속되기로 확정한 재산 (4) 한 쪽이 전용하는 생활용품 (5) 기타 반드시 한 쪽의 소유로 귀속되어야 하는 재산.

제19조: 부부는 혼인관계가 존속되는 기간에 얻은 재산과 혼인 전의 재산을 각자의 소유로 귀속시킬지, 공동소유로 할지 혹은 부분적으로 각자의 소유로 귀속시킬지를 약정할 수 있다. 약정은 응당 서면의 형식을 취해야 한다. 약정이 없거나 약정이 불명확한 경우 본 법 17조, 18조의 규정을 적용한다. 부부는 혼인관계가 존속되는 기간에 얻은 재산과 혼인 전의 재산에 관한 약정에 대해 쌍방 모두가 구속력을 지닌다. 혼인관계가 존속되는 기간에 얻은 재산에 대해 부부가 각자의 소유로 귀속되기로 약정한 상황에서 남편 혹은 아내 한 쪽이 외부에서 얻은 채무가 있고 제삼자가 그 약정을 아는 경우, 이 채무는 남편 혹은 아내 한 쪽이 소유한 재산으로 청산한다.

또한 신『혼인법』의 이혼에 관한 규정은 아래와 같다.

제39조: 이혼 시, 부부의 공동 재산은 쌍방의 협의로 처리한다. 협정이 성사되지 않았을 시에는 인민법원이 재산의 구체적 상황 및 자녀와 여성 측을 배려하는 원칙에 의거 판결한다. 남편 혹은 아내가 가족 토지를 청부하여 경영한 가운데 향유한 권익 등은 마땅히 법에 의해 보호해주도록 한다.

제40조: 부부가 혼인관계 존속 시 얻은 재산을 각자의 소유로 귀속되도록 서면을 통해 약정했을 경우, 한 쪽이 자녀를 양육하고 노인을 봉양하며 다른 한 쪽의 일에 협조하는 등 비교적 많은 의무를 담당했을 때, 이혼 시 다른 한 쪽에 대해 보상을 청구할 권리를 지니며 다른 한 쪽은 마땅히

보상을 제공해야 한다.

제41조: 이혼 시, 원래 부부의 공동생활 중에 지게 된 채무는 마땅히 공동 상환으로 한다. 공동 재산이 채무를 청산하기에 부족한 경우 혹은 재산이 각자에게 귀속되는 경우는 쌍방의 협의에 의해 청산한다. 협의가 성립하지 않았을 시에는 인민법원의 판결에 따른다.

제42조: 이혼 시, 만일 한쪽의 생활이 곤란하면 다른 한 쪽이 그 주택 등의 개인 재산 가운데에서 적당한 보조를 제공한다. 구체적인 방법은 쌍방의 협의에 따른다. 협의가 성립되지 않았을 시에는 인민법원의 판결을 따른다.

이외에도, 『혼인법』 해석 2의 '공동재산'에 관한 규정은 아래와 같다.

제22조: 당사자 결혼 전, 부모가 쌍방이 집을 사는 데 출자한 것은 출자한 것 각각이 마땅히 각자 자신의 자녀 개인에게 증여한 것으로 인정한다. 하지만 부모가 명확하게 쌍방에게 증여했음을 표시한 것은 제외한다. 당사자 결혼 후에, 부모가 쌍방이 집을 사는 데 출자한 것은 각 출자한 것을 부부 쌍방에 대한 증여로 인정한다. 하지만 부모가 명확하게 한 쪽으로 증여한다고 표시한 것은 제외한다.

『혼인법』 해석 3의 '공동재산'에 관한 규정은 다음과 같다.

제5조: 부부 한 쪽의 개인 재산이 혼인 후에 수익을 발생시킨 경우, 증식 및 자연적 가치 상승분 외에는 부부 공동 재산으로 인정한다.

제7조 결혼 후에 한 쪽의 부모가 출자하여 자신의 자녀를 위해 구매한 부동산은 그 소유권 등기를 출자인 자녀의 명의로 한다. 혼인법 18조목 제3항의 규정에 의거, 자신의 자녀 한 쪽에 대한 증여로 볼 수 있다. 각 부동산은 부부 한 쪽의 개인 재산으로 인정한다. 쌍방의 부모가 출자하여 구입한 부동산은 명의를 한 쪽의 자녀 앞으로 두고 부동산은 쌍방 각자의 부모가 출자한 금액 만큼에 의거해 공동 소유하는 것으로 한다.

제10조 부부 한 쪽이 혼인 전 체결한 부동산 구매 계약은 개인 재산으로 선금을 지불하고 은행 대출은 혼인 후에 부부의 공동 재산으로 상환한다. 부동산등기는 선금을 지불한 쪽의 명의로 하고, 이혼 시에는 부동산을 쌍방의 협의를 통해 처리한다. 전항의 규정에 의거하여 협의가 이루어지지 않았을 시에는 인민법원이 부동산등기를 누구의 명의로 할지 결정할 수 있고, 미상환 대출금은 부동산등기를 지닌 쪽의 개인 채무로 한다. 쌍방 혼인 후에 공동 상환 지불하는 항목과 그에 상응하는 재산 증식 부분은 이혼 시에 혼인법 제38조 1항 규정의 원칙에 따라 재산권등기가 있는 한 쪽이 상대방에게 보상을 진행한다.

상술한 조항을 통해 볼 수 있듯, 『혼인법』은 "부부 간의 상호 재산 상속"을 규정하고 있다. 이는 '부부일체' 관념이 현대 가족의 핵심이 되었음을 의미한다. 그러나 '공동재산'의 규정은 한편으로는 재산의 분할과 그로 인한 가정의 궁극적 와해 가능성을 준비한다는 것을 의미하기도 한다. 이를 통해 우리는 현재 『혼인법』의 두 가지 기본 규정은 사실 서로 모순되는 것임을 알 수 있다. 고대에는 '부자일체' 사회였기 때문에 각 자녀들이 부친의 재산을 상속받을 수 있었다. 이것을 과거에는 천지의 대의라고 일렀다. 이는 바로 전통적 효도의 물질적 기초가 되는 것이었다. 하지만 현대의 삶은 이러한 관념에 큰 변화를 불러왔다. 부모와 자식이 떨어져서 거주하는 것은 이미 일상적인 일이 되었고, 이는 자연스럽게 부부 관계가 더욱 밀접해지는 결과로 이어졌다. 유가경의 가운데 '부부일체'라는 이념이 결국 현대 법률 속에서 구현된 것이다. 이것이 바로 '부부 간 상호 재산 상속'이다. 바꾸어 말해 "이 규정의 합리성은 바로 여기에 있다고 할 수 있다." 그런데 '공동재산' 개념에 내재된 모순은 결국 현실적인 압박 속에서 발현되게 되었고, 이는 요즘 사람들이 이미 '부자일체'라는 함의를 소홀히 하고 있음을 더욱 부각시켜주었다. 최신 『혼인법』이 지니는 긍정적 의미는 가족이 단순히 '부부일체'라는 원칙에만 의지할 수는 없으며 '부자일체'라는 원칙도 필요함을 현대인에게 일깨워주었으며 나아가 이를 통해 전통 효도의 부흥을 위한 제도적 전제를 제공했다는 것으로 정리할 수 있다.

나아가 마르크스주의는 본래 가족과 사유재산제를 서로 하나로 연결시키고자 하였다. 바꾸어 말하면 인간에게는 바로 가족이 있기 때문에 모든 죄악의 근거가 되는 사유제가 생겨났다는 것이다. 그렇다면 미래에 사유제가 사라진다면 가족 역시 그에 따라서 사라지게 될 것이다. 따라서 80년대 이전 대륙에서는 비록 개인 가족이 있었다고 하더라도 전체적 사회 분위기는 근본적으로 하나의 공유제 사회였다. 이는 가족의 사유적 속성을 억압시킨 결과였다. 게다가 구 『혼인법』에도 사유재산과 관련된 규정이 그리 명료하지 않았다. 따라서 80년대 이래로 전체 중국사회가 재산의 사유화 방향으로 진전해나감에 따라 가족의 사유적 성격 역시 발전해나가기 시작했다. 이러한 현실적 요구에 발맞추어 신 『혼인법』은 필연적으로 가족 재산의 사유적 속성을 강조해나갔고 나아가 마르크스주의의 이데올로기적 속박을 뚫고 자신의 고유한 논리로 움직여 나가기 시작했다. 신 『혼인법』과 사법해석은 바로 사유재산이 자가 운동하여 진행된 결과이다. 이때, 부부는 더 이상 동지나 반려자가 아닌 자신의 이익을 추구하는 개인으로서 존재하게 된다. 이러한 이익의 배타성은 일정한 정도 부부 공동생활에 의해 융화되는 바가 있기는 하지만, 현실의 냉혹함은 부부 간 이익의 차이만을 부각시켰다.

특히 부모가 자녀에 증여하는 재산은 사람들에게 진부한 혼인관념의 기억을 떠올리게 했다. 이제 혼인은 더 이상 서로 사랑하는 남녀 사이의 일이 아니고, 두 가족의 연합이 되었다. 즉 결혼이란 '두 성씨의 결합'이라는 것이다. 사랑의 강으로 빠져든 남녀 양쪽이 소득과 이익의 차이를 무시할 수도 있겠지만 혼인에는 어디까지나 애정만이 있는 것이 아니다. 특히 쌍방의 부모는 더욱 이익적인 고려와 계산을 하지 않을 수 없다.

2) 신 『혼인법』의 소극적 의의 - 구 『혼인법』의 시각

지난 세기 30년대 이래, 공산당이 공포한 역대 『혼인법』은 모두 남녀평등과 여성 해방을 실현하는 것을 그 목적으로 하였다. 그런데 한편으로 이혼을 쉽고 경솔해지도록 만드는 폐단이 발생했다. 각종 조치를 제정하여 이혼의 자유를 보장하는 것이 여성 해방의 관건이라고 여겨졌던 것이다. 마르크스주의의 최고 이상이라는 관점에서 말하자면 가족이 소멸되어 여성이 해방되는 것은 이런 목적에 있어 필수적인 단계이다. 따라서 매번 새로운 『혼인법』이 공포될 때마다, 반드시 이혼의 증가 현상이 한바탕 일어났다. 30년대에도 그러했고, 50년대 또한 그러했다.

최근 최고법원이 공포한 신 『혼인법』 사법해석 3은 주로 우익의 입장으로부터 많은 비판을 받았다. 한 측면에서 보면 사법해석 3은 남녀 간의 평등 관념을 더욱 드러냈고, 또 한 측면에서 보면 이러한 평등은 재산 관계 속에서 드러났는데, 이는 공산당 『혼인법』이 일관되게 주장하는 '공동재산'의 원칙을 완전히 벗어난 것이다. 좌파학자들이 불만을 가지는 부분임이 분명하다.51 좌파학자와 대부분의 민중들은 한층 구 『혼인법』의 입장에서

• • •

51. 청화대학의 자오샤오리 교수는 「중국가족자본주의화의 나팔」(『문화종횡』 2011년 2월호)에서 "해석 3의 핵심은 2001년의 혼인법에서 가족 안으로 침입하기 시작한 자본주의 이데올로기를 진일보시켜 가족 부동산 영역으로 끌어들였다는 것에 지나지 않는다."라고 보았다.

최신의 사법해석이 이혼을 더욱 용이하게 만들어 가족관계를 불안정하게 만들 것이라 여겼고, 이미 사회적으로 우세한 위치에 있는 남성에 유리하다고 보았다. 또한 구『혼인법』에 담겨 있던 여성 보호라는 의식이 신『혼인법』에 와서 오히려 희미해졌다고 여겼다.

80년대 이전의 역대『혼인법』은 마르크스주의의 영향을 받은 결과이며, 따라서 전 소비에트 연합과 유사한 '공동재산제'를 실행하였다고 말할 수 있다. 2001년 이후의 신『혼인법』은 영미물권법의 관념의 영향을 더 많이 받아 '분별재산제'를 실행했다고 할 수 있다.

3) 신『혼인법』적극적 의의 ― 유가경의의 시각

현대 사상은 남녀평등을 주장하지만, 이러한 평등을 실현하고자 하려면, 실제로 두 가지의 서로 다른 제도적 고려가 있어야 한다. 첫째, 영미권 등 나라와 같은 '분별재산제'다. 남녀평등이 재산 관계 상에서 구현되는 방식이 바로 부부 재산의 상호 독립이다. 둘째, 사회주의 각국은 보편적으로 '공동재산제'를 실행한다. 그 방식은 부부 재산을 하나로 합쳐 남성의 가족공동체에서의 우세적 지위를 약화시키고 아울러 각종 방법을 동원하여 여성의 사회와 가족생활에서의 지위를 제고시키고자 한다.

그런데 어떤 재산제를 취하든 부부관계는 모든 가족의 중심축을 이룬다. 이는 고대 중국의 부자 중심 가족형태와는 매우 다른 것이다. 재산 관계 또한 상당히 다른 면이 있다. 하지만 이러한 서로 다른 부부관계 속에도 여전히 비슷한 정신은 담겨 있다. 정도는 다르지만 '부부일체'라는 정신을 드러내고 있는 것이다. 이는 부부가 따로 거처하여 재산 역시 따로 관리했던 상고시대 모계제와는 완전히 구별된다. 전통 중국이 현대사회로 전변함에 따라 개인 가족의 구성에서도 근본적인 변화가 발생했다. 더 이상 부자관계가 중심이 되는 것이 아니라 부부관계가 중심이 되었다. 나아가 부부 공동생활이라는 이념은 법률상의 '공동재산'의 규정으로써 구체적으로 실현되었다. 따라서 '부부일체'라는 진부한 관념이 전에 없던 정도로 강화되었다. 다른 한 측면에서 여성은 더욱 많은 사회와 경제활동에 참여할 기회를 갖게 되었다. 그럼으로써 가족 내에서 더욱 평등한 지위를 획득할 수 있었다. 그런데 경제적 독립 및 가족 내에서의 평등은 오히려 가족이 해산되는 경향을 야기했고 '부부일체'의 관념을 쇠약하게 만들었다. 따라서 현대 중국은 '부부일체'의 관념이 두 개의 상호 모순적 표현으로 존재한다고 할 수 있다.

전통 중국윤리는 효도를 핵심으로 성립되었다. 그런데 효도의 실행에는 사회적 기초가 배경이 되기 마련이다. 부자관계를 중심으로 하는 가족 구성이 바로 그것이다. 오늘날의 도덕적 타락은 분명 전통의 도덕적 사회의 기초가 무너진 것과 관련이 있다. 이것으로 볼 때, 현대 중국의 역대 『혼인법』이 전통 도덕을 타파하는 데 큰 공헌을 했다고 말할 수 있다.[52]

그런데 신 『혼인법』 규정에 비추어 보았을 때, 한 쪽의 부모가 자신의 자녀를 위해 주택을 구입한 경우, 이를 반드시 부부의 '공동재산'에 편입시킬 필요는 없다. 이러한 규정은 분명 '부부일체'라는 원칙을 약화시켰으며 오히려 '부자일체'를 강화시켰다. 이렇게 하여 신 『혼인법』은 표면적으로는 개인주의 윤리를 함축하고 있는 듯 보이지만, 사실은 집단주의로의 회귀를 구현하고자 하였다. 이러한 집단은 '부자일체'를 주된 내용으로 하며 '부부일체'를 중심으로 하지는 않는다. 이제 우리는 전통 효도가 '부자일체'의 기초 위에서 중건되며, 혼인 역시 유가의 '두 성씨의 결합'이라는 진부한 관념으로 회귀하게 되는 것을 목도할 수 있을 것이다.

새로운 사법해석에 의하면 부부 재산은 결코 완전히 개인에게 귀속되지 않으며, 부부 각자의 원래 가족으로 귀속된다. 이러한 시각에서 보면, 이

• • •

52. 현대 『혼인법』에서는 부부 사이에 재산을 서로 상속할 수 있도록 규정하여, 아들 위주의 승계라는 제도를 절반 폐지하였다. 이에 따라 효도 역시 실행되기 힘들어졌는데, 그 원인을 따져보면 역시 부부 사이의 평등을 추구한 과업일 것이다.

사법해석은 사실 가족의 가치를 강화하고, 특히 부모와 자녀 간의 관계를 강화하려 한 것이라 볼 수 있다. 본래 결혼은 자녀가 부모의 곁을 떠나 독립적인 가정을 세우는 것을 의미한다. 하지만 새로운 사법해석에 의하면 자녀가 비록 결혼을 했지만, 여전히 기존 가족 간 재산 공유를 통해 자신의 부모와의 관계를 유지할 가능성이 존재한다. 유가는 본래 "함께 거처하고 재산을 공동으로 할 것"을 주장하였다. 새로운 사법적 해석이 이러한 윤리를 위한 제도적 기초를 제공하게 될 것이라고는 한 번도 생각해 본적이 없었다. 이는 분명 진보라 부를 수 있을 것인데, 실로 매우 유의미한 진보가 아닐 수 없다. 따라서 사법해석 3은 마르크스주의 시대의 혼인 관념을 전환시켜 혼인이 더 이상 단순히 남녀 둘 만의 일이 아니라 두 가족의 일이도록 만들었다. 이를 통해 현대의 결혼이 전통의 결혼과 같이 '두 성씨의 결합'으로 회귀하게끔 하는 가능성을 제공하였다.

4. 누구를 친친(親親)하는가?

정이(曾亦)

예로부터 인류는 각종 혈연 집단을 이루면서, 그것이 씨족, 종족 혹은 크고 작은 어떤 가족 형태든 모두 친친(親親: 가까운 이부터 가깝게 대함)이라는 도리를 받들어왔다. 국가, 천하 그리고 천지만물에 이르기까지 이러한 친친의 도리가 드러나 있지 않은 곳이 없다. 따라서 맹자는 "가까운 이를 가깝게 대한 후에야 백성을 인자하게 대할 수 있고, 백성을 인자하게 대한 후에야 사물을 아낄 수 있다."[1]라고 말한 바 있다. 이것으로 볼 때, 옛사람에게서 친친이란 단순히 혈연 집단의 기본 준칙이 아닌 전 우주에 두루 미치는 보편 법칙이었음을 알 수 있다. 바꾸어 말하자면, 자신의 부모, 형제, 처자식에 대해서만 친친을 적용하여 효제와 자애의 덕목을 실천해야 하는 것이 아니라, 임금과 신하, 친구, 연장자와 젊은이 등의 관계에서도 친친의 도리를 적용하여 공손함, 우애, 인자함, 충성 등의 덕목을 실천하며, 나아가 천지만물에까지 확장하여 세상 모든 사람들과 만물을 포용하고 사랑할 수 있어야 한다. 이처럼 친친은 중국문화의 기본 정신을 이루고 있다고 할 수 있다.

● ● ●

1. 『孟子・盡心下』, "親親而仁民, 仁民而愛物."

이와 대비되는 것이 바로 존존(尊尊: 높은 이를 높임)이라는 원칙이다. 어느 집단에서나 각기 다른 인간들이 제각각의 지위에 있으면서 서로 다른 역할을 수행하는데, 이에 따라 차별적인 등급 질서 역시 생겨나기 마련이다. 따라서 가족 안에는 부자지간, 형제지간, 부부지간의 차등이 있으며, 사회 속에는 연장자와 젊은이, 임금과 신하, 신분의 상하라는 차등이 있는 것이다. 고대 사상에서는 대체로 각 개인이 자신의 위치에 만족하며 본분을 지켜 각자의 지위를 넘어서지 않을 것을 요구해왔다. 이 결과로 상하 간의 등급, 신분 귀천의 구별을 강조하는 존존의 윤리가 형성되었다. 일반적으로 말해 높은 신분에 해당하는 사람들은 그 전체 집단의 전반적인 역량을 대표하므로, 낮은 신분의 사람들이 높은 신분의 사람들에게 복종하는 것은 한 개인에 대한 복종이라기보다 개인이 집단 전체에 복종하는 것이라 볼 수 있다. 예를 들어 가족의 경우, 『의례·상복』에서는 아버지를 가장 존귀한 존재 즉 지존(至尊)으로 일컬었다. 아버지가 가족에서 그러한 지위에 있는 것은 하나의 남성으로서 지니고 있는 권력 때문이 아니라, 그가 한 가족에 반드시 존재하는 가장이기 때문이다. 따라서 가족 구성원이 가장을 따르는 것은 개인이 집단에 복종한다는 매우 보편적인 형태의 질서에 지나지 않는다. 개인은 반드시 집단에 복종해야 한다. 가족의 경우도 그러한데 국가는 어떻게 그렇지 않겠는가? 따라서 신하가 임금에게 복종하는 것 역시 임금이 지닌 남성으로서의 권력에 기인한다기보다 집단을 대표하는 역량에 대해 개개인이 바치는 존중에서 기인하는 것이다.

친친과 존존이라는 두 윤리 원칙은 인류사회의 존속에 필요한 두 가지의 기본원칙을 대표한다. 친친은 자연적 원칙을 담고 있고, 존존은 사회적 원칙을 나타낸다. 모든 인간은 부모에 의해 낳고 길러진다는 엄연한 자연적 사실에 기초하고 있다. 이러한 사실에 근거하여 가족관계와 그로 인해 파생되는 사회관계를 다루고 처리하는 것을 친친이라 한다. 그런데 개인은 항상 집단에 속해 살아가게 되므로 자신의 자연적 속성을 극복하고 집단의 보편적 요구에 따라야 할 필요가 있다. 따라서 집단을 대표하는 개인에 대한 존중과 복종이 있게 되었다. 다시 말해, 친친과 존존이라는 양대 원칙은 개개인과 전체 인류의 생존에 있어 없어서는 안 되는 기본적인 원칙인 것이다.

1

서주(西周)는 한마디로 말해 종법제 사회였다고 할 수 있다. 종족집단은 혈연관계로 이루어진 집단이기는 하지만, 여전히 그 속에서는 존존이 주도적인 제1원칙으로 작용한다. 한대 공양가(公羊家)의 사상에 따르면, 주나라 사람들은 문(文: 형식. 이 책의 吳飛, 「우리의 예학 연구 및 미래 구상」 참조—역자)을 숭상하여 존존의 원칙을 중시하였고, 은나라 사람들은 질(質: 실질. 상기 吳飛의 글 참조—역자)을 숭상하여 친친의 원칙을 중시하였다고 한다. 은대의 실제 정황이 어떠했는지는 알 방법이 없으므로, 동중서의 『춘추번로(春秋繁露)』의 견해에 근거하여 살펴보자면, 은나라 사람들은 평소에는 부부가 마주앉아 식사를 했고 죽었을 때 매장도 따로 하였다. 최소한 식사와 장례라는 특정한 상황에서만은 상대적으로 평등한 관계였음을 짐작할 수 있다. 이는 남존여비의 질서가 분명하던 서주와는 분명히 달랐다. 이외에도 출토문헌 등에서 전해지는 바에 의하면 은나라 사람들 대부분은 일반적으로 형종제급(兄終弟及: 형이 죽으면 동생이 상속을 받음—역자)의 상속 제도를 따랐다고 한다. 이와 같이 부자 관계보다 형제 관계를 우선시하는 방식은 공양가의 관점에서 보면 바로 친친이 잘 구현된 것이다. 친친의 원칙이 은대에 주도적인 지위를 점했다고 본 공양가는 이에 따라 은나라 사람들이 질(質)을 숭상했다고 단언하였다.

서주 이후 시기에는 주나라 초기에 시행되었던 봉건제적 조치에 따라 점차 종법제도가 형성되어 갔다. 이에 따라 종족(宗族)은 주나라 사회를 구성하는 기본 단위가 되었다. 종법의 본의는 공통의 혈연관계를 맺는 개인과 가족을 서로 결속시킨다는 데에 있지만, 반면 가계가 확장되어 감에 따라 점차 상호간의 혈연이 멀어지게 된다는 또 하나의 특징도 지니고 있다. "먼 친척은 가까운 이웃보다 못 하다."라는 옛 속담이 이러한 이치를 잘 설명해주는 것이다. 주나라 사람들이 종법제를 고안해 낸 목적은 존존의 원칙을 통해 혈연관계가 점차 소원해져가는 개인과 가족을 영원히 한데 모으고자 하는 데에 있다. 바꾸어 말하면, 주나라 사람들은 친척과 인척이라는 혈연관계 내에 존비의 등급 질서를 세우고자 하였다. 이를 위해 심지어 친친의 정이 존존의 원칙을 따르도록 만들기도 하였다. 혈연집단 전체성을 존속시키고자 했던 것이다.

그런데 춘추시대 중후기에 이르러 주나라 천자의 권위가 하락하면서 봉건제 역시 점차 유지되기 힘들어졌고 이에 따라 종법의 원칙 또한 차츰 무너져 갔다. 사마천은 『사기』에서 당시의 '하극상'의 현실을 다음과 같이 서술하였다. "자신의 군주를 죽인 경우가 총 36회, 나라를 망하게 한 경우가 총 52회였다." 천자의 존엄성이 무너지자 뒤이어 제후와 대부에 대한 존경까지 사라졌고, 결국 "가신이 나라의 명운을 움켜쥐기에 이르렀다." 이때 존존의 원칙이 근본적으로 동요되었고 종족 체계 역시 점차 와해되어 갔다고 할 수 있다. 종족이 무너진 자리를 대체해 들어간 것이 바로 2대, 3대가 함께 거주하는 소가족 형태다. 공양가는 이러한 새로운 사회현실에 직면하여 "공자가 『춘추』를 지어" "주나라의 문(文)이 사라진 현실"을 구제하고자 하였다고 보았다. 그렇다면 이를 어떻게 구제할 것인가? 공자의 방식이 단순히 주대의 존존 원칙을 회복하고자 했던 것은 아니었다. 오히려 "주나라의 문(文)을 줄이는 것"이었다. 즉, 존존의 원칙을 약화시키고 존존에 의해 계속 억압되었던 친친의 원칙을 강화하는 것이었다. 공양가의 입장을 빌리자면, "은나라의 질(質)을 늘리는 것"이었다. 친친의 정이 지닌 중요성을 강화하는 방식이었다. 이때 이후로 친친 원칙은 소가족이라는 사회형식과 서로 대응을 이루면서 존존 원칙을 대체하여 전통 중국사회의 주도적인 원칙이 되었다.

『공양전』을 통해 우리는 유가가 어떻게 '질(質)'을 이해했는지를 살펴볼 수 있다. 즉 유가는 주로 친친의 정을 강조함으로써 '질(質)'을 되살리고자 했다. 유가에게는 부자간의 친밀함이 가장 중시된다. 『공양전』에서도 아버지를 살해하는 죄가 가장 악랄한 것은 차마 말로 다 할 수 없다고 하였다. 이외에도 『공양전』에서는 어머니가 같은 형제들 간의 정, 임금과 신하 간의 관계, 그리고 보통 사람들 간의 관계까지 친친의 정을 강조하지 않은 것이 없었다. 예를 들어, 『춘추』에서 대부(大夫)의 사망 시에는 그 죽음을 기록하고 또한 사망 일자까지 기록하였는데, 이는 군신간의 정을 나타낸 것이다. 반면 유문공(劉文公)의 사망에 대해서는 죽음만을 기록하고 사망 일자를 기록하지 않았다. 이는 만남의 정만을 나타낸 것이다.2

유가가 비록 혈연관계를 기초로 하여 친친의 원칙을 말하였지만, 이를 정치 영역 일반으로 확장시켰음을 확인할 수 있다. 『춘추』를 통해 우리는 친친의 원칙이 이미 보편적 원칙으로 자리 잡았음을 확인할 수 있다. 따라서 공양가는 공자가 『춘추』를 지은 목적이 친친 원칙을 바탕으로 존존 원칙을 숭상한 주례 전통을 고쳐나가서 향후 이천 년 중국사회에 적합한 기본 제도를 세우고자 한 것이라 보았다.

● ● ●

2. (역주) 『춘추』의 예법에 따르면 관계의 멀고 가까움에 따라 죽음을 기록하는 방식이 상이했다. 관계가 가까워 공(公)이 각종 장례 의식에 참여한 경우는 사망 일자를 기록했고, 그렇지 않은 경우는 사망 일자를 기록하지는 않고 사망 사실만을 기록했다.

2

『의례·상복』에는 매우 중요한 원칙이 하나 등장한다. 바로 압강(壓降)[3]
이다. 이 원칙은 존존과 친친 간의 모순을 단적으로 보여준다. 예를 들어,
만약 어머니가 아버지 보다 일찍 사망했다면 모친상은 아버지를 존중하는
원칙의 억제를 받아 한 등급 낮추어 복상을 한다.[4] 왜 이렇게 하는 것일까?

『상복전(喪服傳)』의 해석에 따르면 아버지는 지존(至尊)이지만 어머니는
사존(私尊)에 그친다. 또 남편은 아내에 대하여 역시 지존에 해당한다.
따라서 아버지가 살아계실 때 어머니의 존귀함이 아버지의 존귀함에 의해
억제를 받아 모친상이 일 년으로 그치게 된다. 이외에 『순자·예론』에서는
"지친(至親: 매우 가까운 친족. 아버지와 아들, 언니와 아우 사이를 이르는
말–역자)의 관계는 일년상으로 한다."[5]라고 하였다. 따라서 친친의 원칙으
로 말하자면 부모는 자녀에 대하여 지친에 해당하므로 일년상이면 된다.
그런데 삼년상을 한다는 것은 '가융(加隆)'[6]의 결과이다. 하지만 무엇을
기준으로 '가융'하는 것일까? 대략 두 가지 경우가 있다. 첫째, 『상복전』을
바탕으로 추론하면 존존의 원칙으로 인해 가융이 발생한다. 아버지는 지존
이므로 더하여 참최복으로 삼년상으로 하고, 어머니는 사존이므로 더하여
자최복으로 삼년상을 한다. 따라서 어머니가 아버지의 억제를 받을 때,
어머니의 존(尊)함만을 펼 수 없을 뿐 친친의 정은 억제를 받지 않는다.
둘째, 『논어·양화(論語·陽貨)』편에는 공자가 재아(宰我)와 나눈 대화 한
편이 실려 있는데, 거기에서 공자는 자녀가 부모의 은혜에 보답하고자

●　●　●

3. (역주) 더 높거나 가까운 이에 대한 예(禮)에 의해 덜 높고 덜 가까운 쪽에 대한 예가
　　축소되는 예법의 원칙을 말함.
4. (역주) 보통 모친상은 3년 동안 자최복을 입는데, 아버지가 살아 있는 경우는 1년간만
　　입는 것을 말함.
5. 『荀子·禮論』, "至親以期斷."
6. (역주) 높거나 가까운 이에 대해 그 예(禮)를 더하여 실행하는 것을 말함.

부모를 위해 삼년상을 치러야 한다고 말하였다.[7] 즉 삼년상으로 '가융'한 것은 단지 친친의 원칙에서 나온 것이다. 따라서 어머니가 아버지에 의해 압강되는 것은 친친의 정이 존존의 원칙에 의해 억제를 받은 것이다.

부모를 위해 삼년상을 치르기로 한 것이 후에 '가융'된 결과라고 한다면, '가융'할 요인이 제거되었을 때는 자연히 친친의 원칙에 기초하여 규정된 본래의 복장으로 돌아가야 할 것이다. 따라서 앞서 언급한 첫 번째 경우에서, 아버지가 돌아가시게 되면 어머니의 존(尊)함은 다시 펼 수 있게 된다. 즉 아들은 지친을 대하는 원칙에 따라 어머니를 위해 일년상을 치르는 것이 원칙이지만 여기에 사존이라는 원칙이 추가되어 삼년상으로 가융된다는 것이다. 만약 아버지가 생존해 계신다면 모자지간에는 친친의 정만이 적용되므로 원래대로 자최복 일년상으로 해야 한다. 두 번째의 경우는 다음과 같다. 서주 종법제도에 의하면 오직 가족 관계 내에서만은 친친이 존존의 억제를 받는다. 따라서 아버지가 돌아가신다는 것은 친친의 원칙이 더 이상 억제되지 않는다는 것을 의미하기 때문에 '가융'이 적용되게 된다. 바꾸어 말하면 진한 이후 시기에는 오히려 친친이 존존을 억제하여 자녀가 부모상을 당했을 때 압강법이 적용되지 않는다. 이러한 추세는 당나라 측천무후 시기에 이르러 완전히 실현되었다. 즉 모친상은 아버지의 영향을 받지 않아 모두 삼년상을 치르게 된 것이다.

이외에 『상복(喪服)』에도 자녀가 부모를 위해 상복을 입는 문제에서 존존이 친친을 억제한 경우가 잘 드러나 있다. 『상복』의 규정에 의하면 아들이 출모(出母, 소박을 맞은 생모)의 상을 당했을 경우 자최복을 입되

• • •

7. 『論語 · 陽貨』, 宰我問: "三年之喪, 期已久矣. 君子三年不爲禮, 禮必壞; 三年不爲樂, 樂必崩. 舊穀旣沒, 新穀旣升, 鑽燧改火, 期可已矣." 子曰: "食夫稻, 衣夫錦, 于女安乎?" 曰: "安." "女安則爲之. 夫君子之居喪, 食旨不甘, 聞樂不樂, 居處不安, 故不爲也. 今女安, 則爲之!" 宰我出, 子曰: "予之不仁也! 子生三年, 然後免于父母之懷, 夫三年之喪, 天下之通喪也. 予也 有三年之愛于其父母乎?"

지팡이는 짚지 않는데, 이는 친친의 원칙을 구현한 것이다. 비록 어머니가 아버지로부터 버림을 받았지만 자녀에게는 여전히 친친의 정이 있으므로 일년상을 치르는 것이다. 하지만 만약 적자(嫡子)가 대를 이은 경우에는 출모를 위해 상복을 입지 않는다. 왜냐하면 이 경우 적자는 종묘의 중임을 이어 전체 종족을 대표하게 되었으므로 모자간의 사적인 정을 돌아볼 수 없기 때문이다. 이 경우 모자간의 친친의 정은 존존의 원칙에 의해 억제 받는다. 적자가 한 개인의 신분으로서는 순수하게 친친의 정으로서 어머니를 위해 상복을 입을 수 있지만 종족을 대표하는 신분을 지닌 이상 종족 이외의 인물을 위해 상복을 입을 수는 없는 것이다. 존존의 원칙이 친친의 원칙을 억제하여 친친의 정을 펼 수 없음을 확인할 수 있다. 나아가 주자의 견해를 통해 보면, 설사 적자가 아니라고 하더라도 출모를 위해서 상복을 입을 수 없다. 엄격한 종법제도 하에서는 친친의 정조차 단절될 수 있다는 것이다.

또한 마왕퇴(馬王堆) 한묘(漢墓)에서 출토된 『상복도(喪服圖)』에 따르면, 아들이 아버지를 위해 참최복으로 13개월상을 치르고, 형제를 위해서는 자최복으로 9개월상을 치르며, 당형제를 위해서는 자최복으로 7개월상을 치러야 한다고 규정하였다. 이는 『의례 · 상복』과 꽤 차이가 나며, 대략 증가되기 전의 상복 규정을 반영하고 있다. 바꾸어 말하면, 서주 종법제 하에서는 친친의 원칙에 기초한 상복 규정이 이런 정도에 지나지 않았으나, 춘추 이래 종법제가 와해되면서 존존의 원칙이 점차 친친의 원칙에 자리를 내어주게 되었다고 할 수 있다. 2세대, 3세대가 함께 거주하는 소가족이 사회의 기본 단위를 구성하자 가족 내에 친친의 원칙이 중시되기 시작한 것이다. 즉, 부자 관계의 경우 삼년상으로 가용되고 자최복을 입는 형제 관계는 기년상 즉 13개월로 가용되었으며, 대공형제는 9개월로 가용되었다. 『순자』의 "지친(至親)의 관계는 일년상으로 한다."라는 설명에 의하면 부자 지간은 원래 최장 일 년을 넘길 수 없다. 하지만 현재 친친의 원칙은 본래의 혈연의 범위를 넘어서서 점차 사회의 보편원칙이 되어갔고, 이에 친친의 정을 제약하던 존존의 원칙도 약화되었다. 따라서 부자, 형제, 당형제는 가족을 이루는 기본적 혈연관계로서 상복 규정의 가융이 이루어졌다. 이것으로 볼 때, 공자가 『춘추』를 지어 "문(文)을 약화시키고 질(質)을 중용하고자 하였다."라고 한 공양가의 주장이 마왕퇴에서 출토된 『상복도』에 의해 증명된다고 하겠다. 그리하여 진한 이후, 친친은 가족 관계 내에서의 주도적 원칙이 되었을 뿐만 아니라 전체 사회, 국가에서도 더욱 중요한 역할을 담당하게 되었다.

3

서주 시기에는 종족(宗族)이 사회의 기본 단위를 구성하였다. 따라서 공동의 조상에서 나온 친족들이 대종(大宗), 소종(小宗) 등의 크고 작은 혈연 집단을 형성하였다. 다섯 세대가 함께 거처하는 소종과 백 세대 동안 종족의 신위를 이전하지 않은 대종 모두는 친친의 원칙을 관철하였다. 하지만 춘추시대 이후에 종족이 붕괴되고 2세대, 3세대가 함께 거처하는 가족 형태가 사회 기본단위로 자리 잡게 되면서, 진대(秦代)의 법에서는 급기야 남자가 성인이 되면 반드시 분가해야 한다고 규정하기도 하였다. 고대의 가족 형태 가운데 이 시기의 가족이 가장 작은 규모를 이루었는데, 이 시기 친친의 원칙은 부자, 형제, 부부 사이로 국한되었다. 한편 이 시기에는 친친의 원칙이 가족의 범주를 넘어 전체 사회, 국가 및 천하에 이르게 되었는데, 이 때문에 맹자는 "가까운 이를 가깝게 대한 후에야 백성을 인자하게 대할 수 있고, 백성을 인자하게 대한 후에야 사물을 아낄 수 있다."라고 했던 것이다. 즉 친친의 주체는 가족에서부터 사회, 국가 내지는 전체 우주에 까지 이르게 된다. 그런데 가족이 사회의 기본 단위를 이루기는 했어도, 어디까지나 한 개인은 가족의 범주 안에 속할 수밖에 없으므로 개인에게 절대적인 자유라는 것은 존재하지 않았다. 『예기・단궁(禮記・檀弓)』편에서는 "부모를 섬기는 데는 숨기는 일은 있어도 무례하게 대드는 일은 없어야 하고, 봉양하는 데는 제한이 없어야 한다. 돌아가실 때까지 봉양하고 돌아가시면 삼년상을 치른다."[8]라고 하였다. 이에 따르면 자녀는 일생동안 늘 부모에게 순종하는 것을 업으로 삼아야 하며, 조정에 출사하는 경우가 아니라면 자신의 뜻을 내세우지 말아야 한다. 이것으로 볼 때, 개인은 가족에서 독립되어 존재하지 않으며 따라서 개인의 자유라고 할 만한 것 역시 결코 존재하지 않는다.

청대 말기 이후, 특히 '5・4운동' 이래로 학자와 매체들은 합심하여 가족이 봉건전제의 근원으로서 개인의 자유를 가로막는 장애물이라고 주장하였다. 이에 가족을 떠나고 가족을 없애는 사회적 운동이 백 년 만에 중국 사상계의 주류가 되었다. 캉유웨이의 『대동서(大同書)』든 그 이후의 공산주의운동이든 모두 가족의 소멸을 이상으로 삼고 추구해 나갔다. 이러한 이상에 의하면 개인은 더 이상 자연적 존재가 아니며 따라서 부자, 부부 등 최소 혈연집단 내의 친친의 정 또한 모두 존재 가치가 없는 것으로 전락했다. 이처럼 개인은 가족으로부터 철저히 해방되어 절대 자유를 지닌 존재가 되었고, 가족은 기껏해야 개인이 잠시 머무르는 공간에 지나지 않게 되었다. 이러한 가족 안에서 그 구성원으로서의 부자, 부부 사이에는 친친의 정이 크게 중시되지 않았다. 이러한 이념은 극단으로 발전하여 문화혁명 시기에 이르면 부자지간에 반목하고 부부가 서로를 고발하는 지경에 이르렀다. 문혁이 끝나면서, 가족은 점차 정상적인 윤리 궤도로 돌아왔으나 개인의 자유 관념은 더욱 강조되었고, 부부지간뿐만 아니라 부자지간에서도 서양의 가족 관계와 유사하게 친구처럼 서로를 대하는

●　●　●

8. 『禮記・檀弓』, "事親有隱無犯, 左右就養無方, 服勤至死, 至喪三年."

문화가 생겨 존존의 원칙이라고 할 만한 것은 찾아볼 수 없게 되었다. 즉 개인의 자유 관념에 기초한 가족 관계 속에는 친친이라는 원칙이 매우 미미하게 작용할 뿐만 아니라 존존이라는 원칙은 사라져 거의 존재하지 않게 되었다는 것이다. 그렇지만 다른 한 측면에서 보면 사회 전체, 인류 전체에 사랑이 없는 곳이 없어 "세계가 사랑으로 충만한 상태"라고 할 수 있다. 개인의 절대 자유가 오히려 친친이 혈연의 범주를 넘어 보편적 법칙이 되게 만든 것이다. 이는 친친의 원칙이 우리 이 시대에서의 극단적인 방식으로 구현된 결과라 볼 수 있다.

5. 우리의 예학 연구 및 미래 구상

우페이(吳飛)

　요행히도 『중국철학연감(中國哲學年鑑)』이 나에게 중국 예학 연구의
현황을 논할 기회를 준 점에 대해 영광스럽게 생각한다. 나는 현재 중국학
술계의 예학 연구가 매우 소중한 회복의 시기를 맞고 있지만, 또한 어디로
나아갈 것인지를 고민하는 모색 혹은 혼란의 시기를 맞고 있다고 생각한
다.

　최근에는 여러 영역의 학자들로부터 점점 더 중요시되고 있다. 특히
예학 연구 역시 갈수록 관심이 집중되는 영역이 되었다. 여기에는 다음과
같은 몇 가지 요인과 힘이 작용했다. 첫째, 경학이 비록 현대 중국 학술계에서
줄곧 변방의 위치에 머물기는 했지만, 경학 관련 고전문헌들에 대한 연구는
단 한 번도 완전히 중단된 적이 없었으며, 이렇게 이어온 한줄기 학맥은
오늘날 예학 연구를 활성화시키는 원천이 되었다. 둘째, 현대 중국 학술계가
발전함에 따라 이미 수많은 학자들이, 전통경학을 반드시 현대적 학문분야
로 편입시켜야 하며, 그렇지 않을 경우 예악문명(禮樂文明)을 그 핵심 내용으
로 하는 중국 문화유산을 전면적으로 계승할 수 없다는 점을 점차적으로
인식해가고 있다. 셋째, 중국의 학자들은 서양사상에 대해 보다 넓고 깊게
인식한 이후, 자신들의 문명의 지위를 확립하는 것에 있어 보다 큰 자신감을

가질 수 있게 되었고, 중국의 예악문명이 세계문명체계 안에서 지니는 독특한 지위에 대해 보다 전면적이고 체계적으로 살펴볼 수 있게 되었다. 넷째, 국학 부흥에 대한 중국의 사회문화의 수요 역시 예학에 대한 전면적인 연구를 촉진했다.

최근 몇 년간 절강대학교, 청화대학교, 북경대학교, 중국인민대학교 등은 잇달아 예학 연구센터를 설립했는데, 중점으로 두는 부분에는 저마다 차이가 있었다. 절강대학교 예학 연구센터는 천원쭈오(沈文倬)의 예학 연구 전통을 계승했다. 천원쭈오가 청말 민국 초기 경학의 대가였던 차오슈옌(曹叔彦)의 제자였다는 점에서 절강대학교의 예학 연구는 독보적인 우위를 점할 수 있었으며, 현재 편집 중에 있는『중화예장(中華禮藏)』역시 이후 예학 연구에 중요한 문헌적 토대를 제공할 것임에 틀림없다. 펑린(彭林) 교수가 이끌고 있는 청화대학교 예학 연구센터는 최근 매우 활발하게 활동하고 있는 연구조직이다. 이들이 신청한『의례(儀禮)』복원과 같은 몇몇 중대한 프로젝트들과 수차례 개최되었던 예학 연구대회들은 전국적으로 예학 연구를 촉진하는 등 결코 과소평가될 수 없는 역할을 하고 있다. 최근 설립된 중국인민대학교 예학센터는 이제 한창 활동을 전개하고 있으며, 분명 중요한 역할을 맡을 것으로 보인다.

우리는 2009년 예학 관련 학술활동을 조직하는 것을 시작으로 하여, 2014년 정식으로 북경대학교 예학 연구센터를 설립했다. 예학 연구센터는 북경대학교 철학과에 부속되어 있으며, 우리는 이를 기반으로 학내 여러 학과들의 예학 연구 인력들을 규합하여 학제간 예학 연구 플랫폼을 구성할 수 있기를 희망하고 있다. 다른 연구센터와 비교했을 때 북경대학교 예학 연구가 가지는 가장 큰 장점은 학제간 연구가 가능하고 연구 인력이 풍부해서, 다양한 층위에서 다양한 각도로 예학 연구를 진행할 수 있다는 점이다. 아직 구상의 방향이 완전히 자리 잡히지는 못했지만, 이 글에서 우리의 예학 연구에 대해 간단히 소개하고자 한다. 물론 북경대학교의 예학 연구가 철학, 역사, 중국문학, 사회학, 법학 등 많은 학과에 걸쳐 있기는 하다. 그리고 예학센터가 비록 철학과에 부속되어 있고, 이 글에서 논하는 내용이 모든 센터 구성원들의 관점을 대변한다고 할 수 없기는 하지만, 이것이 바로 우리가 처음 예학센터를 출범시킬 때 가졌던 구상의 방향이라고 말할 수는 있으며, 우리는 이를 통해 각 영역에서 예학 연구에 임하고 있는 북경대학교 및 전국의 동료 연구자들과 토론하고 연구함으로써 중화예악문명의 본질적 정신을 더욱 잘 밝혀줄 것이라고 희망한다.

『상례정씨학(喪禮鄭氏學)』 필사

2007년, 나는 중국의 자살문제와 가족윤리를 연구한 인류학 저서 『부생취의(浮生取義)』를 탈고한 후, 다음번 연구에서는 중국문화의 예에 대해서 관심을 기울여야겠다고 느꼈다. 당시 나는 아우구스티누스의 기독교사상에 대한 연구도 진행하고 있었는데, 이 연구도 나로 하여금 중국문화가 서양종교와는 달리 예악 문명에 의해 규정되어야 한다는 것을 이해할 수 있도록 해주었으며, 동시에 예의 여러 절목 중 가장 관심을 기울여야 하는 것이 상례(喪禮)라는 점을 어렴풋하게나마 인식할 수 있도록 해주었다. 그리고 나는 현실사회의 상례와 전통적 상례에 관한 저작 양쪽 모두에 흥미를 느끼기 시작했으며, 복상(服喪)의 문제가 고대 예학에서 가장 근본적인 지위를 점한다는 사실을 점차적으로 깨닫게 되었다. 예학이 최고조로 발달했던 위진 시기와 청대에도 복상에 관한 연구는 가장 핵심적인 연구였다. 그러나 복상의 문제를 포괄하는 예학은 매우 번잡하고 복잡한 까닭에, 나는 긴 시간 동안 어떻게 착수해야 하는지 알 수 없었다.

2008년 가을 학기와 2009년 가을 학기에 리멍(李猛), 저우페이저우(周飛舟), 황춘가오(黃春高) 교수 등은 합동으로 동서양 전통사회 비교연구 과목을 개설했으며, 봉건과 국가라는 주제로 강의를 진행했다. 2011년 봄 학기부터는 나도 여기에 동참하여, 네 명의 교수가 세 학기에 걸쳐 동서양 전통사회 비교연구 과목을 개설했다. 이때는 윤리를 주제로 했으며, 서양의 가족제도와 중국의 인륜 관계에 초점을 맞추었다. 우리는 딩링화(丁凌華), 딩딩(丁鼎), 린수잉(林素英)의 저술¹들을 통해 복상 체제에 대한 초보적인 이해를 얻을 수 있었다. 특히 장쇼우안(張壽安)의 저작『18세기 예학고증의 사상활력(十八世紀禮學考證的思想活力)』²은 우리가 예학사상의 입문처를 찾을 수 있도록 도와주었다. 즉 이러한 학술 혹은 제도에 관한 중요한 논쟁을 통해 예학사상의 내재적 맥락에 진입할 수 있었다. 이와 동시에 나는 학생들과 1년 넘는 시간 동안『명륜대전(明倫大典)』의 구두점을 찍고 교감을 했으며, 몇몇 학생들을 지도하여 명대(明代) 대례의(大禮議)³의 예학적 본질에 관한 몇 편의 논문을 쓰도록 했다.⁴ 이들 논문은 대례의가 한편으로는 황제의 의례상의 신분에 대한 이해와 관련되고, 다른 한편으로는 복상 중 위인후(爲人後)의 복상⁵에 대한 이해와 관련되었다는 점을 밝혔다. 전자는 제도사적 연구를 필요로 하는 것이며, 후자는 복상의 문제 즉 위인후의 복상, 형수 및 아저씨뻘에 대한 복상에 대한 보다 깊은 연구를 추동하는 것이었다.

● ● ●

1. 林素英,『喪服制度的文化意義』, 臺北: 文津出版社, 2000. 丁凌華,『中國喪服制度史』, 上海: 上海人民出版社, 2000(개정판『五服制度與傳統法律』, 北京商務印書館, 2013). 丁鼎,『「儀禮·喪服」考論』, 北京: 社會科學文獻出版社, 2003.

2. 張壽安,『十八世紀禮學考證的思想活力: 禮教爭論論爭與禮秩重省』, 北京: 北京大學出版社, 2005.

3. 대례의(大禮議): 명대 가정제(嘉靖帝)가 전임 정덕제(正德帝)의 사촌동생으로 황위를 계승한 이후, 그의 생부인 흥헌왕(興獻王)의 처우를 어떻게 할 것인가에 관해 발생했던 논쟁이다.

4. 如吳青,『從統嗣二分到統之獨尊 — 以嘉靖禮制改革中張璁的思想爲主』, 北京大學哲學系 碩士學位論文, 2013. 李曉璿,『大禮議非禮 — 淸代禮學家對"昭穆不紊"的認識』,『中國哲學史』, 2012年 第四期.

5. 위인후(爲人後): 고대의 종법제도로서, 서자가 대종(大宗)을 계승했을 때, 그를 위인후라고 부른다.

이것이 바로 장쇼우안 선생이 우리에게 알려준 입문 지점이었다. 또한 우젠자이(吳檢齋)는 "지친 간에 기년상으로 하되 삼년상으로 늘어날 수도 있음(至親以期斷和加隆之服)"이라는 원칙에 대해 연구했는데, 이 연구 역시 우리가 복상 원리의 연구를 구상함에 있어 출발점을 찾을 수 있도록 도와주었다. 이후 우리는 『통전(通典)』의 복상 부분을 살펴보았는데, 복상에 관한 논쟁들이 매우 세밀하고 깊이가 있어서, 서양의 법률 판례들과 견줄 수 있을 정도였다.6

　2011년 봄 학기 강의에서 역대 복상 관련 저작들을 검토할 때, 우리는 『속수사고전서(續修四庫全書)』에 들어 있는 거질의 『상복정씨학(喪服鄭氏學)』에 주목했다. 이는 당시 우리가 참고했던 후주춘(胡竹邨)의 『의례정의(儀禮正義)』의 복상 부분과 비교했을 때 훨씬 정확했다. 이때부터 나는 장원위엔(張聞遠)의 저작에 주목하기 시작했다. 그보다 전에 우리는 예학을 처음 연구하는 이들이 보기에 적합한 책이라고 생각하여 차오슈엔(曹叔彦)의 『예경학(禮經學)』을 읽었다. 장원위엔의 『상복정씨학』은 오직 복상의 문제만을 다룬 저작으로, 매우 깊이가 있다. 따라서 나는 2011년 가을 학기 철학과에서 『상복정씨학』만을 강독하는 강의를 개설했고, 이와 동시에 이 책을 교감하는 작업에 착수했다. 그때만 해도 나는 이 책을 읽는 데 장장 2년이 걸릴 것이라고는 생각하지 못했다. 또한 그 당시 저우페이저우 교수 역시 사회학과 학생들을 데리고 와서 함께 이 책을 읽었다. 우리는 2013년에야 『상복정씨학』의 일독을 마쳤고, 나 역시 이 책에 대한 교감을 거칠게나마 마무리할 수 있다. 나와 저우페이저우 교수는 2014년 봄과 가을 학기에 걸쳐 다시 함께 강의를 개설했고, 이 책을 한 번 더 강독했다. 우리는 두 번째 강독에서 이전에는 발견하지 못했던 수많은 문제들을

● ● ●

6. 그 성과로는 吳飛의 『王昌前母服議』, 吳飛가 책임편집을 맡은 『婚與喪』(北京: 宗教文化出版社, 2012) 등이 있다.

발견했으며, 예학의 근본으로서의 복상과 인륜에 대해 보다 분명하게 인식하게 되었다.

나는『상복정씨학』을 강독함과 동시에 장원위엔의 저작 및 기타 산실된 글들을 본격적으로 수집하기 시작했다. 최근 몇 년간 나는 각종 경로를 통해 그가 남청서원(南菁書院)에 머물던 시절에 저술했던 90여 편의 작품을 찾아내었는데, 그 안에는 상당한 분량의 경학 관련 글들이 들어 있었다. 그의『여도헌일기(茹荼軒日記)』가 상해도서관과 복단대학교 도서관에 흩어져 있었던 까닭에 상해의 쑨스(孫帥) 박사는 수많은 동학들을 불러 모아 이를 필사해야 했다. 그리고 우연한 기회에 쑨스 박사와 현재 복단대학교 도서관 고적(考籍) 파트 보조인 린전위에(林振嶽)는 왕신푸(王欣夫)가 남긴 장서 중 고적을 보관한 거대한 함을 자세히 살펴보니, 거기에는 일찍이 유실되었다고 여겨졌던『상례정씨학(喪禮鄭氏學)』사본 총 37책 44권이 있었다. 왕신푸는 30년대에 이미 이 책을 판각할 준비를 했었다. 그러나 제10권을 판각했을 무렵, 자금 부족과 중일전쟁의 발발로 중도에 그만둘 수밖에 없었다. 왕신푸가 제10권의 영인본을 복단대학교 도서관에 가져다 놓은 덕에 유실된 줄 알았던『상례정씨학』은 아직도 세상에 존재할 수 있었다. 그 후 린전위에는 양주 판각박물관에서 이 책 제10권의 판각을 찾아냈다. 현재 양주 판각 박물관은 이미 제10권의 잔여 판각들을 정리하고 있으며, 출판계획을 세웠다. 우리는 이미『여도헌일기』와『상례정씨학』을 필사했으며, 세밀하게 연구하고 교감할 준비를 마쳤다. 나는 장래에 이들 작품을 출판할 기회가 있기를 희망한다.[7]

● ● ●

7. 林振嶽의『「喪禮鄭氏學」成書與刊刻』, 吳飛의『風雨難摧伏氏壁, 弦歌終賡竇公音 — 張聞遠先生學述』을 참고하라. 또한 虞萬裏가 책임편집을 맡은『經學文獻研究輯刊』第12輯(上海: 上海書店出版社, 2014)도 함께 참조하라.

『상례정씨학』의 판각

　우리는 장원위엔의 두 작품 및 이들과 관련된 복상에 관한 저작들을 연구함으로써 복상관련 제도 및 학술의 변천에 대한 초보적인 이해를 얻을 수 있었다. 그러나 이와 동시에 이러한 복상이 지니는 사상적 의의를 진정으로 명료하게 설명하기에는 아직 시간이 한참 더 필요하다는 것도 깨달을 수 있었다. 그사이 우리는 복상에 대한 일련의 글들을 저술했다.[8] 이 주제를 범범하게 다루면 진정으로 깊이 파고들 수 없고, 반대로 너무 세부적인 절목까지 들어간다면 다른 사람들은 알아볼 수 없는 지나치게 전문적인 글이 되어버린다는 것이 가장 큰 문제가 되었다. 복상제도로부터 보다 보편적인 사상문제를 이끌어내기 위해서는 도대체 어떻게 해야 하는 것일까? 이것은 우리들의 예학 연구의 난제가 되었다.

　이 난제를 돌파하기 위해, 우리는 2013년부터 예학 이외의 다음과 같은 세 가지 방향에서 노력을 기울이고 있다. 첫째, 중요한 이론적 문제가 부각되는 지점을 동서 비교의 프레임 안으로 끌고 들어와서, 이러한 문제들이 중국학술토론에서 지니는 특수한 의의가 무엇인지 보다 명료하게 이해하도록 노력한다. 둘째, 민국 시기 이래 예학 관련 연구들을 전면적이고 체계적으로 정리해내서, 복상과 인륜의 문제가 중국사상을 구축함에 있어 어떤 도움이 되는지 살펴본다. 셋째, 예학 연구를 보다 넓은 범위의 중국사상사의 문제와 결합시킨다.

　복상이 중국 예학의 근본이 되는 까닭은 이것이 인륜 관계를 매우 섬세하고 정밀하게 드러내는 것이며, 인륜 문제는 사실 세계문명 전체가 반드시 마주해야 하는 문제이기 때문이다. 이보다 앞서, 나와 쑨스의 아우구스티누

● ● ●

8. 예컨대, 吳飛가 책임편집을 맡은 『婚與喪』(北京: 宗敎文化出版社, 2012.), 『神聖的家』(北京: 宗敎文化出版社, 2014), 『中國哲學史』(2013年第四期禮學專題) 등이 있다.

스 연구[9]는 서양 기독교의 가족 문제 처리방식에 주목했으며, 현재는 이와 관련된 문제들을 대하는 동서 문화의 차이를 보다 명확하게 이해하기 위해 20세기 서양 사회과학의 논의들을 정리하고 있고, 이들의 연원이 되는 고전 사상, 특히 형이상학적 본질을 발견하고자 노력하고 있다. 이러한 정리를 통해 우리는 중국 경학이 어째서 이처럼 복상을 중시했는지, 또한 이들이 어떠한 형이상학체계로부터 왔는지, 그리고 어떠한 사회정치구조로 체현됐는지에 대해 보다 명확하게 이해할 수 있을 것이다. 2015년 봄 학기, 나는 아리스토텔레스의 『정치학』 제1권과 『대학』을 비교하는 과목을 개설했다. 이들 두 책은 모두 가족과 국가의 관계, 인성과 정치의 관계, 국가 통치와 재정의 관계 및 지극한 선으로서의 문명적 이상 등을 다룬 문헌이다. 그래서 이 둘은 많은 부분 서로 통하기도 하면서, 또한 매우 근본적인 차이점을 드러내기도 한다. 나와 학생들은 이 강의를 통해 이 문헌들과 관련된 문제들을 비교적 분명하게 이해할 수 있게 되었다. 강의를 진행할수록 우리는 연구를 계속 진행하기 위해서는 심층적인 동서 비교 방법이 필수불가결하다는 점을 더욱 절실히 깨달을 수 있었다. 서구적 방법론을 완전히 배제한다면, 이것은 사상적 측면에서 진정으로 진보했다고 말하기 어려울 것이다.

당시 나는 중국 양안의 현대 학술계의 복상 연구를 정리한 바 있다. 복상 및 예법에 관한 시대구분 연구는 적지 않지만, 문화체계로서의 복상을 전면적으로 다룬 것으로는 딩링화의 『중국상복제도사(中國喪服制度史)』(이 책은 훗날 『오복제도와 법률문화(五服制度與法律文化)』라는 서명으로 재판된다.), 딩딩의 『「의례・상복」고론(「儀禮・喪服」考論)』, 린수잉의 『상복제도의 문화적 의의(喪服制度的文化意義)』 등이 대표적인 저작이라 할

● ● ●

9. 吳飛, 『心靈秩序與世界歷史 — 奧古斯丁對西方古典思想的終結』, 北京: 三聯書店, 2013.
孫帥, 『自然與團契 — 奧古斯丁婚姻家庭學說研究』, 上海: 上海三聯書店, 2014.

수 있다. 이 세 권의 책은 복상제도에 대해 지극히 상세히 연구했을 뿐만 아니라 법률사, 친속제도, 문화체계 등 세 관점에서 각각 이론적 설명을 시도했다. 이들 연구는 복상제도를 이해하고자 하는 현대의 가장 중요한 세 방향의 노력을 대변한다. 뒤이어 우리는 민국 시기 복상과 인륜에 대한 연구 역시 최대한 전면적으로 검토했다. 5·4운동 이래로, 인륜에 대한 비판이 주류를 이루었지만, 여전히 많은 학자들은 비교적 이성적 관점에서 전통적 복상제도와 인륜적 행위를 이해했다. 왕관탕(王觀堂)의 종법제도의 기원에 관한 연구, 취주통(瞿同祖)의 복상과 법률의 관계에 대한 연구, 류쓰페이(劉師培)의 중국윤리사상에 대한 연구, 류시엔신(劉鹹炘), 판광단(潘光旦), 페이샤오퉁(費孝通), 량슈밍(梁漱溟)의 인륜에 대한 연구, 펑요우란(馮友蘭), 천인커(陳寅恪), 허린의 서양철학적 관점에서 강상윤리를 해석하려는 노력, 특히 장타이옌, 우젠자이 선생의 복상제도에 대한 현대적 해석 등은 매우 중요한 노력들이었다. 또한 현대 복상제도를 재건하려 했던 장타이옌, 위위엔잉(鬱元英), 다이지타오(戴季陶)의 노력은 비록 성공을 거두지는 못했지만 존중을 받기에 충분하다. 그밖에도 펑한지(馮漢驥), 궈밍쿤(郭明昆), 루이이푸(芮逸夫)는 서양 인류학의 관점에서 복상 및 친속제도를 설명하는 전통을 대표한다. 이상의 민국 시기 선배들은 현대 인문사회과학의 관점에서 중국의 복상 및 인륜 체계를 어떻게 정리하고 이해할 것인지에 대해 매우 중요한 시도를 했었다. 비록 이들 중 복상에 관해서만 전문적으로 저술한 경우는 드물지만 오늘날 학자들은 한 걸음 더 들어가 복상을 연구할 때 이들의 작업을 잘 정리해야만 한다. 우리는 이상의 민국 시기 학자들이 복상과 인륜에 관해 논한 문장들 중 대표적인 것들을 선별했으며, 이를 책으로 편집해서 삼련서점(三聯書店)에서 출판할 예정이다.

우페이 교수가 소장하고 있는 장원위엔의 작품

우리는 현대 복상에 대한 연구들을 정리한 이후 예학 연구의 시야를
외부로 확장했다. 특히 청대 예학 및 복상학의 논의를 보다 넓은 사상적
논쟁 안에서 다루기를 희망했다. 우리는 장쇼우안의 또 다른 저작 『이례대리
(以禮代理)』[10]를 특히 집중적으로 읽었다. 이 책은 앞서 언급한 장쇼우안의
『18세기 예학고증의 사상활력』보다도 더 큰 깨달음을 주었다. 그의 연구는
청대에는 학술만 있고 사상은 없었다는 단정을 점차적으로 폐기하게 해주었
고, 앞서 읽었던 『상복정씨학』, 『상례정씨학』 및 남청서원의 여러 학자들의
연구들이 청대 사상적 맥락에서 어떠한 지위를 차지하는지 확인시켜주었
다. 우리는 장쇼우안이 제시한 맥락에 따라 다이동위엔(戴東原), 청이초우
(程易疇), 링츠종(淩次仲), 롼윈타이(阮芸臺), 자오리탕(焦裏堂), 돤마오탕(段
懋堂), 장웨이옌(張惟彦), 청디셩(曾滌生), 시아다오푸(夏韜甫), 천란푸(陳蘭
甫), 황웨이샹(黃薇香), 황위엔퉁(黃元同) 등의 관련 저작들을 읽었으며,
차오슈옌, 장원위엔이 어째서 이러한 방식으로 예학, 특히 복상학을 연구했
는지에 대해서도 더욱 잘 이해하게 되었다. 그리하여 청대 예학사상의
실마리는 점차 뚜렷해졌고, 청대 예학이 사상적 측면에서 한대·송대의
학문과 맺고 있던 관계 역시 점차 그 모습을 드러냈다. 또한 청말 시기에
한대·송대를 아우르는 학문이 장샹타오(張香濤)를 통해 서학과 맺은 관계
의 맥락 역시 점차 뚜렷해졌다. 우리 연구팀은 이러한 과정을 통해, 철학과
안에서 어떻게 예학 연구를 지속할 것인가의 문제에 대해 더 이상 5년
전처럼 당혹스러워하지는 않게 되었다.

●　●　●

10.　張壽安, 『以禮代理 — 淩廷堪與淸中葉儒學思想之轉變』, 石家莊: 河北教育出版社, 2001.

향후 예악연구의 대체적인 방향

8년이 넘는 시간 동안의 모색을 거치면서, 우리는 이제 예악문명을 더 깊게 이해할 수 있는 약간의 관점 혹은 안목을 가지게 되었다. 향후의 예학 연구 역시 이러한 방향에 맞춰 끊임없이 수정하고 확장해나가야 할 것이다. 나는 여기에서 간략하게나마 우리가 구상하는 방향을 설명할 것이다. 여러 전문가들의 비판과 지도를 기대한다.

근래 백 년 동안 중국철학사상의 정리는 이미 상당한 성과를 거두었다. 그러나 가장 큰 문제는 5·4 시기 인륜과 강상의 도리에 대해 제기되었던 전면적인 비판으로 인해 현대 학자들, 특히 철학자들 중 상당수가 감히 인륜을 말할 수 없게 되었고, 이것은 중국사상전통을 이해함에 있어 거대한 장애가 되었으며, 중국전통의 사회정치철학의 현대적 표현방법을 찾기 어렵도록 만들었다는 사실이다. 꿔모루워(郭沫若) 등이 구축한 사회발전의 틀은 그 자체의 수많은 문제들을 차치하고서라도, 가장 큰 곤란은 철학적 사고의 기초가 하나도 없다는 점이다. 여기에서 우리는 예학의 철학적 기초를 어떻게 이해할 것이며, 예학의 철학적 기초와 서양 정치철학의 철학적 기초 간의 차이가 무엇인가를 가장 핵심적인 문제로 보고 있다.

혼례와 상례 — 전통과 현대의 가족 의례

중국과 서양을 막론하고, 종교와 철학이 성립될 수 있었던 이유는 이들 모두 세속적 일상생활을 초월한 어떤 정신적 추구가 있었기 때문이다. 따라서 우리 모두는 보다 높은 차원의 삶은 어떠한 삶이며, 그 근거는 무엇이고, 그러한 삶이 보통의 삶과 어떠한 관계를 가지며, 어떻게 실현되는 지 등의 중요한 문제에 대답해야 한다. 플라톤은 가장 높은 차원의 삶은 이데아로부터 온다고 보았다. 그는 대화편 『티마이오스(*Timaeus*)』에서 조물주가 이데아에 따라 세계를 창조하는 과정을 묘사했다. 『향연』, 『파이돈』 등에서의 대화에서 그는 이런 이데아를 바라는 정신생활이 마땅히 일상생활을 초월하는 것임을 더욱 분명히 했다. 폴리스에서의 삶 역시 매우 중요하지만, 최고의 삶의 경지는 그러한 폴리스에 국한되어서는 안 된다는 것이다. 따라서 『국가』 편에서 철학자는 원하지 않더라도 왕 즉 철인군주가 되어야 한다고 주장했다. 아리스토텔레스는 플라톤 철학이 지나치게 추상적이라고 보았고, 철학을 다시 일상생활 속으로 끌어오려 했다. 그의 '형식' 개념은 플라톤의 이데아로부터 왔지만, 그는 형식과 질료가 분리될 수 없으며, 질료를 벗어난 형식을 추구할 수 없다는 것을 더욱 강조했다. 따라서 그는 플라톤과 비교했을 때 정치적 삶이 지니는 의미를 더욱 강조했으며, 인간은 폴리스 안에서 자신의 '본래 자신다움(nature, 본성)'을 실현할 수 있다고 보았다. 그러나 아리스토텔레스는 플라톤과 마찬가지로 철학자의 심사숙고하는 삶은 폴리스의 한계를 벗어날 수 있다고 보았다. 왜냐하면 이것은 보다 실질적인 의미에서 최고의 삶의 방식이기 때문이다. 고대 그리스철학은 '형질론(形質論)'으로 포괄될 수 있을 것이다. 형식은 질료보다 높은 차원에 속한다. 아리스토텔레스는 정치적 삶을 긍정했다. 그것은 폴리스가 어떤 의미에서는 인간의 삶의 형식이었기 때문이다. 비록 후세의 서양철학은 매우 복잡한 변천을 거치기는 했지만, 단순하게 말하자면, 다양한 형태의 현대 서양철학들은 아직도 대부분 형질론의 형태를 띠고 있다. 우리는 칸트와 헤겔의 저작에서 이러한 점을 확인할 수 있다. 서양 정치철학의 기본적인 사유 역시 형질론의 프레임 안에서 인간의 삶의 형식과 이데아를 탐구하고 있다.

이와 대조적으로, 우리는 중국철학의 기본 모델을 '문질론(文質論)'이라 부를 수 있다고 보고 있다. 문과 질은 중국사상에서 빈번하게 출현하는 핵심 개념들로, 그 구조적인 측면에서 형질론과 서로 대응된다. 『설문해자

(說文解字)』에서는 "문(文)은 뒤섞인 그림이며, 교차된 무늬를 본뜬 것이다."
라고 했고, 『논어의소(論語義疏)』에서는 질(質)은 곧 실(實)이라고 보았으며,
『광아(廣雅)』에서는 질은 곧 몸 혹은 바탕(地)이라고 보았는데, 이들은
모두 적절한 뜻풀이이다.11 문은 사물과 질지(質地) 위에 있는 무늬의 결이다.
아리스토텔레스는 형질론적 철학의 사유를 설명할 때, "헤르메스의 상은
나무 한 조각 안에 잠재적으로 존재하고 있다."는 비유를 들었다.12 이
비유는 잠재태로서의 헤르메스상이 질료 안에 존재한다는 것을 가리키는
것이다. 그러나 보다 중요한 것은 조각가의 두뇌 안에 있는 형식으로,
이것이야말로 이러한 잠재태를 실현시켜내는 것이다. 이것과 중국의 어떤
장인이 목재 하나를 마주하고 있는 상황과 매우 비슷해 보이지만, 사실
그 이치는 완전히 다르다. 중국의 장인의 경우 대리석 한 덩어리를 마주하게
되었을 때, 자신의 머릿속에 있는 고유의 형식이 아닌 대리석의 결이 무엇과
가장 비슷한지, 대리석 자체의 결에 따라 그것을 조각해 낼 수 있는지를
생각해 낼 수 있을 때, 비로소 그를 가장 좋은 장인이라고 평가할 수
있을 것이다. 이처럼 우리는 '형질론'과 '문질론' 간의 매우 미묘한 그러나
결정적인 차이를 확인할 수 있었다. 형질론에서 형식은 질료 바깥에 있는
것 혹은 위에 있는 것이다. 따라서 형식 안에서 가장 아름다운 삶이란
보통의 삶을 초월하는 삶일 수밖에 없다. 그렇다면 이들로부터 시작된
서구 문명 안에서의 가장 큰 긴장은 바로 형식과 질료 간의 분열일 것이며,
이것은 바로 현대 서양에서 가장 심각한 문제이다. 문질론에서 최고의
경지는 비록 결(文) 가운데에서만 드러날 수 있는 것이지만, 이러한 결(文)은

● ● ●

11. 『說文解字』, "文, 錯畵也, 像交文." 『論語義疏』, "質卽實." 『廣雅』, "質卽軀, 卽地."
『說文』, "質, 以物相贅." 단옥재는 주석에서 말했다. "그 뜻을 확장하면 질박함, 바탕이
된다."(段注: "引申其義爲樸也, 地也.") 단옥재의 주석은 다소 의심스럽다. 질(質) 자를
실(實) 자로 해석한 것은 아마도 이 해석을 가차로 보아야 한다고 여긴 것 같다.
12. 亞裏士多德, 『形而上學』卷九, 1,048a33.

그 질과 결코 분리될 수 없다. 따라서 중국사상에서는 문과 질을 어떻게 잘 조화시킬 것인가가 가장 큰 문제였다. 그래서 문이 질을 넘어서는 번지르르함(文勝質則史), 질이 문을 이기는 거침(質勝文則野) 간의 긴장이 존재했으며, 은나라와 주나라 사이에는 곧바로 질을 숭상하는 입장과 문을 숭상하는 입장 간의 차이가 드러났던 것이다. 우리는 바로 이처럼 "문과 질이 모두 빛나는(文質彬彬)"[13] 가운데에서 비로소 예악문명의 가장 근본적인 원리 즉 "감정에 근거하여 예를 제정함(緣情制禮)"을 확인할 수 있었다.

국가가 스승의 지위를 숭상함 — 역사 속에서의 유가석전례(儒家釋奠禮)

서양철학에서의 형식뿐 아니라 중국철학에서의 문(文) 역시 세속적 삶을 초월하는 보다 높은 경지이며, 따라서 이들은 모두 세계적으로 위대한 문명을 이룰 수 있었다. 동서양의 현인들은 매우 유사한 문제에 직면했지만, 이처럼 사고의 차이로 인해 완전히 다른 모델을 제시하게 되었다. 서양사상은 최고의 형식을 위해 종교를 강조하고 초월을 강조했으며, 속세의 삶 내지는 자기 자신의 욕구를 엄격하게 거부했다. 그러나 중국사상은 예악을 강조하고 중용을 강조했으며, 가장 자연스러운 평상시 마음 상태로 성현을 희구할 것을 강조했다.

송대 유학자들은 성리(性理)의 학문을 주장했는데, 여기에서 '리(理)'자는 '문(文)'자의 또 다른 설명방식이다. 『설문해자』 원문에서는 "리(理)는 옥을 다룸이다."라고 말했으며, 서현(徐鉉)은 "사물의 맥락과 무늬는 옥에서 가장 세밀하게 나타난다. 따라서 옥을 따른 것이다."라고 설명했다.[14] 왜냐

• • •

13. 『論語 · 雍也』, "子曰: 質勝文則野; 文勝質則史. 文質彬彬, 然後君子."
14. 『說文解字』, "理, 治玉也. 徐曰: 物之脈理, 惟玉最密, 故從玉."

하면 옥의 무늬(文理)는 가장 세밀하며, 따라서 옥(玉)을 부수로 사용하는 리(理)자는 가장 정미하고 세밀한 무늬를 대표한다. 주희 역시 다음과 같이 명확하게 말했다.

> 도는 곧 길이며, 리는 곧 무늬이다.
> 리는 조리(條里)를 가지고 있다.
> 리는 조리를 가진 것이며, 무늬와 길이 있는 것이다.
> 리는 한 줄기의 선과 비슷한 것으로, 조리가 있으며, 대바구니와 비슷하다.[15]

중국사상은 천리(天理)를 세밀하게 고찰하고 분석하는 가운데 최고의 경지에 도달했다. 여기에서 우리가 반드시 알아야 할 것은, 이때의 천리가 결코 서구적인 의미에서의 이데아 혹은 신이 아니라 조리(條理) 혹은 문리(紋理)라는 것이다. 그러나 송대 성리학이 지나치게 복잡한 방향으로 발전함에 따라 리(理) 역시 종종 독립적인 존재로 간주되었다. 특히 양명 후학들 중에서 이러한 경향이 빈번하게 나타났다. 바로 이러한 경향이 있었기에, 청대 유학에서 한학(漢學)으로 회귀하고자 하는 학술적 전환이 나타났던 것이다.

대진(戴震, 1724-1777)은 이처럼 리를 "하늘로부터 부여받아 내 마음 속에 갖추어지는 어떤 사물'로 보는 송대 유학의 태도를 격렬히 비판했다. 그는 리를 "조리를 세밀히 관찰함(條理密察)"으로 이해해야 한다고 주장했다. 사실 그가 강조했던 사고의 방향은 주희 역시 매우 강조했지만 후학들이 중시하지 않았던 것이다. 이후 능정감(凌廷堪), 초순(焦循), 완원(阮元) 등의

15. 『朱子全書』第14冊, 236-237쪽. "道便是路, 理是那文理." "理者有條理." "理是有條理, 有文路子." "理如一把線相似, 有條理, 如這竹籃子相似."

학자들은 대진의 사상을 계승 및 발전시켰다. 그래서 이를 적용하여 구체적인 예법에 대해서 고찰했다. 왜냐하면 예법이야말로 인간의 감정 안에서 실현되는 것이기 때문이다. 또한 옹방강(翁方綱), 방식지(方植之), 하흔(夏炘) 등의 학자들이 한학에 대해 반격을 가하기는 했지만, 대진의 비판을 완전히 부정할 수는 없었고, 오직 대진이 주희를 완전히 이해하지 못했으며, 주희의 학문 안에 이미 대진의 설명 방식이 들어 있다고 말할 수 있었을 뿐이다. 게다가 그들 자신 역시 결코 한학에 대한 공부를 경시할 수 없었다. 청대의 성리학자들 중 어느 정도 성취를 거둔 이들 중 누구도 훈고 및 고증의 공부를 경시할 수 없었다. 하흔의 『독례관견(讀禮管見)』과 『삼강제복존존술의(三綱制服尊尊述義)』은 예경(禮經)을 다룬 탁월한 저작이다. 따라서 한대와 송대를 변별하는 논의의 소리가 드높은 가운데, 우리는 쌍방의 사상이 실제로는 한 지점으로 수렴하며, 예학에 대한 이해 역시 상당히 일치하고 있음을 발견할 수 있었다. 청 중기 이래 한대·송대를 아우르는 사유는 주된 흐름이 되었다. 청대 유학의 리와 예의 분별은 예의 철학적 기초에 대한 전면적인 해명이자, 주희 이후의 성리학 특히 명대의 양명학의 오해를 수정해 나갔던 것이라 말할 수 있다. 비록 대진, 능정감이 주희에 대해 불경했던 지점이 다수 있기는 하지만, 그들의 비판을 통해 주희 사상의 진정한 정신은 더욱 명료하게 드러날 수 있었다. 청 말기 증국번(曾國藩, 1811-1872)의 수신과 치학(治學)은 정주를 엄격히 따랐지만, 정치는 전반적으로는 예학에 따라야 한다고 주장했다.[16] 천란푸(陳蘭甫)는 성리학이 곧 예학이라고 강조했으며, 황위엔통(黃元同)은 예학이 곧 성리학이라고 강조했다. 리에 대한 그들의 이해는 대진 이래의 전통과 일맥상통하지만, 결코 이 때문에 주희를 부정하지는 않았다. 도리어 문질과 조리를 강조하는 기초 위에서 주희의 사상 체계를 다시 한 번 주장할 수 있었다. 청대

• • •

16.　範廣欣, 「曾國藩禮學經世說的涵義和運用」, 『政治思想史』, 2010.

학술의 총체적 사고는 매우 중요하며, 우리는 이것을 존중해야 한다. 왜냐하면 이것은 한대 · 송대 사상전통에 대한 전면적인 총결산이자 융합이기 때문이다.[17]

청대 학자들의 정리를 거치면서, 우리 역시 한대 · 송대의 학문에 대해 보다 잘 이해하게 되었다. 분명 한학(漢學)은 훈고를 중시했고 송학(宋學)은 성리를 중시하기는 했지만, 양자의 핵심은 모두 인륜과 예법 위에서 구체화되었다. 우리는 한대 · 송대 학문을 변별함에 있어, 훈고와 성리 간의 차이뿐만 아니라 그들이 예학체계 안에서 보이는 실질적인 차이를 확인하는 것 역시 그만큼 중요하다고 보고 있다.

한대의 학문을 집대성한 인물은 정현(鄭玄, 127-200)이다. 그의 학문의 핵심은 삼례(三禮)[18]에 있다. 그는 『주관(周官)』을 통해 삼례를 통섭했으며, 다시 삼례로부터 출발해서 여러 경전들을 두루 주석했다. 『주관』을 중시했던 까닭에, 그의 예학체계는 천자의 육관(六官)[19]으로 오례(五禮)[20]를 통섭하는 예학체계였다. 이것은 한대 경학과 정치발전의 결과물이었으며, 수당 이래의 국가 건설에서 충분히 체현되었다. 수당 이래의 육부(六部)제도[21]는 『주관』의 육관으로부터 온 것이며, 이후의 역대 예경들 중 『주관』의 오례의

● ● ●

17. 이러한 모색을 정리한 것으로는 앞으로 출판될 吳飛의 『禮學即理學 — 傲居學派的思想脈絡』, 『中國哲學史』를 참고할 수 있다.
18. 삼례(三禮): 『주례』, 『의례』, 『예기』를 가리킨다.
19. 육관(六官): 육관(六官)은 주대(周代) 중앙정부를 천 · 지 · 춘 · 하 · 추 · 동의 여섯 부서로 나누어 각각 치(治) · 교(敎) · 예(禮) · 병(兵) · 형(刑) · 사(事)를 분장시킨 여섯 사람의 장관으로, 육경(六卿)이라고도 한다. 각각의 장관 명칭은 총재(冢宰) · 사도(司徒) · 종백(宗伯) · 사마(司馬) · 사구(司寇) · 사공(司空)이라고 한다. (출처: 문화원형 용어사전)
20. 오례(五禮): 국가에서 행하기로 규정한 다섯 의례로, 길례(吉禮), 흉례(凶禮), 군례(軍禮), 빈례(賓禮), 가례(嘉禮)가 있다.
21. 육부(六部): 정부의 이(吏) · 호(戶) · 예(禮) · 병(兵) · 형(刑) · 공(工)부를 통합해서 부르는 호칭이다.

틀을 따르지 않는 경우는 없었다. 송대 왕안석(王安石: 1021-1086)의 개혁 역시『주관』에 근거한 노력이었다. 그러나 그의 실패는『주관』에 근거한 예학사상의 종말을 상징하게 되었다.

주희가 만년에 저술한『의례경전통해(儀禮經傳通解)』는 평생에 걸친 그의 학문이 최종적으로 적용된 저작이라 볼 수 있으며, 예학체계의 중대한 변화를 보여주고 있다. 이 책은『주관』의 육관 혹은 오례의 구조를 전혀 사용하지 않고『의례』를 기본 틀로 하였지만, 그 실질적인 구조는『대학』에 나오는 가(家)에서부터 국(國), 천하에 미치는 구조를 따랐다. 즉 가례–향례–학례(學禮)–방국례(邦國禮)–왕조례(王朝禮)–상례–제례의 구조를 따랐다. 이러한 구조는 기본적으로『대학』의 순서를 따른 것이기는 하지만, 이에 그치지 않고 역대 예법체계에서는 결코 존재한 적이 없던 '학례'라는 항목으로 전체 예법체계를 통섭했으며, 그가 평생토록 심혈을 기울였던『대학』과『중용』의 장구들을 '학례' 부분에 집어넣었다. 예학에 대한 주희의 이해는 이후 700년에 걸쳐 예학의 사고의 방향에 영향을 끼쳤으며, 특히 송대 이후 유가 정치철학의 전반적인 틀을 구성했다. 청대 학자들은 예학을 다룰 때 한대와 송대의 위대한 전통을 직접 마주하려고 노력했다. 그러나 예학의 틀이라는 측면에서 볼 때, 청 초기에 비록『주관』에 따라 정치체제를 재구성하려는 관점이 출현하기는 했지만,22 정현이『주관』을 가지고 여러 경전의 사고를 통섭했던 것까지 진정으로 돌아가지는 못했다. 따라서 예학의 틀이라는 측면에서 볼 때, 청대 유학자들이 비록 정현을 지극히 존숭하기는 했지만, 결국 주희가 확립한 예학의 틀 안에서 정현의 학문을 이해했던 것이다. 청 초기 예학의 대작들인 서건암(徐健庵)의『독례통고(讀禮通考)』, 진미경(秦味經)의『오례통고(五禮通考)』, 강신수(江愼修)의『예서강목(禮書綱目)』등은 모두 주희 예학의 사상적 틀을 깊이 체현하고 있다. 대진이

• • •

22. 陸寶千,『淸代思想史』, 上海: 華東師範大學出版社, 2009, 제1장을 참고하라.

맹렬하게 주희를 비판한 이후, 청대 유학자들은 자각적으로 의리(義理)라는 새로운 사상의 토대 위에서 예학의 틀을 재건하고자 했다. 그러나 정이주(程易疇)의 『의례상복문족징기(儀禮喪服文足徵記)』, 『종법소기(宗法小記)』 등의 작품들은 비록 구체적인 부분에 있어서 주희의 설명에 완전히 동의한 것은 아니었어도, 모두 주희 예학의 틀을 벗어날 수 없었다.23 능정감도 성리학을 전면적으로 부정하기는 했지만 그가 지은 『예경교석(禮經校釋)』은 사실 주희 예학의 틀을 따른 것이다. 황위엔통 선생의 『예서통고(禮書通故)』 역시 『의례경전통해』와 가장 유사한 구조를 가진 예학 저서이다. 청대는 예학의 최전성기였지만, 『주관』에 대한 연구는 결국 주류가 되지

• • •

23. 청대 예학의 틀과 주희의 관계에 대해서는 하흔의 『「의례경전통해」 발(「儀禮經傳通解」跋)』이 매우 예리한 설명을 제시했다. "'통해'는 『의례』를 경전으로 여긴다. 그러므로 『의례경전통해』라고 부른다. 고당생(高堂生)의 사례(士禮) 열일곱 편의 순서는 선비로부터 시작해서, 사대부, 제후, 천자의 순서이며, 제례와 상례를 그 이후에 두었다. 주자가 예로서 사람들을 가르치고자 한 방법은 그 예를 우선 자기 자신에게 행하고, 자신의 집에서, 향리로, 나라로, 나중에는 천하로 확장되어 가는 것으로 본 것이다. 여기에는 모두 근거가 있었으니, 이것은 책을 저술하여 박식하다는 명성을 얻고자 한 것이 아니라, 사실 『대학』에 제가·치국·평천하의 취지를 내포시키고자 한 것이다. 청조 진미경의 『오례통고』는 비록 주희의 책을 근본으로 하여 미루어 확장한 것이지만, 오례를 제목에 내세워 길례, 흉례, 군례, 빈례, 가례의 항목을 사용했으며, 길례를 맨 앞에서 세웠으니, 이 책의 체제가 이와 같다. 강신수의 『예서강목』은 주희의 가례, 향례, 방국례, 왕조례의 명칭을 삭제했으며, 진미경의 목차를 모방하여 오례를 그 제목에 내세우고 그 아래에서는 의례관혼(儀禮冠昏)을 맨 앞에 두었으나, 혼례 아래에서는 그 순서가 매우 혼란스러워졌다. 그래서 비록 주희를 따라서 서술했다고 말하기는 하지만, 주희가 예로써 사람을 가르치고 수신·제가·치국·평천하하겠다는 깊은 뜻과는 완전히 달라지게 되었다."(『述朱質疑』卷七(鹹豐景紫山房刻本), 通解以儀禮爲經, 故曰儀禮經傳通解. 高堂生十七篇次弟始士, 次大夫, 次諸侯, 次天子, 而喪祭二禮殿其後. 朱子『通解』卽宗其意, 始家, 次鄉, 次國, 次王朝, 而喪祭二禮亦殿之. 朱子以禮敎人之意, 欲其行禮之身, 自家而鄉, 而國, 而後推之天下. 皆有依據, 非欲作此書以誇博洽之名, 實欲隱寓大學齊治均平之旨也. 我朝秦氏五禮通考雖本朱子之書而加以推擴, 然以五禮爲名, 則當用吉凶軍賓嘉之目, 而以吉禮爲之首, 此箸書之體例當如是也. 江愼修永禮書綱目去朱子家鄉邦國王朝之名, 而仿秦氏之例, 以五禮標題, 其下又用儀禮冠昏爲首, 而自昏禮以下, 盡紊其次弟. 雖曰祖述朱子, 實非朱子以禮敎人修齊治平之微意也.)

못했다. 쑨이랑(孫詒讓)이 지은『주관정의(周官正義)』와『주관정요(周官政要)』정도가 비로소 예학의 틀에서 정현의 학문으로 회귀했다고 할 수 있다. 특히『주관정요』는『주관』의 사유방식으로 청말 변법입헌(變法立憲)의 문제를 직접 다루고자 시도했다. 그러나 이것이 청대 예학의 주류를 대변하는 것은 결코 아니다.

따라서 향후 우리의 최대 과제는 청대 예학의 작업을 깔끔하게 정리하는 것이다. 량치차오에서 첸무(錢穆)까지 모두 청대 학술을 정리하는 것이 가지는 중요성을 인식했었다. 그러나 현재의 관점에서 보았을 때, 그들의 작업은 모두 비교적 심각한 문제를 안고 있다. 량치차오는 청대 학술의 발전궤적을 송학에서 한학으로, 그리고 한대 고문경학에서 금문경학으로의 전개라고 보았다.[24] 그의 가장 큰 문제점은 금문경학을 과대평가했다는 점이다. 금문경학과 고문경학 간의 논쟁은 청대 학술사에서 결코 중요한 위치를 차지하는 사건이 아니었다. 능효루(凌曉樓), 진공보(陳恭甫)·진박원(陳樸園) 부자, 피록문(皮鹿門), 진탁인(陳卓人) 등의 학자들은 모두 금문경학을 통해 학문을 시작했지만, 예학을 중시했다는 점에서는 고문경학자들과 결코 큰 차이가 없었다. 금문경학과 고문경학 간의 논쟁은 요계평(廖季平)과 강장소(康長素) 이후 발생했던 일시적인 현상일 뿐, 청대 학술을 대표하는 최고의 성취라고 볼 수 없다. 첸무는 지나치게 송대 성리학으로 편향된 나머지 청대 유학의 예학과 고증학에 대해서는 결코 진정으로 공감하지 않았으며, 따라서 비록 청대 학술에 대한 연구가 량치차오보다 훨씬 뛰어났음에도 불구하고 그 자신이 이미 드러낸 문제들에 대해서는 어떠한 적절한 평가와 사고도 하지 않았다.[25] 두 선배 학자들이 청대 학술을 적절하게

• • •

24. 梁啓超, 『淸代學術槪論』, 上海: 上海古籍出版社, 1996, 6쪽을 참고하라.
25. 첸무(錢穆)는 혜동(惠棟), 대진, 초순 등의 학문에 대해 논했는데, 모두 매우 탁월한 관찰을 보여주고 있다. 그러나 안타깝게도 그들에 대해 모두 부정적으로 평가하고 있으며, 따라서 청대 유학의 사상을 보다 깊이 관찰하지 못했다. 그의『中國近三百年學術

정리해 낼 수 없었던 까닭은 그들이 청대 고증학 배후의 본질적 의미를 진정으로 다루지 않았거나, 혹은 고증학이 청초 필화사건들의 우연한 결과일 뿐이라고 보았거나, 혹은 고증학 그 자체에는 결코 어떠한 의미가 없다고 여겼기 때문일 것이다. 이들 두 사람은 그들이 민국 시기 학술계에 가졌던 영향력에 근거해서 현대인들이 청대 학술에 대해 가지는 일반적인 관념을 형성했다. 또 다른 한편에서는 장황학파(章黃學派)[26]로 대표되는 현대 고증학이 비록 청대 고증학의 수많은 유산을 계승했고, 심지어 여러 구체적인 문제에 있어서는 청대 학술의 성취를 넘어서기도 했지만, 여전히 그들이 청대 학문의 사상적 의의를 진정으로 계승했다고 보기는 어렵다. 민국 시기 수많은 학자들이 중시했던 대진의 경우, 후쓰(胡適)에 의해서는 과학정신의 대표로, 중화인민공화국 건국 이후에는 유물주의의 대표로 추앙되었지만, 이러한 평가들은 대진 사상의 실질을 파악하지 못한 것일 뿐만 아니라 그의 사상을 전체 청대 학술전통으로부터 억지로 분리해서 본 것이다.

  이처럼 민국 시기 학자들이 청대 학문 사상을 전면적이고 심층적으로 정리를 해낼 수 없었기 때문에, 특히 청대 학술이 한대·송대 이래의 사상사에서 진정으로 어떠한 위치를 점하는지 이해할 수 없었기 때문에, 중국 현대 학술은 전통사상을 이해함에 있어 상당한 오류를 범할 수밖에 없었다. 이상의 작업을 통해 우리는 청대 학술이 주희 철학의 본질을 잘 해명했으며 한대와 송대의 학문 전통을 전면적으로 정리하고 종합해냈음을 확인할 수 있었다. 중국 전통학문의 집대성으로서의 청대 학술은 예와 이치의 변별에 그 사상적 초점을 두고 있으며, 예에 대한 고증은 바로

● ● ●

  史』, 北京: 中華書局, 1984를 참고하라.
26. (역주) 민국 시기 문언문(文言文)의 보호를 주장했던 학파이다. 주요 인물로 장타이옌(章太炎), 황칸(黃侃) 선생이 있었기에 장황학파라는 명칭이 붙었다. 장황학파는 후쓰(胡適)로 대표되는 백화문 지지자들과 현대 문학사에서 유명한 '문백논쟁(文白論爭)'을 벌인다.

예와 리의 변별이 경전 탐구 안에서 체현된 것이다. 청대 학술에 대한 민국 이래의 학자들의 정리는 명대 학술에 대한 청대 유학자들의 정리에 한참 못 미친다. 이것은 우리가 현재 고전학문을 이해함에 있어 치명적인 약점으로 작용하고 있다. 따라서 중국 전통사상의 본질을 전면적으로 이해하고 예악문명의 진정한 핵심을 이해하기 위해서는 반드시 청대 학술에 대한 정리를 통해 예학의 철학적 토대 및 서로 다른 표현 양태를 관찰해야 하며, 서구의 형질론 철학 및 정치철학과의 비교 가운데에서 중국의 문질론 철학과 예학체계의 특징 역시 보다 선명하게 드러날 수 있을 것이다.

신성한 가(家) — 동서 문명 비교의 관점에서

우리들의 관점에서 보았을 때, 서양사상은 형질론 철학의 토대 위에서 한편으로는 초월과 단절을 추구하는 형이상학과 종교적 피안세계를 구축했고, 다른 한편으로는 웅대한 정치철학의 이론과 실천을 탄생시켰다. 아리스토텔레스는 정치를 인간의 삶의 형식으로 간주했으며, 정치체제에 대한 토론은 결국 어떠한 형태의 폴리스가 가장 합당한 형식의 체제인지 변별하기 위한 것이라고 보았다. 그러나 그 안에는 두 가지 간과할 수 없는 긴장이 존재한다. 첫째, 형이상학적 철학에 대한 추구와 정치적 추구 간에는 대체 어떠한 관계가 존재하는가? 둘째, 자연적 삶의 방식과 보다 높은 삶의 방식 간의 관계, 특히 가족과의 삶과 정치적 삶 간의 관계를 어떻게 다루어야 하는가? 이 두 문제는 플라톤과 아리스토텔레스의 펜 아래에서도 매우 분명하게 드러났으며, 기독교사상의 개조를 거쳐 현대문명에 이르면서 더욱 첨예하게 발전했다.

중국문명 역시 현대로 진입하면서 불가피하게 이 문제에 휘말릴 수밖에 없었다. 중국사상계가 갑작스럽게 현대성을 마주했을 당시, 서양사상에 대해 전후관계도 인식하지 못한 까닭에, 자신들에게 풍부한 사상적 자원이 있음에도 불구하고 서양사상에 어떻게 대응해야 할지 알지 못했다. 그러나 오늘날 우리는 청대 학술의 성취를, 우리가 중국사상으로부터 현대성의 문제에 대응할 수 있는 자원을 찾도록 도와줄 중요한 단서라고 보고 있다.

문질론이라는 철학적 토대로 인해, 중국사상은 결코 일상적 삶의 초월을 숭상하지 않았으며, "높고 밝은 진리를 목표로 하되 중용으로 하여야 한다"[27]는 것을 강조했다. "정(情)에 근거하여 예를 제정함(緣情制禮)"이란 문질론의 사유방식에서 예악을 제정하는 근본원리이다. 문명은 질박한 삶으로부터 나오는 것으로, 일상적 삶을 떠나거나 버려서는 안 된다.『주관』을 핵심으로 하는 국가 예법뿐 아니라『의례』를 핵심으로 하는 사대부의 예, 혹은『대학』의 강목이 묘사하는 국가와 천하의 예까지, 이들은 모두 한편으로는 일상적인 인간 감정과 긴밀히 연결되어 있고, 다른 한편으로는 고차원적 철학적 사고를 세속적 삶에서 구체적으로 실현하고 있다. 따라서 삼년상이 "인간의 도리 중 지극한 문(人道之至文)"[28]이라고 불리는 것은 결코 삼년상의 문식(文飾)이 가장 많고 복잡하기 때문이 아니라 바로 삼년상의 예가 가장 꾸밈이 적고 자연스럽기 때문이다. 제도로서의 예는 인간의 감정을 가장 적절하게 표현하는 것을 목적으로 한다. 중국 사상과 정치에서는 문이 질을 이기거나(文勝質) 질이 문을 이기는(質勝文) 문제가 항상 존재하기는 했지만, 결코 서양 현대사상에서의 형식과 질료의 분열과 같은 문제를 야기하지는 않았다. 이것이 바로 예악문명이 가장 중시한 정신적 본질이며, 또한 우리가 반드시 연구 · 발굴 · 정리 및 계승해야 할 것들이다.

지금까지 현재 우리가 예학에 대해 가지고 있는 조잡한 이해에 대해 밝혔다. 이 중 많은 부분은 허술한 구상에 불과하며, 심층적이고 세밀한

● ● ●

27. 『中庸』, "極高明而道中庸."
28. 『禮記 · 三年』, "故三年之喪, 人道之至文者也."

연구와 검증을 거치지 못했다. 따라서 이들을 정설로 주장할 수 없지만, 나는 이러한 사고 방향이 대체적으로는 의미를 가질 것이라고 믿고 있다. 향후 나 자신과 학생들의 연구는 이러한 사고 방향에 따라서, 먼저 청대 학술을 정리하고, 그 다음 청대 학술을 통해 한학과 송학의 예학 영역을 연구하고, 예학에 대한 각 경전들과 제자백가의 관점까지 다루고자 한다. 이러한 연구들은 제대로 진행되어 성과를 낼 때까지 상당한 시간이 소요될 수밖에 없을 것이다. 여기에서 언급한 구상들은 연구의 전개 과정에 따라 끊임없이 수정되거나 혹은 완전히 폐기될 수도 있을 것이다.

지금으로서는 미래의 예학 연구가 어떠한 형태로 이루어질 것이라고 단정지을 수 없겠지만, 최근 몇 년간의 연구를 거치면서 몇 가지 인식이 만들어졌고, 앞으로도 이것은 유지해나가고자 한다.

첫째, 반드시 동서문명의 비교라는 시야에서 예악문명을 인식해야 한다. 국학연구는 극단적인 민족주의로 빠져드는 것을 극히 경계해야 한다. 이러한 민족주의는 엄밀한 학술연구에 치명적인 위해를 끼칠 수 있다. 지금까지 달성한 약간의 성취와 발전은 모두 동서비교의 프레임으로부터 온 것이다. 오늘날을 살아가면서 서구문명의 존재를 무시하고 그들의 우수성과 위대함을 인정하지 않는다면 이것은 눈 가리고 아웅 하는 꼴밖에 되지 않을 것이다. 우리는 향후 연구에서도 이 원칙을 견지해야 한다. 왜냐하면 서구문명의 최고 경지를 음미한 후에야 비로소 중국문명의 더 위대한 지점을 말할 수 있기 때문이다.

둘째, 학제 간 연구 경향을 견지해야 한다. 우리는 현대 학문 분과와 중국전통의 학문 분과 간에 거대한 불협화음이 존재한다는 것을 인정해야 한다. 즉 예학의 경우, 우리는 이를 현대의 어떤 분과 학문 안에 집어넣기 매우 곤란하다. 그렇다고 해서 우리가 현대 학문 분과 체제를 부정할 수는 없다. 이러한 문제를 극복하는 가장 좋은 방법은 현실의 분과 체제를 인정하고서 각 학과의 역량을 최대한 집중하여 종합적 연구를 진행하는 것이다.

북경대학교의 철학과, 사학과, 문헌학과, 법학과, 사회학과 등은 모두 예학 연구를 진행할 수 있는 인재들을 보유하고 있다. 린칭장(林慶彰), 펑린, 위완리(虞萬裏), 장쇼우안, 딩딩, 딩링화, 하시모토 히데미(橋本秀美), 우궈우(吳國武) 등의 연구들은 모두 우리에게 매우 큰 도움이 되었다. 앞으로도 우리는 이들 뿐만 아니라 다른 선생들에게도 끊임없이 가르침을 청해서 우리 지식의 빈틈을 메워나갈 것이다. 이것이 바로 우리가 미래에도 견지하게 될 방향이다.

셋째, 학술연구를 위주로 해야지, '예악의 제정'이라는 실천에 맹목적으로 개입해서는 안 된다. 현재 중국사회 전체가 국학을 크게 강조함에 따라 각종 민족주의 세력들이 너도나도 전통학술에 개입하고 있다. 예학 연구의 현장에서도, 우리는 학자로서 반드시 자신의 위치와 책무를 분명히 인지하고 이러한 위험한 유혹에 저항해야 한다. 예학 연구의 목적은 결코 고대의 예법을 회복하는 것이 아니며, 우리는 숙손통(叔孫通)[29]처럼 예악을 제정하는 것에 급급한 것도 아니다. 우리의 목적은 '노나라의 두 선비(魯兩生)'[30]처럼 학술연구에 몰입해서 끊어진 학문을 계승하고, 앞선 것을 지키고 후세를 기다리는 것이다. 수많은 학자들은 이러한 원칙들을 견지하지 못하고 있지만, 우리는 결코 이것을 포기해서는 안 될 것이다.

• • •

29. 숙손통(叔孫通): 전한의 유생으로, 한나라의 고조를 섬겨 조의를 제정했으며, 혜제 때 종묘 등의 의법을 정했다.
30. 노양생(魯兩生): 노나라의 두 선비라는 의미로, 이들은 한 고조가 숙손통을 시켜 예악을 제정하게 해서 숙손통이 천하의 선비들을 불렀을 때, 이 소집에 대해 "예악은 덕을 쌓은 지 백 년은 지나야 일으킬 수 있는데, 아직 전쟁으로 죽은 이들의 장례도 치르지 못했고, 다친 사람이 일어나지도 못했는데 무슨 예악인가!"라고 말하며 소집을 거부했다.

6. 향촌유학의 구상과 실천: 니산(尼山)의 향촌유학 실험

자오파성(趙法生)

니산(尼山)의 성원서원(聖源書院)의 구성원들은 2013년 1월 니산 주위의 향촌에서부터 향촌유학의 실험을 실시했다. 지금까지 향촌유학은 산동에서 이미 5년 이상 실시되었으며, 북경시, 하남성, 호북성, 강소성, 흑룡강성 등으로 자발적으로 파급되었다. 향촌유학은 이미 산동성 안에서는 널리 확산되면서 세 가지 발전모델이 만들어졌다. 첫 번째 모델은 니산으로 대표되는, 학자들이 주도하는 모델이다. 이 모델은 서원을 기반으로 하고, 학자들이 주관하며, 지원자들을 독려하고 조직해서 업무를 추진하는 등 기본적으로 민간이 주도하고 정부가 지원한다는 특징을 가진다. 두 번째 모델은 정부가 향촌유학을 추진하는 모델이다. 산동성 정부는 향촌유학과 '지역사회 유학(社區儒學)'을 공공복지체계 안으로 끌어들였으며, 산동성 문화청은 백여 곳의 도서관에 니산서원을 설립하고 향촌유학을 추진했다. 세 번째 모델은 순수 민간 주도의 향촌유학이다. 이 모델은 교육, 구성원, 자금까지 완전히 민간에서 주도하며, 종종 불교 혹은 민간신앙과 결합하기도 한다. 이러한 세 가지 모델은 저마다의 장점을 가지고 있지만, 이 중 어떤 모델이 장기간 지속되고 체계화되어 점진적으로 뿌리를 내릴 수 있는지는 시간을 두고 검증해 보아야 할 것이다. 앞으로 향촌유학이 성과를 거두기 위해서는 대중들의 문화조직으로 변모되어, 향촌 내에서의 자생화, 체계화, 전문화되어야만 한다. 이렇게 될 때 비로소 완전히 뿌리를 내려서 후세에 전해질 수 있을 것이다. 현재 기독교는 이미 향촌사회에서 뿌리를 내렸다. 왜냐하면 이미 수많은 가정 교회와 교회당이 존재하며, 희생정신이 충만한 수많은 전도자들이 존재하고, 완비된 포교체계를 갖추고 있기 때문이다. 기독교와 비교했을 때 향촌유학은 여전히 초보적 수준을 벗어나지 못하고 있다. 만약 기독교가 정규군이라면 향촌유학은 유격대도 못되는 상황으로, 이제 막 초보적인 체계화 과정에 들어섰기에, 자금, 공간 및 전문화된 유학 지원자 집단 역시 부족한 상태이다. 향촌유학의 앞날은 바로 자질 및 봉사정신을 갖춘 전문화된 지원자 집단이 형성되어서 이들이 전도에 전념할 수 있는지 여부에 달려 있다. 이것은 향촌유학이 현재 당면한 최대의 도전이기도 하다. 2015년 우리는 니산과 요성(聊城)에서 각각 향촌유학 지원강사 교육프로그램을 운영했는데, 이는 바로 위와 같은 난관을 해결하기 위함이었다. 아래에서는 향촌유학 발전의 기본적인 현황에 대해 다루도록 하겠다.

1. 향촌유학 실험 실시의 이유

우리가 실시하는 향촌유학 실험은 주로 다음과 같은 이유들에 근거하고 있다.

첫째, 향촌 문화의 사막화이다. 전통시대 중국의 향촌은 문화적 저수지라고 불릴 만했다. 향촌에 널리 분포되어 있는 사숙(私塾)들은 향촌의 지식인들을 길러냈으며, 수천 년에 걸쳐 농업과 학문을 병행하는 전통을 이루었다. 또한 마을마다 있는 사당, 토지신묘(土地廟), 관우묘(關帝廟), 하백묘(河神廟), 화신묘(火神廟) 및 각종 이색적인 민간신앙들은 일반 향촌 사람들의 현실초월의 욕망을 채워주었으며, 인생의 궁극적 의미에 대한 답을 제시해주었고, 이들이 안신입명(安身立命: 발붙이고 살고 정신적으로 의지함–역자)할 곳을 마련해주었다. 뿐만 아니라 향촌의 사숙들은 수많은 독서인들을 길러냈다. 이들 중 많은 이들은 과거시험에 합격하여 사대부의 계층에 올랐으며, 관직에서 물러난 후에는 다시 향촌으로 돌아와서 향신(鄕紳)[1]이 되었고, 그곳에서 교화를 실시하고 향촌을 위해 봉사함으로써, 자신을 길러준 향촌 문화에 보답했다. 관직이 참지정사(參知政事)에 이르렀던 범중엄(範仲淹, 989-1052)은 관직에서 물러난 후 고향인 소주(蘇州)로 와서 의숙(義學)과 의장(義莊: 가난한 이들을 구제하기 위해 마련한 전답)을 운영하며 크게 교화를 펼쳤다. 근대 이래, 중국의 사회구조에는 커다란 변화가 발생했다. 특히 도시–향촌 관계에 매우 중대한 변화가 발생했는데, 그중 가장 큰 것은 지식인들이 향촌을 떠난 후 돌아오지 않는다는 것이다. 고학력의 지식인들뿐만 아니라, 오늘날 고등학생에 해당하는 이들조차도 향촌에서 계속 살아가는 것에 만족하지 못한다. 현재 이처럼 지식수준이 높지 않은 청년들조차도 향촌을 떠나 도시로 와서 자신들의 낙토(樂土)를 찾고자 한다. 그래서 지금 향촌은 여성, 어린이, 노인들의 세계가 되어버렸다. 이러한 상황은 중국 3천 년 역사에 처음 있는 일이다. 량수밍은 일찍이 중국 근대 이래의 역사를 향촌 문화 파괴의 역사로 간주한 바 있다. 지식인들이 향촌을 떠나서 다시 돌아오지 않는 현상을 놓고 보았을 때, 이 현상은 향촌의 점진적 실혈(失血)의 역사라고 부를 수도 있을 것이다. 지식인들이 한 번 향촌을 떠나면 돌아오지 않는 현상은 향촌을 현대문명으로부터 소외시켰다. 근대 이래로 유가 문화는 사회적으로 온갖 집단적 박해를 받아왔다. 이러한 박해는 문화대혁명 기간 동안 절정에 달했으며, 이는 향촌의 전통문화를 거의 완전히 파괴했다. 현재 향촌은 경제적으로만 도농

● ● ●

1. (역주) 향촌에 거주하는 학문과 인품이 높은 퇴직 관리.

격차의 도전에 직면하고 있는 것이 아니라 문화적으로도 도시지역과의 거대한 차이에 직면하고 있다.

최근 십 수 년 동안 전국적으로 향촌의 초등학교들이 잇달아 폐교되고 있는 현상은 이러한 향촌 문화 생태계의 불균형 문제를 더욱 심화시키고 있다. 교육부문에서 그 원인을 찾아본다면, 아마도 향촌에서의 신입생 감소가 가장 주요한 원인일 것이다. 문화사에 대해 조금이라도 지식이 있는 사람이라면 전통적 사숙에는 대략 열 명 정도의 학생이 있었고, 어떤 사숙에는 그보다도 적은 학생이 있었음을 알 것이다. 그렇다면 그토록 빈곤하던 시기에, 이렇게 학생도 적은데 어째서 마을마다 사숙이 있었던 것일까? 설마 현대 중국인들이 전통시대의 중국인보다도 향촌 교육의 중요성을 제대로 인식하지 못하고 있기 때문인 것일까? 향촌 초등학교들의 대규모 폐교는 도시와 향촌 간의 격차가 경제적 측면에서만 증대될 뿐 아니라 문화·교육적 측면에서도 증대되도록 만들고 있으며, 젊은 세대들이 자신들의 자식 세대를 위해서라도 부득이하게 향촌을 떠날 수밖에 없도록 몰아붙이고 있다. 최근에는 여성, 어린이, 노인들이 향촌에 남아서 지키는 현상을 가리키는 '386199부대'[2]라는 신조어가 유행하고 있다. 사실 가장 두려운 것은 향촌에서 지식인이 사라져버리고, 삶의 신앙이 사라져버려서, 향촌이 사막화되는 것이다. 최소한의 문화적 수준이 문명사회 건립의 필요조건이라는 점에서, 현재 향촌 질서의 붕괴라는 문제적 현상은 정부 행정구조에도 그 원인이 있고, 또한 문화적 사막화에도 그 원인이 있다.

둘째, 향촌은 현재 상당히 심각한 가족윤리의 문제에 직면하고 있다. 주지하다시피, 유가는 일관되게 가족윤리를 중시해왔으며, 가족윤리의

• • •

2. 386199부대: 386199부대에서 38은 3월 8일 부녀절(婦女節: 여성의 날)로 여성을, 61은 6월 1일 아동절(兒童節: 어린이날)로 어린이를, 99는 9월 9일 중양절(重陽節)로 노인을 상징한다. 이 신조어는 젊은 남성들이 대량으로 도시로 빠져나가서 여성, 어린이, 노인들이 남아 향촌을 지키고 있는 현상을 빗대어 표현한 것이다.

근본은 효도에 있다. 『논어』에서는 말했다.

> 효제(孝悌)는 인(仁)을 행하는 근본이도다![3]

공적 공간과 공공이성의 결핍으로 인해 전통사회의 중국인들에게서는 공덕(公德)의 발전이 뚜렷하지 못했지만 사덕(私德)은 상대적으로 잘 발전했다. 이것은 무엇보다도 중국의 유구한 가족윤리 덕분이다. 가족윤리는 가계도(족보), 가례, 가훈, 가족사당 등을 포괄한다. 그러나 근대 이래로, 특히 문화대혁명 이래로, 가정교육의 문화전통은 완전히 인륜의 토대는 무너졌으며, 가족공동체를 유지하는 모든 근본적인 윤리가치가 해체되었다. 따라서 가족은 매우 심각한 문제에 직면하게 되었다. 특히 효도의 문제에 있어서 더욱 그러하다. 현재 향촌의 노인과 도시의 노인들 간의 가장 큰 차이점은 향촌의 노인들에게는 연금이 없다는 점이다. 니산 일대의 60세 이상의 노인들은 매월 70위안(한국 원화 기준 12,000원 정도-역자)의 정부보조금을 수령하지만, 액수가 너무 적어서 노인들의 생계에 크게 보탬이 되지 못하고 있다. 따라서 향촌의 노인들은 노동능력을 상실할 경우 그들의 생계와 생명을 전적으로 자녀에게 의지할 수밖에 없게 되며, 이러한 책임을 감당할 것인지의 여부는 전적으로 자녀의 마음가짐에 달려 있게 된다. 그러므로 농민에게 있어, 자녀의 효심이 곧 그들의 연금인 것이다. 만약 자녀의 효심이 없다면 향촌의 노인들은 살길이 없다고 말할 수 있을 것이다. 우리의 조사에 근거해 보면, 각지의 향촌에는 자녀들로부터 효도와 공경을 받지 못하는 노인들이 다수 존재하며, 불효를 저지르는 이들은 자신들의 행위를 부끄러워하지 않고, 다른 사람들 역시 이들의 행동을 비판하지 않고 있다. 이러한 현상은 효도를 지켜야 한다는 향촌의 분위기가

● ● ●

3. 『論語 · 學而』, "孝悌也者, 其爲仁之本與!"

이미 희미해졌음을 보여주고 있다. 향촌 효도문화의 쇠락은 전통문화에 가해졌던 대대적인 비판과 개혁 이래의 배금주의라는 두 가지 요인이 상호작용한 결과이다. 공자는 일찍이 "늙으신 부모를 봉양하는 것은 가축을 기르는 것과 다르다"[4]고 개탄한 바 있다. 그러나 효도의 관념이 쇠락하고 배금주의의 관념이 득세하자, 농민들은 가축은 기를지언정 부모는 봉양하지 않으려 한다. 왜냐하면 전자는 돈을 벌 수 있지만 후자는 돈을 쓰기만 하기 때문이다. 우리가 어떤 마을을 조사할 때, 그 마을의 주임은 우리에게 얼마 전 어떤 며느리가 대로변에서 시어머니의 뺨을 때리는 일이 있었다고 알려주었다. 당시 그는 이것이 그 집안일이라서 관여하지 않는 것이 좋다고 여겼으며, 게다가 이런 일이 너무 많아서 모두 관여할 수도 없다고 말했다. 당나라의 법률인 당률(唐律)에는 자녀가 부모를 구타하는 죄는 반역을 꾸미는 것과 맞먹는다고 규정한 바 있다. 전통 예법의 이치대로라면, 타인의 부모를 구타하는 것은 법률의 문제이지만 자신의 부모를 구타하는 것은 인성의 문제이며 인륜의 토대에 관한 문제이다.

우리는 조사를 진행하던 도중 이 지역 노인들의 집 규모가 대체로 비슷하다는 점을 확인할 수 있었다. 자녀들이 결혼하면 노인들은 다른 집으로 이사를 가는데, 보통 멀리 떨어진 곳에 위치한 더 작은 집으로 이사하여, 그곳에서 외롭게 생활하고 있었다. 주거 조건이 열악하다는 것은 차치하고 서라도, 더 중요한 문제는 대다수의 노인들이 자녀들과 멀리 떨어져 지냄에 따라 만약 야간에 긴급 상황이라도 발생하면 매우 심각한 결과를 맞을 수도 있다는 점이다. 심지어는 어떤 친척의 장례식에 갔는데, 고인이 몇 시에 돌아가셨는지조차 불명확한 경우도 있었다. 노인들은 마치 이러한 대우에 이미 익숙해진 것처럼 보였고, 어떤 남성들은 연애를 할 때, 결혼을 하게 되면 자신이 자발적으로 이사를 갈 것이라고 여자 친구에게 밝히기도

• • •

4. 『論語・爲政』, "子游問孝. 子曰: 今之孝者, 是謂能養. 至於犬馬, 皆能有養. 不敬何以別乎!"

한다. 이것은 사실상 자녀들이 자신의 부모를 보살피고 부양해야할 의미를 저버리는 것이며, 노인을 버리는 것과 별 차이가 없는 행위이다. 그밖에도 향촌지역 노인 자살문제 역시 학자들의 주의를 끌고 있다. 화중과학기술대학교(華中科學技術大學) 향촌행정연구센터(鄕村治理硏究中心)의 네 명의 교수진은 몇 년에 걸쳐 향촌지역 노인 자살문제를 조사해서 장편의 보고서를 작성했으며, 이는 『중국청년보(中國靑年報)』에 게재되었다. 그들이 확인한 사실은 매우 충격적이었다. 호북성의 경산현(京山縣) 등의 농촌 지역에서는 노인자살률이 30%에 육박했다. 우리는 이 조사에 참여했던 구이화(桂華) 박사와 인터뷰를 진행했었다. 구이화 박사는 자신들의 조사가 엄격한 통계학 방법을 적용하고 중국 10개 성(省)을 대상으로 했던 조사라는 점에서, 향촌지역에서 이토록 높은 노인 자살률이 기록되는 현상이 비단 한 개 성에서만 나타나는 문제가 아니라고 알려주었다. 중국의 역사에는 매우 빈곤한 시기도 있었고, 전란이 빈번하게 발생하던 시기도 있었지만, 그러나 역사적으로 이처럼 높은 노인 자살률을 기록했던 적은 없었을 것이다. 저명한 사회학자인 에밀 뒤르켐(Emile Durkheim, 1858-1917)이 밝혔던 바와 같이, 자살은 일종의 정신현상으로, 물질적 빈곤 혹은 고된 노동만으로는 한 개인을 자살로 내몰 수 없으며, 심리적 절망이 바로 자살의 주요 원인이라는 것이다. 사회학자들이 향촌의 노인 자살문제에 대해 실시했던 조사 역시 이러한 관점을 증명해주고 있다. 즉 노인 자살의 주요 원인은 부양받지 못하고 존중받지 못하기 때문이라는 것이다. 이것은 향촌 문화 생태계에 심각한 문제가 발생했음을 말해주고 있다.

셋째, 향촌의 전통문화체계가 파괴된 후 외래종교들이 향촌에서 급속히 전파되기 시작했다. 최근 몇 년간 기독교 및 그 몇몇 변종 교회들이 향촌에서 전파되는 속도는 무척 급속하다. 기독교는 합법적인 종교이며, 인민들 역시 신앙의 자유를 가지고 있다. 그러나 만약 이러한 종교가 사회 저변에서 지나치게 빠른 속도로 전파될 경우 향촌 문화구조의 균형 상실을 초래할 수 있다. 이것은 매우 주의를 기울여야 할 문제이다. 전문가들의 통계에 따르면, 1949년 기준 중국의 기독교도의 수는 대략 70만 명 내외였지만, 문화대혁명 이후 매년 70만 명씩 증가하여, 현재 엄청난 수에 도달했다. 공자의 고향 역시 예외가 아니었다. 우리는 조사과정에서 변질되고 변형된 형태의 기독교들을 발견할 수 있었다. 왜냐하면 현재 농촌은 기본적으로 교양과 지식이 결핍된 노약자와 여성들로 구성되어 있으며, 이러한 문화적 환경에서 전파된 종교는 변질될 가능성이 높기 때문이다. 한번은 조사차 어떤 마을에 들렀을 때, 우연히 어떤 할머니를 만나 그녀의 집에 가서 인터뷰를 진행하게 되었다. 그때 나는 그녀의 방 벽을 가득 채우고 있는 예수 그림들을 발견할 수 있었다. 아래는 그 할머니와의 문답 내용이다.

나는 그녀에게 질문했다. "할머니, 예수를 믿으시는 것 같은데, 그렇습니까?" 할머니가 답했다. "응, 나는 예수를 믿는다네." 내가 다시 질문했다. "그렇다면 할머니께서는 현재 예배를 드리십니까? 한 번 예배에 참석할 때마다 얼마 정도의 시간이 소요됩니까?" 할머니가 답했다. "나는 원래 매주 예배를 드리러 갔지만, 한동안 가지 않고 있다네." "어째서입니까?" "거기에 가면 사람을 때려야 하기 때문이지." 내가 물었다. "어떻게 사람을 때립니까? 예수는 다른 사람을 사랑하라고 가르쳤으니, 사람을 때려서는 안 되죠." 할머니가 말했다. "한번 가보게나. 다짜고짜 자네를 때린 다음에 설교를 할 것이네. 왜냐하면 나를 때렸던 사람은 '주 예수께서 너를 시험하는 것이다'라고 말했었거든."

이것은 향촌에 왜곡되어 전파된 기독교가 분명했다. 나는 그 할머니에게 다음과 같이 권했다.

할머니 절대 다시는 그곳에 가지 마세요. 그 교회는 이미 삐뚤어져버려서, 올바른 정통의 기독교가 아닙니다.

매체에서 보도되는 양상들을 종합해 볼 때, 이러한 변질된 '종교집단(敎門)'(향촌 농민들의 표현에 따르면)은 결코 일부 향촌만의 문제가 아니다.

현재 향촌 문화의 사막화 및 향촌 노인의 자살 등의 문제들은 향토문명이 이미 몇몇 측면에서는 문명으로서 유지될 수 있는 최저 한계선마저 붕괴되었으며, 향촌 문화와 향토문명은 수혈을 통해서 응급처치를 받아야 하고, 이처럼 향촌 사람들에게 관심을 가지는 도시 사람들이 다시 돌아와서 향토문명을 재건해야 한다는 것을 분명하게 보여주고 있다. 우리는 이상의 고찰에 근거해서 향촌유학 실험에 착수하게 되었다. 이 실험에 참여한 우리들은 모두 문화대혁명 이후 농촌에서 대학시험을 치르고 도시에서 대학생활을 했던 사람들로, 앞에서 언급했던 향촌을 떠나서 돌아가지 않은 사람들에 속한다. 우리 자신과 우리의 자식 세대들은 모두 도시 사람이 되었고, 한때 향촌의 어린이였던 우리들은 이제 다시는 농촌생활로 돌아갈 수 없겠지만 우리에게 있어 농촌은 여전히 결코 잊을 수 없는 고향이다. 유가를 전공하는 학자로서, 다른 것은 몰라도 만약 향촌 문화의 재건을 위해 무엇인가 할 수 있다고 한다면, 이것은 우리 자신에게 있어서 마음의 위로가 될 것이다. 이밖에도 니산의 향촌을 실험의 장소로 선택할 당시에는 다음의 고려도 있었다. 현재 수많은 사람들이 유학 부흥에 대해 토론하고 있지만, 만약 유가의 발원지에서조차 그 교화의 작용을 제대로 발휘하지 못한다면, 소위 유학 부흥이라는 것은 그저 구호에만 그치게 될 것이다.

2. 향토문명의 의미에 대한 재인식

근대 이래로 중국인들의 머릿속에는 하나의 관념이 깊이 뿌리내려 있다.

그것은 현대화란 곧 도시화이고, '농촌'이라는 말은 곧 낙후성과 우매함을 의미한다는 관념이다. 따라서 현대화는 곧 향촌의 소멸을 필요로 한다는 것이다. 사실 이것은 매우 단편적인 편견이다. 근대 이래로, 중국인들은 공자가 소중히 여겼던 중도(中道)의 지혜를 내버렸으며, 사상적 방면에서 이원대립적 도식에 함몰되어버렸다. 그래서 공자를 타파해야만 현대화를 실현할 수 있고, 북경의 고성을 무너뜨려야만 새로운 북경을 건설할 수 있으며, 향촌을 소멸시켜버려야만 공업화를 완성할 수 있고, 구세계를 때려 부수어야만 신세계를 건설할 수 있다고 보았다. 이러한 것들은 한두 가지가 아니다. 사실 이러한 것들은 사상·문화 영역에서의 '계급투쟁' 이론으로, 정치 영역에서의 계급투쟁보다 더욱 격렬했다. 현대화 과정에서의 도시―향촌 간의 관계는 결코 '향촌의 소멸'식의 간단한 문제가 아니다. 최근 선진국들에서 나타나고 있는 역(逆)도시화 현상은 현대화가 결코 단순히 탈(脫)농촌화가 아님을 보여주고 있다. 선진국들에도 광활한 향촌지역이 존재하고 있다. 그러나 향촌 그 자체는 현대화 과정 속에서 쇠락한 것이 아니라, 도리어 생기가 넘치고 있으며, 풍요롭고 조화로운 모습을 자랑하고 있다. 현대사회에서 향촌이 전체 GDP에서 차지하는 비중이 낮아진 것은 분명하지만, '문명'이라는 것은 결코 GDP로 환산될 수 있는 것이 아니며, GDP 수치 역시 결코 '문명'으로 이해될 수 없다. 인류문명 자체의 구조라는 측면에서 볼 때, 산업문명은 인류가 대자연을 정복하고 이용한 측면을 대표하며, 농경문명은 인류가 자연 및 천도(天道)와 조화를 이루는 측면을 대표하고 있다. 문명의 유지와 존속은 이 두 가지 측면 사이의 균형에 의지하는 것으로, 이는 곧 천인관계의 균형이기도 하다. 따라서 향토문명과 산업·상업문명은 음양과 같은 상호보완적 양극으로서, 이 둘은 결코 나눠질 수 있는 것이 아니라, 합일되는 것이다.

그밖에도 문명사의 관점에서 보았을 때, 향토사회에는 인류문명의 보다 근원적인 정신적 힘이 감추어져 있다. 산업·상업문명이 제도 구축 및 과학지식에 있어서는 탁월한 성취를 보였지만, 농경문명 역시 오늘날에 이르기까지 인류를 위해 주요 종교 신앙 및 철학사상을 제공했다. 대자연이 인간의 영원한 고향인 것처럼, 농경문명으로부터 발원한 이러한 위대한 종교와 철학 역시 오늘날에 이르기까지 여전히 현대인들을 위해 결코 없어서는 안 될 정신적 자양분을 제공해주고 있다. 만약 산업·상업문명이 제도의 구축 및 이성의 발전에서의 거대한 성취를 대표한다고 한다면, 그처럼 발달된 이성과 지식은 여전히 오래된 농경문명이 잉태했던 종교와 신앙의 정감에 인도되어야만 한다. 인간이 이성을 가지고 있을 뿐만 아니라 정감도 필요로 하고, 지식을 가지고 있을 뿐만 아니라 신앙도 필요로 하는 것처럼 말이다. 바로 앞에서 언급했던 향촌유학회의에서, 저명한 학자인 리춘싼(李存山) 선생은 향촌은 도시의 뿌리이며, 향촌유학은 도시유학의 뿌리이고, 향토문명은 도시문명의 뿌리라고 주장했다. 문명사의 원류에서 볼 때, 인류 최초의 문명은 향촌에서 발원했으며, 향촌문명은 인류문명을 잉태한 모체이다. 마치 천지가 만물을 잉태한 자연인 것과 마찬가지로 말이다. 바로 이러한 까닭에, 영국이 비록 현대적 국가이기는 하지만, 영국인들은 여전히 그들의 정신이 향촌에 있다고 말한다. 재생산 방식의 측면에서 말하자면, 농업문명은 대자연에 최소한의 파괴만을 가한 채 물질적 생산 활동을 전개함으로써, 인간 자신의 재생산이 지속되도록 한다. 이러한 농업문명은 산업문명에 비해 보다 집약적이어야 하며, 보다 합리적이어야 한다. 현대 산업문명은 물질만능주의적이며, 우주와 천지만물을 자신이 소비하는 대상으로 간주하고, 자신의 욕망을 충족시키기 위해 어떠한 대가도 거리낌 없이 지불한다. 이러한 문명에 속한 사람들은 이미 스스로를 해파리나 산호와 같은 강장동물 수준으로 격하시켜버렸다. 이들에게는 포만감과 안락감만이 전부이다. 이러한 상황은 인성의 타락이며, 문명을 위험에 빠뜨리는 것이다.

그러나 현대 중국에서는 농업과 현대화가 양립할 수 없다는 인식이 이미 뿌리 깊게 자리 잡고 있다. 이는 정책결정권자들 뿐만 아니라, 지성계, 사회 대중, 그리고 심지어 농민 자신들조차도 가지고 있는 인식이다. 즉 농민들조차도 자신들에게는 미래가 없고, 우매하며 낙후되었다고 여기며, 이러한 것들은 마치 태어날 때부터 주어진 원죄 같은 것이라고 여긴다. 사회학자 장위린(張玉林)는 이러한 관념을 '천농주의(賤農主義)'라고 명명했다. 이러한 관념은 장기간에 걸친 중국의 도시-향촌 이원화 정책의 산물이기도 하며, 반대로 도시와 향촌의 불균형을 더욱 심화시키는 요인이기도 하다. 이러한 관념은 현대 중국사회에 지극히 큰 영향을 끼쳤다.

유학의 뿌리는 향촌에 있기 때문에, 량수밍, 페이샤오퉁(費孝通) 등 근대 학자들은 향토사회와 유학 간의 내재적 연결 관계에 대해 심층적으로 고찰했다. 북송대 여씨향약(呂氏鄕約)[5], 명대 태주학파(泰州學派) 및 량수밍의 향촌건설 등은 역시 향촌유학의 전개를 위한 의미 있는 탐색들이었다. 오늘날 유학이 전대미문의 박해를 받은 이후, 유학의 부흥 역시 '귀근복명(歸根復命: 근본으로 되돌아가 본래의 명을 회복함—역자)'[6]의 원칙에 따를 수밖에 없으며, 가장 황폐화된 향촌에서부터 다시 그 영혼의 뿌리를 이식해 나갈 수밖에 없다. 현재 민간차원의 유학의 전파경로는 이미 모두 파괴되었으며, 유학은 그 근본 토대에서부터 생명력을 상실해 가고 있다. 이러한 상황에서 유학을 정치의식의 형태로 변모시키고자 하는 것, 이른바 하향식 노선은 정교분리라는 현대사회의 기본원칙에 위배되고 유가의 사상적 활력을 질식시킬 뿐만 아니라 본말의 순서가 완전히 뒤집힌 일이다. 완전히 적절한 비유는 아니겠지만, 이것은 마치 나무를 키울 때 먼저 꽃을 돌보고

● ● ●

5. 여씨향약(呂氏鄕約): 11세기 북송대 명문가였던 여씨문중 출신이자, 당대 대표적인 도학자인 정이(程頤), 정호(程顥) 문하에서 수학했던 대충(大忠), 대방(大防), 대균(大鈞), 대림(大臨) 4형제가 문중과 향촌을 교화 및 선도하기 위해 만든 자치적 규약이다. 이는 훗날 남송의 주희 및 조선의 이황, 이이 등이 향약을 만들 때 그 원형이 된다.

6. 『道德經』 제16장, "夫物芸芸, 各歸其根, 歸根曰靜, 靜曰復命, 復命曰常."

잎을 돌본 다음 줄기를 돌보고, 마지막으로 뿌리를 돌보는 것과 같다. 세상에 이렇게 키울 수 있는 나무가 어디에 있겠는가?

3. 향촌의 교화체계 내에서 유학 재건하기

향촌유학 실험의 목적은 향촌의 교화체계 내에서 유학을 재건하고 향촌 사람들의 인생 신앙을 재건함으로써, 현대유학을 혼비백산하게 했던 시대적 난제들을 해결하고자 하는 것이다. 이를 위해서 우리는 아래와 같은 작업을 진행했다.

첫째, 고정된 향촌유학의 교육 공간 즉 강당(講堂)을 세웠다. 향촌에서 유학을 확대하고 발전시키기 위해서는 무엇보다도 고정된 공간이 반드시 필요하다. 마치 불교에게는 사찰이 필요하고 기독교에는 교회가 필요한 것처럼 말이다. 향촌유학의 강당은 "농민이 서원에 들어가고 서원은 향촌으로 내려오는" 과정을 거쳐 발전했다. 첫 번째 강당은 서원 안에 설립됐다. 왜냐하면 서원 부근에는 세 개의 마을이 있었기 때문이다. 훗날 우리는 그 마을들 안에도 강당을 설립했다. 그래서 처음에는 한 곳으로 시작했지만 최종적으로는 세 곳의 강당을 설립했다. 두 번째 해에는 성수(聖水) 역진(域鎮)7 전체에 총 일곱 곳의 마을 단위 강당을 설립했고, 그밖에도 현 정부 소재지에 '권역단위 유학 향진 법원(社區儒學鄉鎮法庭)'을 설립했다. 우리의 향촌유학 강당은 보름에 1회씩 하는 상시적인 학습제도를 시행했다. 중국 전통의 고대 향촌유학은 강학을 매월 첫날과 15일에 행했는데, 이 역시 매월 두 번인 것이다. 우리는 두 번째 주 토요일과 마지막 주 토요일에

● ● ●

7. 중국의 행정구역 단위로서, 현(縣) 아래에 속한다. 향(鄉)과 동급이지만, 향에 비해 상공업이 발달하고 인구가 많은 구역이다. 한국의 읍(邑)에 해당한다고 볼 수 있다.

교육을 실시했다. 향촌유학 강당은 농민들에게 유학을 가르치는 공간이자, 마을 공공문화의 장이기도 하다. 이러한 공간의 유무는 향촌에 있어 매우 중요한 문제이다. 향촌 노인자살률 조사에 참가했던 화중과학기술대학교 구이화 박사는 조사를 진행하던 당시 발견했던 사실에 대해 알려주었다. 어떤 마을에 거대한 홰나무 한 그루가 있었는데, 그 마을은 노인자살률이 현저히 낮았다는 것이다. 어째서일까? 바로 그 나무가 하나의 공공 공간으로서, 농촌 노인들에게 마음 속 말들을 털어놓을 수 있는 장소를 제공해준 것이다. 마음속의 괴로움을 일단 밖으로 털어놓을 수만 있다면 다시는 그렇게 고통스럽지 않게 되기 때문에 그 마을의 자살률이 낮았던 것이다.

처음 강당을 설립했을 때, 촌민들은 이러한 향촌유학 강당이 무엇을 하는 곳인지 결코 이해하지 못했으며, 심지어 혹시 사기를 치는 것은 아닌지 경계의 눈초리로 지켜보기도 했다. 그밖에도 공자의 고향에서조차도, 촌민들은 공자라는 인물과 그의 학문에 대해 아무것도 아는 것이 없었으며, 공자를 공부하는 것이 어떤 의미가 있는지도 이해하지 못하고 있었다. 농민들에게는 일요일이 따로 없고 여가시간도 따로 없는 만큼 우리는 그들이 와서 강의를 듣도록 유도하기 위해, 열심히 강의에 참석한 촌민에게 선물을 증정하곤 했다. 사실 이 선물들은 모두 대단할 것 없는 생필품들로, 처음에는 모든 사람들에게 가루세제를, 그 다음에는 비누를, 세 번째에는 플라스틱 대야를 선물했다. 이것들은 교화를 위한 '방편법문(方便法門)'[8]이라고 볼 수 있으며, 강의를 듣는 촌민들에 대한 존중과 격려를 표현한 것이라 할 수 있다. 왜냐하면 결국 그들은 선물이 없어도 자발적으로 강의를 듣게 되었기 때문이다. 처음 한두 차례 선물을 증정했을 때에는 강의를 듣게 하는 효과가 상당히 좋아서 세 번째 강의에는 120명이 넘는 인원이

• • •

8. 방편법문(方便法門): 붓다의 가르침을 전수하되, 전수받는 사람의 근기에 맞춰 가르침을 전해주는 것이다.

와서 강의를 들었고, 결국 준비했던 플라스틱 대야가 충분하지 못하게 되었다. 이때 다행히도 어떤 마을의 주임이 "촌 간부 동지들은 품격 있게 받지 마십시오!"라고 외쳐주어서 무사히 넘어가 수 있다. 이렇게 세 차례 선물을 증정한 후 촌민들은 강의를 들어서 얻는 것이 있다고 느끼게 되었고, 다시 선물을 증정하지 않아도 촌민들은 계속해서 이전처럼 와서 강의를 들었다.

향촌유학 강당의 청중들은 주로 노인, 중년 여성, 그리고 어린이라는 세 집단으로 구성되어 있었다. 그중에서 노인과 중년 여성의 비중은 전체의 7~80퍼센트를 차지했다. 처음에 우리는 이러한 청중 구성이 과연 교육목적에 부합하는지에 대해 우려를 가졌다. 왜냐하면 효(孝) 교육은 향촌유학의 핵심인데 청장년층은 이 교육에 거의 참여하지 않았기 때문이다. 그렇다면 이 교화는 도대체 누구를 대상으로 한 것이며, 효를 실천할 주체는 누구란 말인가? 그러나 실제 전개된 상황은 이러한 걱정이 지나친 것이었음을 증명해주었다. 왜냐하면 문화는 공기와 같은 것이라서 널리 퍼질 수 있기 때문이다. 만약 한 사람이라도 와서 이 강의를 듣는다면 집안 전체에 영향을 끼칠 수 있고, 몇 명만이라도 와서 이 강의를 듣는다면 마을 전체에 영향을 끼칠 수 있다. 영향력의 주요 원천은 바로 귀감이 되는 본보기이다. 다른 지역의 향촌유학 역시 이와 비슷한 경험을 얻었다. 예컨대, 복건성 함강현(涵江縣) 하포촌(霞浦村)을 조사했을 때, 나 역시 촌민들에게 이러한 문제를 제기한 바 있다. 그곳의 강당은 최대 백 명 정도를 수용할 수 있었던 반면, 그들 마을은 주민이 오천 명이 넘는 규모가 큰 마을이었다. 백 명이 어떻게 오천 명에게 영향을 끼칠 수 있다는 말인가? 그러자 주(周)씨 성을 가진 주민 한 명이 이렇게 대답했다.

비록 사람은 적지만 그 영향력은 작지 않습니다. 저만 해도 예전에는 이 마을에서 유명한 노름꾼이었고, 집도 너무 가난한 구제불능이었지만,

지금은 개과천선했습니다. 이 일은 마을에서 큰 반향을 일으켰습니다. 또한 우리 마을에는 불효막심하기로 이름난 며느리가 한 명 있었는데, 공부를 통해 완전히 다른 사람이 되었습니다. 그래서 지금은 집안이 화기애애하고 행복해졌습니다. 그녀의 소문은 마을 전체에 퍼졌습니다. 그밖에도 강당의 자원봉사자들은 길을 닦고 청소를 하는 등 사심 없이 봉사를 했는데, 촌민들은 이러한 모습을 보고 마음속에 담아두면서 자연스럽게 영향을 받게 되었습니다.

그의 말은 향촌유학 강당이 성과를 낼 수 있었던 이유를 말해준 것이나 다름없다.

둘째, 전문화된 향촌유학 지원자들의 집단을 형성했다. 기독교의 목사, 불교의 승려들과 마찬가지로, 유학의 재건은 전문화된 전도자들을 필요로 한다. 처음에는 우리들 몇몇 학자들이 농촌에 가서 유학을 전파했지만, 이후 맡아야할 구역이 늘어남에 따라 우리는 해당 지역에서 일단의 지원자들을 선발하기 시작했다. 이러한 지원자들 중에는 퇴직한 전직 간부들과 교사들도 있었고, 재직 중인 교사, 기업경영자 등도 있었다. 이들은 어떤 대가도 바라지 않고 자신들에게 주어진 임무를 다해 농민들에게 국학을 전수했다. 어떤 지원자들은 매우 높은 봉사정신을 보이기도 했다. 그들은 무료로 농민들에게 강의를 할 뿐만 아니라 강의를 듣는 청중들의 자녀들을 위해 작은 선물을 준비하기도 했다. 어떤 이는 청중들의 자녀들에게 문구류를 선물했고, 어떤 이는 자원봉사를 하는 촌민들을 위해 녹음기를 구입하기도 했으며, 또 어떤 이들은 우리가 조사를 진행하던 음력 8월 15일 중추절을 전후해서 농민들에게 월병을 선물하기도 했다. 이러한 지원자 집단은 향촌유학의 전개에 있어 핵심적인 역할을 했다.

셋째, 향촌유학의 전파 체계를 확립했다. 이러한 체계는 강당 내부와 외부로 나누어 볼 수 있다. 강당의 교육은 교사, 교재, 교수법 등을 포함하는 것으로, 이는 정규 학교교육과는 다르며, 입시와 진학을 목표로 하지도 않는다. 이것은 자신을 수양하고 인격을 갖추는 교육이며, 신앙의 교육이다. 그리고 바로 이러한 것들이야말로 현재 학교교육이 결핍하고 있는 것들이다. 이러한 까닭에, 강당의 강의 방식은 주입식이거나 지식 전달 위주이어서는 안 되었고, 추상적인 보편적 도리를 논해서도 안 되었다. 촌민들은 전혀 거리낌 없이 행동하기 때문에, 만약 강의의 내용을 알아들을 수 없으면 바로 집으로 돌아가 버렸을 것이다. 왜냐하면 집에도 할 일이 산더미이기 때문이다. 이것은 보편적 도리를 말하는 것이 중요하지 않다는 말이 아니라, 촌민들이 듣기를 원하게 되도록 이러한 도리를 강의할 수 있어야 한다는 의미이다. 사실 촌민들에게 강의를 할 방법이 전혀 없는 것은 아니다. 추상적 이치를 형상화시켜서 전달해준다면 촌민들도 이를 받아들일 수 있을 것이다. 이는 이치(理)와 사태(事)의 관계와 관련된다. 화엄종에서는 이치와 사태는 서로 즉해 있어서(理事相卽), 이치는 사태 가운데 있고, 전체 이치가 곧 사태이며, 이치는 사태를 통해 뚜렷하게 드러난다고 보았다. 따라서 고사를 통해 촌민들이 이러한 이치를 이해하도록 돕는 것이 가장 좋은 방법이었다. 우리는 강당에서 감동적인 향촌의 가족 이야기들과 조상 대대로 사람들에게 가르쳐왔던 오래된 도리들을 강의했다. 이러한 것들은 촌민들이 가장 듣고 싶어 하는 것들이다. 더욱이 우리는 향촌유학 활동 과정에서 촌민들이 화목한 가정이 나로부터 시작되며, 불인(不仁)과 불효가 누구에게도 이롭지 않다는 것을 알게 해줄 매우 적합한 사례를 발견할 수 있었다.

뜨겁던 여름날, 어느 부부가 땀을 비 오듯 흘리면서 집을 짓고 있었는데, 곁에 있던 다섯 살 정도 된 아이가 배고파 울자, 잠시 멈추고 집에 돌아가서 밥을 먹었다. 아이의 어머니가 아이를 나무라며 말했다. "너는 그저 너 배고픈 것밖에 모르는구나. 아직 11시 반도 안 됐는데! 너는 엄마와 아빠가 집짓는 것을 못 보았니?" 아이가 물었다. "엄마 우리는 이미 집이 있잖아요, 그런데 왜 새 집을 짓고 있죠?" 어머니가 답했다. "얘야, 네 할아버지와 할머니 있잖니, 이미 연세를 많이 드셔서, 귀도 안 들리고 불결하고 병에도 자주 걸리신단다. 그래서 새 집을 지어서 그리로 모셔야 우리가 편안해진단다." 아이는 어머니의 말을 듣고는 바로 이해하고서 말했다. "엄마, 저 배 안 고파요. 우리 빨리 집 지어요. 튼튼하게 지어요." 어머니가 물었다. "그렇게 튼튼하게 지어서 뭐하려고 그러니?" 아이가 대답했다. "엄마와 아빠가 늙으면 그리로 보내드릴게요." 그 아이의 대답은 그 아이의 어머니뿐 아니라 이 이야기를 들은 모든 촌민들의 가슴을 철렁 내려앉게 만들었다.

비록 유가가 응보에 대해 그다지 강조하지는 않지만, 증자의 "경계하고 경계하라. 너로부터 나온 것은 다시 너에게로 되돌아온다."[9]라는 구절처럼, 자신의 부모에게 불효하고 불경한 사람들은 이미 그들의 자녀들을 위한 최고의 반면교사가 되어주고 있으며, 그들이 한 행위들은 미래의 자신에게 되돌아오게 될 것이다.

강당 안에서의 활동 외에도, 강당 밖에서도 수많은 활동이 이루어졌다. 그래서 강당 안팎의 활동과 가정 안팎의 활동을 결합시켜서 향촌유학의 전파 체계의 내용을 구성해냈다. 이러한 체계는 아래의 몇 가지 측면들을 포함하고 있다.

첫째, 효도의 실천이다. 효도의 문제는 현재 농촌에서 가장 심각하게 부각되고 있는 문제이며, 노년층과 중년층뿐만 아니라 청년층까지도 관심을 가지는 문제이다. 따라서 최초에 농촌에서 무엇을 강의할지 결정해야

• • •

9.　『孟子·梁惠王下』, "曾子曰: '戒之戒之. 出乎爾者, 反乎爾者也.'"

했을 때 우리는 효도를 선택했고, 결과적으로 매우 긍정적인 효과를 보았다. 어느 마을의 주임의 말에 따르면, 그날 강의를 들었던 노인들 중 많은 분들이 눈물을 흘렸고, 강의를 다 듣고 집에 돌아갈 때에도 여전히 눈물을 흘렸다고 한다. 그 이유는 무엇일까? 내가 보기에 아마도 그들은 분명 가정에서 부당한 대우를 받았고, 강의의 내용이 그들의 심금을 울렸기 때문일 것이다. 효도를 강의하는 것도 중요하지만 더 중요한 것은 효를 실천하도록 하는 것이다. 따라서 우리는 마을에서 끊임없이 효의 본보기를 찾아다녔으며, 그들에게 자신들의 효의 경험을 소개하도록 함으로써, 앞서 가는 이들을 표창하고 뒤처지는 이들을 이끌었다. 이를 시작으로, 강의를 들으러 오는 아이들에게 효도 숙제를 내주기도 했다.

둘째, 경전 학습이다. 경전 읽기는 복잡하면 안 되고 반드시 알기 쉽게 해야만 한다. 우리가 최초로 강의했던 경전은 『제자규(弟子規)』였고, 그 이후 『효경(孝經)』, 『삼자경(三字經)』 등을 강의했으며, 『요범사훈(了凡四訓)』 혹은 『왕봉의강도록(王鳳儀講道錄)』 등을 강의한 적도 있었다. 여기에 서는 성서(聖書)에 선서(善書)를 추가하는 방식으로 경전을 강독했다. 경전을 강독한 후에 내가 그것을 요약해 주는 방식은 성서(聖書)에 선서(善書)를 추가한 것이다. 성서는 유가 경전이고 선서는 선을 권하는 내용을 담은 중국전통의 경전이다. 현재 민간 차원의 자발적 향촌유학은 선서를 위주로 하는 까닭에 성서의 인도가 결여되어 있는 반면 학계에서 주도하는 교학은 성서를 위주로 하고 아주 간혹 선서를 언급할 뿐이다. 사실 이 둘의 결합은 향촌유학에 있어 매우 필수적인 일이다. 그러나 성서와 선서 모두 그 독법에 있어 학교의 입시교육과는 매우 다른 모습을 띠고 있다. 여기에서 경전을 강독하는 것은 이러한 경전들을 이야기로 구성하고, 생활에 밀접하게 녹여 내며, 체험이 가능하도록 하고, 촌민들과의 의사소통에 주의를 기울이고자 하는 것이다. 향촌유학 강사에 지원했던 어떤 이는 촌민들과 소통을 매우 잘 해냈는데, 그는 강의를 하면서 조금씩 촌민들 가운데로 들어가 어떤 아주머니에게 질문을 던지고 대답을 유도하기도 하고 즉흥적으로 청중을 강단 위로 청해서 노래를 듣는 등 강당의 분위기를 화기애애하게 이끌었다.

셋째, 예악의 학습이다. 중국문화는 예악의 문명이라고 일컬어지지만 현재 우리의 상황은 예악 붕괴의 상태라고 할 수 있고, 이 문제는 광범위한 사회적 우려를 불러일으키고 있다. 우리 향촌유학 강당은 가장 기본적인 생활예절부터 가르쳐나가고 있다. 우리는 강의를 시작하기 전 항상 효도에 관한 노래와 유가의 교화 내용을 담은 노래를 방송했다. 그밖에도 강의를 시작하기 전 항상 어린 아이들을 앞으로 불러내서 자리에 앉아 있는 연장자들에게 두 번 절을 하게 했다. 또한 그 다음에는 모든 사람이 일어나서 공자에게 네 번 절을 하게 했다. 그밖에도 우리는 몇몇 전문가들을 초청하여 촌민들에게 혼례, 관례, 상례 등과 같은 생활예절을 강의했고, 전통예절과 해당 지역의 예절을 결합시켜서 강의했다.

넷째, 고아와 과부(孤寡) 등 사회적 취약계층의 구제이다. 우리는 생활이 어려운 노인들에게 도움을 주었고, 가정형편으로 인해 배움의 기회를 잃은 학생들이 다시 학교에 갈 수 있도록 도와주었다. 또한 우리는 니산에 '삼고(三高)' 즉 고지혈증, 고혈압, 당뇨병(高血糖) 환자들이 매우 많다는 것을 발견할 수 있었다. 그래서 우리는 제남(齊南: 산동성의 성도) 등 도시지역에서 심장외과 전문의를 초빙하여 '삼고(三高)' 환자들을 진찰하고 이들 질환을 예방하는 방법을 설명하도록 했다. 이는 촌민들의 열렬한 환영을 받았다. 그리고 매년 해가 바뀔 즈음에는 형편이 어려운 가정을 방문해서 빈곤구제 활동을 벌였다. 우리는 니산에서 '안회기금(安懷基金)'이라는 것도 조성했다. '안회(安懷)'라는 명칭은 『논어』의 "나이 든 이들은 나를 편안히(安) 여기고, 젊은이들은 나를 마음에 품기를(懷) 바란다."[10]에서 따온 것이다. 현재 공자의 고향에서도 나이 든 이들이 공자를 편안히 여길 수 없고

• • •

10. 『論語·公冶長』, "子曰: 老者安之; 朋友信之; 少者懷之."

젊은이들이 공자를 마음에 품을 수 없는 상황이 적지 않게 발생하고 있다. 이 기금은 바로 이러한 문제들을 해결하기 위한 것이다. 우리들이 기부한 것 외에도 촌민들이 조직적으로 기부를 했다. 니산에 고구마를 수매하기 위해 왔던 어떤 상인은 이러한 기금의 취지를 듣자마자 200위안을 그 자리에서 쾌척하기도 했다. 우리는 이러한 기금에 충분한 액수가 모여서 더 많은 노인과 아이들에게 혜택이 돌아가길 희망한다.

다섯째, 분위기 조성이다. 인간은 환경의 산물이며, 따라서 분위기 조성은 매우 중요하다. 마을 안에서의 활동을 예로 들자면, 매일 아침 7시에 『제자규』 및 『궤양도(跪羊圖)』, 『감은일절(感恩一切)』, 『파파야시마(婆婆也是媽)』 등과 같은 효도에 관한 음악을 시범적으로 방송했는데, 달이 바뀌고 해가 바뀌어 시간이 오래 흐르다보니 마을의 문화적 분위기를 개선함에 있어 매우 큰 의미를 가졌다. 그밖에도 우리는 평가활동도 진행했다. 농민들 자신이 직접 투표해서 훌륭한 며느리, 훌륭한 시어머니, 훌륭한 가족 등을 뽑도록 하였다. 또한 농민들의 요구에 따라 현에서 활동하는 극단을 초청하여 문화공연을 상연했다. 특히 효도, 전통문화, 가족윤리 등을 주제로 한 공연들은 농민들로부터 무척 환영받았다.

여섯째, 향약의 확립이다. 향약은 중국 전통의 향촌 자치를 뒷받침하는 근거이다. 근대 이래로 이러한 전통은 사실상 폐기되었다. 우리의 조사에 따르면, 현재 몇몇 마을에 아직 농촌 자치규약이 남아 있기는 하지만, 이러한 자치규약들은 근본적으로 모두 법률·법규의 성격을 가진 경직된 규정들이었다. 이들은 단지 특정 사안에 있어 촌민들이 어떻게 행동해야 할지 요구하는 것들로, 예컨대 물건을 훔치지 말 것, 자녀를 초과 출생하지 하지 말 것, 쓰레기를 함부로 버리지 말 것, 다투지 말 것 등이다. 이처럼 금지만 있고 심성의 계발, 인심의 일깨움 등이 없다면, 그것은 법가이지 유가라 할 수 없다. 유가의 향약은 자아성찰의 기초 위에 세워지는 것이며, 농민 자신의 자각과 자발성의 기초 위에서 세워지는 것이다. 현존하는 향약들은 이미 변질된 것들이다. 왜냐하면 유가의 전통이 사라졌기 때문이다. 따라서 이러한 향약들은 소위 '명존실망(名存實亡: 이름만 남고 실제 내용은 사라짐-역자)'인 것들이다.

우리는 강의 외에도 다양한 교화활동을 펼쳤다. 그중 가장 중요한 것은 우리 자신의 언행이었다. 유가는 지행합일의 학문이며, 몸소 실천함으로써 모범이 되는 가르침을 중시하는 학문이다. 따라서 설사 말솜씨가 좋더라도 이는 진심으로 촌민들을 대하고 그들에게 잘 해주는 것만 못 하다. 향촌유학에 지원한 강사들 중 누군가 가장 훌륭한 사람들이 있다고 한다면, 그들은 강의를 가장 잘하는 이들이라기보다는 실천을 가장 잘한 이들일 것이다. 말한 것을 실제로 실천해 낼 때 비로소 촌민들을 설득할 수 있다. 그렇지 않다면, 우리가 말한 것이 설사 진리라고 할지라도 촌민들은 그것을 믿지 않을 것이다. 그 현실적 모습을 본다면, 유학(儒學)이란 '학유(學儒: 유학자다움을 학습함-역자)'이며 "집안에 들어와서는 부모에게 효도하고 나가서는 연장자를 공경하는"[11] 덕성수양이다. 따라서 만약 이러한 것들이 입으로만 떠드는 것일 뿐 실천되지 않는 지식이라고 여겨지고, 마음과 입이 따로 놀며, 앎과 실천이 두 가지가 된다면, 이것은 입바른 말이 되고 말 것이다. 즉 자신을 수양할 수도 없을 것이고 타인을 편안하게 할 수는 더욱 없다.

사실 최초 6개월간에는 향촌유학 활동이 그다지 뚜렷한 성과를 보이지는 못했다. 촌민들이 강의를 듣기 싫어하는 경우도 너무 많았다. 2013년 8월까지 이미 반년을 강의했는데, 이것들이 과연 도움이 되기는 했을까? 대중들은 조금이라도 우리의 강의를 수용하기는 했을까? 우리는 이러한 질문에 자신 있게 대답할 수 없었다. 그래서 우리는 8월에 『제자규』 암송대회를 개최했다. 우리는 산동성 건설위원회의 왕샤오위(王曉瑜) 선생으로부터 3,000위안을 후원받아서 촌민들에게 줄 각종 상품을 구입했고, 촌민들은

• • •

11. 『論語·學而』, "子曰: 弟子入則孝, 出則弟."

역시 매우 적극적으로 참여했다. 『제자규』 암송대회 당일, 200명이 넘는 촌민들이 대회장을 찾았고, 교실은 사람들로 가득 찼다. 노년 그룹, 중년 그룹에서 소년 그룹에 이르기까지, 기존의 그룹에다 개인 자격의 참가자까지, 특히 어린이 참가자들이 끊임없이 단상에 올라 『제자규』를 암송했다. 이 대회는 12시 반까지 쉬지 않고 계속됐다. 대회를 마무리할 때쯤, 결혼한 지 얼마 안 되는 어떤 청년 부부가 무대 위로 올라 『제자규』 암송을 자원했다. 그들 둘은 결혼하기 전에 이미 『제자규』 전문을 암송한 바 있다고 말했다. 마을에는 청년들의 수가 매우 적어서, 촌민들은 그 둘의 암송을 매우 환영했다. 교실 안 분위기는 매우 활기찼고, 암송의 소리가 여기저기서 쉬지 않고 들려와서, 마치 춘절 분위기 같았다. 마을의 주임은 마을에서 십수 년간 군중대회가 열리지 않았다고 말했다. 『제자규』 암송대회 기간 동안에 작은 에피소드도 있었다. 상품이 잘못 증정된 것이다. 마을에서 효성스러운 며느리 다섯 명을 선정했는데, 결과적으로 여섯 명이 단상에 올라 상을 받게 되었다. 왜냐하면 당시에는 사람도 많았지만 상품 역시 많아서 사람 수가 맞지 않아도 별 생각 없이 상을 나눠주고 있었기 때문이다. 그러나 수상 대상이 아니었던 그 아주머니가 상을 받을 때, 나는 단상 위에서 일하던 초등학교 퇴직교사 주(朱) 선생님이 그녀를 향해 "당신 여기 와서 뭐하는 거야?"라고 소리치는 것을 들었다. 그때 나는 마음속으로 '사람들이 단상에 올라 상을 받는데 당신이야말로 시끄럽게 뭐하는 거지요?'라고 생각했다. 그 아주머니 역시 별말 없이 상을 받고서는 단상을 내려갔다. 그 상품은 한 벌의 좋은 옷이었다. 그러나 대회가 끝나자마자 어떤 주민이 앞으로 나와서 방금 전 상을 받았던 그 아주머니가 어째서 상을 받았는지, 그녀가 왜 효성스러운 며느리로 선정되었는지 따지고는, 만약 그녀가 효성스러운 며느리라면, 마을에 효성스럽지 않은 사람이 아무도 없을 것이라고 말했다. 사실 이 마을에는 동명이인의 여성이 두 명 있는데, 그중 나이가 어린 여성은 효도의 본보기인 반면, 나이가 많은 여성은 불효의 본보기였다. 후자는 불효막심해서, 그녀의 시아버지가 암에 걸렸을 때 시아버지가 사는 집 문 앞으로 달려가서 욕을 퍼부어 시아버지의 속을 뒤집어놓고, 나중에 시아버지의 발인에도 참석하지 않았다고 한다. 그 촌민은 우리에게 어떻게 그런 사람에게 상을 줄 수 있는지, 그리고 어떻게 그런 사람이 수상자로 선정됐는지 따져 물으면서 상품을 돌려받으라고 요구했다. 물론 우리는 그렇게 하지 않았다. 만약 그렇게 했다면 그 아주머니는 매우 난처했을 것이다. 왜냐하면 농촌 사람들은 체면을 매우 중시하기 때문이다. 다만 우리는 잘못 전달된 이 상품이 우연적으로나마 그녀에게 긍정적으로 작용하길 바랄 뿐이었다. 훗날 들어보니, 실제로 그 아주머니의 사람 됨됨이와 행동거지에 큰 변화가 있었다고 한다. 비록 시부모는 이미 세상을 떠났지만 이웃들과의 관계는 크게 개선되었다고 한다. 산동인민일보 지사의 주임인 쉬진겅(徐錦庚) 선생은 본인이 직접 달려와 취재를 했는데, 이 일에 큰 관심을 보여서『잘못 수여된 상(頒錯獎)』이라는 제목의 르포문학작품을 지었다.

이러한 교화는 연말 즉 춘절을 지낼 때가 되어서야 진정한 효과를 보이기 시작했다. 왜냐하면 춘절은 중국인들이 가장 중시하는 명절이며, 또한 부모에게 효도하고 노인을 공경하는 명절이기 때문이다. 평상시에도 촌민들은 각자의 일로 바쁘고 이 명절 때도 더욱 바쁘기는 하지만, 그럼에도 노인들에 관심을 가지고, 부모를 뵈러 가며, 친구를 방문한다. 연말이 다가오자 매우 많은 농민들이 마을이 상당히 변화되었으며, 특히 효도의 올바른 기풍이 수립되었다고 알려주었다. 집안에서 어떤지는 모르겠지만 이제는 마을에서 감히 공개적으로 노인에게 불경하게 대하는 일이 없어졌다. 이전에는 불효막심하던 몇몇 사람들 역시 크게 변화되었다. 예전에 시어머니를 구타한 적이 있던 며느리는 연말이 되자 시어머니에게 새 옷을 선물하기도 했다. 이것은 전례 없던 일로, 그녀의 시어머니는 매우 감동을 받았다고 한다. 이후에도 이 며느리는 항상 자신의 삼륜차에 시어머니를 태우고 시장에 다니곤 했다. 또한 세 아들을 둔 어떤 할머니가 계셨는데, 다들 산간 지역에 거주해서 생활수준이 상대적으로 낮았다. 그래서 아들들로부터 한 명당 생활비를 1년에 200위안밖에 받지 못했다. 그런데 둘째 아들은 단 한 번도 생활비를 드린 적이 없었고, 둘째 며느리는 항상 시어머니에게 대드는 나쁜 습관까지 있었다. 그러나 일 년간의 교육을 받은 후, 둘째 며느리는 연말이 다가오자 자발적으로 200위안을 시어머니께 드렸으며, 자신들의 집에 돌아와서 춘절을 지내자고 청했다. 그러나 낡고 오래된 집에서 살고 있던 그녀의 시어머니는 감히 아들 부부의 집에 가지 못했다. 다음날 둘째 아들이 다시 와서 재차 청하자, 그녀는 그제야 안심하고 둘째 아들의 집에 돌아가서 춘절을 보냈다. 집에 돌아왔을 때, 그녀는 큰 변화를 알아차릴 수 있었다. 모든 가족들이 그녀를 귀한 손님처럼 대했던 것이다.

효도의 개선 외에도, 마을의 사회적 기풍 역시 뚜렷하게 개선되었다. 이것은 우리의 예상을 벗어난 일이었다. 왜냐하면 최초 우리의 목표는 가족윤리를 바로잡는 것이었기 때문이다. 그러나 일 년간의 교육을 거치면서 절도사건도 현저히 감소했다. 이전에는 가을철만 되면 도둑질하러 다니는 사람들이 있었는데, 촌민들은 그들을 '가을 일꾼(秋裏忙)'이라고 불렀다. 특히 땅콩을 수확하는 시기에는 서둘러 수확해서 집에 들여놓지 않으면 눈 깜짝할 사이에 도둑맞곤 했다. 그러나 지금은 사정이 괜찮아져서, 촌민들은 대로변에 땅콩을 말릴 때도 그다지 긴장을 하지 않는다. 마을에서는 언성을 높여 싸우는 일이 줄어들었다. 예전에는 이러한 일들이 일상적인 풍경이었다. 어떤 사람들은 다른 사람들과 갈등이 생기면 평소에는 말을 잘못하다가 술을 마시고 욕을 퍼붓는데, 말하는 내용도 매우 듣기 거북할 뿐더러 마을의 분위기에도 악영향을 끼쳤다. 그러나 일 년간의 교육을 받은 후 언성을 높여 싸우는 일이 거의 사라졌다. 그중 소관장(小官莊)이라는 한 마을에서는 강당을 연지 5개월쯤 되었을 때, 마을의 주임이 우리를 초청해 식사하는 자리에서 말했다. "강당이 효과를 내고 있는 것 같습니다. 마을 사람들의 관계도 개선되었고 언성을 높여 싸우는 사람들 역시 사라졌습니다. 며칠 전 제가 길을 가다가 어떤 영감님을 만났는데, 그는 항상 길거리에서 사람들과 다투는 분이었습니다. 그는 솜저고리를 입고 있었는데, 방금 술을 마신 것처럼 코가 빨개져 있었습니다. 막 입을 열어 욕지거리를 시작하려 할 때, 공교롭게도 저를 만난 것이었습니다. 저는 그 영감님에게 '어르신께선 다섯 달 동안 『제자규』를 읽었으면서, 아직도 언성을 높여 싸우고 싶습니까?'라고 말했습니다. 영감님은 제 말을 듣고서는 몸을 돌려 집으로 도망가서는 대문을 닫아걸고 나오지 않았습니다. 예전 같았으면 제가 그 영감님에게 뭐라고 해봤자 욕하는 소리만 더 커졌을 것입니다. 예전에는 이처럼 싸우는 것을 보게 되면, 그저 서둘러 집에 돌아가서 확성기를 크게 틀어놓는 것 말고는 다른 방법이 없었어요." 그밖에도 마을의 위생 역시 현저히 개선되었다. 예전에는 트럭 대여섯 대 분량의 쓰레기가 나왔는데, 현재는 한두 대면 충분하게 되었다. 왜냐하면 촌민들이 그저 몇 걸음만 더 가서 쓰레기통에 쓰레기를 버리면 된다는 것을 자각했기 때문이다. 내가 복건성, 하북성, 산동성의 여러 지역에서 진행했던 조사에 근거해 볼 때, 향토유학이 일 년여 간 견실하게 전개되고 유지되기만 한다면 여러 효과를 볼 것으로 예상된다. 이것은 여러 향촌들이 대체로 비슷한 증상의 윤리문제를 안고 있다는 의미이기도 하다.

4. 향토신앙의 재건

향촌유학이 성과를 보이기 시작한 후, 우리는 어떻게 이것을 심화시키고 강화해서 향촌의 내재적 문화 역량으로 만들어낼 것인지의 문제에 당면했고, 이것은 현재 우리가 반드시 대답을 해야 하는 문제가 되었다. 유학은 하나의 철학이론일 뿐만 아니라 삶의 신앙이기도 하며, 안신입명(安身立命)

효과도 지녔다. 향촌유학 실험은 이 생명의 학문이 오늘날 저변에서 여전히 현실적 의의를 지니고 있음을 증명해냈다. 향촌유학이 진정으로 향촌 군중들의 인생의 신앙이 되고, 삶과 죽음을 안정되게 하는 것으로서의 의의를 다시 지니게만 된다면, 향촌유학은 진정으로 향촌에 뿌리를 내릴 수 있을 것이다. 이것은 중국 향촌 문화의 건설에 있어 시급히 처리해야 할 문제이기도 하다.

(1) 상설화된 교화 공간의 결핍은 현재 향촌과 지역사회에서 시급히 해결해야 하는 문제이다. 전 세계의 상황을 살펴보면, 주요 문명들의 향촌지역사회는 그 민족문화의 특성을 지닌 교화 공간을 가지고 있다. 기독교, 힌두교, 이슬람 문명 모두 이에 해당한다. 중국 전통문화는 유불도 삼교를 그 내용으로 하고 있으며, 그중에서도 유가를 중심으로 하고 있다. 유가가 비록 완전히 종교의 체계를 갖춘 것은 아니지만, 그래도 지난 긴 세월 동안 문중, 사당, 사숙 그리고 민간의 도당(民間道堂)[12] 등 각종 교화조직들이 광대한 지역의 향촌에 분포하면서 기본적인 도덕교화의 기능을 담당했다. 근대 이래로 유가의 교화 체계가 타파됨에 따라, 광대한 향촌 및 도시 지역은 도덕교화의 역할을 맡을 곳이 사라져버렸고, 향촌과 지역사회에는 심각한 도덕 공동화 현상이 발생했다. 향촌지역은 말할 것도 없고, 북경이나 상해와 같은 휘황찬란한 대도시 지역 역시 전통적 방식의 교화 공간을 결여하고 있으며, 심지어 조상에게 제사를 지낼 공적 공간조차 없어지게 되었다. 그래서 청명절(淸明節)이나 춘절 등 중요한 명절 때 도시의 번화가들은 명지(冥紙)[13]를 불태우는 자욱한 연기에 휩싸인다. 오천 년에 걸친 문명을

• • •

12. (역주) 사당이라고 해도 무난할 듯하지만, 사실 관우묘 같은 것을 사당으로 포괄하여 말하는 경우가 많지는 않은 듯하고, 중국에서의 도당은 이슬람 회당에도 쓰이는 말로서 민간신앙에 귀속하는 시설인 듯하므로 한자를 노출하여 그대로 둠.
13. 신 혹은 이미 세상을 떠난 사람들을 위해 불태워 바치는 (가짜) 지폐이다.

보유한 유구한 민족에게, 그리고 효도를 가장 중시하는 예악의 땅에 놀랍게도 조상을 위해 향을 피우고 명지를 태울 공간조차 남지 않게 된 것이다. 이것은 오랜 문명을 가진 중국이라는 국가가 현대로의 이행 도중에 마주친 문화적 곤경이라고만 말할 수는 없다.

『논어』에서는 일찍이 다음과 같이 경계한 바 있다.

> 증자가 말했다. 지금 돌아가신 이에 대해 예를 다해 상례에 임하고(愼終) 예전에 돌아가신 이에 대해 정성을 다해 제례에 임한다면(追遠), 백성들의 덕이 두텁게 될 것이다.[14]

그러나 신종·추원의 예의는 이것을 실시할 수 있는 엄숙하고 경건한 공간을 필요로 한다. 대중들의 도덕교화를 위해서도 이러한 상설화된 교화공간이 필요하다. 이러한 까닭에, 사회 저변에서의 덕과 신앙이 소실된 것은 무엇보다도 공적인 교화 공간의 결핍 때문이라고 할 수 있을 것이다. 무한(武漢) 화중과학기술대학교의 향촌행정연구센터의 교수들은 향촌 노인들의 자살률이 비교적 높은 지역이라도 그 마을에 오래된 홰나무가 있으면 그 마을만큼은 노인자살률은 상대적으로 낮다는 점을 발견했다. 이것은 이러한 오래된 홰나무가 향촌 공공 문화공간으로서의 기능을 하기 때문이다. 따라서 전통문화의 부흥이 크게 진전됨에 따라, 전통사회의 경험을 거울삼고 현대사회의 수요와 결합하여 향촌 및 지역사회의 교화공간을 재건하는 임무가 우리의 계획표상에 오르게 된 것이다.

(2) 삼당(三堂)은 전통 중국의 향촌 및 지역사회의 중요한 교화 자원이다. 전통 중국의 향촌은 결코 문화적 사막이 아니었으며, 민족문화의 저수지

●　●　●

14. 『論語·學而』, "曾子曰: 愼終追遠, 民德歸厚矣."

로서 전체 중국문화를 키워낸 요람이었다. 이것은 세 가지 문화 구심점에 의해 뒷받침되었다.

첫째, 사숙 학당이다. 이곳은 주로 유가 경전과 인격수양의 방법을 교육하는 곳이다. 사숙은 전통시대 중국에서 매우 중요한 기능을 담당했다. 우리가 몇몇 고전소설에서 확인할 수 있는 사숙 선생의 모습은 대체로 궁상맞고 고루한 이미지이지만, 이러한 이미지는 사숙 선생의 생활수준을 반영한 것이지 그들이 역사적으로 어떤 공헌을 했는지를 반영하는 것은 아니다. 굳이 비교를 하자면, 사숙 선생들이 전통시대 중국에서 담당했던 역할은 목사들이 서구사회에서 담당했던 역할보다 훨씬 컸다. 왜냐하면 사숙 선생은 문화를 전파하는 동시에 중요한 두 계층을 양성했기 때문이다. 하나는 국가의 관료계층으로, 이들은 사대부계층이기도 하다. 다른 하나는 향신(鄕紳)계층으로, 이들은 민간자치를 담당했던 계층이기도 하다. 과거 이들 두 계층은 국가 전체에 대한 통치의 책임을 지고 있었다. 이들은 사회에서 지극히 중요한 관리자 계층이었으며, 그다지 눈에 띄지 않는 사숙 선생들이 이들을 길러냈던 것이다. 역사적 사실에 비추어 볼 때, 사숙 선생들이 초라하고 궁상맞았던 것은 필연적이었다. 기독교 목사들의 손에 천국의 문을 여는 열쇠가 있었다고 한다면, 사숙 선생들의 손에는 벼슬에 오르고 봉록을 받는 길로 가는 열쇠가 있었다고 할 수 있지만, 사숙 선생 자신들은 결코 이 열쇠를 사용해서 벼슬길에 오를 수는 없는 운명에 처해 있었다. 왜냐하면 이들은 기본적으로 과거시험에서 결국 실패했으며, 기껏해야 수재(秀才)[15]의 단계에 머물렀던 이들로, "봄바람에 신이 나 말발굽 내달리며 하루 내내 장안의 꽃이란 꽃은 다 봐야지!"[16]와 같은 성공과는 인연이

● ● ●

15. 송대에는 과거시험 응시자의 총칭으로 사용되었다.

16. "春風得意馬蹄疾, 一日看盡長安花." 이 대목은 당 중기 시인 맹교(孟郊)의 「등과 후(登科後)」라는 시에서 인용한 구절이다. 맹교는 청렴하게 살다 뒤늦게 과거시험을 준비하여, 5년 만인 46세에 급제했다. 이 시는 과거에 급제한 후, 급제 전후의 세상 인심이

없었기 때문이다. 근대 이래로 사숙은 강제로 문을 닫아야 했으며, 그 공간은 거대한 문화적 공백으로 남게 되었다. 이제 누가 농촌 사람들을 인격수양으로 이끌 것이며, 보통 사람들에게 가장 기본적인 인생가치관을 가르칠 것인가? 이것은 매우 시급히 해결해야 할 문제이다.

둘째, 문중의 사당이다. 사당은 전통 시대 중국에서 가장 널리 보급된 교화와 신앙의 공간으로, 그 안에는 역대 조상들의 신위가 모셔져 있으며, 기일에 맞추어 제사를 올린다. 이것은 신종·추원의 교화 공간이며, 유가 문화의 근본과 관련된 공간이다. 전통적인 중국인들의 중요한 삶의 의식들인 관례, 혼례, 상례, 제례 등은 모두 사당을 중심으로 치러졌다. 그밖에도 사당은 향촌자치와 자선 및 구제의 중요한 구심점이었다. 만약 사당이 존재하고 문중이 보호했더라면 향촌 노인들은 자살로 내몰리지 않았을 것이며, 마을공동체는 예전과 마찬가지로 생활능력이 없는 노인을 보살폈을 것이다. 따라서 사당은 전통 유가적 교화의 정신과 관련된 곳이며, 또한 유가 문화의 근원이다. 사당이 망실됨에 따라 예약도 망실되었고, 향토문명도 쇠퇴했다. 장강 이북의 사당들은 문화대혁명 기간 동안 '사구(四舊)'[17]로 몰려 대부분 파괴되었다. 개혁개방 이래로 복건성과 광동성 등지에서는 이들 사당 중 몇몇을 재건하기는 했지만, 이들의 현재 기능은 역사적으로 사당이 지녔던 기능과는 함께 거론될 수 없을 정도로 미약한 수준이다.

셋째, 민간 도당(道堂)이다. 전통 시대 중국에서는 거의 모든 마을에 토지신묘, 오도묘(五道廟)[18] 혹은 관우묘 등의 민간 도당이 있고, 그밖에도

• • •

너무 다름을 풍자한 시이다.

17. (역주) 문화대혁명 초기 혁명의 주요 목표로 내건 4개의 낡은 악(惡)이다. 즉 '구사상(舊思想)'·'구문화(舊文化)'·'구풍속(舊風俗)'·'구습관(舊習慣)'을 가리킨다. (출처: 고려대 중한사전)

18. 오도묘(五道廟)는 오도장군(五道將軍)에게 제사를 지내는 묘역이다. 오도장군은 불교경전 및 민간설화에서 "오도신(五道神)", "오도진군(五道眞君)", "오도성군(五道聖君)", "오도대신(五道大神)", "오도윤전왕(五道輪轉王)", "오도노야(五道老爺)" 등으로 불린다.

유불도 삼교와 관련 있는 민간신앙의 공간들이 존재한다. 이러한 공간들은 학당과 사당이 다하지 못하는 역할을 보충해준다. 예컨대, 오도묘 혹은 토지신묘의 경우 사람이 죽은 후 가장 먼저 가서 알리는 곳으로, 삶을 마친 후에 갈 곳을 마련해준다. 이러한 민간 사당들은 전통 문화의 권선사상과 상당한 관련이 있으며, 삶을 안정되게 하고 권선징악을 실현할 수 있어서 사람들이 경외심을 가지도록 한다. 따라서 우리는 이것을 봉건적 미신이라고 간단하게 치부해버려서는 안 될 것이다.

전통 시대 민간사회의 인간 도덕과 신앙은 주로 이상의 삼당을 통해 형성되었다. 학당과 사당이 인격수양의 방법을 가르쳤다고 한다면, 죽음 이후의 방향에 대한 마지막 배려를 제공한다. 이 세 가지가 결합하여 삶과 죽음을 안정되게 하는 것이다. 그들이 사구(四舊)로 몰려 모조리 파괴된 후 마을과 지역사회는 어떠한 의미도 존재하지 않는 공백 속으로 빠져들어 버렸다. 그래서 살아 있을 때도 어떠한 가치도 추구하지 않고 죽어서는 방향을 알지 못하게 되었으며, 삶은 그 의미를 상실하게 되었다. 따라서 살아서는 경외심이 없고 거리낌이 없으며, 죽어서는 방향을 알지 못하여 허무할 뿐이다.

(3) 도시와 향촌 지역사회에 삼당합일(三堂合一)의 새로운 형태의 교화 공간을 설립한다.

전통적 학당과 사당 및 도당은 모두 따로 존재했던 것으로, 각기 교육, 문중, 민간 신앙이라는 서로 다른 체계에 속해 있었지만, 또한 종법(宗法)사회 형태와 밀접하게 결합되어 있기도 했다. 사당은 말할 것도 없고 사숙 학당 역시 많은 경우 가문이 중심이 되어 설립되었다. 이러한 문중성과 분산성이 강한 전통 향촌 문화의 형태를 회복하는 것은 가능하지도 않거니와 시의적으로 적절하지도 않다. 새로운 역사 조건에 맞춰, 향토문명의 재건은 공공성을 강화하는 방향으로 나아가야 하며, 학당, 사당, 도당 즉 삼당의 합일을 통해 강학, 조상에 대한 제사, 각종 신에 대한 제사를 하나의 공적 문화공간에 집결시켜 전통 시대 삼당의 문화적 기능을 모으고 강화함으로써, 현대성을 갖춘 향촌 및 지역사회 교화 중심으로 거듭나게 하고, 사회 저변의 도덕교화체계를 재건해야 한다.

우선 향촌 지역사회에서 유학 강당을 건립해야 한다. 우리가 니산에서 진행했던 향촌유학 실험에 근거해 보면, 향촌 지역사회에 설립된 유학 강당들은 전통적 사숙들이 담당했던 교화의 작용을 대신할 수 있다. 유학 강당은 정기적이며 정규적인 강학의 장소로서, 자원한 유학 강사들이 촌민 혹은 지역사회 주민들을 대상으로 강의를 한다. 강의는 한 달에 두 차례 진행되며, 주로 『제자규』, 『효경』, 『삼자경』 등 유가의 기본적인 경전들을 강의하고 해석해주면서, 알아듣기 쉽고 생동감 있는 방식으로 민중들에게 유학의 도를 전파했다. 이와 동시에 촌민들에게 예절 및 효도를 주제로 한 노래를 가르쳤다. 또한 유학 강당이라는 공간은 마을을 지키는 노인들이 모임을 갖거나 교류를 할 수 있는 문화공간이 되었다. 이렇게만 해나간다면 유학 강당은 분명 좋은 교화 효과를 거둘 수 있을 것이고, 사회 저변에 전통문화를 전파하는 훌륭한 구심점이 될 수 있을 것이다.

그 다음은 향촌 지역사회의 공동 제사 장소로서의 공공 사당을 건립하는 것이다. 많은 경우 전통적 사당은 문중 중심으로 세워졌지만, 중국이 농업문명에서 산업문명으로 전환되고, 익숙한 사람들끼리만 공동체를 이루는 사회에서 잘 모르는 사람과도 공동체를 이루는 사회로 이행됨에 따라, 현대 향촌과 지역사회에서는 보다 높은 공공 이성과 포용성을 갖춘 제사 장소 즉 현대인이 신종·추원을 할 수 있는 장소로서의 공공 사당이 필요하게 되었다. 모든 공공 사당은 중화문명의 시조인 황제(黃帝)의 신위를 세워놓고 공동 제사를 거행하며, 이와 동시에 모든 성씨별 조상의 위패를 두어 성씨별로 자기 조상의 제사를 지낼 때 사용할 수 있도록 하였다. 향촌의 공공 사당 안에서, 각 성씨들은 조상들의 신위를 양옆으로 순서대로 배열해

놓고, 대청의 감실(龕室: 신위나 위패를 모셔놓는 곳)은 평상시에는 비워두었다가 어떤 가문이든, 여기에 와서 제사를 지낼 때 이 감실을 사용할 수 있도록 하였다. 이것은 중화민족의 시조에 대한 제사와 각 씨족 가문들의 조상에 대한 제사를 결합시킨 것으로, 전통 씨족 가문의 제사의식을 계승함과 동시에 사당의 공공성을 향상시키고 서로 다른 민족 간이나 성씨 간의 교류와 우의를 촉진시킴으로써, "중화민족의 다원적이면서도 일체적이고(多元一體), 뿌리와 가지가 서로 연결되어 있는 것처럼, 혈맥이 서로 통하는 동포애적 우의"를 더욱 잘 체현해내도록 하는 것이다. 이는 전통적 사당의 형태를 뛰어넘는 것이다. 이와 동시에 향촌 및 지역사회에서의 공공사당 건립은 유가에서 가장 중시하는 제례를 회복시킬 수 있으며, 그 밖의 인생에서의 중요한 의식들을 실행할 수 있는 공간적 조건을 충족할 수 있다는 점에서 향촌 및 지역사회 예악의 재건에 있어서 중요한 의의를 가진다.

마지막으로, 조건이 성숙된 몇몇 지역에서는, 특히 전통 문화가 비교적 잘 남아 있는 민남(閩南: 복건성), 환남(皖南: 안휘성 남부), 광동성의 몇몇 지역에서는 향촌지역 유학 강당이 민간신앙과 결합할 수도 있다. 이러한 민간신앙은 중화 전통문화 안에 깊게 뿌리내린 것으로, 수천 년의 역사를 가지고 있다. 예컨대, 토지신 숭배는 은나라의 사신(社神)에 기원하고 있으며, 천지(天地)숭배와도 밀접하게 연관되어 있다. 또한 관우 숭배는 곧 유가의 충의지도(忠義之道)를 존숭하는 것이다. 이처럼 유구한 역사를 지닌 민간신앙은 민중의 심리적 안정과 정신적 건강에 있어 매우 중요한 의미를 지닌다. 이들을 일소해버리는 것은 민중들의 신앙적 진공상태를 초래할 뿐이며, 외래 종교들이 민중들에게 대규모로 전파될 수 있도록 길을 열어주는 꼴이 될 것이다. 중국 남부 지역, 예컨대 환남, 민남 및 광동성의 몇몇 지역에는 전통적 사찰과 사당이 비교적 양호한 상태로 남아 있기 때문에 신앙의 측면에서 촌민들을 잘 지탱해주고 있다. 그래서 외래 종교의 전파 속도가 북방에 비해 현저히 떨어진다. 이러한 측면에서, 복건성 하포현(霞浦

縣)의 유교 도단(道壇)[19]은 좋은 사례가 된다. 하포현 향촌에는 십 수 개의 유교 도단이 세워져 있는데, 이들 도단은 촌민들이 자금을 모아서 세운 것이다. 이들은 보통 2층 혹은 3층으로 이루어져 있다. 일층은 유학 강당으로, 공자상과 사배(四配)[20]가 모셔져 있으며, 촌민들이 일상적으로 전통 문화와 경전을 공부하는 공간이다. 이층은 해당지역 민간신앙의 신령을 모시는 곳으로, 태상노군(太上老君: 노자), 관우, 토지신, 관세음보살 등을 모신 경우도 있다. 강당은 매일 저녁 6시 반 이후 학습활동을 시작하는데, 주로 『제자규』, 『삼자경』, 『효경』 등 유가 경전을 공부하며, 모두들 소리 내어 경전을 암송한 후 저마다 마음속으로 체득한 바에 대해 이야기를 나눈다. 그리고 그중 적극적인 사람들은 그 마을의 도덕적 본보기가 되기도 한다. 이러한 마을들 중 어떤 마을은 문화대혁명으로 사당과 족보가 모두 파괴된 후, 젊은 세대의 항렬이 어지러워졌으며, 동성동본 간의 결혼이 발생해서, 알고 보니 신부가 신랑의 먼 친척 고모뻘이었던 경우도 있었다. 그러나 유교 도단이 이 마을에 세워진 후 자원봉사자들은 사원에서 유가윤리를 널리 알렸으며, 족보를 정리하고, 사당을 재건했으며, 마을 사람들의 항렬을 다시 바로잡고, 마을의 도덕기풍도 크게 개선했다. 또 다른 어떤 마을은 교통의 요지에 위치해 있었는데, 원래는 마을 안에서 복권이 성행해서 노상강도들이 들끓었다. 범죄자들은 대부분 이 마을 출신의 젊은이들이었고, 이로 인해 두 명이 총격을 받아 사망했음에도 불구하고 여전히 상황은 개선되지 않고 있었다. 그러나 유교 도단의 교화를 거친 후, 이 마을은 그 일대에서 명성이 자자한 '도덕모범촌(道德模范村)'이 되었다. 앞서 언급한 총격 사건에 책임이 있기도 한 이 지역의 파출소장 역시 마을의 변화를 목격한 후 유학 강당의 지원자가 되었다.

● ● ●

19. (역주) 道壇은 복건성 등에 고유한 종교시설의 고유 이름인 듯하다.
20. 공자묘에서 공자 좌우에 신주가 모셔진 네 현인으로, 안연, 증자, 자사, 맹자이다.

삼당합일의 형식에 관해서는 다음과 같이 말할 수 있다. 삼당합일의 형식의 경우, 각 지역의 경제조건의 차이에 따라 삼당을 하나의 원(院) 내에 둘 수도 있고, 삼당을 분산시켜 각기 설치할 수도 있다. 하지만 하나의 원 내에 모아 설립한다고 했을 때, 강학, 제사, 신앙의 기능을 분산시켜 둘 수도 있고, 삼당의 기능을 한 방에 모아둘 수도 있다. 즉 촌락 혹은 지역 사회의 학당 하나를 설립하고, 그 안에 성상(聖像)과 선조의 신위를 모시는 방식이다. 새로운 형식의 삼당합일의 취지는 다음과 같다. 중국 향촌 및 지역사회의 전통적인 학당, 사당 및 도당의 기능을 대체 혹은 종합하고 이들의 공공성을 강화함으로써, 이들을 현대사회와 연결시켜 이른바 삼위일체를 실현하고 상호 보충하여 향촌 및 지역사회를 교화하는 책임을 공유하는 곳으로 만들고, 사회 저변에서부터 전통 문화가 전승될 수 있도록 하는 구심점으로 만드는 것이다. 삼당합일의 구축은 향촌 및 지역사회의 주민들이 다시 한 번 성인(聖人)들과 함께 하고, 조상들과 함께 하며, 수천 년 동안 지켜온 우리의 향촌 및 지역사회의 민간신앙의 신들과 함께 하도록 할 것이며, 이를 통해 황폐해진 우리의 정신적 고향을 다시 재건해서, 우리의 마음이 한 곳에 정착함으로써 더 이상 방황하지 않도록 할 것이다. 그리하여 향촌 및 지역사회의 민중들은 다시 한 번 성현, 조상, 여러 신들로부터 지혜와 힘을 얻을 수 있을 것이며, 이것은 향촌 지역 및 지역 전통 문화의 부흥과 도덕 재건에 있어 중요한 의의를 지닐 것이다.

7. 유가 '중도(中道)'철학의 재인식

양차오밍(楊朝明)

몇 년 전, 청화대학은 매우 가치가 높은 전국 시기의 죽간 한 더미를 소장하게 되었다. 그중 최초로 공개된 한편의 글은 『보훈(保訓)』이라 명명되었는데, 리쉐친(李學勤)은 이를 주나라 문왕이 임종 때에 태자를 훈계한 '유언(遺言)'이라고 보았다. 이 태자가 바로 주 무왕이다. 놀라운 사실은, 주 문왕이 이때 신신당부 했던 것이 뜻밖에도 '중(中)'이라는 글자였다는 것이다. 그는 태자에게 민생과 민심을 잘 파악하고, 사회 속으로 들어가 사회를 잘 이해해서 모순과 갈등을 정확히 파악하고 이를 '중'으로 힘써 처리하라고 하였다. 이처럼 공자 유학의 '중도'철학과 『보훈』의 '중'은 분명 일맥상통한다. 이는 공자의 '중도'철학을 다시금 고찰하게 만드는 계기가 되었다.

'공자의 지혜'가 들어 있는 '중도'

주 문왕이 이처럼 '중'을 중시했고, 그리고 이 문헌이 전국시대의 것이므로 그것이 중요한 영향을 미쳤음이 분명하다. 사실은 바로 이와 같다.

『일주서・오권해(逸周書・五權解)』에 따르면 무왕 역시 임종 당시 그의 아들이 최선을 다해 '중'을 행하기를 바랐다. 그래서 무왕은 성왕을 보좌하는 주공에게 "태자를 도와서, 정치의 잘못됨을 성실히 살피라(先後小子, 勤在維政之失)"고 하였다. 즉 성실하게 노력하고 힘써서 정치에서 치우쳐 잃는 바를 피하게 하라는 것이다. 무왕은 또한 그의 아들이 "중을 잘 지켜 치우침이 없기를(克中無苗)"강조하였다. '묘(苗)'는 '류(謬)' 자와 뜻이 통하며, 오류, 치우침의 뜻을 지닌다. 중도에 부합하고 치우치지 않게 하여 성왕의 재위를 '지켜달라'는 의미다. 이어서 무왕은 말했다. "오직 중(中)을 통해 태자의 재위를 오래도록 안녕케 하라." 그 재위를 '지키고(保)', '오래도록(長)' 있게 하려면 최대한 빨리 그를 성장시켜야 한다. 그렇다면 어떻게 그를 성장시킬 것인가? 바로 '유중시이(維中是以)'하는 것이다. 여기서 '이(以)'의 의미는 '쓸 용(用)'이다. 즉 오직 중을 사용하라는 말이다.

문왕, 무왕 이후 주나라 사람들은 충실히 '중' 사상을 실행하였다. 이에 서주 시기에는 '중도(中道)' 사상이 매우 중시되었다. 서주의 관직 가운데는 '사씨(師氏)'라는 직책이 있는데, 법도와 예법에 맞거나, 예법에 틀린 나라의 일들을 구체적으로 뽑아서 이를 가지고 후손들을 교육하는 일을 하였다. 『주례・지관사도(周禮・地官司徒)』에 사씨는 "나라의 바른 일과 어긋난 일을 뽑아 그것으로 나라의 자제들을 가르쳤다. 무릇 나라 안의 귀한 이들의 자제들이 배웠다."[1]고 하였다. 정현(鄭玄)은 이에 이렇게 주를 달았다. "가르친다는 것은 옛일을 알게 하는 것이다. 중(中)은 예에 맞는 것(中禮者)이고, 실(失)은 예를 잃은 것(失禮者)이다.'[2] 이처럼 예에 부합하는 것을 '중'이라고 하고, 그렇지 않을 경우는 '중'이 아니라 '실'이라고 하였다. 사씨는 나라 안에서 예에 부합하는 고사(故事)와 예에 부합하지 않는 고사를 구체적으로

● ● ●

1. 『周禮・地官司徒』, "掌國中, 失之事, 以教國子弟. 凡國之貴遊子弟學焉."
2. 위의 책, 鄭玄注, "教之者, 使識舊事也. 中, 中禮者也; 失, 失禮者也."

뽑아서 그것으로 나라의 자제들을 교육하였다. 이에 나라 안의 귀한 이들의 자제들이 모두 여기에 들어가 공부하였던 것이다. 이처럼 서주 시기는 '중'으로 나라 안의 자제들을 교육하였다.

주나라 사람들이 '중도'를 중시한 것은 그들이 '중도'를 바로 '인간의 도리(人道)'라 여겼기 때문이다. 『일주서・무순해(逸周書・武順解)』에는 당시 사람들의 관념을 반영하는 중요한 서술이 등장한다. "하늘의 도는 왼쪽을 따르므로(天道尙左) 해와 달이 서쪽으로 이동한다. 땅의 도는 오른쪽을 따르므로(地道尙右) 하천이 동쪽으로 흐른다. 인간의 도리는 가운데를 따르므로(人道尙中) 눈귀가 마음을 따른다(耳目役心)." 그들은 하늘의 도는 왼쪽을 높이 여겨 해와 달이 모두 동쪽에서 뜨고 서쪽으로 지며, 땅의 도는 오른쪽을 높이 여겨 물길이 모두 동쪽에서 서쪽으로 흘러 바다로 들어가며, 인간사의 법칙은 가운데를 최고로 여겨 눈과 귀가 마음에 순종한다고 보았다. 인간의 도리가 '중'을 숭상하는 것은 "해와 달이 서쪽으로 이동하고", "물길이 동쪽으로 흐르는" 것과 같이 자연스럽고 당연한 이치인 것이다. 소위 "눈과 귀가 마음을 따르는(耳目役心)" 것은 "눈과 귀가 마음으로부터 부림을 받는다(耳目役于心)"는 것이다. 이는 마음을 사용하여 사고하고, 분석하고, 정보를 파악해야 하고, 현상을 넘어 본질을 보는 능력이 있어야 한다는 것을 말한다.

『일주서・무순해』에서는 또 이렇게 말했다. "하늘의 도를 상(祥)이라 하고, 대지의 도를 의(義)라고 하고, 인간의 도리를 예(禮)라고 한다." 여기에서 '예'는 천리와 인정에 부합한다. 이러한 소박한 '인도(人道)'는 '천', '지', '인'의 합일을 말하며 인간을 천지의 사이에 두기를 주장한다. 인간만을 독립적으로 다루는 문제는 존재하지 않는다는 것이다. 또한 '인도'에서 어떤 것이 '중'인지를 판단하는 기준이 바로 '예'라는 사실 역시 확인할 수 있다.

주대에서는 '중도'를 중시하였는데, 이는 그들만의 독특하고 창조적 현상이면서도 요순 이래의 사상을 받아들인 결과이기도 했다. 『보훈』에서도 요순을 언급하거나 상 왕조의 선대부터 탕왕까지를 언급하기도 하였다. 이는 모두 다른 관련된 문헌 자료의 인증을 받아 확인된 사실이다.

『청화대학 소장 죽간(이하 『청화간(淸華簡)』—역자)』을 정리한 사람의 소개에 의하면 이 죽간의 연대는 전국시대 중후기 때 것이다. 이 진귀한 문헌이 기록하고 있는 초기 역사를 보게 된 우리는 많은 학술사적 토론을 거쳐 중화민족의 '선성(先聖)'과 '선왕(先王)' 사상 '속(中)'에 담긴 역사를 확실히 정리할 수 있었다. 당송 시기의 사상가들이 말하는 '도통(道統)'이 바로 '중도(中道)'가 후대로 계승됨을 말해주는 단서다. 요, 순 시대로부터 서주 시기의 문왕, 무왕에 이르기까지 이 '도통'의 계승은 직접적으로 공자의 학설에 영향을 주었고, 이는 다시 자사(子思)가 『중용』을 편찬하여 공자의 중용사상을 기록하는 데 이르게 되었다. 『중용』이 품고 있는 내용은 실로 중국 이천여 년 사상의 성과라 말할 수 있다.

공자 사상의 한 가지 중요한 특징은 바로 "서술하되 짓지 않는다(述而不作)"는 것이다. 공자는 "요순(堯舜)이 말한 바에 따라 서술하고, 문무(文武)를 준수했을 뿐이다."라고 하였는데, 그는 상고시대 역사와 문화를 대집성하여, 역사의 가장 높은 부분에 자리하여 (역사의—역자) 계통을 간명하게 정리했다. 량슈밍(梁漱溟)의 말을 빌리자면 "공자는 이전의 중국문화를 거의 모두 자신의 손바닥 안에 집약시켰다."[3] 공자가 계승한 선조들의 성과의 그 정수를 말하자면 마땅히 '중도' 사상일 것이다.

근대 동서 문화가 교류하는 속에 사람들은 (임어당(林語堂)과 같은) 서양에 '공자의 지혜'를 소개한 바 있다. 1988년 1월 "제1회 노벨상 수상자 국제대회"가 프랑스 파리에서 개최되었는데, (52명의 과학자들을 포함한) 75명의 참가자들은 4일에 걸친 토론을 통해 "인류가 21세기에 계속 생존해

---

3. 梁漱溟, 『東西文化及其哲學』, 商務印書館, 1999, 150쪽.

나가려면 반드시 2,500년 이전으로 돌아가 공자의 지혜를 얻어야 한다."라는 중요한 결론을 내놓았다. 이 결론을 이끌어낸 이는 스웨덴의 물리학자 한네스 알펜 박사이다.[4] 한네스 박사가 공자 유학에 대해서 얼마나 이해하고 있었는지는 몰라도 공자 유학의 사회사상과 정치이상에 대해서는 모든 사람이 잘 알고 있다. 공자 유학에서는 "사람들이 천하를 함께 나누며, 서로 간에 신의와 화목함을 추구하는" 이상적 상태로 나아가기 위해 사람들이 "자기가 원하지 않는 바를 남에게 베풀지 말기"를 바랐고, 사람들이 서로를 보살피는데, 단순히 "부모를 부모처럼 여기고, 자식을 자식처럼 여길" 뿐만 아니라 "널리 사람들을 사랑하기"를 요구했다. 공자는 "도가 사람에게서 멀지 않다"고 믿었다. 정치적 주장이든 윤리적 학설이든, 공자는 항상 간단한 이치에서부터 출발하였다. 혹자는 "(공자에게는) 여러 가지 노련한 도덕적 설교밖에 없다."라고 했는데, 사실 『주역』을 이해하기가 쉽지 않은 것처럼 진정으로 공자를 이해하는 것 또한 결코 가볍고 쉬운 일이 아니다.

서양의 한 학자는 "공자 학설의 영향 하에 위대한 중화민족은 세계의 다른 민족에 비해 화목하고 평화롭게 수천 년간 공동생활을 이어왔다." 또한 "공자가 제시한 방법은 간단하다. 아마 당장에는 그 방법을 좋아하지 않을 수도 있지만, 사실 그 속에는 사람들이 한눈에 볼 수 있는 것보다 훨씬 많은 지혜가 담겨 있다."[5]라고 말한 바 있다. 공자의 지혜는 그가 이전의 역사를 종합한 것에서 출발한다. 역사를 통해 공자는 사방을 볼 수 있는 감제고지에 앉을 수 있었다. 공자가 살던 때에는 그보다 더 인덕이 있고, 박학하며 지혜로운 사람은 없었을 것이다. 공자와 일반인들 간의 차이점이 있다면, 공자는 항상 더 높은 곳에 발을 딛고 더 먼 곳을 바라보았다

• • •

4. 顧犇, 『關于諾貝爾與孔夫子的一些說明』, 『中國文化研究』, 2002年 第2期.
5. 英國·貢布里希(Ernst H. Gombrich, 1909-2001), 『寫給大家的簡明世界史·一个偉大民族的偉大導師』, 广西師范大學出版社, 2009.

는 점이다. 그는 인간의 본성에 대해 사고하고, 인간의 도리에 대해 사고하는 동시에 천지의 도에 대해서도 사고하였다. 그는 총체적이고 체계적이고 동태적으로 세계를 관찰했다. 그가 경배했던 '선성', '선왕'들로부터 그는 '오직 중을 잡아라'는 교훈을 발견하고 '중도'의 원리를 찾아냈다. 이를 계승하여 단련하고 더욱 고양시켜 공자는 세계를 인식하는 최고의 경지에 도달했던 것이다. 따라서 '중용'을 이해하지 못하면, 진정으로 공자를 이해할 수 없다고 할 수 있다.

공자 사상은 하나의 단계적 발전 과정을 지니고 있기도 했다. 공자 사상이 성립된 초창기에 그가 가장 주목했던 것은 바로 '예', 즉 주례(周禮)였다. 공자의 명성이 날로 높아지고 그를 따르며 배우는 제자들이 많았던 것도 모두 공자가 주대 예악 전통에 대해 조예가 깊었기 때문이었다. 이 시기 공자가 가장 많이 논했던 주제 역시 주례였는데, 그는 어떻게 하면 주대의 예악을 통해 사회를 재정비할 수 있을까 하는 문제를 고민했다. 이후 공자는 사회에 대한 인식을 더욱 심화시켜 나갔다. 그는 어디에서나 자신의 '예'에 관한 정치사상을 보급하며 사회를 개조하고자 하였다. 하지만 그러한 시도가 가는 곳마다 벽에 부딪히자 결국 사회에서 '예'가 행해지지 않는 심층적 원인에 관해 사고하기에 이르렀다. 따라서 그는 점점 더 '인(仁)'을 많이 언급하고 '인'과 '예'의 관계를 논의하게 되었다. '인'에 관한 공자의 학설은 충분히 전개되어 완전한 지경에 도달했다. 50세 '지명(知命)'의 시기에 접어들면서 공자 인생의 경지는 계속 높아져 결국에는 "마음 가는 대로 행해도 법도에 어긋남이 없는" 아름다운 지경에 이르게 되었다. 말년에는 『역』을 좋아하여 『역전(易傳)』을 짓고 그 철학사상에 대해 구체적인 해석을 내놓았으며 '중용'의 방법론에 대한 견해 또한 한층 더 무르익었다.

'예(禮)'와 '형(刑)' 사이의 '중도'철학

'중용'에 대해 역대의 많은 학자들이 해석을 내놓았다. '중용' 개념은 매우 신기하지만 결코 복잡하지는 않다. 심지어 아주 간단하다고까지 말할 수도 있다. 왜냐하면 '중용'이란 바로 '중을 잡다' 즉, '중을 사용하다'이기 때문이다. 『역경』을 근거로 하건, 새 출토 문헌(「곽점초간(郭店楚簡)」, 『오행(五行)』)을 근거로 하건, '용(庸)' 자는 선진 시기에 '용(用)' 자와 상통했음이 증명된다. 따라서 '중용(中庸)'은 곧 '용중(用中)'이다. 용중은 '용심(用心)', 즉 마음을 사용함을 뜻한다. 『예기・중용』에 따르면 용심의 도리는 바로 '성(誠)'이다. 이른바 '지극정성(至誠)', "성 외에는 다른 것이 없다(誠外無物)."라는 설명이 바로 '용중'의 도를 말한다.

송대 이래로 '중용'에 학자들의 해설은 점차 복잡해져 사람들을 오리무중에 빠지게 했다. 현대에 이르러 사람들은 '중용'은 곧 '조화'이고, "적당히 두루뭉술하게 하는 것"을 의미한다고 알게 되었다. 심지어는 '무원칙'을 의미한다고 보았다. 사실 이는 심각한 오해이다. 서양의 어떤 학자는 공자의 학설이 "여러 가지 노련한 도덕적 설교일 뿐"이라고 하기도 했다. 그 원인을 따져보면 아마도 '중용' 사상을 정교하게 이해하지 못했기 때문인 듯하다. '중용'은 결코 단순한 '조화'나 '절충'이 아니다. 공자가 "중용은 참으로 지극한 것이다! 그렇지만 이를 꾸준히 실천하는 자는 드물다."[6], "천하와 국가는 고르게 다스릴 수 있다. 벼슬과 녹봉을 사양하는 것도 가능하며, 서슬 퍼런 칼날도 밟을 수 있다. 하지만 중용은 쉽게 하지 못한다."[7]라고 한 것은 그럴 만한 이유가 있는 것이다. 이를 보면 '중용'이 지닌 무게를 살필 수 있다.

● ● ●

6. 『中庸』, "子曰: 中庸其至矣乎! 民鮮能久矣."
7. 『中庸』, "子曰: 天下國家可均也, 爵祿可辭也, 白刃可蹈也, 中庸不可能也."

익히 알고 있듯, '중용' 개념은 동한 시기의 학자 정현(鄭玄)이 이미 자세히 설명한 바 있다. 그는 "이 책을 『중용』이라고 하는 이유는 이 책이 중화(中和)의 쓰임을 기록한 것이기 때문이다. 용(庸)은 용(用)이다." 이처럼 용(庸)은 바로 '용(用)'이기도 하다. 『중용』 전체에서 말하고자 한 바는 어떻게 중도를 파악할 수 있는지, 어떻게 실제로 '중'을 사용할 수 있을지 하는 문제였다.

하나의 개념으로서 '중용'은 매우 간단하다. 하지만 진정으로 '중'의 도를 파악하고, '중을 사용'하는 것은 결코 쉽지 않다. 어렵지 않게 이해할 수 있는 것은, 우선 '중'은 고정불변의 것이 아니라 동태적인 것이라는 점이다. 중은 시간과 공간에 따라 변화한다. 혹자는 '중'이 실제 현실 속에서 편향된 것을 끊임없이 바로잡아 나가는 과정이라고 말한다. 따라서 공자가 말한 '시중(時中)'은 매우 중요하다고 할 수 있다. 이러한 '중'은 시간에 따라 변화하고, "때와 더불어 함께 행함이며(與時偕行)", "때와 더불어 모두 극함이다(與時偕極)."(『역·건괘·문언(易·乾卦·文言)』) '중'은 언제 어디서나 관찰할 수 있는 성질의 것이 아니며, 수리적 의미에서의 '중간'도 아니다. 인간이 구체적 행위 중에서 '중'을 파악하는 것은 마치 평형을 잡는 것과 같으며, 이러한 평형은 바로 편안함이며 조화다. 편하지 않고 조화되지 않으면 발전을 논할 수 없다. 따라서 『중용』은 "중화에 이르면 천지가 제자리를 찾고, 만물이 자라난다(致中和, 天地位焉, 万物育焉)." "천지가 제자리를 찾다(天地位焉)"는 것은 조화를 말하고 "만물이 자라난다(万物育焉)"는 것은 발전을 말한다.

사물의 '중'을 파악하려면 우선 반드시 총체, 체계, 전체 국면에 대한 관념이 있어야 한다. 『순자·대략(荀子·大略)』편에서는 "예(禮)가 나라를 바로 잡는 것은 마치 저울이 무게를 재는 것과 같다."[8]라고 하였다. 국가를

8. 『荀子·大略』, "禮之于正國家也, 如權衡之于輕重也."

다스리는 것은 마치 저울(秤) 혹은 천칭(天平秤)을 쓰는 것과 같다. 저울이나 천칭이 평형의 상태에 이르면 이를 '중'이라고 부른다. 하지만 사물이 항상 부단히 발전하고 변화하듯 이러한 조화와 평형은 결코 불변하는 것이 아니며, 고요히 정지해 있지도 않다. 시간과 공간은 관련 조건에 따라 변화하는데, '중'의 표준 역시 이에 상응하여 변한다. 마치 천칭의 물건이 늘고 줄고 하면 평형이 무너지는 것과 같다. 새로운 평형을 유지하려면 새로운 '중'에 이르러야 하므로 권형(權衡: 저울의 중심을 잡는 것—역자)으로 반드시 상응한 이동이 이루어져야 한다. 그런데 이러한 이동도 적절하게 해야 한다. 반드시 세 가지 문제를 잘 처리해야 한다. 첫째, 방향의 문제, "어디로 이동하는가?" 둘째, 거리의 문제, "얼마나 이동하는가?" 셋째, 속도의 문제, "얼마나 빠르게 이동하는가?" 어떤 것도 잘 하지 못하면 평형은 모두 깨진다. 새로운 조건 하에서 '중'을 구하는 것은 반드시 과학적 탐구가 있어야 하며, 사물을 전체적 국면에서 잘 인식해야하고, 미세한 것에서도 뚜렷이 알아낼 수 있어야 하고, 변화를 통찰할 수 있어야 한다.

진정으로 '중'을 파악할 수 있는 사람은 그 경지가 매우 높은 사람이다. '시중' 역시 인간의 처세에서 중요한 도리 혹은 원칙이다. 『논어・향당(論語・鄕黨)』에서는 다음과 같은 고사가 기록되어 있다. "꿩이 자로(子路)의 얼굴빛을 보고 날아올라 빙빙 돈 뒤에 내려앉았다. 공자가 말했다. "산속 까투리들은 때(時)를 잘 아는구나, 때를 잘 알아!" 자로가 이 말을 듣고 꿩을 잡아다 바쳤으나 공자는 세 번 냄새를 맡더니 그냥 일어섰다.'[9] 공자와 자로는 산속을 산보하면서 한 무리의 암꿩을 발견한 모양이다. 자로가 꿩을 보고 마치 손을 드는 듯 동작을 하자 꿩은 깜짝 놀라 날아서 앞 나무에 앉았다. 이 광경을 보고 공자는 산마루 속의 꿩들이 '때'를 잘 안다고 감탄해 했다. 꿩이 '때'를 안다는 것은 그들이 '변화'를 잘 이해했다는

• • •

9. 『論語・鄕黨』, "色斯擧矣, 翔而後集. 曰: '山梁雌雉, 時哉時哉!' 子路共之, 三嗅而作."

것이고 또한 즉시 그에 맞게 반응을 하였다는 것이다. 꿩이 자신에게 불리한 상황을 발견하고는 위험을 만날 것을 염려하여 이러한 위험으로부터 멀어져서 안전한 곳으로 간 것이다. 이에 공자는 꿩이 '때'를 안다고 감탄한 것이다!

『대학』에서는 『시(詩)』를 인용하여 "꾀꼴꾀꼴 꾀꼬리, 산모퉁이에 머물러 쉬는구나."[10]라 하였다. 공자는 이 구절을 가지고 "머물러 있다는 것은 잠시 멈출 곳을 안다는 것이다. 인간이면서 어찌 새만 못 하단 말인가?"라고 하였다. 작은 새조차 단순하지 않아서 산모퉁이의 안전한 곳을 찾아 머무를 줄 안다. 이에 감탄하면서 공자는 "어찌 인간은 새만도 못 한가?"라고 했던 것이다. 이는 마치 학생들이 지금 공부하여 미래에 일을 찾는 것과 같은 관계다. 공자는 "지위가 없는 것을 고민하지 말고, 어떻게 그 자리에 설 것인가를 걱정하라."라고 하였다. 장래에 일을 찾지 못할 것을 걱정하는 데 그쳐서는 안 되고, 반드시 스스로 자신이 어떤 것을 잘할 수 있을지를 자문해야 한다는 것이다! 『논어』의 편자는 이 장을 『향당』 편 끝에 두었는데, 그 깊은 뜻은 이 '때'에 있는 것이 분명하다는 것을 강조하기 위함이 분명할 것이다.

'때'에 관한 공자 사상은 매우 중대한 의미를 지니고 있다. 유가의 저술에는 이와 관련된 서술이 많이 등장하는데 대부분의 의미는 같다. 『주역』에 "괘는 때를 품고 있다."라고 하였는데,[11] 이 역시 사람들에게 많은 깨우침을 준다. 우리는 모두 자기 자신을 이해하고 자신이 누군지를 잘 알아야 하며, 자신이 무엇을 해야 할지를 알고, 이를 잘 할 수 있을지를 알아야 한다는 것이다. 그렇다면 당장 해야 할 일을 착실히 수행해내는 것이 가장 중요한 일일 것이다.

● ● ●

10. 『大學』, "詩云: 緡蠻黃鳥, 止于丘隅. 子曰: 于止, 知其所止, 可以人而不如鳥乎?"
11. 『周易略例·明爻通變』, "卦以存時."

송대 이전 공자의 고향인 곡부 공자묘의 대문은 '중화문(中和門)'이라 불렸다. 후에는 이름을 바꾸어 '대중문(大中門)'이라고 하였다. 이를 통해 송대 사람들에게서 공자의 '중도' 사상이 얼마나 중요한 지위를 점하고 있었는지를 생각해 볼 수 있다. 공자의 '중도' 사상이 중시된 것은 그것이 하나의 행위 방식으로서 사람들을 이끄는 중요한 사고방식이며, 또한 깊고 보편적인 가르침의 뜻을 담고 있기 때문이었다.

사람들을 위해 일을 할 때나 국가를 통치할 때, '중도'는 "예로써 중을 알맞게 만드는(以禮制中)" 방식으로 응용되어 구현된다. 서주 시기 '중'으로 나라의 자제들을 교육했을 때도 실은 그들이 '예를 지키도록' 인도하고 가르친 것에 다름 아니었다. 마찬가지로 사람들의 행위가 '중도'에 부합한다는 것 역시 자기 수양의 도리를 잘 알고 그에 따라 행하는 것을 말한다. 『일주서』에서는 "인간의 도는 중을 받든다"고 하는 한편 "인간의 도는 예이다."라고도 했다. 예는 물론 사물의 도리이기도 하다. 『일주서』에서 "예라는 것은 리(理)이다"라고 하였고, 『예기・예기(禮器)』에서 "예는 천시에 부합하며, 지리에 들어맞으며, 귀신을 따르고, 인심에 합치되며, 만물을 다스리는 것이다."[12]라고 하였다. '인간의 도리'를 파악하려면 반드시 사물의 본질을 이해하고 사회와 인생의 발전 규칙을 이해해야 한다. 그렇지 않으면 '중'을 실천한다는 것 역시 결국 공상에 지나지 않게 될 것이다.

사람들이 예를 지키고, 수양을 하려면 행위의 척도와 원칙을 잘 파악해야만 한다. 예를 들면 유가에서는 특별히 공(敬)과 공(恭) 그리고 용(勇)을 권장했다. 이들은 모두 훌륭한 것들로서 충분히 권장할 만한데 단, 단순화시킬 수는 없는 것들이다. 공자는 "공경하되 예에 맞지 않은 것을 일러 거칠다고(野) 하고, 공손하되 예에 들어맞지 않는 것을 일러 아첨한다고(給) 하며, 용감하면서 예에 들어맞지 않으면 거스른다고(逆) 한다."라고 하였다. 공경

• • •

12. 『禮記・禮器』, "禮也者, 合于天時, 設于地財, 順于鬼神, 合于人心, 理萬物者也."

함이 과도해지면 거칠어진다. 공손함이 과도해지면 비위를 맞추거나 아첨하게 된다. 용감함이 과도해지면 거역하게 된다. 따라서 공자는 "무릇 예라는 것은 중을 알맞게 만드는 것이다."[13]라고 했던 것이다.

예로서 중을 알맞게 하는 것은 '예'(즉 '리')를 행위의 준칙으로 여긴다는 것으로, 일을 처리할 때는 객관적 규율을 따라야 한다는 의미이다. 이러한 방법을 잘 지키면 "과하지 않고", "모자라지도 않게 된다." 또한 어느 한 쪽으로 치우치지 않으며, 지나치게 보수적이지도 않고, 지나치게 위험을 무릅쓰지도 않게 된다. 예를 들어 '믿음(信)'과 '공손함(恭)'에 관해 공자의 제자인 유자(有子)는 "믿음이 의에 가까워야 그 말이 지켜질 수 있다. 공손함이 예에 가까워야 욕됨을 멀리할 수 있다. 그 친밀함을 잃지 않는 것이 가히 따라야 할 근본이다." 라고 하였다. 인생의 경지가 높은 사람은 "비루한 소인"[14]이 아니라, 맹자가 말한 것과 같이 "말을 할 때 반드시 믿어주기를 바라지 않고, 행동할 때 반드시 결과가 따르기를 바라지 않는다. 오직 올바른가를 생각할 뿐인"[15] 사람이다. 또한 '조화(和)'에 관해서 유자는 "예를 행할 때는 무엇보다 조화가 귀중하다. 선왕들이 도를 행할 때 이 원칙을 최선으로 여겨 대소사를 모두 이에 따라 처리하였다. 행해서는 안 되는 바가 있으니, 그저 조화를 알기만 하여 무작정 조화를 바랄 뿐, 예로서 절제하려고 하지 않는 것은 결코 해서는 안 된다." 즉 '조화'를 한다고 해서 조화가 이루어지는 것이 아니고 예로써 '조화'를 절제할 필요가 있다는 말이다. 이는 또한 '중'의 요구이기도 하다.

사람들이 막 태어났을 때에는 모두 천진하여 사악함이 없기 마련이다. 연령이 늘어남에 따라 점차 외부 세계에 대해 인식이 생기고 외부 사물과의 감응을 통해 '좋고 싫음'의 감정이 생겨난다. 인간이 외부 사물에 의해

● ● ●

13. 『孔子家語·論禮』, "孔子說: 夫禮, 所以制中也."
14. 『論語·子路』, "硜硜小人."
15. 『孟子·離婁 下』, "言不必信, 行不必果, 惟義所在."

'변화'되는 것에는 제한이 없다. 그렇다면 '좋고 싫음'의 감정 또한 항상 절제되어야 할 것이다. 그렇지 않으면 위험한 상태에 빠지게 되기 때문이다. 이러한 '절제(節)'는 사람으로 하여금 '정욕'과 '천리' 사이의 평형을 가능케 하여, "인간이 외부 사물에 의해 변화되는 것(人化于物)"과 "천리가 소멸되고 인욕이 극으로 치닫는 것(滅天理而窮人欲)"(『예기·악기(禮記·樂記)』)을 막아주며, 인간 사회에 죄악이 발생하지 않게 한다. '절제'는 곧 '예'이며, 예가 적절하게 실행되면 '중'에 이르게 된다.

공자의 유학은 인성 즉, "인간이 인간일 수 있는 이유"의 문제를 깊이 파고들었다. 여기서 가장 중심이 되는 사상은 사람이 어떤 일에 처해 그것을 처리할 때에 어떻게 '중'을 취하는가 하는 문제일 것이다. 이는 유가의 가장 핵심적인 의제이기도 하다. 공자는 사람들이 '인정(人情)'과 '인의(人義)'를 주의 깊게 살피고, '인심(人心)'과 '도심(道心)'을 연구하고 '인욕(人欲)'과 '천리(天理)'에 대해 사고하기를 요구했다. 공자는 사회의 조화와 '대동(大同)'의 상태는 인간이 마음을 바로잡고 신체를 수양하며, 가까운 이에 대한 정을 확장하고 '선한 본성'을 넓혀서, 천리의 본성과 도를 따라서 행할 때 가능하며, 이렇게 하면 사회가 '지극한 선'의 경지에 도달할 수 있게 된다고 굳게 믿었다.

인간의 행위가 사회의 규범에 부합하도록 만들기 위해 공자는 '이형교중(以刑教中: 형벌로써 중을 가르치는 것)'을 강조하였다. 이는 단순히 형벌로 인간이 '중도'를 지키게 하려는 강압적인 요구가 아니다. 정치에서 "단지 법만으로는 다스릴 수 없다"는 말이 있는 것과 같이, '이형교중'은 모범을 만들어 정확히 인도한다는 의미가 있다. 이는 '중도'의 방법을 교육시킴에 있어서 중요한 한 측면이다.

서주 시기 '이형교중'은 '대사도(大司徒)'[16]의 사회 교화수단인 '12교(十二

---

16. (역주) 주대 육관의 하나로 호구·전토·재화·교육을 관장하였음.

教)' 중 하나였다. 이때의 이형교중은 형벌재판을 통해 사람들에게 인간으로
서의 도리를 알려주고자 하는 것이었다. 하지만 교화의 방식이 단지 이에
그치지는 않았으며 주대는 비교적 풍부한 교화 체계를 갖추고 있었다.
『주례』에 등장하는 주나라 '천관총재(天官冢宰)'의 직책 가운데 '태재(太宰)'
라는 관직은 "나라의 여섯 법전을 세우는 일을 관장하여, 그것으로 왕이
천하를 다스리는 것을 보좌"하였다. '여섯 법전'에서 '형전(刑典)'의 역할은
"나라를 꾸짖고, 백관을 벌하고, 만백성을 교정하는 것"이다. 태재는 어떻게
"백관을 벌"하는가? 많은 주석과 번역에서는 모두 직접적인 의미에서
"악한 관리에게 형벌을 가하거나", "불법을 행하는 관리에게 형벌을 가하는
것"으로 이해했다. 『주례』 형전의 '형(形)' 자는 '형(型)' 자와 상통하며,
법칙, 전범, 모범의 의미를 지닌다. 이는 백관에 대한 감독과 관리를 위해
위정자의 솔선수범을 강조한 것이다. 이를 통해 사회와 인심의 교화를
진행한 것이다.

공자의 인식 역시 이와 완전히 일치한다. 공자가 볼 때, 백관에 대해서는
"(형벌로 다스리는 것이 아니라—역자) 예로서 그 마음을 제어하여", "염치
를 가지고 절제케 함으로써 그들을 복종시켜야 한다."(『공자가어·오형(孔
子家語·五刑)』) 그리고 그렇게 하여 법식과 전범을 수립해야 한다. 공자는
말했다. "명분이 올바르지 않으면 말이 순리에 맞지 않으며, 말이 순리에
맞지 않으면 일이 이루어지지 않는다. 일이 이루어지지 않으면 예악이
흥하지 않고, 예악이 흥하지 않으면 형벌이 적절히 시행되지 않고, 형벌이
적절히 시행되지 않으면 백성이 어떻게 행동할지를 모르게 된다."(『논어·
자로』) 만약 사회에 올바른 기운이 없고 예악이 흥성하지 않으면 형벌은
공정하게 이루어질 수 없고, 사회의 공평함과 정의는 말할 나위도 없게
된다.

'중용의 도'는 '조화'의 도

　본질적으로 말해 '중용의 도'는 자신을 수양하는 도로서, 군자들의 도이
다. 공자는 인정(仁政)과 덕치(德治)를 주장하였는데, 특히 그가 제자들을
가르칠 때는 개인의 수양을 매우 강조하였다. 『시경』과 『서경』으로 교화하
였고, 효제의 덕목으로 지도하였으며, 인의예악의 덕목으로 인도하고 깨우
침을 주면서 이를 통해 도의와 덕행을 이루게 하였다. 이것이 바로 인간의
구체적인 수양 방법과 경로다.

　『중용』에서는 "희로애락이 미발된 상태를 중(中)이라 한다. 발하되 모두
절도에 맞는 것을 일러 화(和)라고 한다."라고 하였다. 마음속에서 발생하는
외부세계에 대한 정상적 반응이 바로 희로애락의 감정이다. 이는 인간
감정의 '맞춤(中)'이다. 감정이 표현될 때 알맞게 조절이 이루어지면 조화가
이루어졌다고 말할 수 있다. 인간이면 누구나 희로애락과 같은 감정을
지니게 된다. 이들 감정은 외부 사물에 대한 정상적인 반응이다. 외부
사물에 대한 반응은 모두 일정한 객관성을 지니게 된다. 이것이 바로 "성질을
따른다(率性)"는 '도리'이다. 이는 『상서·반경(尙書·盤庚)』에서 말하듯
"각자 마음속에 갖추어져 있다." 인간의 심리의 그 '중'은 바로 인간의
정상적인 감정과 심리이며, 그 감정이 정상적이고, 적합하고, 적절하게
표현되어야 '화'의 결과를 얻을 수 있다. "발하여 모두 절도에 맞음" 결국
인간 심리의 '중'에 의해 결정되는 것이다. '중'이 없으면 '화'도 없다.

　인생의 조화는 '중용' 혹은 '시중(時中)'의 인식 경지 속에서 구현된다.
인간이 중의 상태를 획득하려면 "중을 알아야"한다. 『역·건·효사(易·
乾·爻辭)』 구삼 효사는 "군자종일건건, 석척약려, 무구(君子終日乾乾, 夕惕
若厲, 無咎)'라고 하였다. 이 구절의 '종일건건'은 하루 종일 삼가고 조심하여
스스로 나아지기를 쉬지 않는다는 뜻이며, '석척약려'는 저녁이 되어서도
늘 마음속에서 근심한다는 것으로, 감히 해이해지지 않는다는 것을 의미한

다. 통상적으로 이 구절은 '우환의식'의 필요성을 말한 것으로 이해되었다. 하지만 이는 정확하지 않다. 사실, '석척약려'의 '약(若)' 자는 백서본(帛書本) 『역전』에는 '기(沂)'라고 되어 있다. 기(沂)는 본래 '석(析)'이다. 의(衣), 석(析), 척(惕) 세 글자는 서로 의미가 같다. 그 본의는 무엇인가를 해제한다는 것이며, 여기에서 파생된 것으로 한가롭게 휴식한다는 의미가 있다. 『건』 구삼 효사가 강조하는 것은 '시(時)'라는 글자이다. 군자는 때에 따라 행하고 때에 따라 그쳐야만 하는 것이다. 따라서 『회남자 · 인간훈(淮南子 · 人間訓)』에서 "종일건건(終日乾乾)은 양일 때 움직이는 것이고, 석척약려(夕惕若厲)는 음일 때 쉬는 것이다. 낮에 움직이고 밤에 쉬는 것은 오직 도가 있는 자만이 행할 수 있다."라고 한 것이다. 공자의 해석도 좋다. 공자는 "군자는 덕에 나아가며 학업을 닦는다. 충(忠)과 신(信)을 쌓아가는 것이 바로 덕으로 나아가는 것이다. 말을 닦고 그 정성을 세우는 것은 학업을 닦는 방법이다. …… 높은 지위에 처해도 교만하지 않으며, 낮은 지위에 처해도 걱정하지 않으니 따라서 조심하고 삼가다가(乾乾) 때에 따라 한가로이 쉰다(惕(析). 이렇게 한다면 위태로울 수는 있어도 어긋남은 없을 것이다."(『역 · 건 · 문언(易 · 乾 · 文言)』) 오르고 옮기고 나아가고 물러서는 일을 정확하게 해야 인생이 귀해질 수 있다. 왜냐하면 "오르고 내리는 것은 영원한 것이 없으며", "나아가고 물러서는 것도 항상적인 것이 없기" 때문이다. 중요한 것은 부단히 "덕으로 나아가며 학업을 닦는 것"이다. 이렇게 하여야 중요한 순간에 '즉시' 기회를 잡을 수 있다.

현실 사회에서 인간이 적절하지 않게 행동하는 경우는 실로 매우 많다. 공자와 초기 유가의 관점에서 사회를 관리하는 최고의 경지는 바로 도덕으로 인심을 교화하는 것이며, 그 다음이 정치와 제도로 백성들을 인도하는 것이다. 하지만 정치적 교화는 만능이 아니며, 언제 어디서나 또한 누구에게나 적용할 수 있는 것이 아니다. "교화하려 해도 변하지 않고, 인도하려 해도 따르지 않는"(『공자가어 · 형정(孔子家語 · 刑政)』) 사람들도 있다. 이들의 행위는 도의를 상하게 하고 풍속을 해치는 등 부정적인 영향이 크기 마련이다. 이러한 사람들에 대해서는 오직 "형벌을 사용"하여 강경한 조치를 취할 수밖에 없다. 이러한 "도의를 상하게 하고 풍속을 해치는" 자들에 대한 형벌은 사회를 왜곡시키는 행위에 대한 교정이며, 사회적 행위에로의 강제적인 인도다. 이는 사람들에게 무엇이 '중'이며, 어떠한 행위가 사회의 규범을 위배하는지를 알려주는 특별한 조치이다.

중용의 도는 전통 유가적 수행의 핵심으로서 그 기본 원리는 사람들로 하여금 스스로 수양하고, 스스로를 감독하고 교육하며 스스로 완전한 선을 이루어, 이상적 군자의 인격을 길러 자기에게 두루 갖추도록 하는 것이다. 그 이론적 기초는 바로 인도는 마땅히 천도에 부합한다는 것, 즉 천인합일이다. 천인합일에 도달하기 위해서는 마음을 다해 본성과 하늘을 이해하며, 인간의 이성과 감정을 통일해나가며, 마음의 품덕과 지혜를 선하게 가꾸어 나가야 한다. 이를 바탕으로 각종 인간관계를 잘 처리하고, 나아가 천하를 태평과 화합의 이상적 상태에 도달하도록 해야 한다.

중용은 인생 조화의 도리이며 세계 조화의 도리이다. 인생의 조화를 위해서는 '의(義)'를 기준으로 삼아야 한다. 국가 및 천하의 조화 역시 이와 같다. '중화(中和)'의 경지에서 이루어지는 '조화'는 일시적이지 않다. 이는 '예'라는 견고한 기초 위에서 확립되는 것이므로 상대적으로 안정성을 지닌다. 유가에서는 "조화를 귀하게 여길" 것을 주장하는 동시에 "예로 조화를 절제할 것"을 강조한다. 예는 '중'의 상태에 도달하는 것을 중시한다. '절제'를 아는 것은 바로 '중'을 아는 것과 같다. 중용의 도를 얻는다면 어느 쪽에 치우치지도 않고 적절히 일에 대응할 수 있다. 따라서 개인에 대해서든 가족, 사회, 국가 내지는 전체 세계에 대해 '조화'는 지극히 중요하다.

'화'의 상태를 유지하기 위해 중요한 것은 예를 준수하고, 도리에 따르며, 사회의 공동행위 준칙을 잘 준수하는 것이다. 인간에게는 항심이 있어

덕행을 견지하며, 주위의 사람들과 융합한다. 그런데 만약 자신의 독립된 사상이 없다면 자신의 덕행을 견지할 수 없고, 다른 사람들을 따라 일치를 이루고자 하지만, 그마저도 원칙이 없다면 타인과 조화의 상태를 유지할 수 없고, 함께 발전해 나갈 수 없다. 바로 이것이 인생 조화의 도리이자 세계 조화의 도리다.

오늘날 중국은 '세계 조화'라는 이념을 제시하고 있다. 이는 "조화로운 공존을 위한 다섯 가지 원칙"을 바탕으로 확장된 이념으로, 공자의 '중도' 철학과도 매우 부합한다. 외교란 사실 도덕적 선택을 하기 어려운 영역이기는 하지만, 한편으로 도덕적 선택에 적합한 영역이기도 하다. 도의라는 요소는 외교에서의 주요한 차원으로서 현재 주류적 국제관계의 준칙 및 가치관이다. 아직 실질적으로 완전히 털어내지 못하고 있는 민족주의와 사회다원주의의 영향을 에서 벗어나기 위해서는, 천도의 정의에 부합하는 국제헌정의 원칙을 모색하는 일이 매우 절실하다. 이를 위한 여러 사상적 자원 중에서 아마도 유가적 자원이 가장 풍부할지도 모르겠다.

제3부

대륙신유가의 발전방향과
경학의 재해석

1. 중국 현대 인문교육 제도에서의 경학

천비성(陳壁生)

1. 인문교육 제도의 혁명

신해혁명은 교육제도의 혁명도 가져왔다. 중국문명의 핵심으로서의 경학은 현대 학문분과로 편성되었고, 경학과(經學科)도 이에 따라 폐지되었다. 형식적으로는 13경이 학과별로 흩어진 것이지만, 실제로는 서양에서 현대 분과학문 체제가 이식되면서 중국 전적(典籍)이 사료가 된 것이었다. 경부(經部)의 주(注), 소(疏) 대부분은 학과 연구 범위에서 제외되었다. 게다가 서양식 분과학문의 시각으로 경적(經籍)을 다루게 되면서 경전의 내용은 사료적으로만 독해되었는데, 이런 방식의 연구는 이미 경학과 무관한 것이 되었다. 이로 인해 중국 전적은 오직 '사료(史料)'의 의의만 남았고 '학(學)'의 가치는 상실되었다. 오늘날 중국 전통의 내재적 맥락으로 돌아가 중국을 해석하려면, 반드시 현대 분과학문 제도를 성찰하고 경학을 다시 중시해야 한다. 신해혁명이 일어나고 황제체제가 붕괴된 후 공화제가 시작되면서 각종 제도들이 쇄신되었다. 1912년의 정치혁명은 중국 국가제도의 전면적 개혁을 추동했다. 학술사에서 가장 근본적인 혁명은 중국 문화교육 제도의 개혁으로 그 영향은 후대까지 이어졌다. 그중에서도 경학과의 폐지는 가장 크게 그리고 가장 오랫동안 영향을 끼쳤다고 할 수 있다.

혁명 이후 새로이 교육총장을 맡은 차이위안페이는 청말 '계묘학제(癸卯學制)'(1904)에서 지정된 '경학과(經學科)'를 폐지하고, 7개의 학과를 창설했다. 그중 문과는 철학, 문학, 역사학, 지리학 네 개로 나뉘었다. 차이위안페이는 1937년에 쓴 회고록『나의 교육계에서의 경험(我在敎育界的經驗)』에서 다음과 같이 말했다.

> 나는 14경에서『역경』,『논어』,『맹자』등은 철학과로,『시경』,『이아(爾雅)』는 문학과로,『상서(尚書)』,『주례(周禮)』,『의례(儀禮)』,『예기(禮記)』,『대대예기(大戴禮記)』,『춘추삼전(春秋三傳: 左氏傳, 公羊傳, 穀梁傳)』은 사학과로 분류하였으며, 다시 경학과를 설치할 필요가 없어서 이를 폐지했다.[1]

이러한 생각은 차이위안페이에서 비롯되었다고 할 수 있다. 1901년에 그는『학당교과론(學堂敎科論)』에서 "『서경』은 역사학이고,『춘추』는 정치

• • •

1. 蔡元培,『我在敎育界的經驗』, 高平叔 編,『蔡元培全集』, 第七卷, 北京: 中華書局, 1989, 193쪽. 후에 '國(故)學'의 범위에서 경학의 분속(分屬)에 대해 토론했는데, 기본적으로 차이위안페이의 방향과 일치한다. 예를 들어 曹聚仁은 1925년에 쓴『春雷初動中之國故學』에서 5경의 성격에 따라『易』은 현재의 철학, 사회학, 문자학으로,『詩』는 현재의 문학으로,『書』는 현재의 정치학, 사회학, 법제학으로,『禮』는 현재의 교육학, 정치학, 사회학으로,『春秋』는 사학, 정치학으로 분류했다.(許嘯天 編,『國故學討論集』第一集, 101쪽) 그러나 陸懋德는『中國經書之分析』에서『周易』은 가장 오래된 철학이고,『尚書』는 가장 오래된 사학이고,『詩經』은 가장 오래된 문학이라고 언급했다. 이러한 체계가 정해진 후 후대에 출현한 저작들은 모두 이 분류를 따르고 있어서 혼란스러울 염려는 없다. 그렇다면 경이나 경학이라는 이름을 사용하지 않아도 될 것이다. 이 분류는 다음과 같이 정리되었다.
   1) 철학류:『易經』,『論語』,『孝經』,『孟子』,『禮記』.
   2) 사학류:『書經』,『春秋三傳』,『周禮』, 즉『儀禮』.
   3) 문학류:『詩經』및『爾雅』(許嘯天 編,『國故學討論集』第三集, 185쪽).

학이고, 『예기』는 윤리학이고, 『악경(樂經)』은 미술학이고, 『시경』 역시 미술학이며, ……『역경』은 지금의 순수 철학이다"라고 했다.[2] 청말민초 서학동래(西學東來)의 물결과 서학 분과학문 방식으로 중국학문을 연구하는 일본의 영향 속에서, 류스페이(劉師培, 1884-1919), 천부천(陳黻宸, 1859-1917), 천한장(陳漢章, 1864-1938) 등 많은 사람들이 서양식 학문분과를 본보기로 삼아 그 틀로 중국 전적을 분류했다. 그러나 총체적으로 말해서, 그들 노력의 방향은 서양 학문을 기준으로 중국학술을 세계학술의 일부로 해석한 것이 아니라, 서양식 학문분과 범주와 방법으로 중국 전적이 가진 생명력의 일부분만을 활성화하는 것이었다. 더욱 중요한 것은 그들은 각 학과 속에서 경적(經籍)을 연구했지만, 이러한 학과의 틀로 경적을 제대로 이해할 수 있으리라고는 생각하지 않았다는 점이다. 요컨대 그들에게 서양식 학과는 기준이 아니라 범주였다.

경(經)은 장타이옌(章太炎, 1869-1936)을 거치면서 '역사(史)'가 되고 후쓰(胡適, 1891-1962)를 거치면서 '사료'가 되었다. 경학은 그렇게 본연의 정신과 가치를 잃었다. 첸셴퉁(錢玄同, 1887-1939)은 다음과 같이 말했다.

근대에 이르러 장쉐청(章學誠)과 장빙린(章炳麟) 두 사람은 '육경은 모두 역사'라고 주장했다. 다시 말해 공구(孔丘)가 지은 『육경』은 역사를 수정한 것이라는 뜻이다. 이러한 표현은 납득되지 않는 지점이 있지만 지금 논하지는 않겠다. 그러나 우리가 전적으로 양보하여 두 사람의 말을 인정한다 하더라도, 저들 책들의 역사로서의 신뢰도는 마땅히 『사기(史記)』와 『신당서(新唐書)』보다 훨씬 못 하다는 것을 알아야 한다. 왜냐하면 공구가 확보한 사료가 사마천(司馬遷)과 송기(宋祁), 구양수(歐陽修) 등보다 못 하기 때문이다. "하례(夏禮)와 은례(殷禮) 모두 실증하기 부족하

---

2. 蔡元培, 『學堂教科論』, 高平叔 編, 『蔡元培全集』, 第一卷, 北京: 中華書局, 1984, 145쪽.

1. 중국 현대 인문교육 제도에서의 경학 · *369*

다"는 표현이 바로 확실한 증거이다.[3]

경은 본래 중국문명의 핵심으로, '역사'가 되는 순간 '상도(常道)'로서의 가치를 잃게 되며, '사료'가 되는 순간 사실과 거짓이 병존하게 되어버린다. '역사'에서 '사료'로 변하는 과정에서 경학의 가치는 완전히 사라져버린다. 그런데 중국의 현대 학술 전환에서 근대식 학문분과 설립이란 바로 중국의 모든 전적을 '사료'의 기초 위에 세우는 것이었다. 경서가 철학, 문학, 역사 연구로 분류되어 들어가면서 물론 서로 다른 분과 연구자들도 경서를 반드시 읽어야 하지만, 이때의 경서는 이미 경학과는 무관하다. 구체적으로 말해 학과화된 연구체계에서 경학의 와해는 두 가지 측면으로 나타났다.

2. 현대학술에서 주(注), 소(疏) 연구의 결락

'경'과 '경학'은 다르다. 5경(후에 13경으로 발전된다)은 단지 5권(13권)의 전적일 뿐이다. 경의 생명력은 자연적으로 발현되는 것이 아니라, 경사(經師)들이 대대로 경을 해석하는 과정을 통해 일련의 가치 체계로 발전해가는 것이다. 역대 경사들이 경서 의리(義理)를 발굴함으로써 '경학'은 구성되었다. '경'은 단지 경 원문 자체를 일컫지만, '경학'은 경(經)과 주(注) 그리고 소(疏)[4]를 포괄한 것이다. 한대 이래 시대마다 경서의 생명력은 모두 주, 소로 체현되었다. 경서는 추상적 의리를 표현하지만, 역대 주석가들은 정치제도, 표현방식 등등과 같은 그 시대의 모든 특징을 결합하여 추상적 의리를 구체적이고 시대에 적합하게 설명해냈다. 따라서 시대마다 해석은

● ● ●

3. 錢玄同, 『研究國學應該首先知道的事』, 『錢玄同文集』 第四卷, 256쪽.
4. (역주) 원래의 경전에 전(傳), 전(箋), 집(集), 해(解), 해고(解詁) 등의 이름으로 1차 주석을 단 것이 주(注)이다. 이러한 1차 주석에 또 주를 단 것이 소(疏)이다.

다르지만, 이들이 축적됨으로써 경학체계를 이루었던 것이다. 후대 사람들은 전대 주석가의 주, 소를 통해 경문을 해석하고 의미를 재해석하면서, 경학을 지속적으로 발전시켜갔다. 따라서 경과 주, 소 체계는 떼려야 뗄 수 없으며, 주, 소 체계 없는 경 원문 자체는 이해할 수 없는 판에 박힌 도그마들에 불과할 뿐이다.

학과식의 연구에서는 연구를 시작하자마자 '경학'을 와해시키기 때문에 직접 '경' 자체를 대면할 수밖에 없다. 후쓰(胡適)는 『「국학계간(國學季刊)」 발간선언』에서 다음과 같이 말했다.

> 국고(國故)를 정리할 때 반드시 한(漢)으로써 한으로 돌아가고 위진(魏晉)으로써 위진으로 돌아가고 당(唐)으로써 당으로 돌아가고 송(宋)으로써 송으로 돌아가고 명(明)으로써 명으로 돌아가고 청(淸)으로써 청으로 돌아가야 하며, 고문(古文)으로써 고문가로 돌아가고 금문(今文)으로써 금문가로 돌아가야 하며, 정이와 주희(程朱)로써 정이와 주희로 돌아가고 육구연과 왕양명(陸王)으로써 육구연과 왕양명으로 돌아가야 한다. …… 각 그것의 본래의 면모로 돌아간 후에 각각의 시대와 각각의 학자들과 각각의 사람들의 의리에 대한 시비를 판단해야 한다.[5]

이러한 이치가 역사 연구에서는 물론 틀린 것이 아니며 경학사 연구에서도 반드시 필요하다. 그러나 경학 연구에 속에 들어가 보면 바퀴 없는 차를 만들고 나룻배 없는 나루터를 만드는 것이나 다름없다. 이러한 사유에서 5경의 한(漢), 위(魏)의 주해(注解)는 한, 위의 사상일 뿐이고, 육조(六朝)의 의소(義疏)는 육조의 사상일 뿐이고, 송(宋), 명(明)의 주해는 송, 명의 사상일 뿐이다. 그렇다면 경 자체는 어디에 있는가? 후쓰는 현대인들이 직접 경문(經

5.   胡適, 『「國學季刊」發刊宣言』, 『胡適全集』(2), 合肥: 安徽教育出版社, 2003, 8쪽.

文)을 읽어서 경문을 이해할 수 있다고 단정한 적이 있는데, 이러한 생각은 연구자에게 더 큰 문제가 된다. 만일 어떤 시대라도 사람들이 모두 경원문을 직접 읽고 이해할 수 있다면, 전한(前漢) 유자들이 모든 경전을 공자의 미언대의(微言大義: 경전에 담긴 숨은 뜻)로 거슬러 올라갈 필요가 있었을까? 송명 유자들은 무엇 때문에 사서(四書)의 의리를 밝혀 경을 이해하려 했을까? 현대인과 경적 사이에는 이천여 년의 시간 공백이 있기 때문에 사회배경이든 사유방식이든 모두 큰 차이가 있다. 역대 경의 주석은 경적의 시대적 해석과 설명에 경험을 제공할 뿐만 아니라, 현대인이 경적 의리를 풍부하게 이해할 수 있는 다리를 놓아준다. 만일 경문을 직접적으로 백화문으로만 번역한다면, 이 경적은 시대에 뒤떨어지는 교훈에 그치고 말 것이다. 후쓰의 경적에 대한 이해는 분명 그러했다. 그는 『시경』에 대해 다음과 같이 말했다

    (시경에 수록된 시) '삼 백 편'은 서주(西周)와 동주(東周) 시대 무명의 시인에게 돌려주어야 한다.[6]

『시경』을 예로 들면, 전한과 후한의 삼가시(三家詩), 모전(毛傳), 정전(鄭箋)을 논하면서 모두 한나라 사람의 사상으로 간주한다면, 『시경』은 무엇을 남겼는가? 그저 밋밋한 시 구절일 뿐이다. 그러나 '사료'의 눈으로 보면 이 밋밋한 시구야말로 『시경』의 원형이다. 만일 『시경』을 읽으면서 삼가시, 모전, 정전에 의거하지 않는다면, 경문 자체로는 아무 의미도 없으며 그저 역사, 문학의 연구 자료가 될 뿐이다. 후쓰의 『중국고대철학사(中國古代哲學史)』처럼 『시경』의 경문을 역사적 사실로 간주한다면 결국 이런 결론이 남는다. "기원전 8세기부터 7세기까지 이백 년 동안의 사조는 『시경』 한

• • •

6. 胡適, 『「國學季刊」發刊宣言』, 『胡適全集』(2), 8쪽.

권을 제외하면 특별히 고찰할 것이 없다."[7] 후쓰의 초기 유학시절인 1911년 4월 13일 일기에는 다음과 같은 내용이 있다. "「소남(召南)」, 「패풍(邶風)」을 읽었다. 한대 유자들이 경을 해석할 때 『시경』만큼 잘못 해석한 것이 없다. …… 나는 『시』를 읽을 때 모전을 뒤집고, 정전(鄭箋)을 버리고(唾棄), 공소(孔疏)를 경멸하여, 나의 뜻에 따라 『금전신주(今箋新注)』를 새로 지었다. 나는 이 전(箋)이 열매를 맺어 『삼백편(三百篇)』이 빛을 발하고 영원히 전해져 사라지지 않도록 할 것을 믿는다. 이는 허풍이 아니다."[8] 후에 그는 『「시경」을 말하다(談談「詩經」)』라는 강연에서도 같은 말을 했다. "시 삼 백 편에서 매 편의 뜻을 이해하려면, 반드시 『모전』, 『정전』, 『주자주(朱子注)』 등을 내려놓고 직접 원문을 찬찬히 읊조려봐야(涵詠) 합니다."[9] 학술 연구에서 경, 주, 소를 나누는 순간 경은 더 이상 예전의 그 경이 아니듯, 『시경』이 역대 주, 소를 버리는 순간, '시 삼 백 수'가 된다. 사료로서의 '시 삼 백 수'란 다음의 후쓰가 말한 것과 같다. "역사적 관점에서 보면 오늘날 민간에서 소녀가 부른 노래는 『시삼백편』과 동등한 위치에 있다."[10] 『시경』이 이렇다면 다른 경 역시 말할 것도 없다.

주, 소를 벗어난 '경서' 연구는 진정한 경학 연구가 아니며, 경서를 벗어난 '주, 소' 연구는 현대의 학술 분과체계에서 거의 제자리를 잡지 못했다. 사고전서(四庫全書) 경부(經部)는 모두 주, 소로 씌어 있는데, 이러한 주, 소 중에서 왕필(王弼)의 『주역주(周易注)』, 주자의 『시집전(詩集傳)』 같은 소수의 저작만이 철학사, 문학사 연구 영역에 포함되었을 뿐이다. 중국 역사에서 훌륭한 업적을 남긴 많은 주석가들이 현대 분과학문 영역에 포함될 수 없었기 때문에, 이들에 대한 연구는 공백으로 남아 있다. 가장

● ● ●

7. 胡適, 『中國古代哲學史』, 『胡適全集』(4), 228쪽.
8. 胡適, 『胡適全集・日記』(27), 129쪽.
9. 胡適, 『談談「詩經」』, 『胡適全集』(4), 612쪽.
10. 胡適, 『「國學季刊」發刊宣言』, 『胡適全集』(2), 8쪽.

대표적인 예는 정현(鄭玄, 127-200)이다. 정현의 경학이 등장하면서 양한(兩漢)의 금고문(今古文) 논쟁은 끝이 났고, 한대에서 당대까지의 시대는 거의 그의 학문이 주를 이루었으며, 청대 고증학의 핵심은 역시 정현에 있었다. 정현의 중요성을 언급했던 청말민초의 사람들을 찾자면, 먼저 예덕후이(葉德輝, 1864-1927)를 들 수 있다. 그는 네 가지 학문을 중시했는데, 다음과 같이 말했다. "한나라 이래 공자의 도를 전하는 네 가지 학문이 있다. 바로 금문학(今文學), 고문학(古文學), 정현학(鄭玄學), 주자학이 그것이다."11 "한대 말에 이르자, 각종 학설이 성행할수록 경학은 쇠퇴했다. 정현이 등장하여 비로소 이런 경향을 완전히 없애고 금고문을 집대성하여, 경생(經生)의 진부하고 조잡한 글들을 일소하였다. 당시 제자들이 옛 제나라, 노나라 지역에 두루 있었으며, 널리 삼국으로 점차 퍼져갔다. 남북조 시기에는 중원(河洛) 지역까지 크게 확대되었다. 그러므로 당 이전의 경학은 오직 정현만이 가장 으뜸이 된다."12 피시루이서(皮錫瑞, 1850-1908)는 『경학역사(經學歷史)』에서 "정현의 제자들이 천하에 두루 퍼져 있어서, 경학론에서 실로 소일통(小一統) 시대라 할 수 있다."13고 했으며, 호승공(胡承珙, 1776-1832)은 "한대 유자는 무수히 많았지만 정현이 가장 으뜸이다. 송대 유자는 무수히 많았지만, 신안(新安)의 주자가 가장 으뜸이다."14라고 했다. 정해(定海) 황이주(黃以周, 1828-1899)의 학문은 "학문을 함에 한대와 송대 학자들에 얽매이지 않았지만, 삼대(三代) 이후의 경학에서 한대 정현과 송대 주자만큼은 으뜸으로 여긴다."15 청대 학자들의 이러한 논의는 일일이 셀 수 없을 정도이다. 중국학술사에서 정현의 지위는 주자와 동일하며, 경학사에서

● ● ●

11. 葉德輝, 『葉德輝文集』 卷四, 北京: 學苑出版社, 2007, 295쪽.
12. 同上.
13. 皮錫瑞, 『經學歷史』, 北京: 中華書局, 2004, 103쪽.
14. 胡承珙, 『四書管窺序』, 『求是堂文集』 卷四, 道光十七年刊本, 10쪽.
15. 錢仲聯 編, 『廣清碑集傳』, 蘇州: 蘇州大學出版社, 1999, 719쪽.

374 · 제3부 대륙신유가의 발전방향과 경학의 재해석

정현의 지위는 주자보다 더 중요하다. 그러나 경학의 사료화 및 현대 분과학 문 체제 확립 이후 주자의 의리학(義理學)은 철학사로 분류되어 연구되었지 만 정현의 학문은 현대 학술 분과체계 이후 들어설 곳이 없었으며, 그저 학술사나 문헌학을 다룰 때 가끔씩 언급될 뿐이었다. 이는 주류 학문에서 극히 일부만이 정현의 이론에 대해 관심을 갖는 결과를 가져왔다.

서양의 현대 학과의 틀로 중국의 전통 학술을 연구하면서, 서양식 학과에 부합하는 것만이 선택되었고 부적합한 것은 소리소문 없이 버려졌다. 중국 학술에서 경학은 현대 학문분과에 가장 수용되기 어려웠으며, 이천여 년 동안 단절 없이 지속되어 온 주소학(注疏學)은 백여 년 동안 거의 방치되었다. 이는 중국 고전의 가치 및 중국 역사인식에 큰 영향을 끼쳤다.

3. 현대 학문분과에서의 경서

현대 분과학문체계에서 이루어지는 경서 연구는 이미 경학 연구가 아니 다. 차이위안페이는 14경을 문, 사, 철로 재편하면서 경학과를 폐지하였다. 그러나 실제로 이러한 조치는 사료로서 정리된 것일 뿐, 경학으로서 연구된 것은 아니었다.

『시경』은 문학과로 분류되면서 역대 주, 소는 버려졌으며, 문학의 관점에 서 시 삼 백 수의 예술성이 분석되었다. 그렇게 삼 백 편은 국가를 다스리는 대전(大典)에서 상고시대의 민요로 변해버린 것이다. 각종 문학사 저작마다 『시경』을 중국 최초의 시가집으로 간주하여 문학으로서 분석하였다. 후쓰 는『「시경」을 말하다』에서 다음과 같이 썼다.

이『시경』은 이미 이전 사람들에 의해 뒤죽박죽되어, 본래의 깊은 뜻을 이해하기 어렵게 되었다. 시는 인간 성정(性情)의 자연스러운 발로로,

마음에 느끼는 바를 쓰고 싶은 대로 쓰는 것이다. 즉 '시란 시로써 시인의 지향을 드러내는 것'(詩言志)'이라 할 수 있다. 『시경·국풍(時經·國風)』은 대부분 남녀감정을 묘사한 것인데, 일반적인 경학가 대부분은 이 소박한 작품을 억지로 문왕(文王), 무왕(武王)과 연결시켜 역사로 해석했다. 한 편의 생명력 넘치는 문학이 그들의 억지스러운 해석으로 진정한 의미를 완전히 잃어버렸으니, 얼마나 가슴 아픈 일인가![16]

　　문학의 관점에서 『시경』을 다루면서 각종 주와 소를 제쳐두고 직접적으로 '원문을 찬찬히 읊조려본 결과', 공자가 부여한 경의 대의는 버려지고, 공자 이전 시기 '채시관(采詩官)'이 민간에서 시를 채집'했을 당시 그 시가의 '원의(原意)'가 무엇인지를 나름대로 추측하게 되었다. 이 원의란 문헌 고증이 극히 부족한 역사 연구에서 순전히 개인의 경험과 상상력을 더할 수밖에 없다. 예를 들어 「관저(關雎)」 해석을 두고 푸스녠(傅斯年, 1896-1950)의 『시경강의고(詩經講義稿)』에서는 「관저(關雎)」는 "'짝사랑'에서 결혼까지 과정을 서술한 작품으로, 결혼할 때 사용하는 악장이다"[17]라고 했다. 그러나 후쓰는 그의 『「국학계간」 발간선언』에서 당시의 중서 '비교 연구'를 활용하여, 「관저」의 주제를 다음과 같이 정리했다. "「관저」는 분명한 구애의 시가로서, '사랑을 구했으나 얻지 못하여, 자나 깨나 그리워하면서 몸을 이리저리 뒤척인다(求之不得, 寤寐思服, 輾轉反側)'는 표현은 저자의 사랑의 고통을 묘사한 것이다. 그는 여자의 마음을 사로잡기 위해 비파와 거문고를 벗 삼아 켜고, 종과 북을 즐겁게 치는 등 각종 수단을 사용했다. 이는 일반적인 상고시대의 사회풍속으로 결코 특별한 일이 아니다. 이탈리아, 스페인 일부 지역에서는 현재까지도 남자가 여자가 사는 곳 창 아래에

● ● ●

16.　胡適, 『談談「詩經」』, 『胡適全集』(4), 610쪽.
17.　傅斯年, 『詩經講義稿』, 『傅斯年全集』, 第二卷, 202쪽.

가서 기타를 치고 노래를 부르며 여자의 환심을 산다. 오늘날까지 중국의 묘족(苗族)은 이 풍속을 보존하고 있다."18 후쓰 이후 『시경』 연구는 앞다투어 원의를 추측했다. 작자의 원의를 추구하는 이런 연구는 당시에 이미 일부 학자들의 비판을 받았다. 뤼스몐(呂思勉, 1884-1957)은 『경자해제(經子解題)』에서 『시경』 다루는 방법 몇 가지를 소개했다. 그중 하나가 "문학으로 여기고 연구하는 것이다," 그리고 "『시경』은 본래 문학인데, 경학가는 오로지 의리로써만 논하기에 실로 진부함을 면할 수 없다. 그러나 『시경』의 작자와는 몇 천 년의 시간적 거리가 있으며 시를 지은 의도는 우리들이 억측할 수 있는 것이 아니다."라고 했다. 그리고 "사실 『시』에는 본래 의미라는 것이 없다. 태사(太師)가 『시』를 채집하여 음악으로 삼았다면, 태사가 채집한 의미만이 남게 된다. 공자가 『시』를 산삭(刪削)하여 경으로 삼았다면, 공자가 선택한 의미만 남을 뿐이다."19라고 했다.

사실 『시경』은 공자의 산삭으로 완성된, 경학의 대의가 부여된 시집으로서, 문학의 관점에서 연구하는 것도 분명 필요하며 이 텍스트가 중국문학의 시조인 것도 확실하다. 그러나 주의해야 할 것은 문학의 각도에서 삼 백 편의 예술성을 연구하면, 그것은 『시삼백』일 뿐이지 『시경』은 아니라는 점이다. 삼 백 편의 시는 본래 공자가 지은 것이 아니라 공자 이전의 작품으로, 그 자체로 유례없이 탁월한 문학적 가치와 지위를 지니고 있다. 이러한 작품이 공자를 통해 산삭되지 않았다면, '경'으로 불릴 수 없었을 것이다. 공자에 의해 산삭을 한번 거치면서 그저 산만하게 모여 있는 삼 백 편의 시가 아닌, 선왕의 도를 담은 경국대전(經國大典)이 되었던 것이다. 바로 이러한 이유 때문에 진시황이 분서(焚書)를 시행할 때 『시』, 『서』가 가장 해로운 것으로 간주되었고, 가장 먼저 불태워졌다. 그저 '애정시'라면

● ● ●
18. 胡適, 『談談「詩經」』, 『胡適全集』(4), 611쪽.
19. 呂思勉, 『經子解題』, 『中國文化思想史九種』, 上海: 上海古籍出版社, 2009, 115쪽.

진나라가 무엇 때문에 이와 같이 적대시했겠는가. 『시경』이 문학으로 분류된 이후 삼 백 편에 대한 문학 연구에서는 '시 삼 백 수'이지 『시경』이 아니었고, 문학이었지 경학이 아니었다. 만일 문학 연구를 유일하고 정확한 해석으로 본다면 이것이 바로 반(反) 경학적인 것이다.

역사학과 연구로 분류된 『상서』는 상고 성왕시대에 출토되어 공자의 정리를 거쳐, 역대 주석가들의 주석이 붙여지면서 삼대의 다스림을 기리는 법전(法典)이 되었고 결국에는 진위가 뒤섞인 사료 책 한 권으로 변해버렸다. 역사 연구에서 『상서』는 사실 여부에 대한 검증을 기다리는 사료이다. 백 년 동안 지하 문물이 잇달아 대량으로 출토되면서, 지하문물과 비교하고 증명할 수 있는 전적으로 『상서』는 단연 일순위로 꼽힌다. 그러나 고사(古史)에 대해 시시비비를 가리게 된 이후 현대인의 이성적 관점에서 『상서』는 공자와의 관계가 끊어지고 여러 편(篇)이 새롭게 고증되었으며, 시대 관련 논쟁도 이루어졌다. 따라서 역사의 각도에서 『상서』 연구가 이루어지면서 『시경』과 마찬가지로 사료로서의 가치는 확보되었지만, 경으로서의 『상서』와는 아무런 관련이 없게 되었다.

『주례』, 『의례』, 『예기』, 『대대예기』 역시 역사학과로 편입되어 다루어지게 되었는데, 그중 『예기』의 「대학」, 「중용」, 「예운(禮運)」 몇 편은 송명이학(理學)과 캉유웨이 덕분에 철학과에서 중시되었다. 경으로서의 『주례』, 『의례』, 『예기』는 특히 유흠(劉歆, B.C. 50-23)과 정현 이후의 경학사에서 고문경학의 핵심 경전이 되었다. 『주례』는 동한(東漢) 이후 '태평을 이루었던 주공(周公) 때의' 정전(政典)으로 간주되었지만, 현대 역사연구에서는 저자와 저작 시기조차 논쟁이 분분한 사료가 되어버렸다. 『의례』는 일찍이 예경(禮經)으로 알려져 왔는데, 역사 연구에서는 마찬가지로 연대를 확정할 수 없었다. 이 두 책에 대해 정현의 주석은 매우 정밀하고 당소(唐疏)는 매우 상세했지만, 이 책들이 역사학과로 분류되면서 주대 역사 고증에 사용할 수 없게 되었을 뿐만 아니라 어느 시대의 전장(典章)인지도 확정할 수 없었다. '역사'가 될 수 없다는 이유로 이 책들은 사람들에게 점차 잊혀졌다. 역사연구는 사상사 연구를 포함해 작자와 시대를 확정해야 비로소 그 발전의 기원을 서술할 수 있다. 그러나 이 네 권의 예(禮)에 관한 책은 작자와 시대를 확정할 수 없었기 때문에, 학술사나 문헌학에서만 일부 다뤄질 뿐이었다. 경학 속에서 예학은 큰 힘을 갖지만, 일단 그것이 사료로서 역사학과의 재료가 되면 인적이 드문 죽은 성(城)과 같이 아무 힘을 못 쓰게 된다.

『역경』은 철학과로 분류되면서 주로 서양철학의 시각에서 『역경』 자료에 대한 철학적 해석이 이루어졌다. 『역경』에서 서양철학에 대응할 수 있는 부분은 주로 「계사전(繫辭傳)」이었고 이것이 철학적으로 해석되면서 오히려 경학과의 관련성은 적어졌다.

『춘추』 삼전은 역사학과로 분류되어 역사연구의 '사료'로 다루어졌다. 삼전에서 『공양전』, 『곡량전』 두 권은 오직 미언대의만을 말했기 때문에, 실제 사료로서의 가치는 없었다. 따라서 백 년 동안 역사학과에서 이 두 권을 연구하는 이는 드물었다. 사료의 가치를 지닌 것은 『좌씨전』이었다. 유봉록(劉逢祿, 1776-1829)의 『좌씨춘추고증(左氏春秋考證)』, 캉유웨이의 『신학위경고(新學僞經考)』 이후, 많은 사람들에게 『좌씨전』은 『춘추』를 전하지 않는다는 것이 공통인식이 되었다. 그러나 사료의 관점에서 보면 『좌씨전』이 『춘추』를 전하는지 여부가 문제가 아니라, 『좌씨전』에 실린 글들이 춘추 시기의 역사 실록인지의 여부가 문제이다. 옛것을 의심하고(疑古) 거짓을 판별하는(辨僞) 방법론을 견지하던 첸셴통 역시 다음과 같이 말했다. "오늘날 『좌씨전』에 기록된 사실이 『공양전』보다 훨씬 신뢰할 만하다고 생각한다. 그것은 주대 말기의 사람이 기록한 역사이지만 『공양전』은 '입으로 전해오다가 한대에 와서야 죽간과 백서에 씌어졌기 때문이다."[20] 당시 스웨덴의 한학(漢學) 연구자인 베른하르트 칼그렌(Bernhard Karlgren)의 『「좌전」진위고(「左傳」眞僞考)』 역시 중국어로 번역되어 있는

데, 이 책은 음운 고증을 통해『좌씨전』의 사료로서의 진실성을 입증했으며 후쓰 등에게 상당한 영향을 미쳤다.[21]『좌씨전』의 사실성을 확정한다면, 이는 역사연구에서 춘추 시기 역사를 다루는 가장 중요한 문헌이 된다. 아울러 이 중요성은 그것이『춘추』라는 경전을 풀이하는 '전(傳)'이기 때문이 아니라 그 내용 자체의 신뢰성 때문이다.『좌씨전』의 역사적 사실을 통해 춘추 시기의 제도사, 사상사, 전쟁사 및 국제법 등 역사 문제를 연구할 수 있다.

그러나 이러한 연구와 고문경학으로서의『좌씨전』은 어떤 관련도 없다. 경학의 관점에서 보면,『좌씨전』이 출현하게 된 이유는 처음부터『춘추』를 해석하는 데 목적이 있었고, 유흠부터 가규(賈逵), 복건(服虔), 두예(杜預), 그리고 장타이옌(章太炎)까지 모두『좌씨전』이『공양전』,『곡량전』 두 전보다『춘추』경문에 대한 더 정확한 전(傳)이라고 적극적으로 증명했다. 이로써『공양전』,『곡량전』으로부터『춘추』에 대한 해석권을 가져왔다. 유흠의『이서양태상박사(移書讓太常博士)』에서 두예의『춘추경전해석(春秋經傳集解)』, 그리고 장타이옌의『춘추좌전의의답문(春秋左傳疑義答問)』까지 모두 그러하다. 때문에 경학으로서의『좌씨전』의 요점은 전문(傳文)의 역사실록에 있지 않고, 이러한 역사실록이 어떻게『춘추』경을 해석할 수 있는가에 있었다. 그런데『좌전』 전문을 춘추시대의 문헌실록으로 보고 춘추사를 연구하면 경학의 이런 문제를 완전히 방치해버리게 된다. 따라서 역사학과에서 연구하는『좌씨전』은 경학과 아무런 상관이 없다. 사실 고문경학으로서의『좌씨전』 연구에는 필연적으로 역사연구가 포함되어 있다. 고문경학, 특히 두예의 경학에 대한 견해에 따르면, 공자가 편찬한『춘추』경은 노나라 사관의 책서(策書)에 적힌 큰 사건들을 사료로 하고

●　●　●

20.　錢玄同,『「春秋」與孔子』,『錢玄同文集』第四卷, 261-262쪽.
21.　胡適,『「左傳眞僞考」的提要與批評』,『胡適全集』(3) 참조.

주공에 대한 기록을 범례로 삼고 있어서, 필법이 간단하다. 그러나 좌구명(左丘明)의 『좌씨전』은 간독(簡牘)에 적힌 사건들을 근거로 삼고 있어서 서술이 비교적 상세하다. 전문(傳文)의 상세한 서술에서 경문의 간결한 말의 미언대의를 발굴해낼 수 있다. 따라서 경과 전을 합하여 서로 뜻을 밝힐 때 경(經)의 대의를 알 수 있을 뿐만 아니라 전(傳)의 사실도 알 수 있다. 따라서 역사적 관점에서 『좌씨전』을 고찰하면 그 유래를 찾을 수 있으며, 청나라 사람이 『좌씨전』을 고증하여 춘추 시기의 역사와 지리를 밝혔던 경우는 셀 수 없을 정도이다. 그러나 반드시 주의해야 할 것은 바로 『시경』을 문학의 관점에서 연구할 수 있지만 이는 경학 연구가 아니며, 『좌씨전』을 역사의 관점에서 연구할 수 있지만 이 역시 경학 연구가 아니라는 점이다.

차이위안페이는 1912년 경학과를 폐지하고 여러 경서를 현대 학문분과로 분류할 때, 문, 사, 철, 세 개의 학과는 갓 설립된 데 반해 이 과의 연구자들은 대부분 노학자들이었기 때문에, 학술연구는 전통 경세학(經世學)과 밀접한 관계가 있었다. 그러나 후쓰 등 서양에서 유학했던 학생들이 서양 분과학문을 중국으로 가지고 들어오면서부터 계몽의 이름으로 신문화운동이 일어났고, 전통에 전면적으로 반대하고 유학에 반대하는 학설이 크게 유행했다. 다른 한 편으로는 중국 전적을 사료로 보고, 서양식 학문분과를 기준으로 중국 사료를 정리함으로써 근대 분과의 학문이 성립되었다. 전자가 주로 파괴였다면 후자는 주로 건설이었다. 이러한 '건설'은 이미 고유문화의 혈맥을 계승하는 것이 아니고, '문명 다시 만들기(再造文明)'였으며, 옛 건축물을 보존하는 것이 아닌 옛 건축물의 낡은 기와 위에 새로운 고층빌딩을 짓는 것이었다.

전통학술에서 현대 분과의 학문으로 전환되면서, 가장 큰 피해를 입은 것은 바로 경학이었다. 경과 전은 본래 전통문명의 핵심이었지만, 현대학과로 편입된 후 『시경』은 문학의 『시삼백』이 되었고, 『상서』는 거짓 역사가 되었고, 『주례』, 『의례』, 『예기』는 문사철의 주류 연구에서 소외되었다.

『주역』은 사료로서의 일부 내용만이 철학적으로 독해되었고,『춘추』의 『공양전』,『곡량전』두 전은 거의 관심을 받지 못했으며, 오직『좌씨전』만이 사료가 되었다. 문, 사, 철 세 과로 각각 분류된 경서가 있지만, 바로 그 이유 때문에 학과의 시각에서 경문에 대한 사료화한 독해만 이루어졌다. 이러한 연구는 이미 경학과 무관하다. 삼례 및 『공양전』,『곡량전』부터 『효경』에 이르기까지 이러한 경들은 현대 학과의 연구 시야에 들어올 수 없다는 이유로 방치되었다. 후쓰 이후 현대 분과학문은 흥했지만 경학은 죽었다고 할 수 있다.

4. 중국에 대한 해석: 외부 시각과 내부 시각

경학이 와해되고 사학이 흥기하는 과정에서 일부 학자들은 당시 학풍을 깊이 성찰하기 시작했는데, 대표적인 학자로 존경서원(尊經書院) 출신의 송위런(宋育仁, 1857-1931)이 있다. 장타이옌 등은 역사를 중심으로 중국 전적을 보자고 제창했고, 후쓰는 중국의 모든 것을 사료로 간주했다. 송위런 은 전자에 대해 장타이옌과 양계초에 공개적으로『사학을 논하다. 「문사(文史)」, 「교수(校讎)」의 기원과 발전, 좋은 점과 나쁜 점을 통석(通釋)하여 장타이옌과 양계초에게 부치는 글』이라는 편지를 보냈다. 후쓰와 관련된 글로는『후쓰의 「국학계간 발간선언」을 비판하는 글(評胡適「國學季刊發刊宣言」書)』이 있다. 송위런의 핵심 관점은 이러하다. 만일 역사를 근본으로 삼아 사료를 연구대상으로 삼는다면, 중국학술은 결국 '학(學)'이 없는 국면에 빠지고 말 것이다. 중국학술의 '학'은 근본적으로 경의 의리에 기초하기 때문이다.

『사학을 논하다』의 서두에서 송위런은 다음과 같이 말했다.

사학은 오직 『사기』, 『한서(漢書)』 속에 학(學)이 있다고 할 뿐, 그
책을 학으로 삼지는 않는다. 이렇게 말한다면, 사학을 주장하는 이들은
힐난하며 말할 것이다. "경학만은 어찌 유독 그렇지 않은가? 경을 연구함
으로써 그것에 실린 도(道)를 구하는 것을 학이라 하지, 경학 연구 자체가
학이 되는 것은 아니다." 그렇다면 이 둘은 어떻게 다른가? 같은 점만
보고 다른 점을 보지 않는다면, 다만 무릇 경이란 것을 공문(孔門) 일파(一
派)에서 전하는 바, 도합 13경까지를 경계로 한다고 생각하는 것이다.
역사(史)를 말하는 이들은 『사기』와 『한서』에 학이 있음을 들어서 말하지
만, 두 가지 다른 이해방식으로 이해한 것이지, 하나의 계통에 속한
학이 아니다. 그리고 두 사가(史家)의 책에 학이 있다고 말하는 까닭은
모두 공문 경학의 단서를 전술(傳述)하여 공문의 학을 드러냈기 때문이지,
스스로 새로운 길을 열어서 학문을 했기 때문이 아니다.[22]

사부(史部)의 정사(正史) 중 오직 『사기』와 『한서』의 역사기록만이 당시
의 역사적 사실을 제공해줄 뿐만 아니라 사마천, 반고의 역사학적 통찰을
읽을 수 있기에, 바로 "그 책에 학이 있다"고 한 것이다. 사마천과 반고는
사학의 관점으로 사료를 편집함으로써 위대한 역사가의 지위에 올랐으며,
두 책의 가치는 천 년 동안 계승되면서 역대 정사(正史)와 통사(通史)의
본보기가 되었다. 그러나 사마천과 반고 두 사람의 '역사학적 통찰'은
사료 자체에서 온 것이 아니다. 다시 말해 역사 자체는 연구자에게 역사를
다루는 통찰, 즉 가치를 제공할 수 없다. 오직 경학만이 이러한 가치를
제공할 수 있다. 역사(史)란 옛 자취일 뿐이다. 학(學)이란 저자의 의리와
사색이 있어야 학이라 할 수 있다. 저자의 의리와 사색은 경에서 나온다.
경은 의리의 근원이며, 역사는 반드시 경에 통섭되어야 학이라 할 수 있다.

● ● ●

22. 宋育仁, 『論史學 — 統釋「文史」, 「校讎」源流得失並致章梁』, 『國學月刊』 第二十期.

그렇지 않으면 옛 자취이자 사료일 뿐이다. 사마천의 『사기』는 금문경학의 관점과 관계가 있으며, 반고의 『한서』 역시 경학 관점의 영향을 받았다. 사마천, 반고 이후의 역사 편찬은 많은 경우 사료를 수집하여 전례를 따라 책으로 묶어냈는데, 그 책에는 '학'이 없다.

'역사'를 모든 학문의 기초로 삼는 것은 어떤 문제를 가져오는가? 송위런이 제기한 문제의 근본은, 만일 '역사'의 관점에서 모든 것을 다룬다면 모든 가치는 역사 속에서 와해될 것이며 더 이상 어떤 불변의 진리도 찾을 수 없다는 데에 있다. 그는 다음과 같이 말했다.

> 경학을 아는 것이 고증에만 국한된다면 문화에 걸림돌이 되고, 고증을 중시하고 경사를 경시한다면 문화의 해충이 될 것이다. 게다가 논리(logic)를 학문의 방법으로 삼고 사학을 강학(講學)의 중심으로 삼는 것은, 사학의 근본이 어디에 있는지 모르는 것으로 백성들을 오도할 수 있으니 반드시 이를 말하고자 한다.[23]

만일 청대 경학처럼 경을 인정하더라도 고증하는 학문에 국한된다면, 진정으로 경학의 가치를 밝힐 수 없다. 고증을 중시하면서 경을 역사로 간주한다면, 더욱더 전면적으로 경에 반하게 된다. 그리고 일단 서양의 논리 중심의 학문방법으로 무수히 많은 사료를 다루면, 오로지 사학만을 논하게 되어 진정한 가치는 전혀 없게 되므로 천하 만백성에 악영향을 끼칠 것이다.

실제 '역사의 시각'에서 중국을 본다면, 마음속에 따뜻한 존경심을 갖게 되면서도 결국에는 '중국' 자체의 가치 체계를 무너지게 할 것이다. 중국 고대의 위대한 주석가는 경에 주를 다는 과정에서 부단히 '상도(常道)'로서

23.　宋育仁, 『論史學 ― 統釋「文史」, 「校讎」源流得失並致章梁』, 『國學月刊』 第二十期.

의 경학의 의리를 분명히 드러냄으로써, 대대로 경(經)의 역사적 여정을 이끌었다. 그러나 현대인이 '역사'의 시각으로 이들을 다룬다면, 옛사람들의 모든 노력이 시간의 흐름 속에 흩어져 버리고, 경은 그저 '경학사', '사상사'의 일부분이 되고 말 것이다. 장타이옌처럼 '역사'가 의미 있다고 생각한다면, 경학사, 사상사도 많든 적든 현실 생활과 관련이 있게 될 것이다. 그러나 일단 '역사'가 아무 의미 없는 과거일 뿐이라면, 고대의 영원불변의 진리를 추구했던 노력은 현대인의 객관 지식의 한 구성 요소로 전락해버리고 말 것이며, 현대인에게 이른바 '가치'는 더 이상 존재하지 않게 될 것이다.

후쓰가 『「국학계간」 발간선언』에서 "국학의 방법은 역사의 시각으로 전체 과거 문화의 역사를 정리하는 것이다. 국학의 목적은 중국문화사를 완성해내는 것이다."라고 한 것에 대해 송위런은 다음과 같이 평가했다. "여기에서 사용된 '사(史)'자는 역사로 문화를 서술한다는 뜻이지, 역사를 학으로 삼는다는 것이 아니다. 다시 말해 문화의 진적(陳跡)과 그 작용이 역사에 실리는 것이지, 이 역사에 실린 것을 문화로 여기는 것이 아니라는 의미이다. 문화의 진화(進化)는 경을 토대로 삶으로 살아내야 가능하다."[24] 여기에서 "역사로 문화를 서술한다"는 것은 역사 안에서 문화를 말한다는 것으로, 이것으로 말할 수 있는 것은 그저 역사(史)일 뿐이다. 그러나 '역사를 학으로 삼는다'는 것은 고대 전적의 내용을 내부의 '학'으로 발전시키는 것이다. 그리고 송위런은 진정한 '학'을 발전시키려고 할 때 주요 자원은 '경'이라고 생각했다. 오직 경만이 '학'을 제공할 수 있으며, 이러한 '학'을 토대로 역사를 보려고 해야만 비로소 '사학'이 될 수 있다. 그렇지 않고 '학'이 없는 역사 연구는 서양의 학을 원용하지 않으면, 무의미한 사료 연구가 된다. 가치는 시간의 한계를 넘어 영원한 의의가 있어야 한다.

• • •

24. 問琴(宋育仁), 『評胡適國學季刊宣言書』, 『國學月刊』第十六期.

가치가 만일 구체적 시공간에서만 유효하다면 다른 시공간에서는 다른 가치가 필요할 것이며, 시간의 끝인 '현재'의 입장에서 말할 수 있는 것은 오직 다원화된 가치일 뿐, 영원히 진리는 없다고 할 것이다.

사실 랴오핑, 캉유웨이든, 피석서든 청말 경사 모두는 혁명이 곧 도래하여 민족국가로서의 새로운 중국이 세워지려는 시대에, 경전전통의 영원한 가치를 새롭게 구축함으로써, 경학사에서 한 번도 경험한 적이 없는 시대적 대변화에 대응하기 위해 평생 노력했다. 민족국가 시대에 경학의 핵심문제는 '경과 사의 관계' 문제 즉, 중국문명에 영원한 가치가 있는지, 역사적 한계를 넘어설 수 있는지, 민족국가라는 새로운 중국의 문제를 적용할 수 있는지로 전환되었다고 할 수 있다. 고금 사학에 대한 랴오핑, 캉유웨이, 피석서의 비판은 결코 협소한 파벌적 견해에서 나온 것이 아니다. 민족국가 시대가 도래하면서 완전체로서의 전체 중국문명의 '체계화'가 이루어진 후, 고문경학 전통이 그 활력을 유지하려면 사학화(史學化)가 불가피해질 것인데 그렇게 되면 그것이 결국 유구한 문명에 담긴 영원불변의 가치를 와해시키게 될 것이라는 사실을 그들은 매우 민감하게 포착했던 것이다.

2. 『주역』, 『중용』, 『대학』, 유교 세 경전의 의미

천밍(陳明)

대륙신유학의 발전과정에서 나타나는 특징 중 하나는 종교의 관점에서 유학의 역사·문화적 기능을 설명하고 그것의 현실적 의의를 탐색하는 것이다. 이러한 논의는 자연스럽게 이와 관련된 신학 문제에 대한 이론적 논의들을 이끌어냈다. 이 글에서는 『역전(易傳)』, 『중용』, 『대학』 등 세 경전을 통해 이 문제를 탐색하고자 한다. 필자는 송대 이래의 '사서체계(四書系統)'가 인격수양을 동기와 목적으로 하여 도덕철학을 수립했지만, 그 사상적 구조와 문헌해석의 측면에 있어 수많은 문제를 지니고 있다고 보고 있다. 그래서 필자는 '천(天)' 중심으로 하는 종교적 신학체계를 제시하고자 한다. 즉 『역경』은 천도(天道)를 말했고, 『중용』은 성명(性命)을 논했으며, 『대학』은 그 실천을 말했다는 것이다.

종교의 관점에서 유가 문화의 역사·문화적 기능을 이해하고 이것이 지니는 현실적 의의를 탐색하는 것은 대륙신유가들이 관심을 가질 만했던 매우 중요한 사고의 방향이다. 팡커리(方克立) 교수는 2005년 "제7차 현대신유학 국제학술대회에 부치는 글"에서 이른바 '대륙신유학'의 대표 인물로 장칭(蔣慶), 캉샤오광(康曉光), 천밍(陳明) 등을 들었다.[1] 이 중 장칭과 캉샤오광은 모두 캉유웨이 사상을 계승해서 유교 국교론과 유교 국교화를 주장하고 있으며, 천밍은 사회의 현대적 변천에 맞추어 공민종교(公民宗敎)의 관점에서 유교가 역사적으로 가졌던 기능과 현실에서의 지위를 설명하고 있다. 어찌되었건 이러한 논의들은 자연스럽게 이에 상응하는 '신학' 문제에 대한 논의를 필요로 한다.

캉유웨이의 작업은 주로 공자를 중심으로 그의 교주(敎主)로서의 신성성을 형상화하는 것이었고, 따라서 "위서(緯書)²를 자주 인용하여 공자를 신비하게 설명했다." 그러나 종교는 무속신앙이 아니며, "현묘한 성인(玄聖)", "흑제의 아들(黑帝之子)", "단문(端門: 궁궐의 정문)에서 명을 받다(端門受命)" 등의 말들은 모두 황당무계한 말들로, 그 효과가 매우 제한적일 뿐만 아니라, 심지어는 부정적인 영향을 끼칠 수도 있다.³『시경』,『서경』에서『예기』에 이르기까지 유교는 유구하고 풍부한 자신들만의 정정당당한 신학체계 혹은 '계보학'을 가지고 있다. 이것은 '천'을 최고의 존재자로 여기는 것이며, 공자는 천덕(天德)에 대한 깊은 깨달음을 얻었기에 유교에서 가장 중요한 사상가가 된 것이다. 이 글에서는『역전』,『중용』,『대학』등 세 경전에 의지해서 유교의 기본적 이론 및 논리관계에 대해 초보적인 탐구 혹은 스케치를 해보고자 한다.

경전은 문화 특히 종교문화를 지탱하는 버팀목이다. 만약 유가란 무엇이

● ● ●

1. 方克立, 「甲申之年的文化反思 ― 關於大陸新儒學問題的三封信」,『大陸新儒學評論』, 北京: 線裝書局出版社, 2010.

2. 위서(緯書): 중국에서 경전 해석에 가탁해서 신비적인 예언을 한 책. 위(緯)라는 것은 횡사(橫絲)로, 종사(縱絲)를 의미하는 경(經)에 대해서 해설 부연한 것이다. 그러나 위서는 거의 모두 참(讖), 즉 점서로서의 요소를 포함하고 있으므로, 참위서(讖緯書)라고도 한다. (출처: 종교학대사전)

3. 周婷婷, 「'我注緯書' ― 康有爲對孔子'托古改制'形象的塑造」(『山東農業幹部管理學院』, 2007年 06期.『효경구명결(孝經鉤命決)』의 경우, "(공자는) 호랑이 손바닥, 거북이 등, 고고한 목젖, 중첩되게 난 이, 툭 튀어나온 입술, 일곱 가지 무늬가 새겨진 혀를 가졌다(虎掌, 龜脊, 輔喉, 騈齒, 鬥唇, 舌裏七重)." 등의 설명이 나오는데, 이것은 너무나 조잡하고 유치한 것들이다.

나고 묻는다면, 가장 일반적인 대답은 사서오경과 공맹의 도라는 대답일 것이다. 사실 사서와 오경은 서로 다른 시기의, 그리고 서로 다른 사상적 양상의 유가 문화체계를 반영하고 있다. 공자와 맹자의 도라는 것 역시 송대 유학자들이 구성해낸 결과물이다. 이것은 시대별로 사람들이 유가 이론에 대해 서로 다른 이해를 가졌으며, 각 시대마다 유가 문화가 서로 다른 역사·문화적 기능을 가졌다는 것을 의미한다. 또한 오경에 앞서서는 '육예(六藝)'가 존재했다. 공자는 다음과 같이 말했다.

> 육예(육경)는 가르침에 있어 한가지다.『예기』로 사람들을 절제시키며,『악기』로 화합을 일으키고,『서경』으로 일을 이끌며,『시경』으로 뜻이 통하게 하고,『주역』으로 조화로움을 펼치며,『춘추』로 의롭게 만든다.[4]

옛날에는 '치(治)'자와 '교(敎)'자를 구분하지 않았기에 '치(治)'자는 곧 '교(敎)'자이다.[5] 장학성(章學誠)은 유가의 경전이라고 할 때의 '경(經)'자는 일단 동사이며, "정치를 베푸는(施于政事)" "경륜(經綸)"이라고 보았다. 즉 "경륜이라는 말은 세상의 벼리가 된다는 말이다."라는 것으로, 그는 한마디로 요약해서 다음과 같이 말했다.

> 육경은 모두 선왕들의 정치를 담은 경전이다.[6]

● ● ●

4. 『史記·滑稽列傳』, "孔子曰: 六藝於治, 一也. 禮以節人, 樂以發和, 書以道事, 詩以達意, 易以神化, 春秋以義."
5. 유대교의 기본경전인『모세 오경』은 히브리어로 "Torah"라고 부르는데, 그 뜻은 가르침, 계시, 율법 등이다. 따라서 '경(經)'자에 '경륜', '경시제세(經時濟世)'의 뜻이 있음을 알 수 있다.
6. 章學誠,『文史通義』,「經解上」,「易敎上」, 北京: 中華書局, 1985.

주공(主公)에 대한 공자의 서술[7]과 왕부지(王夫之, 1619-1692)의 "법도는 삼왕(三王)[8]에서 갖추어졌고, 도리는 공자에게서 드러났다."[9]라는 설명에 따른다면, 우리는 유가 경전의 형성과정에 대해 "위대한 선왕들이 천명을 체현하여 다스림을 펼쳤고, 성인은 하늘의 뜻을 밝혀서 가르침을 세웠다."라고 이해할 수 있을 것이다.

송대 이전에는 주공과 공자가 나란히 거론되었고, 송대 이후로는 공자와 맹자가 나란히 거론되었다. 여기에서 핵심은 공자의 지위가 올라갔는가 혹은 내려갔는가에 있는 것이 아니라 주공 대신 맹자가 들어간 것이 유가사상의 논리에 어떠한 변화를 가져왔는가에 있다. 주공과 공자의 관계에서 공자는 "주공이 천명을 체현하여 다스림을 펼치는" 가운데 천도를 밝힌 인물이다. 공자와 맹자의 관계에서 맹자는 공자의 인덕(仁德)을 논증하고 연역한 인물이다. 즉 이론의 중심이 '천'에서 인간으로 옮겨온 것이다. 천을 중심으로 하자면, 덕은 "낳고 낳음의 덕(生生之德)"이고, 이것은 기원, 운동이자 귀결이다. 인간을 중심으로 하자면 덕은 미덕(美德)이 된다. 비록 여전히 천과 관련되고 있기는 하지만 천의 인격성과 의지성, 풍부성은 현저히 약화되었다.[10] 『문사통의(文史通義)』에서 "주공은 통치의 성취를 집중시켰고, 공자는 입교의 극치를 밝혔다."[11]고 말했는데, 이 말은 참으로

● ● ●

7. 『論語·八佾』, "鬱鬱乎文哉, 吾從周." 『論語·述而』, "甚矣吾衰也! 久矣吾不復夢見周公!"

8. 삼왕(三王): 하(夏)나라 우(禹)임금, 은(殷)나라 탕왕(湯王), 주나라 문왕(文王) 혹은 무왕(武王)이다.

9. 『讀通鑑論』卷一, "法備於三王, 道著於孔子."

10. 천밍의 「孔孟仁說異同論」(『文史哲』, 2010年 03期)을 참고하라. 이 글은 주로 공맹의 인설(仁說) 사상의 차이점에 대해 논한 것이지만, 공자가 생명에 관심을 기울인 반면 맹자는 도덕을 강조한 점에 주목했다. 다만 이 글은 공자에서 인과 천이 어떠한 내재적 관계를 맺는지에 대해서는 충분히 다루지 못했다. 이러한 측면의 사고에 관해서는 「生化: 主宰和義理的根源與基礎 ── 儒教天論之脈絡與意義」(『北京大學學報』第47卷, 第二期, 2010)를 참조하라.

11. 『文史通義·原道上』, "周公集治統之成, 而孔子明立教之極."

옳다. 유감스러운 점은『문사통의』에서는 오직 경전이 경전일 수 있는 까닭에 관한 문제에서 출발해서, '실제 사실(實事)'과 '공허한 말(空言)' 간의 관계에서 다스림과 가르침, 군주와 스승의 구별을 논했으며, 또한 은근히 '경륜(經綸)'은 높이고 '좌론(座論)'[12]은 낮추는 포폄의 뜻도 담고 있다는 것이다. 따라서 주공이 "황천(皇天)은 친히 여김이 없고 오직 그 덕에 의지한다."[13]라고 한 것과 공자가 '낳고 낳음'을 천의 덕으로 삼았던 것 간의 내재적 관계로부터 유교의 신학이론을 성립시킴으로써 공자의 이러한 창의적 작업을 심층적으로 설명해내는 것에까지는 나아가지 못했다.

의심의 여지없이 이것이 바로 이 글의 취지 혹은 이 글에서 주력할 작업이다.

당시 캉유웨이가 공자교를 국교로 설립할 것을 주장했던 것은 정치적으로는 유신변법(維新變法)을 추진하기 위함이었고, 문화적으로는 인심을 수습하고 기독교의 충격에 대응함과 동시에 과거제 등 제도적 버팀목을 상실한 유교에게 새로운 사회적 토대를 제공하기 위함이었다. 나의 관점에서 보았을 때, 오늘날 유교문제를 다시 제기하는 것은 현대성-탈현대성 간의 충돌이라는 상황 아래에서, 유구한 역사를 가진 선험적 전통이 국가 및 국족(國族) 구조 안에서 중요한 작용을 발휘하도록 하기 위함이다. 이것이 지니는 중요성은 질서와 의미의 가치적 토대로부터 설명할 때, 더욱 잘 이해될 수 있을 것이다. 5·4운동을 현대성의 출발로 보는 것에 익숙한 우리들의 관점에서는 이러한 설명이 다소 낯설 것이다. 그러나 장 자크 루소(Jean-Jacques Rousseau, 1712-1778), 로버트 벨라(Robert Bellah, 1927-2013), 아론 버(Aaron Burr, 1756-1836) 등의 저작과 영국, 미국 등 여러 국가들의 건국 경험들은 자유, 평등 및 헌정 등의 가치들이 모두 종교문화와

● ● ●

12. (역주) 재상이 앉아서 정사를 논하는 예.
13. 『書經·蔡仲之命』, "皇天無親, 惟德是依."

밀접한 내재적 관계를 맺고 있다는 점을 보여주고 있다.14 유교이론 건설 작업 역시 이러한 목표에 도달하기 위해 반드시 노력을 기울여야 한다. 나는 그 이론작업의 측면에서 우선 천이 전체 사상구조에서 가지는 핵심적 지위를 다시 한 번 확립시키고, 그 다음 이를 중심으로 천도의 신앙과 생명이 사회적 삶과 내재적 관계를 맺고 호응하는 방식을 탐색해야 한다고 생각한다.

한대에는 정사의 문제에 관심을 두어서 왕패지변(王覇之辨)15을 논했으며, 오경(五經)에 모두 박사(博士)를 설치해서 사회통치에 직접 적용했다. 예컨대 『춘추』를 가지고 소송을 처리하거나 『서경・우공(禹貢)』에 따라 치수사업을 하는 등이었다. 송대에는 심성의 문제에 관심을 두어서 의리의 구별을 중시했으며, 사서가 핵심 경전이 되어서 훗날 과거제 팔고문(八股文) 의 표준적인 답안이 되었다. 나의 관점에서 보았을 때, 우리의 '직계 전통'인 송명 성리학의 사서 사상 체계는 앞서 언급한 두 가지 방면의 작업에 공헌을 했다고 말하기도 어렵거니와, 일단 그들의 탈주지자(奪朱之紫: 본색 인 붉은 색의 자리를 빼앗은 자주색)와 장목지예(障目之翳: 눈을 가리는 장애물)를 수정하고 청산해야 할 것이다.

하・은・주 삼대에서 한대에 이르기까지의 경륜(經綸), 경제(經濟), 경위 (經緯)의 정치로의 추세가 심성으로의 추세로 퇴행한 것에는 부득이한 이유가 있었을 것이다. 그러나 사서의 구도에서 제시되는 논의 안에는 『역전(易傳)』의 위치가 없다. 또한 성(性)과 천도에 관한 논의도 없다. 성리학 의 전당에는 영혼의 자리가 없으며, 성리학의 정신 역시 활력이 넘치는

● ● ●

14. 물론 이들 서양 사상가들은 이러한 전통을 기독교와 직접 연결시키고 있지는 않지만, 오직 기독교만이 이러한 것들을 담지할 수 있다고 보는 경향이 있었다. 우리는 이러한 주장에 대해서 동의할 수 없다.
15. (역주) 맹자가 전개한 논변으로 도덕교화를 목표로 한 왕도 정치와 부국강병을 목표로 한 패도 정치를 구분하고 그 득실을 논한 것.

원천을 가지지 못하고 있다. 비록 성리학이 역사·문화적 기능을 담당하기는 했지만, 그것이 가지는 적막하고 무미건조함의 폐단은 결코 변명될 수 없으며, 그것은 반드시 초월하고 극복해야 할 대상이다. 주희의 『주역본의(周易本義)』가 "복희와 문왕을 높이고 공자를 낮추어서"[16] 『주역』을 점치는 책으로 국한시키고 '본효(本爻)'를 '본지(本旨)'로 보았으며, '태극일리(太極一理)'는 그의 전체 사상의 핵심 명제가 되었다. 그러나 이러한 그의 관점이 가져온 직접적인 결과는 『역전』에 나오는 공자의 성(性)과 천도에 관한 논의가 지니는 가치와 의미를 완전히 부정해버리는 것이었다.[17] 유교의 관점에서 보았을 때 이것은 발본색원 당하고 완전히 소탕 당한 것이나 다름없었다. 마테오리치와 현대 학자 허광후(何光滬) 등은 송명 성리학이 초기 유교의 천에 대한 신앙을 배반했다고 보았다.[18] 물론 그들도 자신들만의 관점을 가지고 있었던 것이겠지만, 이들의 학문수양 및 기독교도로서의 종교적 민감성이 발견해낸 문제들은 분명 진지하게 검토할 필요가 있다.[19] 아래에서는 머우쭝싼(牟宗三) 선생이 주희의 성리학에 대해 내렸던 "유가의

● ● ●

16. 皮錫瑞, 『經學歷史』, 北京: 中華書局, 2011, 7쪽.

17. 『주자어류』 제67권에는 주희가 『주역본의』에 대해 만족하지 못했던 이유에 대해 심한(沈僩)이 쓴 글이 실려 있다. "대개 선생의 뜻은 『역』을 단지 복서(卜筮)의 용도로 쓰고자 했다. 그러나 선배 학자들은 도리를 지나치게 강조하였기에, 끝내 이렇게 도리를 강조하는 시각을 완전하게 뒤집지는 못하였다."(『朱子語類』 卷六十七, "而意不甚滿於易本義. 蓋先生之意, 只欲作卜筮用. 而爲先儒說道理太多, 終是翻這窠臼未盡, 故不能不致遺恨云." 僩)

18. 陳明, 「中國文化中的儒敎問題: 起源,現狀與趨向」, 『儒者之維』, 北京: 北京大學出版社, 2004를 참조하라.

19. 『천주실의(天主實義)』 상권 제2편 16쪽에서는 다음과 같이 말했다. "태극의 경우 오직 리로 해석되는데, 그렇게 되면 천지만물의 근원이 될 수 없다. 리 역시 무엇인가에 의지해야 하는 것이기 때문에 결코 홀로 설 수 없는 것인데, 하물며 다른 사물들을 세워줌에 있어서랴!"(若太極者, 止解之以所謂理, 則不能爲天地萬物之原矣. 蓋理亦依賴之類, 自不能立, 曷立他物哉?) 이는 주희가 태극을 리로 말한 것에 대해 논리의 측면에서 비판한 것으로, 태극이 지니는 본체로서의 지위에 의문을 제기한 것이다.

본의 측면에서 말하자면 (주희 성리학은) 근본과 어긋난다."라는 평가에
대해 분석해 보겠다.

머우쫑싼의 이러한 주장은 그가 말한 '삼계(三系)'를 근거로 나온 것이다.
이른바 '삼계'란 『논어』, 『맹자』, 『중용』, 『역전』, 『대학』의 내용 및 상호
관계에 대한 그의 이해에 근거해서 확립된 것이다. 그는 다음과 같이 말했다.

> 선진유가는 『논어』, 『맹자』에서부터 『중용』과 『역전』으로 발전해
> 나갔다. 북송의 여러 유학자들은 직접 『중용』과 『역전』의 정수에서
> 출발해서 점차적으로 되돌아가 마침내 『논어』와 『맹자』에 도달했
> 다……. 선진유가에 호응하여 그들의 정통을 가장 잘 이어받은 이는
> 정명도(程明道; 程顥)이다. 정명도의 본의야말로 '원교(圓敎)'[20]의 전형이
> 다……. 그 의리의 구조는 정이천(程伊川: 程頤)에 이르러 전환되었다.
> 이천이 객관에 대해서 말한 "심원하여 그치지 않는(於穆不已)" 본체와,
> 주관에 대해서 말한 인체(仁體), 심체(心體) 및 성체(性體) 등은 마치
> 결코 체험될 수 없는 것처럼 보인다. 그는 "심원하여 그치지 않는" 본체(도
> 체)와 여기에서 비롯해서 말해질 수 있는 성체를 추출해냈을 뿐이며,
> 이들은 아주 명확하게 "리일 뿐이다(只是理)."라고 여겨진다. 즉 오직
> 존재하기만 할 뿐 활동하지 않는 리라는 것이다……. (이천에게 있어)
> 공부의 중점은 『대학』의 격물치지에 있었다. 이것은 『논어』, 『맹자』,
> 『중용』, 『역전』을 관통하는 지경과 그 주도적 지위가 상실됐으며, 『대
> 학』이 그 지위를 차지했음을 의미한다. 그가 『중용』과 『역전』으로부터
> 취한 것은 오직 도체로부터 추출한 존재론적인 '리(理)' 뿐이었다. 주희는
> 이러한 계통을 매우 선호했으며, 이를 계승해서 완성했다. 이 계통은

● ● ●

20. 원교(圓敎): 이는 본래 불교의 개념이나 머우쫑싼은 이를 "변화무쌍한 원융 아래에서
드러나는 총화(在詭譎的圓融下所表示的綜和)"라고 설명한다.

멋대로 자라난 횡섭(橫攝)의 계통이지 정통의 계통이 아니다. 호오봉(胡五峰: 胡宏), 유즙산(劉蕺山: 劉宗周), 육상산(陸象山: 陸九淵), 왕양명(王陽明: 王守仁) 등으로 대표되는 정통의 계통과 비교했을 때, 횡섭의 계통은 곁가지를 내어서 새로운 계통을 만들어낸 것이다. 이 세 번째 계통은 '체(體)'의 측면에서부터 근본적으로 치우침과 잘못됨이 있으며……. 유가의 본의 측면에서 말해도 근본적으로 어긋나게 나온 것이다."[21]

머우쭝싼은 분명 유가사상이 선험적이고 절대적인 도체를 최고의 존재 근거 즉 "심원하여 그치지 않는" 창조의 천, "천명을 일러 본성이라고 말하는" "바다와도 같은 건원(乾元性海)"[22]의 천으로 설정했다고 보았다. 이러한 논의 구조 안에서 『중용』, 『역전』의 천은 『논어』, 『맹자』의 인간과 합일되고, 서로 함축하고 관통해서 완성에 도달한다. 그러나 주희의 사상은 이러한 합일에 대해 "생명 감응에서의 호응을 가질 수 없었으며"[23], "정이천의 사상에 근거하여 태극을 이해했기 때문에 태극을 '오직 리' 혹은 '오직 존재하기만 할 뿐 활동하지 않는 것'이라고 이해하는 등 태극의 진면목에 대한 이해에 문제가 있었다."[24] 『이천역전(伊川易傳)』 서문 첫 구절에서는 "역이란 변역(變易)이다. 때에 따라 변역함으로써 도를 따른다."[25]고 했는데, 이것은 「계사전」에서 "낳고 낳음을 일러 역이라 한다."[26]고 한 것과 근본적으로 다른 이해방식으로서, '변역'의 주체를 '점을 치는 사람'과 같은 구체적인 경험범주로 한정시켜버렸으니, 이는 형이상학적이고 초월적인 건곤(乾

• • •

21. 牟宗三, 『心體與性體』, 上海: 上海古籍出版社, 1999, 37-43쪽.
22. 바다와도 같은 건원(乾元性海): 슝스리가 제시한 개념이다.
23. 牟宗三, 『心體與性體』, 41쪽.
24. 같은 책, 45쪽.
25. 『伊川易傳』, "易, 變易也. 隨時變易以從道也."
26. 『周易·繫辭上傳』, "生生之謂易."

坤)의 덕과는 완전히 이질적인 것이다. 천은 창조자로서의 생명 존재에서 도덕적 존재로 협소화되었고, 따라서 그 풍부성을 상실했으며, 『중용』과 『역전』의 천인관계는 리와 기, 리와 사물(事), 체(體)와 용(用)의 관계로 바뀌었다. '호천상제(昊天上帝)'의 휘광이 사라지자, '격물치지'는 칠보루대 (七寶樓臺)[27]의 절대적인 버팀목이 되었다. 그래서 이들의 사변이 보다 철학적으로 변했는지는 모르지만, 리(理)라는 근본 아래에서 태극은 지극히 높아지고 천은 떠도는 혼령처럼 되어버렸다. 그래서 인생과 사회는 이들과 완전히 분리되어버렸고, 더 이상 풍부하고 완정하며 영성이 충만했던 선진 시기로 돌아갈 수 없게 되었다.

주희에 대한 머우쫑싼의 비판은 유교의 내재적 기준 및 문무주공과 공자를 관통하는 도에 근거한 것이며, 주희 사상에 대한 그의 설명 역시 공평하고 객관적이며, 어떠한 편견에 빠지지도 않은 것이다. 이어서 아래에 서는 『논어』, 『맹자』, 『중용』, 『역전』 등을 '판교(判教)'할 때 머우쫑싼이 사용했던 패러다임에 근거해서 정리한 것들을 독자들에게 제시할 것이다. 이를 통해 우리는 그가 서양 현대철학의 지식과 용어들을 끌어와서 진행했 던 분석이 가지는 문제와 한계들을 확실히 볼 수 있을 것이다.

간단하게 말해서, 머우쫑싼은 천의 절대성을 긍정하고 위에서 아래로 내려오는 '종관(縱貫)'의 계통을 '정종(正宗)'으로 보았고, 절대본체의 생명 성("존재함과 동시에 활동하는")을 고수하고 이에 근거하여 유종주, 호굉 등을 정통으로 인정하고 주희를 별종으로 처리함으로써 매우 탁월한 통찰력 을 보여주었는데, 그 공헌도와 완성도는 실로 높다고 할 것이다.[28] 그러나

---

27. 칠보루대(七寶樓臺): 신선이 거처하는 곳이라고 알려진 전설상의 탑이다.
28. 유종주는 다음과 같이 보았다. "천지 사이에는 하나의 기가 있을 뿐이다. 태극의 현묘함은 낳고 낳으면서 그치지 않음이다. 천지의 이 태극과 성인의 이 태극은 서로 무엇을 더하지 않더라도 마치 부절이 들어맞듯이 하니, 그러므로 '덕이 합치되다.'라고 말하는 것이다."(天地之間, 一氣而已. 太極之妙, 生生不息而已矣. 天地此太極, 聖人此太 極彼此不相假而若合符節, 故曰 '合德'.)(『黃宗羲全集』, 第三册, 杭州: 浙江古籍出版社,

현재의 관점에서 보았을 때 여전히 문제를 가지고 있다. 첫째, 철학의 시각 및 이로 인한 종교에 대한 편견에 얽매여서 천에 대해 충분히 잘 밝히지 못했기 때문에, 사람들로 하여금 "가장 중요한 지점이 시원스럽지 못하게" 느끼도록 만들었다. 둘째, 『역전』에 대한 기초가 튼튼하지 못하였다. 그래서 문장을 쓰고 용어를 사용할 때 항상 『중용』을 우선하고 『역전』을 뒤로 돌렸는데, 이것은 문헌학적 측면에서나 사상의 논리구조 측면에서나 본말이 전도된 것이다. 셋째, 이와 연결되는 문제로서, 전적으로 주희의 장구에 의지해서 『대학』을 이해했기 때문에 '격물'이라는 용어가 함축하고 있는 종교성에 대해서는 인식하지 못했다.[29] 따라서 『대학』이 『중용』, 『역전』과 맺고 있는 내재적 연결을 임의로 단절시켜버렸고, 『대학』을 이른바 횡섭의 계통으로 보아 『역전』, 『중용』, 『논어』, 『맹자』의 사상계통 밖으로 배척해버리는 것에 이르렀다. 이것은 유교이론 체계의 완성도를 떨어뜨리는 것이다.

머우쫑싼은 다음과 같이 말했다.

상고시대에는 '상제'를 말하고 '천' 말했으며, 더 나아가서는 천도를 말하고 천명을 말했다. 이것은 마치 원시적인 종교 감정에서부터 비롯되어 이러한 것들을 말한 것처럼 보인다. 따라서 은연중에 인격신적 의미가 존재한다. 상고시대에 언급되었던 덕은 기복과 관련되어 언급된 것으로, 이것은 타율적 도덕이다. 공자 이래로 인교(仁教)를 주장하여 사람들이 '인을 실천함으로써 천을 이해하도록' 하였으니, '인(仁)'이라는 한 글자는 다음의 두 가지를 모두 충족시키는 개념이다……. 그리하여 인은 상고시대의 소극적인 타율적 도덕들을 떨쳐내는 동시에 원시적 종교 감정으로서

• • •
1986. 604-605쪽)
29. '격물'에 대한 필자의 이해에 관해서는 「王道的重建: 格物致知義解」, 『儒者之維』, 北京: 北京大學出版社, 2004를 참고하라.

의 천과 연결시켜준다.30

이에 대해 우리는 몇 가지 의문을 제기할 수 있을 것이다. 공자의 인이 '상고시대'의 '제(帝)' 및 '천(天)'과 맺고 있는 관계를 어떻게 보아야 할 것인가? 이것은 철학이 종교를 대체한 것이며, 도덕이 미신을 대체한 것인가? 그렇다면 공자 자신이 말한 "나는 옛것을 이었을 뿐 지어내지 않았고, 옛것을 믿고 좋아했다."31는 대목은 어떻게 이해해야 할까? 이들 간에는 근본적인 차이 혹은 분기점이 존재하는가? 그렇다면 중국문화의 원초적 생명성 혹은 연속성은 어떻게 정초되어야 하는 것인가?32

백서본 『주역·요편(要篇)』에서는 공자가 『주역』과 무사(巫史: 점치는 행위—역자)의 관계에 대해 다음과 같이 고백한 것을 기록하고 있다.

귀신이 도우나 운수를 알지 못하면 무(巫)가 되고, 운수를 알지만 덕에 도달하지 못하면 사(史)가 된다……. 나는 덕을 구할 뿐이다. 나와 무사(巫史)는 길은 같으나 목적지는 다르다.33

무사란 여러 가지 복서의 형식을 통해 천의 뜻을 헤아리고, 이에 근거하여 정책결정 과정에서 길함을 따르고 흉함을 피하도록 하는 것이다. 공자가 추구하는 것은 덕이지만, 이 덕은 결코 자신의 덕이 아니다. 만약 자신의 덕을 추구한다고 하면, 이것은 모순과 충돌을 면할 수 없기 때문이다. 그러나 이것을 상천(上天)의 덕으로 이해한다면 전체 문맥과 내용이 매우

● ● ●

30. 『心體與性體』, 258쪽.
31. 『論語·述而』, "子曰: 述而不作, 信而好古."
32. 이와 관련된 장광즈(張光直)의 저작인 『中國靑銅時代』, 『美術神話與祭祀』, 北京: 三聯書店, 2013을 참고하라.
33. 『帛書周易·要篇』, "贊而不達於數則其爲之巫, 數而不達於德則其爲之史……. 吾求其德而已. 吾與史巫同途而殊歸者也."

잘 통하게 되며, 그 의미도 깊어진다. 그래서 『역전』에서는 "천지의 큰
덕을 일러 생(生)이라 한다"[34]고 말했던 것이다. 여기에서 분명하게 드러나
듯이 공자가 "『주역』을 좋아함(好易)"은 무사(巫史)와 덕의(德義), 복서(筮)
와 운수(數)의 구분을 초월한 것이지, 종교에 대한 철학의 초월, 복서의
방법에 대한 이상의 초월, 미신에 대한 과학의 초월이 아니다.[35] 이것은
자연적 종교에 대한 인위적 종교의 초월, 정태적 종교에 대한 동태적 종교의
초월로 여겨져야 한다.[36] 이것은 결코 한 시점 혹은 한 가지 사안에서의
화복을 알고자 하는 것이 아니며, 신비한 수단을 가지고 불가지적인 의지를
엿보길 기대하는 것도 아니다. 주재자와 근원으로서의 그것은 경외의 대상,
신앙의 대상, 기도의 대상이다. 그것의 의지는 확고한 것이다. 그것은 하늘에
있을 때에는 덕이고 인간에게 있을 때에는 본성이며, 그것을 실현하고
완성하는 것은 인간의 사명이자 의무이다. 그것은 생명적인 것이며, 또한

● ● ●

34. 『周易‧繫辭下傳』, "天地之大德曰生."
35. 머우쫑싼은 『心體與性體』제12쪽에서 다음과 같이 말했다. "주공과 공자가 나란히
   불릴 때 공자는 그저 요임금, 순임금, 우임금과 탕왕, 문왕, 무왕, 주공의 후계자일
   뿐이었으므로, 결코 정당한 지위를 얻지 못했다." 이것은 공자를 "덕을 완성하는
   가르침(成德之敎)"의 도덕철학 혹은 인문학을 정초한 인물로 간주하고자 주장을 전개한
   것이다.
36. 베르그송(Henri Bergson, 1859-1941)은 종교를 정태적 종교(la religion statique)와 동태적
   종교(la religiong dynamique)로 분류했다. 정태적 종교는 종교 발전과정의 초기형식으
   로, 주술, 토테미즘, 범신교 등 '반지성적'이고 '집단적 성격'의 '자연적' 종교들을
   가리킨다. 이것은 개개인들로 하여금 공동체에 종속되도록 하고, 생명을 사랑하도록
   하며, 마음에 안정과 평안을 제공하는 기능을 발휘한다. 후자는 종교 발전과정의
   후기형식으로, '지성적'이고 '개인적 성격'의 '인위적' 종교들을 가리킨다. 정태적
   종교에서 동태적 종교로의 전개는 석가모니, 예수 등과 같은 위대한 신비주의자들의
   인도를 통해 완성된다. 그들은 생명존재의 보다 높은 경지와 형상을 전 세계인들에게
   보여주었다. 베르그송의 방식에 따라 의무로서의 정태적 도덕과 인애(仁愛)로서의
   동태적 도덕개념을 결합한다면, 이 두 범주의 종교들이 지닌 내용과 의미는 보다
   명료하고 깊게 이해될 수 있을 것이다. 전자는 주로 개인 혹은 소규모 집단의 이익과
   복지에 관심을 기울인다면, 후자는 이러한 것들을 초월하여 전 인류를 위해 자신을
   헌신한다.(『道德與宗敎的兩個來源』, 王作虹, 成窮 譯, 南京: 譯林出版社, 2011)

바로 이러한 까닭에 도덕적이고 종교적인 것이다. 그것은 "나를 완성하고 대상을 완성함"[37]이다. 그것은 주공이 말한 "황천(皇天)은 친히 여김이 없고 오직 그 덕에 의지하는" 공헌(貢獻)을 전제로 하고, "복희와 문왕이 괘효로 그린 것을 겹쳐 쌓아 기초를 완성한 것이다."

『설문해자』의 "'유(儒)'란 술사(術士: 의술·점술·천문 따위에 정통한 사람—역자)를 가리켜 말한 것이다."[38]에서 『법언(法言)·군자』의 "천지인을 관통하는 자를 일러 '유(儒)'라고 한다."[39]에 이르는 과정에서 우리는 이들의 내재적 연결과 차이, 그리고 복잡한 관계를 확인할 수 있다.[40]

『중용』에서는 다음과 같이 말했다.

> 오직 천하의 지극히 진실한 사람만이 천하의 큰 도리를 다스릴 수 있고, 천하의 큰 근본을 세울 수 있으며, 천지의 화육을 알 수 있다. 무릇 이것 외에 어디에 의지할 곳이 있겠는가? 간곡하고 간곡한 인이여! 깊고 깊은 연못이여! 넓고 넓은 하늘이여! 만약 진실로 총명한 성인의 지혜를 갖추지 않은 사람이라면 누가 이것을 알겠는가?[41]

『중용』으로부터 천 년 후, 호굉 또한 말했다.

• • •

37. 『中庸章句』第25章, "成己, 仁也, 成物, 知也."
38. 『說文解字』第8卷, 「人部」, "儒, 術士之稱."
39. 『法言·君子』, "通天地人曰儒."
40. 흥미로운 것은 유대교의 선지자들 역시 제사와 주술을 주관하던 이로서 등장했다. 아마도 유대민족은 망국의 고난을 수차례 거쳤던 까닭에 왕권이 지속적으로 약화되어 부득이하게 선지자들의 신비한 능력에 의지해 운명을 받아들여야 했으며, 이것은 결국 유대교의 성장을 촉진시켰다.
41. 『中庸章句』第32章, "唯天下至誠, 爲能經綸天下之大經, 立天下之大本, 知天地之化育. 夫焉有所倚? 肫肫其仁! 淵淵其淵! 浩浩其天! 苟不固聰明聖知達天德者, 其孰能知之?"

하늘의 본성을 알아서 대상에 감응하여 통하는 자가 바로 성인이다.[42]

이렇게 했던 성인은 오직 공자밖에 없다. 서양의 어떤 학자는 세계의
종교들을 예지적 종교와 신비적 종교로 분류했다. 전자는 계시라는 토대
위에 신앙을 확립했으며, 신의 초월성을 중시하고 도덕 및 가치에 관심을
기울였다. 후자는 신에 대해 명상하며 속세를 피해 은둔했다. 필자는 유가의
경우 전자에 더 근접한다고 본다.[43] 중국의 천이 비록 말을 하지는 않지만,
서양의 신과 마찬가지로 어떤 의지를 지니며, 또한 인간을 향해 자신을
드러낸다.(이른바 'revealed religion') 예컨대, "하늘은 말이 없으나, 실천과
일로 자신의 뜻을 보여준다."[44]처럼 말이다. 천은 성인의 도를 통해 천기를
드러내며, 신성의 빛은 말을 통해 나오니, 내재적 감정과 초월적 천도는
그들의 조우 가운데에서 마침내 완전히 새로운 의미세계를 열 수 있게
된다. 즉 세계는 이해될 수 있게 되었으며, 인생에는 목적이 생겼고, 사회는
더욱 응집되었으며, 제도는 이치와 기준을 획득했다. "오십이 되어 천명을
알았다."[45]는 말을 『백서주역·요편』의 "공자는 늙어서 『주역』을 좋아했
다."[46]는 말과 연결해서 해석할 수 있는지 여부는 아직 논증이 필요한
부분이지만, "천하의 큰 근본을 세우고 천지의 화육(化育: 천지자연이 만물
을 생성·발육시킴—역자)을 안다."는 서술은 『역전』의 완성을 통해 완전히
긍정된다.

그렇다. 유교이론 중에서 천도를 논하는 기본 경전은 바로 『역전』이었다.
분명 『시경』, 『서경』, 『예기』 등의 문헌들은 천의 인격성, 의지, 이치,

· · ·

42. 『胡宏集』, "知天性, 感物而通者, 聖人也."
43. 龔道運, 『近世基督教和儒教的接觸』, 上海: 上海人民出版社, 2009, 205-206쪽을 참고하라.
44. 『孟子·萬章上』, "天不言, 以行與事示之而已矣."
45. 『論語·爲政』, "五十而知天命."
46. 『帛書周易·要篇』, "夫子老而好易."

신령함을 생동감 있게 반영하고 있고, 천과 인의 연결 역시 더욱 직접적이고 전면적이다. 그래서 이들 문헌과 비교했을 때 『역전』은 이치에 치중했지 인간의 감정에 절실히 다가가지는 않았다.[47] 그러나 『시경』, 『서경』, 『예기』의 기록들은 '공자 이전' 인간과 천의 관계에 관한 것으로, 경험적 형태를 보이고 있다. 이들은 공자의 작업을 위한 토대와 증거가 되었다. 또한 이러한 종교적 전통의 전승관계 속에서 공자가 가지는 지위와 의미를 가장 잘 대표하고 반영하는 것은 바로 『역경』에 대한 공자의 해설이다. 이것은 『역경』의 혼돈을 걷어낸 화룡점정과 같은 해설이었다.

피시루이(皮錫瑞)는 다음과 같이 말했다.

> (주역은) 당시 오직 점치는 책일 뿐이었지만, 공자가 그 이치를 밝히고 인간의 일에 미루어 합치시킨 이후에야 『주역』의 도리가 드러났다.[48]

그 이치를 밝혔다는 것은 낳고 낳음의 천덕(天德)을 확립했다는 것이며, 이것이 세계를 창조하고 운영한다는 점을 명확히 한 것이고("천지가 있은 후에 만물이 있었고, 만물이 있은 후에 남녀가 있었으며, 남녀가 있은 후에 부자가 있었고, 부자가 있은 후에 군신이 있었다."[49] 등), 이를 인극(人極) 으로 삼은 것이다.("오직 대인만이 천지와 그 덕을 합치시킬 수 있다.")[50] 앞에서 『역경』과 『역전』의 유기적 관계를 간략하게 설명했는데, 여기에서 다시 한 번 강조하고자 한다. 첫째, 『역경』은 복서의 책으로서 천의 신성(神性)을 미리 설정했지만, 이것은 주로 맹목적인 지배 능력일 뿐, 신에 걸맞은

● ● ●

47. 장칭(蔣慶) 선생이 보낸 전자우편을 보던 중 이 점을 깨달았으며, 이 점에 대해 매우 감사드린다.

48. 『經學通論』, "當時但以爲蔔筮之書而已, 至孔子闡明其義理, 推合於人事, 於是易道乃著."

49. 『周易・序卦傳』, "有天地然後有萬物, 有萬物然後有男女, 有男女然後有父子, 有父子然後 有君臣."

50. 『周易・文言傳』, "夫大人者, 與天地合其德."

도덕적 속성을 드러내지는 못했다. 둘째, 복서의 핵심은 점을 치는 기술이었으며, 점을 치는 대상이 맹목적인 힘이었던 까닭에 인간의 덕성에는 특별한 의미가 부여되지 못했다. 공자가 『주역』을 즐겼을 때 그 종지는 결코 무사(巫史)와 같지 않았다. 왜냐하면 그에게 있어 천은 이미 도덕적 속성을 지닌 존재였기 때문이다. 천이 도덕적 속성을 가진 주재자인 까닭에, 선한 자가 복을 누리고 지나친 자는 화를 당하게 되고, "덕행을 통해 복을 구할(德行求福)" 수 있었던 것이다. 주희는 『주역』을 복서의 책으로 규정하면서, 비록 『역경』과 『역전』 간의 차이를 인식하기는 했지만 천덕에 대한 공자의 연역과 승화를 간과하고 누락해버렸다.[51] 그러나 연뿌리는 끊어져도 실은 이어지고 형체는 흩어져도 혼은 모이듯이, 공자가 지은 『역전』은 첫째, 여전히 천과 인간이 상호작용하는 복서의 구조 안에서 작업을 전개한 것으로, 이 책의 큰 줄기는 여전히 괘와 효 그리고 이와 관련된 내용에 대한 해석과 해설이다. 『역전』은 천의 신성함을 부정하는 말을 하지도, 천인 간의 내재적 연결을 부정하는 말을 하지도 않았으며, 단지 이러한 연결들의 토대를 '덕'으로 교체했을 뿐이다. 이것은 주공의 "황천은 친히 여김이 없고 오직 그 덕에 의지한다."가 은나라 주왕(紂王)의 "나의 목숨은 하늘에 달려 있지 아니한가?"[52]라고 한 것을 대체한 것에 대응된다. 둘째, 공자가 체인(體認)한 천도와 천덕에 근거하여 절대자의 의지와 도덕성 나아가 인극(人極: 사람으로서 마땅히 지켜야 할 도리—역자)을 확립함으로써, "천도의 운행이 굳건하니, 군자는 이를 본받아 자강불식한다."[53]와

• • •

51. 주희는 심지어 다음과 같이 말했다. "나는 사람들에게 감히 『주역』을 보라고 가르치지 않는다. 그것은 『주역』이 너무 광대한 의미를 담고 있어서 자신에게 절실하지 않기 때문이다."(『朱子語類』 第66卷, "某不敢教人看易, 爲這物闊大, 且不切己.") 이것은 주희의 "태극일리(太極一理)"가 『역전』에서 천이 가지는 생명성, 창조성 및 신성성을 대체해버리는 억압과 제한임을 말해주는 것이며, 『역전』 사상의 중요성 및 이것과 성리학의 리본체론(理本論) 간에 피할 수 없는 긴장이 존재함을 말해주는 것이다.

52. 『書經·商書』, "王曰: 嗚呼! 我生不有命在天."

같이 했다. 후세 유가들은 이에 대해 "천을 본받아 행했다."(호굉의 말),[54] "성인이 천을 희구했다."(주돈이의 말)[55]고 서술했다. 이러한 작업을 거친 후 원시 복서 문화에서의 신비한 힘은 '도덕화'되었고, 맹목적인 힘은 이성화되었으며, 소박한 관념들은 체계화되었고, 경험적 관계는 보편화되었으며(사건에서 생명으로), 단발성의 관계들은 영구화되었다.(길흉에서 생사로)

낳고 낳음의 덕("낳고 낳음을 일러 역이라 한다.")[56]과 이에 상응하는 천인합일의 종지("신묘하여 밝힘은 사람에게 달렸다.")[57]는 유교 신학이론의 쐐기돌이다.

순자는 "『주역』을 잘 이해한 사람은 점을 치지 않는다."[58]라고 했는데, 이것은 무사와 점치는 행위들을 초월했다는 측면에서 공자와 일치한다. 그러나 공자가 상천(上天)에 낳고 낳음의 덕을 부여하여 "그 덕과 의로움을 좋아하는(好其德義)" 승화를 이루어냈던 것에 비해, 순자는 그저 무사의 도를 허망한 것으로 보아 헌신짝처럼 내버렸으며, 신비한 천을 자연의 천으로 환원해서 단순화시켰고, 또한 천과 인간사 간의 의미적 관계도 단절해버림으로써 유가 문화체계 내 경험론의 개창자가 되었다. 공자가 『역전』에서 밝힌 성(性)과 천도에 관한 사상을 진정으로 계승한 이들은 바로 이른바 사맹학파(思孟學派)이며, 좀 더 엄격히 말하자면 자사(子思)의 『중용』이다.[59]

● ● ●

53. 『周易·象傳』, "象曰: 天行健, 君子以自彊不息."
54. 『知言』 卷3, 「紛華」, "一人而天則勝, 人而不天, 則天不勝."
55. 『通書·志學』, "聖希天, 賢希聖, 士希賢."
56. 『周易·繫辭上傳』, "生生之謂易."
57. 같은 책, "神而明之存乎其人."
58. 『荀子·大略』, "善爲易者不占."
59. 슝스리는 "『중용』은 『주역』을 설명한 책이다."라고 말했다.

하늘이 명한 것을 일러 본성이라고 하며, 본성을 따르는 것을 일러 도라 하고, 도를 닦는 것을 일러 교(敎)라 한다. 도란 잠시도 떨어질 수 없는 것이니, 떨어질 수 있으면 도가 아니다. 군자는 남이 보지 못한 곳에서 삼가고 남이 듣지 못한 곳에서 두려워한다. 감추어진 곳에서 가장 잘 보이며, 은미한 곳에서 가장 잘 드러나니, 그러므로 군자는 홀로 있을 때 삼가는 것이다. 희로애락이 아직 발하지 않은 것을 일러 중(中)이라 하고, 발하여 모두 중절(中節-역자)한 것을 일러 화(和)라고 한다. 중이란 천하의 대본이며, 화란 천하에 두루 통하는 도이다. 중화를 지극히 하면 천지가 제 자리를 잡고 만물이 그 안에서 화육된다.[60]

『중용』에 대한 주희의 공헌은 『중용』을 경(經)과 전(傳)으로 나누어서 전편의 의미가 집약적이고 명확하게 드러나도록 한 점이다. 위에서 인용한 대목은 '경(經)'에 속한다. 여기에서 천(天), 도(道), 성(性), 교(敎) 등의 개념들은 이해하기 어렵지 않다. 문제는 『중용』이라는 제목의 '중(中)'자에 있다. 주희는 다음과 같이 말했다.

중이란 치우치지도 않고 기울지도 않으며, 지나침도 없고 미치지 못함도 없음을 이른 것이다.[61]

이것은 정이의 설명을 답습한 것이다. 그러나 설사 이 말뜻을 따른다고 하더라도, 이는 어디까지나 '이미 발함(已發, 이하 이발)'의 영역 즉 "발하여

• • •

60. 『中庸章句』第1章, "天命之謂性, 率性之謂道, 修道之謂敎. 道也者, 不可須臾離也, 可離非道 也. 君子戒愼乎其所不睹, 恐懼乎其所不聞. 莫見乎隱, 莫顯乎微, 故君子愼其獨也. 喜怒哀 樂之未發, 謂之中, 發而皆中節, 謂之和. 中也者, 天下之大本也, 和也者, 天下之達道也. 致中和, 天地位焉, 萬物育焉."
61. 『中庸章句』, "中者, 不偏不倚, 無過不及之名."

중을 얻음(發而得中)"에 대한 서술인 것이다. 사상의 논리에 근거해 보거나 문헌의 맥락을 따라보아도, 먼저 존재할 뿐 아니라 보다 중요한 것은 바로 "아직 발하지 않음(未發, 이하 미발)"이다. '미발'에 관해 주희는 여대림(呂大臨, 1046-1092)의 설명을 인용해서 다음과 같이 말했다.

> 미발의 때에 당해서는 이 마음이 지극히 텅 비어서 어떠한 치우침과 기울어짐도 없으니, 따라서 중이라고 이른다.[62]

그러나 이러한 주장은 성립되지도 않을뿐더러 해석 전체에 오류가 있음을 실토하는 것이다. 마음을 가지고서 '중'을 말하게 되면 인지능력 뿐 아니라 '희로애락'까지도 천명지성(天命之性)과 어떤 관계도 없는 것이 된다. 주희는 이를 토대로 다음과 같이 주장했다.

> 오직 성인의 마음만이 청명하고 순수하여 천리가 혼연하게 갖추어져 있어서 어그러짐이 없다. 그러므로 그 도가 있는 곳으로부터 말미암아서 품행이 절도에 맞고 규범을 지킬 수 있어서, 이로써 천하에 가르침을 세우고 지나친 자들과 미치지 못한 자들이 중을 얻을 수 있도록 했다.[63]

주희의 이러한 이해는 『중용』에 대한 그의 평가와 궤를 같이 한다.

> 『중용』은 어째서 지어졌는가? 자사께서 도학이 그 계승을 잃어버릴까 걱정하여 지으셨다. 대저 상고시대로부터 성인들과 신인들이 천을 계승하여 극(極)을 세웠으니, 도통의 전함은 바로 이로부터 나오게 되었다.

● ● ●

62. 『中庸或問』, "當其未發, 此心至虛, 無所偏倚, 故謂之中."
63. 같은 책, "惟聖人之心, 清明純粹, 天理渾然, 無所虧闕, 故能因其道之所在而爲之品節防範, 以立敎於天下, 使夫過不及者有以取中焉."

이것이 경전에 보이니, 곧 "그 중을 잡아라"는 것으로, 이는 요임금이 순임금에게 전해준 것이다. '인심은 너무나 위태롭고 도심은 너무나 은미하니, 오직 정미하고 오직 전일하게 하여 그 중을 잡아라'는 것은 순임금이 우임금에게 전해준 것이다. 요임금의 이 한 마디 말은 지극하고도 극진하구나! 또한 순임금이 세 마디 말을 덧붙인 것은 요임금의 한 마디 말을 밝힌 것이니, 반드시 이와 같은 후에야 거의 가까워진다는 것이다.[64]

천도는 신학이고 형이상학이다. 도통은 경험세계에 속하는 것으로, 인간 사이며, 정치이고, 도덕이다. 『중용』의 '중'은 주자에 의해 전혀 생경한 "그 중을 잡아라"의 '중'과 엮이게 되었다.[65] 이를 아무리 그럴듯하게 꾸며냈을지라도, 우리는 그가 선진(先秦) 시기 문헌에 대해 행한 각색과 은폐를 걷어내고 본래 의미를 밝혀야 할 것이다.[66]

우선 '미발'의 '중'은 "치우치지도 않고 기울지도 않으며, 지나침도 없고 미치지 못함도 없음"으로 설명될 수도 없고 설명되어서도 안 된다. 왜냐하면 이것은 경험세계에 속하는 것이 아니며, "절도에 맞음(節)"과 같은 외재적 기준도 존재하지 않기 때문이다. 따라서 이것은 추상적인 방위명사(東西南北中에서의 中)의 의미로도 설명될 수도 없으며, '부합한다'라는 의미의

• • •

64. 『中庸章句』, "中庸何爲而作也? 子思子憂道學之失其傳而作也. 蓋自上古聖神繼天立極, 而道統之傳有自來矣. 其見於經, 則'允執厥中'者, 堯之所以授舜也, '人心惟危, 道心惟微, 惟精惟一, 允執厥中'者, 舜之所以授禹也. 堯之一言, 至矣, 盡矣! 而舜復益之以三言者, 則所以明夫堯之一言, 必如是而後可庶幾也."

65. 『중용』을 통틀어 이른바 '십육자심법(十六字心法)'의 도통과 조금이라도 관련이 있는 어떤 대목도 찾을 수 없었다!

66. 캉유웨이는 『중용주(中庸注)』 서문에서 다음과 같이 비판했다. "송명 이래로 논자들이 많기는 했지만 모두 터무니없이 날조만 해서 '진실함을 보존하고 선을 밝힘'이라는 하나의 뜻만 알고 공자의 큰 법도가 있는 곳을 내버렸으니, 이것은 궁벽한 모퉁이에 처박혀 있으면서 안주하는 것이다."

'중'으로는 더욱 설명될 수 없을 것이다. 게다가 천명지성으로서 중은 반드시 실질적인 내용을 가지는 명사 혹은 개념이며, 천과 연결될 뿐 아니라 "천도를 왕에게 귀속시킴(天道歸王)"을 향한 가능성과 동력을 지니고 있는 것이다. 이것이 바로 앞서 언급한 경문의 내재적 함의이다.

사실 여대림 역시 "인간은 천지의 중을 받아 태어난다(人受天地之中以生)"고 말했으며, 주희도 『서경·상서』의 "오직 황상제(皇上帝)께서 백성들에게 선함을 내린다."[67]는 말에 대해 논한 바 있다.[68] 유작(游酢, 1053-1123)은 이에 근거해서 "하늘이 명한 것을 일러 본성이라 한다."는 대목을 해석했지만, 주희는 이것을 인정하지 않고, 정자가 말한 "하늘은 내가 올바른 것을 가지도록 한다(天使我有是者)."라는 명제 안으로 흡수해버렸다. 분명 "상제가 선함을 내린다(降衷)."와 "하늘이 내가 올바른 것을 가지도록 한다."의 천인관계 간에는 거대한 차이가 존재한다. '내가 ~하도록 함'은 추상적이고 간접적이며 심지어 모호하다. 그러나 '선함을 내림'은 구체적·직접적이며 명확하고, 천인간의 내재적 관계에 대해서도 어느 정도 이해할 수 있다. 만약 '중용'의 '중'을 "선함을 내림"의 '선함(衷)'으로 해석할 수 있다면, 『중용』 전체의 의미는 더욱 잘 드러날 것이며, 『역전』에 함축된 의미 역시 『중용』과 함께 상하로 관통될 것이다. 아래에서는 이들의 관계를 설명해 보겠다.

'중(中)'과 '충(衷)'은 본래부터도 통용·가차(通用·假借: 한자(漢字)가 없을 때 뜻은 다르나 음(音)이 같은 글자를 빌려 쓰는 방법-역자)가 가능한 것이었지만 사상사적 분석을 통해 그 논리의 설득력을 더욱 끌어올릴 수 있다. 『서경·상서』에서 "오직 황상제께서 백성들에게 '선함을 내린다(降衷)'"고 말한 것에 대해, 공안국(孔安國, B.C. 156?-B.C. 74?)은 "'충(衷)'이

• • •

67. 『書經·商書』, "惟皇上帝, 降衷于下民."
68. 여기에서 『중용』과 관련된 언급들 중 주석이 달려 있지 않은 인용문들은 모두 『中庸纂疏』, 上海; 華東師範大學出版社, 1992에서 인용한 것이다.

란 선(善)이다."69라고 말했다. "'츙(衷)'을 내림"이란 선을 베푼 것이며, 복을 내린 것이다. 여기에서는 '츙(衷)'을 선으로 해석했는데, 이는 파생적 의미로, '츙(衷)'의 본의는 '내심(內心)' 즉 "사방 한 촌 정도의 마음에 담아놓은 것"70이다. 이는 『설문해자』에서 "중(中)은 안이다."라고 한 것과 일치한다.71 "사방 한 촌 정도의 마음에 담아놓은 것"에서 '내심'으로, '내심'에서 '성(性)'으로, '성(性)'에서 '선(善)'으로 이어지는 일련의 해석들에는 겉으로는 드러나지 않는 논리가 숨겨져 있다. 그렇다면 "한 촌 정도의 마음에 담아놓은 것"은 도대체 무엇이며, 어디로부터 연원했을까? 성(性)과 선(善)은 오직 천으로만 소급될 수 있다. 상천으로부터 내려와서 오직 "바다와도 같은 건원(乾元性海)"만이 존재하였고, 낳고 낳음을 덕으로 삼았으니, 이것이 바로 모든 선의 지극히 선하고 지극히 높은 근원이다. 이 주장에는 문헌적 근거가 있다. 『좌전・성공십삼년(成公十三年)』에서는 다음과 같이 말했다.

유강공(劉康公)이 말했다. "나는 다음과 같이 들었다. 사람은 천지의 중(中)을 받아서 태어나니, 이른바 명(命)이라고 한다. 따라서 동작과 예와 올바름, 위엄과 의식의 법도를 갖추어서 명을 정한다. 능력이 있는 자는 그것을 길러 복을 얻고, 능력이 없는 자는 그것을 어그러뜨려서 화를 부른다. 이러한 까닭에 군자는 근면하게 예를 행하고 백성은 힘을 다하니, 근면하게 예를 행함에 있어 공경을 지극하게 함보다 나은 것이 없고, 힘을 다함에 있어 독실하게 함보다 나은 것이 없다. 공경함은 신령함을 기름에 달려 있고, 돈독함은 생업을 고수하는 것에 달려 있다. 나라의 큰일로는 제사와 전쟁이 있다. 제사를 지내면 번(膰: 희생에 쓰인

• • •

69. 『尙書孔氏傳』, "衷, 善也."
70. 『增韻』, "衷, 方寸所蘊也."
71. 『說文解字・丨部』, 中, 內也.

고기-역자)를 나누어주고, 전쟁에는 신(脹: 제사에 쓰인 날고기-역자)을 나누어주니, 이것은 신령함을 섬기는 큰 예절이다.72

이 대목의 화자인 유강공은 주왕실의 귀족이었으며, "나는 다음과 같이 들었다(聞之)"라고 하면서 말을 시작하고 있다는 점에서 볼 때 이러한 사상의 근원이 상당히 멀다는 것을 알 수 있다. 이 대목의 의미를 분석하자면, '중(中)'과 '의식(儀)', '법도(則)'는 '기름(養之)'과 연결 관계를 맺고 있는 것으로,73 『예기·방기(坊記)』의 "예로써 덕을 막고 형벌로써 지나침을 막으며 명으로써 욕망을 막는다."74에서의 '막음(防之)'과 같이 대립적인 관계를 맺고 있는 것이 아니라75 상당히 안정적인 관계를 맺고 있다. 이처럼 깊은 연원의 사상은 유가의 기본 이론 안에 '선천학(先天學)', '후천학(後天學)' 등 다양한 층위가 존재하는 이유를 설명해줄 뿐만 아니라 더 먼 상고시대의 사람들의 천인관계 이해에 종교적 색채가 더욱 농후했음을 알려주고 있다.

크구나, 건원이여! 만물이 모두 이에 근거하여 시작되는구나.76

바로 이러한 낳고 낳으며 쉼이 없는 창조와 조화의 과정 속에서 인간은

• • •

72. 『左傳·成公十三年』, "吾聞之, 民受天地之中以生, 所謂命也. 是以有動作禮義威儀之則, 以定命也. 能者養以之福, 不能者敗以取禍. 是故君子勤禮, 小人盡力, 勤禮莫如致敬, 盡力莫如敦篤. 敬在養神, 篤在守業. 國之大事, 在祀與戎, 祀有執膰, 戎有受脹, 神之大節也."
73. 이것은 『맹자』에서 "그 마음을 보존하고 그 본성을 길러서 천을 섬긴다."(『孟子·盡心上』, "存其心, 養其性, 所以事天也.")라고 했던 것의 근원이 된다.
74. 『禮記·坊記』, "禮以坊德, 刑以坊淫, 命以坊欲."
75. 비록 이 책이 『자사자(子思子)』로 분류되기는 하지만, 이것은 순자의 "본성을 변화시켜 인위를 일으킴(化性起僞)"의 논의에 근접하는 것처럼 보인다.
76. 『周易·彖傳』, "大哉! 乾元. 萬物資始."

'천명지성(天命之性)'을 획득한 것이다.

이제 우리는 주희가 홀시하고 부정했던 "오직 황상제(皇上帝)께서 백성들에게 올바름을 내리니, 이것이 바로 천명이다."라는 유작의 언급이야말로 『중용』에 대한 정확하고 적정한 이해라고 말할 수 있을 것이다.[77] 오직 이러한 의미 위에서라야만 "중이란 천하의 대본이다"라는 말이 확고하게 성립될 수 있다. 이처럼 우리는 '중(中)'과 '충(衷)'의 통용·가차의 관계와 사상적 연원에서 경문의 '중(中)'자에 대해 한 걸음 더 나아가 해석하고 연역할 수 있을 것이다.

『中庸』의 '중(中)'은 그 근원의 측면에서 말하자면 천이 내려준 것이며, 경험의 측면에서 말하자면 "사방 한 촌 정도의 마음에 담아놓은 것"이고, 인간 본성의 측면에서 말하자면 인간이 인간일 수 있도록 하는 규정성이다. 이것은 실현되길 희망하는 잠재된 품성과 의지이며, 상천의 낳고 낳음의 덕이 개인 안에서 실현된 것이다. 유즙산은 '원형이정(元亨利貞)'을 '희로애락'과 대응시켰다.[78] 아마도 『곽점초간·성자명출(郭店楚簡·性自命出)』의 관념들을 빌어, '중'을 생명의 존재형식으로서의 '성정(性情)' 종합체로 서술할 수 있었기 때문일 것이다. '성'은 그 명(命)이 천으로부터 나왔음을 말하는 것이며, '정'은 그것이 인간에게서 드러남을 말하는 것이다. 이 두 가지는 일체의 양면이다.

● ● ●

77. 두안정위엔(段正元, 1864-1940) 역시 『성학발범·유학담(聖學發凡·儒學談)』에서 이러한 취지로 말했다. "'오직 황상제께서 백성들에게 올바름을 내린다.' 백성들은 천지의 중을 받아서 태어나니, 인간의 신체는 본래부터 그 중을 가지고 있다. 유학자들은 이것을 살피지 않고서 성현이 말한 '중(中)'자의 의미를 해석해서 오직 사물에 과불급이 없음이라는 의미로 이 '중(中)'을 보았다."(『聖學發凡·儒學談』 "惟皇上帝, 降衷於民. 民受天地之中以生. 人身原自有其中也. 儒者不察, 凡解聖賢中字之義, 惟以事物之無過不及當之.") http://www.confucius2000.com/confucian/duanzhengyuan/shdff.htm

78. 유즙산은 본성과 감정을 대비시키는 관점에서 '성(性)' 개념을 이해했다. 이와 관련해서는 林月惠의 「從宋明理學的性情論考察劉蕺山對『中庸』喜怒哀樂之氣的詮釋」(『中國文哲研究集刊』, 第二十五期, 中央研究院中國文哲研究所)를 참조하라.

성(性)은 명(命)으로부터 나오며, 도(道)는 정(情)으로부터 생겨난다.[79]

여기에서 '정'은 '성'과 '도' 사이의 중간고리이다. 여기에서의 '성', '정', '도'는 한(漢)대와 송(宋)대 학문들의 "성은 선하고 정은 악함(性善情惡)" 혹은 "성과 정의 대립(性情對立)" 등의 언어적 환경 속에서 이해하기는 어려워 보인다. 이들은 선악을 초월한 것으로, 오직 호굉『지언』의 "본성에는 선악이 없다(性無善惡)"는 관념만이 여기에 근접한다고 볼 수 있다.[80] 바로『지언』안에서 "희로애비(喜怒哀悲)의 기(氣)가 바로 본성이다."[81]라는 구절도 나오는데, 이것은『중용』과 대조해 볼 만하다. 그리하여 우리는 "희로애락이 아직 발하지 않은 것을 일러 중이라 한다."로부터 하늘이 내려준 '중'이 '마음(心)' 속에 담겨 있으면서 '정(情)', '기(氣)'와 불가분의 관계에 놓인 '성(性)'을 가리킨다는 것을 알 수 있으며,[82] 어떤 의미에서는 '정(精)을 가진' 생명 존재들이 캉유웨이가 사용하는 개념인 '성체(性體)'로 불릴 수 있음을 알 수 있다.[83]

● ● ●

79. 『郭店楚簡・性自命出』, "性自命出, 道由情生."

80. 陳明의「胡宏思想的邏輯與意義」,『湖南大學學報』, 哲學社會科學版, 2009年 11月號를 참고하라.

81. 『知言』, "喜怒哀悲之氣, 性也."

82. 이 대목은 리칭량(李淸良) 교수의 건의를 받아들여 수정한 부분으로, 이 점에 대해 진심으로 감사드린다. 수정 이전의 원문에서는 송대 유학자들과의 구분에만 집중하여 '정(情)'과 '기(氣)'를 강조했기 때문에, "'마음(心)' 속에 포함되어 있으면서"와 '성(性)' 등의 서술은 없었다.

83. 캉유웨이의『中庸注』를 참고하라. 여기에서 "어떤 의미에서는"이라고 제한을 두는 이유는 '성체(性體)'라는 개념이 다분히 성리학적 분위기를 풍기고 있기 때문이다. 그러나 사실 선진 시기 '성(性)'은 성리학에서 말하는 성과 정을 혼합해서 말한 것으로, 여기에서는 희로애락으로 말했다. "『중용』으로 본성을 말한 것은 당 중기 이고(李翱)가 처음이다……. 진양(陳襄, 1917-1080)이 말했다. '『중용』이란 본성을 설명한 책이다……. 따라서 도덕과 성명의 근본을 알 수 있다.' 범조우(範祖禹, 1041-1098) 역시 말했다. '『중용』이란 성인이 본성에 대해 논한 책이다."(『中庸注』以中庸說性, 自中唐李翱始……. 陳襄說: "中庸者, 陳性之書……. 是以知道德誠明之本." 範祖禹也說: "中庸者,

이러한 '정' 혹은 '기'가 "발하여 모두 중절(中節)함"이란 바로 생명 형태가 내재적으로 표현되고 전개된 상태이다. 비록 이것이 도덕적 의미 혹은 차원을 지니고 있는 것이기는 하지만, 그 자체는 도덕을 초월한 혹은 도덕과는 무관한 틀로 포괄될 수 있다.[84] "중과 화를 지극히 함(致中和)"이란 화(和)에서 중(中)을 지극히 한다는 것으로, "중을 쓴다(用中)"는 의미이다. 그렇다. '중용'이란 "중을 씀", "중을 관통함(通中)"이다.[85] 이것은 개별 생명들을 적절하게 전개시키는 것으로, 이른바 "본성을 따른 것을 일러 도라고 한다."이며, 또한『중용』안에서 마찬가지로 중요하고 깊은 의미를 가진 "자신을 완성함(成己)"이다.[86] 『중용』에서 말했다.

진실함(誠)은 하늘의 도이며, 진실하고자 하는 것(誠之)은 인간의 도이다.[87]

'진실함(誠)'이란 자신을 완성함에 그치지 않기 때문에 대상도 완성한다. 자신을 완성하는 것은 인(仁)이요, 대상을 완성하는 것은 지(知)이다. 본성의 덕은 안팎이 합치되는 도이다.[88]

●　●　●

聖人言性之書也.") 후귀우(胡國武)의『經術與性理 — 北宋理學轉型考論』, 北京: 學苑出版社, 2009, 184쪽을 참고하라.

84. "사방 한 촌 정도의 마음에 담아놓은 것"이란 본래 그 의미가 매우 풍부해서, 성정, 의지, 지각까지 포함되지 않는 것이 없다.『素問六·微旨大論』에서 말했다. "중이란 천기이다(中者天氣也)."『莊子·田子方』에서 말했다. "중은 정신이다(中, 精神也)."『法言·修身』에서 말했다. "중이란 마음의 지혜이다(中者, 心智也)."

85. 『說文解字』: "庸, 用也."『庄子·齊物論』: "庸也者, 用也; 用也者, 通也; 通也者, 得也."

86. 정이는『중용』이 "중화를 지극히 함"을 목적으로 둔다는 점에 주목했지만, 연비어약(鳶飛魚躍: 솔개가 날고 물고기가 튀어 오르듯―역자)과도 같이 무한한 생기를 갖춘 생명의 유행 및 실현 과정인 "자신을 완성함"을 규범적이고 융통성 없는 도덕실천으로 축소시켜 버렸다.

87. 『中庸章句』第20章, "誠者, 天之道也, 誠之者, 人之道也."

88. 같은 책, 第25章, "誠者非自成己而已也, 所以成物也. 成己仁也, 成物知也. 性之德也,

바로 이러한 까닭에 "중화를 지극히 함" 역시 "천지가 제 자리를 잡고 만물이 그 안에서 화육됨"이라는 위대한 조화의 경지로 논리적으로 전개될 수 있는 것이며,[89] 공자의 "중용의 덕은 지극하나, 사람들 중 이를 오래 유지할 수 있는 사람이 거의 없구나."[90]라는 말이 진정으로 이해될 수 있는 것이다. 종교는 신 혹은 절대자에 대한 신앙과 숭배만을 특징으로 하는 것이 아니라, 이러한 신 혹은 절대자와 모종의 형식으로 합일을 추구한다는 점 역시 특징으로 한다. 'religion'은 본래 '새롭게 연결함'의 의미를 지닌다. 만약 현대 기독교가 신을 인격의 극치로 보아서, 생명의 의미는 신의 가르침에 따라 살아가고 나아가 구원을 받아서 부활하는 것에 있다고 본다면, 그리고 도교의 천인합일은 저절로 그렇게 낳고 자라는(自然生化) 하늘(天)의 과정을 본받아서 인간의 음양이 "해와 달을 본받아 작용으로 삼도록(法日月以爲用)" 하고 단약을 만들며 선인이 되기 위해 도를 닦는 것[91]이라고 한다면, 유교는 낳고 낳음의 덕에서 출발하여 자신과 대상을 완성함으로써 천지의 화육에 참여하는 것이다.[92]

이러한 것들이 모두 관통되기 위해서는, '중'이라는 핵심개념이 '천명지

● ● ●

　　合外內之道也."
89. "본성을 변화시켜 인위를 일으킴"과 "화에서 중을 지극히 함(致中於和)" 중 하나는 외화되는 것이고 하나는 내적으로 생겨나는 것이다. 『중용』과 『순자』는 형태는 유사하나 그 정신은 사뭇 다르다. 비록 그 본성에는 선악이 없고 질료 속에 잠재되어 있다는 점에 있어서는 서로 통하지만, 순자는 본성을 경험적 존재로 처리하고 그 본체적 근원을 부정한다. 왜냐하면 그는 본성과 천의 연결을 끊어버렸기 때문이다.
90. 『論語・雍也』, "子曰: 中庸之爲德也, 其至矣乎! 民鮮久矣."
91. 『주역참동계』에서는 다음과 같이 보았다. "도를 닦고 단약을 만드는 것은 천지를 만들고 빚어내는 것과 같은 길이다."(『周易參同契』, "修丹與造化天地同途.")
92. 유교가 비록 인간사와 사회에 관심을 기울이기는 했지만, 역시 마찬가지로 천도에 근본을 두고서 일에 임했다. 유교가 도가 및 도교와 구분되는 지점은, 도가와 도교는 천도를 자연의 과정, 물질적 과정이라고 이해하는 반면, 유교는 천도를 인격화하였으니, 낳고 낳음은 인이자 덕이다. 주자는 천을 리(理)로 대체해서 이 생명적・종교적 존재 및 과정을 정신적・도덕적 존재로 변화시켰다.

성'의 맥락 안에서 독해되어야 한다는 전제가 필요하다.

『중용』 전체를 둘로 나눈다고 한다면, 크게 '중용'을 논하는 부분과 '성명(誠明)'을 논하는 부분으로 구분될 수 있다.[93] '성명'을 논하는 부분에서는 다음과 같이 말했다.

> 진실함에 밝아지는 것을 일러 본성이라 하고, 밝음에서 진실해지는 것을 일러 가르침이라 한다. 진실하면 밝아지고 밝으면 진실해진다. 오직 천하의 지극한 진실한 사람만이 자신의 본성을 모두 발휘할 수 있으며, 자신의 본성을 모두 발휘할 수 있으면 다른 사람의 본성을 모두 발휘할 수 있고, 다른 사람의 본성을 모두 발휘할 수 있으면 사물의 본성을 모두 발휘할 수 있으며, 사물의 본성을 모두 발휘할 수 있으면 천지의 화육을 도울 수 있고, 천지의 화육을 도울 수 있으면 천지와 더불어 참여할 수 있다.[94]

『중용』과 "자신을 완성함과 대상을 완성함"에 대한 우리의 이해에 따르면, 이 두 문제의 사고 방향은 매우 순조롭게 연결되며 상호보완적 관계를 가질 수 있다. 『역전』에서는 말했다.

> 군자는 이미 완성된 덕으로 행한다.[95]

"중과 화를 지극히 함"은 "자신을 완성함"에 담긴 "그 자신의 본성을

• • •

93. 楊朝明, 『出土文獻與儒家學術硏究』, 臺北: 臺灣古籍出版有限公司, 2007의 「『中庸』成書問題新探」을 참고하라.

94. 『中庸章句』第21-22章, "自誠明, 謂之性, 自明誠, 謂之敎. 誠則明矣, 明則誠矣. 唯天下至誠, 爲能盡其性, 能盡其性, 則能盡人之性, 能盡人之性, 則能盡物之性, 能盡物之性, 則可以贊天地之化育, 可以贊天地之化育, 則可以與天地參矣."

95. 『周易·文言傳』, "君子以成德爲行."

모두 발휘함"과 "대상을 완성함"에 담긴 "다른 사람의 본성을 모두 발휘함"과 "사물의 본성을 모두 발휘함"이라는 두 층위 혹은 단계를 모두 포괄하고 있다. 이 과정에서 가장 높은 단계는 "사물의 본성을 모두 발휘함"이다. 그래서 "사물의 본성을 모두 발휘할 수 있으면 천지의 화육을 도울 수 있고, 천지의 화육을 도울 수 있으면 천지와 더불어 참여할 수 있다"고 말한 것이다. "천지의 화육을 도움"은 곧 앞부분의 "천지가 제 자리를 잡고 만물이 그 안에서 화육됨"이며, "화에서 중을 지극히 함"의 극치이다. "천지와 더불어 참여함"이란 개별 생명이 정말로 천지의 위대한 조화와 유행 안으로 녹아들어서 천인합일을 최종적으로 완성한 것이다.[96]

『역전』이 '성과 천도'를 말했다고 한다면, 『중용』은 천인관계 즉 천도와 성명(性命)의 관계를 논한 것이라 할 수 있다. 그렇다면 『대학』이 논한 '삼강령 팔조목'은 "자신을 완성하고 대상을 완성함"을 구체적으로 실현하는 기준과 방법일 것이다.

> 대학의 도는 명덕을 밝힘에 있으며, 백성들을 친히 여김에 있고, 지극한 선에 머무는 것에 있다. 머무름을 알고 난 후에 자리 잡음이 있고, 자리 잡음이 있은 후에 고요할 수 있으며, 고요한 후 안정될 수 있고, 안정된 후 사려할 수 있게 되며, 사려한 후에 깨달을 수 있다. 사물에는 본말이 있고 일에는 시작과 끝이 있으니, 그 앞뒤를 알면 도에 가까울 것이다. 옛날에 명덕을 천하에 밝히고자 하는 사람은 먼저 그 나라를 잘 다스려냈고, 그 나라를 다스리고자 하는 사람은 먼저 그 집안을 잘 다스려냈으며, 그 집안을 다스리고자 한 사람은 먼저 자신의 몸가짐을 수양했고, 자신의

• • •

96. 캉유웨이는 이 대목이 가지는 의미를 충분히 인식했고, 이를 두고 "공자교의 근본을 총체적으로 논했다."고 평했다. 그러나 이것은 정확한 표현은 아니다. 논리적 측면에서 보았을 때, 오직 천도와 천덕을 다룬 『역전』의 대목만이 유교 혹은 공자교의 근본이 될 수 있다.

몸가짐을 수양하고자 한 사람은 먼저 자신의 마음을 바르게 했으며, 마음을 바르게 하고자 한 사람은 먼저 자신의 뜻을 진실하게 했고, 자신의 뜻을 진실하게 하고자 한 이는 앎을 지극하게 했고, 앎을 지극하게 하는 것은 격물(格物)에 달려 있다. 사물이 이른(物格) 후에 앎이 지극해지고, 앎이 지극해진 후에 뜻이 진실해지며, 뜻이 진실해진 후에 마음이 바르게 되고, 마음이 바르게 된 후에 몸가짐이 수양되며, 몸가짐이 수양된 후에 가문이 다스려지고, 가문이 다스려진 후에 나라가 다스려지며, 나라가 다스려진 후에 천하가 평정된다. 천자로부터 보통 사람에 이르기까지 모두 수신을 근본으로 삼았다.[97]

머우쫑싼이 『대학』을 낮게 평가했던 이유는 그가 보기에 격물치지는 횡섭의 계통에 속하며,[98] '성과 천도'와 연결되는 지점이 없다고 보았기 때문이다. 사실 이것은 학술적인 오판이다. 왜냐하면 정이와 주희로부터 이어져 온 '격물'에 대한 이해는 완전히 잘못된 것이기 때문이다. 주희는 격물의 '격(格)'에 대해 "격이란 지극히 함을 이른다."[99]고 해석했다. 따라서 격물치지는 '선(善)이 어디에 있는지 알고자 하는 것"[100]으로 설명되며, "격물한 후에 앎이 지극해진다(知之)"는 "사물을 지극히 하면(格物) 물리의 지극한 경지가 다가오지 않음이 없다. 앎이 지극해졌다는 것은 내 마음의 아는 바가 끝까지 발휘되지 않음이 없다."[101]라고 설명된다. 즉 격물은

●●●

97. 『大學章句』經1章, "大學之道, 在明明德, 在親民, 在止於至善. 知止而后有定, 定而后能靜, 靜而后能安, 安而后能慮, 慮而后能得. 物有本末, 事有終始, 知所先後, 則近道矣. 古之欲明明德於天下者, 先治其國; 欲治其國者, 先齊其家; 欲齊其家者, 先脩其身, 欲脩其身者, 先正其心, 欲正其心者, 先誠其意, 欲誠其意者, 先致其知, 致知在格物. 物格而后知至, 知至而后意誠, 意誠而后心正, 心正而后身脩, 身脩而后家齊, 家齊而后國治, 國治而后天下平. 自天子以至於庶人, 一是皆以脩身爲本."

98. 『心體與性體』, 43쪽을 참조하라.

99. 『大學或問』, "物格者, 極致之謂."

100. 같은 책, "格物致知所以求知至善之所在."

가급적 많은 외물의 이치를 인식하는 것이며, 치지(致知)는 자신의 사회·윤리적 책임(예컨대, 친애해야 할 이를 친애하고, 높여야 할 이를 높이는 것)을 가급적 명확하게 인식하는 것이다. 『대학』 원문에서 격물치지는 전후 인과관계 속에서 존재한다. "사물을 격(格)한 후 앎이 지극해진다"의 측면에서 보면, 격물은 일종의 '인식 행위'이며, 치지는 격물이라는 행위를 통해 획득되는 '인식'이다. 여기에서 주희가 이 둘에 대해, 각각 내면과 외부를 향해 진행되는 인식이라는 평행 관계로 처리했던 것은 원문의 의미에 부합하지 않는다. 굳이 문제의식을 내세우지 않더라도, 팔조목의 출발점에 있는 '격물'의 '격(格)'자를 어떻게 이해할지의 문제는 관건일 수밖에 없다.

격물에 대해 정현(鄭玄, 127-200)은 다음과 같이 설명했다.

> 격은 옴이다. 물은 일과 같다. 어떤 사람이 선에 대해 깊이 알면 선한 일이 올 것이고, 악한 일에 대해 깊이 알면 악한 일이 올 것이다. 이는 일이란 인간이 좋아하는 바에 따라 오게 됨을 말한 것이다.102

이 해석은 종교적 색채를 띠고 있다. 선으로 선을 부르고 악으로 악을 부른다는 것과 선한 이에게는 복을 내리고 지나친 이는 화를 당하게 하는 신비성을 가진 것이다. 그러나 전체 글의 맥락을 살펴보면 그렇지는 않다. 『자회·목부(字汇·木部)』에서는 "격은 감통(感通)함이다."라고 했으며, 서호(徐顥)의 『설문해자주전·목부(說文解字注箋·木部)』에서는 "격의 뜻은 지극함이며, 여기에서 감격(感格)의 뜻이 생겨난다."라고 했고, 『설문해자』에서는 "격은 나무가 긴 모습이다. 목(木)자를 따르며 각(㝵)의 음을

● ● ●

101. 『大學集注』 第1章, "物格者, 物理之極處無不到也. 知至者, 吾心之所知無不盡也."
102. 『三禮注』, "格, 來也. 物, 猶事也. 其知於善深則來善物. 其知於惡深則來惡物. 言事緣人所好來也."

땄다"고 했다.103 '목(木)'은 생명의 존재이며, 위를 향해 자라나서 해를 지향한다는 생장 특징은 이 글자가 '오름(升)', '이름(至)'이라는 의미의 근원이 되며, 또한 '감격'이라는 의미가 나오게 된 출처가 된다. 의미를 좀 더 확장해 보면 감(感)함으로 인해 낳음, 감함으로 인해 이름, 감함으로 인해 통함 등의 뜻을 가진다. 『한어대사전』은 이러한 의미 항목 아래 두 문헌의 예문을 제시한다. 하나는 『상서·설명 하(說命 下)』의 "황천에 이르다(格於皇天)"이며, 다른 하나는 『송략악지서(宋略樂志敍)』의 "선왕은 음악을 지어서 덕을 숭상함으로써 신인에 이르렀다(先王作樂崇德, 以格神人.)"이다. 『상서』에 나오는 수많은 '격(格)'자는 모두 '지(至)'자의 의미를 가지고 있다. 「대고(大誥)」의 "천명을 앎에 이르다(格知天命)", 「서백감려(西伯勘黎)」의 "지극한 사람과 큰 거북이(格人元龜)" 등이 그러하다. '지(至)'의 뜻은 비록 곡절이 있기는 하겠지만 '감통(感通)'이라는 의미로 대체될 때 의미가 더욱 적합하고 순통해질 수 있다. 『대학』 격물의 '격(格)'이 감통으로 해석될 경우, 그 의미는 사물에서 감하여 통한다는 것이다. '사물(物)'에는 감격을 제공할 만한 어떤 특수한 도리가 담겨 있는 것일까? 고염무(顧炎武, 1613-1682)는 다음과 같이 말했다.

> 오직 군자만이 천하의 만물을 체(體)할 수 있다.104

"천하의 만물을 체(體)하다"라는 것은, 군자가 만물과 한 몸이 된다는 의미로 해석될 수도 있고, 군자가 만물에서 조화의 이치와 낳고 낳음의 덕을 깨달을 수 있다는 의미로 해석될 수도 있다. 고염무는 "그것을 계승하는 것이 선이요, 그것을 완성하는 것은 본성이다."105에 대해 『공자한거(孔子閑

• • •

103. 『字彙·木部』, "格, 感通也." 『說文解字注箋·木部』, "格, 訓爲至, 而感格之義生焉." 『說文』, "格, 木長貌. 從木, 各聲."
104. 『日知錄·致知條』, "惟君子爲能體天下之物."

居)』를 인용하여 증명했다.

　　하늘에는 사시가 있어서, 춘하추동과 바람, 비, 서리, 이슬 중 어떤
것도 교(敎)가 아니라 할 수 없다. 땅은 신령한 기를 담고 있으니, 천기는
바람과 천둥을 부르고, 바람과 천둥은 유행하여 형체를 이루어서 뭇
사물들이 생겨나니, 모두 이 교(敎)가 아님이 없다.106

　　교(敎)란 무엇인가? 천지의 대공무사(大公無私)함과 낳고 낳음의 덕이다.
또한 사람들이 교화될(敎) 수 있고 사물이 감통될(格) 수 있는 것은 바로
"하늘이 백성들을 낳으매, 사물이 있으면 법칙이 있다"107 때문이다. 상천(上
天)이 낳은 만물 중 하나로서, 인간은 하늘이 명한 바를 본성을 삼는다.
요순과 같은 성인들은 이른바 "그것을 본성으로 타고난 이들(性之者)"이며,
천과 그 덕을 합하여 무엇을 하든 본성이 아님이 없고, 가르침과 수양을
말할 필요도 없다. 그러나 「성자명출(性自命出)」에서 말한 것처럼 수많은
중생들의 경우 반드시 그렇지는 못하다.

　　쇠와 돌에 소리가 있기는 하지만 두드리지 않으면 소리가 울리지
않고, 사람에게 본성이 있지만 마음이 그것을 취하지 않으면 그 본성이
나오지 않는다.108

　　따라서 비록 마음속에 명덕이 있다고 하더라도 그것을 밝혀야만 드러나

● ● ●

105. 『周易・繫辭上傳』, "繼之者善也, 成之者性也."
106. 『孔子閑居』, "天有四時, 春夏秋冬, 風雨霜露, 無非教也. 地載神氣, 神氣風霆, 風霆流形,
　　　庶物露生, 無非教也."
107. 『詩經・大雅・烝民』, "天生烝民, 有物有則."
108. 『郭店楚簡・性自命出』, "金石之有聲, 弗扣不鳴, 人之雖有性, 心弗取不出."

는 것이다. 어떤 의미에서 말하자면, 격물은 바로 "타고난 지혜(性智)"를 발휘하여 사물 상에서 천도를 체인하고, 사시가 운행하고 만물이 생겨남에서 상천의 낳고 낳음의 덕을 몸소 깨달음으로써, 마침내 자신 안에 있는 본성(性分)이 곧 '명덕을 밝히는(明明德)' 과정임을 깨닫는 것이다. 이를 통해 자신의 본성이 어디에 있으며, 자신의 사명이 어디로부터 오는 것인지 인식하여, "마땅히 머물러야 할 곳을 알게 됨(知其所止)"에 이르러, "하늘을 본받아 행하는" 생명의 방향을 확립하게 된다면, 이것이 바로 이른바 "사물을 이른 후에 앎이 지극해짐"이다.

격물은 형이상과 형이하를 관통하고 선천과 후천을 겸하는 것으로, 본질적으로 천도신앙의 종교 체험 및 영적 수양과정을 그 토대로 하는 것이다. 이것은 인식과 실천 및 감정에 의지까지 합쳐서 도달하고자 하는 유기적 통일이다. 이러한 신비 체험의 토대 위에서 천의 존재와 계시 및 덕성에 대한 이해를 형성하고, 이를 바탕으로 천과 개체의 내재적 연결에 대한 고백을 확립하는 것이다.("인이란 만물과 한 몸이 되는 것이다." "사람들은 동포이며, 만물은 벗이다.")[109] 그렇게 한 후 다시 현실세계로 되돌아가 현실의 가치관과 인생관을 형성한다. 만약 '자리 잡음(定)', '고요함(靜)', '안정됨(安)', '사려함(慮)', '깨달음(得)'이 이러한 과정의 심리적 내용 혹은 설명이라고 한다면, 나라를 다스리고 천하를 평정하는 것은 이러한 과정을 완수한 이후의 실천계획들이다. 격물은 삼강령의 출발점이자 팔조목의 출발점이다. 이제 우리는 『대학』과 『역전』의 천도관, 『중용』의 성명론 간의 내재적 관계를 명확히 이해했을 것이다. '격물'과 '명덕을 밝힘'은 천명지성을 자각적으로 체인하고 강력하게 고수하는 것이며, 자신을 수양하는 것은 자신을 완성하는 것이고, 나라를 다스리고 천하를 평정하는 것은 대상을 완성하는 것이다.[110]

●　●　●

109. 『二程遺書』第2上卷, "仁者渾然與物同體. 『西銘』民吾同胞, 物吾與也."

『시경・문왕지십・황의(文王之什・皇矣)』에서는 다음과 같이 읊었다.

> 이 왕계(王季)님,
> 상제께서 그 마음을 헤아리시고,
> 그의 덕스러움에 대한 명성이 큼을 들으시고
> 그 덕이 매우 밝음을 아셨다.
> 지극히 밝고 지극히 선하시어
> 훌륭한 어른이자 훌륭한 군주였으니
> 이 큰 나라의 왕이 되어
> 백성의 뜻을 좇아 그들과 친하셨다.[111]

여기에 나오는 왕계(王季)의 자취는 "명덕을 밝힘–백성과 친함–지극한 선에 머묾" 즉 삼강령의 축소판이며, 『역전』의 천도와 성명, 『중용』의 "자신을 완성하고 대상을 완성함(成己成物)" 역시 모두 그 안에 포괄하고 있다. 이러한 역사적 증거는 『역전』, 『중용』, 『대학』이 이론적으로 일맥상통할 뿐만 아니라 실천적으로도 삼위일체가 됨을 뒷받침한다. 머우쭝싼이 이른바 횡섭의 계통이라고 규정해버렸던 것과는 달리, 『대학』은 오히려 가장 원대한 사상 구조를 가지고 있으며, 진정으로 천인을 관통하고 또한 이것을 현실세계를 향해 명확하게 설명해낸 것이다!

주희가 말한 사서의 관계구조와 이들 각각의 의미 및 기능은 다음과 같다.

> 먼저 『대학』을 읽어서 공부의 규모를 정하고, 그 다음 『논어』를 읽어서

● ● ●

110. 양명이 말한 '치양지(致良知)'의 의미는 바로 여기에서 명확히 설명된다.
111. 『詩經・文王之什・皇矣』, "維此王季, 帝度其心, 貊其德音, 其德克明. 克明克類, 克長克君, 王此大邦, 克順克比."

그 근본을 확정하며, 그 다음 『맹자』를 읽어서 그 발휘되고 넘어섬을 살피고, 그 다음 『중용』을 읽어서 옛 사람들이 말한 은미하고 현묘한 지점을 구한다.112

이것은 인간을 중심에 둔 도덕철학 체계이다. 이 글에서 제시한 구조는 천을 중심으로 한 종교 신학 체계이다. 『역경』은 천도를 말했고, 『중용』은 성명을 논했으며, 『대학』은 실천을 말했다. 즉 "낳고 낳음을 일러 역이라 한다"를 토대로 하며, "천명을 일러 본성이라 한다"를 통해 인간에게 부여하고, "수신·제가·치국·평천하·지어지선"을 통해 다시 낳고 낳음의 덕의 위대한 조화와 유행으로 돌아가는 것이다.

유가 문화의 사상적 면모는 육예에서 오경으로, 다시 오경에서 사서로 체계의 변화를 겪었다. 이것은 유가 문화가 각각의 시대 및 사회와 맺었던 서로 다른 관계들을 반영한 것이다. 오늘날 시대와 사회는 이미 변화해버렸고, 이제 유가들은 자신들의 주장을 어떻게 조정하여 이처럼 변해버린 시대 및 사회와 적극적이고 상호적인 관계를 구축할 것인가의 문제를 마주할 수밖에 없게 되었다. 물론 유교의 신학적 구축에는 다양한 경로가 있을 것이다. 이 논문은 초보적인 탐색으로서, 투박하게 서술되었을 뿐만 아니라 여전히 많은 문제들을 공백으로 남겨두고 있다. 예컨대, 생사와 영혼의 문제가 그러하다. 그러나 여기에서는 이 문제를 잠시 접어두도록 하겠다.

●●●

112. 『朱子語類』第14卷, "先讀大學以定其規模, 次讀論語以定其根本, 次讀孟子以觀其發越, 次讀中庸以求古人微妙之處."

3. 경학(經學)인가 자학(子學)인가
─ 정치유학 부흥의 길에 대한 고찰[1]

바이퉁둥(白彤东)

1. 서론

백여 년간 유학연구는 두 가지 방식으로 구성되었다. 하나는 고전을 정리하는 '국고(國故)정리' 노선의 방법으로 유학을 죽은 물건 취급하듯이 치부했다. 다른 하나는 독일 고전철학 및 현대 유럽 대륙철학을 기준으로 하는 이른바 '편식'하는 방식으로 유학철학을 구성하였다. 이 두 가지 방식은 모두 유학의 자립적이고 자주적인 정치적 향도(向度), 그리고 전통적

● ● ●

1. 이 글의 초고는 2015년 4월 팡융(方勇) 교수가 조직한 제2차 신자학(新子學) 국제학술연구 토론회를 계기로 작성하였고 그 후 2015년 10월 장즈훙(張志宏) 박사가 상해 사회과학원에서 조직한 회의와 2017년 11월 산둥(山東)대학 쩡전위(曾振宇) 교수가 조직한 정치유학 회의에서 발표한 적이 있다. 『탐색과 쟁명(探索與爭鳴)』2018년 제1기에는 일부 내용을 삭제한 버전이 실렸다. 산둥대학 회의에서 천밍(陳明) 교수가 이 글에 대해 일부 중요한 비판적 의견을 제기했다. 2017년 연말, 필자는 이 글의 주제를 기반으로 하여 무한(武漢)대학에서 강좌를 열었고 당시 우건유(吳根友) 교수와 황옌챵(黃燕強) 박사의 글 몇 편을 읽었으며 강연에서 우 교수의 비판을 받았다. 이로 인해 필자는 이 글의 일부 핵심적인 문제에 대해 새롭게 생각하게 되었다. 이러한 비판에 대해 필자는 『탐색과 쟁명』버전에서 제 때에 응답하지 못하고 발표 후에야 수정하기 시작했다. 수정 후 차이멍한(蔡孟翰), 리푸지옌(李福建) 교수가 이 글의 일부 문자와 표현에 대해 비판한 적 있다. 이 자리를 빌려 이상 여러분들의 도움과 성원에 감사함을 표하는 바이다.

425

인 중국 정치의 긍정적인 의미를 등한시하거나 부정하는 것이다. 최근
몇 년간 '대륙신유가'로 불리는 학자들이 유가의 정치 전통을 다시 중시하기
시작했다. 그들은 정치를 심성(心性)유학의 부속물로 치부하지 않고 독립적
이고 긍정적인 가치로 보고 있다. 이들 내부에서는 캉유웨이를 추종하는
신캉유웨이주의자들이 주류를 이루고 있다. 이들 내에서는 경학(經學) 노선
은 또 하나의 중요한 추세이다. 이 노선의 기본 입장을 분명히 하는 것을
전제로 하여, 이 글은 캉유웨이와 경학 노선을 따르는 신캉유웨이주의자들
이 자처하는 정통(正統)이 사실 역사적, 이론적 기초가 없음을 밝히고자
한다. 유학 부흥의 길로써 그것은 여러 가지 결함이 있다. 만약 우리가
여전히 유가를 보편적 가치로 하여 오늘날 확대된 제자(諸子) 논쟁에 참여하
려 한다면, 일종의 자학(子學) 노선을 취해야 한다. 즉 서로 다른 유가
경전에서 출발한 다원적인 전통을 포용하는 것을 기반으로 삼아, 역대
유학자들의 정치제도에 대한 성찰과 창조를 결합하여, 오늘날 정치문제에
대하여 비(非)유학자들도 받아들일 수 있는 보편적 논증을 제시해야 한다.
우리는 이러한 자학 노선 안에서 경학 노선을 다시 해석하여 포용하고
캉유웨이를 계승할 수 있다. 그러나 이런 의미에서라도 캉유웨이와 경학
노선의 중요성은 여전히 논증이 필요하다.

2. 죽은 유학과 빗나간 유학

유학자를 포함한 중국 사상가들은 선진제자(先秦諸子) 시대부터 대부분
일종의 보편감정을 가지고 있었다. 자신들의 사상이 노나라 사람이나 추나
라 사람, 심지어 '화하(華夏, 여기서 화하는 특정 집단이 아닌 문명인을
가리킨다)'로 한정되지 않은, 모든 사람을 위해 구상된 것이라 여겼다.
한나라 때에는 유가만 떠받드는 '독존유술(獨尊儒術)'이 그 시대 사람들의

질책과 오해(예를 들어 유럽 중세기에 배타적 종교가 다른 사상을 억압했다는 오랑캐(胡人) 시각을 통해 생성된, '독존유술'에 대한 여러 헛소리)를 받았지만, 그것은 실제로는 유가의 일통(一統) 아래에서의 다원(多元)이었다. 선진제자의 사상은 유가라는 큰 간판 아래 또는 그 밖에서, 여전히 연속해서 발전했다.[2] 불교처럼 훗날 유입된, 또는 새롭게 생긴 사상 혹은 종교 역시 이러한 전통에 포용되었다. 실천에 있어서 일통다원(一統多元)적인 화하(華夏) 문명은 당시 사람들이 알고 있던 세계의 보편적 가치가 되기도 했다.

그러나 청나라 말기 이후, 중국 사람들은 자신의 문화가 가지고 있는 보편문명의 특징에 대한 자신감을 잃고, 유가사상을 포함한 전통 사상을 중국인에게만 적용되는 특수한 문화, 게다가 아주 보잘것없는 문화로 평가절하했다.[3] 후스(胡適, 1891-1962)와 푸쓰니옌(傅斯年, 1896-1950)과 같은 사람들은 국고 정리를 명목으로 생명력으로 가득했던 전통을 박물관의 죽은 물건으로 바꿔놓았다.[4] 이러한 방법이 초래한 보기에도 모순적인 현상이 바로, 오늘날 대륙이든, 홍콩·대만이든, 중문학과와 역사학과의 일부 학자들이, 비록 전통적 중국을 연구하지만 오히려 좌우를 불문하고 전통을 반대하는 데에 최선봉이라는 사실이다. 그러나 만약 그들의 스승들이 바로 국고 정리 명목으로 전통을 말살한 사람들임을 알게 된다면, 우리는 이러한 모순적이고 역설적인 것들이 아주 자연스러운 것임을 알 수 있다. 그리고 전통을 반대하지 않는다 해도 그들 학문의 한계성 때문에 중문학과

• • •

2. 이는 우견유와 황옌창이 2014년에 유사한 관점을 제기한 적이 있고, 또한 매우 상세한 사료들의 지지를 받고 있다.
3. 이 글에서 '문화'는 한 집단 특유의 것을 가리키며, '문명'은 모든 문명인이 공통으로 갖고 있는 것을 가리킨다.
4. 중국사학자 조셉 레벤슨은 유가가 최근 백 년 동안 '박물관화(museumization)'됐다고 한 비유를 인용했다.(Levenson, Joseph R., *Confucian China and Its Modern Fate*. Berkeley, CA: University of California Press, 1968, 160쪽.)

와 역사학과가 연구하는 것은 늘 죽은 전통이었다.

이와 달리 민국(民國) 시기의 펑유란, 슝스리 등은 서양에서 도입한 철학을 빌려 전통을 연구하고 그 생명력을 유지시키려 시도했다. 그러나 1949년 이후의 대륙에서 전 30년(1949-1978년 사이의 기간. '후 30년'은 1978-2008년까지의 기간–역자) 동안에는 정확한 철학은 오직 하나만 있을 수 있었기에, 다른 철학체계는 기껏해야 그 철학이 정확하다는 것을 부각시키는 것에 이용되었을 뿐이었다. 따라서 중국철학은 또 다시 박물관의 죽은 물건이 되었으며 유물론적 또는 유심론적 방식으로 강제 절단될 수밖에 없었다. 후 30년에는 비록 이런 상황에 약간의 변화가 일어났지만, 이전 세대의 스승을 통해 중국철학을 연구하는 그러한 방식에는 여전히 (그들을 요구하는–역자) 시장이 있었다. 유물론이나 유심론을 가지고 중국철학을 연구하는 사람은 드물었으나 많은 중국 '철학' 학자들이 '죽은 물건'을 연구하는 방식, 즉 사상사(思想史)의 방식을 취했다. 게다가 이런 사상사적 연구 패러다임은 역사와 중문(中文)연구와의 연관성 때문에 그러한 영향을 많이 받았다.

또한, 민국 시기에 도입한 서양철학의 주류, 또는 다수의 학자의 마음속의 철학은 독일 고전 유심주의와 그 후의 유럽 대륙철학이었다.[5] 1949년 이후, 독일 고전철학과 마르크스주의와의 친연관계로 인해 이 분야는 엄숙한 학자들의 대피소가 되었다. 1980년대 이후 홍콩·대만으로부터 되찾아온 신유학(사실은 대륙에 남은 슝스리, 펑유란 등의 제자 또는 이후의 신유가의 사상이다)은 중국 대륙의 철학계에 새로운 활력을 주입했다. 그러나 그 철학적 모델은 여전히 주로 독일철학과 대륙철학이었다. 이렇듯, 민국 시기 서양철학에 대한 편식은 오늘에 이르기까지 줄곧 유럽 대륙 학술계에

● ● ●

5. 예를 들어 민국 시기에 푸쓰니옌은 철학에 대한 열정이 가득하였다가 철학에 대한 혐오로 돌아서게 된다. 그러나 그가 말하는 철학은 사실 독일철학이었다.(鄭家棟, 2004, 4, 注1)

영향을 미치고 있다. 대륙의 서양철학에서 독일 고전철학, 나아가 당대 대륙철학은 여전히 주도적 지위를 차지하고 있고, 중서를 관통해서 중국철학을 발양하고자 할 때에 의존하고 있는 서양철학 또한 변함없이 이러한 전통이 주를 이루고 있다.

1949년 해외로 이주한 홍콩·대만 신유가 학자들이 철학으로 중국 전통의 활력을 보존하고자 하는 노력은 결코 중단되지 않았다. 하지만 푸스녠과 같은 사람들이 철학, 나아가 중국철학의 결과[6]를 배척하는 데다, 중국 전통 연구가 서양 대학체계의 학문분과 구분에서 모호하기 때문에 죽은 물건을 연구하는 방식의 연구가 자주 중국사상에 대한 철학연구로 혼동되었다. 당대 해외 신유가의 중요 인물인 리밍후이(李明輝)가 지적한 것처럼, 중국사상을 보다 순수한 철학으로서 연구하는 범위 안에서, 해외 신유가의 서양철학 정신의 주요 근원 또한 유럽 대륙, 특히 독일 이념론 혹은 유심론의 전통이었기 때문에, 홍콩·대만 신유학도 당대 대륙신유학과 유사한 편향(偏向)을 가지고 있었다.[7]

따라서 대(大)중화지역(대륙, 홍콩, 대만)에서 중국철학 연구의 주류는 서로 다른 방법을 사용하여, 제대로 된 철학 연구와 비교했을 때, 모두 편향을 가지고 있었다. 그중 하나는 현실 세계와 단절된 사상사 전통이다. 이런 전통 밑에서 연구자는 "툭하면 어려운 말을 써가면서 고대 사람들이 무슨 말을 했는지 관심을 가지지만, 선현들의 말씀이 현대의, 바로 지금의 문제에 대해 어떤 깨우침을 주는가에 대해서는 아무런 관심이 없다. 지금의 문제에 대한 영감을 얻고자 하는 것이야말로 서양 현대철학(대륙철학이든 영미 전통이든)의 한 중심점이다. 그 때문에 중국철학 연구의 사상사 전통은

●　●　●

6. 가장 분명한 예는 바로, 중국사상에 대한 연구에서 대만으로 이전한 중앙연구원(中央研究院)에 본래 역사언어연구소(약칭 史語所)밖에 없었다가 1980년대 말에 와서야 문화철학 연구소(약칭 文哲所)를 설립하기 시작했다는 것이다.

7. 李明輝, 『儒家視野下的政治思想』, 臺北: 國立臺灣大學出版中心, 2005, vii쪽과 35쪽.

정확하게 말해 철학이라 할 수 없다. 다른 하나는 독일 고전철학, 당대 대륙철학을 참조로 하는, 즉 그것만 '편식'하는 중국철학의 전통이다. 이로부터 형성된 개념체계와 철학에 대한 이해(예를 들어 존재론에 대한 몰입) 또한 중국철학 연구의 사상사 전통에 영향을 미쳤다. 이러한 영향 하에서 사상사에 대한 연구는 하나의 개념체계로 중국 전통사상을 절단하는 것이었기에, 사상사의 연구를 단편적으로, 사상사 연구자들이 자인하는 것처럼, 소위 객관성의 결핍을 초래했다. 사상사 전통은 직접적으로 현실과 단절되어 있고, 편식하는 중국철학의 전통은 당대 발전에 대한 인식이 전면적으로 결핍되어 있다. 이러한 단절과 편식 상황에서 대중화지역, 특히 대륙 학술계의 소위 '정치철학' 연구는 자기만의 작은 '전통'이 되었다. 또 '학술', '전공'이라는 기치를 내세워 이러한 패러다임을 중국철학의 정통이라고 표방했다. 이러한 패러다임이 다른 철학전통과의 차이점에 대면했을 때, 흔히 볼 수 있는 하나의 반응방식은 그러한 차이점을 중국철학의 독특함으로 돌려버리는 것, 심지어는 그것을 이유로 해서 다른 철학전통을 계속 배제해버리는 것이다.8 동시에 현재 일부 중국철학 학습자와 연구자들은 이러한 중국 '철학'의 연구 전통의 문제를 의식하고 있고, 또 이 때문에 중국 전통에 대한 철학연구를 거부한다.9 그들은 그들이 거부하는 대상(철학

●　●　●

8. 중국 대륙의 서양철학계와 그 영향을 받은 중국철학계에서는 영미 철학에 대한 무시와 배척, 아울러 독일 내지 유럽 대륙철학에 대한 순수한 수호를 볼 수 있다. 그러나 우스꽝스러운 것은 유럽 대륙의 많은 철학 계보가 이미 영미 철학에 점령당했다(비록 이것이 딱히 영미 철학 자체의 우월함을 설명하는 것은 아니고, 아마도 2차 세계대전 이후 미국 정치·경제의 강세에 따른 부산물이라고 할지라도)는 것이다. 게다가 유럽 전통 내에서도 많은 현대 철학가들은 줄곧 영미 철학과 소통을 유지하고 있으며 중국 대륙의 철학자들보다 영미 철학에 더 개방적이다. 때문에 좀 우스운 것은 유럽에 비해 중국에서 영미 전통에 대한 무지와 무시, 그리고 유럽 전통을 맹목적으로 견지하는 '문화본질주의자'를 더 많이 발견할 수 있다는 사실이다.
9. 예를 들어 천밍(陳明, 『超越牟宗三, 回到康有爲』, 『天府新論』, 2016年 第2期, 16쪽)을 참조할 수 있다.

연구가 아닌 사상사 연구, 또는 편식한 철학연구)을 철학연구의 유일한 방법으로 오해하고 있다.[10]

　게다가 해외신유가(주로 탕쥔이, 머우쫑싼, 쉬푸꽌(徐復觀, 1904-1982)과 그들의 제자들)와 그들의 영향을 많이 받은 1980년대 이후 대륙의 유학 학자들의 또 다른 한계는, 그들이 대부분 중국 전통 정치에 부정적 태도를 취하기 때문에 전통 정치사상과 실천을 자주 회피하고 심지어 폄하, 배척한다는 것이다.[11] 그 결과 그들은 심성(心性)이나 도덕적 형이상학을 근본으로 하여 유가 전통을 해석하고, 설령 정치문제를 논하더라도 심성을 근본으로 해서 출발한다는 것이다. 이렇게 되면 선진 유학을 오독하거나 편향적으로 이해하게 되며, 더욱이 심성이 우위를 점하지 않았던 한당(漢唐) 유가 전통을 경시할 수 있다. 비록 송명이학(宋明理學)이라고 해도, 그들의 시각은 이해의 편향을 초래할 수 있다.[12] 전통유학의, 자재적(自在的)인 ― 심성의 부산물이 아닌 ― 정치 측면에 대한 경시와 부정은 그들이 간직해온 유가 철학까지도 반은 죽어버린, 또는 거세된 유가가 되게 한다. 그리고 해외 신유학특히 머우쫑싼 계열이 도덕 형이상학에 대한 강조가 현대 다원성의 도전에, 그리고 철학 내부 특히 영미 전통에서 형이상학에 대한 도전에 어떻게 답할 것인지, 이는 모두 골치 아픈 문제이다.[13]

● ● ●

10. 여기서 해명해야 할 것은 필자는 사상사 연구, 또는 독일이나 일반적인 유럽 대륙 전통에 서서 중국사상을 연구하는 것을 반대하는 것이 아니라, 이것이 철학으로 중국사 상을 연구하는 유일한 방식이라고 여기는 망자존대(妄自尊大)를 반대하는 것이다.

11. 쉬푸관은 전통적인 정치에 대해 상대적으로 약간 공감하는 편이지만 여전히 전통적 정치의 핵심을 전제(專制)로 보았는데, 이 때문에 쳰무(錢穆, 1895-1990)와 근본적인 논쟁이 있었다(何卓恩, 2015 참조). 해외에서 유가에 공감했던 윗세대 학자로써, 전통 정치에 대한 태도에서 쳰무는 아주 드문 예외적 인물이다. 하지만 이 때문에 그는 홍콩·대만 신가에 포함되는 것을 거부했고 홍콩·대만 신유가도 그의 포함을 거부했다.

12. 예를 들어 위잉스의 송명이학에 대한 다른 이해를 보라.(余英時, 『朱熹的歷史世界』, 北京: 三聯書店, 2004)

때문에 만약 우리가 유가를 심성을 근본으로 삼는 전통에 따른 해석을 하지 않고 정치 측면이 자위자재(自爲自在)적일 수 있는 것이라고 여긴다면, 유학의 전면적인 부활과 부흥은 반드시 그 정치 측면에 대한 독립적인 인정이 있어야 한다. 또한 만약 우리가 5·4의 후대(중국의 많은 좌파와 우파를 포함한)와 나아가 많은 해외 신유가가 모두 공유하고 있는 중국 전통 정치에 대한 편견을 거부한다면, 우리는 중국 전통 정치의 제도, 사상, 철학적 자원을 정면으로 대할 수 있고, 공평하고 타당하게 득실을 가늠하는 기반 위에서 그것이 현대 중국, 나아가 세계정치에서 갖는 의미를 발굴할 수 있을 것이다. 필자는 전통 정치에 대한 (어느 정도의) 긍정, 전통 정치에 대한 유가 자원과 현대적 의미에 대한 본격적 발굴은 최근 몇 년간 '대륙신유가' 또는 '정치유학'이라는 라벨이 붙여진 학자들이 인식의 일치를 보여준 부분이며 그들이 홍콩·대만 신유가와 구분되는 중요한 부분이라고 본다.[14] 대륙신유가 또는 정치유학은 홍콩·대만 신유가 또는 심성유학을 부정하려고 하는 것은 아니다. 단지 후자가 정치유학의 독립적인 지위에 대한 부정을 부정하는 것이고 후자 중에 주류가 중국 전통 정치에 대한 모함과 일격 타도 식의 거부를 부정하는 것이며, 적어도 홍콩·대만 신유가가 중국 전통 정치 및 그 안에서의 유가의 긍정적인 역할에 대한 경시를 바로잡으려는 것이다.

● ● ●

13. 이 문제에 대한 토론은 다음 자료를 참조하라. (白彤東, 『舊邦新命』, 北京: 北京大學出版社, 2009, 21-40쪽; 白彤東, 『心性儒學還是政治儒學?新邦舊命還是舊邦新命? — 關于儒學復興的幾點思考』, 『開放時代』, 2010年 第11期.)

14. 대륙신유가에서 자신의 입장에 대한 이런 인식과, 홍콩·대만 신유가에 대한 정의는 매우 보편적이다. 예를 들어 간춘송(干春松)은 그의 저서에 대해 총괄하면서 다음과 같이 지적했다. 그것의 "목적은 홍콩·대만 신유가의 '동정과 존경'에 약간의 동정, 약간의 존경을 더 얹으려는 것이 아니라, 홍콩·대만 신유가가 경시하는 제도 차원에서 중국사회에서의 보다 사실적인 유가의 생존 이미지를 알아내고자 시도하는 것이다."(干春松, 『制度化儒家及其解體(修訂版)』, 北京: 中國人民大學出版社, 2012, 391쪽.)

그러나 앞에서 말한 인식의 일치 외에 대륙신유가 또는 정치유학 내부에는 사실 많은 이견들이 있다. 정치의 차원에서 유학에 접근한 필자를 포함하여 일부 학자들은 장칭(蔣庆)의 영향을 받지 않았지만 그러나, 현재 대륙에서 정치유학을 연구하는 다수의 사람들이 장칭의 정치유학으로부터 격려를 받은 사실은 부인할 수 없다. 또한 장칭의 정치유학은 멀게는 (그가 이해한) 경학, 특히 춘추공양학의 영향을 많이 받았고, 가깝게는 캉유웨이의 전통을 계승했다. 때문에 지금의 소위 대륙신유가 내부에 이 경학(정확하게 말하자면 「금문경학(今文經學)」 또는 춘추공양학) 노선 또는 캉유웨이 노선을 따르는 학자들이 주류를 이룬 것이 사실이고 적어도 대륙신유가의 중요한 한 갈래를 이룬다. 그러나 캉유웨이 노선을 따르는 학자들 모두가 공양학의 의미에서 캉유웨이를 따르는 것이 아니다.[15] 이 글은 이어서 이들 신캉유웨이주의자들(필자와 일부 학자들은 이들을 '캉당(康黨)'이라고 우스개로 부른다)에 대한 도전을 제기하겠다. 다음 장에서 나는 신캉유웨이주의자들 중 경학 노선을 선택한 사람들이 경(經)에 대해 가지고 있는 일부 근본적인 입장을 확실하게 정리할 것이다. 제 3장에서는 이 입장에 대해 도전한다. 그리고 나서, 필자는 정치유학의 흥기를 위해 취해야 할 것은 자학/철학 노선, 즉 필자 본인과 다른 몇몇 동료들(필자는 이들을 우스개로 '첸당(錢黨)' 즉 첸무 노선을 따르거나 호응하는 '당'이라고 부른다)이 취한 노선 방향이어야 함을 주장할 것이다. 이 글 마지막 장에서는 신캉유웨이주의자들 가운데 비(非)경학 노선의 한 갈래에 몇 가지 질문을 제기할 것이다.[16]

● ● ●

15. 한 학술회의에서 천밍은 정이(曾亦)와 천비성(陳璧生)이 캉유웨이의 경학 방법론 쪽으로 더 치우친다고 지적했다. 그러나 전자는 치용(致用)을 중요시하고 후자는 경학사를 중요시한다. 탕원밍(唐文明), 간춘송, 그리고 천밍 본인은 캉유웨이가 제기한 공교(孔敎)를 더 중요시한다. 그러나 탕원밍은 기독교의 각도로부터, 간춘송과 천밍은 시민종교의 각도에서 공교를 이해했고 해설했다.

16. 사상사학자 거자오광(葛兆光)도 최근 글을 써서 대륙신유가를 비판했다(葛兆光,『異想天開: 近年來大陸新儒學的政治訴求』,『思想』第33輯, 臺北: 聯經出版社, 2017) 그러나

●　●　●

그는 대륙신유가의 공통적인 최저선(이 최저선에 대해 이 글은 앞에서 이미 언급했다)을 찾아내지 못했고, 대륙신유가의 다원성을 무시하고 '캉당'에 대해서만 지적했다. 비록 필자가 이 글과 다른 글에서 '캉당'의 일부 방법을 비판했지만, 필자는 거자오광의 비판이 거의 맞는 곳이 하나도 없다고 본다. 그는 '캉당'의 기본 입장을 공격하지 않았고, 비교적 합리적인 주장을 무시한 채, '캉당'에서 가장 기묘한 표현을 골라내서 (영어에서 말하는 'cherry-picking') 어떤 동정심도 없이, 심지어 악의적인 태도로 그들의 논조를 왜곡하여 조롱하고, 심지어 모욕하는 데에까지 이르렀다. 구체적인 예는 이 글의 길이와 주제의 제한 때문에 일일이 열거할 수 없다. 게다가 그의 글은 학리상으로도 기본적인 문제에서 많은 오류가 보인다. 예를 들어 딩지(丁紀)는 거자오광에 대한 응답에서(이것은 내가 본 것 중에 가장 훌륭한 응답이고, 글 중에 앞에서 언급했던 많은 구체적인 문제를 예로 들었다) 거자오광이 유가사상을 논할 때면 항상 그것을 역사 속의 구체적인 이데올로기로 받아들이고, 반면에 서구적 가치라면 역사적 상황을 외면하고 보편적 가치로 간주한다고 지적했다.(丁紀,『畸形儒家觀和病態中國文明觀』, 儒家網, 2017. http://www.rujiazg.com/article/id/11691/(2017年 8月 5日)) 거자오광의 중국의 역사와 상황에 대한 이해는 이 글 앞부분에서 언급한 사상사의 역사적 경로에서 보이는 하나의 전형(典型)이다. 앞에서 말했듯이 필자는 사상사의 進路를 부정하려는 뜻이 없다. 그러나 다른 연구자들이 철학의 방법으로 유가를 연구할 때 사상사학자들이 구체적인 역사로 부정하는 것은 노란 얼굴의 진경(秦瓊)과 붉은 얼굴의 관우(關羽)가 섞인 것처럼 기본적인 개념 구분이 결여된 것이다. 철학의 진로가 주목하는 것은 역사 상황을 초월한, 보편적인 '마땅히 해야 할 것'의 문제이다. (예를 들어 『논어』에서의 공자의 정신에 따라 우리가 어떻게 자유·민주의 도전에 대응할 것인지, 어떤 대안적 제도를 제안할 수 있는가와 같은 문제이다.) 이것은 역사학자들이 관심을 '~이다'의 문제(예를 들어 공자는 당연히 현재의 의미와 같은 자유·민주 문제를 논한 적이 없다)와 분명하게 구분된다. 사상사학자가 '~이다'로 '마땅히 해야 할 것'을 부정하고, '서술적인 것'으로 '규범적인 것'을 부정하는 것은 오만일 뿐만 아니라 규범과 서술이라는 기본 개념 구분에 대한 무지함의 표현이다. 더 어이없는 것은 딩지가 지적한 것처럼 거자오광은 역사나 이데올로기로 유가를 이해하지만, 서양에 대해서는 철학과 보편가치를 가지고 이해하고자 한다는 것이다. 만약 거자오광 교수가 현재 서양의 보편적 가치인 자유와 민주가 근거로 삼는 로크의 자유와 재산권 학설이 영국 신흥 중산계급의 이데올로기에 불과하고, 영국의 아메리카 식민지배를 변호(로크의 한 은인은 영국이 북미 캐롤라이나주에서의 맹주였으며 그 자신도 구체적인 식민 업무에 휘말렸었다.)하기 위한 것일 뿐이라고 했다면, 그렇다면 우리는 여전히 사상사학자로서의 그의 편견은 비판하더라도 적어도 그의 논리는 일관적이라고 말할 수 있었을 것이다. 그러나 그의 글은 최소한의 논리적 일관성마저 보여주지 못했다. 때문에 그의 편견은 단지 사상사학자의 철학연구에 대한 편견이 아니라 5·4부터 문화대혁명까지의 중국 전통에 대한 편견이다. 더 재미있는 것은 이러한 한 편의 글이 중국의

3. 어떤 경학인가?

유학 부흥의 경학 노선을 말하자면 우리는 먼저 경학의 함의를 이해해야
한다. 우선 '경(經)'은 유가 경전을 가리키며 다른 학파의 경전을 포함하지
않는다. '경학'은 이런 경전에 대한 연구만이 아니라 이런 경전에 대한
연구가 현실 정치를 위해 방향을 제시할 수 있다고 여기는 것이다. 때문에
최근 백여 년간 많은 경학 연구자들 가운데 저우위퉁(周予同, 1898-1981),
주웨이쩡(朱維錚, 1936-2012)과 그 후학들은 그들의 출발점이 단지 경,
유가 경전을 역사 대상으로 연구할 뿐(이는 앞에서 말한 중국 '철학'계의
사상사 노선 문제와 유사하다), 주동적으로 경의 현실적 의미를 부정하였기
에 그들이 한 것은 역설적으로 경학이 아니라고 할 것이다.[17] 이와 비슷하게,
전통 중국의 경에 대한 연구에서 만약 경세치용(經世致用)에 주목하지
않는다면 그러한 연구도 아마 경학이라고 할 수 없을 것이다. 예를 들어
천비성(陳壁生)은 다음과 같이 지적했다.

피시루이(皮錫瑞, 1850-1908)의『경학역사(經學歷史)』는 청나라 시대를
"경학이 번성을 되찾은 시대"라고 했다. 그러나 피시루이가 말하는 '번성'은
이미 경학 자체의 번성이 아니라 경학 연구의 번성이다.[18] 아무튼, 경학으로

● ● ●

일부 자유파의 칭송을 받았고 심지어 용감하다는 칭찬을 받았다는 것이다. 그러나
거자오광의 글이 중점적으로 토론한 대륙신유가의 문집은 대륙에서 출판조차 할
수 없었고 싱가포르에서만 출판됐다. 이런 유파에 대한 공격에 무슨 용기가 필요하단
말인가? 이렇듯 많은 문제가 있음에도 칭송하는 사람들은 학리가 부족한 것인가,
아니면 너무 깊은 편견에 눈이 먼 것인가? 또 아니면 누가 자유의 진정한 적인지
모르거나(무지함), 감히 자유의 진정한 적에 도전하지 못하고(용기 없음) 유가에 화풀이
할 용기만 있는 것인가?
17. 량타오(梁濤)와 같은 학자는 더 격렬한 말을 써서, 그것은 "스스로를 시대로부터,
학계로부터 단절시켜 결국 막다른 골목에 이르게 될 것"이라고 했다.(梁濤, 「'新四書'與
當代經學的重建」, 『江蘇行政學院學報』, 2014年 第4期, 11쪽.)
18. 陳壁生, 『經學的瓦解』, 上海: 華東師範大學出版社, 2014, 17쪽. 쉬위앤(徐淵)은 천비성의
여기서의 서술에 찬성하지 않는다. 그는 청대 박학(樸學: 청대의 경학을 달리 이르는

불릴 수 있으려면 의리(義理)를 논해야 하고 치용(致用)에 뜻을 두어야 한다.

이러한 좁은 의미의 경학 범위에서, 근 백여 년간 캉유웨이부터 장칭과 그 이후의 학자들에 이르기까지 유학 부흥과 탁고개제(托古改制: 옛것에 근거하여 새로운 제도를 만드는 것-역자)에 사용된 경학은 단지 경학의 한 갈래, 즉 금문경학(今文經學)이다.[19] 이렇게 된 이유는, 청말 이래의 금문경학자 자신들의, 그리고 오늘날 비교적 유행하는 금고문(今古文)의 구별에 대한 이해에 근거하여, 필자는 다음과 같은 원인 때문일 것이라고 추측한다.[20] 첫째, 처음에 고문경학은 옛 글자, 옛 언어인 데다, 금문경학처럼

• • •

말-역자)의 전환이 단지 경학에서 경학연구로 변한 것만이 아니라고 본다. 그는 청대 학자들이 경의(經義)에서부터 제도사(制度史)의 창제에 근사한 수준까지 탐구를 진행했었다고 주장했다. 이것이야말로 청대 예학(禮學)의 비약적인 발전을 설명할 수 있다. 이 전통은 차오위안삐(曹元弼)와 선원줘(沈文倬, 1917-2009)에게 이어졌고, 평린(彭林)이 지금의 계승자이다. 훈고학(訓詁學)의 계승도 마찬가지이다. 단지 이후 민국 시기에 와서 중단되었을 뿐인데, 혹자는 학술 면모가 후스와 푸스니옌에 의해 바뀌었다고 본다(개인 통신). 위잉스 역시 청대 경학이 경학 연구에 불과한 것이 아니라 치용에 대한 관심이 있었다고 본다. 그러나 필자의 후스 등에 대한 비판적 입장은 다르다. 위잉스는 후스의 『철학사 개요(哲學史大綱)』가 청대 경학 발전에 대해 종합했다고 본다.("'中國哲學史大綱'與史學革命", 余英時, 2006, 287-295쪽을 보라, 필자는 쩡웨이 캉(曾維康)이 위잉스 논술의 상관성을 지적해준 것에 감사의 마음을 표한다.)

19. 더 정확하게 말해 그들이 의지한 것은 『춘추공양전』을 핵심으로 해서 다른 경전을 해석하는 전통이다. 이는 단지 청말 금문경학의 한 분파일 수는 있지만, 청대 금문경학의 유일한 전통이 아니며 금문경학의 유일한 전통은 더더욱 아니다(鄭卜五, 『常州公羊學派 '經典釋義公羊化'學風探源』, 林慶彰·張壽安 主編, 『乾嘉學者的義理學』(下), 臺北: 中央研究院中國文哲研究所, 2003) 이 글에서 다루는 신캉유웨이주의자들의 경학 분파는 경전 해석을 공양화하는 전통을 가리킨다. 그러나 본인의 비판을 놓고 보면 이런 전통과 금문경학의 구분(만약 이런 구분이 확실히 존재한다면)은 중요하지 않다. 따라서 이 글은 금문경학과 이런 공양전통을 혼용한다.

20. 이렇게 유행하는 구분과 대립을 만든 사람 중 한명이 바로 랴오핑(廖平) 본인이다. 그는 소위 말하는 금문학자였다. 그러나 황옌창 박사는 그의 한 논문에서(2013) 금고문(今古文)의 구분과 대립의 시초를 서한·동한 시대 경학으로 거슬러 올라가는 논조에 대하여 체계적으로 비판했다. 첫째, 소위 고문경은 한나라 초에 이미 예서(隸書)가

경사(經師)가 구두로 가르쳐 해석의 필요성이 없는 것이 아니어서 해석을 상대적으로 더 중요시했다.[21] 많은 고문경학자들이 단지 또는 주로 해석자들이었고 그들의 경학이 우리가 앞에서 말한 경학의 기준(의리와 치용)에 부합하기란 사실상 어려웠다.[22]

• • •

당시의 '쓰는 글자(時體字)'로 정해져 있었고, "금문경 역시 '고문(古文)'이었거나 혹은 한나라 때 여전히 많은 '고문'을 유지하고 있었다."(黃燕强, 『重論晚清經今古文學之爭 — 與兩漢經學的比較研究』, 『清史研究』, 2013年 第3期(8月), 76쪽) 한유(漢儒)의 소위 '금본(今本)'과 '고본(古本)'은 사용한 문자를 가리키는 것이 아니다, 학파의 차이도 아니다, 그것은 경서의 판본이 한대인지 선진인지에 따른 것이다.(黃燕强, 77쪽) 그들은 확실히 금문학과 고문학의 구별이 있었지만, 단 그것이 가리키는 것은 왕관학(王官學)과 민간학의 차이이다.(같은 책) 둘째, 랴오핑에 따르면, 『왕제(王制)』는 금문에 속하고 공자가 지은 것인데 '소왕지제(素王之制)'라고 이름이 붙은 것이고, 『주례(周禮)』는 고문에 속하고, 역사기록으로서 실제적으로는 활용할 수가 없었다. 그러나 한나라 왕관(王官)의 박사들은 『왕제』가 공자의 저서라고 보지 않았고 그것에 의해서만 나라의 제도를 수립하지도 않았다. 많은 왕관학과 민간학 학자들이 (랴오핑이 말하는 금고문학자) 『왕제』와 『주례』를 모두 참고하여 건제(建制) 혹은 개제(改制)를 하였다.(黃燕强, 77-79쪽) 셋째, 만청(晩淸)의 랴오핑과 캉유웨이 같은 금문학자들은 육경이 공자의 저서이며 난세를 바로잡고 태평한 세상으로 이끄는 의리를 담았다고 본다. 그러나 고문학자인 장타이옌, 류스페이는 육경이 모두 사(史)라는 관점을 견지했다.(黃燕强, 79-80쪽) 그러나 한나라의 "왕관학자들은 육경이 공자가 쓴 것이 아니라고 한 것은 아니고, 민간학자들 또한 경서들을 사서로만 본 것은 아니었다."(黃燕强, 81쪽) 넷째, 셋째에서 제기한 네 명의 만청 금고문학자들 가운데 금문학자는 의리를 강조하고, 고문학자는 고증을 강조한다. 그러나 한나라의 왕관학과 민간학 학자들은 모두 동시에 이 두 가지를 중요시했고 만청의 저 같은 대립은 존재하지 않았다.(黃燕强, 81-83쪽) 아무튼 한나라 경학의 논쟁 양측은 금고문이 아니라 왕관학과 민간학이었다. 그들 사이에는 만청의 금고문 학자 사이와 같은 명확한 구별과 대립이 없었다.(黃燕强, 84-85쪽) 이 글에서 근거로 삼은 금고문의 구별은 청나라 말 이후의 주류 논조에 따른 것이다. 만약 황옌창의 주장이 성립한다면, 이러한 대립의 시작을 한 대로 거슬러 올라가는 것은 가능하지 않다. 하지만 그렇더라도 이 글의 서술은 영향 받지 않는다. 금문학자 자신이 가지고 있었던 금고문 대립, 그 역사 근원, 그리고 자기들의 주장에 대한 이해를 따르더라도 그 정통성이 성립될 수 없다는 것이 이 논문의 요지이기 때문이다. 만약 황옌창의 주장이 성립된다면 금문학자가 정통을 스스로 인정한다는 것은 더더욱 황당무계한 것이 된다.

21. 曾亦, 『文質概念與古禮中的今古問題 — 以『禮記・檀弓』爲例』, 『中國哲學』 第12輯, 2014, 87쪽; 陳壁生, 『經學的瓦解』, 上海: 華東師範大學出版社, 2014, 13쪽.

둘째, 고문경학의 기본적인 입장은 "전체 경학시스템을 역대 성왕(聖王)들의 법의 집합으로 보는 것"이다. 천비성에 따르면 이것은 "본래 이미 '사(史)'의 의미가 있다." 청나라의 장학성(章學誠, 1738-1801)은 "육경이 모두 사(六經皆史)"라고 강조했지만 그의 '사'는 '경사자집(經史子集)'의 '사'이고 '자(子)'보다 지위가 높았으며,23 관서(官書), 정전(政典)을 가리킨다. 그것의 "취지는 '관사(官師)들이 어떻게' 사람들로 하여금 당대의 정전(政典)을 중요시 여겨서, 옛 경전의 새로운 응용을 찾아 연구하게 했는지를 밝히는 데에 있었다."24 그러나 장타이옌(章太炎, 1869-1936)에 이르러 '사'는 '상세사회(上世社會)'의 실록이 되었고 "민국 시기에 이르러 경을 사료로 보는 길을 이끌었기"25 때문에 특히 근 백 년 이래 고문경학은 유가 경전의 정통을 부정하는 경향이 있는 것 아닌가, 심지어 의리와 치용의 전통과 분리하는 것 아닌가 라는 의심을 받았다. 이것이 아마도 고문경학이 홀대받고 심지어 적대시 되었던 또 다른 이유일 것이다.26

● ● ●

22. 그러나 앞의 주석에서 언급한 것처럼 만약 황옌창의 주장이 성립된다면 여기서 말하는 한나라 고문경이 사용한 것은 고문이고 그것이 훈고(訓詁)에 편중하여 의리를 중요시 하지 않았다는 것은 사실상 모두 성립되지 않는다. 그리고 훈고의 경우, 문자 훈고를 통해 발견된 '객관성'은 한나라 고문경학자 혹은 민간학자가 의연히 왕관학 또는 그 시대의 주류에 도전한 것일 수 있으며 그들이 추구한 것이 여전히 의리와 치용이었을 것이라는 것이다. 우건유 교수가 필자에게 이 점을 지적해 준 것에 대해 감사의 뜻을 표한다.

23. 우건유 교수가 이 글의 초고를 논평하면서 '사(史)'에 대한 이러한 이해를 강조했고 "육경은 모두 사이다", "육경은 모두 기(器)이다"의 관계에 대해 언급해주었다. 이에 감사의 말씀 전한다.

24. 陳壁生, 『經學的瓦解』, 上海: 華東師範大學出版社, 2014, 23쪽. 장학성의 "육경은 모두 기(器)"라는 관점도 이와 유사하게 이해해야 한다. 다시 말해 유가의 도(道)는 육경이라는 '기'를 통해 구체적으로 체현됐으며 이 때문에 우리에게 이해될 수 있는 것이다(蔣國保, 『章學誠'六經皆史'說新論』, 『華東師範大學(哲學社會科學版)』, 2007年(39卷) 第6期)

25. 陳壁生, 『經學的瓦解』, 上海: 華東師範大學出版社, 2014, 8-23쪽.

26. 예를 들어 금문경사인 피시루이(皮錫瑞)가 고문경학에 대해서 한대 사람들의 설부터 성인을 비방했다는 변태적 설법까지 믿지 않았던 것을 살펴보자.(皮錫瑞, 『經學歷史』,

셋째, 금문경학을 흠모한 학자들도 한·진(漢·晉) 고문 경사(經師)들의 노력으로 역대 성왕의 법인 경이 결국엔 "모두 통함으로써 하나의 원융(圓融)한 총체가 되어" 현실을 지도하였음을 인정할 것이다.27 그러나 이는 어느 특정한 경전과 경전에 대한 특정한 해석만을 떠받드는 것이 아니라 원래의 유가 경전에 대한 전반적인 이해를 강조하는 것이고, 법후왕(法後王: 주 문왕과 무왕을 본받음–역자)을 위해, 여타 유가 경전의 정수를 흡수하고 공간을 남긴 것이다. 역사적으로 보면 "양한의 금문경학 학자들은 대체로 경(經)을 떠받들고 자(子)를 내치는 사상 경향을 보이는데, 고문경학 학자들은 경을 떠받들되 자를 내치지는 않았다."28 이는 후자가 개방적이라는 하나의 증거이다. 이 점에서 고문경학은 필자가 이 글 4장에서 언급할 유학 부흥의 자학(子學) 노선과 상통한다. 그러나 이러한 개방성과 다원성은 금문경학이 탁고개제(托古改制: 옛 사람의 도를 빌려 현실을 개혁하려는 방법–역자)를 위한 미언대의(微言大義: 적절한 말로 유가 경전의 요지를 밝힘–역자)의 해설에 있어 커다란 장애물을 조성하였다. 이것이 금문경학이 고문경학을 배척했던 또 하나의 이유일 수도 있다.

고문경학과 대조적으로 금문경학(정확하게 말해 청말 이후의 금문경학 학자 자신들이 이해한 금문경학)은 의리를 중요시하고, 경은 소왕(素王)인 공자가 만든 것으로, 그 뜻은 후세를 위해 법을 세우는 것인데 "오경에 모두 갖추어져 있고 요점은 춘추에 있다"고 생각했다.29 이렇게 오경 이외의

• • •

北京: 中華書局, 2012, 7쪽) 이러한 비판은 장타이옌에게 적용될 수 있다. 하지만 한대 민간학자와 청대의 장학성에게 있어서, 그들이 도전한 것은 어떤 주류적 해석(위성「僞聖」)이었던 것이지, 성인의 도를 비방하는 것이 아니었으며, 반드시 성인의 도를 비방하는 변태의 방향으로 가게 되는 것도 아니었다. 이 점에 대해서는 다음 세 번째 원인에서 천비성 역시 동의하는 것을 볼 수 있다.

27. 陳壁生, 『經學的瓦解』, 上海: 華東師範大學出版社, 2014, 15-16쪽, 23쪽.
28. 吳根友·黃燕强, 『經子關係辨正』, 『中国社會科學』, 2014年 第7期, 35쪽.
29. 더 정확하게 말해 "공양에서"이다. 특히 청말 이래의 공양학파에 대해 말한 것이다. 陳壁生, 『經學的瓦解』, 上海: 華東師範大學出版社, 2014, 13쪽.

경전들의 참고 가치는 대폭 절하되었고 오경마저도『춘추』에, 심지어는
『춘추공양전』으로 귀결되었다. 이는 완벽한 시스템을 수립하기 위해 상대
적으로 폐쇄적인 토대를 만든 것이다. 미언대의에 대한 강조는 또한 이러한
완벽한 시스템이 어느 건립자의 의지에 따라 마음대로 창작될 수 있게
하거나, 또는 집권자의 지지를 위해 쓰이게 하거나 권력자에 예속이 되게
하였으며, 혹은 집권자에 도전하여 탁고개제[30]를 하는 것도 가능케 하는
것이어서 보황파와 혁명파 모두에게 사랑을 크게 받았다. 때문에 탁고개제
를 시도했던 캉유웨이나 장칭에게 고문경학이 결코 편리하지 않았을 것이고
금문경학이 그들에게 먼저 선택되었던 것은 단지 우연만은 아니었을 수
있다.[31]

● ● ●

30. 샤오궁취앤(蕭公權)이 제시한 몇 가지 예를 참조하라.(蕭公權,『中國政治思想史』(第二版,
北京: 新星出版社, 2010, 190-218쪽.) 그러나 금문경학이 유학을 정치에 부용(附庸)하게
했다고 하는 공격은(楊少涵,『走出經學時代』, 葉蓓卿,『『新子學』論集』, 北京: 學苑出版
社, 2014) 너무 단편적인 것으로 보인다. 이런 주장은 금문경학의 혁명성과 비판성,
즉 군주의 권위에 대한 도전에 쉽게 이용된다는 특성을 주의하지 않기 때문이다.
게다가 때로는 부용 자체도 규제, 나아가 혁명과 서로 얽히게 된다. 군주(예를 들어
평민 출신으로 천하를 얻은 유방과 그가 세운 왕조)의 합법성에 대한 논증은 군주의
행위에 대한 제약, 진언, 심지어 폐출의 기초가 될 수도 있기 때문이다.(예를 들어
참위(「讖緯」)) 이러한 '얽힘'에 대한 논의는 다음 글을 참조하라.(曹婉豊,『先秦兩漢儒家
革命思想變遷』,『中國哲學史』, 2017年 第2期) 금문경학의 양면성은 당대 금문경학의
고취자들 안에서 여전히 호응 받고 있는 것을 볼 수 있다. 앞에서 언급한 거자오광의
문장 주장이 갖고 있는 문제와 많은 반(反) 전통 인사들에게 공통된 결함은 바로
전통 중국, 나아가 당대의 경학자와 유학자에 대해 단편적으로만 이해한다는 것이다.
31. 티옌한윈(田漢雲)은 캉유웨이가 금문경학을 선택하고 공자를 내세운 것은 캉유웨이가
개량부터 개혁까지 선택적으로 유가 경전을 선택했기 때문이라고 지적했다. 왕룽주(汪
榮祖) 역시 "공양(公羊)의 미언대의는 캉유웨이로 하여금 마음껏 그의 정치사상에
유리하게 철학을 해석할 수 있게 만들었다"고 지적한다.(汪榮祖,『打開洪水的閘門
—康有爲戊戌變法的學術基礎及其影響』,『二十一世紀』, 1998年 2月號(總第45期), 29
쪽) 그러나 여기에 어려운 문제 하나는, 중국 역사상 제도변혁의 중요한 두 인물인
왕망(王莽, B.C. 45-23)과 왕안석(王安石, 1021-1086)은 고문경을 근거로 했다는데,
그것은 과연 무엇 때문이냐는 것이다. 학자인 양샹쿠이(楊向奎)는 왕망이 정권 탈취
과정에서 "금문경학이 그에게 많은 편의를 제공해주었다"고 하였다.(黃燕强,『重論晩晴

4. 금문경학은 유학 정통인가?

우리들은 금문경학은 그것이 의거하는 경전의 절대성과 완전성을 훨씬 더 강조하기 때문에 금문경학자들로 하여금 유가의 전통으로 자처하는 것을 더욱 쉽게 하였다고 본다.[32] 대륙신유가에서 신캉유웨이주의자들 가운데 금문경학 노선을 따르는 많은 사람들이 금문경학이야말로 유가 정통이라 여기거나 반드시 금문경학의 길을 걸어야만 유학을 연구하는 것이라고 여긴다. 그러나 이러한 주장이 근거가 있는가?

이에 대해 우선 다음과 같은 것을 생각해 보자. 만약 금문경학이 정통이면 이 정통은 어떻게 유지되는가? 앞의 금문경학에 대한 이해에서 생각해 보면, 우리는 그것이 의거한 경전에 대한 권위적인 해석이 그 전통을 유지시키는 근거임을 알 수 있다. 그렇다면 금문경학의 정통을 유지하기 위해서는 경의(經義)에 대한 안정적이고 변함없는 해석이 매우 관건적이다. 그러나 이 점을 어떻게 증명해낼 수 있는가? 이에 대해 금문경학자들의 모범 답안은 경사의 구전을 통해 경의(특히 춘추대의)를 전한다는 것이다. 피시루이가 말한 것처럼 말이다. "한나라 사람들이 경을 다루는 것은 각자의 가법(家法)을 따른다. (중략) 스승이 전하고 제자가 받아들이며 한 글자라도

●●●

經今古文學之爭 ― 與兩漢經學的比較硏究」,『淸史硏究』, 2013年 第3期(8月), 78쪽 注8) 그리고 왕망과 왕안석이 따른 것이 소위 고문경학이라 할지라도, 우리는 이것이 그들이 처한 역사 환경과 관련이 있으며, 금문과 고문의 차이는 단지 정도와 가능성의 차이일 뿐이었다고 설명할 수 있다. 그러나 이는 단지 일반적인 대답이다. 이런 문제에 대한 더 세밀한 분석은 이 글이 다룰 수 있는 범위를 넘어선다.

32. 예를 들어 피시루이는 다음과 같이 말했다. "반드시 경이 공자가 지은 것이어야만 비로소 경학을 말할 수 있고, 공자가 경을 만들어 만세에 가르침을 주고자 한 뜻을 알아야 비로소 경학을 말할 수 있다."(皮錫瑞,『經學歷史』, 北京: 中華書局, 2012, 7쪽) 여기서 금문경학의 추수자인 피시루이가 말한 경학은 자연히 금문경학을 가리킨다.

감히 더하고 **빼**지 않는다. 스승의 말에 어긋나는 것은 버린다."[33] 그러나
청 말기의 금문경학이 한대 경학과 정말 관련성이 있는지 여부는 차치하더
라도, 청말 금문학자들이 묘사하는 금문경학이 한나라 시대에 확실히 있었
다고 가정하는 것은, 여전히 큰 문제가 있다. 첫째, 설사 경의의 유지가
사제 사이에서 전수된다고 해도, 이것이 정말 경의의 불변을 보장할 수
있는가?

『한비자 · 외저설좌상(韓非子 · 外儲說左上)』 중의 영서연설(郢書燕說)
의 사례[34]는 뜻의 전승의 보증에 대한 생생한 도전이다. 물론 금문의
경사(經師)는 사승(師承)은 직접 전수하는 것이고 다른 사람은 끼어들지
않는다고 변명할 수 있다. 그러나 각각의 경사 및 그 문생의 표현 능력,
이해 능력이 서로 다르다. 대를 이어 전해 내려오면서 경의가 변하지
않았다는 것은 아마도 철학적으로 논하자면, 심지어 상식적으로 논해도,
모두 유치한 신화일 것이다. 만일 스승의 정통에 대해서 그것을 그 제자들
이 공인하는 것이 가능하다면, 당연히 그 정통을 내려 받은 자는 다시
인위적으로 무엇을 정통 경의로 할 것인지를 결정하는 역할도(비록 이러
한 소위 정통 경의가 실제로 매번 사실상 매 시대마다 모두 바뀌는 것이
될 수도 있지만) 할 수 있다. 그러나 만약 이 정통이 인정을 받지 못한다면
이러한 인위적인 경의의 인정 또한 불가능해진다. 게다가 금문경학 내부
에는 사실 서로 경쟁관계인 문파가 아주 많았다. 당대 경학 연구자인
린칭장(林慶彰)이 지적했듯이, 서한(西漢) 때 경을 전하는 것을 사법(師法)
이라고 불렀다. 그러나 "동한(東漢) 이후에 분파가 나날이 많아짐에 따라
각 스승의 설법을 가법이라 불렀다."[35] 이것은 우리의 추측을 정확히

• • •

33. 皮錫瑞, 『經學歷史』, 北京: 中華書局, 2012, 45-46쪽.
34. (역주) 한비자에 나오는 고사로서 글의 본 내용과 상관없는 자의적인 해석이 때로는
    좋은 결과를 낳을 수도 있다는 것을 의미한다.
35. 林慶彰, 『我研究經學史的一些心得』, 『中國思想史通訊』, 2006年 第1輯, 17-19쪽: http:

입증해 준다.

둘째, 금문경학자들도 금문경학의 이러한 사승이 한나라 이후 끊겼음을 인정한다. 또 공양학파는 건륭·가경(乾隆·嘉慶)시대에 이르러서야 상주(常州)학파에 의해 정치적 주류에 다시 들어오게 되었다. 천 년이 넘는 단절, 그리고 입과 귀를 통한 전수의 철저한 단절을 생각한다면, 우리는 '정통'적 경의가 유지되었으리라고는 더더욱 상상하기 어렵다. 게다가 청나라 때 부흥한 공양학 내부에서도 무엇이 정통인지, 무엇이 미언(微言)이고 무엇이 대의(大義)인지에 대한 공감대가 없이 각자의 주장만이 존재했다. 그 원인은 이미 앞 단락에서 설명했다. 따라서 공양학 또는 금문경학이 정통이라 할지라도, 또는 정통이 있기 시작했다 할지라도, 공양학자들 내부에서 이 정통을 인증하고 보존한다는 것은 여전히 불가능한 일이었다.

만약 금문경학자 내부에서마저 하나의 공인된 정통이 없다면, 만약 금문경학 밖으로 뛰쳐나온다면, 적어도 유가학자들 중에서만이라도 금문경학만이 유학의 정통이라는 이 주장을 받아들이기는 더 어렵게 된다. 학리(學理)로 봤을 때 모두가 알다시피 금문경학의 기반을 닦은 사람 중의 한 명인 동중서는 음양오행(陰陽五行), 천인감응(天人感應)을 유가에 도입하였다. 이는 모두 선진유학의 주류적 관념이 아니었으며 다른 유파에서 전해진 것이었다. 그의 이름으로 되어 있는 일부 주장은 『한비자(韓非子)』에 넣어 봐도 아무런 차이가 없다.[36] 금문경학을 따라 흥기했던 참위학(讖緯學)도 후세에 가서는 많은 유학자들(심지어 절대다수의 유학자)로부터 내쳐졌다. 지금의 신캉유웨이주의자들이 추앙하는 캉유웨이에 대해, 그와 같은 시대를 살았던, 금문경학의 대사(大師) 동중서와 그의 공양학을 전공한 쑤위(蘇輿, 1874-1914)는 그가 엮은 『익교총편(翼敎叢編)』과 그의 저술, 『춘

• • •

//www.confucius2000.com/admin/list.asp?id=2770(2016年 4月 19日).

36. 우건유와 황옌창도 동중서가 음양가, 법가, 묵가, 노자를 결합했다고 주장했다(吳根友·黃燕强, 『經子關係辨正』, 『中國社會科學』, 2014年 第7期, 44쪽)

추번로의증(春秋繁露義證)』에서 모두 캉유웨이의 공양학과 금문경학 해석을 공격했다.37 캉유웨이와 동시대의 유학자 예더후이는 심지어 캉유웨이가 "겉은 공자지만 속은 오랑캐(其貌則孔也, 其心則夷也)"라고 비난했고 캉유웨이의 공교 구상은 "성교(聖敎)의 보호를 빙자하여 외교자(外敎者)와 합하고자 하는 교묘한 말일 뿐"이라고 했다.38 필자가 경모하는 첸무 선생은 광주(廣州) 장흥리(長興里) 만목초당(萬木草堂)에서 강의할 때의 캉유웨이를 극력 찬양했지만, 바로 이 때문에 캉이 훗날 공양학으로 전향한 것을 매우 못마땅해 했고, 심지어는 가슴이 아프고 머리가 깨질듯이 통탄해 마지않았다. 첸무는 캉유웨이가 후기에 제기한 관점들이 빈틈이 너무 많은 데다 유학을 죽음의 길로 이끌었다고 생각했다.39 일반적인 유학자의 입장에서 보면, 캉유웨이의『신학위경고(新學僞經考)』와『공자개제고(孔子改制考)』는 동기가 무엇이었든 유가 경전과 유가가 이해한 역사를 공격하여 훗날 더 급진적인 반유가, 반전통 운동을 위해 길을 깔아준 것이다. 그가 본래 유가의 주류가 아닌(심지어 묵가사상으로 숨어들었다는 의심까지 받는다) 대동사상(大同思想)을 강조 또는 왜곡한 것, 그리고 삼세(三世)의 진화론에 대한 해석 등등은 모두 비상하게 경(經)에서 이탈하여 도(道)를 배반한 것이었다. 그의『대동서』에는 가정(家庭)이 없는 이상세계를 상상했고, 유가에서 공인해온 근본적인 전통과도 직접적으로 괴리되어 있다. 그는 과거제도를 비판했다. 그러나 과거제도의 폐지로 인해 유가는 유혼(遊魂)이 되었고, 전통적 제도의 통로를 통해 신분상승을 이룰 수 없어 초조해지고 심지어 학자들을 혁명화시키는 데 커다란 '공헌'을 했다. 그는 공교로

• • •

37. 이에 대한 논술은 매우 많다.(盧鳴東,『蘇興『春秋繁露義證』以禮經世述考』,『湖南大學學報(社會科學版)』第18卷, 2004年 7月 第4期)

38. 干春松,『制度化儒家及其解體(修訂版)』, 北京: 中國人民大學出版社, 2012, 360-361쪽. 간춘송은 이 저서에서 캉유웨이의 공교 노력에 대해 훌륭하게 종합적으로 서술하고 비판했다.(干春松, 356-371쪽)

39. 錢穆,『學龠(新校本)』, 北京: 九州出版社, 2011, 115-130쪽.

민간 신앙을 대체하려 했다. 이 역시 유가 또는 전통적인 민간 기반에 잠재적 위협이 되었다.[40] 만약 이러한 사람을 유가 정통으로 모시라고 한다면 그것은 실로 기괴한 일이다.

때문에 학리로 봤을 때 금문경학이 유학의 정통이라고 보기란 매우 어렵다. 그러나 그것은 다른 경로를 통해 정통이 될 수도 있다. 바로 정치 또는 사회적 영향을 통해서이다. 그러나 비록 정치의 힘을 빌려 금문경학이 서한(西漢)에서 일정 기간 정통의 지위를 차지했을 수 있었겠지만, 동한(東漢)에 와서는 소위 고문경학이 점차 그 지위를 대체했다. 송·명에 이르러서는 정치적 지위부터 사회적 지위까지 주류('정통')의 위치를 차지한 것은 송·명 이학(理學)이었으며 금문경학이 아니었다.

요컨대 금문경학의 신도가 아닌 한, 우리의 상식에 호소한다면, 우리는 유가사상이 하나의 전통으로서 그 자아정체성은 단지 가족과 비슷할 수 있다는 것을 알아야 한다. 이러한 대(大)전통 하에는 판이하게 다른 많은 소(小)전통들이 있다. (한 대가족의 사람들 사이에는 외모가 매우 많이 다를 수 있다!) 이런 의미에서 사실 어떤 하나의 전통이 스스로 유가의 정통을 대표한다고 하는 것은 아마도 모두 부분으로 전체를 판단하는 터무니없는 소리일 것이다. 또한 당대의 일부 대륙신유가의 추종을 받는 캉유웨이는 정통이 아닐뿐더러 그가 유가라고 해야 할지조차 논쟁거리이다.

5. 유학부흥의 자학 노선

우리는 한발 물러서서, 금문경학의 정통 지위를 더 이상 변호하지 않고

40. 그의 이러한 두 가지 공격에 대해서는 간춘송의 다음 글을 참조하라.(干春松, 359-360쪽)

그것을 다만 하나의 유가의 전통일 뿐이라거나 오늘날 유학 부흥의 잠재적 자원 또는 가능한 수단 가운데 하나일 뿐이라고 말할 수 있다. 이렇게 주장하더라도 금문경학은 여전히 한계가 있는 듯하다. 한 가지 자주 보이는 비판이 바로 경학이 경직되고, 정체되고, 사상을 억압하고 논증이 없다는 것이다.[41] 그러나 이러한 비판이 모두 타당한 것은 아니다. 비록 소위 백가(百家)를 내치고 금문경학만을 떠받들던 시대에도 금문경학 자체는 다른 사상 자원을 흡수했다. 그것은 단지 엘리트 관리 교육과 선발에서 관이 인정한 특정 경전 및 해석일 뿐이다. 그것은 민간에서 다른 사상과 다른 종교, 그리고 정신적인 신앙에 대한 학습과 수용을 금지하지 않았다. 이 글 1장에서 언급했듯이 경학사상이 억압적이라는 비판은 서양 중세기의 종교 억압과 배타성을 가지고 유학만 독존(獨尊)했다고 상상한 것이다. 그러나 전통적인 중국은 일통다원(一統多元)이었다. 절대 서양의 일신교(一神敎)가 관용적이지 않고 배타적이었던 것과는 다르다. 유럽인들이 자신들의 종교 억압에 대해서 비판한 것을 가져와서 유술독존을 이해하는 것은 장씨 모자를 이씨에게 씌운 격이라고 하겠다.

● ● ●

41. 예를 들어 『중국철학사(中國哲學史)』에서 펑유란은 서양의 중고(中古) 철학은 기본적으로 낡은 병에 낡은 술을 담은 격이며, "새 술은 아주 많지 않거나 아주 신선하지 않다"고 하면서(馮友蘭, 『中國哲學史(下冊)』, 上海: 華東師範大學出版社, 2000, 3쪽) 중국의 경학과 서양의 중고 철학은 유사하다고 말했다.(같은 책, 3-6쪽) 그가 말년에 집필한 『삼송당자서(三松堂自序)』에서 이 저서의 집필 과정을 회고한 것을 보면, 그는 여전히 이러한 관점을 견지하고 있었고 더욱 분명하게 다음같이 밝히고 있다. "소위 '경학'은 바로 사상이 경직, 정체된 것의 대명사이다. 사상이 경직되고 정체된 것은 바로 봉건시대에 일체 사물이 경직되고 정체된 것의 반영이다. '경학'과 '자학'을 서로 비교해 보면 '경학'의 특징은 경직되고 정체된 것이고, '자학'의 특징은 참신하고 생동하며 활발하다는 것이다. '경학'과 '자학'이 두 명사로 중국 역사의 두 시대를 지칭하는 것은 두 시대의 사상 맥락에서 보자면 그것들이 반영한 두 시대의 전반적 사회 상황을 간취하는 것, 즉 반영으로부터 반영을 간취하는 것으로 '화룡점정'이라 할 수 있다."(馮友蘭, 『三松堂全集』(第二版), 1卷, 鄭州: 河南人民出版社, 2001, 187쪽) 당대에 신자학을 제창하는 팡용 교수도 펑유란의 이러한 논조에 찬성한다.(方勇, 『新子學構想』, 『光明日報』, 2012年 10月 22日, 第14版)

경학이 갖는 정체성(停滯)과 보수성(保守)에 관해 만약 우리가 앞에서 펼친 논의가 성립된다면, 특히 금문경학이 권위와 정통을 고수한 표면 바로 밑에는 오히려 혁명성이 있었을 수도 있다. 비록 이러한 혁명성이 학리부터 실천까지 모두 문제적이 되더라도 말이다.[42]

논증적 차원에서 말하자면 경학은 지금까지 단순하게 독단적 신조였던 것은 아니었고 논증이 또한 존재하긴 했다. 진정한 문제는 그 논증의 마지막 단계가 경 자체(춘추공양학으로 보면 『춘추공양전』과 이 학파가 인정한 경전 해석)에 있다는 것이다. 다시 말해 그 논증이 최종적으로 "이것이 경으로부터 나온 것이기 때문에 이것은 맞다"는 방식으로 결론이 나야 된다는 것이다. 이는 경에 대한 인정, 경에 대한 일정한 해석의 인정을 전제로 할 것을 요구한다. 이러한 전제는 두 가지 문제가 있다. 첫째, 그것의 기반은 오경 또는 『춘추』가 공자에 의해 만들어졌고 만세(萬世)를 위해 입법한 것이라는 설법이다. 이 설법은 옛날부터 오늘까지 줄곧 의심을 받아왔고 특히 문자, 고고(考古) · 역사 증거가 갈수록 많아지는 오늘날에 더더욱 의심을 받는다. 물론 금문경학 학자들은 이러한 의심을 완전히 무시할 수 있다. 마치 『성경』의 고고학이나 역사학의 발견에서처럼 한 신학자에게는 일정한 판본의 『성경』 또는 『성경』에 대한 일정한 해석에 기초한 신학이 아무런 영향을 미치지 못하듯이 말이다. 그러나 특히 현대에는 기본적인 경험 증거를 소홀히 하는 것은 금문경학을 주변화시켜, 극소수 사람들만의 신앙에 그치게 할 수 있다. 만약 이러한 운명을 피하고자 한다면 금문경학자들은 새로운 역사, 문자, 고고학적 발견을 처리할 수가 없다. 그러나 금문경학의 근본적인 입장은(경, 특히 『춘추』가 공자에 의해 만들어

• • •
42. 우건유와 황옌챵은 2014년의 글에서 경학이 독단적이고, 사상 자유를 가로막고, 문화의 다원화 관점을 저해한다는 비판을 반박했다.(吳根友 · 黃燕强, 『經子關係辨正』, 『中國社會科學』, 2014年 第7期, 41쪽) 이 글의 취지 중 하나는 역시 경학의 풍부한 내용과 역사 발전을 보여주는 것이기도 하다.

졌고, 유가사상의 최종 권위를 대표한다고 보는) 역사, 문자, 고고학적으로 변호되기 어렵고, 이에 의해 그들의 근본 입장은 와해를 초래하게 될 것이다. 만약 굳이 변호하고자 한다면, 금문경학자들은 캉유웨이가 그랬던 것처럼 자신에게 유리한 자료를 고르거나 자료에 대해 '창조적'으로 이해하는 것 외에는 할 것이 없다. 그러나 이러한 변호로는 자신의 종파(宗派) 외부의 그 누구도 설득하기 어렵다. 따라서 여전히 금문경학이 일개 소(小)종파로 전락하는 운명을 막을 수가 없을 것이다.

둘째, 이 전제가 마주칠 더 큰 도전은, 오경, 『춘추』 또는 공자의 미언대의를 최종 진리로 생각하지 않는 사람들에 대한 것이다. 그들은 질문할 것이다. 왜 공자가 한 말은 모두 옳은 것인가? 이 도전은 금문경학에만 향한 것이 아니라 "공자가 말한 것이기에, 또는 유가의 입장이기에 이것이 맞다, 저것이 좋다'라는 식으로 논증을 하는 모든 유학자를 향한 것이다. 이러한 도전에 대한 한 가지 대응은 바로 또 다시 유술(儒術)만 독존(獨尊)하는 것이다. 그리고 여기서 말하는 유술은 실제로 유술독존을 의도하는 사람들, 그들 판본의 유술이 될 것이다. 그러나 전통적인 중국에서도 공식적으로 인증 받은 유술 역시 영원히 불변할 수는 없다. 현재의 금문경학 같은 것이 다시금 중국 독존의 정통이 될 것이라는 것은 더더욱 상상할 수 없다. 그리고 그것이 독존 취급을 받게 되더라도 금문경학자가 아닌 유학자들은 물론이고, 심지어 그것을 독존하게 만든 특수한 해석을 인정하지 않는 금문경학자들조차도 그것을 받아들이지 않을 것이다. 따라서 두 가지 측면에서 말하자면(경험 증거와 사상 다원화의 현실), 이러한 금문경학은 모두 소수 신도의 신앙으로 될 수밖에 없다. 이는 장칭의 정치유학의 근본적인 문제 중 하나이다.[43] 게다가 그것이 중국인의 전통이 되더라도 보편적인

• • •

43. 장칭의 정치유학에 대한 비판은 다음 글 참조 바람. (白彤東, 『心性儒學還是政治儒學?新邦舊命還是舊邦新命? ― 關于儒學復興的幾點思考』, 『開放時代』, 2010年 第11期)

것이 될 수 없다. 현대 금문경학에 의거한 유가 해석은 항상 유가가 중국인 특유의 것이라고 확실하게 강조한다. 이 점은 오히려 선진 유학자의 보편감정과 위배된다.

때문에 춘추공양학, 금문경학 내지 유학이 더 이상 독존(獨尊)될 수 없는 오늘, 만약 우리가 또다시 유학을 위해 변호하고 그것의 보편적 가치를 발양하며 부흥을 추진하고 싶다면 필자가 아래에서 말하는 자학노선을 따를 수밖에 없을 것이다. 여기서 말하는 자학은 유가가 정통이 된 후의 '경사자집(經史子集)'의 자학이 아니고, 입장도 없이 다원적인 것 모두를 포용하는 그런 자학도 아니며[44] 유가의 입장에서 제자(諸子)의 도전에 응답하는 그런 유학이다. 유학 연구에 대한 이러한 자학의 노선은 사실 우리가 현재 말하는 유학(정치) 철학과 같은 뜻이다. 이러한 자학 또는 철학의 입장이라는 것은 유가의 독존이 없는 현실을 배경으로 한다. 그러나 그것이 유가 정치철학 또는 유가에 입각한 자학인 만큼, 여전히 유가 경전에 의거해야 할 것이지만, 예를 들어 양사오한(楊少涵)이 경학을 비판할 때 제창한 것처럼 "어디에도 의지하지 않고 독자적으로 순수 철학연구만 할 것"처럼 할 필요는 없다.[45] 만약 '어디에도 의지하지 않는다'면 그것은 유가 정치철학이 아니라 단지 일반적인 철학 또는 학술 논의에 불과하기 때문이다. 그러나 비록 경학과 같이 모두 유가 경전에 의거하더라도 자학의 노선은 배타적으로 그 어떤 유가 경전이나 그 경전에 대한 어떤 해석만 중시하지 않는다. 예를 들어 『춘추공양전』 또는 춘추공양학만을 중시하여 정통으로 삼고 그것이 유가의 모든 진리를 포괄한다고 하여 다른 것을 배척하지 않으며, 유가 경전에 대한 서로 다른 선택에 대해 상대적으로

• • •

44. 팡융 교수가 최근에 제창한 신자학(新子學)을 예로 들 수 있다. (方勇, 『新子學構想』, 『光明日報』, 2012年 10月 22日, 第14版. 方勇, 『再論'新子學'』, 『光明日報』, 2013年 9月 9日, 第15版)

45. 楊少涵, 『走出經學時代』, 葉蓓卿, 『『新子學』論集』, 北京: 學苑出版社, 2014, 499쪽.

관용적인 태도를 보인다. 여기서 '상대'적임을 강조하는 것은 그것이 기본적인 한계선이 있음을 말하려는 것이다. 이 한계선을 넘으면 역시 유가의 밖으로 배척된다. 단 자학노선의 한계선이 금문경학의 정통적인 한계선보다 관대하다. 또한 유학 부흥의 자학노선이 취하는 논증 방식은, 유가에 찬성하지 않는 사람들과 서로 공유할 수 있는 문제를 찾고, 양쪽이 모두 인정하는, 좋고 가욕(可欲)적인 이상을 찾는 것이다. 이는 동시에 유가 경전에 기반하여 제시한 해결책이 좋다거나 우월함을 가지고 있다는 것을 논증하는 것이다. 다시 말해 자학노선의 논증 방식은 "유가이기 때문에 좋은 것"이 아니라 '(우리 모두가 인정한) 좋은 것인데 그것이 또한 유가적이기도 하다. 그러므로 유가는 좋은 것이다."라는 논증 방식이다.46

정치유학에 대한 자학노선은 그것이 의존한 유학 경전과 논술방법에서

● ● ●

46. '자학노선'의 이러한 주장에 대해, 우건유 교수는 이 글의 초고를 논평할 때 다음과 같이 지적했다. 전통적 경사자집(經史子集)의 구분에서 경과 사에 속하지 않는 것이 많다. 예를 들어 병서(兵書), 방기(方技), 수술(數術)은 모두 자에 분류되어 "이도저도 아닌 지식의 더미"가 되었다.(吳根友・黃燕强, 『經子關係辨正』, 『中國社會科學』, 2014年 第7期, 34쪽) 그 때문에 '경학인가 자학인가'라는 논조로 논하기보다 직접적으로 '경학인가 철학인가'라는 논조를 사용하는 것이 오해를 덜 불러올 것이라고 지적했다. 나도 인정하지만 후자가 확실히 오도될 가능성이 더 적다. 그러나 '자학'은 중국 전통 속에서 생성된 개념이다. 비록 우건유와 황옌창의 글에서 보여진 것처럼 '자(子)'의 개념이 다양하고, 자 밑에 분류한 저서들도 매우 다양하지만, 이렇게 다원적인 함의중의 일부에서 '자'와 '자학'은 확실히 우리가 여기서 서술하는 정치철학과 상통하는 부분이 매우 많다. 전통적인 분류에서 유가사상을 보여주는 저서(이런 저서는 유가 철학의 색채가 다분하다)는, 예를 들어 『이정유서(二程遺書)』는 자부(子部)로 분류된다.(吳根友・黃燕强, 『經子關係辨正』, 『中國社會科學』2014年 第7期, 42쪽) 우건유 교수는 다른 논문에서도 "'자학' 자체가 바로 문화이고 사상 다원성의 은유"라고 말했다.(吳根友 2014, 424) 우건유와 황옌창의 글이 강조하는 '경자일체(經子一體)' 중의 '자' 혹은 '자학'은 사실 더 많은 부분에서 이러한 개방적인 철학 체계와 가까운 의미로 사용된 것이다. 자학의 이런 용법 역시 평유란이 『중국철학사』에서 쓴 용법과 유사하다(馮友蘭, 『中國哲學史(下冊)』, 上海: 華東師範大學出版社, 2000) 따라서 비록 우건유와 황옌창이 지적한 것처럼 "자학은 곧 철학"이라는 말 안에 억지스러운 면이 있지만(吳根友・黃燕强, 『經子關係辨正』, 『中國社會科學』, 2014年 第7期, 27-28쪽), 양자 사이에 확실히 깊이 상통하는 부분이 있다.

개방적일 뿐만 아니라, 경쟁 대상에 대해서도 개방적이다. 춘추 왕관지학(王官之學)이 쇠락한 후 선진유가는 제자(諸子)를 향해 스스로의 우월함을 논증해야 했다. 단지 자신이 왕관지학의 계승자이기 때문에 우월하다고 주장할 수는 없다. 오늘 우리는 서양을 발견했기에, 유학을 위한 철학적 변호는 서양 사상도 유가와 경쟁하는 제자, 즉 여러 학설 중의 하나로 포함시켜야 한다. 즉 지금은 확대된 제자 시대이다. 이렇게 확대된 제자 시대에 자학 또는 철학 입장에서 정치유학을 연구하는 학자들은 중국의 전통적 유파와 서양 사상의 다른 유파의 도전에 맞서 유가의 우월성을 변호해야 한다.[47] 또한 과거에 제자와의 경쟁에서 유가사상이 잘 발전할 수 있었던 것처럼 오늘날의 대(大)제자 시대에 우리 역시 유가가 중서의 여러 사상 경쟁 속에서 진일보 발전할 수 있기를 기대해야 한다.[48] 이러한 발전의 전제는, 한편으로는 5·4 이래 서양의 길이 오직 하나의 정확한 길이고 '역사적 종결'이며, 전통 중국은 모든 것이 다 잘못됐다는 지나친 자기비하에 도전하는 것이다. 다른 한편으로는, 현재 일부 유가 동정론자들이 또 다른 극단으로 가고 있다. 즉 5·4 세대의 전통 중국에 대한 자기비하로부터 서양에 대한 지나친 경멸, 그리고 중국에 대한 지나친 자부로 나아가고 있다. 이러한 극단주의의 배후에 존재하는 정신적 기질은 중국의 반전통 지식인들과 역설적으로 서로 통하는 것으로(단지 반대한 전통이 다를 뿐이다), 전통에 대해 온정과 경의를 품은 사람들에 의해 거부되고, 진정한 보수주의자들로부터 배척당해야 마땅하다. 따라서 현재 대제자 시대를 잘 파악하고 유학에 발전 기회를 주기 위해 우리는 지나친 자기비하

- - -

47. 위에서 지적한 바와 같이, 이 점에서 고문경학이나 민간학 — 왕관학(王官學)과 대응되는 것으로서 — 이 자학노선과 보다 더 친화적이다.

48. 샤오사푸(蕭萐父, 1924-2008) 역시 현 시대를 일종의 세계 범위의 백가쟁명으로 이해하며 중국 전통이 그 속에 참여할 수 있기를 희망한다.(吳根友,『諸子學与世界意識』,『諸子學刊』, 第11輯, 2014, 419-426쪽)

를 피해야 할 뿐만 아니라 지나친 자부심도 피해야 하며 공정하고 합리적으로 서양을 포함한 도전에 대면해야 한다. 또 가능한 한 상대의 장점을 인정하고 발굴한다는 전제 하에 그 장점을 흡수하고 초월하려 해야 한다. 강력한 상대를 이겨야만 우리의 강대함을 보여줄 수 있다. 만약 상대가 하나도 옳은 것이 없다면 아마 우리도 별로 나아지지 않을 것이다.

6. 자학화한 경학과 그 도전

이러한 자학 노선 하에 우리는 춘추공양학의 방향도 포용할 수 있다. 그러나 이는 캉유웨이, 장칭이 고취했던 춘추공양학이나 경학이 아닌 자학화(子學化)한 경학이다. 실제로 이렇게 경학을 이해하는 것이 그것의 역사 진실에 더 부합된다. 우건유와 황옌창이 2014년의 글에서 제시했듯이 중국 전통의 사상사에서 경은 일부 경학가들이 말하는 것처럼 그렇게 의연히 한 번 만들어지면 변하지 않는 그런 정통(正統)이 아니다. 무엇이 경이고 어떤 해석이 채용되었는지는 계속 변화했고 이런 변화는 경학 내부의 변화('고문'과 '금문', 혹은 왕관학과 민간학)였으며 경, 자 간의 대립과 교류를 통해 추진되었다.

더 중요한 것은, 경학을 이렇게 이해야야만 그 내적인 보편적 가치를 더 잘 발휘할 수 있다는 것이다. 예를 들어 이러한 배경에서 우리는 동중서 및 그의 학설을 봉건제도가 와해된 후 봉건과 관련된 왕관지학의 신성한 아우라에 대한 환상을 버린 후 다시 신성성을 건립하려는 시도로 이해할 수 있다. 그와 그 이후의 추종자들은 다른 자원을 흡수함과 동시에 『춘추공양전』 '안의' 미언대의를 발휘하여 각종 현실 문제를 해결하려고 시도했다. 이러한 이해를 바탕으로 우리는 동중서 나아가 춘추공양학에 대해 '추상적 계승'을 할 수 있고, 자학노선 하에 계속해서 춘추공양학의 자원을 발굴하고 공양학 배후의 노력을 이해하며 당대 중국이 어떻게 전통과 단절되었고, 그 후 어떻게 다시 연결될지, 어떻게 백가를 종합할지를 사고할 수 있으며, 나아가 현대세계의 신성과 속세의 긴박한 문제들을 위해 참고할 만한 것을 제시할 수도 있다.

자학노선 하의 경학 또는 모종의 신캉유웨이주의의 가치에 대한 변호는 다음과 같은 작업이 필요하다. 첫째, 그것이 직면한 문제가 왜 다른 지역, 다른 문화, 다른 신앙의 사람들도 공동으로 직면한 문제인지를 지적해야 한다. 둘째, 유가가 좋다, 맞다는 것을 받아들이지 않는 사람들과 공동으로 좋다고 판단하는 기준을 찾아야 한다. 셋째, 해결책을 제시해야 한다. 넷째, 이러한 해결책이 유가적임을 논증해야 한다. 다섯째, 이러한 해결책이 앞에서 제기한 공동 기준으로 봤을 때 좋은 것임을 논증해야 한다. 여섯째, 그것의 해결책이 가지고 있는 독특성을 논증해야 한다.[49] 제1장의 한 각주에서 필자는 천밍 교수가 쓴 이 글의 초고에 대한 논평을 언급했다. 즉 논문이 캉유웨이의 금문경학 노선을 비판하는 데에 집중해서 신캉유웨이주의자 내부의 스펙트럼을 간과했다는 것이다. 사실 지금까지 이 글에서도 필자는 은연중에 서로 다른 신캉유웨이주의자들을 비판했지만, 그러한 비판을 명확하게 밝히진 않았다. 여기서 필자는 최대한 분명히 밝히고자 한다. 신캉유웨이주의자들의 공통점은 캉유웨이의 사상이 중국이나 세계의 현재 문제에 중요한 긍정적인 계시를 줄 것이라고 여긴다는 것이다. 심지어 일부 사람들은 우리가 유학자로서 캉유웨이를 통해서만 당대 중국, 나아가 세계의 문제를 해결할 수 있다고 본다. 이 글 앞부분에서 주로

● ● ●

49. "태양 아래 새로운 것은 없다." 다른 사람 또는 학파가 지금까지 한 번도 생각한 적이 없었다는 의미에서 절대적 독특성을 찾는 것은 거의 불가능하다. 그러나 그것은 적어도 우리가 상식으로 머리를 툭 치면 바로 생각해 낼 수 있는 그런 것은 아니고, 혹은 다른 학파가 일찍이 제기해서 풍성한 발전을 이룬, 지금도 여전히 주류로 여겨지는 그런 것은 아니다.

비판한 것은 경학 입장에서 출발한 캉유웨이 그리고 신캉유웨이주의 노선이었다. 이 노선의 논술방식은 금문경학이 정통이고 캉유웨이가 정통임을 논증하는 것을 통해 "캉유웨이(또는 금문경학, 춘추공양학)를 통해서만 유가가 당대 문제를 해결할 수 있다"는 결론을 내리는 것이다. 장칭은 이러한 노선의 대표적 인물이라 할 수 있다.

그러나 천밍이 지적한 것처럼 신캉유웨이주의자들 모두가 금문경학이나 춘추공양학 측면에서 캉유웨이를 추종, 계승, 발양하는 것이 아니라, 그가 제기한 구체적인 정치적 주장, 예를 들어 공교, 군주입헌제 같은 것들 때문에 그를 추종하는 것이다. 하지만 캉유웨이 본인은 자신의 유가 해석이 유가의 정통임을 논증하고 당시 유가의 공식적 지위에 힘입어 그의 정치적 주장의 타당성을 확인시키고자 했다. 제자의 경쟁이 확대된 현재, 그의 이러한 논증 방법은 무력하다. 유력한 논증방식은 앞 장에서 언급한 자학 노선이다. 그러나 이는 캉유웨이 본인의 논설에서는 빠져있는 부분이다. 때문에 정치적 주장 측면에서 캉유웨이가 중요하다고 여기고 심지어 "캉유웨이를 통해서만 유가가 당대 문제를 해결할 수 있다"고 보는 신캉유웨이주의자들은 다음과 같은 주장을 펼쳐야 한다. 첫째, 캉유웨이의 주장 배후에 어떤 문제들이 있는가? 이러한 문제들이 왜 지금도 중국, 나아가 세계와 관련이 있는가? 둘째, 캉유웨이의 주장은 왜 유가를 기반으로 한 것인가? 많은 사람들이 지적한 것처럼 겉으로 보기에 유가이지만 속은 오랑캐라고 한 지적이 왜 틀린 것인가? 셋째, 이런 주장들이 정확하지 않더라도, 혹은 모든 사람들이 받아들이더라도, 그러나 적어도 심사숙고를 거친 것이고, 정치적으로 캉유웨이 신도가 아닌 사람들에게도 일리가 있기에 참고할 만한 가치는 있다. 바꿔 말해, 캉유웨이가 많은 중대한 문제들을 모두 찾아서 여러 가지 대안을 제시했다고 말할 수도 있다. 그러나 이는 마치 한 사람이 모든 중요한 회의에 참석해서 회의석상에서 모두 발언한 것과도 같다. 이러한 사실은 우리가 이 사람의 사상을 진지하게 바라보게 하기에는 충분하지 않다. 넷째, 이런 주장들은 독특성이 있는가?

경학노선 때문에 캉유웨이를 추종하지 않는 신캉유웨이주의자들은 이상 네 개 질문에 대답해야 캉유웨이의 중요성을 구성할 수 있다. 이러한 구성이 성공할지 여부를 있는 그대로 논하고 구체적으로 고찰해야 할 것이다. 그러나 필자는 이러한 논증의 성공 가능성에 대해 회의적이다. 앞의 세 개 문제에 대해 필자는 이 글에서 이미 이러한 의구심의 대체적인 원인을 밝혔다. 마지막 질문에 관해서 우리는 신캉유웨이주의자들이 지지하는 구체적인 주장에 대해 구체적으로 고찰할 필요가 있다. 일반적으로 캉유웨이 자신이 의거한 춘추공양학, 심지어 경학자들이 의거하는 육경, 그것들이 제공할 수 있는 주장의 독특성은 이미 일부 사상가들의 회의와 도전을 불러일으켰다. 첸무 선생도 이에 대해 비교적 격렬하게 지적했다.

"공자학 연구에서 『논어(論語)』를 중요시하는 것은 하나의 살아남는 길이라 할 수 있다. 만약 『춘추』를 중요시한다면 죽는 길밖에 없다. 이는 송유(宋儒)들이 이미 간파한 것이고 오늘날 캉유웨이는 …… 아직도 춘추학 속에서 공양을 전문적으로 연구하고 있는데 이는 고집스런 집착이고, 출구(出路)도 희망(活意)도 없다."[50]

그가 언급한 송유는 논조가 온화한 편이다. 주희는 "사자(四子, 즉 사서)는 육경으로 통하는 계단이다."라고 한 바 있다.[51] 그는 또 이렇게 말했다. "하남(河南) 정부자(程夫子)는 사람을 가르칠 때 먼저 『대학(大學)』, 『논어(論語)』, 『중용(中庸)』, 『맹자(孟子)』에 힘을 쏟은 후에 육경(六經)을 공부하도록 했다. 이는 대개 그 난이(難易)와 원근(遠近)과 대소(大小)의 차례가 진실로 이와 같으면 배움에 어지럽지 않기 때문일 것이다."[52]

● ● ●

50. 錢穆, 『學侖(新校本)』, 北京: 九州出版社, 2011, 26쪽.

51. 朱熹, 『朱子語類』 卷105,((宋) 黎靖德 編, 楊繩其, 周娴君 校点), 長沙: 岳麓書社, 1997, 2,365쪽.

52. 朱熹, 『朱子文集』(陳俊民校编), 臺北: 德富文教基金會, 2000, 4,079쪽.(『晦庵先生朱文公文

만약 여기서 그가 말한 것이 배움의 순서, 육경이 더 어렵고 깊다는 의미라면, 그 다음에 그가 말한 두 마디는 명확하게 육경의 도리가 이미 사서에 포함되어 있다는 것을 가르쳐준다. 주희는 이정(二程)의 다음과 같은 말을 인용했다. "학자(學者)가 『논어』, 『맹자』를 근본으로 하고, 『논어』, 『맹자』를 연구하면 육경은 연구하지 않아도 깨칠 수 있다. (중략) 학자는 『논어』, 『맹자』를 우선 읽고 잣대로 재는 것처럼 이로써 사물을 가늠하면 자연히 장단(長短)과 경중(輕重)을 찾아낼 수 있다."[53] 주희 자신도 다음과 같이 말했다. "『논어』, 『맹자』는 쏟아 붓는 노력이 적고 얻는 효과는 크다. 『육경』은 쏟아 붓는 노력은 많고 얻는 효과가 적다. ……『논어』, 『맹자』, 『중용』, 『대학』은 익은 밥과 같아 가져다 먹기만 하면 배가 부르고 허기가 달래진다. 다른 『경(經)』을 읽는 것은 곡식을 타작해 밥을 짓는 것과 같다."[54]

물론 주희가 이학(理學)을 대표한다고 해서 그가 경학을 부정했다고 말하는 것은 어느 정도 공평하지 않은 일이다. 하지만 우리는 그럼에도 그와 이정(二程) 그리고 첸무의 비판을 중요하게 보아야 한다. 또한 사서 등과 같은 자원을 중요시했던 것은 또 다른 층위에서의 일리가 있다. 신캉유웨이주의자들의 '~만이 ~할 수 있다'는 표현법과 관련하여 앞에서 지적했듯이, 현재 꽤 많은 금문경학, 춘추공양학 학자들이 금문경학, 춘추공양학(또는 그들 자신의 해석)이야말로 유가의 정통이고, 유가의 진수라고 주장하며, 오경에서 출발하여야만 진정한 유가라고 주장한다. 물론 이러한 경학에 대한 중요시, 경에 대한 중요시는 긍정적인 가치가 있다. 즉 그것이 송대부터,

• • •

集』卷八十二, "書臨漳所刊四子後.")

53. 朱熹, 『四書章句集注』, 北京: 中華書局, 1983, 44-45쪽.("讀『論語』, 『孟子』法")
54. 朱熹, 『朱子語類』卷19((宋) 黎靖德 編, 楊繩其, 周娴君 校点), 長沙: 岳麓書社, 1997, 384쪽. 상지옌페이(尚建飛) 교수가 필자와 개인적으로 논의하는 가운데, 주희의 생미숙반설(生米熟飯說)과의 관련성을 지적해 준 것에 고마움을 표시한다.

민국, 그리고 해외 신유가에 이르기까지 사서를 과도하게 중요시하는 전통에 대해 균형을 잡아줄 수 있다. 그러나 당대 대륙신유가의 경학 유파의 일부 사람들은 또 다른 극단으로 치우쳐서 사서에 의거한 유학 합법성 서술을 부정한다. 그러나 이러한 극단적인 경향은 역사상으로 유가들은 수용하지 않았고, 일찍이 한나라 시대에 『논어』가 이미 경의 지위를 획득했다는 기본 사실조차 망각하고 있다.[55] 게다가 더 중요한 것은 앞 장에서 서술했다시피 사서와 오경 사이에서 정통이 무엇이냐는 문제에 얽매이기보다 다른 유가 경전에 대한 새로운 해석을 포용하는 것이 낫다. 이러한 다른 자원을 이용하는 유학자가 주의해서 노력할 일은 독창성이 있고, 정치적으로도 확고하고, 아울러 다른 사람들 특히 자기 문파가 아닌 사람들을 설복할 수 있는 주장을 천명하는 것이다. 그러나 미언대의의 임의성[56]을 방지하기 위해, 우리는 다른 유가 경전, 특히 비교적 명확하고 자세하게 서술된 경전을 최대한 참고해야 한다. 이 점에서, 사서 또는 『논어』·『맹자』·『순자』·『예기』로 구성된 소위 '신사서(新四書)'가 더 신뢰가 갈 수 있다.[57] 비록 우리가 예전보다 더 오경과 경학의 자원을 중요시해야 할지라도 말이다.

요컨대 통일된 공식적인 경전이 없고 이들 경전에 대한 소위 정확한

● ● ●

55. 예를 들어 저우츠청(周熾成) 교수의 이 문제에 대한 토론을 참조할 수 있다.(周熾成, 2008) 그가 비판한 대상, 즉 한대(漢代) 『논어(論語)』의 경으로써의 지위를 반대하는 두 명의 학자, 친후이(秦暉)와 리링(李零)은 모두 유학자가 아니다. 게다가 후자는 유학 반대 경향이 뚜렷하다. 이 문제에서 당대의 경학 노선의 신유가가 그들과 의견을 같이 하는 것은 전자의 스승이라고 할 수 있는 캉유웨이가 훗날, 옛것을 의심하는 자들을 위해 길을 열어준 것과 비슷하다.
56. 학자마다 당연히 자신이 이해하는 미언대의를 확정할 수 있다. 여기서 말하는 임의성은 여러 학자들 사이에서 미언대의에 대한 확정적 공감대가 부족하기에 미언대의가 학자와 종파에 따라 바뀌는 것을 말한다.
57. 梁濤, 「'新四書'與'新道統' ― 當代儒學思想體系的重建」, 『中華讀書報』(2014年 04月 02日 第15版). 梁濤, 「'新四書'與當代經學的重建」, 『江蘇行政學院學報』, 2014年 第4期, 11-14쪽.

해석을 유지하지 못하는 시대에 있어서, 유학의 자학(子學) 방식 또는 정치철학적 방식의 부흥이야말로 사람들을 설득할 수 있는 방식일 것이다. 유가경전과 제자(諸子)의 도전에 대해 더 개방적이고, 온 세상을 품는 심경을 가져야 한다. 이 글이 논증하려는 것은 유학 부흥의 금문경학 노선이 나쁘다는 것이 아니라 자학 노선이 더 비전이 있다는 것이다. 이러한 방향은 일부 사람들이 공격한 경(經)을 사(史)로 낮추고, 더 나아가 자(子)로 낮춘 반전통적 방식이 아니라 극도로 폐쇄되고 극도로 임의적인, '이중인격'의 금문경학과, 선현(先賢)의 지혜를 부정하는 반전통적인 '자학'과 '사학' 사이의 길 가운데에 있다.

7. 보론

이 글의 발표 버전은 『탐색과 쟁명(探索與爭鳴)』 2018년 제1기, 67-71에 실렸다. 발표 버전은 글자 수 제한 때문에 일부 인용문과 주석이 삭제된 것 외에 긴 각주가 두 개 삭제됐다. 그중에는 필자가 거자오광(葛兆光)의 대륙신유학에 대한 비판에 '참지 못하고 대응'한 내용도 포함된다. 2017년 말, 이 글을 기초로 하여 필자는 무한(武漢)대학에서 한차례 강좌를 열었고, 그때 우껀유(吳根友) 교수와 황옌창(黃燕强) 박사의 글 몇 편을 읽었으며 강연에서 우 교수의 비판을 받았다. 이로 인해 필자는 이 글의 일부 핵심적인 문제에 대해 새롭게 생각하게 되었다. 그리고 천밍(陳明) 교수도 이 글에 대해 중요한 비판적 의견을 주셨지만 발표 버전에서 이에 대한 피드백을 드리지 못했다. 이러한 비판에 근거하여 필자는 발표 버전에 대해 중요한 수정을 했다. (발표 버전은 1만3천 자이고 이 글은 2만1천 자에 가깝다.) 끝으로, 이 글은 비록 첫 부분에서 백여 년간 유학에 대한 서로 다른 연구 패러다임을 비판하고 대륙신유가의 입장을 분명히 하고 변호했지만,

이 글의 주요 내용은 대륙신유학 내부에서 '첸당(錢黨)'의 입장에서 '캉당(康黨)'을 비판한 것이다. 그러나 특히 최근에 신캉유웨이(新康有爲)주의자들이 공정하지 않은 비판을 받고 심지어 억제당하고 있는 이런 시기에 이 글을 발표하는 것은 우물에 빠진 사람에게 돌을 던지는 감이 없지 않다. 이 글의 최초 버전은 2015년 4월의 한 회의에서 작성되었으며 당시 대륙신유학의 상황은 좋은 편이었다. 그러나 그 동안 잡다한 일들에 매여 있다 최근에야 완성하게 되었다. 글의 의도는 같은 연구를 하는 여러분들과 정치유학 부흥의 최적의 길을 탐구하는 것이다. 악의, 왜곡, 그리고 억제 앞에서 필자는 결연히 신캉유웨이주의자들과 함께 할 것이다.

4. 요절된 계몽인가 계몽의 파산인가

탕원밍(唐文明)

『중국현대사상사론(中國現代思想史論)』에서 리쩌허우(李澤厚, 1930-)는 '계몽과 구망(救亡)의 이중변주'라는 말로 중국 현대사상사의 주요 맥락을 개괄했다. 얼핏 보면 이 개괄은 피상적이어서 거칠게 보인다. 계몽과 구망은 확실히 신문화운동 이후 가장 중요한 양대 사상 주제였고, 더욱이 시국의 변화에 따라 그 현저한 정도가 달랐다는 것이다. 그러나『중국현대사상사론』이 출판되고 거의 30년이 지난 오늘날, 리쩌허우의 이 관점은 이 연구 분야에서 여전히 가장 영향력이 강하고, 가장 파급범위가 넓다. 그 이유를 알려면 그의 관점이 제기된 시대배경과 이론적 의도에 주목해야 한다.

리쩌허우가 이 관점을 제기한 시대배경을 보면, 가장 중요한 점이 바로 '문화대혁명'에 대한 반성이다. 리쩌허우는 '문혁'은 결코 "비이성적인 산물"이 아니라 "여전히 일반적인 이지(理智)를 기반으로 한", 변함없이 "일종의 이성적 신앙, 일종의 도덕적 종교"에서 출발하여 발생한 것이라고 분명하게 지적했다.[1] 여기서 필연적으로 다음과 같은 엄숙한 사상사적 과제를 제기하게 된다. 우리가 어떻게 '이성적으로' 한 발 한 발 걸어가서

● ● ●

1. 李澤厚, 『試談馬克思主義在中國』, 『中國現代思想史論』, 東方出版社, 1987, 197쪽.

'문혁'까지 이르게 된 것인가? 이에 따라 '문혁'에 대한 성찰은 학술적 차원으로 전환되어 중국 현대사상사의 급진주의에 대한 성찰로 이어졌고, 특히 급진주의가 중국 현대사상사에서 어떻게 주류적 위치를 차지하게 됐는지를 해석할 필요가 있었다. 급진주의를 반성하는 것이 실제로 중국 현대사상사 연구 영역에서 매우 주목받는 주제이다. 이는 '문혁'의 성찰을 하나의 이론적 동기로 삼아 근 30년간 중국 현대사상사 연구의—특히 자유주의 입장의 학자들 사이에서—문제의식을 상당부분 주도했다는 것을 설명해주기도 한다. 역사적 맥락에서 '문혁'이 발생한 사상근원을 찾는 것은 우리로 하여금 신문화운동과 '문혁'을 연결시키게 한다. 그 근원을 신문화운동 전으로 거슬러 올라가 찾을 수도 있었지만 거의 모든 학자들이 1919년 전후의 신문화운동을 급진주의의 시작점으로 봐야 하고 '문혁'은 의심할 나위 없이 급진주의의 또 하나의 가장 극단적인 결과라는 것에 찬성하기 때문이다.2

리쩌허우가 제기한 이 관점의 의도를 말하자면, 가장 분명한 것은 계몽 사업을 다시 제기했다는 것이다. 중국 현대사상사가 계몽과 구망의 이중변주 양상을 띠고, 신문화운동 이후 구망이 계몽을 압도한 이상, 구망 문제가 기본적으로 해결되어 더 이상 시급하지 않게 된 이후의, 새로운 시대의 기조는 구망으로부터 계몽으로 전환되어야 하며, 구망으로 인해 요절된 계몽 사업을 계속해서 완성하는 것이어야 한다. 리쩌허우는 급진주의의 원인을 구망의 현실적 필요에 있다고 보고 요절된 계몽 사업을 다시 제기한 것이다. 리쩌허우 글쓰기의 맥락에서 이는 또 다른 의미를 담고 있다. 바로 집권당으로서의 중국공산당으로 하여금 구망이 긴박했던 상황 때문에

• • •

2. 예를 들어 위잉스(余英時, 1930-)는 1988년에 다음과 같이 말했다. "중국 근대의 일부 사상사는 급진화의 과정이었다. 마지막에 반드시 격화되어 최고봉에 달해야 했고, 십여 년 전의 문화대혁명은 바로 이러한 급진의 결과이다." 余英時, 『中國近代思想史上的 激進與保守』, 『現代儒學的回顧與展望』, 生活・讀書・新知三聯書店, 2012, 21쪽.

급진적이 될 수밖에 없다고 호소함으로써 자신의 과거를 사면하고, 이를 통해 국민들에게 그리고 스스로에게 과거의 짐을 덜고 계속 앞으로 나아가자는 주문을 할 수 있도록 하는 것이다. 다시 말해서, 리쩌허우의 변주론은 실제로는 역사해석의 이론적 기교를 통해 중국공산당에게 포스트 문혁시대에 임하여 자유와 민주의 방향 쪽으로 이데올로기적 전환을 하라는 처방을 내놓은 것이다.

리쩌허우는 그의 역사 서술에서 효과적으로 현실에 개입하고자 하는 강렬한 의도를 관철했다. 이 점이 그의 이러한 조잡한 관점이 왜 사상계에서 이렇듯 큰 영향력을 미쳤는지 일정 정도 설명해준다. 그러나 바로 위정자의 입장에 밀착하려는 과도한 책론(策論) 의식이 그의 관점을 피상적이게 만들었다. 물론 우리는 그의 입론(立論) 동기가 본래부터 이론의 심도를 추구하는 것을 목적에 두지 않았다고 동정적으로 말할 수는 있다. 구망과 계몽을 나누어 논하고 구망이 계몽을 압도한 것으로 현대 이후의 급진주의 역사를 해석하는 것은 실제로는 급진주의의 모든 책임을 구망에 떠넘기는 것이며, 그 근본적인 목적은 계몽의 권위를 수호하고 계몽과 급진주의를 연결시켜 그 어떤 가능한 질책이 계몽에 가해지는 것을 회피하기 위함에 있다. 만약 계몽이야말로 본래 구망의 길이고, 급진주의도 계몽과 관련이 있을 수 있다는 것을 의식했다면, 문제는 명백해진다. 그러나 리쩌허우의 변주론은 실질적으로는 구망으로 계몽의 책임을 면제하는 것이며, 이로 인한 가장 심각한 결과는 우리로 하여금 계몽 자체에 대한 반성을 제대로 할 수 없게 만들었다는 데 있다.

일부 자유주의 입장의 학자들은 신문화운동과 '5·4'운동을 더 확실하게 구분하는 편이고, 일부 좌익 입장의 학자들도 비록 다른 이론적 목적과 역사 이해 때문이지만 역시 이러한 경향이 있다.3 리쩌허우의 전략은 이

• • • •

3. 일반적으로 신문화운동의 시작을 1915년 『청년(靑年)』 지의 창간으로 보고, 끝을 1923년의

보다 한 수 위다. 그는 한편으로는 이 두 운동 사이의 연관성을 매우 강조하면서, 다른 한편으로는 두 운동으로부터 계몽과 구망이라는 서로 다른 두 주제를 추출해 냈다. 미루어 알 수 있듯이 그의 이 두 운동에 대한 이해는 일반적인 자유주의자와 좌익 학자들의 것도 훨씬 더 적절하다. 그는 신문화운동의 기조는 계몽이지만 구망에 대한 관심이 없었던 것은 아니고, '5·4'운동의 기조는 구망이었지만 계몽의 목소리가 없었던 것은 아니라고 했다.[4] 그의 문제는 '5·4' 이후의 급진주의는 단지 '5·4'운동의 기조로서의 구망 주제와만 관련이 있고 계몽을 기조로 하는 신문화운동과는 전혀 관련이 없었는가와 같은 성찰 아래 좀 더 깊이 있는 이론적 질문으로 나아가지 못했다는 데 있다.

정상적인 심리상태를 가진 학자라면 모두 신문화운동이 매우 급진적인 계몽운동이었음을 간파할 수 있다. 그러나 이러한 급진주의적 계몽의 진정한 함의에 대해서 여태까지 심도 있게 밝혀낸 사람이 없다. 신문화운동의 급진성을 이해하는 하나의 적절한 각도는 전통문화에 대한 태도가 어떠한가를 살펴보는 것이다. 린위성(林毓生, 1934-)이 지적한 것처럼 신문화운동의 주류 사상가들이 전통에 대해 취한 태도는 "급진적이면서도 전면적인 반(反) 전통주의"였다. 그러나 이 각도에서도 여전히 급진주의적 계몽의 실질적 함의를 충분히 드러낼 수가 없다. 천두슈(陳獨秀, 1879-1942)는 '민주'와 '과학'을 신문화운동의 양대 기치로 제기했다. 이는 대단히 명석한 정면돌파적 천명이었다. 그러나 우리는 늘 '파(破)'의 의미에서 민주와 과학의 가치를 긍정하고 민주와 과학이 '입(立)'의 의미에서 심각한 문제가

● ● ●

"과학과 현학의 논쟁(科玄論戰)"으로 본다.
4. 리쩌허우는 "신문화운동의 핵심 인물과 기존 애국반제(愛國反帝)운동을 펼쳤던 인물들이 합쳐져 '5·4'운동의 골간 또는 지도자가 되었다", "계몽의 신문화운동이 펼쳐진 지 얼마 되지 않아 구망이 반제 정치운동과 만났으며 둘은 신속히 합쳐졌다"고 말했다. 『啓蒙與救亡的雙重變奏』, 『中國現代思想史論』, 15-13쪽.

있는지 여부에 대해서는 깊이 연구하지 않는다. 다시 말해 우리는 늘 민주와 과학을 주도적인 것으로 여기는 생활이 과연 무엇을 의미하는지에 대해 진지하게 고려하지 않는다.

신문화운동의 급진성은 '근본적 해결'과 '최후의 각오'의 관련성에 관한 천두슈의 논조에서 가장 분명하게 드러난다. 1916년에 발표된 『우리 최후의 각오』라는 글에서 천두슈는 다음과 같이 주장했다. 공화입헌은 '정치의 근본적인 문제'이고 이 문제를 '근본적으로 해결'하려면 국민의 정치적, 윤리적 각오에 의존해야 한다. 이것이 바로 '우리의 마지막 각오'이며, 윤리적 각오는 더더욱 "우리의 최후의 각오 중에서도 최후의 각오"이다.[5] 1920년에 발표한 『국경기념의 가치』라는 글에서 천두슈는 마르크스주의를 새기면서 정치문제를 '근본적으로 해결'하는 새로운 대안으로 경제혁명을 제기하였고 이에 상응하여 '마지막 각오'는 정치적, 윤리적 각오일 뿐 아니라 경제적, 계급적 각오여야 한다고 주장했다.[6] 비록 1916년부터 1920년까지 천두슈의 정치적 관점은 큰 변화를 겪지만, 전후의 사고방식은 궤를 같이 하고 있음을 알 수 있다. 즉 정치문제를 '근본적으로 해결'할 수 있는 길을 찾으려고 시도했으며, '최후의 각오'에 의지해야 '근본적으로 해결'할 수 있다고 여긴 것이다. 만약 '근본적인 해결'이 주로 구망의 주제에 해당된다면 '최후의 각오'는 주로 계몽의 주제에 해당된다. 따라서 '근본적인 해결'과 '최후의 각오' 사이의 연관은 계몽과 구망의 연관을 분명하게 보여주며, 이러한 연관이 있기에 계몽과 구망 사이의 급진의 정도가 필연적으로 비슷할 수밖에 없다는 사실을 명확하게 보여준다.

린위성이 제기한 '급진이면서 전면적인 반전통주의'는 그가 신문화운동의 급진성에 대해 명확히 인식했음을 보여주지만, 그는 이러한 반전통주의

● ● ●

5. 『新靑年』, 第1卷 第6期, 1916.
6. 『新靑年』, 第8卷 第3期, 1920.

가 중국 전통(특히 유가 전통)의 고유한 "사상–문화의 진로로부터 모든 문제를 해결"하는 사고방식이 초래한 것이라고 주장했다. 그러나 우리가 신문화운동 시기 후스(胡適, 1891-1962), 천두슈와 같은 사람들보다 유가사상의 영향을 더 많이 받은 학자들이 왜 급진적이고 전반적인 반전통주의로 나아가지 않았는지에 대해 한 번쯤 의문을 가져본다면 앞선 주장이 황당무계하다는 것을 금방 알게 된다. 게다가 사상–문화의 진로로부터 문제해결의 돌파구를 찾는 것은 본래부터 계몽의 기본 신념이다. 중국의 문화전통에서 마음의 각오를 중시하는 것은 바로 중국 문화전통에 대한 개화의 표지이며 그것을 급진적 전면적 반전통주의의 근거로 보는 것은 정말로 기괴한 논리이다. 여기서 만약 루쉰(魯迅, 1881-1931)처럼 "두려워하지 않는 최악의 상황의 악의"를 추측한다면, 우리는 여기서 니체(F. W. Nietzsche, 1844-1900)가 드러내보였던 "절박하게 자기를 상해하는 양지"를 발견할 수 있게 된다.[7]

　　신문화운동에서의 이러한 급진주의 계몽의 사상 근원을 제대로 파악하려면 천두슈가 말한 '덕(德, democracy) 선생과 새(賽, science) 선생'에 주목해야 한다. 천두슈에 따르면 민주는 정치의 근본문제와 관련된다. 즉 "공화국체가 과연 견고하게 되는 데 문제가 없는가? 입헌정치가 과연 막힘없이 실행될 수 있는가?"의 문제와 관련된다. 그러나 과학은 계몽을 가장 유력한 무기로 삼았다. 우리가 알다시피 양무운동 시기 과학은 주로 기술과 관련되어 강력한 역량으로 여겨졌다. 나라를 강하게 하는 힘으로 이해되었다. 신문화운동 시기 과학은 우선 진리를 의미했고 이로부터 강력한 권위를 획득하여 계몽의 가장 유력한 무기가 되었다. 과학에 대한 이러한 전례 없던 인정은

● ● ●

7. 리쩌허우는 중국 문화전통 중에 일종의 '실용 이성'의 특징이 있다고 했다. 이는 린위성의 관점과 일종의 대화 관계를 이룬다. 비교해 보면 리쩌허우의 관점이 더 소박하고 또 근본적인 맹점도 있다. 唐文明, 「打通中西馬: 李澤厚與有中國特色的社會主義道路」, 『現代哲學』, 2011年 第2期.

사실 다음과 같은 주장을 내포하게 되었다. 과학으로 하여금 인류생활의 모든 영역을 주도하게 해야 한다. 1920년에 발표된 『신문화운동이란 무엇인가?』라는 글에서 천두슈는 다음과 같이 '과학의 가장 큰 효용'을 고취함으로써 중국인의 과학에 대한 경시를 비판했다. "우리 중국인은 예전부터 자연과학 이외의 학문을 알지도 못하면서 과학의 권위를 가지고 있었고, 자연과학 이외의 학문을 알지 못하면서 과학의 세례를 받으려 했고, 서양은 자연과학 외에 우리 동양으로부터 도입해야 할 문화가 없음을 알지 못했고, 중국의 학문이 과학의 세례를 받을 필요가 있음을 알지 못했다."[8] 후스 역시 스스로 '과학을 신앙하는 사람'으로 자처하면서, 공공연히 "과학을 위해 싸울 것"이라고 말했다. 실제로 과학에 대한 추앙은 후스의 실험주의 입장과 방법에 있어서 하나의 근본적인 요점이었다. 그는 '과학적 인생관'을 제기했을 뿐만 아니라 과학으로 모든 문제를 해결할 것을 주장했다.[9] 과학에 대한 열광적인 신앙은 사실 신문화운동에서 급진주의 계몽의 가장 중요한 사상 근원이다. 과학으로 모든 문제를 해결하려는 극단적인 신념은 신문화운동 주도자들의 ─ 천두슈든 후스든 ─ 민주에 대한 이해를 유토피아적

• • •

8. 『新靑年』, 第7卷 第5期, 1920.
9. 후스가 아동(亞東)도서관에서 1923년에 출판한 『과학과 인생관』을 위해 쓴 서언과 1929년 후스가 상해 대동(大同)중학교에서 한 강연 참조(胡頌平, 『胡適之先生年譜長編初稿』第三冊, 聯經事業出版公司, 1984). 천두슈는 그 서언에 대해서 후스가 '과학적 인생관'을 정면으로 설파하는 방식을 사용하여 현학파와의 논쟁의 '전선(戰線)'을 단축'한 혐의가 있다고 여겼다. 그리하여 그는 다음과 같이 평가했다. "후스는 우리 자신의 주관적 설명만 중요시하고 사회의 일반적이고 객관적인 설명은 소홀히 하면서 과학적 인생관 자체의 장점만 설명하고 과학이 일체의 인생관에 대한 권위(威權)에 대해서는 설명하지 않았기에 과학 만능을 증명할 수 없고, 현학이라는 유혼(遊魂)이 출몰할 수 있는 여지를 남겼다. 나는 주관적으로 볼 때 과학적 인생관이라는 신앙을 세우긴 해야 하지만 객관적으로 볼 때 일체 과학을 초월하는 인생관에 대해 과학적 해석을 하는 것이 더 필요하다고 본다. 필경 과학의 권위가 만능이라는 것을 증명하여야만 현학의 귀신이 더 이상 갈 길이 없어지고 숨을 곳이 없어지기 때문이다." 미뤄 짐작하건대 천두슈의 이러한 발언에 후스는 찬성하였을 것이다.

색채로 충만하도록 만들었다.

일부 자유주의 입장의 학자들은 신문화운동에서의 급진주의 계몽과 '문혁'의 은밀한 연관성을 의식하였지만, 자유주의 입장에 해가 될 수도 있는 그러한 사실들은 받아들이려 하지 않았다. 그리하여 그들은 후스와 천두슈가 훗날 서로 다른 길로 가게 된 사실을 충분히 이용하여 후스를 신문화운동의 급진주의로부터 구출하려고 시도했다. 이 문제에서 가장 대표적인 사람이 바로 위잉스(余英時, 1930-)이다. 1979년, 『'5·4'운동과 중국전통』이라는 글에서 그는 "'5·4'운동의 어떤 점은 칼 베커(1873-1945)가 분석한 유럽 계몽운동과 매우 비슷하다"고 말했다.[10] 1983년 『중국근대 사상사에서의 후스』라는 글에서 그는 여전히 후스를 '계몽적인 인물'로 묘사했고 신문화운동을 '계몽운동'이라고 불렀다.[11] 1988년의 『중국근대사 상사의 급진과 보수』라는 글에서도 그는 여전히 신문화운동을 계몽운동으로 보는 것이 "물론 일부 일리가 있다"[12]고 여겼다. 그러나 1999년의 『문예부흥인가? 계몽운동인가?』라는 글에서 위잉스는 생각을 바꾸어 후스가 신문화운동을 계몽운동이 아닌 중국의 문예부흥운동에 포함시키는 것을 원했다고 강조하고 독자들이 후스의 이 같은 생각을 진지하게 받아들일 것을 호소하면서, 처음으로 신문화운동을 계몽운동 안으로 포함시킨 것은 1936년의 중국공산당원이라고 주장했다. 그는 또 후스가 그의 생애 초기에도 "그가 제창한 중국 문예부흥의 정당성을 증명하기 위해 중국 전통의 일부분을 필요로 했다"고 말했다.[13]

● ● ●

10. 余英時, 『現代危機與思想人物』, 生活·讀書·新知三聯書店, 2012, 69쪽.

11. 余英時, 『現代危機與思想人物』, 173-175쪽.

12. 余英時, 『現代儒學的回顧與展望』, 17쪽.

13. 余英時, 『現代危機與思想人物』, 84쪽. 사학자의 엄격함 때문에 위잉스는 이 글에서 부득이하게 "후스가 말끝마다 문예부흥을 말하지만 이탈리아의 인문주의와 비교했을 때 후스는 프랑스 계몽 사조의 계승자"라고 인정했다. 그러나 그의 집필 의도를 관철하기 위해 그는 또한 후스가 "가끔 양자 사이를 구분하지 못했기" 때문이라는 해석도

이 문장의 치명적인 문제는 이미 학자들이 제기한 바 있다. 우선, 위잉스가 알면서도 말하지 않은 것은 후스가 주로 '중국의 문예부흥'으로 신문화운동을 개괄했지만 같은 문장에서 그도 '신계몽운동'이라는 표현을 사용했다는 것이다. 또한 이미 1927년 중국공산당원들은 계몽운동으로 신문화운동을 포함시킨 바도 있었다.14 실제로 역시 자유주의 진영에 속한 린위성도 자신의 연구에서 후스도 당연히 천두슈와 마찬가지로 급진적이면서도 전면적 반전통주의자라며15 위잉스가 후스를 구하기 위해 제기한 관점을 반박했다. 위잉스가 어느 정도 문예부흥과 계몽운동을 대립시키면서 "문예부흥이 본래 일종의 문화와 사상에 대한 기획으로 여겨졌지만 반대로 계몽운동은 본질적으로 일종의 위장을 거친 정치적 기획"이라는 주장을 제기했을 때, 그가 이미 계몽 자체가 바로 구망의 길임을 분명히 인식하고 있었음을 보여준다. 다시 말해 그는 리쩌허우의 관점이 가지고 있는 큰 문제를 인식했으나 그가 택한 전략은 — 국내의 일부 순진한 자유주의자들과 달리 — 더 이상 계몽이라는, 서양에서 이미 파산한, 시대에 뒤떨어진 기치를 수호하지 않았던 것이다.16

후스와 천두슈는 모두 '5 · 4' 전이든 '5 · 4' 후이든 매우 강경한 과학주의 입장을 견지했다. 훗날 마르크스주의 때문에 좌우익의 분화가 나타났다 하더라도, 초기에 보여주었던 차이점들로부터 우리는 자유주의자로서의 후스와 마르크스주의자들 사이에 어떤 문제에서는 은밀한 관련성이 있었다는 사실을 발견할 수 있다. 1919년 6월 11일, 천두슈는 『북경시민선언』을 배포한 것 때문에 체포되고, 후스는 이 위기 속에서도 천두슈가 1918년에

달아놓았다. 같은 책 78쪽 참조.

14. 張艷, 「五四"啓蒙運動"說的歷史考辨」, 『史學月刊』, 2007年 第6期.

15. 위잉스가 1970, 80년대에 보여준 일부 언론을 보면, 그는 린위성이 전반적 반전통주의로 신문화운동 기조를 개괄하는 관점에 기본적으로 동의한다. 『中國近代思想史上的激進與保守』 참조.

16. 余英時, 『現代危機與思想人物』, 85쪽.

창간한『매주평론(每週評論)』을 이어받아 운영했다. 7월 20일, 후스는『매주평론』제31기에『문제를 많이 논하고 주의를 적게 논하자』라는 글을 발표했다. 이 글은 란궁우(藍公武, 1887-1957)와 리다자오(李大釗, 1889-1927)가 참여하게 되면서 '문제(問題)와 주의(主義) 논쟁'을 불러일으켰다. 특히 논쟁 중에 제기된 리다자오의 마르크스주의 관점은 신문화운동이 좌우익으로 분화되는 하나의 전환점이 되었다.

후스의 뜻을 자세히 살펴보면 란궁우와 리다자오가 후스의 의도를 확실히 오해했음을 알 수 있다. 후스는 일부 사람들이 '주의'에 대해 공론만 하면서 탁상공론하고 구체적인 '문제'를 연구하지 않는 것을 비판했다. 그가 제일 먼저 비판한 대상은 어떤 '주의'를 신봉하는 학자들이 아니라 '주의'를 이용하여 제멋대로 모자를 씌우는(누명이나 모함을 씌우는) 관료들이었다. 이 글에서 후스는 일부 사람들이 자신을 과격당(過激黨)이라고 부른다고 특별히 지적했는데, ― 이 글이 발표되기 한 달 전 천두슈가 체포되었다― 사실 바로 이런 사건들이 그로 하여금 이 글을 쓰도록 만들었다. 이 점에 대해 후스는『문제와 주의에 대해 삼(三)논한다』라는 글에서 분명하게 말했다. "현재 세계 각국에는 '귀를 눈으로 삼는' 황당무계한 사람들이 있다. 그들은 '볼셰비키주의'라는 명사를 귀로 듣거나 '과격주의'라는 명사만을 기억하고는 이러한 추상적인 명사가 어떤 구체적인 주장을 대표하는지도 전혀 모른 채 혼란을 일으키고 수배령을 내려 '과격당'을 체포하고, '과격당'이라는 세 글자를 아무에게나 붙인다. 이처럼 황당무계한 사람들 머릿속의 '주의'가 바로 내가 공격하는 '추상적인 명사'로서의 '주의'이다. 내가 말하는 '주의의 위험'은 곧 이러한 위험을 가리킨다."[17]

그러나 이는 '문제와 주의 논쟁'이 의미가 있는 논쟁이라는 것에 영향을

● ● ●

17. 『每週評論』, 1919年 8月 24日, 第36期.

미치지 않았다. 후스는 첫 번째 글에서 '근본적 해결'을 찾고자 하는 주의론자들을 풍자했으며 구체적인 문제에 대해 구체적으로 해결해야 한다고 주장했다. 리다자오는 이러한 요점에 주목하여 『문제와 주의를 다시 논한다』라는 글에서 '근본적 해결'에 대해 마르크스주의적인 이해를 제시했다. 즉 '경제문제를 해결하는 것이 근본적인 해결'이라고 본 것이다. 사실 여기서 후스의 관점은 '근본적인 해결'을 반대한 것이 아니라 '근본적인 해결'을 공론하기만 하는 주의론자들을 반대한 것이다. 후스에게 있어서 이는 그가 일관적으로 주장하는 실험주의 입장과 방법을 다시 한 번 주장한 것에 불과하다. 그가 강조하는 것은 과학적 정신과 실험적 태도로 경험의 특수성을 충분히 중요시하면서 모든 구체적인 문제를 근본적으로 해결하는 것이다. 다시 말해 후스는 그의 과학주의적 실험주의 입장에서 출발하여 '구체적인 해결'이야말로 '근본적인 해결'의 알맞은 길이며 그것 없이는 공론에만 머물 것이라고 여긴 것이다.

따라서 만약 '문제와 주의 논쟁'에서 후스와 리다자오의 서로 다른 입장을 각각 개량과 혁명으로 서술한다면 후스의 개량은 사실 매우 혁명적인 것이었음을 반드시 지적해야 한다.[18] 그는 혁명이 한꺼번에 이루어지는 것이 아니라 끊임없이 나아가고 돌파해야 하는 과정이며 여러 측면의 구체적인 문제와 연관되는 것이기 때문에 구체적인 연구와 구체적인 해결이 필요하다는 것을 강조하고자 했을 뿐이다. 후스가 주장한 실험주의 입장의 혁명성은 존 듀이(1859-1952)의 사상에서 분명하게 보여지며, 그 혁명성을 관찰할 수 있는 실례로는 후스가 마오쩌둥(毛澤東, 1893-1976)에게 미친 영향을 보면 알 수 있다. 1919년 7월 14일에 출판된 『상강평론(湘江評論)』의 창간 선언에서 마오쩌둥은 서양의 문예부흥운동 이래 인류가 여러 분야에서

• • •

18. 린위성은 이미 후스의 개량주의가 단지 형식적인 것이다, 또는 일종의 '가짜 개량주의'라고 지적한 바 있다. 林毓生, 『中國意識的危機』, 穆善培 譯, 貴州人民出版社, 1986, 五章.

성취한 진보를 설명하며 "사상 측면에서 보이는 것은 실험주의이다"[19]라고 말했다. 이로부터 알 수 있듯이 마오쩌둥은 후스가 고취한 실험주의에 대해 높이 평가했다. 1919년 9월 1일, 마오쩌둥은 『문제연구회 장정(問題硏究會章程)』을 집필하여 당시 중국이 연구할 필요가 있는 71개항 144개의 크고 작은 문제를 제기하면서 문제와 주의의 연구에 대해 다음과 같이 말했다. "문제에 대한 연구는 반드시 학리를 근거로 해야 한다. 때문에 각종 문제를 연구하기 전에 각종 주의를 연구해야 한다."[20] 후스의 문장과 대조해 보면 마오쩌둥의 이 장정이 완전히 후스의 관점에 따라 작성한 것임을 분명하게 알 수 있다. 그는 리다자오보다도 후스 사상에 훨씬 더 혁명적 측면이 있음을 꿰뚫어 본 것 같다. 또한 마오쩌둥이 1937년에 집필한 명작 『실천론』 속에서 후스 실험주의의 깊은 영향을 찾아내지 못한다면 우리는 공평한 평가라고 말할 수 없을 것이다.[21]

과학의 최대 효용을 발휘하여 인류 생활 영역의 전 방위적인 혁명을 실현하는 것이 후스와 천두슈, 리다자오 등 마르크스주의자 사이의 사상적

• • •

19. 『毛澤東早期文稿』, 湖南人民出版社 2008, 270쪽.

20. 『北京大學日刊』, 1919年 10月 23日 第467號.

21. 위잉스는 이에 대해 일정한 인식을 보여준다. 그는 다음과 같이 말했다. "듀이와 마르크스 사이에는 많은 부분에서 근본적으로 다르지만 '세계를 변화시키려'는 점에서는 (이론과 실천의 통일을 강조하는 것도 포함) 그들의 사상은 동일하다. 마르크스주의가 실험주의에 이어 많은 중국 지식인들에게 받아들여진 이유가 이것이다." "듀이의 실험주의는 후스를 통한 중국화를 거친 후 이러한 '세계 개조'의 성격이 더 두드러지게 나타났다." "'실사구시(實事求是)'와 '실천은 진리를 검증하는 유일한 기준이다'는 중국 대륙에서 오늘날 가장 드높은 두 구호이다. 이 구호는 적어도 간접적으로 후스의 사상과 연관된다. '실사구시'는 청나라 고증학자가 최초로 제기했지만(출처 『漢書 · 河間獻王傳』) '5 · 4'이후 후스가 특별히 선양한 후 자주 사용되었다. '실천은 진리를 검증하는 유일한 기준이다'라는 말은 마오쩌둥의 『실천론』에서 나온 것인데, 오늘날의 표현법에 따른 '실험주의적 진리론'과 멀지 않다." 余英時, 『中國近代思想史上的胡適』, 『現代危機與思想人物』, 生活 · 讀書 · 新知三聯書店, 2012, 164-172쪽.

공통점이라고 한다면, 사회의 이상이라는 측면에서 후스가 사회주의에 대해 동정을 보였고 이 점이 이들을 하나로 이끌었을 수도 있다. 1926년 7월 말부터 8월 초까지, 후스는 모스크바를 방문하여 며칠 참관한 후 런던, 파리, 스위스 등지를 방문했다. 이 기간 그가 장웨이츠(張慰慈, 1890-1976)와 쉬즈모(徐誌摩, 1897-1931)에게 쓴 5편의 편지는 훗날『유럽여행 중에 보낸 편지』라는 제목으로 발표되었다.

첫 번째 편지는 장웨이츠에게 보낸 것으로 그가 모스크바에서 느낀 감상을 적었다. 주요 내용은 정치는 이상주의가 없으면 안 된다는 것이다. 편지 말미에 후스는 "계획은 가까운 것을 싫어하지 않고, 이상은 높은 것을 싫어하지 않는다"(計畫不嫌切近, 理想不嫌高遠)는 격언도 적었다. 두 번째 편지도 장웨이츠에게 보냈는데 그는 여기서 소련이 한 것은 일종의 '이상주의의 정치실험'이라는 것을 인정함과 동시에 소련의 전제주의에 불만을 표시했다. 그리고 결론은 "소비에트 러시아는 비록 독재이지만 그들은 정말로 힘써 신교육을 펼치고, 사회주의의 새 시대를 이루고자 노력하고 있다. 이러한 추세대로 열심히 한다면 앞으로 독재로부터 사회주의 민치(民治)제도로 넘어갈 수 있을 것"이라고 했다. 세 번째 편지 역시 장웨이츠에 보낸 것이다. 후스는 이 편지에서 소련의 정치실험에 대해 계속 '탄복'하며 다음과 같이 말했다. "내가 본 것만으로도 소련이 꿈이 있고 계획이 있고 방법이 있는 큰 정치실험임을 진심으로 인정하게 한다.", "세계 정치사에서 이렇듯 대규모의 '유토피아' 계획에 실제로 실험 기회가 주어진 적은 없었다. 중국 역사에 비춰 봐도 왕망(王莽, B.C. 45-A.D. 23)과 왕안석(王安石, 1021-1086)만이 두 번의, '사회주의 국가'실험을, 한 적이 있다. 특히 왕망의 실험이 더 탄복할 만했었다. 그들의 실패는 우리로 하여금 러시아의 실험의 가치를 더 잘 알게 한다." 후스는 또 자신이 그 전 해에 왜 친구의 요청을 받았지만 '반적화(反赤化)'적인 토론에 참여하는 것을 원하지 않았는지 언급했다. "나의 실험주의가 나로 하여금 이러한 정치실험의 정당함을 부정하지 않게 했고, 더욱이 다른 사람의 말만 듣고 전통적 견해와 협애한 편견에 동조하지 않게 했다." 네 번째 편지는 쉬즈모에 게 보낸 편지였다. 그는 자신이 모스크바를 참관하면서 느낀 점을 다음과 같이 표현했다. "우리는 '혁명박물관'을 방문해서 1890-1917년의 혁명운동 을 보았는데 이는 우리를 매우 부끄럽게 했다." 다섯 번째 편지도 쉬즈모에 게 보낸 편지였다. 후스는 여기에서 소련사회의 이상을 긍정한 동시에 소련이 전제의 길을 걷는 것에 불만을 표했다. 그리고 나서 그는 자신의 주장을 제시했다. "'계급투쟁'을 피하는 방법은 300년 동안의 '사회화(socializing)' 된 경향을 취하여 자유를 누리고 행복을 누리는 사회로 조금씩 확충해가는 것이다. 이러한 방법을 나는 '신자유주의(New Liberalism)' 또는 '리버럴 사회주의(Liberal Socialism)'라고 부르고 싶다."22

8월 3일, 후스는 기차에서 자신이 모스크바에서 차이허썬(蔡和森, 1895-1931)과 만나 토론한 사실을 떠올리며 일기에 다음과 같이 적었다. "오늘, 이틀 전 허썬과 만나 한 이야기와 스스로 관찰한 것들을 회상하다 보니 정당을 조직해야겠다는 생각이 많이 든다. 나는 내가 내정 개혁을 취지로 정치활동에 참여해야 한다고 생각한다. 정당을 조직한다면 '자유당'이라는 이름을 내걸 것이다. 사회주의의 주장을 충분히 인정하되 계급투쟁을 수단 으로 하지 않을 것이다. 공산당은 자유주의가 자본주의의 정치철학이라고 하는데 이는 틀린 관점이다. 역사상 자유주의의 경향은 점차 확충되어 간 것이다. 우선 귀족계급의 자유가 있었고 그 다음 자산계급의 자유 쟁취가 있었으며 오늘날 무산계급이 자유를 위해 투쟁하고 있다……. 역사적 '필연론'을 철학으로 하지 않고 '진화론'을 철학으로 한다. 자본주의의

• • •

22. 『胡適文存』, 三集 第一卷. 후스는 1922년에 『왕망(王莽) — 1900년 전의 사회주의자』라 는 글을 발표하여 왕망을 위해 억울함을 풀어주겠다고 했다. 이는 그가 적어도 그때부터 사회주의에 긍정적인 태도를 가지고 있었음을 보여준다. 羅誌田, 『胡適與社會主義的離 合』, 許紀霖 編, 『二十世紀中國思想史』(下), 東方出版中心, 2006.

폐단은 사람들의 힘으로 다스려 통제할 수 있다. 당의 강령은 다음과 같은 사항을 포함해야 한다. 1) 계획이 있는 정치. 2) 문관고시(文官考試)법 실시. 3) 제한이 있는 외국 투자로 중국의 교통과 실업을 충분히 발전시키기. 4) 사회주의적 사회정책.'[23] 보다시피 후스가 1926년에 제기한 신자유주의는 사회 이상에서 공산당의 주장과 많은 부분에서 일치한다. 특히 "무산계급을 위해 자유를 쟁취"하고자 한 것은 우리에게 오늘날 익숙한 구분법으로 말하면 후스가 주장한 것이 사실은 좌익 색채를 띤 자유주의임을 알 수 있다. 단지 계급투쟁의 길을 갈 것인지의 문제에서 후스는 처음부터 공산당과 정치적 견해가 달랐다. 위잉스 역시 "1926년부터 1941년까지 그(후스)는 줄곧 소련과 사회주의에 대해 비교적 긍정적인 태도를 가졌다"고 지적했다.[24] 이렇듯 후스의 사회주의에 대한 긍정은 결코 일시적이고 즉흥적인 것이 아니었다.

아마도 1926년 6월에 씌어진 『서양근대문명에 대한 우리들의 태도』라는 글이 후스의 전체적인 관점을 가장 잘 보여준 것이라 할 수 있을 것이다. 이 글 역시 논쟁적인데, 서양을 물질문명으로, 동양을 정신문명으로 보는 관점을 비판했다. 때문에 서구 근대문명의 이상주의적 특성, 즉 서구 근대의 정신문명을 주로 논했다. 이성과 지혜의 측면에서 서구 근대의 과학에 예찬을 보낸 후 후스는 곧바로 서구 근대문명의 신(新)종교와 신도덕에 대해 상세히 논술했다. 그는 우선 "근대 문명은 당연히 자신의 새로운 종교와 새로운 도덕을 갖는다"라고 주장했고, 그 다음으로 이러한 신종교의 세 가지 특징이 사실 서구 근대문명의 '부단히 진화·발전한' 역사 과정과 대응된다고 서술했다. 첫 번째 특징은 이지화(理智化)이다. 즉 과학의 발달로 인해 "구종교의 미신적인 부분이 점차 도태되어 최소화되고, 그 최저한도의

• • •

23. 沈衛威 編, 『胡適日記』, 山西教育出版社, 1997, 203-204쪽.
24. 余英時, 『從日記看胡適的一生』, 『現代危機與思想人物』, 222쪽.

신앙— 하나님의 존재와 영혼의 불멸 — 마저도 의심을 받는다." 두 번째 특징은 인간화이다. "인류 능력의 발전은 사람들로 하여금 자신에 대한 신앙심이 커지게 했고, 하늘을 믿고 운명에 안주하던 심리가 인간 자신을 믿는 심리로 바뀌게 했다." 그리하여 "우리는 오늘 천당과 천국을 망상하지 않고 이 세상에서 '인간의 낙원'을 건립하려고 한다……. 우리는 이제 아마 만능한 하느님을 쉽게 믿지 않을 것이다. 인간의 미래는 전망이 아주 밝다." 세 번째 특징은 '사회화된 도덕'이다. "지식과 식견의 발달은 인간의 능력을 향상시켰을 뿐만 아니라 시야를 넓혀주고 도량을 넓혀줬으며 상상력도 키워주고 동정심도 키워줬다. 동시에 물질적 풍족함의 증가는 인간이 다른 사람의 필요와 고통을 돌아볼 여유가 생기게 했다. 또 동정심이 더 많아지고 능력이 확대되어 전례 없이 사회화된 새로운 도덕을 갖추게 했다."

세 번째 특징이 바로 후스가 앞서 쉬즈모에게 보낸 편지에서 언급한 '사회화 경향'이다. 서구문명이 18세기, 19세기에 이룩한 발전에 대응해 보면 가장 새로운 성과가 바로 사회주의이며 후스는 이를 세 번째 특징에서 가장 중요한 것으로 보았다. "18세기 신종교의 신조(信條)는 자유, 평등, 박애이다. 19세기 중엽 이후의 신종교 신조는 사회주의이다. 이는 서구 근대의 정신문명이다." 따라서 후스는 서구 근대의 정신문명에 대해 다음과 같은 결론을 내린다. "그는 지성 면에서 정밀한 방법으로 끊임없이 진리를 탐구하였고 자연계의 무궁한 비밀을 탐색했다. 그는 종교·도덕면에서 미신적 종교를 뒤엎고 합리적인 신앙을 수립했으며, 신권을 타도하고 인간화한 종교를 세웠고, 알 수 없는 천당과 정토(淨土)를 버리고 '인간의 낙원', '인간세상의 천당'을 건설하기 위해 노력했으며, 자칭 개인적 영혼의 초월을 버리고 최대한 인간의 새로운 상상력과 지력으로 충분히 사회화한 신종교와 신도덕을 추진하여 인류 최대 다수의 최대 행복을 찾고자 노력했다."[25]

이로부터 보다시피 신문화운동은 비록 훗날 듀이주의와 마르크스주의로 양분되었지만 이 두 유파의 밑바탕은 모두 급진주의였다. 그들은 모두 인류가 만능의 과학에 힘입어 인간 천국이라는 사회 이상을 실현할 수 있다고 믿었다. 위잉스처럼 후스와 천두슈를 구분하는 글을 쓴다고 해서 후스를 급진주의라는 비판에서 구출할 수 있는 것은 아니다. 이 두 유파의 정치사상에 대해 총체적으로 개괄하면, 우리는 다음과 같이 말할 수 있다. 신문화운동 계몽 기획의 주도적인 정치이념은 사실 과학만능주의의 선동을 받은 민주적 유토피아이다. 바로 이러한 과학만능주의의 지지 아래 민주적 유토피아라는 정치이념이 중국 현대사상사에서 중국이 과격화의 길로 가도록 끊임없이 부추겼다.

린위성은 '문학'과 신문화운동 사이의 연관성을 간파했지만, 그가 주목한 것은 양자의 공통점, 즉 반전통주의와 소위 "사상-문화의 진로(進路)"였다. 반전통주의는 양자의 진정한 사상 동력을 정면에서 보여주는 것이 아니기 때문에 이 각도에서 '문학'과 신문화운동간의 연관성을 이해하는 것으로는 대단히 충분치 못하다. 사상-문화의 진로에 대해 린위성은 "마오쩌둥이 강조한 '문화혁명'은 마르크스 레닌주의 전통에서 비롯한 것이 아니"라고 보았다.[26] 이 관점은 분명 문제가 있다. 사상-문화 문제의 중요성은 비록 마르크스, 레닌의 저작에서 경제 문제와 정치 문제에 못 미치지만, 훗날 서구 마르크스주의자들은 이를 확실하게 드러냈다. 예를 들어 루카치 (1885-1971)의 계급의식에 대한 중시, 프랑크푸르트학파의 문화비판에 대한 관심, 그람시(1883-1945)의 문화 영도권에 대한 강조 등을 들 수 있다. 다시 말해 문화혁명의 사고 구조가 마르크스주의의 혁명이론 속에서 논리적으로 발전해 나올 수 있었던 것이다. 그러나 린위성이 마오쩌둥의 문화혁명

● ● ●

25. 『胡適文存』, 第三集 第一卷, 『東方雜誌』, 1926, 第23卷 第17期.

26. 林毓生, 『中國意識的危機』, 3쪽.

에 이르는 사상 맥락에는 마르크스주의 외의 출처가 있었을 것이라고 강조한 것은 의심할 나위 없이 정확한 것이다.

위잉스의 이 문제에 대한 관점은 『중국근대사상사의 급진과 보수』라는 글에서 찾을 수 있다. 그는 아주 의식적으로 린위성과 리쩌허우의 관점을 받아들여, 독특한 자기 견해를 제시했다. 그러나 문제는 위잉스가 기본적으로는 린위성의 전면적인 반전통주의 주장에는 찬성하지만, 중국 현대사상사의 과격화 과정에 대한 구체적 해석에서는 린위성의 견해를 어느 정도 반박하고, 또 린위성의 입론 강도를 상당하게 약화시켰다는 데 있다. 위잉스는 과격화의 근원을 중국 자체의 전통에 귀결시키는 것에 그다지 찬성하지 않았고(물론 이것은 정확하다), 그 원인을 자유·민주질서가 세워지지 않았던 것과 마르크스주의를 도입한 것에 있다고 보았다. 이렇게 되면 신문화운동의 계몽 기획과 급진주의의 극단적인 결과로서의 '문혁' 사이의 연관성이 크게 감소된다. 때문에 위잉스의 관점은 실제로는 리쩌허우처럼 신문화운동 계몽 기획의 책임을 면제해주고 자유·민주를 지지하기 위한 것이어서 이들의 논리 방향과 중점이 다르다.27 게다가 자세히 분석해보면 리쩌허우의 관점이 조잡한 데 비해 위잉스의 관점은 더 무력하다는 것을 발견할 수 있다. 중국 현대사상사의 과격화 과정의 원인을 자유·민주질서를 수립하지 못한 것으로 귀결시키는 것은 실제로 존재하지 않는 요인을 역사의 원인으로 해석하려는 것이나 다름없다.

때문에 동일한 자유주의자로서 린위성, 리쩌허우, 위잉스 이 세 사람의 관점은 비록 불일치한 점이 있지만 신문화운동의 계몽 기획에 책임을 전가하려는 데서는 그 입론 동기가 명확하게 호응하고 있다고 해야 한다.

● ● ●

27. 장이화(姜義華, 1939-)는 위잉스의 이 글이 보수주의를 지지하는 것이지만, 핵심을 잘못 봤다고 여긴다. 위잉스는 이를 부정했다. 姜義華, 『激進與保守: 與余英時先生商榷』, 『二十世紀』, 1992年 4月號; 余英時, 『再論中國現代思想史中的激進與保守』, 『現代儒學的回顧與展望』, 44쪽.

다만 차이점이 있다면 린위성은 급진주의의 근원을 전통적 사고방식에 있다고 보았고, 리쩌허우는 구망의 긴박성에 있다고 보았으며, 위잉스는 직접적으로 마르크스주의의 도입에 있다고 본 것이다. 필자가 봤을 때 급진주의의 근원은 다른 것이 아니라 필자가 앞에서 분석했던 신문화운동 계몽 기획의 주도적 정치이념, 즉 과학만능주의의 지지 아래 존재했던 민주적 유토피아에 있다. 다시 말해 바로 신문화운동의 급진주의 계몽 기획은 중국인의 마르크스주의 수용에 사상적 준비가 되었으며 마오쩌둥은 마르크스주의를 응용하여 문화혁명 이론에 맞게 논리적으로 '발전'시켜 나갔던 것이다. 이 점은 마오쩌둥의 사상방법과 정치이념에서 더 분명하게 드러난다.

마오쩌둥의 가장 중요한 철학 저작은 의심할 나위 없이 『실천론』이다. 이 저서의 사상 출처는 마르크스주의만이 아니다. 과거 국내 학자들은 중국 고대 철학 속에 나오는 지행(知行)에 관한 학설이 『실천론』에 미친 영향을 더 많이 강조했다. 여기서 우리가 특별히 지적하고자 하는 것은 듀이와 후스의 실험주의가 『실천론』에 거대한 영향을 미쳤다는 사실이다. 『실천론』의 집필 의도는 당시에 주로 왕밍(王明, 1904-1974) 노선을 겨냥하여 교조주의에 반대(동시에 경험주의도 반대)하는 것이었다. 마오쩌둥의 이해에 따르면 이러한 교조주의의 정치적 표현은 주로 사상에서는 공론주의로, 행동에서는 모험주의로 나타난다. 앞에서의 분석과 대조해 보면 알 수 있듯이, 마오쩌둥의 교조주의에 대한 비판과 후스의 공담(空談)주의에 대한 비판은 판에 박은 듯 비슷하다. 『실천론』에서 마오쩌둥이 제기한 핵심개념은 '과학적 사회실천'이다. 그는 다음과 같이 말했다. "사회 실천 과정에서 발생, 발전, 소멸의 과정은 무궁하고, 인간의 인식과정에서 발생, 발전, 소멸의 과정 역시 무궁하다. 하나의 사상, 이론, 기획, 방법에 근거한 객관 현실의 변혁과 실천은 일보일보 앞으로 나아가는 것이며 인간의 객관 현실에 대한 인식 또한 점점 더 깊어지는 것이다. 객관 현실 세계의 변화 운동이 영원히 끝나지 않듯이 실천 속에서의 인간의 진리에 대한 인식 또한 끝이 없다."28 만약 여기서 실험주의 색채가 비록 뚜렷하지만 결정적이라고 하기 어렵다면, "마르크스 레닌주의는 끝난 진리가 아니라, 실천 속에서 끊임없이 진리를 인식하는 길을 개척하고 있다"라는 말을 마저 읽고 났을 때, 우리는 마르크스 레닌주의가 사실 이미 마오쩌둥에 의해 초월되었고 마오쩌둥 사상의 핵심에 남아 있는 것은 실제로는 '과학적 사회실천' 개념밖에 없다고 말하지 않을 수 없다.

과거 국내 학자들은 정치적 원인 때문에 실험주의가 마오쩌둥에 미친 영향에 대해 회피했고 마오쩌둥이 초기에 후스의 영향을 받았다고만 인정했다. 이와 비교해 보면 서구 학자들은 대부분 이 의제를 중요시했다. 예를 들어 존 브라이언 스타는 이렇게 말한 적 있다. "마오쩌둥은 듀이처럼 사상이 실제 경험에서 생성되며 반대로 이러한 경험을 또 만들어 낸다고 여겼다. 이 두 사람은 모두 세계를 일련의 문제로 보았는데, 바로 이러한 문제들에 이론과 행동이 필요하다는 것이다. 확실히 이러한 유사성은 마오쩌둥에게서 매우 뚜렷한데, 그가 자신을 실험주의자로 서술한 것이 한 번이 아니기 때문이다."29 스튜어트 슈람은 이렇게 말했다. "내가 1967년 『마오쩌둥의 정치사상』을 쓸 때 나는 마르쿠제(1898-1979)와 마오의 철학 저작에 대해 토론했는데 그는 『실천론』에 '듀이가 마르크스보다 많다'고 평론한 적이 있다."30 정치적 주장으로 보았을 때 마오쩌둥이 그래도 마르크스주의자라고 한다면, 사상 방법으로 보았을 때 마오는 영락없이 실험주의자라고 할 수 있다. 특히 마르크스주의가 일종의 이상적인 신조로서 하나의

• • •

28. 『毛澤東選集』第一卷, 人民出版社, 1991, 295-296쪽.

29. 約翰.布萊恩.斯塔爾(John Bryan Starr), 『毛澤東的政治哲學』, 曹誌爲, 王晴波譯, 中國人民大學出版社, 2006, 56쪽. 여기서 "pragmatism"을 "실험주의"로 번역했다.

30. 斯圖爾特. R. 施拉姆(Stuart. R. Schram), 『毛澤東硏究: 回顧與展望』, 『日本學者視野中的毛澤東思想』, 中央文獻出版社, 1988, 208쪽.

명백하고 조작 가능한 사회적 기획을 제공할 수 없을 때 그러했다. 이것이 마오쩌둥 사상을 실험주의적 마르크스주의로 설명해야 하는 이유이다.

'문혁'이 사상 층위에서 그 근원을 신문화운동의 급진주의 계몽 기획(謀劃)에서 찾을 수 있다고 한다면 '문혁'의 발생과 실패는 이러한 급진주의적 계몽 기획의 철저한 파산을 의미한다. 1970년대 말부터 현재까지, '문혁'을 성찰하는 목소리가 크고 작게 이어져왔지만, 필자가 보았을 때, 우리가 신문화운동의 급진주의적 계몽 기획에 대해 철저히 청산하지 못한다면, '문혁'에 대한 성찰도 철저하게 이뤄질 수 없으며, 진정한 성과를 얻을 수 없다. 린위성, 리쩌허우, 위잉스 등 자유주의자들은 모두 이 의제를 날카롭게 주목했지만 자신의 기존의 입장에 갇히거나 전략적 고려에 얽매여 깊이 파헤치지 못했다.

5. 량지(梁濟)와 왕궈웨이(王國維)의 자살을 통해 본 삼강(三剛)

팡차오후이(方朝晖)

1918년 음력 10월 7일, 청말의 저명한 유학자이자 량수밍 선생의 아버지인 량지(梁濟, 자는 거천(巨川))가 자살했다. 그는 자살하기에 앞서 약 1만자로 이루어진 『세상 사람들에 삼가 고하는 글』이라는 유서를 남겼다. 비록 스스로 청조를 따라 순절한다고 말했지만, 사실 그는 '강상명교(綱常名敎: 유교의 명분과 도리)'를 따라 순절했던 것이다. 이 글에서 그는 당시 사람들이 서구의 새로운 학설에 미혹되어 중국만의 특성을 상실해가고 있음을 통절하게 서술했다. 이 글에는 아래와 같은 대목이 있다.

우리 국가에는 수천 년 동안 앞선 성인들의 시, 예, 강상이 있었고, 우리 집안에는 선조님들과 먼저 가신 아버님과 어머님이 남기신 유전(遺傳)과 교훈이 있다. 어렸을 때 듣기로, 세도(世道)에 책임을 가지는 것을 주의(主義)로 삼으라고 했다. 이러한 주의는 나의 머릿속에 깊이 새겨졌으며, 이러한 주의를 본위로 삼았기 때문에 죽지 아니할 수 없다.

요즘 사람들은 새로운 말들(新說)에 지나치게 격동되어 자신의 권위를 상실해 버렸다. 광서제(光緖帝)와 선통제(宣統帝) 시기 말에 신설(新說)들은 군주를 공경하고 사랑하는 것을 노예성이라고 하였는데, 녹을 먹는 사람들조차도 거기에 우르르 몰려가 자신들이 평생 동안 지켜왔던 주의를 망각해버렸다……. 충효와 절의로써 온 나라 사람들의 마음을 결속시킨다면 모든 법도와 기강이 수천 년간 성철이 창시하여 드리운 것처럼 될 것인데, 이것이 어째서 조금도 귀중하지 않은 것이겠는가?[1]

량지의 유서는 기강과 예교가 하루아침에 무너지는 것에 대해 당시 저명한 유학자가 가졌던 심각한 우려를 반영하고 있다.

그 뿐만 아니라 몇 년 후인 1927년 5월 3일 한 시대의 스승이었던 왕궈웨이(王國維) 역시 호수에 몸을 던져 자살했다. 천인커(陳寅恪)는 왕궈웨이가 표면적으로는 청조를 위해 순절했지만, 사실은 (량지와 마찬가지로) '삼강과 육기(六紀)'[2]를 위해 순절한 것이라고 보았다. 천인커는 다음과 같이 말했다.

삼강과 육기의 설은 더 이상 어디에도 기댈 곳이 없었으니, 외래 학설의 공격이 있기도 전에 이미 부지불식간에 무너져 버렸다……. 이것이 바로 관당(觀堂: 왕궈웨이의 호) 선생이 순절하지 않을 수 없었던 이유이며, 천하의 후세 사람들은 이를 매우 애통하고 애석하게 여겼다.[3]

청말 이후, '삼강'은 유가 정치사상에서 가장 쓸모없는 것, 그리고 중국인에게 가장 무거운 정신적 굴레가 되어버렸다. 나는 일찍이 삼강의 죄상에 대해 포괄적으로 정리한 적이 있다. 즉 "전제주의의 토대가 되었으며", "절대복종을 주장했고", "계급의 높고 낮음을 창도했으며", "인격이 자립하

• • •

1. 任建樹가 책임편집을 맡은 『진독수저작선편(陳獨秀著作選編)』 제2권(1919-1922), (上海人民出版社, 2009) 제12쪽에서 인용했다.
2. (역주) "敬諸父兄, 諸舅有義, 族人有序, 昆弟有親, 師長有尊, 朋友有舊."
3. 陳美延·陳流求編, 『陳寅恪詩集』, 北京: 清華大學出版社, 1993, 11쪽.

지 못하게 했고", "인간 본성을 질식시켰다" 등이다.

그러나 지금 우리는 다음의 문제에 대해 숙고하지 않을 수 없게 되었다. 즉 만약 '삼강'이 정말로 우리가 이해한 바와 같은 것이라고 한다면, 량지, 왕궈웨이의 죽음은 아무리 노력해도 결코 이해될 수 없을 것이다. 설마 그들이 절대복종, 계급의 높고 낮음, 인간 본성을 질식시키는 교조 도그마 따위를 위해 죽을 만큼 어리석었다는 말인가? 나는 이전에 '삼강'에 대해 논하는 몇 편의 글을 쓴 적이 있지만, 이 글에서는 '삼강'을 어떻게 이해할지에 대해 순수 학술적인 입장에서 좀 더 심층적으로 논해 보겠다.

1. '강(綱)'은 '기(紀)'에 초점을 둔 것이다.

오늘날 우리가 사용하는 '삼강'이라는 말은 지금까지 확인된 문헌 중에서는 동중서의 『춘추번로(春秋繁露)』에서 최초로 등장한다. 엄격히 말해서, 동중서에게 있어 '삼강'은 군신, 부자, 부부라는 세 가지 관계를 가리키는 것일 뿐, 결코 "군주는 신하의 벼리(綱)가 되고, 아버지는 아들의 벼리가 되며, 남편은 아내의 벼리가 됨"[4]을 가리키는 것이 아니었다. 동중서는 결코 이렇게 말한 적이 없다. 동중서 사상에서 '삼강'은 '오기'에 대해 말한 것이며, '오기'는 상대적으로 덜 중요한 여타 인륜관계를 가리키는 것이다.[5]

최초로 체계적이고 명확하게 '삼강'을 논한 책은 『백호통(白虎通)』이다. 이 책이 비록 『예위·함문가(禮緯·含文嘉)』의 "군위신강, 부위자강, 부위처강"이라는 구절을 인용하기는 했지만, 사실 '삼강'을 군신·부자·부부

• • •
4. 『禮緯·含文嘉』, "君爲臣綱, 父爲子綱, 夫爲妻綱."
5. 『春秋繁露·深察名號』.

간의 관계로 이해했지, 군주가 신하의 벼리가 되고, 아버지는 아들의 벼리가 되고, 남편은 아내의 벼리가 됨을 가리킨 것은 아니었다. 즉 이 세 가지 관계 자체가 '벼리'가 된다는 의미이지, 이들 관계 안에서 어느 한쪽이 '벼리'로 확립된다는 의미가 아니라는 것이다. 여기에서 '벼리'란 단지 여타 여섯 가지 관계 즉 '육기(六紀)'에 상대해서 말한 것이다. 여기에서 '육기'란 백부와 숙부, 형제, 족인(族人), 외숙, 스승과 연장자, 친구를 가리킨다.

> 삼강이란 무엇을 이르는 것인가? 군신, 부자, 부부이다. 육기란 백부와
> 숙부, 형제, 족인, 외숙, 스승과 연장자, 벗을 이르는 것이다.6

이 책은 '벼리(綱)'가 벼리일 수 있는 까닭은 "'작은 벼리(紀)'를 통솔하기" 때문이라고 명확하게 말하고 있다.

> 육기란 삼강의 작은 벼리이다.7

그러나 후세 사람들은 보편적으로 삼강을 "군주는 신하의 벼리가 되고, 아버지는 아들의 벼리가 되며, 남편은 아내의 벼리가 됨"으로 이해했으며, 동중서와 『백호통』을 그 근거로 들었다. 하지만 여기에는 의혹이 남지 않을 수 없다. 오늘날의 관점에서 보았을 때, '삼강'의 함의는 이후 변천을 겪었고, 『함문가(含文嘉)』의 이해방식이 점차 동중서와 『백호통』의 이해방식을 대체하게 되었다.

● ● ●

6. 『白虎通·三綱六紀』, "三綱者, 何謂也? 謂君臣父子夫婦也. 六紀者, 謂諸父兄弟族人諸舅師長朋友也."
7. 같은 책, "六紀者, 爲三綱之紀者也."

2. 한대(漢代) 유학자들에 가해진 부당한 평가

그렇다면 동중서와 『백호통』에는 '군위신강, 부위자강, 부위처강'의 사상이 있었던 것일까, 혹은 없었던 것일까? 우리들이 선진(先秦) 유가들이 삼강이라는 용어를 사용하지 않았지만 삼강이란 사상을 갖는 것에 아무런 장애가 없었다고 말하는 방식과 똑같이 한다면, 동중서와 『백호통』에 있어서 군신·부자·부부 관계에 대한 이해는 도대체 어떤 것인가?

먼저 군신·부자·부부에 대한 동중서의 이해를 살펴보도록 하겠다. 동중서는 여러 차례 음양 관계를 군신·부자·부부에 비유했다. 『춘추번로·기의(基義)』, 『양존음비(陽尊陰卑)』, 『순명(順命)』, 『옥배(玉杯)』 등을 자세히 읽어보면, 우리는 동중서의 기본적인 사유가 음양 간에는 높고 낮음, 귀하고 천함의 차이가 있고, 동시에 주된 것과 부차적인 것, 가벼운 것과 중한 것 간의 구분(양은 위이고 음은 아래, 양은 귀하고 음은 천함, 양은 상도(常道)이고 음은 권도(權道), 양은 따르고 음은 거스름, 양은 선함이고 음은 악함, 양은 덕이고 음은 형(刑)이라는 등등)이 있으며, 군신·부자·부부의 관계 역시 이러한 구분의 원칙을 그대로 따른다고 보았음을 확인할 수 있다.

> 군신·부자·부부의 의(義)는 모두 음양지도로부터 취하는 것이다.[8]

그러나 음양으로 인간사를 설명하는 것은 신하, 아들, 아내가 군주, 아버지, 남편에게 절대적으로 복종해야 함만을 의미하지는 않는다.

• • •

8. 『基義』, "君臣父子夫婦之義, 皆取諸陰陽之道."

왕도의 삼강은 하늘로부터 구해진다.9

이 말은 이 세 관계에 담긴 음양의 도가 천리에 부합한다고 말한 것이지 이들 안에 절대적인 등급의 차이가 있음을 말한 것이 아니다.

동중서는 더 많은 대목에서 군신상하 사이의 관계를 쌍방향적이고 상호적인 것으로 논했다. 그는 한편으로는 다음과 같이 주장했다.

임금은 자신의 마음을 바르게 하여 조정을 바르게 하고⋯⋯. 만백성을 바르게 한다.10

심원한 근원으로 하늘이 내린 실마리를 바르게 하고, 하늘의 실마리로 왕의 정치를 바르게 한다.11

그리고 다른 한편으로는 그 반대의 측면을 강조했다.

지위(왕위)에 있는 자는 악으로 타인을 복종시켜서는 안 된다.12
군주가 천박하면 신하가 배반한다.13

아버지가 아버지답지 못하면 아들이 아들답지 못하게 되고, 군주가 군주답지 못하면 신하가 신하답지 못하게 된다.14

• • •

9. 같은 책, "王道之三綱, 可求於天."
10. 『賢良對策』, "爲人君者正心以正朝廷⋯⋯ 以正萬民."
11. 『春秋繁露・二端』, "以元之深, 正天之端; 以天之端, 正王之政."
12. 『春秋繁露・玉杯』, "在位者之不能以惡服人."
13. 『春秋繁露・保位權』, "君賤則臣叛."
14. 『春秋繁露・玉杯』, "父不父則子不子, 君不君則臣不臣."

군주가 천명(命)을 따르면 백성들은 군주의 명을 따르겠지만, 군주가
천명을 거스르면 백성들은 군주의 명을 거스를 것이다.[15]

요컨대, 그의 결론은 "내가 스스로를 바르게 할 수 없다면 비록 남을
바르게 할 수 있더라도 그것은 나의 의로움이 아니다."[16]라는 것이다. 따라서
쉬푸관은 동중서에 대해 다음과 같이 결론을 내렸다.

동중서의 작업은 "인간을 마땅히 인간답게 존중하는" 인성(人性) 정치
와 "인간을 마땅히 인간으로 존중하지 않는" 반인성 독재정치 사이의
결투였다.[17]

더욱이 동중서는 군주권을 제한할 것을 강조했다. 동중서의 사상을
자세히 살펴보면, 그의 천명관(天命觀)의 실질이 "군주를 바르게 함(正君)"
에 있었음을 알 수 있다. 즉 하늘을 가지고 군주를 바르게 하고, 재이(災異:
재난과 괴이한 일–역자)를 가지고 군주를 바르게 하며, 육예(六藝)를 가지고
군주를 바르게 하고, 덕을 가지고 군주를 바르게 하며, 백성을 가지고
군주를 바르게 하고, 명예를 가지고 군주를 바르게 하며, 옛것을 가지고
군주를 바르게 하고, 신하를 가지고 군주를 바르게 하는 것들이다. 『춘추번
로』에는 "군주를 비난함(譏君)", "군주에게 간함(諫君)", "군주를 평함(評
君)", "군주를 꾸짖음(糾君)", "군주를 바로잡음(正君)" 등의 표현이 너무
많이 등장해서, 일일이 열거할 수 없을 정도이다. 동중서는 군주된 자는
마땅히 경신(敬愼)하며 스스로 다스려서 군주의 도리를 지켜야 한다고
강조했다. 『춘추번로』에는 군주의 명을 따르지 않은 신하를 높게 평가하는

●●●

15. 『春秋繁露・爲人者天』, "君命順, 則民有順命; 君命逆, 則民有逆命."
16. 『春秋繁露・仁義法』, "我不自正, 雖能正人, 弗予爲義."
17. 徐復觀著, 『中國思想史論集』, 上海書店出版社, 2004, 253쪽.

대목(「죽림(竹林)」, 「정화(精華)」편), 무도한 군주를 살해한 일을 인정해주는 대목(「왕도(王道)」, 「옥배(玉杯)」편)이 나온다. 심지어 「순명(順命)」편에서는 무도한 군주와 무도한 아버지가 살해되는 것을 두고 "하늘의 징벌(天罰)", "하늘의 토벌(天討)"이라고 평가하기도 했다. 따라서 류스페이(劉師培)는 "『춘추번로』의 핵심 요지는 군주권을 제한하는 것 외에는 없다"라고 평가했다.18 샤오공췐(蕭公權)의 관점 역시 비슷하다.

그밖에도, 『백호통·삼강육기』 역시 군신·부자·부부를 음양 관계에 비유했으며, 동시에 이것이 "쌍방향적이고 상호적"이라는 점을 명확하게 강조했다. '신하'에 대해 언급할 때는 "뜻을 가다듬어 스스로 굳게 지켜야"19 한다고 했으며, '아들'에 대해 설명할 때는 『효경(孝經)』의 "아버지와 논쟁하는 아들이 있으면, 그는 불의에 빠지지 않는다."20라는 대목을 인용했고, '아내'에 대해 설명할 때는 『혼례(昏禮)』의 "남편은 아내의 겉옷을 직접 벗겨준다."21라는 구절을 인용했다. 『백호통』의 삼강에 대해서 절대복종으로 이해하는 사람이 있다면, 그는 『백호통』 제5권에 「간쟁(諫爭)」편이 있고, 그 아래 "간쟁의 의미에 대한 총론(總論諫諍之義)", "세 번 간하는 것과 떠난 신하를 기다리는 것을 논함(論三諫待放之義)", "아들이 아버지에게 간쟁하는 것을 논함(論子諫父)", "아내가 남편에게 간쟁하는 것을 논함(論妻諫夫)" 등의 항목이 있어서 간쟁을 적극적으로 권장했음을 보지 못한 것이다. 간쟁을 적극적으로 권장하는 것 같은 이런 관점은 유향(劉向, B.C. 79?-B.C. 8), 반고(班固, 32-92), 마융(馬融, 79-166) 등 한대 유학자들의 글에서도 분명하게 찾아볼 수 있다.

●●●

18. 『劉申叔遺書補遺』, 廣陵書社, 2008, 413쪽.
19. 『白虎通·三綱六紀』, "臣者, 纏堅也, 屬志自堅固."
20. 같은 책, "父有爭子, 則身不陷於不義."
21. 같은 책, "夫親脫婦之纓." 이는 비유적 표현으로, 남편이 모범을 보이면 아내는 그에 따르게 된다는 의미이다.

앞서 서술한 내용을 종합해 보면, 만약 동중서와 『백호통』에 "군주는 신하의 벼리가 되고, 아버지는 아들의 벼리가 되며, 남편은 아내의 벼리가 됨"의 사상이 확실하게 있다고 한다면, 그 함의는 다음과 같이 이해되어야 할 것이다. 즉 한편으로 그들은 아랫사람의 입장에서 윗사람을 중시하고 그의 지위를 존중하며, '벼리'의 권위를 옹호할 것을 주장했다. 오늘날의 언어로 표현하자면, 소아를 대아 위에 올려놓지 않고 개인을 공동체 위에 올려놓지 않는다는 것이다. 그러나 다른 한편으로는 윗사람이 몸소 모범이 되어 솔선수범하고 진정으로 '벼리'가 되어 벼리의 역할을 해내라고 요구하는 것이다. 전자의 함의는 동중서의 "양은 귀하고 음은 천함", "양은 높고 음은 낮음" 등의 설명에 해당하는 것이고, 후자의 함의는 그의 "지위(왕위)에 있는 자는 악으로 타인을 복종시켜서는 안 된다."는 말에 해당하는 것이다. 『백호통』 역시 이와 유사한 사상을 담고 있다.

3. 삼강은 대체 무엇을 의미하는가?

이제 우리는 옛사람들의 눈에 "군주는 신하의 벼리가 되고, 아버지는 아들의 벼리가 되며, 남편은 아내의 벼리가 됨"이 대체 어떤 의미로 이해되었는지, 그들이 과연 이것을 아랫사람이 윗사람의 말에 절대복종해야 한다는 의미로 이해했는지 더 깊게 살펴보아야 할 것이다. 『설문해자(說文解字)』에 따르면, '강(綱)'자의 본래 의미는 그물 전체를 통제하는 벼리이며, '기(紀)'는 그물코를 나누는 줄이다. 이에 근거해 볼 때, '강(綱)'자는 결코 절대복종의 요구를 함축하고 있는 것이 아니라, 대상과의 관계에서 주된 것과 부차적인 것, 가벼운 것과 중한 것 간의 구별을 가리키는 것일 뿐이다. 따라서 "어떤 사람을 벼리(綱)로 삼는다"는 것은 "어떤 사람을 중하게 여긴다"는 의미, 즉 동중서가 말한 "화합함에는 반드시 상하가 있게 된다(合必有上下)"는 뜻이다. "화합함에는 반드시 상하가 있게 된다"는 무슨 의미일까? 사물 간에 관계가 발생할 때 필연적으로 상하의 구분이 있게 된다는 의미이다. 이것은 음양 관계와 매우 유사하게, 반드시 상하의 구분이 있어야 하며, 이것은 우주만물 관계의 보편적 상태 혹은 이치라고 말할 수 있다. 왜냐하면 관계 안에서 모든 사람이 동등한 지위와 역할을 가질 수는 없기 때문이다. 지위와 역할이 달라지면, 각자 발휘하게 되는 기능도 자연히 달라지고, 필연적으로 주된 것과 부차적인 것, 가벼운 것과 중한 것 간의 분별이 있게 된다. 비록 이러한 위와 아래, 주된 것과 부차적인 것, 가벼운 것과 중한 것 간의 구분이 어느 한 쪽에 권력을 남용할 여지를 주고, 심지어 매우 심각한 결과를 초래하기도 하지만 말이다. 그러나 현실 속에서는 부득이하게 이렇게 해야만 하는 경우들이 있다. 왜냐하면 어떤 공동체라도 최고결정권자가 있어야만 하고, 이들은 모든 논쟁의 최종 판결자라고도 할 수 있기 때문이다. 만약 서로 다른 의견을 고집하는 사람들이 모두 자신이 옳다고 여기는 것을 행해버리고 최종결정을 거스른다면, 그 공동체 는 모래알처럼 흩어져서 제대로 운영되지 못할 것이다. 우리는 이것이 후세 유가들이 '삼강' 사상에 대해 지녔던 관점의 핵심적 내용이라는 점을 증명할 수 있다.

그럼 이제 결론을 내려 보도록 하겠다. 만약 '삼강'이 "군주는 신하의 벼리(綱)가 되고, 아버지는 아들의 벼리가 되며, 남편은 아내의 벼리가 됨"을 가리키는 것이라고 한다면, 그 함의는 다음과 같을 것이다.

삼강의 본의는 (개인이 아닌) 전체에서 출발하여 자신의 직분에 요구되는 책임을 다하는 것으로, 그 핵심정신이 바로 '충(忠)'이다. 구체적으로 말하자 면 이것은 다음과 같은 요구를 하는 것이다.

— 윗사람(군주, 아버지, 남편)은 몸소 모범이 되어 솔선수범하고 진정으 로 '벼리'가 되어 벼리의 역할을 해내야 한다.

— 아랫사람(신하, 아들, 아내)은 '충(忠)'의 정신을 가질 것을 요구받는다.

여기에서 '충(忠)'이란, ① 전체를 잘 살펴서 대아(大我)에 복종하고 '벼리'의 권위를 존중하며 함부로 자신을 높이지 않고 쉽게 배신하지 않는 것이며, ② 때에 맞추어 간쟁하고 (윗사람의) 잘못된 마음을 바로잡아서 '벼리'가 자신의 역할을 다하도록 하고, 맹목적으로 복종하지 않고 아첨하지 않는 것이다.

— 윗사람들의 행위뿐만 아니라 아랫사람들의 행위 역시 모두 '벼리'의 의미를 체현하고 있다.

바로 전체의 국면에서 출발하고 자신을 중심으로 두지 않기 때문에 벼리의 지위를 존중하고 그 권위를 옹호할 수 있는 것이며, 자신의 직책에서 출발하고 자신의 자리보전만을 추구하지 않기 때문에 윗사람의 잘못을 지적하여 바로잡고 군주의 잘못된 마음을 바로잡을 수 있는 것이다. 이 두 가지는 비록 상반되게 보이지만(하나는 복종, 하나는 간쟁), 모두 '충(忠)'의 정신을 — 자신의 양지(良知)에 충실하고, 인간된 도리에 충실한— 체현하고 있다. 오직 이렇게 했을 때 아랫사람의 인격이 바로 설 수 있다. 어째서인가? 만일 어떤 불일치나 갈등이 있을 때, 짐승의 마음과 짐승의 덕에 따라 모두들 제멋대로 행동한다면, 많은 경우 이것은 모두 자기중심적 사고에서 비롯한 것이다. 만약 윗사람의 잘못을 알면서도 그의 뜻에 따르기만 할 뿐 감히 나서서 간쟁하지 않고 자신의 뜻을 굽혀가며 아첨한다면, 이것 역시 독립된 인격을 가지고 있지 못한 것이다. 이러한 까닭에 '삼강'은 사람들로 하여금 역할, 서열, 성별의 차이에 따라 각자 자신의 직책을 완수하는 법을 배워서 자신의 인격적 독립성을 확보하도록 하는 것이다. 여기에서 반드시 짚고 넘어가야 할 것은, 유가는 '전체'가 결코 옹호될 수 없거나 옹호될 가치가 없을 때조차도 맹목적으로 전체를 옹호해야 한다고 말한 적이 결코 없었다는 점이다. 공자는 "(군주를 도로써 섬기는 것이) 불가능하다면 그만두어라."22라고 명확하게 말했으며, 맹자 역시 "여러 번 간해도 듣지 않는다면 관직을 버린다."23고 했다. 문제는 주로,

아랫사람이 자기 고집만 내세우고 자신을 과대평가하여, 조금만 갈등이 있어도 배반해버리고 조금만 의견이 일치하지 않으면 변심해버려서, 전체의 차원에서 문제를 야기하는 것에서 발생한다. 이것이 바로 공자가『춘추』를 저술하고 '존왕(尊王)'과 '대일통(大一統)'을 주창한 주된 이유이다.

이에 근거해 볼 때, "군주는 신하의 벼리(綱)가 되고, 아버지는 아들의 벼리가 되며, 남편은 아내의 벼리가 됨"의 함의는 매우 간단하고 명백하며, 우리의 현실적 삶 모든 곳에서 존재하며 보편적으로 통한다. 예컨대 우리는 흔히 이렇게 말한다. 지도자 그룹의 일원은 상급 결정권자에 대해 비판을 제기할 수도 있고 개인 의견을 유보할 수도 있지만, 현실적으로 조직 안에서 이미 내려진 결정을 임의로 위반할 힘을 가지고 있지는 않다. 이것이 "윗사람을 벼리로 삼음"이 아니고 무엇이겠는가? 또 다른 예를 들자면, 우리는 학교에서 "스승을 벼리로 삼음"을 절대적으로 실천하고 있다. 스승의 결정 혹은 방식이 타당하지 않을 때 학생이 이의를 제기할 수 있기는 하지만, 현실적으로 학생이 스승의 결정이나 방식을 함부로 거스를 힘은 없다. 이렇게 볼 때 우리는 송명 성리학자들(예컨대 정호(程顥)와 정이(程頤) 형제와 주자)이 "자신을 다하여서 부끄러움 없음이 충이다(盡己無歉爲忠)." 라고 말할 수 있었던 이유는 바로 '삼강'이 대표하는 도리가 인간을 인간이도록 하는 근본 도리 혹은 양지(良知)에 부합하는 것이었기 때문이다.

여기에서 반드시 강조되어야 할 점은 동중서뿐 아니라『백호통』에서도 '절대왕권', '가부장제', '남성중심주의' 등의 내용은 나오지 않는다는 점이다. 적지 않은 현대 학자들은 동중서의 "양은 존귀하고 음은 비천하다(陽尊陰卑)", 하늘을 존숭하고 명을 받든다(尊天受命)", "인민으로써 군주를 따른다 (以人隨君)" 등을 신하, 아들, 아내가 군주, 아버지, 남편에게 절대복종하라는

● ● ●

22. 『論語・先進』, "所謂大臣者, 以道事君, 不可則止."
23. 『孟子・萬章下』, "曰: 君有大過則諫, 反覆之而不聽, 則易位."

내용으로 해석하고 있는데, 이것은 단장취의의 오류를 면할 수 없다. 왜냐하면 동중서 문장의 상하문맥을 살펴보면 그가 인간관계에서 신분, 역할, 서열 등으로 인해 주된 것과 부차적인 것, 가벼운 것과 중한 것과 같은 분담이 발생할 수밖에 없다는 점을 말했을 뿐임을 확인할 수 있기 때문이다.

4. 삼강에 관한 몇 가지 잘못된 설명들

매우 영향력 있는 관점 중 하나는 삼강이 선진유가 특히 공자, 맹자, 순자의 사상이 아니라는 것이다. 왜냐하면 이들은 모두 군신·부자·부부 간의 관계를 쌍방향적이고 대등하며 상호적인 것이라고 주장했기 때문이다. 또 어떤 사람은 선진유가에서 인애(仁愛)와 오륜을 주장했는데, 선진 시기의 오륜이 전한의 삼강으로 나아간 것은 상대적인 인륜관계가 절대적인 인륜상의 의무로 변화된 것이라고 말하기도 한다. 이러한 설명에는 치명적인 문제가 있다. 즉 한대 이후의 유가가 절대적인 왕권, 부권(父權)과 부권(夫權)을 주장하고, 아랫사람이 일방적으로 윗사람을 사랑할 것을 주장했다고 단정 짓는 것이다. 그러나 사실 인륜관계의 쌍방향성과 상호성을 중시했다는 점에 있어서는 후대 유가들 역시 마찬가지였다. 이른바 "(군주를 도로써 섬기는 것이) 불가능하다면 그만두어라", "군주의 잘못된 마음을 바로잡음"[24], "도를 따르는 것이지 군주를 따르는 것이 아니다"[25] 등의 내용은 동중서, 반고(班固), 마융(馬融), 유향(劉向)뿐 아니라 왕안석(王安石), 사마광(司馬光), 정이, 주희, 설선(薛瑄)까지도 이렇게 주장하고 실천하지 않았던 경우가 없었다.

● ● ●

24. 『孟子·離婁上』, "惟大人爲能格君心之非."
25. 『荀子·臣道』, "傳曰: '從道不從君.' 此之謂也."

또한 비록 선진유가가 쌍방향성과 상호성을 주장하기는 했지만, 어쨌든 그들은 군신·부자·부부의 관계가 평등한 관계라고 주장하지도 않았고, 그렇게 주장할 수도 없었다. 그들은 모두 양자 간의 무거움과 가벼움, 주된 것과 부차적인 것 간의 관계를 강조했다. 이것이 바로 이 글에서 말하는 '삼강'의 의미이다. 예컨대, 공자는 다음과 같이 말했다.

> 천하에 도가 있으면 예악과 정벌(征伐)이 천자로부터 나오지만, 천하에 도가 없으면 예악과 정벌이 제후로부터 나온다.[26]

이것은 '존왕'을 주장한 것이다.
공자가 말했다.

> 부모를 모실 때에는 아주 부드럽게 간해야 하며, 설사 자신의 뜻을 따라주지 않는다고 해도 또 다시 공경하고 부모의 뜻에 거스르지 말아야 하며, 부모를 모시는 것이 힘겨워도 부모를 원망해서는 안 된다.[27]

맹자가 말했다.

> 부모에게 순종하지 않으면 자식이라 할 수 없다.[28]

> 부모가 노하셔서 화를 내며 피가 낭자하도록 매질을 하더라도 감히 미워하거나 원망해서는 안 되며, 공경과 효도를 다하여야 한다.[29]

● ● ●

26. 『論語·季氏』, "孔子曰: 天下有道, 則禮樂征伐, 自天子出, 天下無道, 則禮樂征伐, 自諸侯出."
27. 『論語·裏仁』, "子曰: 事父母幾諫. 見志不從, 又敬不違, 勞而不怨."
28. 『孟子·離婁上』, "不順乎親, 不可以爲子."

이들은 모두 "아버지가 아들의 벼리가 됨"에 대해서 말한 것이다.

　　순종을 바른 도리로 여기는 것은 아내의 도리이다.[30]

『순자・군도(君道)』에는 이런 문장이 있다.

　　아내 됨에 대해 여쭙습니다." 하니 답하였다. "남편이 예가 있으면
　　유순하게 따르고 모시고, 남편이 예가 없으면 두려워하며 자기 스스로
　　삼간다.[31]

　이러한 것이 "남편이 아내의 벼리가 됨"이 아니고 무엇이겠는가? 이렇게
볼 때, 전한 시기의 삼강 사상이 선진유가와 일맥상통한다는 것을 확인할
수 있다.
　상당한 영향력을 가진 또 다른 관점은 '삼강' 사상이 법가로부터 왔다고
보는 것이다. 이들은 항상 『한비자・충효(韓非子・忠孝)』에 '삼순(三順)'이
라는 말이 나온다는 것을 근거로 인용한다. 사실 이것은 결과를 원인으로
여기는 논리적 오류로서, 삼강이 절대적인 존비 구분과 복종을 주장했다는
결론을 미리 내린 후 삼강이 법가로부터 나왔다고 말하는 것이다. 만약
이처럼 미리 결론 내린 전제가 잘못된 것이라면 삼강이 법가로부터 나왔다
는 것을 어떻게 증명할 것인가? 만약 한비자의 한 마디 말로 이를 증명할
수 있다고 주장한다면, 앞에서 이미 언급한 대로 공자, 맹자, 순자 등 선진유
가는 이와 관련해서 더 많은 말들을 했다.
　그밖에도 삼강 사상이 진한 시기 대일통의 전제권력의 수요에 부응해서

● ● ●

29.　『禮記・內則』, "父母怒, 不說而撻之流血, 不敢疾怨, 起敬起孝."
30.　『孟子・滕文公下』, "以順爲正者, 妾婦之道也."
31.　『荀子・君道』, "請問爲人妻. 曰: 夫有禮則柔從聽侍, 夫無禮則恐懼而自竦也."

형성되었다는 관점도 상당한 영향력을 가지고 있다. 이러한 설명은 또 다른 중요한 사실, 즉 춘추전국 시기 예악 붕괴라는 정치적 현실이 삼강을 요청했다는 점을 간과할 수 있다. 그 이유는 매우 간단하다. 천하가 크게 어지러워져서 제후들은 대립하고 천자의 권위는 땅에 떨어졌으며, 백성들은 도탄에 빠졌다. 그래서 적어도 유가의 관점에서 보았을 때 이러한 현실에서는 중앙의 권위를 강화할 필요가 있었다. 이것이 바로 공자가 『춘추』를 지어서 존왕과 대일통을 주장했던 핵심적인 이유이다.

그리고 만약 '삼강'이 전제적 통치에 기여하는 것이라고 한다면, 이것은 유가정치사상의 전반적인 전통에 부합하지 않는 것이다. 주지하다시피, 유가정치사상 전통의 근본정신은 도통(道統)을 정통(政通) 즉 정치적 계승관계보다 더 높이 둔다는 것이다.(이른바 "도가 세력보다 존귀하다(道尊於勢)"는 것이다) 이러한 설명은 한편으로는 삼강을 공자 이래의 선진유가 전통과 분리하는 것이고, 다른 한편으로는 한대 이래의 전체 유가 전통이 내재적으로 분열되었다고 보는 것이다. 그렇다면 한대 이래의 전체 유가 전통은 이처럼 자기모순과 언행불일치의 자아대립에 빠져버렸다는 것인가?

앞서 언급한 내용들을 종합하자면, 현재 '삼강'에 대해 이러저러한 판단을 내리기에 앞서, 우리는 먼저 한대 유학 자체로 돌아가서 각종 편견들을 벗겨내야 할 것이다.

5. 삼강에 대한 정확한 이해

현대인들의 관점에서 '삼강'을 이해함에 있어, 우리는 아래의 몇 가지 점을 중시해야 한다.

첫째, '삼강'은 지위와 역할의 차이가 존재할 수밖에 없는 인간관계의 현실적 조건 아래에서 어떻게 인격의 독립성(특히 아랫사람의)을 보장할 것인가의 문제에 대한 고대인들의 고민을 반영한 것이다. 현대인들은 하나같이 소리 높여 평등과 자유 등의 구호를 외쳐대지만, 사람과 사람 사이에서 기능, 역할, 성별 등의 차이가 발생할 수밖에 없는 현실을 간과하곤 한다. 그러나 현실적으로 사람과 사람 사이에서 발생하는 차이는 불가피한 것으로, 평등, 자유, 민주 등의 구호로 해결할 수 있는 문제가 아니다. 예컨대, 상하관계에서의 소위 평등이란 어디까지나 인격의 차원에만 국한되는 것으로, 업무상에서는 결코 평등할 수 없기에 필연적으로 명령과 복종의 문제가 존재할 수밖에 없다. 현실에서는 일단 자신이 명령권자의 입장에 서게 되면, 자신의 아랫사람들이 자신의 말에 절대복종하고 마치 하인처럼 자신에게 충성을 바치기를 희망하게 될 것이다. 반대로 자신이 낮은 지위에 있을 때에는 명령권자의 권력과 권위에 맞서 어떻게 자신의 인격과 존엄성을 지킬 것인지 알지 못한다. 이러한 이론과 현실의 모순은 사람과 사람 사이에 차이가 존재할 수밖에 없다는 현실을 놓쳤을 때 발생하는 문제를 너무나 잘 보여준다. 이러한 인간관계의 현실을 직시하고 어떻게 상급자로서 혹은 하급자로서 잘 처신할 것인가의 문제가 바로 '삼강'의 근본적인 함의이다.

둘째, '삼강'은 중국문화가 '공덕(公德)'보다 '사덕(私德)'을 높게 여기는 현실을 직접적으로 드러내고 있다. 20세기 초 량치차오는 중국문화에는 공덕이 없다고 강력히 규탄했다.[32] 페이샤오퉁(費孝通) 역시 『향토중국(鄉土中國)』에서 어째서 중국문화에서는 사덕만 발전하고 공덕은 쇠미했는지에 대해 총결을 내렸다. 19세기 이래 중국인들은 사덕을 공덕으로 대체하는 여정을 달려 왔다. 태평천국운동에서 각종 정치운동까지, 자유주의에서 시민사회학설에 이르기까지 그렇지 않은 경우가 없었다. 그러나 공덕이 사덕을 대체하는 일이 중국문화 안에서 정말로 실현될 수 있는 일일까?

● ● ●

32. 梁啓超의 『新民說』을 참고할 것.

나는 이에 대해 회의적인 생각을 가지고 있다. 량치차오 등의 인물들은 중국인의 국민성을 개조하는 방법을 생각해냈었다. 그러나 국민성은 수천 년의 역사를 통해 형성된 것으로, 마치 문화라는 거대한 강의 가장 견고한 강바닥과도 같아서, 누가 바꾸고 싶어 한다고 해서 바꿀 수 있는 것이 아니다. 어떤 때에는 그 강의 표면에 미친 듯이 물결이 일어서 그것이 일으키는 작용이 몹시 두려울 때도 있다. '문화대혁명'이 전형적인 사례이다. 또한 설사 국민성이 서로 다른 문화유형의 차이를 반영하는 것이라고 할지라도, 각각의 문화유형은 모두 자기만의 빛과 그림자를 가지고 있는데, 어째서 반드시 자신의 것을 버리고 남의 것을 따라야 한다는 말인가? 중국문화에서 사덕만 발전한 것에는 분명 그림자가 있다. 하지만 이 문제를 해결하는 방법은 공덕으로 사덕을 몰아내는 것이 아니라, 사덕을 고치고 인륜을 가다듬어서 사덕을 통해 공덕에 진입하도록 하는 것이다. 이렇게 해야 비로소 현실에서 실행할 수 있는 방법이라 할 수 있을 것이다. 예컨대 다음과 같다.

> 부모를 친애한 다음에 백성에게 인을 베풀고, 백성에게 인을 베푼 다음에 만물을 아낀다.[33]

> 자기 집의 어른을 공경하고, 이러한 태도를 다른 집의 노인에게까지 미치도록 하고, 자기 집의 어린아이를 잘 돌보고, 이러한 태도를 다른 집의 어린아이에게까지 미치도록 한다.[34]

'삼강'은 사덕을 처리하는 철학을 대표하는 것이 아니다. 그 핵심 의미는

• • •

33. 『孟子·盡心上』, "親親而仁民, 仁民而愛物."
34. 『孟子·梁惠王上』, "老吾老以及人之老, 幼吾幼以及人之幼."

나의 동료, 부모, 배우자 등 사적 인간관계를 대하는 올바른 태도에 있으며, '공(公)' 역시 이 가운데 있다.

셋째, '삼강'은 인륜관계를 근본토대로 삼는 중국문화질서의 특수한 현실을 반영했다. 이른바 '강상(綱常)'이란 엄격하게 말해서 어떤 사회에서 지배적인 지위를 점하고 있는 윤리규범이다. 이러한 관점에서 말하자면, 그 어떤 나라도 자신들만의 강상을 가지지 않은 경우가 없다. 그러나 그 누구도 서양인들이 수천 년 동안 자신들의 강상에 근거해서 사회질서를 유지했다고 말하지 않는데 유독 중국인들만 자신들에 대해서 이렇게 말하는 까닭은 무엇일까? 나는 그 원인을 문화적 습성 안에서 확인할 수 있다고 본다. 나는 일전에 중국인들이 추상적 제도에 대한 내재적 열정이 부족하고, 중국문화에는 보편적 법칙에 대한 단단한 신념이 부재한다고 주장한 바 있다. 중국인들은 마음 속 깊은 곳에서 "제도는 죽은 것이고, 사람은 살아 있는 것"으로 여기고, 제도라는 것은 인지상정에 부합하지 않으며, 결국 적당히 요령 있게 처리할 수 있는 것이라고 본다. 따라서 추상적 제도 특히 법치를 통해 사회질서의 문제를 근본적으로 해결하고자 하는 희망은 비현실적이다. 물론 오늘날 법치는 이미 결코 흔들리지 않는 신화가 되어버려서 누구도 이에 반대할 수 없게 되었다. 그러나 현실 속에서 인륜관계의 원칙들이 붕괴에 직면하게 된다면 사회질서의 혼란을 근본적으로 해결하기는 매우 어려울 것이다. '삼강'이 사회질서 재건에 대해 가지는 중요성을 강조하는 것은 결코 대중들을 상대로 도덕설교를 진행하자는 것이 아니라, 오늘날 중국사회의 인륜관계들이 어째서 이러한 붕괴에 직면하게 되었는지 고찰하고자 하는 것이다.

넷째, '삼강'은 "치욕을 참아가며 중대한 임무를 감당하는" 정신을 대표하고 있다. 수천 년 동안 중화민족은 바로 이러한 정신으로 무수한 어려움을 극복하고 재난을 이겨냈으며 단결과 번영을 추구했다. '삼강'은 상대방과 의견이 일치하지 않을 때, 굴욕을 참아내면서 상대방을 따르거나, 불일치가 있을 때 커다란 인내심을 가지고 갈등을 해소해가는 그러한 정신을 포함하고 있다. 필자는 일찍이 매우 긴 시간 동안 자유, 평등, 인권 등의 가치관을 추구했었지만, 나중에는 사람과 사람 사이의 갈등과 불일치를 '권리'라는 두 글자로 해결할 수 없는 경우가 너무 많다는 것을 차츰 깨닫게 되었다. 특히 상하관계, 부모자식관계, 부부관계의 갈등의 대부분은 권리나 법률이 아닌 인간의 정리에 근거할 때 비로소 진정으로 해결될 수 있다. 중국 역사상에서 큰 업적을 남겨 사람들에게 회자되는 사람들의 경우도 대부분 그들이 다른 사람들보다 개인의 권리를 더 중시했기 때문이 아니라 보통 사람들보다 더 큰 인내심을 가지고 갈등을 해소하고 오해를 풀었으며, 보통 사람들보다 더 큰 능력을 가지고 굴욕을 감수하고 고난을 받아들였고, 보통 사람들보다 더 오랜 동안 항심을 가지고 자신을 증명해내고 사람들에게 혜택을 베풀었기 때문이다. 사람들이 가장 높게 평가하는 점 역시 도리를 말하고 권리를 다투는 것이 아니라, 굴욕을 당하는 상황에서도 신념을 굳게 지키고 묵묵히 갈 길을 가며 멸사봉공하여, 시간이 그 자신을 증명해주고 세월이 상처를 치료해주도록 했던 것들이다.

다섯째, '삼강오상(三綱五常)'은 중국 고대사회의 핵심가치가 되었는데, 이것은 이른바 역사의 '자연선택'의 결과이지, 유가 혹은 정치가들이 조금이라도 인위적으로 강제할 수 있었던 일이 아니다. 공자와 맹자 등의 존왕과 대일통에서 '삼강'에 이르는 과정은 하나의 역사적 과정을 보여준다. 어째서 '삼강오상'이 제시되자마자 그토록 굳건하게 확립되었고, 역대 왕조의 사대부들과 학자들은 그것을 굳게 믿고 동요하지 않았으며, 심지어 "삼강오상은 우주를 떠받치는 동량이다."[35] "강상은 천년만년이라도 닳아 없어질 수 없다."[36]고 칭송받을 수 있었을까? 또 어째서 근대에 이르러서도 중국변

● ● ●

35. 陳德秀, 『宋史紀事本末』 卷88, "三綱五常, 扶持宇宙之棟幹."
36. 朱熹, 『朱子語類』 卷24, "綱常千萬年磨滅不得."

(曾國藩), 장지동(張之洞)에서 왕궈웨이(王國維), 천인커(陳寅恪)에 이르기까지 그 믿음이 변하지 않았던 것일까? 이들의 선택이 '절대적인 신분차별', '계급착취', '전제독재', '인성의 말살', '인격적 불평등' 등의 현대적 용어로 모두 설명될 수 있다는 말인가? 만약 삼강을 정확하게 평가하고자 한다면 우선 그것의 본의 및 그것이 긴 시간 동안 널리 받아들여졌던 근원적 이유부터 분명하게 이해해야 할 것이다.

대륙신유학을 어떻게 인식할 것인가?

간춘송(干春松)

21세기로 진입하면서 중국은 빠른 경제성장을 했다. 따라서 문화 영역에서도 20세기와는 다른 모습을 보여주고 있다. 이러한 변화는 중국의 역사 문화에 대한 태도를 바꾸어놓았다. 중국 정부의 공식적인 입장뿐 아니라 민간의 일상생활에서도 역사와 전통을 인정하는 움직임이 전 방위적으로 나타나고 있다. 우선 중국 공산당은 자신을 중국 5천 년 문명의 계승자로 자리매김하려 한다. 이는 이들의 기존의 문화 입장과는 다른 것으로 매우 중요한 의미를 띤다. 민간 차원에서는 전통 명절을 복원하고, 전통 가구나 복식에 큰 애정을 보이고 있는데 이는 일반 인민들의 전통 기호에 대한 친근함을 반영한다.

사상 문화 영역에서도 더욱 영향력 있는 사상적 입장이 나타났는데 바로 '대륙신유학'의 대두이다. 1978년 이후 중국 사상계가 줄곧 정부 주도의 마르크스주의와 서방의 가치에 바탕을 둔 자유주의 사이의 논쟁으로 채워졌다면 21세기 '대륙신유학'의 대두는 문화보수주의의 사조가 사상 분야의 중심에 들어왔다는 것을 의미한다. 이런 변화는 신세대 유학자가 홍콩, 대만 지역의 '현대신유학'을 모방하고 추종하는 것에서 벗어나 점차 대륙 사회 발전과 경제성장을 기초로 한 자신만의 독특한 문제의식을 가지게 되었다는 것을 의미한다.

최근 30년간 대륙의 유학 부흥은 두 단계로 나눌 수 있다. 첫 번째 단계를 대표하는 인물은 장칭(蔣慶)과 캉샤오광(康曉光), 천밍(陳明), 성훙(盛洪)으로 특히 장칭은 베이징 산렌서점(三聯書店)에서 출판된 저서『정치유학(政治儒學)』을 통해 유학의 이치로 대륙의 정치체계를 재편할 것을 분명하게 주장했다. 이는 머우쫑싼(牟宗三), 쉬푸관(徐復觀)으로 대표되는 홍콩·대만의 신유가와 정치이념에서 큰 차이를 보여준다는 점에서 사람들의 관심을 불러일으켰다. 특히 이로 인해 중국사회에서 유가가 할 수 있는 역할에 대해 큰 논쟁이 일어났다. 이 논쟁은 유가의 발전 방향에 관련된 것으로 자유주의 및 기존의 주류 이데올로기와 긴장을 형성했다. 장칭의 저서는 다니엘 벨의 번역으로 프린스턴대학 출판사에서 출판되었고 서양인이 대륙의 유학을 이해하는 데 중요한 계기가 되었다.

***

2010년 이후, 대륙신유학은 두 번째 단계에 들어갔다. 정이(曾亦), 간춘송(干春松), 탕원밍(唐文明) 등이 이에 해당한다. 두 번째 단계는 장칭과의 관계에서 계승과 단절이 모두 존재한다. 계승에는 공양학(公羊學)의 전통과 정치유학의 논제를 중시하고 이러한 문제의식을 일깨운 캉유웨이(康有爲)가 포함된다. 단절에는 천하주의(天下主義)와, 삼강(三綱) 문제가 포함된다. 장칭은 이 문제들을 언급하지 않았다. 이 단계의 신유가는 중국의 국가의식과 국제질서 구축에 더욱 관심을 기울인다. 국내 문제에서, 법률체제와 유가전통 사이의 긴장에 관심을 보이며, 평등과 차등 사이의 관계를 직시하고자 한다. 이들은 유가와 현재 중국의 정치생활과 사회생활 사이의 연계점을 찾고자 하고 심지어 가정, 결혼, 남녀평등, 동성애 등 사회적으로 민감한 문제까지도 관심을 보인다. 어떤 의미에서 현재 대륙신유가는 중국의 사상 영역과 사회 생태에 전 방위적으로 개입하고자 한다.

제1부에서 천라이의 글은 20세기 유학이 받았던 비난을 배경으로 유학의 발전과 중국의 현대화 발전 사이의 관계를 분석했다. 또한 현대신유학 발전 단계별 문제의식을 지적하고, 현대 중국사회에서 유학이 어떤 역할을 할 수 있는가에 대해서도 지적한다. 간춘송은 현대유학의 시작점을 캉유웨이와 장타이옌 시기까지 앞당겨야만 현대유학의 어려움이 진정으로 드러날 수 있으며 그 미래 발전의 가능성도 이러한 어려움을 극복하는 과정에서만 구현될 수 있다고 본다.

탕원밍은 근대 사조의 복잡성에 주목하여 중국 혁명 발전의 각 단계별로 유학 자원에 대한 흡수와 배척에 대해 특히 관심을 기울인다. 그는 캉유웨이의 대동주의(大同主義)와 천리도덕주의화(天理道德主義化)가 모두 크게 유학의 기본정신에서 벗어났다고 보고, 이로부터 현대신유학의 정치적 부정적 결과에 대한 분석을 전개한다. 이 글은 문화보수주의 입장에서만 유학을 논의하던 일반 학자의 한계를 크게 확장시켰다는 평가를 받았다. 유학의 현대적 발전을 주류적인 정치, 사회 실천 속에서 보았을 때 유학이 처한 현재의 어려움이 한층 더 심층적으로 드러난다는 것을 보여준다.

천비성은 청대 말엽의 경학에 주목한다. 그는 근대 이후 경학이 여러 학과로 진입하게 되면서 유학의 가치가 희석될 수밖에 없었던 이유에 대해 논의했다. 천밍은 그 자신과 장칭, 캉샤오광 등과의 차이점을 정리하면서 특별히 공자교의 문제를 부각시켰는데 만약 유가의 미래가 시민종교의 형태에 달려 있다면 그 핵심은 단연 국가 구축의 문제일 것이라고 보았다. 유교를 시민종교의 차원에서 접근하면 현대 국가 건설 과정의 국가 정체성 문제를 해결할 수 있다는 것이다.

궈치용의 글은 최근 20년간 대륙 유학 발전에 대해 주목하고 있다.

그의 글은 유학이론에 대한 학술계의 연구와 신소재 등의 발견이 유학 연구에 어떠한 활력을 가져다주었는가에 주목했다. 특히 그는 '친친상은(親親互隱, 가족 간에 서로의 잘못을 숨겨주는 것)' 문제를 둘러싼 유가의 핵심 가치관의 현대적 의의에 대해 강조했다.

제2부의 내용은 현재 대륙신유학의 사회 구상과 실천이 어디에 집중되어 있는가를 논의한다. 전통적으로 사회질서에 대한 유가의 구상은 교화를 통해 민중의 도덕적 소양을 높이는 데 있다. 민중이 자발적으로 유가의 가치관에 동의하고 그들이 기대하는 예악질서가 이루어지게 하는 것이다. 유가는 법률과 형벌의 사회적 역할을 절대 부정하지는 않지만 사람들은 결코 마음으로는 이런 방식을 받아들이지 않는다고 믿는다. 강압적인 수단으로 구축된 사회질서는 지속될 수 없다고 믿기 때문이다.

양차오밍(楊朝明)은 교화를 키워드로 하여 사회질서가 구축되는 원리를 체계적으로 분석했다. 그의 '중도' 사상에 대한 분석은 우리로 하여금 유가의 주요 경전인 『중용(中庸)』을 생각나게 한다. 확실히 정치적 이념에서나 방법론에서나 '중(中)'은 유가가 추구하고자 하는 미덕이다.

간춘송의 글은 역사와 사회적 시각에서 유가의 개인과 공동체 개념을 정리했다. 천하라는 개념이 민족국가 개념을 기반으로 현재의 국제질서를 구축하는 데 있어서 긍정적인 반성의 역할을 할 수 있다는 점을 지적했다. 유가의 천하질서가 추구하는 것은 상호투쟁과 이기주의적인 가치관을 버리고 인류공동체를 세우도록 이끌어주는 나침반 같은 역할을 할 것이라고 주장한다.

정이(曾亦)의 글은 가족윤리 중 '친친(親親: 마땅히 친해야 할 사람과 친하게 지낸다)' 개념에 초점을 맞추고 있다. 그는 이전부터 중국 현대사회의 가정, 결혼 등의 문제에 주목했는데, '친친'이 구현한 것은 유가가 혈연윤리를 기초로 세운 종법 개념으로 유가 윤리의 근본 가치라고 여긴다.

정이는 친친은 자연의 섭리이고, 유가의 또 다른 원칙인 '존존(尊尊)'이 바로 사회 건설의 원칙을 구현한 것으로 친친과 존존을 중국 문화의 기본 정신이라고 본다.

정이, 천비성, 우페이(吳飛)는 특히 대륙의 경학과 예학 부흥 과정에서 특히 중요한 대표적 인물이다. 정이는 대륙의 혼인법 중 이혼 후 부부재산 분할 관련 설명에 대한 논쟁에서부터 모든 법률의 제정은 사회의 미풍양속 유지를 출발점으로 해야 하며 혼인법은 특히 가정의 화목을 위해 기초를 다져야 하지 이혼을 독려하는 것이 되어서는 안 된다고 보았다. 정이는 유가 경전은 중국인의 삶의 가장 중요한 부분이 담긴 담지체이기에 현대의 생활 속에서 적극적으로 활성화되어야 한다고 보았다.

최근 20년간 유가의 사회적 실천에서 손꼽히는 분야는 단연 '향촌유학'이라 할 수 있다. 그 대표적 인물은 바로 자오파셩(趙法生)으로, 그는 량수밍의 향촌 건설 이론에서 많은 영감을 받았다. 그는 향촌의 사회 교화와 예의풍속 재건을 위해 현대사회에서의 유가의 생명력을 재점검해야 한다고 생각한다. 그가 산둥(山東) 지역에서 추진한 향촌유학은 대성공을 거뒀다. 하지만 필자는 향촌유학의 발전은 여전히 다음의 문제에 직면해 있다고 본다. 향촌유학의 성공은 향촌도급체제가 가져온 개인 생산방식과 전통적인 상호 협동문화 사이의 긴장이 존재하고, 다른 한편, 유교 교화를 통해 건설된 하위사회(亞社會, subsociety) 조직은 기존의 정치공간에서는 지속적인 생명력을 가질 수 없기 때문에 향촌유학의 미래는 여전히 지켜보아야 한다.

제3부에서는 대륙신유가가 경학으로 되돌아가려는 경향에 대해 이야기하고 있다. 5·4운동 이후 중국은 서방의 교육체제와 교육이념을 받아들였고, 이에 따라 유가의 경전은 점차 역사와 철학, 문학과 같은 각기 다른 학과에 귀속되었다. 경학은 가장 기본적인 전파의 매개체를 잃어버려 '유령'

과 같은 존재가 되었다. 홍콩, 대만 지역에서 발전한 현대신유학은 문제의식에 있어 5·4신문화운동에서 제기한 민주와 과학의 문제에 대응하는 데 치중해왔다. 그러므로 그들이 주목하는 문제는 유학이 어떻게 이들 서방에서 온 가치 및 제도와 조화를 이루느냐 하는 것으로 그 이론의 전개방식도 철학적이었다. 21세기에 들어온 후 대륙신유학은 유학의 부흥은 경전의 지위를 회복하는 데 그 핵심이 있다고 보았다. 이 시기 중국 대륙의 민간 차원에서는 서원 부흥과 경전읽기 붐이 일어났다. 비록 민간 차원에서 열중한 경전이 『삼자경(三字經)』, 『제가규(弟子規)』와 같은 보급형 작품에 치중되어 있긴 했지만 객관적으로도 이는 학술계가 경전과 사람들의 일상생활의 관계를 되돌아보도록 이끌었다.

천비성은 현대화 과정 중 경학과 문화 교육제도의 관계를 정리했다. 그는 근대 이후 문화학술 제도와 정치질서를 구축하는 과정에서 유학을 배척했던 태도를 반성하고 현대 교육체계 하에서 유학의 지위를 재건해야 한다고 주장했다. 더 나아가 이를 더욱 광범위한 사회 영역으로 확대해야 한다고 보았다. 우페이의 글은 그가 주도한 예학 중심의 구상을 언급했다. 우페이는 특히 예학 경전의 재주석과 해석을 중시하며 중국인의 생활에서 이전의 예의범절을 회복해야 한다고 생각한다. 그의 혼인상제에 대한 관심 또한 유학이 현재 중국의 현실에 어떻게 접근할 것인가의 문제에 대해 방향을 제시하고 있다.

탕원밍(唐文明)의 글은 근대 이래 가장 중요한 개념일 수 있는 '계몽'에 대해 논의하고 있다. 계몽에 대한 가장 중요한 시각은 리저허우(李澤厚)가 제기한 '구망이 계몽을 압도한다(救亡壓倒啟蒙)'는 것으로 리저허우 선생은 근대 중국은 '구국'에 대한 절박함 때문에 계몽이 '요절'했다고 주장했다. 하지만 탕원밍은 중국 근현대에 성행한 급진주의적 사회사조는 과학만능주의의 민주 유토피아 건설을 기반으로 하고 있으며 만약 이런 사유방식 배후의 '계몽' 신화를 청산하지 못한다면 중국 문화 발전의 진정한 방향을 찾을 수 없다고 지적한다.

팡차오후이(方朝暉)의 글은 근대 이후 신구 지식인의 핵심 논쟁점인 '삼강(三綱)' 문제에 치중하고 있다. 삼강은 줄곧 유가 계급화 질서의 기본 이론으로 유가가 현대사회에 적응하려면 '삼강'을 버려야 한다고 보았다. 그는 문화적 심리와 제도 형성의 관계에서 출발해, 삼강의 군신, 부자, 부부는 공동책임자이지 절대 주종 관계가 아니라고 보았다. 이 글로 인해 우리는 근대 이래로 형성된 유학에 대한 부정적 태도에 대해 반성하고 그 긍정적인 면을 발견하는 데 도움을 받을 수 있게 될 것이다.

바이통둥(白彤東)은 유가부흥운동 중 경학을 과도하게 인정하고 금문경학(今文經學)에 치중하는 성향을 비판한다. 그는 유학의 보편적 가치를 발휘하고 자학(子學)의 노선을 걸어야 한다고 지적했다. 그가 말한 '자학'이란 유가의 입장에서 제자(諸子: 각 학파)의 도전에 대응하는 유학을 말한다. 자학의 입장은 유가독존의 배경을 피하면서도 유가의 입장을 견지할 수 있다. 경학과는 달리, 자학의 노선은 배타적 독존이 아니며 그 논증 방식은 '그것은 (우리가 모두 인정한) 좋은 것이기 때문이다. 더욱이 그것은 유가적인 것이다. 따라서 유가는 좋은 것이다'라는 것이다. 정치유학의 자학 노선은 중국의 전통적 각 학파와 서방 사상의 각 학파 등 경쟁 상대의 개방에 직면하고 있다.

현대 대륙신유학은 지금 막 대두하고 있는 사상운동이다. 대륙신유가는 비교적 개방적인 태도로 자유주의, 신우파 더 나아가 마르크스주의 이론과 상호 대화 관계를 구축하고 있다. 그들은 유학을 이해하지 못하면 중국에 대해 진정으로 이해했다고 할 수 없다고 굳게 믿는다. 어떤 새로운 사상이라도 중국에 들어온 후에는 반드시 중국의 전통과 현실에 맞닥뜨려야 한다. 만약 유학을 배척한다면 현대 중국 문제의 역사적 기초를 진정으로 이해할 수 없다. 또한 이렇기 때문에 대륙신유가도 현대의 유가는 서방의 도전을 직시하고 이들 도전에 대응하는 과정에서 자기만의 문제의식을 세워야 하며 이렇게 해야만 중국사상 발전에 있어 진정한 공헌을 할 수 있다고 생각한다.

대륙신유학은 실천력이 매우 강한 운동으로, 향촌유학이든 경전읽기 운동이든 법률, 양로제도에 대한 개입이든 모두 삶의 지침으로서 유학을 활성화하고자 하는 현재 중국 지식계의 시도를 구현하고 있다. 특히 국제 학술계의 관심을 받고 있는 '천하주의'에 대한 논의는 경제 및 정치 지위가 상승한 후 새로이 세계질서를 재건하고자 하는 중국인의 열의를 반영하고 있다. 대륙신유학은 반본개신(返本開新)의 운동이다. 그들이 '반본(返本)'한 다는 것은 근대 이래의 그 어떤 유학운동보다 더욱 유가경전의 근본적 의미를 중시하기 때문에 유학 부흥을 '경학의 부흥'으로 볼 수도 있다는 의미이다. 그들이 '개신(開新)'한다는 것은 이 세대의 유학자가 사회에 대한 자발적인 관심과 중국을 위해 선량한 질서를 세우고자 하는 이상을 가지고 있음을 말한다. 그러므로 우리는 대륙신유학이 중국에서 더욱 웅대한 발전 가능성을 가질 것이라고 생각한다.

| 출전 |

제1부 대륙신유가의 탄생과 문제의식(大陆新儒家的诞生与问题意识)

1. 천라이(陳來), 100년 동안의 유학의 발전과 성쇠(「百年来儒学的发展」, 『百年来儒学的发展和
   起伏』, 2013年 3月 1日)

2. 간춘송(干春松), 캉유웨이와 현대 유학사조의 관계 분석(「康有为与现代儒学思潮的关系辨
   析」, 『中国人民大学学报』, 2015年 第5期)

3. 탕원밍(唐文明), 중국 혁명의 역정과 현대 유가사상의 전개(「中国革命的历程和现代儒学思想
   的开展」, 『文化纵横』, 2010年 第2期)

4. 천비성(陈壁生), 청말 학술의 재평가 및 '대륙신유학'의 문제(「晚清学术重诂与"大陆新儒学"
   问题」, 미발표 원고)

5. 천밍(陈明), 대륙신유학 약설(「大陆新儒学略说」, 『儒家網』, 2012年 5月)

6. 궈치융(郭齐勇), 중국 대륙 유학의 새로운 발전(「近二十年大陆新儒学新发展述评」, 『广西大学
   学报(哲学社会科学版)』, 2015年 01期)

제2부 대륙신유가의 사회 구상과 실천(大陆新儒家的社会设想与实践)

1. 양차오밍(楊朝明), 유가의 교화문화에 대한 소견(「刍议儒家的教化文化」, 『孔子研究』, 2008年
   第6期)

2. 간춘송(干春松), 유가사상에서의 개인, 가정, 국가, 그리고 천하(「儒家思想中的个人, 家庭,
   国家与天下」, 『历史法学』, 2016年)

3. 탕원밍(唐文明), 유가경의의 현실성 논의(「论儒家经义的现实性」, 『儒學的理論與應用: 孔德成
   先生逝世五周年紀念論文集』, 2015年)

4. 정이(曾亦), 누구를 친친하는가?(「谁在亲亲」, 『光明日报』, 2015年 7月 20日)

5. 우페이(吳飛), 우리의 예학 연구 및 미래 구상(「我们的礼学研究与未来的设想」, 『中国哲学年
   鉴』, 2015年)

6. 짜오파성(趙法生), 향촌유학의 구상과 실천: 니산의 향촌유학 실험(「村儒学的设想和实践」, 미발표 원고)

7. 양차오밍(楊朝明), 유가 '중도'철학의 재인식(「重新认识儒家的"中道"哲学」, 『孔学堂』, 2015 年 第1期)

3부 대륙신유가의 발전방향과 경학의 재해석(大陆新儒学的发展方向与经学的重新解释)

1. 천비성(陳壁生), 중국 현대 인문교육 제도에서의 경학(「中国现代文教制度中的经学」, 『经学的 瓦解』, 华东师范大学出版社, 2014年 01月)

2. 천밍(陳明), 『주역』, 『중용』, 『대학』, 유교 세 경전의 의미(「『易』, 『庸』, 『学』 儒教三典义理试 说」, 『天府新论』, 2013年 第5期)

3. 바이퉁둥(白彤东), 경학인가 자학인가(「经学还是子学: 对政治儒学复兴的一些思考」, 『探索与 争鸣』, 2018年 第1期)

4. 탕원밍(唐文明), 요절된 계몽인가 계몽의 파산인가(「夭折了的启蒙还是启蒙的破产」, 『读书』, 2014年 07期)

5. 팡차오훼이(方朝暉), 량지와 왕궈웨이의 자살을 통해 본 삼강(「三纲问题重思」, 『中华读书报 (国学版)』, 2013年 8月 14日)

해제: 간춘송(干春松), 대륙신유학을 어떻게 인식할 것인가?(如何認識大陸新儒學)

| 필자 소개 |

■ 양차오밍(楊朝明): 공자연구원 원장. 전국정협위원(全國政協委員). 중화공자학회 부회장이다. 저서로는『魯國史』,『儒家文化面面觀』,『魯文化史』,『周公事跡研究』,『儒家文獻與儒家學術研究』,『出土文獻與早期儒學研究』,『孔子事跡編年會按』,『傳統文化要論』,『孔子弟子評傳』,『正本淸源說孔子』,『論語詮解』,『孔子家語通解』,『中華傳統八德詮解』,『孔孟正源』,『孔子之道與中國信仰』,『孔子的叮嚀』등이 있다.

■ 간춘송(干春松): 북경대학교(北京大學校) 철학과 교수. 북경대학 유학연구원 부원장. 중화공자학회상무부 회장이다. 저서로는『制度化儒家及其解體』,『制度儒學』,『重回王道 — 儒家與世界秩序』,『保教立國: 康有爲的現代方略』,『康有爲與儒學的"新世" — 從儒學分期看儒學的未來發展路徑』,『倫理與秩序: 梁漱溟政治思想中的國家與社會』등이 있다.

■ 천라이(陳來): 청화대학교(淸華大學校) 국학연구원 원장. 저서로는『朱熹哲學硏究』,『有無之境 — 王陽明哲學的精神』,『仁學本體論』등이 있다.

■ 탕원밍(唐文明): 청화대학교 철학과 교수. 저서로는『與命與仁: 原始儒家倫理精神與現代性問題』,『近憂: 文化政治與中國的未來』,『隱秘的顚覆: 牟宗三, 康德與原始儒家』,『敷敎在寬: 康有爲孔敎思想申論』등이 있다.

■ 천비성(陳壁生): 청화대학교 철학과 교수. 저서로는『激變時代的精神探尋』,『經學的瓦解』,『孝經學史』등이 있다.

■ 천밍(陳明): 상담대학교(湘潭大學校) 벽천서원(碧泉書院). 저서로는『儒學的歷史文化功能』,『儒者之維』,『文化儒學』,『儒敎與公民社會』등이 있다.

■ 궈치융(郭齊勇): 무한대학교(武漢大學校) 철학과 교수. 저서로는『熊十力思想硏究』,『天地間 — 個讀書人: 熊十力傳』,『中國思想的創造性轉化』등이 있다.

■ 정이(曾亦): 동제대학교(同濟大學校) 철학과 교수. 저서로는『本體與工夫: 湖湘學派硏究』,『禮記導讀』,『共和與君主: 康有爲晩期政治思想硏究』등이 있다.

■ 우페이(吳飛): 북경대학교 철학과 교수. 저서로는『心靈秩序與世界歷史: 奧古斯丁對西方古典文明的終結』,『人倫的"解體": 形質論傳統中的家國焦慮』,『自殺與正義: 一個中國視角』등이 있다.

■ 짜오파성(趙法生): 중국사회과학원(中國社會科學院) 세계종교연구소 부연구원. 저서로는 『原始儒家人性論』, 『儒道研究』(공저) 등이 있다.

■ 바이퉁둥(白彤東): 복단대학교(復旦大學校) 철학과 교수. 저서로는 『舊邦新命 — 古今中西參照下的古典儒家政治哲學』 등이 있다.

■ 팡차오훼이(方朝暉): 청화대학교 역사학과 교수. 저서로는 『文明的毀滅與新生』, 『'中學' '與' '西學'』 등이 있다.

| 엮은이·옮긴이 소개 |

■ 엮은이

조경란(趙京蘭): 연세대학교 국학연구원 연구교수. 저서로는 『현대 중국 지식인 지도 ―
신유가, 자유주의, 신좌파』(2013), 『20세기 중국 지식의 탄생 ― 전통 · 근대 · 혁명으로
본 라이벌 사상사』(2015), 『국가, 유학, 지식인』(2017) 등 다수가 있으며, 열암철학상
(2017)을 수상했다.

양차오밍(楊朝明): 공자연구원 원장. 저서로는 『魯國史』, 『儒家文化面面觀』, 『魯文化史』, 『周公
事跡研究』, 『儒家文獻與儒家學術研究』, 『出土文獻與早期儒學研究』, 『孔子事跡編年會
按』, 『傳統文化要論』, 『孔子弟子評傳』, 『正本清源說孔子』, 『論語詮解』, 『孔子家語通解』,
『中華傳統八德詮解』, 『孔孟正源』, 『孔子之道與中國信仰』, 『孔子的叮嚀』 등 다수가 있다.

간춘송(干春松): 북경대학교(北京大學校) 철학과 교수. 저서로는 『制度化儒家及其解體』, 『制度
儒學』, 『重回王道 ― 儒家與世界秩序』, 『保教立國: 康有爲的現代方略』, 『康有爲與儒學的
"新世" ― 從儒學分期看儒學的未來發展路徑』, 『倫理與秩序: 梁漱溟政治思想中的國家與
社會』 등 다수가 있다.

■ 옮긴이

조경란(趙京蘭): 연세대학교 국학연구원 연구교수.

오현중(吳賢重): 북경대학교 철학과 박사과정 재학 중.

장윤정(張允瀞): 북경대학교 철학과 박사과정 재학 중. 역서로 『중국 공자문묘 연구』(공역)가
있음.

태정희(太貞姬): 한중 통번역 프리랜서로 활동하고 있음. 한-중 역서로 『모더니즘 ― 동서양
문화의 하이브리드』(공역), 중-한 역서로 『유학과 동아시아』(공역)가 있음.

홍린(洪麟): 현 북경대학 철학과 박사과정 재학 중. 역서로 『공자의 인, 타자의 윤리로 다시
읽다』(공역)가 있음.

ⓒ 조경란, 양차오밍, 간춘송, 도서출판 b, 2020

대륙신유가

초판 1쇄 발행 | 2020년 2월 20일

엮은이 조경란+양차오밍+간춘송
옮긴이 조경란+오현중+장윤정+태정희+홍린
펴낸이 조기조
펴낸곳 도서출판 b | 등록 2003년 2월 24일 제2006-000054호
주소 08772 서울특별시 관악구 난곡로 288 남진빌딩 302호 | 전화 02-6293-7070(대)
팩시밀리 02-6293-8080 | 홈페이지 b-book.co.kr | 이메일 bbooks@naver.com

ISBN 979-11-89898-22-9 93150
값 30,000원

* 이 책 내용의 일부 또는 전부를 재사용하려면 저작권자와 도서출판 b 양측의 동의를 얻어야 합니다.
* 잘못된 책은 교환해드립니다.